21世纪

2015—2016

上海纪事

当代上海研究所◎编

上海人民出版社

上海城市文化新地标，跨越苏州河从空中俯瞰新静安苏州河湾全景
（袁婧　钮一新　摄）

上海迪士尼乐园全景（张锁庆　摄）

上海自贸试验区外高桥保税区及物流园区（张锁庆　摄）

上海自贸试验区张江高科技片区（张锁庆　摄）

上海自贸试验区金桥开发片区（张锁庆　摄）

上海中心举行荣誉墙揭幕暨分步试运营仪式（张锁庆　摄）

从上海中心观光厅鸟瞰浦江两岸（张锁庆　摄）

青龙镇考古出土文物

青龙镇
考古现场

青龙镇考古成果

C919 大型客机首架机在中国商飞公司总装制造中心总装下线（中国商飞　供）

上海自然博物馆新馆向公众开放，大客流触发限流（叶辰亮　摄）

2015年3月31日，第二十五届上海白玉兰戏剧表演艺术奖颁奖晚会在上海大剧院举行（王溶江　摄）

2015年4月10日，历时163天，总航程约3万海里，中国第31次南极考察队完成各项预定考察任务，乘坐“雪龙”号极地考察船返回位于上海的中国极地考察国内基地码头（王溶江　摄）

2015年4月10—12日，F1中国大奖赛在上海奥迪国际赛车场举办（资料图片）

2016年5月，市交警总队对占用网格线违章停车行为开展集中整治（赵立荣　摄）

2015年8月13日，上海爱国主义教育基地四行仓库抗战纪念馆正式落成开馆（张锁庆　摄）

2015年6月12日，国际特殊奥林匹克融合运动会在上海卢湾体育馆举行（王溶江　摄）

2015年8月6日，上海市跨境电商航空物流综合服务平台暨跨境电商示范园区启用揭牌仪式在东方航空物流有限公司浦东西货运区举行（东航　供）

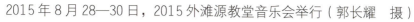

2015年8月28—30日，2015外滩源教堂音乐会举行（郭长耀　摄）

2015年9月10日，国内公交领域规模最大的纯电动车停车保养场——金高路停车场竣工（傅国林　摄）

2015年9月25日，中环线浦东段主线通车（赵立荣　摄）

2015年10月1日，上海市举行企业“三证合一、一照一码”首批颁照仪式（上海市工商局　供）

2015年11月3—7日，第十七届中国国际工业博览会在国家会展中心（上海）举行。图为中国航天科技集团公司展台（朱岚　摄）

“上海光源”俯瞰（张锁庆　摄）

“上海光源”的能量位居世界第四，是世界上性能最好的中能光源之一。它具有建设60条以上光束线和上百个实验站的能力，可同时提供从远红外线、紫外线到硬X射线等不同波长的高亮度光束，每年供光机时超过5 000小时（《文汇报》供）

暗物质粒子探测卫星是中国第一颗由中国科学院完全研制、生产的卫星。中国科学院国家空间科学中心负责暗物质粒子探测卫星工程大总体工作；卫星系统由上海微小卫星工程中心负责抓总并承担卫星平台的研制（谢震霖　摄）

徐汇警方根据龙吴路货车较多的实际情况，派出机动支队交警夜晚设点对运输车超载、超长、超高、超宽的“四超”交通违章现象进行专项查处（赵立荣　摄）

静安区延中绿地内的塑胶百姓健身步道（袁婧　摄）

目　录

专题纪事

每日纪事

专题纪事

上海各界隆重纪念中国人民抗日战争暨世界反法西斯战争胜利70周年

2015年9月4日，上海市纪念中国人民抗日战争暨世界反法西斯战争胜利70周年大会，在上海世博中心红厅隆重举行。中共上海市委、市人大、市政府、市政协负责同志，市高级法院、市检察院主要负责同志，省部级离退休老同志，上海市各部委办局、市委巡视组、区县四套班子、驻沪解放军部队和武警部队、市工青妇等人民团体的主要负责同志，各民主党派、市工商联负责同志和无党派代表人士，中央部分在沪单位、上海市部分企事业单位党政主要负责同志，抗战老战士、老同志代表，国际友人、港澳台同胞、海外侨胞代表以及社会各界代表2 000人出席大会。

中国人民抗日战争，国际上称作第二次中日战争，是指20世纪中期第二次世界大战中，中国抵抗日本侵略的一场民族解放战争，抗战时间从1931年9月18日九一八事变开始算起，至1945年结束，共十四年抗战。

世界反法西斯战争是指第二次世界大战，战火牵扯到了五大洲的居民。战争分为西、东两大战场，即欧洲北非战场和亚洲太平洋战场，是继第一次世界大战之后发生的人类史上最大规模的战争。第二次世界大战以中国、美国、苏联等反法西斯国家和世界人民战胜法西斯侵略者赢得世界和平而告终。第二次世界大战是德、日、意等法西斯国家实行侵略扩张、争夺世界霸权所挑起的，经过多次局部战争逐渐演变而导致全球战争。

2014年2月6日，中国国家主席习近平和俄罗斯总统普京，在俄罗斯索契举行会晤时表示，中俄双方共同举办庆祝世界反法西斯战争胜利及中国人民抗日战争胜利70周年活动。2015年3月5日，在第十二届全国人民代表大会第三次会议上，李克强总理在作政府工作报告时说，办好纪念世界反法西斯战争和中国人民抗日战争胜利70周年相关活动，同国际社会共同维护二战胜利成果和国际公平正义。2015年3月，中共中央、国务院专门印发《关于举行中国人民抗日战争暨世界反法西斯战争胜利70周年纪念活动及其他有关活动的通知》，提出纪念活动的主题是“铭记历史、缅怀先烈、珍爱和平、开创未来”，并对纪念活动作出总体安排。2015年5月13日，国务院发布关于中国人民抗日战争暨世界反法西斯战争胜利70周年纪念日调休放假的通知，2015年9月3日全国放假1天。2015年9月2日，以中共中央、国务院、中央军委名义，为健在的抗战老战士、老同志，抗战将领或其遗属颁发“中国人民抗日战争胜利 70 周年”纪念章仪式在人民大会堂举行。习近平总书记亲自为抗战老战士、老同志代表，抗战将领或其遗属代表颁发纪念章，并在颁发“中国人民抗日战争胜利 70 周年”纪念章仪式上讲话。9 月 3 日上午，纪念中国人民抗日战争暨世界反法西斯战争胜利 70 周年大会在北京天安门广场隆重举行，中共中央总书记、国家主席、中央军委主席习近平发表重要讲话并检阅部队。在 1 600 余字的讲话全文中，习近平共 18 次提及“和平”。

2015 年全年，上海各界通过各种媒介开展了多种形式隆重纪念中国人民抗日战争暨世界反法西斯战争胜利 70 周年。

上海市委党史研究室组织区县党史部门共同完成《抗日战争时期中国人口伤亡和财产损失调研丛书》第二批、第三批中上海部分的出版任务，编辑出版大型画册《我们万众一心》《上海抗战图史》《中国抗日战争全景录 · 上海卷》等图书。与中共一大会址纪念馆联合举办《中流砥柱——中国共产党与全面抗日战争文物图片展》；与杨浦区委等合作开展“纪念抗日战争胜利 70 周年暨《义勇军进行曲》诞生 80 周年”活动；组织世界反法西斯名曲音乐会、书画巡回展、专题展等系列活动；拍摄纪录片《国之歌》；与上海市政协文史委等部门合作举办“国际视野下的中国抗战 · 上海记忆”展览并出版画册。与上海市党史学会、新四军研究会等单位联合举办纪念抗日战争胜利 70 周年研讨会、座谈会。在《人民日报》《解放日报》发表多篇纪念文章。利用《党史信息报》、《上海党史与党建》、“上海党史”网，开设纪念抗日战争胜利 70 周年专栏，开展系列宣传，并开展征文活动，调动群众参加到纪念活动中。纪录片《来自延安的报告：西方视角下的中共敌后抗战》在东方卫视播出。上海市文广影视局搭建推进文艺创作工作平台，整合文艺创作资源，着重围绕中国人民抗日战争暨世界反法西斯战争胜利 70 周年主题，推出一批广播影视、舞台、美术主题力作。推动完成电视剧《铁血淞沪》拍摄工作，完成并播出《生死地——1937 淞沪抗战实录》等 7 部抗战主题纪录片。基本完成 50 部舞台艺术作品创作，涌现音乐剧《犹太人在上海》、交响合唱《八百壮士》、芭蕾舞剧《长恨歌》、昆剧《春江花月夜》、话剧《将军行》、沪剧《赵一曼》等舞台精品。举办全市小剧节目评选展演。组织上海美术界创作并举办“民族脊梁——纪念中国人民抗日战争暨世界反法西斯战争胜利 70 周年系列展”。

（吕志伟）

上海加快落实以街镇、居村为重点的基层社会治理体制创新

按照中央决策部署，上海坚持先行先试，突出制度创新，统筹推进各项重大改革任务。2015 年 1 月 5 日，中共上海市委、市政府发布《关于进一步创新社会治理加强基层建设的意见》，以街镇、居村为重点的基层社会治理体制创新加快落实。

基层基础工作，在上海全局工作中的地位、作用越来越重要，街镇和居村担负的服务群众、管理社区、维护安全稳定等任务十分繁重。基层责任大、任务重、事情多，但与此相对应的是，在人权、事权、财权、物权等方面还很不够，服务与管理能力有待提高，这是现实的突出问题。

党的十八届三中全会指出，全面深化改革的总目标是完善和发展中国特色社会主义，推进国家治理体系和治理能力现代化。为深入贯彻习近平总书记关于社会治理"核心是人、重心在城乡社区、关键是体制创新"的指示精神，2014 年初上海市委将"创新社会治理、加强基层建设"列为年度重点调研课题，中共中央政治局委员、市委书记韩正担任课题组组长，全市抽调 41 名干部，组成 4 个调研组，分别从街镇、居村两个层面入手，分中心城区、城乡结合部、远郊地区三类地区，围绕基层体制机制、基层队伍、基层综合治理、基层服务保障四个方面开展调研，形成一系列调研成果，在此基础上研究制定创新社会治理、加强基层建设"1 + 6"文件。"1"是《关于进一步创新社会治理加强基层建设的意见》，"6"是"深化街道体制改革、创新居民区治理体系加强基层建设、组织引导社会力量参与社区治理、深化拓展网格化管理提升城市综合管理效能、完善村级治理体系加强基层建设、社区工作者管理办法"等 6 个配套文件。这些政策文件都是针对基层社会治理中的突出问题，如街镇体制机制、基层队伍力量建设、管理资源和执法资源的配置、基层工作经费保障等问题，努力实现"让基层更加有职、有权、有物、有人"。2014 年 12 月 26 日，上海市委召开电视电话会议，动员部署全市创新社会治理、加强基层建设工作，切实把调研成果转化为具体举措。

2015 年，在一号课题成果基础上，上海市全面贯彻文件精神，积极推进调研成果的落地，主要包括：创新社区党建工作，优化调整街道区域化党建领导体制；深化街道体制改革，全面取消街道招商引资职能，将工作重心转向公共服务和社会治理；加强居（村）委会自治，推进居（村）减负增能，建立以议事协商为重点的民主决

策机制;促进社会力量有效参与,制定《政府购买服务指导目录》和《承接社区服务的社会组织指导目录》;拓展深化网格化管理,完善网格化运行机制;完善社区工作者职业化体系等重点内容。

为贯彻好市委这些文件,各区县普遍建立由主要领导牵头的工作推进领导小组,制定出台本地区贯彻"1+6"的相关文件,抓紧形成任务分解方案,明确各项重点工作的牵头负责人、牵头部门、任务目标和时间节点,落实责任分工,狠抓推进落实。上海市各相关部门也都建立起工作推进机构,上海市委组织部、市编办、市民政局、市人社局等还深入开展调研,抓紧出台配套政策,形成市区联手推动的工作局面。上海市委一号调研课题形成的"1+6"文件,主要是针对当前社会治理中涉及基层建设的现实问题和矛盾,尤其是党委和政府应当解决现阶段也能够解决的体制内问题。

上海市委"1+6"文件提出,要取消街道招商引资职能,并取消相应的考核指标及奖励,街道经费由区财政全额保障。2015 年上海浦东新区率先试点取消与开发区高度重合镇的招商引资职能。至 2015 年 6 月,全市所有街道取消招商引资职能及考核奖励,原招商人员、招商资源投入社会治理和民生服务。全市所有街道内设机构统一按照"6+2"设置(即 6 个全市统一设置的党政办公室、社区党建办公室、社区管理办公室、社区服务办公室、社区平安办公室、社区自治办公室,以及 2 个由各区根据实际需要增设的工作机构),部门职责和岗位职责具体明确。做强街道各中心功能,加快标准化、规范化、信息化建设,提升直接服务群众的能力。调整优化街道考核评价体系,增加"三个公共"(公共服务、公共管理、公共安全)的考核比重,制定职能部门事务下沉街道准入机制、街镇行政权力清单和行政责任清单,推动街道把精力聚焦在社会治理和公共服务上。

全市所有街道对原有领导体制和组织构架进行调整完善,将社区(街道)党工委改为街道党工委,在各类基层组织和创新社会治理中发挥领导核心作用。保留行政党组,撤销综合党委和居民区党委,新建社区党委,进一步推动社区委员会、社区代表会议等社区共治平台的功能整合、工作融合。至 2015 年 12 月,全市 104 个街道党工委全部完成更名,101 个街道完成社区党委的组建,市、区县、街镇三级党建服务中心全部调整到位。与此同时,市委组织部制定下发相关文件,落实街道党工委对区职能部门派出机构负责人的人事考核权和征得同意权,杨浦、闵行等区强化街道对职能部门派出机构考核结果的应用,静安、宝山等区建立区职能部门职责下沉街道准入制度,推动街道更好地履行"三个公共"核心职能。

在深入推进基层自治和社区共治上,各区县积极推进居村委电子台账工作,闸北、松江等区通过加强社区综合信息平台和村居规范化建设等,积极推进减负增能。浦东、静安等区积极推广居(村)民自治工作法,探索多种类型的群众性自治组织形式,提升自治水平。各区县普遍建立居、村工作经费制度,落实经费保障,闵行、徐汇等区积极探索完善社会领域党建工作格局,杨浦、青浦开展社区基金会建设试点,虹口等区推动社会公共资源向社区开放,进一步拓宽共治渠道,积极探索多元主体参与社会治理。

截至2015年,全市3 349个居民区、1 328个村党组织换届基本完成,居村党组织书记总体结构渐趋合理。居村委会换届已全面启动,正在稳步推进。市编办、市委组织部、市人社局等就落实居民区党组织书记"事业岗位、事业待遇"政策,下发相关配套文件。各区县结合实际制定工作方案、配套细则并抓紧实施。全市4 063名居民区书记中,事业编制有658名,就业年龄段落实事业待遇的有1 049名,退休聘用提高工作津贴的有151名。

为稳步推进社区工作者职业化队伍建设,市民政局、市人社局会同各区县,对全市基层社区工作队伍开展全员摸底,建立起社区工作者信息管理系统。市人社局、市民政局联合下发《社区工作者职业化薪酬体系指导意见》,市委办公厅、市政府办公厅印发《关于建设专业化社区工作者队伍的实施意见》,进一步明确相关政策。各区县结合自身实际,抓紧研究完善本地区具体实施办法,科学确定社区工作者额度,完善社区工作者考核管理,加强社区工作者培训,推进社区工作者队伍建设。2015年,全市各区完成首批纳入社区工作者2.93万人,实行"三岗十八级"职务晋升和薪酬定级体系。基层社区工作岗位吸引力大为增加,一大批优秀年轻人参选2015年居村换届"两委"干部以及报考社区工作者,居村"两委"队伍年龄结构、学历结构、专业结构进一步优化。加强居村书记、社区工作者专业化培训,以建立名师工作室和实训基地、评选优秀居村书记、"千人计划"、基层干部进党校等多种形式,进一步提升基层队伍的素质能力。

在深化网格化综合管理工作方面,各区县加快街镇网格化中心建设,并向村居网格拓展。至2015年,全市所有220个街镇和开发区基本建成街镇网格化管理平台,推动城市管理难题处置能力的提升,使一些城市管理顽疾不仅看得到,而且解决得了。同时,推动网格化管理从城市向农村社区延伸,从街镇向居村延伸,建立居村工作站,逐步实现全市公共区域网格化管理全覆盖。进一步拓展管理内容,在原部件、事件十大类120种小类基础上,调整为部件、事件十二大类145个小类,从城市管理、社区安全等领域逐步向食品药品监管、安全生产等领域延伸,积极推进家政、养老、健康等社区服务进网格。进一步优化运行机制,积极建立健全重点、疑难案件协商共商机制,搭建多部门联勤联动工作平台,建立网格化综合管理责任清单,网格化管理在基层社会治理中的作用得到进一步发挥。

经过两年多的努力，上海创新社会治理、加强基层建设工作取得阶段性成效，长期困扰基层的一些瓶颈问题有了新突破，群众反映突出的难题解决有了新成效，体制机制更加优化，队伍保障更加有力，城市综合管理更加有序，党的基层组织建设进一步加强，市民群众满意度逐步提升。

（吕志伟）

上海推进司法体制改革

自2014年以来，根据党中央统一部署，上海积极稳妥推进司法体制改革，至2015年，司法人员分类管理格局基本形成，司法人员职业保障制度有序推进，司法责任制严格落实，人财物省级统一管理积极准备。上海司法体制改革做到试点方案内容全覆盖，各项既定改革任务初步完成并继续深化拓展完善。

一、基本过程

2014年6月，中央全面深化改革领导小组第三次会议审议通过上海市司法改革试点工作方案。7月，市委决定成立上海市司法改革试点推进小组。同时，认真贯彻落实中央要求，制定全市实施意见，召开全市司法体制改革先行试点部署会，具体部署在市第二中级法院、市检察二分院及徐汇、闵行、宝山区法院、检察院等8家单位先行开展司法体制改革试点工作。

2015年4月，上海市委召开上海市全面推进司法体制改革试点工作会议，部署在全市法院、检察院全面推进完善司法人员分类管理制度，健全法官、检察官及司法辅助人员职业保障制度，完善司法责任制，探索建立全市法院、检察院人财物市级统一管理等四方面重点改革任务。7月，中央在上海召开全国司法体制改革试点工作推进会，全面总结、充分肯定上海司法改革的模式和经验。

二、主要内容

（一）完善人员分类管理制度

严格落实员额制，优化配置司法人力资源。科学确定全市法官检察官、司法辅助人员、司法行政人员的比例为33%、52%、15%，确保把85%以上的人力资源投入审判办案一线，并为之后更多优秀司法人员进入员额留足空间。同时，根据中央司法体制改革框架意见，创设法官助理、检察官助理岗位，合理设置选任条件和员额比例。2014年9月任命新中国成立以来首批法官助理、检察官助理。

细化完善遴选制度，着力打造高素质司法队伍。2014年12月，在全国率先成立法官、检察官遴选（惩戒）委员会，科学设置遴选机构，明确规范选任流程，合理采用遴选方式，严密申请承诺程序，严格把握遴选标准，并探索从社会上遴选优秀法律人才担任高级法官和高级检察官，把好法官检察官入口关。至2015年8月，全市统一组织2次法官检察官入额遴选，共遴选入额法官2 302名、检察官1 565名，分别占队伍编制的25.6%、27.9%。

从严规范管理司法人员，营造风清气正的司法环境。严格法官检察官从业要求，制定《上海法官、检察官从严管理六条规定》，实行严格的职业回避制度。对各级法院、检察院领导班子成员配偶、子女以及法官、检察官配偶从事律师、司法审计、司法拍卖职业的，实行严格的一方退出机制。同时，研究设置“初任培训”“岗位研修”等管理机制，切实加强法官、检察官队伍专业化、职业化、正规化建设。

(二) 完善落实司法责任制

建立权力清单制度，明确法官、检察官在办案组织中承担的特定法律职责，区分法官、检察官与司法辅助人员的工作职责，确保司法办案权力行使明晰化。

探索完善司法办案组织，确保权力运行具体化。全市法院建立完善独任法官、合议庭办案机制，制定规范独任法官、合议庭审判规则，改革后全市法院直接由独任法官、合议庭裁判的案件比例达99.9%，依法提交审委会讨论案件为0.1%；市检察院制定下发《上海检察机关落实司法责任制工作细则(试行)》，探索实行独任检察官和检察官办案组两种办案组织形式，形成具有上海特色的办案组织模式。

落实司法办案责任，确保办案监督追责制度化。市高级法院、市检察院制定出台实施细则，明确法官检察官对所办案件终身负责，切实贯彻落实“由审理者裁判，由裁判者负责”和“谁办案谁决定，谁办案谁负责”的改革要求，探索建立法官检察官办案责任体系和责任追究体系，确保司法责任真正落实到人、具体到案。同时，积极研究法官、检察官依法履职保护办法，为法官、检察官敢于承担责任、敢于依法办案提供制度保障。

健全内外部监督制约机制，确保监管体系全面化。充分发挥审委会、检委会的监督作用，完善办案组织内部的监督制约机制，加强案件办理的流程管控，确保案件公正办理。通过信息化手段，加大司法公开力度，保障社会各界的知情权、参与权、监督权，推动建立司法公信力第三方评价制度，使上海司法公开工作始终位居全国司法机关最前列。

(三) 健全司法人员职业保障制度

建立法官、检察官单独职务序列和有别于一般公务员的司法人员单独薪酬体系，完善法官、检察官等级管理制度和司法人员薪酬保障制度。2015年10月，根据中组部意见和市委组织部统一部署，完成全市法官、检察官职务等级套改工作。

加强业绩考核，将改善薪酬待遇与完善司法权力运行机制、落实司法责任制相结合，细化制定赋予法官检察官相应职权、提升司法质效的配套机制和考核办法，建立完善法官检察官司法档案管理系统，更好地激励其依法履职，维护社会公平正义。

（四）探索人财物市级统一管理

逐步统一选任标准，构建全市法官检察官“统一提名、党委审批、分级任免”的管理新格局。实行全市司法人员统一分类招录。做好经费资产市级统一管理准备。

（五）推进跨行政区划案件管辖制度改革

2014年12月，上海成立市第三中级法院和市检察第三分院，以“跨地区”“易受地方因素影响”“重大”三要素为确定跨行政区划法院、检察院“特殊案件”的管辖标准，按照总体设计、循序渐进的原则，推进包括行政、民商事和刑事在内的跨行政区划法院检察院案件管辖方案的落实，探索形成普通案件在行政区划法院审理，特殊案件在跨行政区划法院审理的诉讼格局，推进跨行政区划案件管辖体系建设。

（上海市政法委）

静安区、闸北区合并为“新静安区”

2015年11月4日，中共上海市委、市政府召开撤销闸北区、静安区，设立新的静安区工作大会。中共上海市委、市政府根据“国务院关于同意上海市调整部分行政区划的批复”，决定撤销闸北区、静安区，设立新的静安区。

合并前的静安区，东沿成都北路、陕西南路、延安中路，与黄浦区为邻；西以镇宁路、万航渡路、武定西路、江苏路、长宁路，与长宁区交界；南临长乐路，与徐汇区衔接；北至安远路、长寿路，与普陀区毗邻；隔苏州河与闸北区相望。全区总面积7.62平方千米，为全市面积最小的中心城区，是上海唯一不与郊区和江海接壤的区。总人口33万人，2014年区级财政收入92.48亿元。因境内古刹静安寺得名。轨道交通2、7、12、13号线，延安高架路、南北高架路经过区境。中国共产党第二次全国代表大会会址和马勒住宅为全国重点文物保护单位。鲁庵印泥制作技艺、龙凤旗袍手工制作技艺、亨生奉帮裁缝缝纫技艺3项为国家级非物质文化遗产。举办2016春夏上海时装周、2015上海设计之都活动周、静安国际购物嘉年华、现代戏剧谷“壹戏剧大赏”、顶级品牌高峰论坛、福布斯·静安南京路论坛等。2015年，入选全国首批生活垃圾分类示范城市(区)。

原闸北区地处上海市中心区北部，东与虹口区、宝山区为邻，西与普陀区、宝山区毗连，南隔苏州河与黄浦区、静安区两区相望，北与宝山区接壤。全境南北长约10千米，总面积29.19平方千米。境内有铁路上海站、铁路北郊站。轨道交通1、3、4、8号线，内环线、南北高架路、中环线经过区境。境内有宋教仁墓、吴昌硕故居、上海总工会旧址、“四一二”惨案群众流血牺牲地、中国同盟会中部总会、中共三大后中央局机关历史纪念馆等遗址及纪念地。境域原为吴淞江(今苏州河)流域处的沼泽地，1863年始，境地东南隅被划为美租界，后并为公共租界，自此城市化进程开始。1900年，地方绅商为抵制租界扩张，自辟华界商埠，设闸北工程总局。1911年，设闸北自治公所。1912年，建闸北市，设闸北市政厅。1928年，始建行政区，称闸北区，属上海特别市(后改名上海市)。上海沦陷期间，日伪改闸北区为沪北区。1945年，抗战胜利后改为第十四、十五行政区。1947年，两区分别改称闸北区和北站区。1956年，两区合并称闸北区。1958年11月，撤销北郊区，中山北路至场中路地区划入区境。1962年，虹口区罗浮路至宝山路之间地区划入区境。1982年，宝山县场中路至汾西路之间地区划入区境。1984年，从宝山县划入部分地区，区境北界扩至北长浜。1992 年 9 月，宝山区彭浦乡塘南村、龙潭村划入区境。1997 年 9 月，从宝山区划入部分地区，区境北界扩至共和新路以西，共康路南侧高压走廊线、共康路。1999 年 5 月，恒丰路立交桥西沿部分地区划入普陀区，遂成现状。至 2013 年底，区辖有天目西路、北站、宝山路、芷江西路、共和新路、大宁路、彭浦新村、临汾路 8 个街道和彭浦镇。有居民委员会 211 个，村民委员会 1 个。2013 年底，全区常住人口 84.73 万人，其中外来常住人口 21.01 万人。户籍总人口 684 298 人。

静安、闸北撤二建一后成立的新静安区，总面积达到 37.3 平方千米，设 13 个街道，1 个镇，户籍人口 100 万，常住人口约 110 万。2015 年，实现总税收 520 亿元，区级一般公共预算收入 194 亿元，工商登记单位 4.4 万户。第三产业税收比重达 90%以上，有跨国公司地区总部 58 家，亿元楼 62 幢，涉外税收比重占 52%，有上海市唯一的国家服务业综合改革试点区域。至 2015 年底，全区有中、小学校 97 所，幼儿园 80 所；影剧院 21 个，市级以上文物保护单位 39 处；社区体育健身点 608 个，百姓健身步道 27 条；养老机构 37 个，养老床位 5 155 张；三级医院 12 所，社区卫生服务中心及站点 82 个。全区公共绿地面积 755 万平方米，公园 10 个。区人民政府在常德路 370 号。至此，上海全市的区县数量从 17 个减少到 16 个。总面积 20.52 平方千米的黄浦区成为上海面积最小的区。2015 年 12 月 2 日，新的中共静安区委常委会组建。

城市的发展规律与水面涟漪相似，它是一个不断由中心区域向外辐射的过程。合并是为了缩小不同区域之间的差异，以帮助这种辐射实现良性扩展。与过去 15 年上海数次区县撤并类似，一旦旧格局难以容纳新的发展需求，原有的产业布局无法发挥更大优势时，对原有行政限制的优势整合与“破旧立新”，无疑就是不可阻挡的历史潮流。上海行政区划调整与外地省份撤县建市等的区别在于，后者多数是服务于城市扩张，配合新区或开发区建设。各地倾向于将某个级别较低的县（市）升格为一个区，新产生的增值空间主要是土地财政升值。而上海这些年的做法，主要是合并中心城区，新的增长点来自带动落后地区，合理布局产业以及均衡城市发展。

2000 年，上海历史最悠久的核心老城区南市区，其黄浦江西岸被划入黄浦区。重新设立的“黄浦区”成为新世纪上海区划整合的第一例。而此前，南市区黄浦江东岸的那一部分，已被划入稍早成立的浦东新区。南市区这一行政概念从上海版图消失。2005 年，原属上海宝山区的长兴、横沙两岛被统一划入崇明县管辖，“崇明三岛”概念自此诞生，新的“三岛联动战略”得以实施。紧跟前两个“五年计划”，2009 年南汇区与浦东新区又开启了一次历史性合并。继 2000 年与南市区合并之后，2011 年黄浦区再次迎来改革契机。当年 6 月，国务院批复同意撤销黄浦、卢湾两区建制,设立新的黄浦区。静安区、闸北区合并为“新静安区”,是新世纪以来上海实施的第五次区县撤并。

细数其当代历史上每一次行政区划调整,其实都可以看到背后深刻的经济逻辑。历经多次行政区划调整,上海核心功能更加突出,产业集聚明显提升。浦东新区全力打造金融和航运中心,新黄浦成为现代化中央商务区,崇明大力发展海工产业和现代服务业。一批上市公司也在整合过程中获得更多发展机遇。规模经济都要追求集聚效应。区域合并后,此前的基础设施能够辐射到更大范围及人群,从而降低单位成本,提高资源利用效率。区与区的界限取消后,能够加快生产要素在更大空间的自由流动。

浦东和南汇两区合并之后,新浦东的经济社会发展迈上新起点。合并后的积极效应在两年内即得到体现,2009—2011 年,浦东新区 GDP 年均增长 11.3%,地方财政收入年均增长 12.8%,增长速度均突破两位数。而在 2011 年完成对卢湾合并的黄浦区,当年完成区级财政收入 131.02 亿元,增长 15.2%,其中原黄浦区完成 74.52 亿元,增长 16%;原卢湾区完成 56.5 亿元,增长 14.2%,均超额完成原两区人代会确定的增长目标。

此次合并的静安和闸北区原各有两家区属国有上市公司,闸北的西藏城投和市北高新分别主营房地产开发和产业园区开发。两区合并之前,房地产价格存在较大差异,静安新房均价已破 10 万元,而闸北新房均价刚到 6 万元。两区合并消息宣布至今,短短 8 个交易日内,西藏城投股价就上涨了 37%,正是市场对合并成效寄予了期望。而静安的两家同属商贸行业的国有上市公司上海九百和开开实业,也有机会走出 7 平方千米土地去整合更多商业资源。

但是,行政区划合并,短期内肯定也会面临阵痛。主要表现在利益冲突、政府部门博弈以及对居民的影响等。行政区划除了经济层面的影响外,也会涉及一些文化符号的丧失,比如“卢湾”这类具有浓郁上海特色的地名就基本消失了。

(吕志伟)

崇明撤县设区

2016年7月22日，上海市委、市政府召开“崇明撤县设区”工作大会，崇明撤县设区，标志着县级行政建制在上海成为历史。

原崇明县隶属于中国上海市，位于长江入海口，全县地势平坦，由崇明、长兴、横沙三岛组成，总面积1 411平方千米，其中崇明岛是世界上最大的河口冲积岛，也是继台湾岛、海南岛之后的中国第三大岛。崇明岛素有“长江门户”“东海瀛洲”之美誉，陆域总面积1 267平方千米。长兴岛位于吴淞口外长江南支水道，陆域总面积88平方千米。横沙岛是长江入海口最东端的一个岛，陆域总面积56平方千米。崇明、长兴、横沙三岛互成犄角之势，组成崇明县，崇明县下辖16个镇和2个乡。三岛户籍人口总量为68.8万人。崇明县内除汉族外，还有蒙古族、回族等少数民族居住。

崇明有1 300多年历史，历经五代，文化、历史底蕴深厚。“崇”取高义，“明”取清明义，“崇明”意为高出水面而又平坦宽阔的明净平地。

崇明的前身——东、西两沙于唐初露出水面，唐万岁通天元年（696年）始有人居住。约在五代初设镇。南宋嘉定十五年（1222年）在三沙设天赐盐场，隶通州；元至元十四年（1277年）升场为州，始筑州城于姚刘沙，隶扬州路；明洪武二年（1369年）降州为县，先隶扬州，后改隶苏州府，兼隶太仓州；民国期间，先后隶属于江苏南通、松江（沦陷期间曾隶上海特别市）；新中国成立后先隶江苏南通专区，1958年12月1日改隶上海市。长兴、横沙原属上海市宝山区，2005年5月，经国务院正式批复，长兴、横沙由宝山区划归崇明县管辖。

改革开放以来，上海行政区划经历过多次调整。20世纪60年代中期，上海行政区划是相对较稳定的“10区10县”格局。在市郊10县中，最早撤县设区的是宝山，1988年1月原宝山县和原吴淞区合并为宝山区。1992年9月，原上海县和原闵行区合并为闵行区。1992年10月，原川沙县以及原上海县三林乡，黄浦、南市、杨浦区的浦东部分合并成立浦东新区，嘉定县撤县设区。1997—1999年，金山县、松江县、青浦县先后撤县设区。2001年1月，南汇、奉贤撤县设区。此时，只剩下崇明一个县。

区和县虽然只有一字之差，其内涵变化却非常大。对上海市而言，县改区，扩大了全市的功能覆盖和辐射，拓展了城市发展空间，将促进城市功能优化，便于更好地从全市层面配置资源。崇明撤县设区后在行政级别上，与上海其他区域的差距将拉平，崇明第一、第二和第三产业可以更好地平衡发展，实现生态、经济与社会发展三方共赢。

依据《宪法》《行政组织法》等相关法律法规，崇明"撤县设区"后，与原来的县相比，新设区的行政区划、机构设置和经济、社会、行政管理职能及权限都会发生较大变化。在行政区划上，将由以农村为主的空间结构向以城区为主的空间结构转变；在职能重心上，将从以农业、农村、农民为主向以第三产业、城区、市民为主转变，主要履行城市建设、社会管理和公共服务的职能；在机构设置上，将转为以提供服务、改善民生为中心设置机构。

"撤县设区"涉及纵向管理的隶属关系调整和横向的部门职权范围的调整。崇明"撤县设区"后，上海原有的"区县"建制将统一为"区"，资源的配置将更加平衡，规划的整体性将更加突出，城市管理也将更加顺畅。同时，崇明政府部门与市级主管部门之间的关系将更加顺畅，在资源共享、分工合作方面更加融合。

长期以来，由于崇明岛与上海市中心有一江之隔，人流和物流沟通不畅，所受上海的经济辐射影响较小，导致经济发展相对上海其他区域较为落后。"撤县设区"意味着来自上海的支持更直接。今后上海市级的资源、资金、重大项目可能更多向崇明辐射，提升崇明在上海全市的地位，加快崇明发展。

"撤县设区"意味着崇明发展方式将由以农村为主的县域发展向以城镇化为主的区域发展转变，有利于崇明享受更多的城市建设政策，在更高起点上加快推进新型城镇化进程，全面提高城乡规划、建设和管理水平，有效破解崇明的"瓶颈"制约，超前谋划和推进一系列重大配套基础设施建设，进一步优化城镇综合服务功能，促进城乡一体化和公共服务均等化，全面提升城乡服务管理能力和综合承载力。

崇明"撤县设区"，有利于崇明的经济社会发展，最终将为崇明的百姓谋福祉。"撤县设区"后，崇明规模较大的城区将纳入上海郊区新城建设总体规划，其基础设施和公共服务的配置也将更加融入上海总体规划，老百姓将得到更多实惠，在交通、居住、旅游、文化休闲、农业、教育、医疗等方面得到较大的提升。另外，崇明还将吸引一批高端资源要素、高端产业快速集聚，促进城乡居民收入持续更快增长，真正把重大历史机遇和生态优势转化为发展优势，使绿色发展成果更多更好地惠及崇明群众，在更高起点上全面建成小康社会。

崇明撤县设区后，并不是说崇明变为区以后就要城市化，而是继续以建设世界级生态岛为目标，将崇明建设成为自然生态健康、人居生态和谐、产业生态高端的生态文明建设示范区。

专题纪事

上海“十三五”规划建议明确提出，崇明要建设世界级生态岛，这是崇明对上海、对国家最大的贡献。撤县设区，可以优化生态功能布局，扩大城市生态环境容量，实施最严格的环境保护制度，更好地保护上海水资源、涵养生态环境，进一步提升上海城市竞争力。

（吕志伟）

中国（上海）自由贸易试验区扩区

2015 年 4 月 8 日，国务院批准并印发《进一步深化中国(上海)自由贸易试验区改革开放方案》(简称“深化方案”)，要求上海自贸试验区在更广领域和更大空间积极探索以制度创新推动全面深化改革的新路径，标志着上海自贸试验区的建设进入一个新阶段。上海自贸试验区的面积由原先的 28.78 平方千米扩至 120.72 平方千米，实施范围涵盖保税区片区、陆家嘴金融片区、金桥开发片区、张江高科技片区。

保税区片区面积 28.78 平方千米，涵盖上海外高桥保税区、上海外高桥保税物流园区、洋山保税港区、上海浦东机场综合保税区四个海关特殊监管区域，充分发挥自由贸易功能，加大贸易便利化和口岸监管制度创新。

陆家嘴金融片区(含陆家嘴金融贸易区、世博前滩地区)面积 34.26 平方千米，东至济阳路、浦东南路、龙阳路、锦绣路、罗山路，南至中环线，西与北至黄浦江，是上海国际金融中心的核心区域、上海国际航运中心的高端服务区、上海国际贸易中心的现代商贸集聚区。

金桥片区面积 20.48 平方千米，东至外环绿带，南至锦绣东路，西至杨高路，北至巨峰路。金桥片区是上海重要的先进制造业基地、生产性服务业集聚区、战略性新兴产业先行区和生态工业示范区。

张江高科技片区面积 37.20 平方千米，东至外环绿带、申江路，南至外环线，西至罗山路，北至龙东大道，是上海贯彻落实创新型国家战略的核心基地，将重点推动上海自贸试验区建设与张江国家自主创新示范区建设深度联动。

2015 年是上海自贸试验区扩区建设全面启动的第一年。扩区以来，浦东新区落实主体责任，贯彻落实上海自贸试验区《中国(上海)自由贸易试验区总体方案》和“深化方案”，按照中央和市委、市政府的部署，在各有关部门支持下，完成扩区管理体制和运行机制调整，按照“放、管、服”的要求系统谋划和加快推进政府职能转变，坚持创新驱动、转型发展，各项改革创新工作取得新进展。准入前国民待遇加负面清单管理模式的改革探索不断取得新突破，对标国际投资贸易通行规则的制度创新不断深化，法治化、国际化、便利化的营商环境不断完善。一批立足可复制可推广的基础性制度和核心制度不断形成，浦东新区作为一级地方政府转变职能的改革举措不断取得新进展，提高经济领域政府治理能力的制度框架基本建立。

扩区以来，上海自贸试验区经济运行呈现高位平稳、功能提升、优势明显的特点。一是上海自贸试验区经济活力明显增强。2015 年新设企业数为 1.8 万家，比 2014 年新设企业数的 1.5 万家增长 20%，大约相当于浦东开发开放 25 年来新设企业总数的十分之一。二是核心功能不断提升。在上海自贸试验区金融改革的带动下，2015 年上海市金融市场交易额达到 1 463 万亿元，相当于五年前的 3.5 倍。上海市金融业增加值比上年增长 22.9%，占全市地区生产总值的比重为 16%。三是上海自贸试验区推动上海经济转型升级步伐进一步加快。扩区后，上海自贸试验区以浦东新区十分之一的面积创造浦东新区四分之三的生产总值，以上海市一百五十分之一的面积创造上海市四分之一的生产总值。

一、以上海自贸试验区理念推进政府管理创新，一级完整的地方政府转变职能取得新进展

浦东新区政府与上海自贸试验区管委会自 2015 年 4 月 27 日合署办公以来，积极探索浦东新区作为一级地方政府转变政府职能的改革，行政资源得到有效统筹，体制机制运转顺畅，制度创新成果加快向浦东全境辐射推广。

（一）试点“证照分离”改革

2015 年 12 月 16 日，国务院常务会议审议通过上海市上报的浦东新区“证照分离”改革试点方案。浦东新区聚焦许可证多、办证难等瓶颈问题，针对审批频次、市场关注度比较高的 116 项行政许可事项，围绕取消审批、审批改备案、实行告知承诺、提高透明度和可预期性、强化准入监管五类方式开展改革试点，并探索建立信息互联共享、证照监管协同、诚信自律结合、行业社会共治、风险预警及时的综合监管体系。

（二）行政审批制度改革继续深化

上海市级部门向浦东新区下放 151 项行政审批事项，至 2015 年底，浦东新区形成对全部 88 项行政审批中介服务事项的改革方案，取消 49 项、改革优化 30 项。

（三）建立权力清单、责任清单制度

2015 年 4 月 28 日，浦东新区制定发布权力清单、责任清单 1.0 版，分别涉及 6 460 项事项和 23 703 项事项，并研究制定 2.0 版。

（四）推行窗口无否决权制度

为了从根本上扭转长期以来以审批为核心的行政管理方式所造成的窗口人员对企业办事拥有较大的自由裁量权的情况，浦东新区要求窗口一线受理人员对法律法规明文禁止以外的企业申请，不得简单回绝，而是应全力以赴帮助实施。如果

要回绝,必须经过一定的上级程序。这种窗口“只说Yes不说No”的服务政府的理念,落实到全区20个区属部门、7个开发区和36个街镇的行政服务窗口,知晓率和执行率做到“两个100%”,窗口帮助企业解决创新创业难题1 000多起。

(五)建设网上政务大厅

以方便企业和市民办事为目标的网上政务大厅建成运行,开发“行政审批智能导航系统”和“1+7+36”(1个区级行政服务中心,7个开发区行政服务中心,36个街镇社区事务受理中心)网上统一预约系统,以政务公开和信息共享为重点的浦东政务云数据中心投入运行。

(六)创新事中事后监管制度

全面启动社会信用体系建设,以信用信息归集和应用为核心的浦东新区公共信用信息服务平台上线运行,加快探索“互联网+信用监管”的创新管理。健全城市管理、市场监管、知识产权行政保护等综合执法体系,成立浦东新区城管执法局,集中承担城市管理领域的环保市容、建设交通、规划土地等部门的执法事项;成立全国首家“三合一”的知识产权局,率先实现专利、商标、版权的集中行政管理和统一综合执法。进一步完善企业年度报告公示和经营异常名录制度,完成2014年报公示企业136 084家,占应报送企业数的84.72%,重点行业年报公示率达到98%;列入经营异常名录53 048户,移出经营异常名录2 171户。

二、深化投资管理创新,提升对外开放能级

(一)商事登记制度改革

在工商总局的大力支持下,浦东新区推出市场准入便利化“双十条”新举措,率先开展“一址多照”、集中登记住所改革,集中登记地数量扩展到10个,至2015年底共办理企业注册登记502家。在国内率先推出“允许上海自贸试验区内律师事务所将其办公场所作为企业住所登记”新措施,2015年10月10日,首家企业以律师事务所为住所完成登记,至年底有5家企业在上海自贸试验区内2家律师事务所落户,另有10余家企业即将落户。试点企业简易注销登记,至年底共受理120家企业,其中85家企业完成简易注销程序。

(二)完善企业准入“单一窗口”制度,推动内资注册

“单一窗口”从企业设立向变更环节延伸,外资注册从“五证联办”(外资批准文件、营业执照、组织机构代码证、税务登记证和食品前置许可)向“七证联办”(外资批准文件、营业执照、组织机构代码证、税务登记证、食品前置许可、报关单位注册登记证书、印铸刻字准许证)拓展。实施“三证合一、一照一码”改革,至2015年11

月底,区内共办理相关企业 10 973 家,其中新设 3 063 家、变更 5 219 家、换照 2 691家。

(三) 制造业和服务业等领域扩大开放

服务业和制造业扩大开放两批 54 项措施,专业健康保险、增值电信呼叫中心、认证机构、游艇设计等领域实现突破,江泰再保险经纪、美安康质量检测技术等新兴领域的项目在全国率先落地,首个大型综合外资医院——新加坡莱佛士医院落户世博片区。

(四) 实施外商投资和境外投资备案管理制度

2015 年,共办结新设外资项目 3 072 个,合同外资 396.26 亿美元,实际使用外资 43.59 亿美元,全市近半数的新增外商投资企业选择在上海自贸试验区落户,新设外资企业数占新设企业数比重从 2013 年上海自贸试验区挂牌初期的 5%上升到 2015 年的 20%。2015 年共办结境外投资项目 636 个,中方投资额 229.2 亿美元,境外实际投资额(79 亿美元)约占全国(1 180 亿美元)的 7%,主要投资领域包括计算机服务和软件业、文体娱乐业和商务服务业等。

三、深化贸易监管创新,集聚贸易航运产业

(一) 贸易便利化、环境优化

海关、检验检疫推出的"一区注册、四地经营""空检海放"等 32 项便利化举措加快落地,启动实施航运保险产品注册制改革,中资方便旗船开展集装箱沿海捎带业务运作。洋山进境水果指定口岸在全国率先获批,完成进口水果查验 180 批次。国际贸易"单一窗口"1.0 版正式上线,覆盖 6 个功能模块、涉及 17 个口岸和贸易监管部门,贸易进出口业务申报数据量减少三分之一,至 2015 年底 1 200 多家企业开户,通过申报大表进行报检报关作业约 14 万票,通过"单一窗口"办理船舶离港手续近 9 833 艘次。此外,加快推进"单一窗口"2.0 版建设。货物状态分类监管试点扩大到保税区域符合条件的所有物流企业,在 18 家试点企业开展常态运作,共运作 1 382 票,涉及进出货值约 9.6 亿元。贸易监管制度创新在长三角区域实施通关一体化改革中复制推广,上海自贸试验区服务"一带一路"建设和长江经济带发展的集聚辐射效应逐步显现。

(二) 贸易转型升级

10 家大宗商品现货交易市场启动筹建,第三方清算和第三方仓单登记公示平台启动试运作。上海有色金属网交易中心、上海钢联金属矿产国际交易中心、上海国际棉花交易中心上线运作,累计交易额超过 200 亿元。17 家平行进口汽车企业

开展试点,2015年底,国家认证认可监督管理委员会出台上海自贸试验区平行进口汽车3C认证改革试点的措施。

(三)完善航运发展制度和运作模式

外资国际船舶管理企业在上海自贸试验区集聚近10家,包括全球最大的船管企业——英国威仕集团(V.Ships),带动航运保险、船舶维修、物料供应、船舶经纪、融资租赁、船员培训等相关产业链集聚发展。上海航运保险协会开展航运保险产品注册制改革。完成洋泾国际航运创新区建设总体方案的设计,推进国际知名船舶管理企业入驻,打造成为全球航运资源配置的节点之一。

四、继续深化金融开放创新,拓展金融对外开放格局

围绕上海国际金融中心建设和上海自贸试验区金融开放创新的目标,推进金融制度创新政策落地。

(一)上海自贸试验区新一轮金融改革方案出台,基本形成自贸试验区金融制度创新框架体系

2015年10月29日,中国人民银行等部门和上海市共同印发《进一步推进中国(上海)自由贸易试验区金融开放创新试点加快上海国际金融中心建设方案》(简称"新金改40条"),与之前国家金融管理部门发布的51条支持上海自贸试验区建设的意见和措施实施细则,共同构成以探索资本项目可兑换和金融服务业开放为主要内容的金融制度创新框架体系。

(二)本外币一体化运作的自由贸易账户功能拓展

2015年2月12日,中国人民银行上海总部发布自由贸易账户境外融资细则,扩大境外融资的规模和渠道,并于4月22日启动自由贸易账户外币服务功能。至2015年底,有42家机构接入分账核算单元体系,开设FT账户超过4.4万个,账户收支总额2.2万亿元。

(三)外汇管理创新和人民币跨境使用深化

2015年12月17日,国家外汇管理局上海市分局发布《进一步推进中国(上海)自由贸易试验区外汇管理改革试点实施细则》,允许区内企业(不含金融机构)外债资金实现意愿结汇,跨国公司外汇资金集中运营管理门槛进一步放低,是上海自贸试验区"新金改40条"印发后发布的第一个实施细则。至年底,80家企业参与跨国公司总部外汇资金集中运营试点,361家企业办理外汇资本金意愿结汇业务,涉及金额24.48亿美元。人民币跨境交易规模持续扩大,2015年跨境人民币境外借款69.82亿元,跨境人民币结算总额12 026亿元,占到全市的42%。

（四）金融服务业对内对外开放有序推进

一批面向国际的金融交易平台加快建设，黄金国际板功能得到拓展，原油期货品种获批准，相关配套政策陆续发布。

按照中央部署，加快筹建上海保险交易所，探索搭建国际再保险平台、国际航运保险平台、大宗保险项目招投标平台和特种风险分散平台等"3 + 1"的业务平台。金砖国家新开发银行等重量级功能性机构相继落户，5 月，上海首家民营银行——华瑞银行——开业。

（引自《上海年鉴(2016)》，史心莹）

上海出台加快推进科技创新中心建设 22 条意见

2015 年 5 月 25 日，十届上海市委第八次全体会议打破常规，会期一天，核心议题只有一个：审议并出台《关于加快建设具有全球影响力的科技创新中心的意见》及配套方案。5 年 26 日，上海市委、市政府发布《关于加快建设科技创新中心的 22 条意见》。《意见》涉及科技、教育、财税、金融等诸多领域的体制、机制改革，是继自贸区改革、司法体制改革之后，上海又一项先行一步的改革探索，是上海为全面落实中央关于上海要加快向具有全球影响力的科技创新中心进军的新要求，认真贯彻《中共中央、国务院关于深化体制机制改革加快实施创新驱动发展战略的若干意见》，适应全球科技竞争和经济发展新趋势，立足国家战略推进创新发展，加快建设具有全球影响力的科技创新中心的重要举措。

上海作为全国最大的经济中心城市，如何走好"科技创新"这步先手棋？如何加快向具有全球影响力的科技创新中心进军，继续当好全国改革开放排头兵、创新发展先行者？2015 年初，"大力实施创新驱动发展战略，加快建设具有全球影响力的科技创新中心"被确定为中共上海市委"一号课题"，也是三年来第一个跨年度推进的一号课题。自 2013 年以来，市委每年都确立一号调研课题，立足当前、着眼长远，通过突破重要领域和关键环节的难题瓶颈，带动面上工作推进落实。今年一号课题"大力实施创新驱动发展战略，加快建设具有全球影响力的科技创新中心"由市委书记韩正任课题组组长，市委副书记、市长杨雄，市委副书记应勇任副组长。与 2013 年一号课题"面向实践、面向基层、面向群众"选拔培养优秀年轻干部、2014 年一号课题"创新社会治理、加强基层建设"略有不同，2015 年一号课题首次跨年度推进。

从 2014 年 8 月以来，韩正、杨雄分别到上海市科委、市发改委等委办局，上海交通大学、复旦大学、上海科技大学等高校科研院所，华谊、建工等企业，专题调研科技创新突出问题、主攻方向和任务措施；全市各委办局重点就体制机制和政策突破、创新项目和工程筛选、人才工作等，做了大量前期研究，形成了工作方案；2014 年底市委年度务虚会、市委全会又开展集中讨论，进一步统一思想、深化认识，特别就科技创新主战场、关键环节和方式方法，达成初步共识。从 2015 年开始，2015 年一号课题由前期调研进入专题研究阶段，聚焦发展目标、体制机制改革、创新人才发展、创新创业软环境建设、国家科学中心和重大科技创新前沿布局等 5 个专题。2015年2月25日是春节后上班首日，市委书记韩正主持动员会，在2014年工作的基础上，进一步动员部署，聚焦重大问题、推进专题研究、拿出重要举措。经过两个阶段的调研，历时一年认真讨论、反复修改，最终形成五个方面22条意见。

《意见》提出，努力把上海建设成为世界创新人才、科技要素和高新科技企业集聚度高，创新创造创意成果多，科技创新基础设施和服务体系完善的综合性开放型科技创新中心，成为全球创新网络的重要枢纽和国际性重大科学发展、原创技术和高新科技产业的重要策源地之一，跻身全球重要的创新城市行列。

在时间表上，根据《意见》，2020年前形成科技创新中心基本框架体系，再用10年时间，着力形成科技创新中心城市的核心功能。

聚焦科技创新中心建设的重要方面和关键领域，《意见》提出一整套任务举措。《意见》的核心是要解决体制机制问题。“建立市场导向的创新型体制机制”成为关键的发力点。针对企业创新投资难、群众创业难、科技成果转化难，加快政府职能转变，简政放权，创新管理；放宽“互联网+”等新兴行业市场准入管制，促进产业跨界融合发展；建立市区政府部门横向互通及纵向一体的信息共享共用机制等，一项项具体任务被明确列举。改革关键是要从政府自身做起，坚决改革政府条块分割、分钱、分物的管理体制，突破产学研用结合的体制机制障碍。“我们需要通过顶层设计，建立市场导向的创新型体制机制。”在政府管理方面，“改革创新创业型初创企业股权转让变更登记过于繁杂的管理办法，按照市场原则和企业合约，允许初创企业依法合规自愿变更股东，工商管理部门不实施实质性认定审查，依法合规办理变更登记”；在财政科技资金管理方面，“改变部门各自分钱分物的管理办法，建立跨部门的财政科技项目统筹决策和联动管理制度”；在健全鼓励企业主体创新投入的制度方面，“分类实施以创新体系建设和重点项目为核心的任期创新转型专项评价。

针对“科技成果转移转化难”的顽症，完善对创新主体的激励机制。比如，“下放高校和科研院所科技成果的使用权、处置权、收益权”，“试点实施支持个人将科技成果、知识产权等无形资产入股和转让的政策”，“允许高校和科研院所科技成果转化收益归属研发团队所得比例不低于70%”等等。

推进科技创新，上海将创新人才的集聚视为关键任务，一些举措大胆突破。对通过市场主体评价且符合一定条件的创业人才、创业投资管理运营人才、企业科技和技能人才、创新创业中介服务人才，居住证转办户口年限由7年缩短为2—5年。

为推动科技与金融紧密结合，加快在上海证券交易所设立“战略新兴板”，推动尚未盈利但具有一定规模的科技创新企业上市；争取在上海股权托管交易中心设立科技创新专板，支持中小型科技创新创业企业挂牌。

2015 年,上海按照国家的战略部署和要求,深入实施创新驱动发展战略,加快建设具有全球影响力的科技创新中心,坚持以体制机制改革为关键,以创新人才发展为首要,以创新生态环境建设为基础,以重大创新任务布局为抓手,加大科技创新投入,创新成果不断涌现,科技支撑引领经济社会发展的能力增强。全年用于研究与试验发展(R&D)经费支出 936.14 亿元,相当于全市生产总值的 3.73%。

完善市场导向的创新体制机制。科技创新政策体系全面优化,结合《关于加快建设具有全球影响力的科技创新中心的意见》的落实,围绕人才改革、众创空间、国企科技创新、科技金融、财政支持、成果转移转化、开放合作等重点领域改革,出台先行先试科技创新政策措施,深化体制机制改革。加快建设上海产业技术研究院,完善专业技术服务和科技成果转化平台,提供专业、便利的综合服务;微技术工业研究院的 8 英寸研发中试线、微机电系统(MEMS)、射频、系统级芯片(SoC)等建设均取得重要进展;成立国家技术转移东部中心,启动建设国家科技创新资源上海数据中心;上海研发公共服务平台功能集聚服务机构 1 226 家,包括 117 家市级重点实验室、232 家市级工程技术研究中心、128 家专业技术服务平台,大型科学仪器 8 414 套。鼓励企业自主创新,扩大研发费用税前加计扣除范围。探索试行科技创新券政策,扩大受益范围,至年底,有 1 024 家企业、14 个创业团队获科技创新券支持。加大科技金融支持科技创新力度,全年完成科技企业贷款 15.9 亿元,430 家企业获贷款。其中,科技履约保的信贷 12.02 亿元,337 家企业获贷款;小巨人信用贷的信贷 3.72 亿元,79 家企业获贷款;科技微贷通的信贷 0.16 亿元,14 家企业获贷款。鼓励技术交易市场发展,2016 年内经认定登记的各类技术交易合同 2.25 万份,比 2015 年下降 10.8%;合同金额 707.99 亿元,比 2015 年增长 6.0%。

中央要求上海当好全国改革开放排头兵、创新发展先行者,上海必须依靠以科技创新为核心的全面创新,重构城市发展动力,激发全社会创新创造活力。

(吕志伟)

上海在全国率先制定规范领导干部亲属经商办企业行为规定

2015年5月4日，中共上海市委在上海党政负责干部大会上，正式公布并实施《关于进一步规范本市领导干部配偶、子女及其配偶经商办企业行为的规定（试行）》。《规定》体现“级别越高、位置越重要、权力越大，管理规定要越严”的原则，着力于制度的“可执行、可操作、可检查、可问责”。

党的十八大以来，中央从抓八项规定具体实施入手，全面强化党要管党、从严治党。上海在全国率先制定、实施相关规定，是贯彻中央全面从严治党战略，落实党要管党、从严治党的必然要求，也是当前加强反腐倡廉建设、回应百姓关切的迫切之需。从2014年9、10月开始，上海市委根据中央第二巡视组对上海巡视反馈意见和上海市三批巡视工作情况，抓住“少数领导干部配偶、子女在其管辖范围内经商办企业”的问题，决定制定相关规范文件，从而完善制度规范、严肃规矩纪律，回应社会和群众关切，落实从严管党治党。

2015年2月27日，中央全面深化改革领导小组第十次会议审议通过《上海市开展进一步规范领导干部配偶、子女及其配偶经商办企业管理工作的意见》。习近平总书记等中央领导充分肯定上海开展的这项工作，并提出明确要求。会议指出，在上海开展这项工作试点，中央有关部门要给予支持，跟踪进展，总结经验，在试点基础上扩大试点、逐步全面推开。3月5日，习近平总书记在参加十二届全国人大三次会议上海代表团审议时，要求上海先行先试，在落实从严管理干部方面走在前列。按照中央的要求和部署，两个多月来，上海在前期工作的基础上深入实际，认真研究，科学规范，稳慎实施。规定制定完善的过程，也成为全市进一步统一思想、形成共识的过程。在此期间，中共中央政治局委员、上海市委书记韩正多次主持召开会议、逐一征求意见、在多个场合“吹风”；上海市委多次请中央有关部门给予指导支持；文件基本形成后，上海市委又向各市级机关和110多家单位征求意见。

上海市委表示，制定《规定》的依据，是《中国共产党党员领导干部廉洁从政若干准则》《中国共产党纪律处分条例》及《国有企业领导人员廉洁从业若干规定》等党内法规和国家有关法律法规。据《规定》，上海市级领导干部的配偶不得经商办企业；其子女及其配偶不得在全市经商办企业。

上海市委副秘书长，市政府秘书长、副秘书长，市纪委、市委各部门正局职，市政府工作部门正职，区县党政正职，依法受权行使行政权力的事业单位市管正职等岗位领导干部的配偶不得经商办企业；其子女及其配偶不得在领导干部管辖的地区或者业务范围内经商办企业，不得在上海市从事可能与公共利益发生冲突的经商办企业活动。

上海市高级法院及中级法院、上海海事法院、上海知识产权法院，上海市检察院及检察分院，上海市公安局领导班子成员的配偶不得经商办企业；其子女及其配偶不得在领导干部管辖的地区或者业务范围内经商办企业，不得在上海市从事可能与公共利益发生冲突的经商办企业活动。

上海国有企业中的市管正职领导人员的配偶不得经商办企业；市管正职领导人员的子女及其配偶和市管副职领导人员的配偶、子女及其配偶不得在领导人员任职企业及关联企业的业务范围内经商办企业，不得在上海市从事可能与公共利益发生冲突的经商办企业活动。

此外，其他领导干部的配偶、子女及其配偶不得在领导干部管辖的地区或者业务范围内经商办企业，不得在上海市从事可能与公共利益发生冲突的经商办企业活动。

《规定》还要求，领导干部应当将配偶、子女及其配偶经商办企业情况向组织作专项报告，填写《市管领导干部配偶、子女及其配偶经商办企业情况表》，并附企业年度报告等相关材料。同时，应当在领导班子民主生活会上，将配偶、子女及其配偶经商办企业情况加以明示。

上海市委组织部、市纪委机关将会同有关部门，对填报配偶、子女及其配偶有经商办企业情况的领导干部进行专项核实，对填报配偶、子女及其配偶无经商办企业情况的领导干部按照每年20%的比例进行抽查。重点核查是否存在漏报、瞒报情况。对干部群众举报的有关线索，由市委组织部、市纪委机关依纪依法核查。

《规定》明确“一方退出”机制，对于有违《规定》所列情形的领导干部，由其配偶、子女及其配偶主动退出所从事的经商办企业活动，或者由领导干部本人辞去现任职务。

此外，对不如实报告或者未及时纠正的，按照有关规定给予领导干部组织处理或者纪律处分。涉嫌违法的，移送有关机关处理。《规定》所称领导干部主要包括：上海本市党的机关、人大机关、行政机关、政协机关、审判机关、检察机关中局级副职以上(含局级副职，下同)的干部；本市人民团体、依法受权行使行政权力的事业单位中相当于局级副职以上的干部；本市国有企业中的市管领导人员。

《规定》所称经商办企业主要包括：领导干部配偶、子女及其配偶注册个体工商户、个人独资企业或者合伙企业，投资非上市公司、企业，在国(境)外注册公司后回国(境)从事经营活动等情况;领导干部配偶受聘担任私营企业的高级职务,在外商投资企业担任由外方委派、聘任的高级职务等情况。

《规定》公布实施后,上海组织领导干部进行专项申报,逐个核实甄别,区分不同情况,依照有关规定予以调整处理。今后,上海实行常态管理,形成长效机制。

(吕志伟)

C919大型客机研制

2006年,《国家中长期科学和技术发展规划纲要(2006—2020年)》确定16个重大科技专项之一——自主研制大型飞机。2008年5月11日,中国商飞公司在上海注册成立,作为实施大型飞机重大专项中大型客机项目的主体,也是统筹干线飞机和支线飞机发展、实现中国民用飞机产业化的主要载体。

一、项目实施背景

20世纪七八十年代,中国以上海地区航空工业力量为主体,自行研制运-10运输机并成功首飞,成为继英、美、俄、法之后第五个能造大飞机的国家。此后,又相继与欧美发达国家合作研制麦道82/90、AE100等飞机。但限于国际形势变化、国家投资能力、工业基础、技术储备、产业体系等因素制约,中国大型客机研制几起几落,始终没有形成产业。

改革开放以来,中国经济快速增长,人民生活水平显著提高,成为全球第二大民用航空市场。2015年,中国旅客运输量为4.4亿人次,人均乘机出行0.34次。根据欧美主要国家人均乘机出行在1.7次以上的指标,中国民航局预计到2030年,人均乘机将达到1次,旅客运输量15亿人次,民航运输将成为大众主要出行方式。发展大型客机,满足经济发展和人民日益增长的出行需要,也将成为一个潜力巨大的、新的经济增长点。

2006年,党中央、国务院将大型客机项目列入16个重大科技专项。2007年,国务院批准立项。中国商飞公司借鉴国际民机产业发展经验,结合中国航空工业特点,确定"为客户提供更加安全、经济、舒适、环保的民用飞机"的原则,确立"把大型客机项目建设成为新时期改革开放的标志性工程和创新型国家的标志性工程,把公司建设成为国际一流航空企业"的目标。2008年,C919项目落户上海,7月开始项目研制。

2014年5月23日,中共中央总书记习近平视察中国商飞公司时指出,搞大飞机和我们"两个一百年"的目标、实现中国梦的目标是一致的,中国要做强国,就一定要发展自己的装备制造业,一定要把大飞机搞上去,要一以贯之、锲而不舍、扎扎实实、脚踏实地,让大飞机成为彰显中国装备制造实力的新名片。

二、产品概况和研制安排

（一）产品概况

C919 大型客机是中国首款按照国际适航标准自行研制、拥有自主知识产权的中短程商用干线飞机，实际总长 38.9 米，翼展 35.8 米。基本型混合级布局 158 座，全经济舱布局 168 座，高密度布局 174 座，标准航程 4 075 千米，增大航程 5 555 千米，具有“更安全、更经济、更舒适、更环保”等特性，可为航空公司提供更多布局选择，为乘客提供更高乘坐品质。未来还将研制加长型、缩短型、增程型、货运型和公务型等系列产品。

（二）总体安排

参照国际民机制造产业的发展经验，C919 大型客机研制分为立项论证、可行性论证、预发展、工程发展、批生产与产业化五个阶段。至 2015 年，前三个阶段的研制工作相继完成，转入工程发展阶段，计划 2016 年首飞。

三、研制进展和产业带动作用

中国商飞公司坚持“中国设计、系统集成、全球招标，逐步提升国产化”发展原则，坚持“产业化、市场化、国际化”发展方向，坚持“自主研制、国际合作、国际标准”技术路线，举全国之力，聚全球之智，全力推进 C919 大型客机项目研制，带动中国经济和科学技术发展、基础学科发展和航空工业发展，助力上海建设具有全球影响力的科技创新中心。

（一）进展和主要研制成果

2008 年 7 月，通过联合工程队模式开始研制，年底基本完成 C919 大型客机项目可研论证工作。2010 年 12 月，中国民航局正式受理型号合格证申请。2011 年 12 月，通过工业和信息化部组织的国家级初步设计评审，项目全面转入详细设计。2014 年 9 月 19 日，开始结构总装。2015 年 2 月，通过国家级详细设计评审，转入全面试制阶段；11 月 2 日，C919 首架大型客机在中国商飞总装制造中心浦东基地总装下线。

C919 大型客机总装移动生产、中央翼、中机身、水平尾翼、全机对接等 5 条国际先进生产线全部建成。攻克 100 多项关键技术，掌握一批新技术、新材料、新工艺。创建 COMAC（中国商飞）管理体系，初步掌握系统工程方法，走出一条国家重大科技专项创新发展之路。基本建成“以中国商飞为核心，联合中航工业，辐射全国，面向全球”的中国民用飞机产业体系。

(二)技术创新和产业带动

充分发挥上海的区位优势、人才优势、科技优势和政策优势,构建"以中国商飞为主体,以市场为导向,政产学研用相结合"的民用飞机技术创新体系。凝聚人才、资本、技术和知识,促进企业、科研院所、高等学校协同创新,建立多专业融合、多团队协同、多技术集成的协同科研平台。吸纳清华大学、上海交通大学、北京航空航天大学、西北工业大学等国内36所高校参与开展技术攻关和研发。通过项目研制带动新技术、新材料、新工艺的群体性突破,掌握五大类、20个专业、6 000多项民用飞机技术,加快建设民用飞机技术体系。

以上海为龙头,坚持"小核心、大协作",充分发挥大型客机项目的引领带动作用,构建"以中国商飞公司为核心,联合中航工业,辐射全国,面向全球"的中国民用飞机产业体系。带动陕西、四川、江西、辽宁、江苏等22个省市、200多家企业、近20万人参与大型客机项目研制和生产,形成产业链、价值链、创新链。16家国际知名航空企业参与大型客机项目,与通用(GE)、霍尼韦尔(Honeywell)、利勃海尔(Liebherr)、联合技术公司(UTC)等组建航电、飞控、电源、燃油和起落架等机载系统的合资企业,涌现一批优秀参研单位和供应商,提升中国民用飞机产业配套能级。

(三)能力布局和区域产业链

经过8年多的发展建设,中国商飞公司上海地区"一个总部、六大中心"的能力建设布局形成。2015年,位于浦东世博园区的中国商飞公司总部基地投入使用;位于张江高科技园区的设计研发中心建成,民用飞机模拟飞行等一批重点实验室正在加快建设;位于祝桥地区的总装制造基地落成使用,与位于大场地区的总装基地构成新的总装制造中心;位于紫竹高科技园区的客服中心完成一期建设,正在开展二期建设;试飞中心浦东机场基地基本完工,祝桥总装基地开工建设;位于龙华地区的基础能力中心,技术支持和服务保障能力持续提升。

同时,祝桥总装基地依托浦东国际机场和航空产业基地,配合上海建设高水平的航空城,吸引大量零部件配套企业集聚。大型客机发动机总装、航电系统、照明系统等制造企业陆续进驻,相关衍生产品行业和航空软产业也正在基地周围集聚发展。根据《浦东新区民用航空产业"十二五"及远景规划》,预计未来15—20年,在大型客机项目带动下,将形成一个产值规模1 500亿元以上、财政贡献100亿元以上的民用航空产业集群。

(中国商飞公司)

上海迪士尼乐园建成开园

2016年6月16日上午，上海迪士尼乐园举行开园仪式，中国国家主席习近平发来贺信。国务院副总理汪洋宣读习近平主席的贺信并致辞，上海市委书记韩正出席开园仪式。汪洋指出，上海迪士尼乐园开园是“中美旅游年”框架下的重要活动，也是中美务实合作的一项成果。相信上海迪士尼乐园能够传播快乐、友善、分享的理念，为游客提供安全、便利、优质、舒适的服务，努力打造成世界一流的主题公园和中美合作共赢的示范项目。

2009年11月4日上午8点30分，上海市人民政府新闻办公室授权宣布：上海迪士尼项目申请报告已获国家有关部门核准。在国家有关部委的关心与指导下，上海迪士尼乐园项目经过中美双方多年接触和谈判，本着互惠互利的原则，于2009年初签订了合作框架协议，并按有关程序向国家有关部门上报了项目申请报告。2009年10月底，上海迪士尼项目获得国家有关部门核准。

2011年4月8日，上海迪士尼项目开工典礼及新闻发布会举行。上海迪士尼项目包括迪士尼乐园、主题酒店、大型零售餐饮娱乐区以及休闲娱乐设施、中心湖、停车场和交通枢纽等公共设施。该项目的建设是“迪士尼标准”和“上海最佳实践”的有机结合，既保持迪士尼原汁原味，又充分融合中国文化元素，以体现出中国特色。

2011年5月23日，经市政府常务会议审议，5月26日市政府公布《上海国际旅游度假区管理办法》。“办法”明确上海国际旅游度假区（简称度假区）范围、功能地位、管理机构职责等开发管理事宜。根据“办法”，度假区管委会承担参与编制度假区规划、组织拟订度假区产业政策、推进度假区开发建设、统筹协调区域内重大项目及基础设施建设、负责相关行政审批、指导区域功能开发、负责度假区日常事务管理、协调执法等职能。

上海国际旅游度假区位于浦东新区，规划面积约20.6平方千米，其中核心区约7平方千米。距人民广场约21千米，距陆家嘴约18千米，距浦东国际机场约12千米，距虹桥综合交通枢纽约30千米。上海国际旅游度假区规划以上海迪士尼项目为核心，整合周边旅游资源联动发展，建成能级高、辐射强的国际化旅游度假区域和主题游乐、旅游会展、文化创意、商业零售、体育休闲等产业的集聚区域。8月1日起，度假区管委会开始实施度假区投资、商务、规划、土地、建设、环保、绿化、市容、水务9类行政许可事项的审批工作,初步形成“一门式”便捷高效的行政审批服务机制。

2012年1月7日,上海海关、市出入境检验检疫局与上海国际旅游度假区管委会签署《支持上海国际旅游度假区建设合作备忘录》。三方坚持“需求导向、问题导向、项目导向”,形成符合迪士尼项目和国际旅游度假区特点的配套服务工作机制和具体工作方案;坚持提高行政效能和办事效率,为迪士尼项目和国际旅游度假区建设提供高效、便利的通关通检服务;坚持推进制度创新和功能创新,争取相关创新政策在国际旅游度假区先行先试。4月26日,上海迪士尼项目场地形成工程竣工,申迪集团将场地移交上海国际主题乐园有限公司。场地形成工程是对主题乐园、酒店、零售餐饮娱乐、公共交通连接段等区域地块进行岩土地质改良,面积1.68平方千米。中美两国技术团队通过长期论证和现场地质勘测,针对土质松软、含水量高等情况,最终确定采用真空预压地基加固技术,根据地上设施不同的功能需求,实现各地块从300毫米到900毫米不等的目标沉降量。为达到统一的93%压实度标准,对不同区域、不同土层采用多种工艺进行处理,工程量总计1 000万立方米。中美双方项目团队成立施工竣工核查小组,形成含设计、环境、施工、检测等九大类、500余册的技术档案资料。

2013年3月,上海市建设交通委、上海国际旅游度假区管委会联合发布实施《上海迪士尼主题乐园项目建筑设计导则》和《上海迪士尼主题乐园项目游艺类开口建筑节能设计导则》,标志着“迪士尼标准”和“上海最佳实践”结合取得重要进展。在建筑设计方面,借鉴其他已建成迪士尼乐园的经验,着重对乐园建筑、消防、水下电机等设计难点开展研究,通过技术和运营管理措施加以解决。在建筑节能方面,将游艺类开口建筑按照游艺设备通过开口的速度不同分为A、B两类,通过舒适度、温度、风速分布、能耗、活塞通风量等量化分析,提出节能措施并形成节能技术导则,填补国内空白。5月24日,上海迪士尼乐园奇幻童话城堡的第一根永久混凝土桩打入地基,标志着城堡施工正式启动。奇幻童话城堡是上海迪士尼乐园内的标志性中心景点,将成为迄今为止最具互动性的迪士尼城堡,城堡内设有娱乐、餐饮和表演等丰富空间。12月6日,上海市政府批复同意《上海国际旅游度假区结构规划》。度假区规划范围在原有基础上向南拓展24.7平方千米,其中核心区7平方千米,发展功能区17.7平方千米。度假区功能定位立足于构筑上海城市休闲旅游功能核心,塑造具有示范意义的现代化旅游城、当代中国娱乐潮流体验中心,形成旅游产业发达、文化创意活跃、消费低碳环保、环境优美宜居的大都市新地标,最终发展成为世界级旅游目的地。在产业体系上,充分发挥迪士尼项目的产业带动优势,体现新兴业态导向、产业融合导向、低碳智慧导向、重大项目带动导向,构建度假区的产业发展体系。度假区规划形成“一核、五片”的空间发展格局，总建筑规模约为 700 万平方米。

2014 年 3 月 19 日，上海迪士尼度假区公布“宝藏湾”游乐园区主题，这是全球迪士尼乐园中首个以海盗为主题的园区，包括全新的高科技船载游乐项目“加勒比海盗—沉落宝藏之战”。11 月 13 日，上海迪士尼度假区公布两座主题酒店（上海迪士尼乐园酒店和玩具总动员酒店）、大型购物餐饮娱乐区（迪士尼小镇）和配套休闲区的规划细节、效果图。3 月 24 日，上海申迪集团与英国唯泰集团举行上海购物村项目签约及启动仪式。项目位于上海国际旅游度假区，建筑面积约 5 万平方米，将建成汇聚国际、国内知名品牌，集购物、餐饮、休闲、娱乐、服务和旅游等业态于一体的欧式花园购物广场。唯泰集团是欧洲九大购物村的开发商和运营商，其最大特色是将旅游与购物结合经营，已与巴黎迪士尼乐园建立良好的长期合作关系。4 月 29 日，上海申迪集团和美国华特·迪士尼公司共同宣布上海迪士尼度假区提前扩建计划，追加投资 8 亿美元（约 50 亿元人民币），用于新增景点、娱乐演出和其他设施建设，增资扩容计划获得上海市和国家有关主管部门的核准。增资后，申迪集团和迪士尼公司总计为上海迪士尼乐园项目投资 55 亿美元（约 340 亿元人民币）。6 月 19 日，上海市人民政府批复同意《上海国际旅游度假区核心区过渡性开发规划实施方案》，明确过渡性开发的规划范围、功能定位、土地利用、建筑规模和综合交通规划等。年内，《上海国际旅游度假区户外广告及主体招牌设施设置实施方案（一期）》《上海国际旅游度假区绿化专项规划（2011—2030）》也通过市绿化市容局行业审核。至此，度假区发展规划、结构规划、核心区控规及相关专项规划等均获批，度假区规划体系基本形成。8 月 25 日，经上海市政府批准，市财政局、市发展改革委、浦东新区政府和上海国际旅游度假区管委会联合印发《上海国际旅游度假区专项发展资金使用管理办法》，确定设立上海国际旅游度假区专项发展资金，明确专项发展资金的支持方向、方式、资金规模、政策期限和使用管理原则等。专项资金重点支持聚焦高品质环境营造、促进低碳度假区建设、提升大客流管理水平、促进新业态新功能聚集、优化人才服务环境、其他支持项目六个方面。

2015 年 2 月 4 日，上海迪士尼乐园酒店封顶。酒店拥有 420 间客房，以“新艺术主义”为设计风格，游客可在此一览上海迪士尼乐园、迪士尼小镇以及度假区中心湖区的景色。4 月 8 日，度假区核心区——上海迪士尼项目区域的道路、河流、湖泊、桥梁、公共绿地、地铁站等地名命名方案，陆续获得审批通过并公布。度假区地名命名工作历时 1 年多，度假区管委会、市地名办等部门与相关企业通力协作，通过地名征集、专家咨询、重名筛查和多方案比选论证等严谨细致的工作流程，既考虑上海本土文化特色和感情诉求、体现中国元素,又展现迪士尼风格,最终形成6类24项基础设施的命名,包括3条辅(支)路:“奇妙路”“灵感街”“探索路”;3条出入口大道:西面的“迪士尼大道”、东面的“阳光大道”、南面的“星光大道”;中心湖:“星愿湖”;湖边绿地:“星愿公园”;两座跨湖桥梁:“祥云桥”“彩虹桥”;1个地铁站:“迪士尼站”。横跨川迪河上的4座桥梁,则分别以已动迁的4个村落命名,即“赵行村桥”“学桥村桥”“金家村桥”“旗杆村桥”,纪念当地居民对度假区建设的贡献。5月19日,上海迪士尼奇幻童话城堡封顶。城堡位于上海迪士尼乐园中心,是世界上最高、最大、最具互动性的迪士尼城堡,被认为是“原汁原味的迪士尼神奇王国”与“独特中国元素”的完美融合。城堡尖顶是一朵金色的中国名花——牡丹——造型,城堡的另一个塔尖上则是上海市花白玉兰的造型。该设计由“华特·迪士尼幻想工程”完成。美国建筑师协会向“华特·迪士尼幻想工程”颁发“建筑实践技术大奖”。7月15日,上海迪士尼度假区在世博中心举行创意亮点展示活动。华特迪士尼公司董事长兼首席执行官罗伯特·艾格出席,并揭晓其主要游乐项目、娱乐演出、餐饮及酒店的众多亮点,包括一座以神奇王国风格打造的主题乐园,两座主题酒店、一个国际级购物餐饮娱乐区——迪士尼小镇以及由花园和湖泊组成的休闲区——星愿公园。同日,通过网络向全世界发布。10月31日—11月1日,上海BIM国际论坛举办,是2015年“世界城市日”系列活动之一,由市住房城乡建设管理委与度假区管委会联合主办。以“创新与可持续——BIM技术与未来智慧城市建设”为主题,邀请国内外知名专家就BIM(建筑信息模型)发展全球经验、BIM在大型复杂性项目中的设计与施工应用、BIM创新应用与政府实践等议题展开交流。同时,在世界城市日重要活动——“2015上海国际城市与建筑博览会”上设置度假区专题展区,对迪士尼乐园及相关市政配套项目在设计、施工、运维等方面新技术、新工艺的应用成果进行宣传展示。

2016年3月28日,上海迪士尼乐园发售门票,盛大开幕期票价为499元;盛大开幕期后,平日门票为370元,高峰日门票为499元。儿童、老年人、残障游客等有优惠。5月7日,在距离上海迪士尼乐园正式开幕还有40天的时候,上海迪士尼乐园开始试运营。6月14—16日,上海迪士尼乐园度假区举行为期3天的开幕庆典活动,6月16日午间正式迎接首批游客。

上海迪士尼乐园是中国大陆第一个、亚洲第三个、世界第六个迪士尼主题公园。乐园拥有七大主题园区:米奇大街、奇想花园、探险岛、宝藏湾、明日世界、梦幻世界、玩具总动园;两座主题酒店:上海迪士尼乐园酒店、玩具总动员酒店;一座地铁站:迪士尼站;并有许多全球首发游乐项目、精彩的现场演出和多种奇妙体验,任何年龄段都能在这里收获快乐。

专题纪事

截至2016年12月31日，上海迪士尼入园游客达560万人次，成为全球迪士尼旗下各乐园游客人次最快突破500万的乐园之一。来自第三方的游客满意度调查显示，选择“非常满意”和“满意”的游客相加，达受访游客总量的八成。此外，开园以来，迪士尼配套酒店客房的入住率超过九成，中文版《狮子王》演出场次超过220场，刷新了百老汇单部音乐剧在中国大陆驻场演出的场次纪录。

（吕志伟）

上海中心建成运营

2016 年 4 月 27 日，历时 8 年建设的世界第二高楼、中国第一高楼、上海地标性建筑——上海中心建设者荣誉墙揭幕并宣布分步试运营。上海中心首先对公众开放的是裙房和地下室。为铭记每一位参建者为上海中心做出的贡献，上海中心在主楼西面设立一面长 60 米、琉璃材质的荣誉墙，上刻 500 家单位、4 021 人的名字，为建设者树立荣誉墙的做法在上海建设系统尚属首次。

上海中心位于中国上海浦东陆家嘴金融贸易区核心区，项目面积 433 954 平方米，主体建筑总高度 632 米，地上 127 层，地下 5 层，总建筑面积 57.6 万平方米，是一座集办公、酒店、会展、商业、观光等功能于一体的垂直城市。

上海中心大厦项目的筹备工作很早就已启动。2006 年 9 月，在上海环球金融中心“茁壮成长”之际，上海有关部门开始组织“上海中心”项目的招投标，包括国际著名的美国 SOM 建筑设计事务所、美国 KPF 建筑师事务所等都提交了设计方案，上海现代建筑设计集团也组织了集团内部的设计单位参与设计。

2007 年 12 月中旬，有关各方在上海城投召开了“Z3-2 地块规划研究成果专家评审会”，开始评审设计方案。美国 SOM 建筑设计事务所、美国 KPF 建筑师事务所及上海现代建筑设计集团等多家国内外设计单位提交设计方案，美国 Gensler 建筑设计事务所的“龙型”方案及英国福斯特建筑事务所“尖顶型”方案入围。经过评选，“龙型”方案中标，大厦细部深化设计以“龙型”方案作为蓝本，由同济大学建筑设计研究院完成施工图出图。

上海中心大厦不只是一座办公楼。大厦的 9 个区每一个都有自己的空中大厅和中庭，夹在内外玻璃墙之间。1 区是零售区，2 区到 6 区为办公区，酒店和观景台坐落于 7—9 区。空中大厅的每一层都建有自己的零售店和餐馆，成为一个垂直商业区。

上海中心大厦有两个玻璃正面，一内一外，主体形状为内圆外三角。形象地说，就是一个管子外面套着另一个管子。玻璃正面之间的空间在 3—33 英尺之间（约合 0.9—10 米），为空中大厅提供空间，同时充当一个类似热水瓶的隔热层，降低整座大楼的供暖和冷气需求。降低摩天楼的能耗不仅有利于保护环境，同时也让这种大型建筑项目更具有经济可行性。

上海浦东处在一个冲积层，上海中心的建造地点位于一个河流三角洲，土质松软,含有大量粘土。在竖起钢梁前,工程师打了 980 个基桩,深度达到 86 米,而后浇筑 60 881 立方米混凝土实施加固,形成一个 6 米厚的基础底板。大厦主楼 61 000立方米大底板混凝土浇筑工作于2010 年3 月29 日凌晨完成,如此大体积的底板浇筑工程在世界民用建筑领域开了先河。上海中心大厦基础大底板浇筑施工的难点在于,主楼深基坑是全球少见的超深、超大、无横梁支撑的单体建筑基坑,其大底板是一块直径 121 米,厚 6 米的圆形钢筋混凝土平台,11 200 平方米的面积相当于 1.6 个标准足球场大小,厚度则达到两层楼高,是世界民用建筑底板体积之最。其施工难度之大,对混凝土的供应和浇筑工艺都是极大的挑战。作为 632 米高的摩天大楼的底板,它将和其下方的 955 根主楼桩基一起承载上海中心 121 层主楼的负载,被施工人员形象地称为"定海神座"。

大厦外幕墙玻璃于 2012 年 8 月 2 日开始安装。其墙钢结构支撑体系结构复杂,以主体结构八道桁架层为界,共分为 9 区,每区幕墙自我体系相对独立,是世界上首次在超高层安装 14 万平方米柔性幕墙,被业界定义为"世界顶级幕墙工程"。整个玻璃幕墙体系,不仅需要克服上下跨度大、支撑玻璃幕墙钢环梁构建超长等难题,更要综合考量如何在台风、地震、高低温、幕墙玻璃板块自重加载等各种环境因素影响下,对幕墙变形及结构安全实施有效的控制。

为确保在狂风、暴雨和高压等恶劣条件下,大厦外幕墙的各项性能达到设计要求,杜绝"玻璃雨",外幕墙经过了水密性能、气密性能、抗风压性能、平面内变形性能的"四性测试"以及 150%设计荷载下结构安全等性能指标的试验,以保证安全。

设计师还为外幕墙的玻璃设置了重重防护:第一道防护——使用超白玻璃,与普通钢化玻璃相比,自爆率接近于零。第二道防护——玻璃中加胶片,即使玻璃在剧烈的锤击试验下慢慢破裂,所有碎片也能牢牢附着在胶片上,不会落地。同时,双层幕墙之间的空腔成为一个温度缓冲区,就像热水瓶胆一样,避免室内直接和外界进行热交换,采暖和制冷的能耗比单层幕墙降低 50%左右。2014 年 10 月 29 日,大厦外墙安装彩灯,开始测试亮灯。2014 年 11 月 19 日,历时 2 年 3 个月,总面积达 14 万平方米的主楼玻璃幕墙全部安装到位。

2013 年 8 月 3 日上午,随着主体结构最后一根钢梁吊装就位,大厦实现主体结构封顶,按计划达到 125 层、580 米的高度。2014 年 8 月 3 日,大厦全面结构封顶,顺利到达 632 米最高点,刷新申城天际线新高度。从顶部看,大厦的外形好似一个吉他拨片,随着高度的升高,每层扭曲近 1 度。这种设计能够延缓风流。风环绕建筑时会形成涡旋脱落效应,导致摩天楼剧烈摇晃。对按比例缩小的模型进行风洞测试后发现,这种外形设计能够将侧力减少 24%,这对于经常经受台风考验的上海建筑来说至关重要。

2015 年 4 月,大厦综合燃气管道工程完成埋地钢管镶接作业,锅炉和三联供通气进入调试阶段,标志着大厦成功实现通气,天然气供气高度达到 557.94 米。2016 年 3 月 12 日,大厦建筑总体正式全部完工。

大厦采用多项最新的可持续发展技术,达到绿色环保的要求。环评公示显示,在主楼顶层计划布置 72 台 10 千瓦的风力发电设备,对冷却塔加以围护以降低噪音,而绿化率将达到 31.1%。

主要的技术指标包括:室内环境达标率 100%;综合节能率大于 60%;有效利用建筑雨污水资源,实现非传统水源利用率不低于 40%;可再循环材料利用率超过 10%;实现绿色施工;实现建筑节能减排目标。

此外,大厦的造型也极大程度地满足节能的需要。摆脱高层建筑传统的外部结构框架,以旋转、不对称的外部立面使风载降低 24%,减少大楼结构的风力负荷,节省工程造价。同时,与传统的直线型建筑相比,大厦的内部圆形立面使其眩光度降低 14%,且减少能源消耗。

大厦的快速电梯采用加压舱设计和可以发电的转换器,能耗减少 30%。106 部电梯中 7 部为双层电梯。

可直达 119 层观光平台的快速电梯,速度可达每秒 18 米,55 秒可抵达上海中心 119 层观光平台。如果下行,每秒速度达 10 米,70 秒后可抵达一层。这样的超高速观光电梯有 3 台。

大厦依靠 3 个相互连接的系统保持直立。第一个系统是约 27 米×27 米的钢筋混凝土芯柱,提供垂直支撑力。第二个是钢材料“超级柱”构成的一个环,围绕钢筋混凝土芯柱,通过钢承力支架与之相连。这些钢柱负责支撑大楼,抵御侧力。最后一个是每 14 层采用一个 2 层高的带状桁架,环抱整座大楼,每一个桁架带标志着一个新区域的开始。

大厦除了第 118 层和 119 层作为主要观光层开放让游客体验外,第 125 层和 126 层也建观光区,高度分别达到 580 米和 583 米。大厦还举办巅峰艺术展和视听表演。收藏家马未都打造的观复博物馆已入驻“上海中心”,“金器馆”“宗教馆”“中西文化交流馆”“瓷器馆(宋)”等向公众开放。上海中心可抵达的最高点为 125—126 层,设置有风阻尼器。这个神秘的空间内,可以举办一些小型音乐演奏会、艺术展示等。大厦的观光平台将设置纪念品商店、空中邮局等,还酝酿增设世界超高层建筑史展览等内容。

上海中心大厦 632 米高的超高层整体构思景观灯及主题灯光秀,除了为建筑本身增光添彩,初步确定围绕上海创新精神的主题,进行整体灯光设计。塔冠部位有2 000多平方米的大屏幕及LED点阵灯光，而大楼9大区域外墙上也在安装灯光扣件，或临时或永久性设置灯光造景。大厦会打造4类灯光秀，对应平时、周末、节假日以及特殊演出。与外滩浦东浦西建筑群景观灯呼应，定期展示地标性灯光秀。

（吕志伟）

青龙镇遗址考古

2016年12月，上海青龙镇遗址考古发掘获得重大成果。12月8日，上海博物馆青龙镇遗址考古队向媒体发布其自2010年至2016年对上海青龙镇遗址考古发掘的最新发现成果，确证青龙镇是唐宋时期海上丝绸之路上重要的贸易港口，新发现的隆平寺塔为研究青龙镇的市镇布局提供重要线索，隆平寺塔基及其地宫的发现，为研究北宋时期南方软土地基下塔基的建造工艺与地宫舍利瘗埋制度提供重要材料，在中国古建史、佛教史上具有重要意义。

为了解青龙镇遗址的文化内涵，从2010年起，上海博物馆和青浦博物馆依据大遗址规划、启动青龙镇遗址的田野考古发掘，总面积达25平方千米。青龙镇遗址历年考古发掘出土来自福建、浙江、江西等窑口可复原瓷器6 000余件及数十万片碎瓷片。青龙镇出土的瓷器绝大部分为南方窑口，唐代以越窑、德青窑、长沙窑为主，至宋代渐转为以福建闽清义窑、龙泉窑、景德镇窑产品为主。其中，大量的福建窑口的瓷器与朝鲜半岛、日本等地发现的瓷器组合非常相似，说明当时许多瓷器产品运到青龙镇后，进而转口外运，主要销往朝鲜与日本。考古发现的瓷器与文献记载相印证，证明青龙镇是海上丝绸之路重要港口之一，为海上丝绸之路研究添加新证据。

青龙镇遗址也是上海城镇发展史上重要的一环。考古发掘发现唐宋时期的房基、水井、灶、铸造作坊等遗迹，为了解青龙镇遗址的布局和文化内涵提供重要线索。特别是2015—2016年的发掘，发现文献记载中的青龙镇“北寺”——隆平寺塔基，证明青龙镇北部一个关键性的地标，对于青龙镇的市镇布局研究有重要价值。2015—2016年发现的隆平寺塔始建于北宋天圣年间(1023—1032)，是上海第一次经考古发掘确认的古塔遗址。考古发掘发现保存较为完整的塔基，塔基为八角形的砖石结构，塔身外有双回廊的副阶。从塔基的直径而言，隆平寺塔的体量超过目前上海所存的13座古塔。考古发掘显示隆平寺塔塔基以地宫为中心，采用夯土堆筑而成，地宫上部以2条十字相交的木板作为封护，其结构特殊，不同于国内已经发掘的塔基形式，在中国古建史上具有重要的意义。

隆平寺塔基发现保存完整的地宫，隆平寺塔地宫为仿塔结构，平面呈长方形，东西长1.48米，南北宽1.2米，高1.42米。下为三层砖叠涩砌出须弥座，中间束腰，地宫主体为直壁，东、西、南三面各砌有火焰形壶门，顶部用砖叠涩封口，上盖一梯形覆石。地宫宫室内壁为石板砌筑，下面满铺各时代钱币万余枚，钱币年代较早的为五铢，最晚则为天禧通宝，重要的钱币有得壹元宝、咸康元宝、宋元通宝铁母钱等。地宫中置套函，函外左右各有一座阿育王塔。套函共有四层，最外为木函，向内依次为铁函、木贴金函、银函。银函底部铺有一层彩色宝石，上置一尊释迦牟尼涅槃像。此外，在木函内还装藏有银箸、银勺、银钗、银龟、铜镜、水晶佛珠等一批供奉品。本次发掘在套函内发现一个铜瓶，瓶内装有 4 颗圆珠，其中 3 颗为水晶质，它们应当就是佛教圣物舍利，这一发现也与文献中关于隆平寺塔“中藏舍利”的记载相符。

据《上海名镇志》记载，青龙镇现名旧青浦镇，今属于上海青浦区白鹤镇，距青浦镇东北 14 千米。唐代中叶至两宋之间盛极一时的青龙镇，是上海地区最早的对外贸易港口和商业重镇，自那时至明万历元年（1573 年）青浦县城由青龙镇迁唐行镇，青龙镇衰落，其间历经 800 年的沧桑岁月。

在近代陆上交通工具尚未出现时，市镇的兴衰存废都与水道的畅通阻塞、流徙变迁有着不可分割的联系。青龙镇的兴衰与吴淞江的畅淤有着密切的联系。

吴淞江既是太湖排水入海主要水道，也是一条重要航道。唐天宝五年（746 年），在吴淞江下游南岸（沪渎）建镇，时河口宽达 20 里，镇东临海水面更阔，具备良港条件。随着太湖地区的开发，青龙镇处于江海要冲，为苏州及太湖流域出海通道，海船进江必经之地，成为上海地区最早的对外贸易集镇。

唐长庆年间（821—824 年），青龙镇已十分繁盛，苏州一带贡物也经吴淞江从沪渎转口北运。大中年间（847—859 年），已有倭国（日本）、新罗（朝鲜古国）海舶来往青龙镇。日本僧人圆仁在《入唐求法巡礼行记》中，记述了他于大中元年（847 年）五月回国，从苏州吴淞江海口（青龙镇）上船起航的情况。青龙镇逐发展成为太湖流域重要的转口贸易港和浙江沿海最早的外贸港口之一。

五代时期，吴越地区内外贸易发达，因陆路交通受阻于南唐，与北方贸易仅通海路，朝廷在沿海“广置博易务，听南北贸易”。时青龙镇为吴越仅有的通商海口，对外与日本、高丽、契丹、大食（唐宋时期对阿拉伯部分国家的称呼）也有贸易往来，还从大食输入锰火油，并转输契丹。蕃舶往来，盛于唐代。

北宋淳化二年（991 年）正式建镇。青龙镇初设水陆巡检司及镇将，负责守卫巡逻，还兼管财政。景祐年间（1034—1038 年），在青龙镇设文臣理镇事。景祐以后，增设文职官员，官麟、镇学、税务、监狱、官仓、茶场、酒务等也纷纷建立，热闹非凡。

镇上内外贸易极盛：杭、苏、湖、常等州来的船月月有；福建的漳、泉和浙江的明、越、温、台诸州的船，每年要来二三次；广南、日本、新罗的船只，往往每年来一次,出现了“人乐斯土,地无空闲”的繁华景象。青龙镇已是“海舶百货交集,梵宇亭台极其壮丽,龙舟嬉水冠江南,论者比之杭州”。

据《宋会要辑稿》记载,熙宁十年(1077 年)青龙镇的税收为 15 879 贯 400 文,几乎占华亭县商业收入的一半。梅圣俞《青龙杂志》记载,青龙镇有坊三十六,桥二十二。三十六坊为见山坊、云津坊、至喜坊、先登坊、合浦坊、龙江胜(或作“福”)地坊、招鹤坊、通惠坊、攀龙坊、平理坊、恩波坊、崧高坊、来远坊、安流坊、万柳隄坊、熙春坊、便民坊、兴贤坊、亨衢坊、上达坊、中和坊、连魁坊、平康坊、振文坊、太平坊、仰高坊、皇华坊、桂枝(或作“折桂”)坊、还珠坊、仙坛坊、阜民坊、登云坊、崇义坊、同福坊、福寿坊、迎仙坊。

政和四年(1114 年),改青龙镇为通惠镇,南宋建炎元年(1127 年)复名青龙镇。北宋以来,青龙港的河道及海口地形受极大限制,水网逐渐遭到破坏。营田者不顾航行的便利任意占水为田;经商者亦不顾农田水利,大肆毁田拆闸以通船舶。结果河道淤塞,水面狭窄,航行困难。元末,由于海岸线东移,海口与青龙镇距离日远,吴淞江上游日益淤浅,下游日渐缩狭,往来海船已不能溯沪渎驶入青龙镇港口,元至正十六年(1356 年)罢青龙市舶司。后来又屡经兵燹,尤以明嘉靖年间,倭寇入侵骚扰,破坏最重。青龙镇日渐萧条,丧失了贸易港口之利,终致衰落。自明末以还,镇上的名胜古迹已十不存一。

明嘉靖二十一年(1542 年),青浦建县时,县治设在青龙镇,以原镇属为县公署,并未在县治建造城墙。三十二年废县后恢复镇制。万历元年复县时迁县治于唐行镇,青龙镇更见衰落,更名为旧青浦镇。

青龙镇繁盛之时,共有 7 塔 13 寺。其中最著名的是青龙塔和青龙寺。

青龙寺,原名吉云禅寺。唐天宝二年始建,初名报德寺,俗称南寺。长庆年间改名隆福寺,建隆福寺塔,俗称青龙塔,又名青龙雁塔。北宋大中祥符年间(1008—1016 年),僧畅住寺中,日诵《法华经》1—2 部,夜礼弥勒菩萨 200—300 拜,30 年始终一贯,故人称畅法华。80 岁时病逝,僧泽随将其灵骨葬于寺门之左,上建石塔以识之。北宋庆历年间(1041—1048 年),重建佛塔,砖木结构,七级八角。建塔前,沪渎港“与海相接,茫然无辨”,入港船只常常失势,飘入深波;建塔后,望塔进止,怵心顿减,得安全入泊。后寺渐圮塌。

元大德三年(1299 年),住持普善得宣慰使任仁发(画家、水利专家)捐资重建。致和元年(1328 年),其子贤德,至正三年(1343 年)其孙士质,先后修缮大佛殿和东西两庑,焕然一新。钟鼓之声不绝,梵呗之声达旦,有“佛角为天下之雄”之誉。同时,恢复寺田 30 顷。杨维祯撰《重修宝塔并复田记略》记述该事。明代,寺又颓败。明崇祯十七年(1644 年),里人朱明镜重修佛塔。明末,寺毁于兵燹。清顺治五年

(1648年),住持百愚鸠工集材,重建殿宇。先后重建禅堂、斋堂、大雄殿、地藏殿、厨库以及方丈室、韦驮殿和普同塔等,寺宇渐现新貌。康熙五十二年(1713年),智暹住持。康熙五十四年,康熙帝南巡时赐名吉云禅寺,御书"精严寿相"额,赐水晶观音1尊,紫衣1袭,萱花画扇1把。乾隆三十九年(1774年),蒋浦徐葵新建文觉堂、澄怀堂、东廊庑、地藏殿等。全寺占地60亩,领寺田450亩,建筑宏伟,梵宇瑰丽,一时为东南名刹。嘉庆三年(1798年)遭火灾,寺宇全毁。道光元年(1821年)重建。咸丰年间(1851—1861年)又遭兵燹,寺被毁,仅留一塔,塔身被焚,仅存砖身。民国二十五年(1936年)寺僧募建观音阁及大钟一口,今俱废,仅存碑刻2块:(1)重兴隆福寺碑记。康熙六年建,由诸嗣郢撰文,监院德泰同维那德吴立石。(2)赐吉云禅寺重建大殿碑铭。道光十二年(1832年)建,由祖定撰文,监院澄参立石。

青龙塔已有300余年失修,楼梯尽毁,腰檐无存,塔身倾斜14度,岌岌可危。1956年,台风将塔顶的铜葫芦吹落,上铸有"明崇祯十七年"字样。铜葫芦收藏在青浦县博物馆。1993年,青龙寺重建后开放,由光云任监院。现位于青浦区白鹤镇青龙村,寺、塔均为上海市级文物保护单位。

青龙镇至新中国成立前沦为乡村集镇。现全镇人口千余,有杂货、百货商店,酒店、茶馆、书场等服务设施。镇上有初中和完小各一所。镇北有相传为宋抗金名将韩世忠犒师遗址酒瓶山和抗日战争胜利后新四军北撤时书写的标语。镇北一千米处有杏花村。镇西旧有沪渎村,或云为旧沪渎垒遗址。镇上的酒坊桥,原名庆安桥,在宋代的酒务坊前,是当时二十二桥中仅存的一座。

上海是闻名中外的贸易、航运、经济和金融中心,如今的洋山港成为世界级的贸易码头。然而,洋山港的祖父是唐宋时期位于上海青浦的青龙镇。上海城市,也不是西方人士所说的从一个小渔村发展起来的,而是有1 300多年的城镇史。青龙镇,是上海最早的港口码头,是最早的国际航运中心。

(吕志伟)

上海自然博物馆新馆建成开馆

2015年4月19日，历经10年精心筹备，上海自然博物馆新馆以一身绿色鹦鹉螺造型正式亮相，成为具有世界一流水准的上海科普和建筑新地标。

上海自然博物馆的历史最早可追溯到1868年由法国天主教神父韩伯禄创立的徐家汇博物院（中国最早的博物馆，1933年更名为震旦博物院）和1874年由英国人办的亚洲文会上海博物院（隶属于大英博物馆皇家学会，1949年后改名为上海博物院）。1956年，在震旦博物院和上海博物院的基础上，上海自然博物馆正式成立。2001年，上海自然博物馆撤销建制，归并入上海科技馆。上海自然博物馆（旧馆）位于黄浦区延安东路260号。该馆大楼建筑带有英国古典风格，建筑面积为12 880平方米，内设机构有动物学部、植物学部、地质古生物学部、人类学部、天文学部、科学教育普及部、资料部、美术设计部、标本制作中心和《自然与人》杂志社。上海自然博物馆有标本收藏量近27万件，其中"黄河古象"和"马门溪恐龙"被称作"镇馆之宝"，是我国最大、最有影响力的自然博物馆之一。

由于上海自然博物馆（旧馆）建筑是一座历史悠久的老洋楼，一定程度上限制了上海自然博物馆新时代的发展。2007年，上海自然博物馆新馆项目正式立项，总投资13亿元，建筑面积45 257平方米，展览教育服务面积32 200平方米，年接待观众200万人次。新馆位于静安雕塑公园，由美国帕金斯威尔设计师事务所（PERKINS + WILL）与同济大学建筑设计研究院共同参与设计。2009年6月26日破土动工。2012年，由上海建工二建集团主承建的上海自然博物馆新馆工程顺利竣工验收。

上海自然博物馆新馆建筑的设计灵感来源于"螺"的壳体结构，盘旋而上的绿植屋面从公园内冉冉升起，静动有致的建筑宛如一只"绿螺"。2007年8月，美国帕金斯威尔设计师事务所与同济大学建筑设计研究院（下文简称"TJAD"）组成的联合体，经过公开招标，成为自然博物馆新馆的建筑设计中标单位。

"鹦鹉螺"这一经典的生物形式在地球上已持续存在几百万年，是和谐比例与动态力学的完美结合。新馆建筑秉承"以人为本"的设计理念，融合"山水花园"的设计风格，采用"自然生态"的设计手法。中心景观区的160多种植物呈岛状分布，犹如"原始森林"一般，与五个大小不一的"水池"组成一座"山水花园"，继承了传统建筑文化。绿化屋面技术具有良好的隔热保温功能，年节电量可达24万千瓦。

“绿螺”还采用节能围护结构、节能空调技术、太阳能综合利用、高大公共空间气流组织、自然光导光技术、雨水回收系统、生态节能集控管理平台等七大系统，与整个建筑共同构成达到国家绿色建筑评价标识星级标准的“绿色生态建筑”。

随着能源短缺与环境污染日益严重，节能环保成为大众当前最关注的问题之一。建筑作为节能降耗的重要领域，正面临向节能环保转型的征程，而绿色建筑，则成为必然的发展趋势。上海自然博物馆新馆是一座典型的绿色低碳建筑。它的外围护体系采用节能幕墙、绿化隔热外墙和生态绿化屋面三项技术，将能耗最大的建筑表皮转换成能量调节装置；它的雨水回收系统，将收集屋面和中央水池接纳的雨水，经处理后提供100%的景观和浇灌用水；它装有地源热泵系统，利用无污染、无废弃物的可再生能源——地热作为主要冷热源；它结合天窗采光，实现太阳能光谱发电，同时提供太阳能热水利用；它设有建设生态节能集控管理平台，将减少不必要的照明能耗，降低运行费用……除了节能，它还很智能，将汇集建筑自动化控制技术、无线射频技术、人脸识别报警技术、观众自动统计分析技术于一身，体现未来建筑的理念。新馆各个立面都不一样：西面主要是清水混凝土墙；北面是具有条形岩石肌理和斑驳质感的构造墙；东面是由垂直绿化组成的生态墙；最抓人眼球的是南墙——轻盈优美而充满想象空间的“细胞墙”由于屋顶为从地面盘旋升起的草坡，整个建筑大部分空间位于地下，这虽然节约了城市用地但也带来了采光的困难。所以南向设置了下沉庭院，将自然光引入地下，环绕下沉庭院的通高玻璃幕墙“细胞墙”才“应运而生”。

上海自然博物馆展览以“自然·人·和谐”为主题，通过“演化的乐章”“生命的画卷”“文明的史诗”三大主线，呈现起源之谜、生命长河、演化之道、大地探珍、缤纷生命、生态万象、生存智慧、人地之缘、上海故事、未来之路等10个常设展区及临展厅、4D影院、探索中心等配套功能区域。展示陈列来自七大洲的11 000余件标本模型，其中珍稀物种标本近千件；近1 500平方米的步入式复原场景，逼真再现生机勃勃的非洲大草原；“跨越时空的聚会”大型标本阵列，汇聚古今中外200余件动植物明星；“逃出白垩纪”等5个沉浸式剧场，再现演化史上的大事件；“自然之窗”等26组复原生态景箱，致敬自然博物馆的经典展陈；400个视觉媒体和1套网上博物馆系统，满足自媒体时代的公众需求；1 500组科学绘画，直观地展现艺术与科学的结合；300平方米的活体养殖区，零距离触摸自然；1 200平方米的“探索中心”，构筑观察发现、动手实验、对话探讨的乐园；“自然史诗”多媒体秀，打造集科技、人文于一体的艺术盛宴。

上海自然博物馆拥有29万余件藏品，包括来自华东地区乃至全国及世界各地的自然界和人类历史遗物，分别隶属于植物、动物、古生物、地质及人文五大类，其中植物标本 15 万余件,哺乳动物标本 4 千余件,鱼类、鸟类、两栖爬行类各 1 万余件,昆虫标本近 3.3 万件,其他无脊椎标本 5 万余件,地质标本 0.5 万余件,古生物 0.8 万余件,人文民俗类 3 500 余件。

新成立的"自然史研究中心"以丰富的馆藏标本为基础,以自然史为主要研究内容,致力于城市生态与生物多样性、地球"三极"生物和进化与比较生物等研究,为自然博物馆的收藏、展示和教育提供学术支撑。科研人员通过保存自然界及人类遗物,利用标本开展学术研究,揭示生物多样性的发生、发展和维持机制,增进人们对生物及其环境演化的了解。此外,透过展示陈列和教育活动,传递藏品的科学内涵,传播科学方法和科学精神。

上海自然博物馆构建面向各类受众、多维立体的教育体系,借助问题导向的教育方式、以人为本的自主学习和动态开放的知识体系,引导观众探究过去、把握现在、思考未来。除了常设展区中的实验室、研究室、教育活动点之外,位于地下二楼的"探索中心"是馆内特设的一处教育活动场所,以儿童、青少年、学生团体、亲子团体为主要受众群体。结合博物馆特色展示资源、衔接学校课程内容,自主开发的教育课程,紧扣学生兴趣特点,涵盖几乎所有学科门类。除传统的授课形式,兼顾观察记录、动手实验、主题演示、角色扮演、讨论对话等层次丰富、交叉互动的学习方式,培养受众科学探究的方法、自主学习的态度、追根溯源的探索精神。

除实体场馆之外,上海自然博物馆还有一套以导览和教育为主要功能的网上博物馆应用系统,包括网站、App 和微信三大应用模块。系统通过基于位置感知的漫游式 WiFi 定位,融合增强现实、交互体验等新媒体技术开发资源,向公众提供实时智能导览和教育服务。观众可以在展览现场通过 App 实时学习,与专家在线交流讨论,设定主题参观路线,根据任务寻找感兴趣的化石标本,并且可以在离开博物馆后通过博物馆网站查询游览记录。系统支持 PC、手机、PAD 等多终端访问,通过用户 UGC 模式和专家 PGC 模式结合的方式,实现在线资源的自生长。

上海自然博物馆(上海科技馆分馆)以年接待观众 200 万人次,成为上海市重要的科普教育基地和公众社会文化交流平台。

(吕志伟)

每日纪事

2015 年

1月

1 日

● 2015 上海新年音乐会在上海交响乐团音乐厅举行。市领导韩正、杨雄、殷一璀、吴志明、应勇等与 1 000 多名市民一起，在雄壮悠扬的古典音乐中共迎 2015 新年的到来。

● 历时 6 年建设，上海市重大市政工程上海西站南北通道及南广场建成并开通运行。此次开通运行的包括地下南北通道、南广场及部分地下空间、北出口临时广场等。

2 日

● 习近平对上海外滩踩踏事件做出重要指示，要求上海市全力以赴救治伤员，做好各项善后工作，抓紧调查事件原因，深刻吸取教训。李克强也就伤员救治和加强安全管理作出批示。市委、市政府主要负责人立即赶赴现场指挥处置工作，到医院看望伤员并召开紧急会议，迅速布置善后处置工作。

● 市委、市政府召开紧急会议，传达习近平总书记、李克强总理关于外滩陈毅广场拥挤踩踏事件的重要批示精神，全面部署各项善后工作和全市面上安全防范工作。上海各区县紧急排查各类安全隐患并全面启动应急机制。

● 截至 1 月 1 日上午 11 时，上海外滩陈毅广场踩踏事件已致 36 人死亡、47 人受伤。除 7 人因轻微伤离院外，其余 40 人仍在医院治疗，已查明身份者共有 33 人。伤员以年轻人为主，男 12 人、女 28 人，其中重伤 13 人、轻伤 27 人，重伤员尚未脱离生命危险。伤员分别收治在长征医院、市一医院、瑞金医院、黄浦区中心医院。傍晚，黄浦区中心医院收治伤员转至瑞金医院收治。

● 跨年夜，上海轨交客流量再次刷新纪录，突破 1 025.7 万人次。

3 日

● 上海所有的元旦庆祝活动全部取消。

4 日

● 上海筷箸文化促进会计划在 2015 年将筷箸习俗申请为上海市非物质文化遗产加以保护。

5日

● 上海市17个区县人大常委会分别召集本选举单位选举产生的市十四届人大代表进行会前组团活动。市委书记韩正,市委副书记、市长杨雄,市人大常委会主任殷一璀,市委副书记应勇出席。

● 市领导韩正、杨雄、殷一璀、吴志明、应勇等,在参加市十四届人大三次会议各代表团会前组团活动、市政协十二届三十八次主席会议之前,肃立默哀,向在12月31日晚外滩陈毅广场拥挤踩踏事件中的遇难者表示深切哀悼。

● 市检察工作会议召开。2014年1—11月,上海市检察机关共立案侦查贪污贿赂案件346件433人,其中大案334件,立案侦查局级干部5名、处级干部31名。立案侦查渎职侵权犯罪36件44人。

●"上海福喜案件"在全国涉及的521.21吨问题食品的召回和无害化处理工作全部结束。

● 上海各民主党派市委、工商联负责人和无党派人士在市委统战部出席新年学习会。

● 吴念真编剧并执导的"这些人那些事"系列舞台剧《台北上午零时》发布。这也是吴念真经典舞台剧首次在大陆亮相。

● 市教委发布《关于做好2015年全日制普通中等职业学校自主招收进城务工人员随迁子女报名工作的通知》,2015年上海市共有63所中职校可自主招收随迁子女。

6日

● 国家技术转移东部中心落户上海市杨浦区湾谷科技园。

● 上海继续全力以赴做好外滩拥挤踩踏事件伤员救治工作。

● 上海发行23万套中国邮政《乙未年》特种邮票,短短2.5小时销售一空。

7日

● 市教委发布校园安全管理相关的紧急通知,要求各级各类学校摸清学生假期动态,加强安全检查和对各类大型活动的管理,完善后勤保障服务,消除安全隐患。

● 全长约3.8千米的沪闵公路慢行系统生态景观工程列入2015年闵行区政府实施计划。

● 市第六次全国体育场地普查工作顺利完成。据统计,按照2013年底上海市常住人口(2 415.15万人)计算,上海平均每万人拥有体育场地达15.94个,人均体育场地面积1.72平方米。

● 上海中国画院年展在上海中国画院美术馆举办,展出近70幅作品。

● 上海话剧艺术中心与上海戏剧学院签署协议,双方将在戏剧人才培养与输送方面展开交流合作。

● 上汽集团发布产销快报，2014 年公司销售整车 561.99 万辆，同比增长 10.07%，连续 10 年领跑国内市场。

8日

● 市委、市政府召开全市加强安全工作会议，通报外滩拥挤踩踏事件善后处置工作进展，进一步部署全市安全工作。

● 市商务委官网发布《关于在中国（上海）自由贸易试验区开展平行进口汽车试点的通知》，正式在上海自贸试验区启动平行进口汽车试点。

9日

● 全国首张针对中小科技企业发放的“科技信用卡”在浦东张江诞生。今后，科技企业无需抵押，就能获得最高 150 万元的信用额度。

● 中船集团沪东中华造船公司建造的 17.2 万立方米薄膜型液化天然气（LNG）船交付命名。这是我国第一艘自行设计、出口海外的 LNG 船，将租给埃克森美孚（巴布亚新几内亚区），用于输送巴布亚新几内亚的液化天然气。

● “林森浩投毒案”在上海高院二审宣判，驳回上诉，维持原判。2014 年 2 月 18 日，原审法院以故意杀人罪判处被告人林森浩死刑，剥夺政治权利终身。

● 市高级人民法院党组召开党组扩大会，就开展学习邹碧华先进事迹活动作出部署。2014 年 12 月 10 日，上海市高级人民法院副院长邹碧华法官突发心脏病，经抢救无效去世，年仅 47 岁。邹碧华以毕生的精力、夜以继日地投入司法事业，在法院管理、司法公开、信息化建设、司法改革等诸多方面取得成就。

10日

● 国家科学技术奖励大会上，上海市创下两个历年之最——在 327 个奖项中斩获 54 项，16.5%的获奖比例为历年最高；企业主持项目比例节节高升，所占比重从 2012 年的 17%上升到 25%。

● 市长杨雄在兴国宾馆会见厄瓜多尔总统拉斐尔・科雷亚・德尔加多率领的代表团，代表上海市政府和上海人民对总统访沪表示热烈欢迎。杨雄说，上海与瓜亚基尔市结为友城 10 多年来，双方进行了很好的合作和人文交流。上海与厄瓜多尔合作空间广阔、潜力巨大。

● 市人大常委会副主任钟燕群在人民大厦会见欧洲议会议员贝尔德一行。

● 以“力量之源”为主题的纪念中共四大 90 周年学术研讨会在虹口区召开。市委常委、宣传部长徐麟出席会议并讲话。

11日

● 市长杨雄会见巴哈马总理佩里・克里斯蒂率领的代表团，代表上海市政府和上海人民对总理出席中拉论坛首届部长级会议后到访上海表示热烈欢迎。杨雄说，我们愿与巴哈马在旅游、教育、基础设施建设等领域进一步加大交流与合作。欢迎巴哈马来沪举办各类推介活动，我们也将鼓励上海企业和市民赴巴投资和旅游。

● 豫园灯会主办方、豫园商城有限公司发布《关于停止举办 2015 年豫园新春民俗艺术灯会的公告》，明确 2015 年不再举办新春民俗艺术灯会。这意味着已经连续举办 20 年的豫园灯会将缺席 2015 年春节长假。

● 市教委发布《2015 年上海市部分普通高校专科层次实行依法自主招生改革试点方案》，32 所专科院校试点开展自主招生。

● 第四届上海无伴奏合唱比赛颁奖典礼暨 2015 新年合唱音乐会在东方艺术中心举行。

● 上海遭遇入冬以来最严重的空气污染，受 PM2.5 影响，24 小时空气质量指数(AQI)创下入冬以来新高。这也是上海近一年来首次启动空气污染应急响应。

● 市民文化节中华优秀传统知识大赛决赛在上海图书馆举行。

12 日

● 上海警备区党委十二届六次全体(扩大)会议召开。中共中央政治局委员、上海市委书记、上海警备区党委第一书记韩正强调，实现中国梦、强军梦，责任重大，使命光荣。

● 上海第三次文艺评论双月座谈会在沪召开。文艺评论双月座谈会旨在加强评论和创作的联系，加强评论和媒体及受众的联系，加强评论和领导决策的交流和联系，以期更好发挥文艺评论对上海文艺创作的促进作用。

● “麒艺流芳——纪念周信芳诞辰 120 周年”主题晚会在上海天蟾逸夫舞台召开。

● 上海举行张江国家自主创新示范区第一批试点单位授牌暨人才网开通仪式。

13 日

● 十八届中央纪委举行第五次电视电话全会。会后，中共中央政治局委员、上海市委书记韩正在上海分会场强调，全市各级党组织和党员领导干部要认真学习、深刻领会习近平总书记重要讲话精神，切实增强忧党意识和从严管党治党的责任担当。

● 中共上海市委召开常委学习会，听取中国社会科学院亚太与全球战略研究院院长、研究员李向阳关于《中国周边环境与“一带一路”》的专题辅导报告，市委书记韩正主持学习会。

● 浦东新区五届人大六次会议开幕，首次在政府工作报告中取消 GDP 的具体增长目标，代之以“非量化”的表述。

● 华东师范大学召开 2014 年度本科教学总结表彰大会，9 名来自各个学院的一线教师分别获得“杰出教学贡献奖”和“优秀贡献奖”，并各获得 10 万元和 5 万元奖金。

● 工信部发布通告，决定在上海自贸区内试点放开在线数据处理与交易处理业务的外资股权比例限制，外资股权比例可至100%。

● 市卫计委通报称：截至1月13日上午11时，外滩踩踏事件中已有41人经诊治后出院，8人继续在院治疗，其中重伤员2人，1人生命体征还不平稳。

● 工信部发布《2014年中国信息化发展水平评估报告》，上海继2013年后再次获综合排名第一，新一代网络建设和市民信息化应用是上海的亮点，但在利用信息技术支撑创新与转型发展方面，上海仍有不足。

● 2015上海会展论坛——国际展览业CEO峰会在沪召开，世界会展业巨头围绕"中国展览业的转型之路"主题深入探讨。会议披露，2014年上海举办各类展览755个，其中70%为国际展，展览面积近1 300万平方米，展览项目数和展览面积均居国内之首。

14日

● 市委书记韩正调研市委宣传部和上海报业集团。韩正强调要做好2015年上海宣传思想文化工作，必须坚持问题导向，坚定不移推进改革。

● 市委召开区县委书记抓基层党建工作述职评议会，市委书记韩正主持会议并讲话。

● 全国民族团结进步模范事迹报告会在上海展览中心举行。上海中医药大学学生辅导员洪汉英、中国铁路总公司乌鲁木齐铁路局和田车队队长艾尔肯·肉孜等7位全国民族团结模范事迹报告团成员结合自己和身边人的亲身经历，讲述其投身民族团结进步事业、促进各族人民团结发展的感人事迹。全国民族团结模范事迹报告团由国家民委组织，来自5个民族的10位先进代表组成。市委书记韩正，市委副书记、市长杨雄会见全国民族团结进步模范事迹报告团一行，并对报告团表示热烈欢迎。

● 文化部、上海市人民政府举行"纪念周信芳诞辰120周年"系列活动，《周信芳全集》出版首发仪式在上海图书馆举行。

15日

● 市政府召开座谈会，就即将提交市十四届人大三次会议审议的《政府工作报告》（征求意见稿），听取全国各省区市政府驻沪办事处负责人意见和建议。座谈会前，市委书记韩正会见各省区市政府驻沪办负责人。市委副书记、市长杨雄主持座谈会。

● 市出入境检验检疫局与浦东新区政府，市质量技术监督局与上海国际旅游度假区管委会分别签署合作备忘录。

● 市金融学会票据专业委员会成立。上海票据市场已成为全国最大的区域性票据市场中心。

● 受美国亚洲协会与线圈艺术节邀请,中国上海国际艺术节组委会策划主题为“上海/纽约:未来的历史,来自中国的原创作品”系列推广活动。

16 日

● 市委副书记、市长杨雄主持召开座谈会,邀请来自全市街镇和村居委会的基层干部,对即将提交市十四届人大三次会议审议的《政府工作报告》(征求意见稿)提出意见和建议。

● 上海音乐学院贺绿汀音乐厅举行“深入生活　扎根人民——中国梦”主题歌曲传唱会。

● 上海电影博物馆举行上海谢晋电影艺术基金会揭幕仪式暨谢晋杯学院奖颁奖典礼。

17 日

● 民盟市委青年工作委员会在南洋中学体育馆举办“新年第一声问候”爱心义卖活动。

18 日

● 市发展和改革委正式公布新修订的《上海市定价目录》,成为全国各省市中首个修订出台的地方定价目录。比照现行 2002 年版《上海市定价目录》(定价项目 108 个),新版本取消定价项目 55 个,保留定价项目 53 个,缩减幅度高达 51%。

● 中国智能终端安全产业联盟在张江高科技园区成立。

● 国家新型城镇化综合试点地区名单出炉,金山成为上海唯一被纳入综合试点的地区。

● 市邮政业 2015 年工作会议召开。2014 年上海快递业务增幅首次超过业务量增幅,年人均快递使用量 53 件,为全国平均水平的 5 倍;年人均快递支出 753 元,为全国平均水平的 6 倍。

19 日

● 国际汉语教师学院在华东师范大学国际汉语教师研修基地成立。这标志着国家汉办在高校设立首个基地,诞生首家国际汉语师范教育机构。

● 全球最大电影完片担保公司——美国电影金融公司(FFI)在上海成立中国分公司。美国电影金融公司 1950 年成立于英国伦敦,是全球担保量最大的电影完片公司。

20 日

● 由市委组织部、市人力资源和社会保障局、市外国专家局、上海国际人才交流协会和市留学人员联谊会联合主办,上海交响乐团承办的“2015 上海市慰问高层次人才暨在沪外国专家新年音乐会”在上海大剧院隆重举行。

● 我国医药卫生行业最具权威科技奖项——中华医学科技奖(2014)颁奖。上海市胸科医院副院长、呼吸内科著名专家韩宝惠教授领衔团队完成的“晚期非小细胞肺癌的个体化治疗的临床研究”获二等奖。

21 日

● 上海举行党政负责干部会议,通报“12.31”外滩拥挤踩踏事件调查报告和黄浦区部分领导干部违反中央八项规定的调查结果,宣布严肃问责处理决定。韩正强调,深刻吸取教训。当前,尤其要做好四方面工作。一是认真细致负责,做好“12.31”事件善后处置工作。二是集中精力开好“两会”。三是切实做好春节前后各项工作。四要严格执行中央八项规定和市委 30 条实施意见,确保过一个勤俭、干净的春节。

● 上海交通大学廖世俊研究小组应用“同伦分析方法”,首次从理论上获得无限和有效水深中的稳态共振波系,率先从理论上证明“稳态共振波”的存在。

22 日

● 2015 国际滑联世界花样滑冰锦标赛组委会在沪成立并召开第一次全体会议。杨雄说,本届花滑世锦赛是我国申办冬奥会前最重要的一项冰上赛事,也是上海举办的高规格、高水平、具有重要国际影响力的冰上赛事。

● 国企混合所有制改革(上海)促进基金在上海启动,基金由中国信达资产管理股份有限公司和上海国有资产经营有限公司共同发起设立,基金规模为 200 亿元。这是上海首支混改基金。

23 日

● 市政协主席吴志明在市政协议事中心会见美国驻沪总领事史墨客。

● 全国城市街道区域化团建工作现场推进会在上海召开。

● 市税务部门公布“2014 年第三产业税收排名前 100 位企业名单”和“2014 年工业税收排名前 100 位企业名单”。

● 2014 年度上海金融创新奖揭晓,共 60 个创新项目获得各等级奖项。“沪港股票市场交易互联互通机制(沪港通)”项目获特等奖。

24 日

● 市政协十二届三次会议在世博中心大会堂开幕。大会听取市十四届人大常委会副主任钟燕群所作的关于《上海市实施〈中华人民共和国全国人民代表大会和地方各级人民代表大会代表法〉办法(草案)》《上海市人民代表大会关于代表议案的规定(修订草案)》和《上海市人民代表大会关于代表建议、批评和意见的规定(修订草案)》的说明。

● 追授邹碧华全国模范法官、上海市优秀共产党员荣誉称号命名表彰大会召开。

● 市海峡两岸交流促进会主办的"2014 年沪台交流十大新闻"揭晓。包括"双城论坛"、上海青年与台湾老兵"忘年交"情谊、上海创业实训基地助台湾学生创业、"相亲航班"上海起航等新闻入选。

25 日

● 市十四届人大三次会议在上海世博中心隆重举行。

● 上海市市长杨雄在市十四届人大三次会议上作政府工作报告,提出 2015 年全市经济社会发展的主要目标和深入推进自贸试验区建设,全面深化改革开放;加快实施创新驱动发展战略,全力建设具有全球影响力的科技创新中心等八个方面的重点工作。

26 日

● 洋山深水港区四期工程正式开工建设,预计 2017 年完工。届时,上海港年吞吐量将突破 4 000 万标准箱,占全球港口年吞吐量的十分之一。

● 市政协十二届三次会议举行首场大会发言,15 位政协委员先后发言。中共上海市委书记韩正出席会议,认真聆听委员们的意见建议。

27 日

● 市十四届人大三次会议举行第二次全体会议,听取市人大常委会、市高级人民法院和市人民检察院的工作报告。

● 2015 国际滑联世界花样滑冰锦标赛官方网站(www.wfsc2015.com)开通上线,赛事志愿者招募活动正式启动。

28 日

● 中国人民政治协商会议上海市第十二届委员会第三次会议在圆满完成各项议程后,在世博中心大会堂闭幕。会议通过了政协上海市第十二届委员会第三次会议决议。

● 上海各界在上海淞沪抗战纪念馆举行一·二八淞沪抗战 83 周年纪念仪式并启动上海淞沪抗战主题公园建设。

● 市卫生计生委发布消息,自 2014 年 3 月 1 日起上海全面实施单独两孩政策后,截至 2014 年 12 月底,全市共批准单独夫妻再生育申请 16 639 例。

● 以中铁物贸有限责任公司为主发起建设的上海亚太国际商品交易中心(简称亚商所)获批筹建。

29 日

● 中国政府网发布《国务院关于推广中国(上海)自由贸易试验区可复制改革试点经验的通知》,对中国(上海)自由贸易试验区可复制改革试点经验在全国范围内的推广工作进行全面部署。

● 市委书记韩正会见德国勃林格殷格翰制药集团执行董事会首席执行官柏安德一行。

● 市第十四届人大三次会议闭幕后，上海市政府记者招待会在上海城市规划馆市政府新闻发布厅举行。上海市市长杨雄与中外记者见面并回答15位记者的提问，话题涉及“新常态”下经济转型发展、自贸区建设、“四个中心”建设、“十三五”规划、推进科技创新中心建设和人才培养等方面。

● 上海银监局批准全国第二家、沪上首家民营银行——上海华瑞银行开业。

● 上海城镇居民大病医疗保险正式启动。

30日

● 上海自贸区意大利国家馆开业，是继澳大利亚馆、俄罗斯馆后，上海自贸区开设的第三家国家贸易展示馆，旨在协助意大利产品进入中国市场，促进中意两国双边贸易的发展。

● 东方航空公司与加拿大航空电子设备公司(CAE)签署协议，收购该公司旗下墨尔本航校50%股权。

31日

● 上海市市长杨雄会见法国总理曼努埃尔·瓦尔斯率领的代表团，代表上海市政府和上海人民对总理及代表团访沪表示热烈欢迎。杨雄希望双方在教育、文学、艺术等领域增进交流，在金融、科技、交通、医疗卫生等领域进一步加大合作。

● “心手相连爱的梦田——2015‘蓝天下的至爱’慈善之夜”在东视剧场举行。晚会主题为“心手相连　爱的梦田”，着重描绘出上海社会各界致力于慈善行动的爱心人士的“群像”。

2月

1日

● 上海铁路开出的首趟春运临时客车3663次旅客列车从上海南站始发开往成都。2015年春运上海铁路局在开行图定旅客列车基础上，计划增开临客184对，最大限度满足旅客出行。

2日

● 市委常委、常务副市长屠光绍会见斯洛伐克副总理兼外交部部长米罗斯拉夫·莱恰克一行。

● 浦东新区出台《关于进一步完善鼓励市民创业政策的实施意见》，上海市户籍市民创业者可提供20万元以下的贷款免担保。新政涉及创业贷款担保、创业贷款贴息、创业房租补贴等八项补贴。

● 由沪东中华造船(集团)有限公司建造的国内最大 LNG 船,正式交付由日本商船三井株式会社、中国海运集团和中国石化集团等合资成立的船东公司。这艘 17.2 万立方米薄膜型液化天然气船的建成,标志着国内船厂建造的 LNG 船已达到国际标准。这艘 172 000BM 级 LNG 船被命名为"大力水手(Papua)号",船型总长 290 米,型宽 46.95 米,型深 26.25 米,满载吃水 12.5 米,总容量 17.2 万立方米,是中国自行设计、建造并具有完全自主知识产权的第一艘出口型 LNG 船。

● 上海夏征农民族文化教育发展基金会、市国防教育基金会、市拥军优属基金会黄浦区分会等主办的 2015 新春慰问驻沪海军部队演出在杨浦区举行。

● "2015 年上海市应届高校残疾人毕业生职业指导培训班"在上海市阳光康复中心举办。活动由上海市残疾人就业服务中心主办,上海万邦关爱服务中心承办,为期 3 天。

● 上汽集团宣布将与合资企业上汽通用五菱共同出资在印度尼西亚建立一家工厂,在当地生产销售上汽通用五菱多款成熟车型,以满足亚洲市场对多功能小型 MPV 日益增长的市场需求。

● 武警上海总队召开 2015 年春运执勤部署会,对春运期间虹桥交通枢纽、上海火车站、浦东机场、上海南站、人民广场等五大人流密集区进行周密部署,要求执勤官兵全时在位认真执勤,确保春运旅客出行安全。

3 日

● 市委常委会审议通过《关于加强市纪委派驻机构建设的意见》。市委书记韩正强调,加强派驻机构建设,深化派驻监督改革,是坚持党要管党、从严治党的必然要求,是加强党内监督的必然选择。

● 市宣传思想文化工作会议召开。会议强调,要深入学习贯彻习近平总书记系列重要讲话精神和全国宣传部长会议精神,按照市委和韩正书记的要求,继续把提升核心价值观感召力、理论成果说服力、宣传舆论影响力、文化产业竞争力,作为工作总目标,为上海当好改革开放排头兵和科学发展先行者,建设具有全球影响力的科技创新中心,作出新的更大贡献。

● 副市长赵雯率队先后赴上海众信国旅、豫园万丽酒店、豫园商城等企业,实地检查春节、元宵节期间旅游接待服务和安全保障准备情况。

● 市政府外事办、市政府港澳办和市对外友好协会在沪举办 2015 年迎春招待会。各国驻沪领事机构官员、驻沪新闻机构代表、友好城市办事处代表、白玉兰荣誉奖获得者、香港特区驻沪机构代表以及本市有关单位代表出席,共贺新春。

● 2014—2015 赛季全国女排联赛总决赛落幕,上海东浩兰生女排客场以 0∶3 不敌八一女排，以总比分 1∶3 获得亚军。

● 2015 年市群众体育工作会议召开，会议透露 2015 年市政府实事工程将建设 50 条百姓健身步道，新建和改建 50 片有灯光的社区公共运动场。

● 第一届中国、韩国校园足球交流赛在同济大学举行。赛前，上海市校园足球联盟和韩国京畿道青少年足球联盟签署合作协议，双方未来将展开更深层次的合作。

● 上海 37 所普通本科高校对外公布 2017 年高考选考科目要求。根据上海高考改革方案，2017 年，高中生可从思想政治、历史、地理、物理、化学、生命科学 6 门学业考科目中选 3 门参加等级性考试，成绩将计入高考总分。沿用长达 20 多年的上海高考“3＋1”模式即将成为历史。

4日

● 市教委公布《2015 年本市义务教育阶段学校招生入学工作的实施意见》，明确 2015 年首次启用“上海市义务教育入学报名系统”，从公布招生政策、入学信息登记，到统筹安排新生入学等实现一平台管理。

● 2015 年市级机关党的工作会议召开，市委常委、市委秘书长、市级机关工作党委书记尹弘强调：做好 2015 年市级机关党的工作，要主动适应从严管党治党的新常态，从巩固党的执政地位的大局看问题，把抓好党建作为最大的政绩。

● 市委常委、市委组织部部长徐泽洲会见由主席、首都普拉亚市市长若泽·席尔瓦率领的佛得角争取民主运动代表团。徐泽洲向来宾介绍上海改革开放和经济社会发展等情况。

5日

● 市科技系统党政负责干部会议召开。会议透露，2015 年上海将围绕战略规划研究，组织科技创新中心建设的总体方案研究和“十三五”规划编制。

6日

● 上海清算所打造的自贸区铜溢价掉期产品正式上线。自贸区铜溢价掉期是一种场外大宗商品金融衍生品，以上海保税电解铜溢价为标的。自贸区铜溢价掉期以跨境人民币计价、清算、结算，这将吸引国际机构和跨境人民币资金参与自贸试验区内金融市场交易，标志着人民币在金融市场跨境使用的全新突破。

● 上海国资国企工作会议召开。会议透露 2015 年上海将探索建立专业化、规范化的国资流动平台运作模式，建立健全资本运作平台投资决策委员会工作决策机制、平台业务流程等制度，切实发挥国资流动平台资本运作功能。截至 2014 年底，上海地方国有及国有控股企业资产总额 12.12 万亿元，同比增长 10%。

● 上海 2015 年“两新”组织党建工作会议召开。会议要求各区县党委、市委各工作党委要把“两新”组织党建工作放在更加重要的位置，共同推动形成单位党建、区域党建、行业党建互联、互补、互动的基层党建工作新格局。

● 2015 年市文化科技卫生“三下乡”活动在嘉定区华亭镇启动,文化、出版、科技、司法、卫生计生、共青团、妇联等系统近 200 名专家、学者和演员,为当地农民送科技、送知识、送服务,拉开 2015 年市“三下乡”活动大幕。

7 日

● 入选“拍大戏”工程的京剧传统剧目《锁麟囊》在上海大剧院上演。1 600 个座位座无虚席,近百个加座也全部坐满。

● 由市文化广播影视管理局主办,上海市群众艺术馆等单位承办的“吉羊开泰——第九届海上年俗风情展”在沪开幕。

8 日

● 第三届浦东新区年度经济人物评选 15 强名单揭晓,分别是 GE 大中华区总裁兼首席执行官及 GE 医疗集团大中华区总裁段小缨、阿斯利康中国内地和香港地区总裁王磊、玛戈隆特骨瓷(上海)有限公司董事长赵春阳、上海青橙实业有限公司董事长兼首席执行官王迅、优谈网创始人兼首席执行官李瑜等。

● 春秋旅游公司与无锡荡口古镇签订 5 年战略合作协议,这是上海旅行社首次与外省市景区实行深度合作,开启春秋公司向旅游产业链上游延伸的新模式。

9 日

● 中共中央政治局委员、上海市委书记韩正,中国证监会党委书记、主席肖钢共同为上证 50ETF 期权合约首日交易鸣锣开市。首个股票期权产品上证 50ETF 期权合约上市交易,我国境内资本市场正式迈入期权时代。这意味着上海证券交易所已成为境内第一家产品线横跨现货与衍生品市场的综合型交易所,也标志着我国资本市场向纵深发展,更加完整完善,并将进一步提升上海国际金融中心的地位和国际影响力。

● 市委书记韩正调研市委统战部,强调统战工作的根本任务就是在中国共产党的领导下,团结一切可以团结的力量、调动一切可以调动的积极因素,为中国特色社会主义事业作出更大贡献。

● 国务院召开第三次廉政工作电视电话会议。市委副书记、市长杨雄在上海分会场讲话强调,要深入贯彻十八届中央纪委五次全会和习近平总书记重要讲话精神,认真学习领会本次会议和李克强总理重要讲话精神,全面落实十届市纪委四次全会部署,抓好本市政府系统廉政建设。

● 市委书记韩正调研市高级人民法院,强调要充分认识依法治国在中国特色社会主义事业中的突出作用,积极稳妥推进司法体制改革。

● 市委副书记、市长杨雄主持召开市政府常务会议,研究部署 2015 年市政府重点工作、2015年上海“两会”代表建议和提案办理工作，研究制定《上海市2015年—2017年环境保护和建设三年行动计划》。

● 市政协召开十二届四十二次主席会议，听取专委会2015年工作计划汇报。市政协主席吴志明主持。2015年，市政协学习委员会将紧扣年度重点工作开展多层面学习，借助智库力量提升履职成效。

● 上海召开改革创新与发展战略研究会成立大会暨“改革创新与中国的未来”学术研讨会。市委常委、宣传部部长徐麟出席并致辞。徐麟指出，成立上海市改革创新与发展战略研究会，是上海落实中央要求，发挥智力资源优势，积极服务国家战略的一项重要举措。

● “教育，因你而更有价值——2014上海教育年度新闻人物颁奖主题活动”举行，10位年度新闻人物揭晓，分别是：上海财经大学研究员刘志远，同济大学教授汪品先，上海交通大学医学院辅导员梁钦，嘉定区教育局教育发展中心主任王威尔和艺教办主任易凤林，虹口区曲阳第三小学教师叶丽雯，上海市建平中学校长杨振峰，上海市群益职业技术学校校长陈金国，指挥家、上海学生交响乐团艺术总监曹鹏，上海市肢残人协会副秘书长、市南中学退休教师黄吉人，上海学生男子足球队队员。

● 市社区矫正管理局在司法警官学校举行社区矫正执法证颁发仪式，218名选派从事社区矫正工作的司法民警获颁证书，今后他们将持证上岗、亮证执法。

● 作为国家卫生计生委建立的远程医疗规范试点，在全球医生组织支持下，命名为“卫护”的我国首台远程医疗机器人落户浦东医院，并已下沉到浦东新区大团镇社区卫生服务中心需要“卫护”的病人家里“站岗放哨”。

● 3万枚清朝的木活字以及当时配套的刷印工具正式落户复旦大学中华古籍保护研究院并向全校学生开放展示，方便学生理解中华传统的印刷技术、研究古籍保护技术。

10日

● 市老干部迎春茶话会在上海展览中心召开。上海市委书记韩正代表市委、市人大、市政府、市政协向出席茶话会的老干部、老同志致以诚挚的新春问候，向全市广大离退休干部表达美好祝愿，祝大家节日快乐、身体健康、阖家幸福。

● 市领导韩正、杨雄、殷一璀、吴志明等分别带队前往驻沪部队，在农历新年来临之际，代表市委、市人大、市政府、市政协和全市人民，向驻沪部队的广大官兵、离退休老同志及家属们致以诚挚的节日问候，感谢大家为上海经济社会发展作出的积极贡献。

● 市政府办公厅印发《关于加强和改进本市临时救助工作的实施意见》，意味着上海临时救助工作将实现全市统筹。因火灾、交通事故等意外事件或突发重大疾病等,导致基本生活暂时出现严重困难的家庭,可向户籍地所在的社区事务受理中心申请临时救助。

● 市消防部门发布《2015 年春节期间本市烟花爆竹安全管理通告》,世博前滩地区、徐汇滨江地区、浦明路、东长治路、浦东大道内环以内区域、杨树浦路内环以内区域和其他节日群众性活动场所成为新增的禁放区域。

● 黄浦江底最长最深隧道——虹梅南路隧道建设取得重大进展,由闵行工作井出发的盾构机穿越黄浦江在奉贤工作井顺利进洞。至此,虹梅南路隧道完成双线掘进,实现结构贯通。

● 市商务委官方网站公布中国(上海)自由贸易试验区首批 17 家企业平行进口汽车试点企业名单。

● 上海自贸试验区信用信息综合查询服务开通,是沪上唯一可以同时开展公共信用信息查询和金融信用信息查询的窗口。

● 市商务委召开 2015 新春通报会,向各国驻沪总领事、领事,各国驻华商务机构通报 2014 年上海社会经济发展的情况。

11 日

● 市委全面深化改革领导小组第五次会议召开。市委书记韩正强调要科学把握中央“四个全面”的战略布局,认真贯彻落实中央深改组会议精神,按照当好全国改革开放排头兵的要求,深入推进 2015 年全市各项改革工作。

● 市十四届人大常委会十九次会议召开,会议表决通过《上海市人大常委会 2015 年度工作要点》。根据全国人大统一部署,2015 年将建立并组织实施由人大选举和任命的人员正式就职时向宪法宣誓的制度。市人大常委会主任殷一璀主持会议并讲话。

● 市委书记韩正,市委副书记、市长杨雄前往华东医院,分别看望正在住院治疗的杨堤等老同志和各界知名人士,祝他们新春如意、健康长寿。

● 国家大剧院原创歌剧《冰山上的来客》在上海文化广场演出。中共中央政治局委员、市委书记韩正与上海各批援疆干部以及在沪学习的新疆籍少数民族学生代表一同观看演出。

● 市卫生计生委宣布:上海市民三大健康指标连续 11 年保持世界发达国家或地区平均水平。2014 年上海市户籍人口平均期望寿命为 82.29 岁,常住人口孕产妇死亡率为 6.74/10 万,常住人口婴幼儿死亡率为 4.83‰。

● 上海机场太仓城市航站楼正式启用,这是继 2011 年昆山城市航站楼、2014 年无锡城市航站楼之后,上海机场与东上航、地方政府合作推出的第三座异地航站楼。

● 市人才工作推进会在市委党校召开，公布2015年上海人才工作要点。2015年，上海将深入开展全球科技创新中心人才工作调研，围绕人才培养开发、评价发现、选拔使用、流动配置、激励保障机制等议题，提出改革的目标任务和政策措施。

12日

● 中国人民银行上海总部发布《中国（上海）自由贸易试验区分账核算业务境外融资与跨境资金流动宏观审慎管理实施细则（试行）》，全面放开本、外币境外融资，取消境外融资的前置审批，取而代之用风险转换因子等新的管理方式优化境外融资结构。

● 中国工程院、市人政府合作委员会第十一次会议在沪召开。中国工程院主席团名誉主席徐匡迪、中国工程院院长周济、上海市长杨雄、中国工程院副院长王玉普出席并讲话。会议审议通过中国工程院、上海市人民政府第十一届合作委员会、中国工程科技发展战略研究中心（上海）第二届理事会成员名单。会议听取上海市中国工程院院士咨询与学术活动中心、中国工程科技发展战略研究中心（上海）2014年工作报告并讨论2015年工作要点。

● 市委副书记、市长杨雄主持召开上海市“十三五”规划专家咨询委员会专家座谈会，听取来自前沿领域、不同专业背景、不同类型企业、高校和智库的专家们对上海“十三五”规划编制的意见和建议。

● 中环路沪闵高架路立交西向南匝道正式通车，这将加强西南地区与大浦东之间的联系，缓解上海城市西南区域的交通拥堵状况。

● 上海召开2015年住房保障工作推进会议，市住房保障领导小组与全市17个区（县）政府签订2015年住房保障工作“目标责任书”，明确2015年“四位一体”住房保障、旧住房综合改造及大型居住社区配套设施建设推进指标与具体目标任务。

● 市文明办、市外办、市旅游局、市口岸办主办的“我文明、我安全、我快乐——上海市海外文明安全行宣传教育活动”启动。60多名旅游企业和海外游客代表发出倡议：遵守异国的法律制度与社会道德规范，尊重当地的宗教文化、民俗文化与风土人情，从现在起，从细节做起，使自己的一言一行都能体现中国文明程度和国民素质修养，把礼仪之邦的良好形象展现于世，携手共同塑造中国游客出境旅游的文明新形象。

● 2015年市城市更新工作推进会召开。会上，市规划国土资源管理局深入解读《上海市城市更新规划实施办法（试行）》（征求意见稿），并展示已经启动的城市更新案例。

● 市旧区改造工作会议召开。副市长蒋卓庆出席会议并讲话，2015年，上海中心城区二级旧里改造将继续推进,计划拆除二级旧里以下房屋55万平方米。

13日

● 市政法工作会议召开,市委书记韩正强调,2015年是全面依法治国的起始之年,要牢牢把握中央对政法工作的要求,把思想和行动统一到中央的各项决策部署上来,坚持党对政法工作的领导,全面增强政法工作法治化水平。

● 作为上海芭蕾舞团2015年演出季开幕演出,豪华版《天鹅湖》献演上海大剧院。上海芭蕾舞团历史上首个艺术专家委员会成立。艺委会筹备历时两年,上芭团长、市舞蹈家协会主席辛丽丽担任主任,聘请林泱泱、赵汝蘅、凌桂明、舒巧、蓝凡等五位资深艺术家、学者担任委员。

● 市公积金管理中心公布《2014年度上海市住房公积金运行分析报告》,显示:2014年全年,全市共归集住房公积金和补充公积金737.30亿元。而受房产政策等影响,全年发放的住房公积金个贷金额和户数,同比均下降超过20%。

● 市教委核准通过上海大学、上海工程技术大学、上海师范大学3所高校章程,这是上海首批通过章程建设的市属高校。上海将在2015年底全面完成高校章程制定与核准工作,实现"一校一章程"。

● 上海文化产权交易所与上海资信有限公司签约,双方将在文化金融信用征信体系及相关数据库、文化产权市场机构信用评级体系、文化金融行业个人信用征信系统等方面展开深入合作,建立国家级文化金融征信系统的第一个地方数据库——上海文化金融信用征集体系及相关数据库。

14日

● 中共中央台办、国务院台办主任张志军在上海与来自上海、江苏、浙江、广东、福建等省市的60多位台商代表交流座谈。张志军听取台商代表关于企业经营情况的介绍以及对推动两岸关系发展的意见和建议,表示大陆将继续鼓励和支持台资企业在大陆发展,为台湾青年到大陆创业就业搭建更多平台,创造更多机会,提供更多便利。

● 中国规模最大的民营投资集团——中国民生投资股份有限公司在上海与总部基地全球控股集团有限公司签署战略合作投资框架协议,投资约10亿英镑共同建设英国伦敦新国际金融城。

● 上海国泰君安永柏女子足球俱乐部在东方体育中心成立,标志着申城三大球全部完成职业化改革。

15日

● 市领导韩正、杨雄、殷一璀、吴志明、应勇和市委、市人大、市政府、市政协负责人,分赴全市17个区县的街镇村居,看望困难群众,慰问帮困救助一线的工作者,倾听大家的心声并送上节日的祝福。

● 市委书记韩正赴黄浦区调研。韩正强调，安全是全局工作的底线，没有安全，其他工作无从谈起，要始终坚守安全底线，树立忧患意识、坚持问题导向，时时刻刻维护好人民生命财产安全和城市运行安全。

● 市委、市政府召开上海市农村工作会议。市委副书记、市长杨雄在会上指出，要准确把握中央对“三农”工作的总体要求，准确把握“三农”发展条件的深刻变化，准确把握“三农”发展的自身规律，紧紧抓住全面落实市委课题成果的契机，把推动城乡发展一体化作为根本途径，积极稳妥推进农村改革，加快转变农村生产生活方式，攻坚克难，善作善成，努力开创上海“三农”工作新局面，在更大范围、更深层次上让广大农民共享改革发展成果。

● 市绿化委员会召开扩大会议。会议透露，2014 年，上海完成立体绿化建设总量达 40.17 万平方米，比上年增长 29%，创历史新高。截至 2014 年底，全市共建成屋顶绿化 189 万平方米，约相当于 19 个人民公园的面积。

● 以“寻差距、找不足，提供人民群众满意的公共文化服务”为主题的工作座谈会在中华艺术宫召开。市委常委、宣传部部长徐麟出席会议并讲话。会议强调，推进社区文化活动中心社会化、专业化管理，大方向是提高社会化参与程度，目的是提高专业化管理水平，不断完善、强化社区文化活动中心功能，使之更好地发挥作用。

● 武警上海总队举办“忠诚托起强军梦”迎新春文艺晚会，30 余名离退休老干部受邀参加。武警上海总队司令员朱宏少将、政委马荣辉少将出席文艺晚会。

● 2015 年国际滑联世界花样滑冰锦标赛官方微信服务平台（微信号：2015 花滑世锦赛）正式上线。官方微信平台包含赛事信息、服务指南、花滑知识等相关资讯。

16 日

● 市委举行常委学习会，听取国务院应急管理专家组组长、国家减灾委专家委员会副主任闪淳昌教授关于《提高应对危机与风险的能力》专题辅导报告。市委书记韩正主持学习会并强调，特大型城市的安全隐患时刻存在，各级领导干部要尊重规律、敬畏生命，始终树立忧患意识，牢牢把握公共安全与应急管理的关键环节，把维护人民群众生命财产安全和城市运行安全的各项措施真正落到实处。

● 市委副书记、市长杨雄持召开市政府常务会议，研究部署上海 2015—2017 年重大基础设施建设政策调整等工作。会议明确，按照市委、市政府关于推动新型城镇化建设、促进本市城乡发展一体化的总体要求，全市基础设施建设投入将向郊区倾斜，重点加大郊区交通设施的支持保障力度，进一步减轻区县负担，推动重大工程建设加快进度。

17 日

● 上海各界人士出席 2015 年春节团拜会。市领导韩正、杨雄、殷一璀、吴志明、应勇与各界嘉宾一起,共同祝愿伟大祖国繁荣昌盛,祝愿上海明天会更好,祝愿全市人民新春吉祥、阖家幸福、幸福安康。韩正代表市委、市人大、市政府、市政协,向全市人民和社会各界人士致以诚挚问候和新春祝福。

18 日

● 市委书记韩正,市委副书记、市长杨雄分别前往市公安局和虹桥综合交通枢纽,看望慰问值守的公安民警、消防战士和春运安全工作人员,向春节期间坚守岗位、认真履责,为城市值守、为市民站岗,确保城市安全有序运行的公安民警、消防战士、武警官兵和环卫、供水、供电、供气、公交、地铁、出租、机场、码头、铁路等一线工作人员表示衷心感谢。

● 市委常委、市委政法委书记姜平和副市长、市公安局局长白少康一起,前往徐汇、静安、普陀等中心城区进行检查指导。姜平一行先后对徐家汇广场、龙华寺、静安区华业小区、南京路沿线、静安寺、龙华寺等区域、路段和单位的安全管理工作进行了检查,并慰问坚守在工作岗位上的公安民警、消防战士、单位职工、居委干部及平安志愿者,对他们为了千家万户的安宁甘当城市守夜人的奉献精神,给予高度肯定。

● 由市老年基金会、市慈善基金会、市精神文明建设委员会办公室、上海玉佛禅寺等主办的 2015 年"温暖除夕夜——上海社会各界迎新春慈善晚会"在上海玉佛禅寺举行。

19 日

● 上海各景点迎来客流高峰。为确保节日旅游安全,上海各景点加强警力部署并根据人流情况逐级实施单向通行、蛇形通道、限流等多项措施,为旅客营造安全的出行环境。

20 日

●"童心古韵,趣话民俗"——上海少年儿童民俗风情展示活动在上海少年儿童图书馆举行,为少年儿童喜迎新春增添文化之"趣"。

21 日

● 市体育局人士赴东方绿舟体育训练基地,看望慰问节日期间坚持训练的运动员、教练员,送上新春祝福。

22 日

● 市消防部门透露,2015 年 2 月 22 日(初四)零时至 23 日(初五)1 时,火警 66 起,比 2014 年同期下降 40%;出水 7 起,比 2014 年同期下降 64%。多处重点商业圈项目均未见燃放烟花爆竹。

23日

● 铁路上海站表示铁路进入节后返程客流高峰，上海站、上海南站和虹桥站到达人数34.5万人次。三站总计增开列车74趟，其中上海站增开19趟，上海南站增开6趟，上海虹桥站增开49趟，为中原、安徽、江苏、江西、两湖等方向。

24日

● 2015年春节期间（2月18—24日），上海生活垃圾清运量（含餐厨垃圾、大件垃圾、资源利用等）为112 142吨。其中，进入末端处理设施的日常生活垃圾（含烟花爆竹）为86 550吨，与2014年同期相比下降1%。

25日

● 市政府召开2015年上海市安全生产工作会议暨市安委会全体会议。市委副书记、市长、市安委会主任杨雄强调，要坚决贯彻落实党中央、国务院对安全生产的要求和部署，从上海超大型城市的实际出发，深刻认识当前安全生产面临的严峻形势，深刻吸取“12.31”事件的教训，始终把安全作为一切工作的底线。

26日

● 市委书记韩正调研市检察院强调，要牢牢把握大局，在中央“四个全面”战略布局的大背景下做好各项工作。检察工作的首要是坚持党的领导，确保正确的政治方向，全市检察战线的各项工作要服务大局，为全市经济社会健康发展提供坚实的法律监督保障。

● 市政府召开全市审计工作会议暨中央在沪单位审计工作会议。市委副书记、市长杨雄指出，要认真贯彻落实全国审计工作会议以及习近平总书记、李克强总理关于审计监督的重要指示精神，把发现问题、解决问题、防范问题贯穿审计工作始终，紧紧盯住重大决策，紧紧盯住突出风险，紧紧盯住公共资金，紧紧盯住公共权力。

● 市政协、市委统战部领导走访民主党派市委、市工商联及有关团体，勉励大家在新的一年紧紧围绕全面深化改革的各项任务，为加快上海经济社会发展、推进协商民主建设发挥参政作用。市政协党组书记、主席吴志明，市委常委、统战部部长沙海林参加。

● 市科协九届五次全委会议在科学会堂召开，动员号召广大科技工作者、科技社团向上海建设具有全球影响力的科技创新中心进军。

● 上海搜房数据监控中心数据统计，2015年春节假期，上海商品住宅成交面积为3 830平方米，同比上涨29.31%；共计签约33套，同比增长13.79%；成交均价每平方米26 904元，同比上涨2.24%。2015年春节期间的成交量好于2014年，仅次于市场非常火爆的2013年。

27日

● 市委举行常委会扩大会议,市委、市人大、市政府、市政协四套班子成员和各区县、大口党委,市委、市政府部委办局主要负责人出席。会议传达中央全面深化改革领导小组第十次会议精神和习近平总书记重要讲话精神。市委书记韩正强调,要学习好、领会好习近平总书记的重要讲话精神,中央深改组审议通过的《上海市开展进一步规范领导干部配偶、子女及其配偶经商办企业管理工作的意见》,是贯彻落实中央全面从严治党的重要举措。这项工作在上海试点,是中央对上海的信任,是一项光荣而艰巨的任务,上海各级领导干部要坚定决心、敢于担当,把各项要求落实好,不辜负中央的期望。

● 中共中央政治局委员、市委书记韩正,市委副书记、市长杨雄会见由吉林省委书记、省人大常委会主任巴音朝鲁,省委副书记、省长蒋超良率领的吉林省党政代表团一行,对代表团来沪传经送宝、共商两地合作发展大计表示热烈欢迎。

● 市委、市政府召开2015年上海市信访工作会议。市委副书记、市长杨雄指出,要清醒认识信访工作面临的新形势,紧紧围绕"依法治国"总目标,准确把握、认真贯彻中央对信访工作的部署要求,切实增强政治责任感和忧患意识,继续深化信访工作制度创新,坚持依法处理经济社会事务,依法化解信访矛盾,依法规范信访秩序,着力提高信访工作法治化水平。

● 2015年春季上海高校党政负责干部会议召开,会议透露2015年上海高等教育将着力深化四项改革:大力提升高等教育教学质量;加快创新高校科研管理体制;积极促进民办教育健康特色发展;构建完善依法治校的制度机制。

28日

● 市级机关工作委员会、市高级人民法院、组织人事报社联合举办"学讲话、学先进,争做新时期好党员好干部"研讨会,号召市级机关广大党员干部深入学习习近平总书记在省部级主要领导干部学习贯彻党的十八届四中全会精神全面推进依法治国研讨班上的讲话精神,深入开展向邹碧华学习活动,切实担当起在全面建成小康社会、全面深化改革、全面依法治国、全面从严治党进程中的职责使命。

● 市统计局、国家统计局上海调查总队发布《2014年上海市国民经济和社会发展统计公报》。2014年,上海实现生产总值(GDP)23 560.94亿元,按可比价格计算,比上年增长7%。第三产业增加值占GDP的64.8%,比上年提高1.6个百分点。按常住人口计算的上海市人均GDP为9.73万元,折合15 847美元,在全国各省市中继续保持领先水平。

● 上海儿童医学中心宣布成立罕见病诊治中心,包括分子诊断联合实验室、造血干细胞移植中心、罕见病家庭俱乐部等与罕见病相关的诊断、治疗以及社会资助等全面支撑体系也同步建成。

3月

1日

● 上海第八批中期援疆中学教师启程奔赴新疆喀什，开始援疆支教工作。市有关部门、各选派单位的负责人和教师家属在市干部教育中心欢送援疆教师。

● 复旦管理学奖励基金会召开新闻发布会，宣布2015年度“复旦管理学杰出贡献奖”“复旦管理学终身成就奖”和“复旦企业管理杰出贡献奖”的评选正式启动。李岚清作为复旦大学校友在2005年用个人稿费作为原始基金发起成立复旦管理学奖励基金会，所设奖项已成为中国管理学界最具影响力的奖项。

● 2015年上海中国画院迎春画展在上海中国画院美术馆展厅揭幕，共展出林曦明、方增先、周慧珺、韩天衡、施大畏、杨正新、韩硕、马小娟、丁筱芳等画院老中青三代画家作品60件左右。

2日

● 中共中央总书记、国家主席、中央军委主席习近平对邹碧华先进事迹作出重要批示，指出，邹碧华同志是新时期公正为民的好法官、敢于担当的好干部。他崇法尚德，践行党的宗旨、捍卫公平正义，特别是在司法改革中，敢啃硬骨头，甘当“燃灯者”，生动诠释了一名共产党员对党和人民事业的忠诚。广大党员干部特别是政法干部要以邹碧华同志为榜样，在全面深化改革、全面依法治国的征程中，坚定理想信念，坚守法治精神，忠诚敬业、锐意进取、勇于创新、乐于奉献，努力作出无愧于时代、无愧于人民、无愧于历史的业绩。邹碧华生前是上海市高级人民法院副院长，投身司法事业26年。2014年12月，突发心脏病经抢救无效因公殉职，终年47岁。邹碧华去世后，中宣部追授其“时代楷模”荣誉称号，最高人民法院追授其“全国模范法官”荣誉称号。

● 中央组织部、中央宣传部、中央政法委、最高人民法院党组印发《关于认真学习贯彻习近平总书记重要批示广泛开展向邹碧华同志学习活动的通知》。中央组织部决定，追授邹碧华“全国优秀共产党员”称号。

● 市高级人民法院召开党组中心组（扩大）学习会，集中收看中央电视台播出的邹碧华先进事迹专题节目，深入学习贯彻习近平总书记重要批示精神，座谈交流学习邹碧华先进事迹体会，进一步深入开展向邹碧华学习活动。

● 中山医院东院区肝肿瘤和心血管病医疗综合楼正式启用，肝肿瘤和心血管病病人可前往东院区（斜土路1609号）门诊部就诊。东院区总建筑面积达18万余平方米，比现有的中山医院西院区面积大3万余平方米。

● “2015 年上海医院发展高峰论坛”在上海交通大学附属第一人民医院举行。会上同时宣布：市一医院正式启动与上海医学创新发展基金会、上海交通大学安泰经济与管理学院的合作，揭牌成立“上海市医疗质量研究中心”。

3日

● 出席十二届全国人大三次会议的上海市代表召开组团会议，推举殷一璀为上海市代表团团长，王乃坤、应勇、徐麟为副团长。

● 市政府侨办和普陀区政府共同主办“2015 年上海市侨法宣传月主题活动暨上海侨界‘三送’活动普陀专场”，正式开启上海市侨法宣传月主题活动。

4日

● 为贯彻落实中共中央办公厅《关于培育和践行社会主义核心价值观的意见》和《关于深入开展学雷锋活动的意见》精神，中宣部公布第一批 50 个全国学雷锋活动示范点和 50 名全国岗位学雷锋标兵。上海市嘉定区行政服务中心税务窗口等被列为全国学雷锋活动示范点，上海市申通地铁人民广场换乘站副站长熊熊(女)、上海市徐汇区斜土街道社区卫生服务中心家庭医生朱兰(女)获全国岗位学雷锋标兵称号。

● 市发改委批准《江浦路越江隧道新建工程项目建议书》，江浦路隧道正式立项。江浦路隧道全长 2.28 千米，按双向四车道设计，位于大连路隧道与杨浦大桥之间。

● 2015 年市重大工程建设工作会议召开。经市人大十四届三次会议审议通过，2015 年共安排正式项目 83 个，预备项目 24 个，新开工项目 9 个，基本建成项目 14 个。全年计划投资约 1 071 亿元。

● 上海文化艺术团台湾巡演亮相台北市政府大楼亲子剧场。这台主题为“欢乐庆元宵”的综艺晚会汇聚优秀中华传统文化精粹，是 2015 年上海台北双城文化交流的首站。

● 市文联、市文明办和市志愿者协会联手在世博源成立上海市文艺志愿者服务总队。

5日

● 中共中央总书记、国家主席、中央军委主席习近平在参加他所在的十二届全国人大三次会议上海代表团审议时强调，上海要按照全面建成小康社会、全面深化改革、全面依法治国、全面从严治党的战略布局，凝心聚力，奋发有为，继续当好全国改革开放排头兵、创新发展先行者，为全国改革发展稳定大局作出更大贡献。上海代表团讨论气氛活跃、发言热烈。杨雄、张兆安、应勇、贾伟平、王战、刘卫国、朱雪芹等 8 位代表分别就建设具有全球影响力的科技创新中心、深入推进上海自由贸易试验区建设、推进司法改革、推动长江经济带发展、构建和谐医患关系、创新社会治理、从严管理干部等问题发表意见。

● 中共中央政治局委员、市委书记韩正主持上海代表团全团会议并发言。韩正说，李克强总理代表国务院所作的《政府工作报告》，是一个求真、务实、为民的好报告。我们将结合上海实际，深刻领会中央精神，更好地立足国家发展全局推进上海各项工作。

● 市代表团召开全团会议，审议李克强总理所作的政府工作报告。市委副书记、市长杨雄代表，市人大常委会主任、上海代表团团长殷一璀参加审议。杨雄代表在审议时结合报告中提出的"要主动适应经济发展新常态""培育和催生经济社会发展新动力""加快实施创新驱动发展战略"，就上海加快建设具有全球影响力的科技创新中心提出意见和建议。

● 市委常委、常务副市长屠光绍在市政府集体会见土耳其、斯里兰卡、瑞士、马耳他、爱沙尼亚、埃及、委内瑞拉、新西兰、匈牙利等 9 国新任驻沪总领事。

● 市智慧城市信息安全保障工作会议召开，通报上海市信息安全主管部门打击网络虚假宣传和伪劣产品销售、处理违规经营网站、取缔"伪基站"，以及查处侵害公民个人信息、黑客攻击等网络违法犯罪活动的工作情况。

● 第二十五届中国华东进出口商品交易会在上海新国际博览中心闭幕。统计数据显示，2015 年华交会的成交额略有下降，但来自北美洲、拉丁美洲、大洋洲的采购商数量显著增长，成为有待供应商开发的新市场。

6日

● 上海代表团召开全团会议，中共中央政治局委员、市委书记韩正代表，市委副书记、市长杨雄代表，市委副书记应勇代表等回答中外记者的提问。市人大常委会主任、上海代表团团长殷一璀代表主持。

● 上海代表团召开全体会议和分组会议，审议政府工作报告，市人大常委会主任殷一璀在分组会议审议时说，政府报告回顾成绩简练客观、认识问题清醒到位、部署工作具体明确，体现迎难而上、开拓创新、稳中求进的求实风格和扎实作风。

● 2015 年市统战部部长会议召开，强调全市统一战线适应国家发展大势与党和国家工作大局，围绕上海建设具有全球影响力的科技创新中心等重大战略任务，更加注重重点聚焦、更加注重力量统筹、更加注重工作创新、更加注重严格要求，在促进五大关系和谐中凝心聚力，在服务国家和上海发展中体现成效。

7日

● 以"平等谋发展，携手创未来"为主题的上海市纪念三八国际劳动妇女节 105 周年大会召开。会上表彰 20 名上海市三八红旗手标兵（含提名奖），580 名三八红旗手和 200 个三八红旗集体及 10 名市社会组织优秀女性工作者。市委常委、市委秘书长尹弘出席会议并讲话。

● 首届上海沪剧艺术节在奉贤会议中心礼堂落下帷幕。这是沪剧首次以艺术节名义举办的一次盛会。历时 10 天的沪剧艺术节期间,9 台大戏共演出 13 场,8 次深入基层村镇慰问。此外,还举办 3 场沪剧知识讲座和一次沪剧主题论坛。

8 日

● 市委书记韩正,市委副书记、市长杨雄,市人大常委会主任殷一璀,市政协主席吴志明等市领导向上海女代表、女委员致以节日祝贺,祝全市各界妇女同志节日快乐,家庭幸福。

9 日

● 上海代表团召开全团会议,审议全国人大常委会工作报告。上海市委书记韩正代表,上海市委副书记、市长杨雄代表,上海代表团团长、市人大常委会主任殷一璀,副团长、市委副书记应勇参加审议。殷一璀代表在审议时说,全国人大常委会工作报告充分体现了党的十八大和十八届三中、四中全会和习近平总书记"9.5 讲话"重要精神,充分反映全国人大过去一年在立法、监督、重大事项决定和代表工作等各方面取得的成绩,特别在大力开展人大制度和宪法宣传、保障和推动重大改革举措落实、有效回应社会民生关切、推动人大工作与时俱进方面令人印象深刻。

● 上海农村商业银行金山支行向金山吕巷镇的上海施泉葡萄专业合作社带头人卢玉金发放 100 万元贷款。这是继《上海市农村土地经营权抵押贷款试点实施办法》在 2015 年 2 月出炉后,上海市发放的第一批农村土地经营权抵押贷款。此举是深化农村土地改革最重要的内容之一,将弥补过去土地流转市场只有转让、转包而没有抵押的缺陷。

● 市委党校、上海行政学院 2015 年春季开学典礼在市委党校大礼堂举行。副市长、上海行政学院院长时光辉出席开学典礼并围绕"深入学习贯彻习近平总书记系列重要讲话以及协调推进'四个全面'战略布局"主题作学习动员报告。

10 日

● 第九届国际航空运输协会全球货运大会在沪召开。大会透露截至 2015 年 2 月 25 日,中货航国际出港电子运单货物 9 206 票,上海成为全国电子运单实施的领军口岸。浦东机场连续七年保持货运量全球第三。2014 年,浦东机场货运量增幅超 8%,其中国际航空货运量占全国的三分之二。

● 市知识产权局发布 2014 年上海专利申请和授权等情况。2014 年全市专利申请总量为 81 664 件,同比下降 5.5%。其中,含金量最高的发明专利量同比基本持平,使上海市专利结构进一步优化。至 2014 年底,上海市每万人口发明专利拥有量为 23.7 件,在全国各省区市中位居第二,比全国平均水平多出 18.8 件。

● 市2015年巡视工作正式启动。首轮巡视时间为2015年3月下旬到5月下旬，市委第一至第十巡视组将分别对市经信委、市教委、市国资委、上海图书馆、市合作交流办、上海城建集团、市绿化市容局、市科委、市司法局、市建管委开展巡视。

● 市委、市政府召开全市档案工作会议，要求2015年上海档案部门要把依法治档放在更加突出位置，着力加强对地方立法、推进依法行政、司法改革试点等方面的建档工作，更好地发挥法治引领规范作用。

● 首届市民绿化节在世博源平台启动，主办方举行的“绿化公益健康走”活动吸引600多名来自各行各业的市民参加。

● 地铁2号线世纪公园至张江高科区段（往广兰路方向）突发供电故障，造成2号线上海科技馆站往广兰路站方向列车限速运行，发车班次间隔延长，影响线路运营超过5小时。事发后抢修人员第一时间赶至现场，对相关设备开展紧急排查抢修。运营方立即启动应急预案，在消防、公安等支援下500多名乘客被安全疏散。

● 第五届国际商事模拟仲裁庭上海邀请赛“MOOT上海”在华东政法大学开幕。本次赛事吸引了美国、德国、英国、日本、巴西等12个国家共32支参赛队伍参加。

11日

● 全国政协十二届三次会议第四次全体会议在人民大会堂召开。全国政协委员、市政协主席吴志明在会上作了题为《协商民主重在制度建设》的大会发言。吴志明说，《中共中央关于加强社会主义协商民主建设的意见》是指导社会主义协商民主建设的重要纲领性文件。学习贯彻文件精神，推进政协协商民主，应着重在制度建设上下功夫。

● 由浦东新区团委、区委组织部、区人力资源和社会保障局联合开展的浦东新区青年英才培养工程第一期培训班正式开班，开始实行为期两年的优秀青年人才“成长营”计划。此次青年英才培养工程将面向不同领域的群体，包括在浦东新区区级机关、开发区管委会、直属企事业单位、街镇等登记备案且在编在岗的“80后”青年干部，关注优秀团干部和“两个15%”改革计划中下沉基层的青年干部。同时，也涉及浦东区域范围内的中央和市级机关、事业单位，各类企业和社会组织，尤其是金融、贸易、航运、科技创新和“四新”等领域的青年人才。

● 中国（上海）自贸试验区举行“印刷对外加工贸易综合服务平台”开通暨“上海新闻出版数字传媒服务中心”揭牌仪式。平台将对我国现有的境外出版物审读、印刷品备案进行信息化改造，从纸质审读、备案到电子审读、备案，从线下审读、备案到线上审读、备案，从纸质文件存贮、保管到电子文件存贮、保管，从人工审读到多语种关键字审读等。

12日

● 上海代表团召开全团会议,审议最高人民法院工作报告、最高人民检察院工作报告。上海市委书记韩正代表,市委副书记、市长杨雄代表,上海代表团团长、市人大常委会主任殷一璀代表,上海代表团副团长、市委副书记应勇代表参加审议。在审议中,代表认为,2014年"两高"积极实践司法为民理念,扎实推进司法体制改革,在维护社会稳定、规范社会行为、推进依法治国中发挥重要作用,取得显著成效。

● 上汽集团与阿里巴巴集团在杭州共同宣布,出资10亿元成立国内首个"互联网汽车基金"。这笔资金将用于组建双方的合资公司,全力进行互联网汽车研发。

● 市委常委、常务副市长屠光绍会见以星屋秀幸为团长的历届获上海市"白玉兰奖"的日本客人一行。屠光绍向客人介绍近年来上海的经济和社会发展情况,希望客人能为上海在新常态下调整结构转方式、自贸区发展、"四个中心"建设、科技创新中心建设等方面建言献策,发挥上海市"白玉兰奖"延伸作用。

● 市委常委、常务副市长屠光绍会见阿尔及利亚外交部秘书长阿卜杜勒哈米德·塞努希·贝雷克西一行。屠光绍向客人介绍上海近年来在城市建设、经济发展方面取得的成果。

● 上海各界人士齐聚香山路孙中山故居,纪念中国民主革命伟大先行者孙中山先生逝世90周年。市领导姜平、钟燕群、翁铁慧、姜樑和各界代表在孙中山先生铜像前肃立,行三鞠躬礼,缅怀先辈的崇高精神。

● 副市长周波在上海展览中心友谊会堂为上海离退休干部作关于《上海进一步深化改革开放,促进创新驱动发展》的报告。报告中,周波分别从上海工业和信息化、国资国企改革、商务工作及科技创新等领域的工作,通报本市经济建设和社会发展的有关情况。

● SMG影视剧中心主办的2015上海电视剧制播年会在上海国际会议中心召开。

● 中国(上海)国际印刷周"纸上创意艺术展"在国家会展中心举行。纸上创意艺术展于2013年首设,每年在中国(上海)国际印刷周举办,分为包装创意设计、书籍装帧设计、纸艺三个类别进行评选和展示。

● "《连博》出版50期范生福从艺60周年百年老上海风情画展"在海派连环画中心开幕。本次展览展出范生福最新创作"百年老上海风情"系列以及国画、连环画、插画等作品共计70余幅,同时展出的还有连环画、国画泰斗戴敦邦的亲笔题字。

13日

● 市委组织部、市委宣传部、市委政法委、市高级人民法院共同主办的邹碧华同志先进事迹报告会在上海展览中心举行。市委副书记应勇出席报告会并讲话。市委常委、市委政法委书记姜平主持报告会。来自全市各区县、各系统的党员干部代表约800人参加报告会。

● 市政府召开2015年度上海市卫生计生工作会议。会议提出，市卫生计生系统要加大改革创新力度，加强法治建设，强化全行业管理，抓好卫生计生各项工作，更好地维护人民群众健康。

● “音乐连接青年和未来”音乐会在上海交响乐团音乐厅举行，中美400多名学生参与，这是2015中国上海国际艺术节校园行系列演出和2015年度首个中美青年文化交流项目。

● “2014上海油画雕塑院年度展”在上海油画雕塑院美术馆开幕。本次展览以课题研究的方式向公众展示艺术家的自身思考和实践。

14日

● 市跨文化基础教育研究中心揭牌，中心每年统计留学生数量变化、国际班开学数量变化等情况。同时，在上海协和教育会议中心召开“差异与融合——跨文化基础教育”研讨会。

15日

● 2015年春运结束。春运40天，上海铁路局车站开设售票窗口1 326个，在1 611个客票代售点设立窗口达1 676个，服务触角伸进苏、浙、皖、沪三省一市的乡镇、社区，安全发送旅客5 270多万人次，同比增长11%，旅客发送总量居全国铁路首位。

● 复旦大学、上海交通大学公布面向上海市的综合评价录取招生方案，具有2015年普通高等学校招生统一考试报名资格、通过各科目高中学业水平考试的上海考生均可报名参加，两校招生计划上限分别为复旦540名、上海交通大学650名，开放所有本科招生专业(类)供考生填报。

16日

● 市委召开常委扩大会议，传达学习全国“两会”精神和习近平总书记重要讲话精神。市委书记韩正强调，要深刻学习领会习近平总书记重要讲话精神，始终立足国家战略、围绕国家大局，继续当好全国改革开放排头兵、创新发展先行者。要切实把习近平总书记对上海工作提出的新要求深入贯彻于全市各项工作之中，认真抓推进、抓落实，在以开放促改革、创新驱动发展、创新社会治理、从严管党治党方面继续走在前列。

● 市委副书记、市长杨雄主持召开市政府常务会议，对全市政府系统学习贯彻习近平总书记参加上海代表团审议时的重要讲话精神和李克强总理《政府工作报告》提出要求，研究部署本市2015年节能减排和产业结构调整等工作。

● 市人大常委会在上海展览中心友谊会堂召开会议，传达贯彻十二届全国人大三次会议精神。全国人大代表、市人大常委会主任殷一璀传达习近平总书记的重要讲话精神,并就贯彻落实会议精神提出要求。

● 在沪全国人大代表和全国政协委员中的党外人士聚集在市委统战部,畅谈参加全国两会的感想,交流如何贯彻落实两会精神。市委常委、统战部部长沙海林出席会议并讲话。

● 市政府召开新闻发布会,介绍上海第二次湿地资源调查情况和结果。第二次调查结果显示,上海的湿地总面积由 3 200 平方千米增加到了 3 770 平方千米,相当于上海市陆域面积的 55.54%,比全国的湿地率(5.58%)高出近 9 倍。

17 日

● 市委召开专题会议,向市老领导、老干部、老同志传达全国“两会”精神和习近平总书记重要讲话精神。市委书记韩正强调,要把习近平总书记对上海工作的新要求贯彻落实到全市各项工作之中,进一步解放思想、大胆实践,披坚执锐、攻坚克难,在新起点上创造新业绩、开拓新局面,努力当好全国改革开放排头兵、创新发展先行者,在以开放促改革、创新驱动发展、创新社会治理、从严管党治党方面继续走在前列。

● 市政协主席吴志明会见俄罗斯圣彼得堡市公众院主席尼古拉·维塔利耶维奇·布洛夫率领的代表团一行。吴志明代表市政协欢迎客人来访,并介绍上海市政协基本情况。他说,上海与圣彼得堡缔结为友好城市 27 年来,在经贸、文化、教育等诸多领域开展务实合作,取得丰硕成果。

● “上海樱花节”在顾村公园拉开帷幕。全程担负樱花节安保任务的武警上海总队七支队启动多套预案,投入 400 余名兵力,专门派出 2 个武装巡逻组,携带防暴器材在顾村公园周边实巡控。

18 日

● 市委书记韩正在浦东新区调研,深入临港产业园区,察看现代制造企业、进口商品直销中心以及为在当地就业创业者提供居住保障的限价商品房基地,并与扎根浦东的年轻创业者交流。在与浦东新区区委、区政府负责同志座谈时,韩正强调,要站高一步、解放思想、开拓视野,把思想和行动统一到习近平总书记对上海工作的新要求上来。浦东新区要勇于担当,当好排头兵中的排头兵,先行者中的先行者,聚焦目标,抓住关键,突破瓶颈,在新的起点上有新的探索、实现新的飞跃。

● 市环境保护和环境建设协调推进委员会第 20 次会议暨第六轮环保三年行动计划启动大会召开。上海市市长杨雄在会上强调,要深刻领会习近平总书记关于生态文明建设的重要讲话精神,全面把握党中央、国务院对生态文明建设的新要求,以滚动实施环保三年行动计划为抓手,以更大的决心、更强的恒心、更硬的措施,打好环境保护攻坚战和持久战。

● 市长杨雄会见美国联合技术公司全球总裁兼首席执行官贺国瑞一行。杨雄对联合技术公司在沪长期发展并取得良好业绩表示赞赏。他说，上海正大力推进自贸试验区建设，加快建设具有全球影响力的科技创新中心，我们将继续秉持开放态度，与包括联合技术公司在内的海内外优秀企业进一步加深合作，促进共同发展。

● 纪念汪道涵诞辰100周年理论研讨会在上海社联召开。与会者围绕汪道涵与两岸关系推进、浦东开发开放等主题研讨。

● 市委政法委和上海市委宣传部联合召开上海政法综治宣传工作会议，总结2014年工作，分析当前形势，部署2015年重点工作任务。

● 市民政局公布2014年度婚姻登记统计情况专报。2014年上海市共办理结婚登记140 507对，办理离婚登记53 244对。在上海市办理的国内居民结婚登记中，双方系初婚的为85 993对，占总数的62.06%；双方再婚的为37 250对，占总数的26.89%。上海市居民平均结婚登记年龄为男性34.43岁、女性32岁，这已是这组数据连续第五年呈上升趋势；初婚年龄为男性30.11岁、女性28.14岁，与2013年相比均略有下降。

● 市"星光计划"第六届职业院校技能大赛开赛。本届比赛以"星光点亮人生，技能成就未来"为主题，吸引105所中高职院校的7.2万名学生参与96个项目的角逐。比赛中首创中高职学生、社会职工与参赛选手同台竞技并面向全社会开放观摩。

19日

● 市委书记韩正在闵行区调研，深入社区了解2014年市委一号调研课题"创新社会治理、加强基层建设"形成的"1+6"文件的落实情况，并察看闵行区产业结构调整和创新创业培育的情况。

● 市委常委、常务副市长屠光绍主持召开上海市金融风险防范处置工作会议，加强金融风险防范处置工作，切实维护上海金融稳定，服务上海金融改革发展的大局。

● 市人社局、市发改委、市农委、市卫计委和市财政局联合印发《关于适应本市城乡发展一体化进一步做好人力资源和社会保障工作的实施意见》，进一步破除城乡二元结构，实现基本社会保险制度城乡统一；适应农村生产经营方式改革，完善就业、社保、人事相关政策；实行倾斜政策，加大引进和稳定郊区公共服务人才的力度。

● 新闻出版广电总局表彰2014年度全国广播电视创新创优栏目，东方卫视原创节目"笑傲江湖"以及"急诊室故事"两档栏目榜上有名，获得"2014年度创新创优电视栏目"表彰。

20日

● 市民族工作会议在上海展览中心召开。市委书记韩正强调，要深入贯彻落实中央民族工作会议精神和习近平总书记重要讲话精神，切实统一和提高思想认识。要把握大势大局，明确目标任务，立足上海实际，坚持问题导向，努力把上海的民族工作做得更好，不断推动民族团结进步事业取得新发展。

● 市委书记韩正会见来华访问的国际货币基金组织总裁拉加德一行。韩正说，加快实施自由贸易区战略，是中国新一轮对外开放的重要内容，上海正按照国家战略要求部署，积极推进各项改革探索和先行先试举措。作为中国经济中心城市，上海将继续加大金融改革创新力度，推动金融领域对外开放，加快推进国际金融中心建设。

● 市委书记韩正会见马士基集团首席执行官安仕年一行。韩正说，航运业的发展与世界和中国整体经济的发展息息相关。中国正在实施"一带一路"战略和长江经济带战略，这为我们的合作提供了更广阔的舞台。上海要按照国家要求，积极推进国际航运中心建设，加快航运服务业发展，推动长江黄金水道的建设，不断提高国际竞争力，更好地服务全国。

● 2015年市旅游工作会议召开，会议透露：上海将从2015年起，陆续推出多项改革措施，聚焦国家战略，继续丰富旅游产品与品牌，培训新兴旅游业态，加强旅游业依法建设，安全监督等共七大方面28项工作，为上海市民与来沪游客带来多项利好。2014年上海国内游客数达2.68亿人次，接待入境游客数达791.3万人次，旅游总收入3 415.96亿元，旅游产业全线增长飘红。

● 市人大常委会召开《上海市安全生产条例》执法检查启动会，上海安监部门将在2015年进一步探索建立"黑名单＋从业禁止＋一票否决"机制，多管齐下，实现安全生产违规违法"零容忍"。上海在加强执法和监管的同时，正在着力拓展和深化信用体系建设，使安全生产监管信息对企业形成有效制约。

● 浦东新区政府与上海广播电视台举行战略合作签约仪式，联手打造全新电视品牌——东方财经·浦东频道。新频道将立足上海，重点关注浦东不断坚持改革开放、先行先试、大胆创新的成功案例，捕捉上海及中国改革最前沿的热点新闻事件，解析这些事件背后的真正动因。市委常委、浦东新区区委书记沈晓明出席签约仪式。

● 陆家嘴金融贸易区管理委员会与东方艺术中心战略合作协议签约仪式举行。东方艺术中心将为金融城的白领提供丰富的文化节目，为打造陆家嘴金融城文化高地起到助推作用。

21日

● 市委书记韩正会见国际滑联主席辛匡塔一行。韩正说，感谢国际滑联将2015年世界花样滑冰锦标赛这一冰上运动的顶级赛事放在中国上海举办，相信通过本届锦标赛,更多中国观众会喜欢并积极参与到冰上运动、冬季运动之中。上海将全力以赴、精心组织,把本届花滑世锦赛办成一届成功、精彩的冰上体育赛事。

● 市委书记韩正会见美国加州理工学院校长罗森鲍姆一行。韩正说,上海正加快向具有全球影响力的科技创新中心进军,面向未来发展,最重要的是人才。上海不仅需要集聚各行各业的领军人才,也需要不断提升全民素质,实现可持续发展。

● 面向应届高校毕业生的2015上海信息服务(互联网)行业专场招聘会在华东理工大学体育馆开场。120多家企业带来千余个岗位,共有5 000多名学生排队入场,供需比达5∶1。

● 沪江网邀请全国有志于投身互联网教育的创业者入驻蚂蚁创客空间。为了给予资金支持和服务,沪江网牵头成立了两个基金:5 000万元规模的蚂蚁雄兵天使基金和3亿元规模的互元基金,还推出"零租金"入驻孵化器模式,与创业者共同构建互联网教育产业生态圈。

● 2015年上海市百姓公祭日在上海福寿园海港陵园隆重举行。社会各界为选择"公益节地生态葬"的56位逝者家庭举行集体安葬仪式。"公益节地生态葬"采用的是"无碑深埋"的形式。即逝者的骨灰放置于环保可降解的骨灰罐内深埋,这样土地可循环使用,可最大限度地节约土地。

22日

● 市长杨雄会见国际滑联主席辛匡塔一行,对客人来沪出席世界花样滑冰锦标赛表示欢迎。杨雄感谢国际滑联对上海的信任和支持。他说,2015花滑世锦赛能够在上海举行,我们感到十分荣幸。上海高度重视花滑世锦赛的筹备工作,将努力把它办成一届成功、精彩、难忘的国际冰上体育盛会。

● 上海司法改革试点以来首批遴选晋升的8家司法改革试点单位的128名法官、37名检察官经上海市法官、检察官遴选(惩戒)委员会投票选出。

● 第五届北外滩财富与文化论坛在上海浦江饭店举行,来自金融、文化、法律界的诸位嘉宾围绕"新常态·新动力·新治理"的主题,畅谈自己对财富和文化的理解。市委常委、常务副市长屠光绍出席本次论坛。

23日

● 市委副书记、市长杨雄主持召开市政府常务会议,研究部署加强农林水联动、推进农田水利建设工作;研究贯彻落实粮食安全省长责任制,全面提升上海粮食收储和供应保障能力。

● 市委常委、政法委书记姜平会见由安哥拉副主席、前议长罗伯托·德·阿尔梅达率领的安哥拉人民解放运动代表团。姜平向来宾介绍上海改革开放和经济社会发展等情况。

● 市工商局发布《上海市企业住所登记管理办法》规定经利害关系人同意并由村委会出具证明文件,在不改变原有使用性质的前提下,农村宅基地上的房屋可以登记为企业住所。

● 2015 年度市政府决策咨询研究重点课题发布,面向社会发布并公开招标的选题共 39 个,较往年大幅增长。2015 年的课题方向明显,有综合专项、青年专项、自贸区专项三个方向,青年专项和自贸区专项为新增。

● 第十届中日媒体人士对话会议在上海召开。中宣部副部长、国务院新闻办副主任崔玉英出席此次对话会议并致辞。第十届中日媒体人士对话会议由国务院新闻办公室和日本日中媒体人士对话会议实施委员会共同主办、市政府新闻办协办。

● 市政协对外友好委员会、市政府外办、市妇联和上海公共外交协会举办驻沪女总领事"走进政协"主题交流活动,邀请部分驻沪女总领事参观市政协。驻沪女总领事与政协女委员面对面座谈交流,了解政协职能、履职情况和近年来开展的对外友好交往工作。

● 沪深两市再创佳绩,沪综指实现九连阳,收涨 1.95%报于 3 687.73 点,再创近 7 年新高;深成指上涨 1.88%,报收于 12 780.32 点,创下近 5 年新高;创业板指大涨近百点,以 2 293.69 点刷新历史新高。两市成交额也再度突破万亿元。

● 市教委发布 2015 年上海市中招政策:录取工作分提前和统一招生录取两个批次进行。7.9 万名符合上海市中招报名条件的学生高中阶段录取率为 98%左右。

● 市国资委发布《2015 年度稳增长工作方案》,确定委管企业 2015 年预期实现利润总额增长 7%,营业收入增长 7%。2014 年上海市地方国有企业实现营业收入 2.74 万亿元,同比增长 6.5%;利润总额为 2 541.63 亿元,同比增长 12.7%。

24 日

● 市行政审批制度改革工作电视电话会议召开。市委副书记、市长杨雄强调,要深入学习领会习近平总书记和李克强总理对行政审批制度改革的重要指示精神,按照继续当好全国改革开放排头兵、创新发展先行者的要求,坚决贯彻落实中央以及市委关于加快转变政府职能的部署,真正让市场在资源配置中起决定性作用和更好发挥政府作用落到实处。

● 市委常委、组织部部长徐泽洲会见以党的阿拉伯关系书记、政府福利与社会保障部国务部长、国家培训学院理事长卡迈勒丁・哈桑・阿里为团长的苏丹全国大会党干部考察团,向来宾介绍上海改革开放和经济社会发展等情况。

● 2015 年上海市侨办主任会议召开,会议部署 2015 年上海侨务工作。市委常委、市委统战部部长沙海林,副市长翁铁慧出席会议并讲话。沙海林代表市委肯定 2014 年侨务工作取得的新成绩,要求 2015 年的侨务工作以服务上海科技创新中心建设为重点，发挥侨务资源优势服务经济社会发展，提升为侨服务水平，推动侨务工作改革发展。

● 上海仪电（集团）有限公司和罗兰贝格企业管理（上海）公司举行战略合作协议签约仪式暨智慧城市生态系统研讨会。根据协议，双方将以打造智慧城市生态圈为目标，在智慧城市建设相关产业、城市功能布局、公共服务等各个领域，加快推进物联网、云计算技术的开发应用和方案整合，力争成为上海乃至全国范围内，引领信息技术发展、服务智慧城市建设的平台。

● 依托上海市建筑科学研究院成立的国家绿色建筑质量监督检验中心举行揭牌仪式。中心是我国唯一一家以“绿色建筑”作为检验对象的国家级产品质检机构，它的成立填补了我国质检体系在绿色建筑领域的空白。

25 日

● 2015 国际滑联世界花样滑冰锦标赛开幕式在上海东方体育中心举行。中共中央政治局委员、上海市委书记韩正宣布本届赛事开幕。开幕式上，国际滑联主席辛匡塔，市委副书记、市长、本届赛事组委会主任杨雄，国家体育总局副局长、本届赛事组委会执行主任肖天先后致辞。市领导殷一璀、吴志明、应勇、徐麟、沈晓明、尹弘，以及市人大、市政府、市政协负责人出席。副市长、赛事组委会执行主任赵雯主持开幕仪式。

● 市委书记韩正，市委副书记、市长杨雄会见上海市离退休干部先进集体和先进个人代表。韩正说，上海已站在新的发展起点，要按照习近平总书记对上海工作的新要求，继续当好全国改革开放排头兵、创新发展先行者，确保各项工作持续、稳步、健康、积极地推进。广大老同志、老干部是党和国家的宝贵财富，各级党委和政府要营造更好环境，积极排忧解难，多办实事，让党放心，让老同志、老干部满意。

● 市委书记韩正会见美中贸易全国委员会会长傅强恩一行。韩正说，上海正按照中央部署，以经济体制改革为引领，以自贸试验区建设为突破口，全力推进重点领域、关键环节的改革试点。在全面深化改革的进程中，中国越来越开放，上海也将继续走在深化改革、扩大开放的最前沿。美中贸易全国委员会为促进中美两国经贸往来以及中美企业家交流作出了重要贡献，众多美资企业参与并见证上海改革开放的进程，希望双方共同努力，促进彼此间更为紧密的合作。

● 市网上政务大厅建设与推进工作领导小组召开第一次全体会议，市委副书记、市长杨雄强调，各级政府领导干部必须认真贯彻落实十八届三中、四中全会精神，着眼于全面提高政府治理现代化水平，主动创新观念，用互联网思维推动政府自身改革和建设。市委常委、副市长主持会议，副市长周波出席。在听取领导小组办公室和市经信委有关工作汇报后进行讨论。

● 市离退休干部“双先”表彰大会暨老干部工作会在上海展览中心召开。会议指出,要坚持立足全局,以高度的政治责任感关心重视老干部工作;要坚持务实创新,以深厚的感情扎实做好老干部工作;要坚持统筹协调,以凝心聚力的格局推动老干部工作迈上新台阶。

● 自然出版集团与中科院上海硅酸盐研究所联合创刊《计算材料学》,发表“材料基因组”前沿领域科研成果。新刊成为中国首个“自然合作期刊”,也是这一交叉学科全球唯一刊物。“自然合作期刊”选择高校院所合作,每一学科领域仅一家合作机构,这是全球第 12 种“自然合作期刊”。

26 日

● 市委书记韩正在静安区调研,走进上海创客中心,与年轻的创新创业者交流,来到街道居委会,了解 2014 年市委一号调研课题“1 + 6”文件的落实情况。

● 市委书记韩正,市委副书记、市长杨雄会见由湖北省委常委、武汉市委书记、市人大常委会主任阮成发,武汉市委副书记、市长万勇率领的党政代表团。韩正感谢湖北省、武汉市市长期以来给予上海的大力支持与帮助。他说,武汉位于长江区域的心脏地带,长江经济带战略的实施,把上海与武汉更加紧密地联系在一起,希望双方进一步加强合作,为国家战略的实施做出更大贡献。

● 市长杨雄会见荷兰首相马克・吕特率领的代表团,代表上海市政府和 2 400 万人民欢迎首相访沪。杨雄说,首相阁下将上海作为访华的第一站,我们深感荣幸。上海与荷兰有着长期友好合作,荷兰赠送上海的郁金香已经盛开,是双方友谊的“信物”。上海与鹿特丹的友城交往历史悠久,两市港口也是友好港口,上海港在建设发展中就学习借鉴了鹿特丹港的先进经验。

● “保险业的改革与发展”专题报告会在沪举行。中国保监会主席作专题报告,市委副书记、市长杨雄出席并讲话。中国保监会主席建议上海与国际金融中心建设联动,加快国际保险中心建设。

● 民革上海市委会成立 60 周年纪念大会在上海展览中心召开。全国政协副主席、民革中央常务副主席齐续春,民革中央原第一副主席厉无畏,市委常委、统战部部长沙海林出席并讲话。

●《解放日报》第 68 届文化讲坛在上海音乐厅举行。中国戏剧家协会主席、著名京剧表演艺术家尚长荣,中国美术学院院长、著名画家许江,《百家讲坛》主讲人、著名文化学者鲍鹏山,同台共论《传统文化,我们通向未来的路》这一主题。

● “上海公安”App 正式上线,上海公安从“网上服务”正式跨入“掌上服务”时代。上线的有查询车辆违法信息、查看户口审批结果、网上预约民警、在线咨询求助、了解公安新闻以及公示公告等 15 项服务内容。

每日纪事

28 日

● 市委、市政府召开座谈会,纪念汪道涵同志诞辰 100 周年,深切缅怀他的历史功绩、学习他的崇高品格。中共中央政治局委员、市委书记韩正说,我们一定要以革命前辈为榜样,继承弘扬优良作风,解放思想,披坚执锐,攻坚克难,在新起点上创造新业绩,为加快建成“四个中心”和社会主义现代化国际大都市、实现中华民族伟大复兴的中国梦而不懈奋斗。海峡两岸关系协会会长陈德铭,第二任会长陈云林出席。

● 市委书记韩正,市委副书记、市长杨雄会见第五届上海市“十大平安英雄”。韩正说,上海作为特大型城市,确保安全始终是我们工作的重中之重。平安建设,基础是法治、关键是基层、核心是队伍。我们要充分依靠基层、夯实基层,更广泛地引导社会力量和市民群众投身上海平安建设。

● 汪道涵家属向上海社科院图书馆捐赠汪道涵铜像。20 世纪 80 年代担任上海市市长期间,汪道涵十分重视上海发展战略、浦东开发等研究并多次与上海社科院科研人员交流。

● 上港集团成功中标以色列海法新港自 2021 年起 25 年的特许经营权,将负责该码头的后场设施建设、机械设备配置和日常经营管理。海法湾位于地中海东南岸,是以色列第一大港,全部建成后,码头岸线总长将达 1 500 米,设计年吞吐能力 186 万标准箱。

● 由上海进出口商会、新疆生产建设兵团贸促会、土耳其—中国工商业协会、吉尔吉斯斯坦工商会等近百家中外商会、企业共同发起的“一带一路”贸易商联盟宣布成立,秘书处设在上海进出口商会。

● 上海国际电影节与阿里巴巴集团在中华艺术宫签订 3 年战略合作协议,这是国际电影节与互联网的首次“联姻”。上海国际电影节将结合阿里巴巴的平台优势,从影视新人扶持、影迷互动服务、探索行业未来三方面全面共建上海国际电影节。

● 浦东机场第四跑道正式投入运行,浦东机场成为国内首个拥有 4 条跑道的机场。

29 日

● 全国首个区域性众创空间联盟在上海市科技创业中心宣告成立。

● 临港地区最大的旅游休闲项目——上海海昌极地海洋公园——开工建设。公园坐落于上海市临港地区滴水湖畔,总占地面积约 29.7 万平方米,总规划建筑面积约为 19 万平方米,包含 12 个展示场馆、4 个大型海洋动物互动体验项目、3 个特效影院以及 15 项大中型游乐设备。

● 中国民主建国会上海市崇明县委员会召开成立大会。全国政协副主席、民建中央常务副主席马培华出席并讲话。上海 16 个区已陆续建立民建区级组织,崇明县委成立标志着上海民建完成全市区县地方组织的全覆盖。

● 2015年全国皮划艇冠军赛上海苏河湾水上马拉松赛举行,253艘皮划艇竞技苏河湾。作为新赛季的首场比赛,这次比赛场地由封闭的青浦东方绿舟水上运动中心移至闸北苏河湾,依托开放式赛场环境,吸引更多市民参与,为上海的“母亲河”增添运动活力。

30日

● 市委书记韩正主持召开专题会议,听取2015年市委一号调研课题“大力实施创新驱动发展战略,加快向具有全球影响力的科技创新中心进军”的推进情况。韩正强调,一号课题正处于调研转化为实施文件的关键阶段,在下一步深化过程中,必须始终立足国家战略,牢牢把握时代特征,突出亟待解决的主要问题。上海市委副书记、市长杨雄出席会议并讲话。

● 市委书记韩正会见美国玛氏公司董事长维多利亚·玛氏一行。韩正说,随着中国经济社会的进一步发展,中国消费者对于食品安全、食品健康的要求越来越高,中国市场前景广阔。上海将一如既往创造更良好的环境,支持包括玛氏公司在内的中外企业在上海实现更好发展。

● 市委副书记、市长杨雄主持召开市政府常务会议,部署推进上海率先实现气象现代化工作;研究依法进一步加强船舶污染防治。

● 市委书记韩正会见由香港中华总商会会长杨钊率领的访问团。韩正说,国家改革开放30多年、浦东开发开放25年来,众多香港企业到内地、到上海投资发展,许多香港同胞是国家改革开放、上海快速发展的参与者和见证者。希望沪港两地一如既往加强合作,分享经验、相互启发、相互促进,实现共同发展。

● 市委常委、宣传部部长徐麟会见以中央委员、中央宣教委员会副主席、中央青年工作组组长盖本兴为团长的柬埔寨人民党青年政治家考察团一行。徐麟向来宾介绍上海改革开放和经济社会发展等情况。

● 根据市委、市政府的统一部署,经市政府同意,上海市将从2015年4月1日起调整一系列民生保障待遇标准,包括最低工资标准、失业保险金标准、有关就业补助标准、工伤保险三项待遇标准。从2015年4月1日起,上海市月最低工资标准从1 820元调整到2 020元,增加200元;小时最低工资标准从17元调整到18元。

● 市民政局、老龄办、统计局等联合发布最新统计的上海市老年人口和老龄事业发展信息。截至2014年底,上海全市户籍人口1 438.69万人,60岁及以上老年人口413.98万人,占总人口的28.8%,比2013年新增26.36万人。70岁及以上老人177.03万人,占总人口的12.3%。80岁及以上高龄老年人口75.32万人,占总人口的5.2%。100岁及以上老人1 631人。

● 第二十二届东方风云榜颁奖礼在上海梅赛德斯奔驰文化中心举行。始于1993年的东方风云榜是中国内地历史最悠久的流行音乐排行榜之一。业内人士指出，各类流行音乐奖项含金量不断下滑，当今流行乐坛的发展存在困境。

31日

● 市委副书记、市长杨雄出席上海市产业园区"区区合作、品牌联动"现场推进会。杨雄强调，传统的产业园区开发模式必须进一步升级换代。各区县、各部门要切实转变观念，善于和各类优秀的市场开发主体合作，结合农村集体经济改革和农村综合帮扶，推动全市产业园区开发模式和体制机制创新。

● 第二十五届上海白玉兰戏剧表演艺术奖在上海大剧院揭晓。参评本届"白玉兰"奖的144名演员来自全国49个剧团的69台剧目，共计29个剧种，创下历届新高。

● 光明食品集团从Apax和Mivtach Shamir手中总计收购特鲁瓦公司（Tnuva）的77.7%股份，对应特鲁瓦的市场价值达到86亿谢克尔（约合135亿人民币），这是以色列食品行业史上最大的一宗收购案。特鲁瓦公司成立于1926年，现在已发展成为以色列最大的综合食品企业，拥有员工6 576人。公司主营业务包括乳制品、禽蛋制品、肉制品、冷冻蔬菜、糕点等。

● 市质监局和市商务委共同向电商企业宣传《电子商务服务平台入驻商户管理规范》和《电子商务服务平台售后服务规范》两项地方标准，电子商务服务平台这一系列标准是上海市首项电子商务领域服务类地方标准，在全国也属首创。

4月

1日

● 从2015年4月1日起，全市城乡居民最低生活保障标准统一调整为每人每月790元。2015年全市城乡低保标准增加金额历年最高，且在全国率先实现省市级层面的社会救助标准城乡一体化。上海市社会救助制度在政策体系和救助标准上全面实现城乡统筹发展。

● 上海节能减排和对应气候变化工作会议召开，2014年上海单位生产总值的综合能耗和碳排放下降率均超过8%，能源消费比2013年减少近270万吨。截至2014年底，上海"十二五"期间单位生产总值综合能耗已累计下降超过22%，提前并超额完成"十二五"期间下降18%的既定目标。

● 中国气象局与上海市政府第五届部市合作联席会议在沪举行。会议围绕加快推进上海率先实现气象现代化相关议题进行了审议和讨论。会议明确，上海作为率先实现气象现代化和深化气象改革的试点地区，到2016年要率先实现气象现代化，特别是核心业务技术的研发应用、城市气象防灾减灾等方面要接近或部分达到世界先进水平。

● 市人大常委会部分组成人员调研上海产业技术研究院，市人大常委会主任殷一璀参加并讲话。组成人员一行参观上海产业技术研究院3D打印中心和金桥研发基地，并听取上海产业技术研究院的工作汇报。

● 为进一步提高上海职工基本医疗保险和小城镇基本医疗保险的保障水平，市政府决定，自2015年4月1日起，全市职工基本医疗保险统筹基金和小城镇医疗保险基金的最高支付限额从36万元提高到39万元，最高支付限额以上的医疗费用，仍可报销80%。

● “沪上最年轻的植物园”——上海辰山植物园与“全球最负盛名的植物园”——英国皇家植物园邱园签订合作备忘录，双方将在数据分享、植物保育、园艺景观、科普教育、人才培养等方面开展交流合作，共同保护全球植物和生态。利用互联网、大数据、标本库等现代技术。

● 上海外服健康管理中心发布《2015上海白领健康指数白皮书》。白皮书显示，上海白领体检指标异常率达94.6%，健康状况不容乐观。2010—2014年5年间，白领体检异常率持续走高，从2010年的83.9%逐年上升到2014年的94.6%。体检检出率排名前三的异常为：脂肪肝(29.5%)、体重超重(25.8%)和高甘油三酯血症(21%)。

2日

● 市委书记韩正前往上海市8家文艺院团调研，分别召开8个座谈会，听取各院团改革发展、创作演出的情况，详细了解各院团发展中遇到的瓶颈问题。韩正说，要深入学习贯彻习近平总书记在文艺工作座谈会上的讲话精神，通过深化改革，以符合不同艺术种类发展规律的体制机制，推进全市各类文艺院团实现更好的发展。要尊重规律、按规律办事，珍惜人才、集聚人才，真正使代表中华传统文化、上海本土文化和世界共同文化的优秀艺术，深深根植于上海这座国际化大都市之中。

● 市长杨雄会见台湾花莲县县长傅崐萁一行，对客人来沪出席2015年沪台研讨会表示欢迎。杨雄向客人介绍上海“四个中心”、自贸试验区以及科创中心建设有关情况。杨雄说，上海与花莲在经贸、文化、农业等领域进行一系列交流与合作，增进两地人民的相互了解和友谊。

● 第十七届宋庆龄樟树奖推荐提名工作正式启动。为表彰在妇女儿童事业中作出杰出贡献的工作者，宋庆龄樟树奖于1985年设立，已颁发16届，共有120名各界人士获得殊荣。第十七届宋庆龄樟树奖候选人推荐提名范围是在国际或国内具有一定知名度和影响力，并在从事、关心妇女儿童事业中做出突出贡献的人士。

3日

● 市人大常委会主任殷一璀会见南非国民议会议长巴莱卡·姆贝特一行。殷一璀说，很高兴上海成为代表团访问的第一站，也预祝代表团的北京访问成功。她说，中国和南非有着传统友谊，自1998年建交以来，两国关系有了更大进展，特别是近年来两国高层互访非常频繁，取得有目共睹的成效。

● 印度商务部投资促进部副部长阿米塔布·坎特率队来沪推介“印度制造”计划，欢迎中国企业尤其是上海企业参与这一以培养创新、保护知识产权、建立高规格制造业基础设施为主要内容的经济发展计划。

● 由市政府参事室和台湾《旺报》社主办、市政府台湾事务办公室和上海东亚研究所协办的“创新·转型·发展”2015年沪台研讨会在锦江小礼堂举行，来自沪台两地各界人士共180余人参加研讨会。

4日

● 市儿童文学研究推广学会召开2015上海儿童文学迎春座谈会，揭晓上海市2014年度儿童文学好作品奖。7篇得奖作品分别是：任溶溶的《看京戏》、金敏的《葡萄》、朱效文的《会跳舞的老鼠》、谢倩霓的《年关飘香》、庞鸿的《返航的小乐手》、吴雁的《星星树》、朵朵的《花开的声音吵到你了吗?》。

5日

● 上海机场边检站统计，2015年清明小长假前两日，上海两机场口岸共计出入境18.4万人次，同比增长11.3%，其中出境9.5万人次、入境8.9万人次。中国籍出入境人员占总数的55.6%，同比增长21.8%。

6日

● 市清明节工作指挥部办公室发布消息，上海市54家经营性公墓和骨灰堂共接待祭扫市民49.4万人次，祭扫车辆6.8万辆。2015年清明期间，累计接待祭扫市民853.2万人次，祭扫车辆85.7万辆。全市各大墓区及社会面情况稳定，未发生重大刑事、治安案件和重特大火灾、交通事故。

7日

● 市委书记韩正分别主持召开两个座谈会，听取部分高校、中央和上海市科研院所、央企和上海国企、外资研发机构、民营科技企业的负责人以及草根创业者代表，对于2015年市委一号调研课题的建议。韩正说，大力实施创新驱动发展战略，加快建设具有全球影响力的科技创新中心，必须进一步明确目标、聚焦关键环节，在开放的平台上持续推进。

● 市委副书记、市长杨雄主持召开市政府常务会议，听取第三届中国(上海)国际技术进出口交易会筹备工作汇报；研究部署加快推进桃浦地区转型发展。

● 市长杨雄会见德国罗兰贝格管理咨询公司全球首席执行官常博逸一行。杨雄说，具有全球影响力的科技创新中心建设和扩区之后的上海自贸试验区建设，是

2015 年上海的两件大事,充分展现上海进一步深化改革、扩大开放,着力转型发展的决心。罗兰贝格是欧洲第一大战略咨询公司,总部位于德国慕尼黑。

● 市人大常委会召开"十三五"规划专题调研启动会,市人大常委会主任殷一璀参加并讲话。"十三五"规划编制工作首次面向全社会公开征集研究成果,并通过国际招标、公开选聘等方式,广泛调动各方力量开展研究。

● 市政协召开十二届四十四次主席会议,主席吴志明主持会议。会议审议 2015 年度市政协平时视察活动安排和"上海建设具有全球影响力的科技创新中心亟须突破的五大瓶颈制约和对策建议"调研报告并听取《上海市志·政协分志》编纂工作情况汇报。

● 刘翔通过个人微博宣布退役。对于刘翔的退役,市体育局表示尊重刘翔决定,感谢他为上海体育事业作出的卓越贡献,将刘翔称为上海的"城市英雄"。

● 市人力资源和社会保障局公布 2015 年的社保缴费基数,单位在职职工个人缴费基数上限为 16 353 元,下限为 3 271 元,单位缴费基数按单位内个人月缴费基数之和确定。新标准执行时间为 2015 年 4 月 1 日至 2016 年 3 月 31 日。对于机关、事业单位、企业、社会团体等单位职工而言,养老保险的缴费比例为单位 21%、个人 8%,医疗保险的缴费比例为单位 11%、个人 2%,失业保险的缴费比例为单位 1.5%、个人 0.5%,生育保险的缴费比例为单位 1%,工伤保险的缴费比例为单位 0.5%。

● 第二十六届国际制冷、空调、供暖、通风及食品冷冻加工展览会在上海新国际博览中心开幕。来自全球 28 个国家和地区的 1 126 家厂商参展,汇聚全球制冷暖通空调行业的知名品牌。

8日

● 市委召开区县、大口党委书记第二季度工作会议。市委书记韩正强调,第二季度是全年各项工作抓推进落实和深化的关键,我们要贯彻落实中央要求,特别是习近平总书记在 2015 年全国"两会"期间对上海工作提出的新要求,按照"两会"明确的各项目标任务,结合上海实际抓贯彻落实,做到改革创新有新突破、从严管党有新举措、民生事业有新发展,确保全市经济社会平稳健康发展。

● 中央财办主任刘鹤带领中央财办调研组到上海调研。调研期间,中共中央政治局委员、市委书记韩正和市长杨雄会见刘鹤一行,交流对当前经济形势的看法,介绍上海改革开放和创新发展的考虑。

● 市委副书记、市长杨雄会见奥运冠军、中国男子田径队 110 米跨栏运动员刘翔一行,并为刘翔颁发市政府奖状。杨雄对刘翔在田径赛场取得的骄人成绩和展现出的拼搏精神给予高度评价。他说,在组织的关心和教练的培养指导下,刘翔通过自身努力实现了赛场上的一次又一次突破,成为中国田径史上里程碑式的人物。无论是作为运动员还是青年人，刘翔都是值得学习的标杆。

● 市政协召开中心组学习会，邀请全国政协文史和学习委员会驻会副主任陈惠丰作“协商民主与人民政协”专题报告。市政协主席吴志明出席并讲话。陈惠丰全面解读《中共中央关于加强社会主义协商民主建设的意见》。

● 2015年市文艺工作会议在上海电影博物馆召开，2014年度上海文艺创作和重大文化活动颁奖仪式同时举行。市委常委、宣传部部长徐麟出席会议并讲话。他指出，上海的文艺工作者，要深入贯彻落实习近平总书记在文艺工作座谈会上的重要讲话精神，按照市委部署和韩正书记要求，出大作品出大家，把上海文艺工作提高到新的境界。

● 沪深股市双双走高。沪综指一度摸高4 000.22点，成为沪指时隔7年之后再度触碰4 000点大关。沪市成交8 392亿元，深市成交7 152亿元，逾1.5万亿元的成交总额则创出A股新的“天量”纪录。

9日

● 市委书记、市委全面深化改革领导小组组长韩正主持召开市委全面深化改革领导小组第六次会议。会议审议并原则通过《关于建立社区工作者队伍的实施意见》《上海市普通高中学业水平考试实施办法》《上海市普通高中学生综合素质评价实施办法》，听取上海司法改革先行试点情况，部署全面推开司法改革试点工作。

● 中共中央政治局委员、市委书记韩正，市委副书记、市长杨雄会见前来出席沪港经贸合作会议第三次会议的香港特别行政区行政长官梁振英一行。韩正欢迎梁特首率领代表团来到上海。他说，沪港经贸合作会议机制自2003年建立以来，已经在香港和上海举行过两次，多年来这个合作机制不断推动沪港两地优势互补、共同发展。

● 市委副书记、市长杨雄在杨浦区调研。他强调，大力实施创新驱动发展战略，建设具有全球影响力的科技创新中心，归根到底要“落地”。围绕科技创新需求，传统的政府管理服务方式、城市规划建设理念、产学研模式和科技园区体制机制都要加快改革创新，为科技创新开放性平台建设、创新资源加速集聚以及更好地协同创新等突破瓶颈制约。

● 市长杨雄会见英国新任驻华大使吴百纳一行，对大使履新后来沪访问表示欢迎。杨雄说，上海与英国有着长期友好交往，不仅与伦敦金融城开展富有成效的合作与交流，还与利物浦市、大伦敦市建立友城关系。上海愿在中英两国领导人达成诸多共识的基础上，进一步深化与英国各界的交流与合作。

● 市政协主席吴志明率部分委员赴嘉定区，重点协商办理“加快本市新能源车的推广应用”提案专题。委员实地考察安亭新能源分时租赁项目运行情况、上汽新能源汽车研发中心,听取市经济信息化委、市发展改革委、市交通委、市科委情况介绍,并座谈协商。

● 市委召开推进创新社会治理加强基层建设工作座谈会。市委副书记应勇出席会议并指出,各区县和有关部门按照市委要求和总体部署,把落实"1+6"文件作为重点工作来抓,各项工作开展劲头足、势头好,蹄急步稳,开局良好。下一步推进"1+6"文件落实,要抓提高认识、抓持续推进、抓队伍建设、抓深化研究。

● 市公安局召开专题会议,动员部署2015年春季严打整治专项行动。上海将在全市范围组织开展春季严打整治专项行动,继续保持严打严管严防严控的高压态势。行动中,上海公安将对涉黑涉恶、涉枪涉爆案件,始终保持"零容忍"态度,发现一起、深查一起、严处一起。

● 市人力资源社会保障局、市财政局联合出台了《关于本市农村户籍人员参加失业保险有关问题的通知》,明确上海市实施城乡职工统一的失业保险制度,全市农村户籍人员与城镇户籍人员履行相同的失业保险缴费义务,享受同等的失业保险待遇。

● 由龙华烈士纪念馆与中国人民抗日战争纪念馆在沪联手举办的"伟大贡献——中国与世界反法西斯战争"主题展在龙华烈士纪念馆开幕,部分珍贵的图片与影视资料首次与上海观众见面。这是上海市2015年举办的第一个全面反映中国抗战及中国为世界反法西斯战争所作杰出贡献史实的大型展览。

● 市公积金中心宣布,自2015年4月15日起实施最新公积金提取和贷款使用政策:家庭最高可贷额度将提至120万元;二手房公积金抵押贷款年限也将作出调整,5年以下房龄的二手房,最长贷款年限仍为30年。6—19年房龄的二手房的公积金抵押贷款,最长贷款年限为"35年与房龄之差"。20年及以上房龄的二手房,最长贷款年限一律调整为15年,并且不对房龄设限。

● "推进未成年人科学素质教育,深化'科学种子计划'工作"启动会召开,在上海市科协指导下,上海青少年科学社将通过合作,把上海市100余所高校、科研院所以及科技社团、企业的实验室打造为"科学种子实验服务平台",供青少年预约实验。

10日

● 市举行精神文明建设工作表彰暨学雷锋志愿服务大会。市委书记韩正向受到表彰的先进集体和个人表示祝贺,向为精神文明建设作出贡献的广大市民表示感谢。韩正强调,要始终坚持把社会主义核心价值观作为灵魂,始终坚持把提高市民文明素养和城市文明程度作为精神文明建设的根本目的,把握问题导向,与时俱进不断创新工作。

● 沪港经贸合作会议第三次会议在沪举行。市委副书记、市长杨雄,香港特别行政区行政长官梁振英,国务院港澳办副主任周波,上海市委常委、常务副市长屠光绍,香港特别行政区财政司司长曾俊华等出席。杨雄在致辞时说，上海和香港人文相亲，经济相融，合作交流源远流长。实践证明，加强沪港经贸合作，对上海创新驱动发展、经济转型升级，对香港提升竞争力、保持长期繁荣稳定，具有重要意义和积极作用。

● 中国第31次南极考察队乘坐“雪龙”号科考船，抵达位于上海的极地考察国内基地码头。此次考察于2014年10月30日在上海启程，途经中山站、昆仑站和泰山站，全面完成了我国第5座南极科考站的地勘工作，历时163天，总航程约3万海里。国家海洋局局长王宏、副局长陈连增，上海市副市长蒋卓庆出席欢迎仪式。

● 市政府发展研究中心、市知识产权局主办的“发挥知识产权对上海建设具有全球影响力的科技创新中心支撑作用”国际智库双边研讨会在沪举行。国家知识产权局智库首批专家、华东政法大学知识产权学院副院长黄武双建议，上海政府可借鉴美国构建“三元结构”，以促进科技成果产业化和基础科学的发展。

● 得益于CPI等重要经济指标好于预期，上证综指7年来首度站稳于4 000点上方，与深证成指同步录得1%以上的涨幅。沪深B股现集体涨停，其中上证B指涨幅高达9%以上。上证综指以3 947.49点小幅低开，早盘回落至3 929.32点后开始震荡走升，轻松突破4 000点整数位后，沪指以4 034.31点报收，较前一交易日涨76.78点，涨幅为1.94%。这是自2008年3月以来，沪指首度收于4 000点整数位上方。

● 由市政府、何梁何利基金和中科院紫金山天文台共同举办的“林元培星”命名仪式暨学术报告会在沪举行。中国工程院院士、著名桥梁工程设计大师林元培长期致力于斜拉桥和拱桥的理论研究与设计建造，曾创造出跨度最大的斜拉桥世界纪录，成为在中国建成最大跨度钢箱拱桥的第一人。上海南浦大桥、杨浦大桥、徐浦大桥、卢浦大桥等皆为他的作品。

● 著名经济学家、前任世界银行副行长、北京大学教授林毅夫在复旦大学与新加坡管理大学(SMU)联合主办的复旦—新大国际论坛上发表演讲。林毅夫说：“在中国经济进入新常态的今天，中国的经济学家们是时候摆脱发达国家的经济学研究体系、提出中国自己的经济模型和理论判断了，这不仅有助于我们认识和改造中国，更是对全人类知识的贡献，对世界上处于发展中国家的85%的人口有特殊的借鉴意义。”

● 复旦大学与虹口区政府签署战略合作协议，共建上海大柏树科技创新中心，合力服务上海全球科技创新中心和社会主义国际化大都市建设。

11日

● 中共中央政治局委员、市委书记韩正会见新加坡副总理兼国家安全统筹部长及内政部长张志贤一行。韩正说,浦东开发开放之初,上海借鉴新加坡在住房保障、城市管理等领域的成功经验,形成具有自己特色的制度,不断推动发展。随着国家改革开放的不断深入,上海与新加坡之间的交流合作更加频繁,官方、民间、企业界有着密切往来,经贸、金融、公共卫生和公务员交流方面成果丰富。

● 市长杨雄会见瑞典哥德堡市市长安娜丽·胡田率领的代表团,与客人就加强友城合作、应对共同挑战等话题进行探讨。杨雄说,哥德堡是与上海交流最频繁的友城之一,多年来,两市已在经贸、港口、交通、教育等领域开展富有成效的交流与合作。上海将继续按照双方签署的“2013—2016 年友好合作交流备忘录”推进各项交流与合作。

● 市第三十四届“爱鸟周”活动在崇明东滩鸟类国家级自然保护区启动,共有志愿者、大学生社团、市民代表、野生动物保护特色学校学生代表、崇明东滩保护区周边社区单位代表等 100 多人参加活动。

● 作为“京剧电影工程”确立的代表剧目之一,由上海电影(集团)有限公司、上海电影制片厂有限公司、上海京剧院、上海广播电视台、电影频道节目中心等联合出品的京剧电影《勘玉钏》在上海车墩影视基地正式开拍。《勘玉钏》是由荀派艺术创始人荀慧生先生的挚友——剧作家陈墨香先生根据明代白话短篇小说集《喻世明言》中“陈御史巧勘金钗钿”的章节改编而成。该剧是“京剧电影工程”中唯一一部荀派代表作。

12 日

● 第二十届中国国际船艇及其技术设备展览会暨上海国际游艇展在上海举行,首届上海游艇节同时拉开帷幕。北外滩国际航运服务中心以及世博展览馆,超过 4.8 万平方米的展览空间里,集聚 20 多个国家和地区的 550 家展商,带来 500 多艘船艇现场展示。

● “中华老唱片纸质文献档案保护”研讨会在中唱上海公司召开。由中国唱片总公司启动的“中华老唱片保护工程”,是“十二五文化改革发展规划纲要”重点项目之一。中唱公司一个世纪以来累存的逾 13 万面唱片模板及其他录音模板中,有 10 万余面在上海。

13 日

● 市委举行常委学习会,听取腾讯公司董事会主席、执行董事兼首席执行官马化腾关于《以“互联网+”为驱动、推进经济社会创新发展》的专题辅导报告。市委书记韩正主持学习会。马化腾阐述了腾讯对于“互联网+”时代的认知和实践。韩正指出,上海建设具有全球影响力的科技创新中心,与“互联网+”的时代大背景紧密相连,我们要积极拥抱“互联网+”,主动适应和研究新情况,不断解决新问题。

● 市人民政府与腾讯公司在沪签署战略合作框架协议。双方将发挥各自资源优势，共同推动上海“互联网+”产业发展、提升智慧城市服务水平、营造创新创业良好环境，为上海建设具有全球影响力的科技创新中心，实现创新驱动发展、经济转型升级增添助力。上海市委副书记、市长杨雄，腾讯公司董事会主席兼首席执行官马化腾出席签约仪式。

● 市人大常委会召开理论中心组学习会(扩大)，邀请北京大学国家发展研究院教授、市决策咨询委员会委员周其仁教授作《流动、集聚与经济增长》的专题报告。市人大常委会主任殷一璀主持会议。

● 劳伦斯世界体育学会会议在中华艺术宫举行。劳伦斯世界体育学会由为世界体育运动作出杰出贡献的体坛精英组成，其使命就是广泛推动世界体育运动发展，提升体育运动在社会进步中的积极影响力。该学会将评选颁发每年一度的劳伦斯世界体育奖，褒奖为世界体坛作出卓越贡献的著名运动员。

● 德勤发布的研究报告显示，2015 年第一季度，上海证券交易所的 IPO(新股首次公开发行)融资额首次超越香港交易所，甚至取代长久处于领先地位的纽约证券交易所，位列全球第一。

14 日

● 市委副书记、市长杨雄前往漕河泾开发区调研。杨雄指出，各区县和产业园区立足上海建设具有全球影响力的科技创新中心这一大战略，主动对标全球创新网络重要节点，目标定位要更清晰，资源力量要更聚焦。

● 2015 年上海市厂务公开工作领导小组(扩大)会议暨《上海市职工代表大会条例》监督调研部署会召开，全面部署 2015 年全市厂务公开民主管理工作，并启动监督调研工作。

●《2014 年上海知识产权白皮书》发布，上海 2014 年专利申请量为 81 664 件，同比减少 5.5%；但发明专利的授权量为 11 614 件，增长 9.1%。专利分为 3 类，沪上发明、实用新型、外观设计的专利申请量占申请总量的 48∶41∶11，含金量最高的发明专利近半。按照常住人口 2 380 万计算，每万人口发明专利拥有量为 23.7 件，在国内仅次于北京。

15 日

● 第十五届劳伦斯世界体育奖在上海颁奖，这是这项当今世界最具影响力的综合性体育颁奖典礼首次在中国举办。颁奖典礼举行前，中共中央政治局委员、上海市委书记韩正会见了劳伦斯体育学会主席爱得温·摩西。韩正说，劳伦斯世界体育奖首次在中国、在上海举行颁奖典礼，相信将会更好推动体育事业向前发展，让更多人、特别是年轻人热爱体育运动，并从中获得鼓舞和力量。

● 市委书记韩正在嘉定区调研。韩正强调,全市各项工作的目标任务已经明确,关键是一切围绕“落实”来推进。各区县要重点聚焦具有全球影响力的科技创新中心建设,聚焦创新社会治理、加强基层建设“1+6”文件的落地,聚焦制度创新、弘扬自贸区改革创新的精神,结合各区县实际,扎扎实实落实推进各项工作。

● 市委书记韩正会见美国商务部部长佩妮·普利兹克率领的总统贸易代表团。韩正向客人介绍中国上海自由贸易试验区建设的最新进展,并就大家关心的知识产权保护、清洁能源利用以及国际合作等问题进行交流。

● 市职业教育工作会议召开,市委副书记、市长杨雄在会上指出,加快发展现代职业教育,是事关上海长远发展的重大战略任务。要贯彻落实习近平总书记有关职业教育发展的重要指示和全国职业教育工作会议精神,加快构建具有上海特点、中国特色、世界水平的现代职业教育体系。

16 日

● 市国家现代农业示范区建设工作动员会召开,会议就上海市整建制建设国家现代农业示范区工作作动员和部署。农业部部长韩长赋、上海市市长杨雄出席并讲话。

●《上海市老年人权益保障条例(修订草案)》提交市十四届人大常委会第二十次会议审议,根据《草案》(修改稿),老年人权益保障工作将纳入政府部门考核机制。《草案》(修改稿)支持、督促家庭养老,根据规定,“赡养人、扶养人不履行赡养、扶养义务的,基层群众性自治组织、老年人组织或者赡养人、抚养人所在单位应当督促其履行。”

● 上证 50、中证 500 股指期货在中国金融期货交易所成功上市。中国证监会党委书记、主席肖钢出席上市仪式,中国证监会副主席姜洋宣读上市批复文件,并和上海市委常委、常务副市长屠光绍一起为上证 50、中证 500 股指期货上市鸣锣。

● 市十四届人大常委会二十次会议表决通过人事任免案,正式任命市第二中级人民法院的 71 位助理审判员晋升为法官,市人民检察院第二分院的 11 位助理检察员晋升为检察官。这是司法改革推进中,首批经遴选委员会审议,通过法定程序任命,正式纳入法官、检察官员额管理的司法人员。

17 日

● 中共中央政治局委员、市委书记韩正会见印度安得拉邦首席部长、泰卢固之乡党主席钱德拉巴布·奈杜一行。韩正说,上海与印度各地合作交流频繁,同孟买建立了友好城市关系,鼓励更多企业走出去到世界各地发展,鼓励上海企业到印度寻找新的合作机会。上海十分愿意与安得拉邦加强合作,共同为推进中印两国友好关系作出新贡献。

● 市委副书记、市长杨雄主持召开市政府工作会议。杨雄强调，2015 年第二季度工作任务十分繁重，很多节点事项要完成，关键要抓推进、抓落实。要按照中央“四个全面”的战略布局，贯彻落实习近平总书记对上海工作提出的新要求，在市委坚强领导下，聚焦自贸试验区建设、科创中心建设、政府改革等重点工作。

● 2015 年上海市公共文化建设工作会议召开。会议总结 2014 年上海市公共文化建设情况，部署 2015 年重点工作。会议还表彰 2014 年度上海市公共文化建设创新项目。

● 徐汇区招商体制调整工作推进会暨联合招商合作签约仪式举行，徐汇区公布以“功能区 + 国资平台 + 社会合作”为特色的新招商机制。

● 上海证券交易所放开股票期权业务“一人一户”的限制，允许符合投资者适当性管理相关要求的投资者最多可以开立 5 个衍生产品合约账户进行股票期权交易。

● 市世界语中心在上海师范大学成立，携手市世界语协会合作开展世界语普及宣传、教育培训、学术科研等活动。

18 日

● “在国家战略的伟大旗帜下”浦东开发开放 25 年大型主题展览在浦东展览馆开幕。市领导韩正、杨雄、殷一璀、应勇与浦东新区各界人士代表一起参观展览。韩正指出，25 年前的今天，党中央、国务院宣布浦东开发开放的重大战略决策，今天我们一起参观展览，是一次浦东开发开放精神的再教育。25 年的实践和创新，留下一笔宝贵的物质和精神财富。

● 在文化部、新闻出版广电总局和中共上海市委宣传部的大力支持下，作为“京剧电影工程”确立的代表剧目，由上海电影（集团）有限公司、上海电影制片厂有限公司、上海京剧院、上海广播电视台、电影频道节目中心等联合出品的京剧电影《霸王别姬》《萧何月下追韩信》在清华大学举行首映。

● 市第十届律师代表大会第一次会议开幕。市委常委、市委政法委书记姜平出席会议并讲话。姜平强调，律师是法治建设的重要力量，在全面推进依法治国进程中具有非常重要作用，要持续优化律师业的发展环境，积极为律师服务业的发展创造良好的市场环境和政策环境。上海市律师事务所从 2010 年的 1 064 家增加到 2015 年的 1 321 家，增长 24%，其中合伙所 977 家、个人所 344 家；有 116 家外地律师事务所在上海开办分所，另有境外律师事务所驻沪代表处 153 家。全市执业律师从 2010 年的 12 298 人增加到 16 900 人，增长 37%。

● 2015 上海国际自然保护周启动暨上海自然博物馆（上海科技馆分馆）开馆仪式，在新落成的上海自然博物馆举行。上海城市形象代言人姚明出席仪式并宣读《上海国际自然保护周“人与自然友善行动”倡议书》。

19 日

● 由中共中央政治局委员、市委书记韩正，市委副书记、市长杨雄率领的上海市党政代表团赴云南省学习考察，与云南省委书记、省人大常委会主任李纪恒，省委副书记、省长陈豪举行两省市座谈交流会。韩正说，我们要认真贯彻落实习近平总书记系列重要讲话精神，按照中央统一部署，全力以赴做好对口帮扶工作。上海各级领导干部要牢固树立“两个大局”的思想，始终牢记对口支援是“两个大局”的重要体现，始终牢记只有走共同富裕的道路，才能体现中国特色社会主义制度的优越性，才能实现真正富裕、持续富裕。此外，代表团看望慰问上海市对口支援云南的干部、医生和青年志愿者代表。

● 由全国人大常委会副委员长、民建中央主席陈昌智率领的民建中央重点专题调研组来沪调研“加强经济合作，推动长江经济带健康发展”。调研中，陈昌智听取中共市委常委、常务副市长屠光绍等介绍相关情况。

●“中华武术文化全球推广”战略合作签约发布会在上海体育学院举行，ERC 东方广播中心与上海体育学院正式签约，将共同策划和举办“上海武术季”并协助推广“全国武术进校园项目”。

● 市鲁迅学校联盟成立大会暨鲁联讲坛开讲仪式在鲁迅中学举行。这个学校联盟由在教育内涵发展上具有共同的核心主题的鲁迅中学、鲁迅初级中学、民办迅行中学三所学校通过文教结合的途径，聘请鲁迅文化基金会、鲁迅纪念馆做指导单位，并邀请左联纪念馆加盟而组建，将通过开展相关活动，以彰显“首在立人”的共同文化内涵。

20 日

● 由中共中央政治局委员、市委书记韩正，市委副书记、市长杨雄率领的上海市党政代表团，在云南省委书记、省人大常委会主任李纪恒，省委副书记、省长陈豪的陪同下，赴迪庆州学习考察。在上海—迪庆对口支援座谈会上，韩正说，上海要认真贯彻落实中央关于做好藏区工作的要求，进一步把迪庆州作为上海对口支援云南的重点地区之一，在对口支援各项工作中，始终按照云南省委、省政府对迪庆发展的整体规划，按照迪庆州委、州政府的具体安排，全力以赴予以推进，我们相信迪庆的明天会更美好！

● 国务院印发《进一步深化中国(上海)自由贸易试验区改革开放方案》，方案对上海自贸区建设提出全新改革任务，如“探索建立采信第三方信用产品和服务的制度安排”“配合国家有关部门试点建立与开放市场环境相匹配的产业预警体系，及时发布产业预警信息”等。

● 2015 上海国际汽车工业展览会正式开幕。本届上海车展首次从新国际博览中心移师国家会展中心举行，展出总面积超过35万平方米，成为国家会展中心试运行以来规模最大的展览，也创下上海车展的展示规模之最。本届上海车展有18个国家和地区近2 000多家国内外车企参展，特斯拉汽车、林肯等知名车企也首次参展。

● 沪深两市双双震荡下跌，沪综指、深成指分别收跌1.64%、1.96%，但两市以18 026亿元的成交创下历史天量，其中沪市单日成交更是首度突破万亿元。沪市成交量在突破万亿元后，投资者发现，成交量不再更新，原来是系统显示“爆表”。沪市竞价阶段成交金额最终定在11 476.01亿元。

21日

● 松江区行政服务中心漕河泾松江新兴产业园分中心正式挂牌，成为上海市郊首个设在产业园区里的行政服务中心，工商、食药监等各职能部门将为园区和周边1万多家企业就近提供一站式服务。

● 以“为地球减负·建美丽家园”为主题的校园低碳项目在上海市黄浦学校正式启动。这是黄浦区中小学首次试点校园垃圾分类，未来将在全市中小学及商务楼推广。

● 由市文明办、市妇联主办，奉贤区委、上海图书馆承办的“公民道德讲坛”家风专题讲座在奉贤举行首场城区巡讲。主办方特邀孔子七十五代孙孔祥林，围绕倡导优良家风的主题，为奉贤市民送上孔氏祖训家风教育，介绍祖训家风代代延续发展的脉络。

22日

● 由民政部、全国老龄办指导，上海市民政局、上海市老龄办、上海市贸促会及中国老龄产业协会主办的第五届中国国际老龄产业高峰论坛在沪举行，全国老龄办常务副主任王建军、上海市委副书记应勇出席并致辞。

● 副市长周波会见捷克共和国布拉格市市长多利内克，并共同签署《中华人民共和国上海市与捷克共和国布拉格市关于建立友好城市关系意向的谅解备忘录》。捷克共和国众议院众议长、社民党副主席哈马切克，中联部副部长周力等出席见证备忘录的签署。

● 2015年度华东六省一市人大内务司法工作研讨会在沪召开，华东六省一市人大内务司法委员会围绕加强司法监督等内容进行深入交流。

● 市委组织部、市委宣传部、市委党校联合举办的领导干部培育和践行社会主义核心价值观专题研讨班开班。市委常委、宣传部长徐麟出席开班式并作动员报告。

● 中国人民银行上海总部发布《关于启动自由贸易账户外币服务功能的通知》，正式宣布上海市开展自贸试验区分账核算业务的金融机构可按相关要求向区内及境外主体提供本外币一体化的自由贸易(FT)账户金融服务，标志着FT账户外币服务功能正式启动。

● 沪深两市高开高走，沪指大涨2.44%，报收于4 398.49点；深成指上涨2.15%，报收于14 749.13点；创业板指大涨2.68%，收盘报于2 634.93点，再创历史新高。沪深两市共成交16 599亿元，资金面上仍保持着旺盛的流入态势。

23日

● 市全面推进司法体制改革试点工作会议召开。会议总结8家先行试点单位工作，对全市全面推开司法体制改革试点工作进行动员部署。市委书记韩正强调，司法体制改革是牵一发而动全身的综合性改革，上海按照中央的部署全面推开试点工作，必须始终坚持改革的正确方向，确保全市改革试点积极稳妥有序推进。

● 市长杨雄会见捷克众议院议长杨·哈马切克率领的代表团。杨雄感谢捷克以主宾国身份参加第三届中国(上海)国际技术进出口交易会。他说，上海与捷克有着长期友好交往，上海与布拉格刚刚签署建立友城关系意向的谅解备忘录，为上海与捷克开展更多交流与合作增添了新的渠道。

● 市人大常委会主任殷一璀率上海市人大代表团赴广东省学习考察科技创新立法情况，开展地方人大工作交流。中共中央政治局委员、广东省委书记胡春华会见代表团一行。代表团围绕科技创新立法、新形势下立法需求研究、人大常委会履职等问题，先后与广东省、深圳市人大及政府有关部门座谈交流。

● 人力资源和社会保障部与市人民政府在沪举行"共同推进上海市人力资源和社会保障事业改革与发展备忘录"签约仪式。人力资源和社会保障部部长尹蔚民与上海市委副书记、市长杨雄出席并代表双方签约。

● 第三届中国(上海)国际技术进出口交易会在上海世博展览馆开幕。在开幕论坛上，全国政协副主席、科技部部长万钢，海峡两岸关系协会会长陈德铭等发表主旨演讲。上海市委副书记、市长杨雄，捷克众议院议长杨·哈马切克等出席并致辞。本届上交会以"创新驱动发展、保护知识产权、促进技术贸易"为主题，通过技术展示、项目对接、交易服务和论坛活动，努力在提升交易服务功能、展示技术创新活力、促进国际技术合作、打造服务全国平台等方面发挥引领作用。捷克为本届上交会主宾国。

● 以"书香上海、成就梦想"为主题的第十七届上海读书节开幕。作为全国"全民阅读活动优秀项目"和上海学习型城市的标志项目、群众性文化的经典品牌，本届上海读书节期间将开展76项活动。

● 国家技术转移东部中心揭牌仪式在张江国家自主创新示范区湾谷科技园举行，全国政协副主席、科技部部长万钢和上海市副市长周波共同为中心揭牌。东部中心是由科技部和上海市政府共同推进设立的区域技术转移平台，立足上海，面向长三角，辐射全国乃至全球。

24日

● 浦东新区发行全国首张“知识产权金融卡”，“知识产权金融卡”分为金卡、白金卡两类，授信额度分别为300万元和500万元，授卡对象则为拥有较高质量知识产权的企业。该卡经浦东新区知识产权局推动，由中国银行上海市分行、上海银行、浦东科技融资担保有限公司等金融机构联合推出。

● 市统战理论研究会召开六届三次理事（扩大）会议暨“发挥统一战线优势　建设科技创新中心”学术年会。

● 市教委正式公布上海市高考综合改革试点的两个重要配套文件——《上海市普通高中学业水平考试实施办法（试行）》和《上海市普通高中学生综合素质评价实施办法（试行）》。《上海市深化高等学校考试招生综合改革实施方案》，核心内容是实施“依据统一高考成绩、高中学业水平考试成绩，参考高中学生综合素质评价信息”。

25日

●《辞海》（第七版）编纂出版工作启动大会在上海展览中心举行。中共中央政治局委员、上海市委书记韩正指出，国家繁荣、民族强盛，需要文化兴盛的支撑。知识界、出版界作为文化建设的重要方面军，一定要牢记使命担当，发扬辞海精神，遵循辞书编纂规律，努力把新版《辞海》打造成传世精品。

● 市委书记韩正参观第三届中国（上海）国际技术进出口交易会，与中外创新企业负责人、科研人员和年轻的创客互动交流。

● 市人大常委会主任殷一璀会见捷克众议院议长扬·哈马切克一行。殷一璀表示她感谢捷克以主宾国身份参加第三届中国（上海）国际技术进出口交易会。上海人大和捷克议会都面临一些共性问题，希望通过加强议会间的交流，共同探讨提出解决方案，对所在的城市作出贡献。

● 市政府与中国纺织工业联合会签署《共建上海国际时尚之都战略合作框架协议》，双方将全面合作，共同推进上海建设具有国际影响力的时尚之都。

● 市文广局主办、上海市演出行业协会承办的2015年上海市民营院团展演活动开幕。18台（个）剧目和节目入围，其中包括大型剧目8台、小戏及综合节目共10个。

26日

● 2015年上海青少年深阅读计划启动。团市委和市新闻出版局向本市青年推荐的“五四荐书榜单”出炉，鼓励青年多读书、读好书。

● 著于公元前1世纪的地理巨制——斯特拉博《地理学》中文版在上海师范大学发布，填补中文史料对“一带一路”西段研究的空白地带。

27 日

● 市委、市政府召开中国(上海)自由贸易试验区扩区动员大会。中共中央政治局委员、市委书记韩正强调,要按照习近平总书记、李克强总理对上海自贸区建设的要求,把上海自贸区建设成为新形势下引领全面深化改革、加快创新驱动发展的标杆和引擎。

● 市政协主席吴志明会见应邀来访的韩国济州特别自治道议会议长具诚祉一行。吴志明代表上海市政协欢迎来宾到访,并介绍近年来上海经济发展情况及市政协协商议政履职实践。

● 市委、市政府在世博中心召开 2015 年上海市居民委员会和村民委员会换届选举工作动员大会。市委副书记应勇到会讲话,市委常委、市委政法委书记姜平主持会议,副市长时光辉作动员部署。应勇在讲话中强调,做好换届选举工作,是夯实党的执政基础的重要举措,是推进基层民主政治建设的重要实践,是创新基层社会治理的重要基础。

● 市对口帮扶遵义市第三次联席会议在沪召开。上海市副市长时光辉,贵州省委常委、遵义市委书记王晓光出席会议并作重要讲话。2015 年,上海共计划实施帮扶项目 44 个,重点聚焦新农村建设、社会事业、产业发展和人力资源开发 4 个领域。

● 沪深两市双双高开高走,沪综指收盘大涨 3.04%,报于 4 527.40 点,突破并站稳 4 500 点关口;深成指上涨 1.44%,报收于 14 809.42 点;创业板指盘中突破 2 800 点,刷新历史新高纪录,收盘报于 2 747.50 点。股指大涨带动人气,两市全天成交额超 1.6 万亿元。

● 上海海事法院自由贸易试验区法庭揭牌仪式举行。这是国内海事法院系统内首家设立的自贸区法庭。

● 市劳动模范评选委员会办公室公布 5 年一届的上海市全国劳动模范、先进工作者,上海市劳动模范、先进工作者和模范集体名单。2015 年,有 135 位候选人获得 2015 年全国劳动模范和先进工作者称号。

28 日

● 市委书记、市委全面深化改革领导小组组长韩正主持召开市委全面深化改革领导小组第七次会议。会议审议并通过上海市《贯彻落实党的十八届四中全会〈决定〉、建设法治上海重要举措实施方案》和《2015 年工作要点》《上海报业集团采编专业职务序列改革方案》。

● 中共中央政治局委员、市委书记韩正,市委副书记、市长杨雄会见由市委书记王晓光率领的贵州省遵义市党政代表团一行。韩正说,中央明确上海对口帮扶遵义,把两座城市更紧密地联系在一起。对口支援的过程，是相互学习、相互帮助、共同发展、实现共同富裕的过程，充分体现中国特色社会主义制度的优越性。

● 2015年上海市区县人大常委会主任例会在青浦区举行，大家围绕“开好市委人大工作会议，健全区县人大参与立法工作机制、发挥区县人大在立法工作中的作用”等主题进行深入研讨。市人大常委会主任殷一璀应邀出席并讲话。

● 市政协召开“将自贸试验区开放举措辐射浦东，深化综合配套改革”专题通报会。市政协主席吴志明出席并讲话。市委常委、浦东新区区委书记沈晓明通报上海自贸试验区扩区情况和浦东深化综合配套改革的目标任务。

● 市委组织部、市委宣传部在上海展览中心召开上海市区县、部委办局党委（党组）中心组学习交流会。市委常委、宣传部部长徐麟出席并讲话。徐麟指出，全市各级党委（党组）中心组要落实韩正书记在读书学习上下功夫的要求，进一步聚焦重点，持续推进、逐步深化习近平总书记系列重要讲话精神的学习。

● 上海召开“以守法诚信为重点深入开展上海非公有制经济人士理想信念教育实践活动”动员大会。上海市委常委、市委统战部部长沙海林出席大会并作动员讲话。

● 上海警备区召开宣布部分区县人武部党委第一书记任职大会，市委常委、警备区司令员何卫东代表警备区党委宣读任职通知。长宁区委书记王为人、普陀区委书记施小琳、闸北区委书记安路生、黄浦区委书记翁祖亮、杨浦区委书记诸葛宇杰、闵行区委书记赵奇、金山区委书记李跃旗、青浦区委书记赵惠琴、崇明县委书记马乐声分别任所在区县人武部党委委员、第一书记。

● 第三十二届上海之春国际音乐节在上海大剧院开幕。本届音乐节新增“向大师致敬”和“纪念中国人民抗日战争暨世界反法西斯战争胜利70周年系列活动”等板块。

29日

● 市庆祝五一国际劳动节暨劳动模范、先进工作者表彰大会在世博中心召开。会议由市委副书记、市长杨雄主持，韩正代表市委、市人大、市政府、市政协，向获得全国和上海市劳动模范、先进工作者称号的先进集体和个人，表示热烈祝贺，向奋斗在全市各条战线上的广大工人、农民、知识分子和全体劳动群众，致以节日问候。

● 市委召开常委会，贯彻中央统一部署，研究并通过《关于在本市处级以上领导干部中开展“三严三实”专题教育的实施方案》。市委书记韩正主持会议。

● 市委常委、统战部部长沙海林会见由总书记皮埃尔·恩戈洛率领的刚果劳动党代表团。沙海林向来宾介绍上海改革开放和经济发展等情况。

● 第十六届上海国际汽车工业展览会在上海青浦区国家会展中心落下帷幕,92.8 万参观人次为历届之最,超过上届约 1.5 万人次。

30 日

● 市政府与中国移动、正大集团在沪签署战略合作备忘录,共建亚太示范电子口岸网络,推动上海跨境电子商务发展。

● 市政府与中国交通建设股份有限公司在沪签署战略合作协议,双方将在交通基础设施建设、产业发展辐射带动、资源人才集聚吸引、科技创新能力提高等四方面开展深度合作。

● 市长杨雄会见阿尔及利亚总理阿卜杜勒马利克·萨拉勒率领的代表团。杨雄代表上海市政府和上海人民对总理阁下访沪表示热烈欢迎。杨雄说,中阿有着深厚传统友谊,两国领导人互访频繁,2014 年中阿全面战略伙伴关系的建立,为两国友好关系发展注入新的动力,上海愿在中阿友好合作中发挥更大作用。

● 市长杨雄会见美国沃尔玛百货有限公司全球总裁兼首席执行官董明伦一行。杨雄说,当前,互联网和零售业的结合速度之快出乎人们的意料,线上线下融合互动、移动互联、跨境电子商务等新趋势正对零售业产生深刻影响,希望沃尔玛抓住变革带来的机遇,在沪实现更好发展。

● 2015 年上海市庆祝五一国际劳动节暨上海总工会成立 90 周年交响音乐会举行。1 000 多名新一届全国、上海市劳模以及先进工作者汇聚一堂。

● 上海召开全市党史工作会议,传达学习贯彻全国党史研究室主任会议精神,并对 2015 年党史工作进行部署。会议强调,要深入学习贯彻习近平总书记关于党的历史和党史工作地位作用的重要论述,充分认识做好新形势下党史工作的重要意义。

5 月

1 日

● “中华号角”2015 上海之春国际音乐节管乐艺术节在复旦大学正大体育馆开幕。来自北京、上海、广州等全国 19 个省市的 82 支展演团队以及中国人民解放军军乐团、海军军乐团等 7 支国内外邀请团队参加。中共上海市委常委、宣传部部长徐麟,中国文联副主席杨承志、徐沛东出席开幕式。

● 由团市委、市教委、市体育局、市学联主办的 2015 上海大学生“百日千里”青春酷跑活动在上海交通大学闵行校区正式启动。上海大学生响应“为将来,跑起来”的青春倡议,以跑步迎接五四青年节到来。“百日千里”青春酷跑活动自 2014 年开展第一届以来,已在上海大学生中形成一股运动热潮。

2日

● 出席第十届两岸经贸文化论坛的中国国民党主席朱立伦一行抵达上海，中共中央台湾工作办公室主任张志军等前往机场迎接。

3日

● 由中共中央台办海峡两岸关系研究中心和中国国民党国政研究基金会共同举办的第十届两岸经贸文化论坛在上海浦东隆重举行。中共中央政治局常委、全国政协主席俞正声和中国国民党主席朱立伦出席论坛开幕式并致辞。

4日

● 市委书记韩正主持召开全市党政负责干部大会。会上，市委正式公布并实施《关于进一步规范本市领导干部配偶、子女及其配偶经商办企业行为的规定(试行)》。

● 由市档案局(馆)与共青团上海市委共同主办的“上海创新发展档案展”在市档案馆外滩馆揭幕并向社会免费开放。2015年“上海市档案日”系列活动同时启动。市委副书记应勇、市人大常委会副主任薛潮、副市长时光辉、市政协副主席姜樑出席活动并参观展览。

● 上海证券交易所公布2014年年报统计数据显示，据沪市1 041家上市公司已公布的年报业绩，2014年度沪市公司整体业绩稳中有进，共实现净利润约2.06万亿元，同比增长4.99%，这一增速较2013年的13.06%下降8.07个百分点；而且沪市公司整体盈利能力也有所减弱，净资产收益率为12.61%，同比下降1.30个百分点。

● 世界知识产权组织(WIPO)中国暑期学校在华东政法大学开班。全球共有10所WIPO暑期学校，分布在瑞士、美国、新加坡、俄罗斯、韩国等国家。这是世界知产组织接受中国申办，在华首开暑期学校。

5日

● 中共中央政治局委员、市委书记韩正会见由宁夏回族自治区党委书记、自治区人大常委会主任李建华率领的考察团一行。韩正代表市委、市政府对宁夏回族自治区考察团来沪传经送宝、共商两地发展大计表示热烈欢迎。

● 市政协召开十二届四十五次主席会议，审议2015年市政协参与立法协商工作方案。市政协主席吴志明主持会议。市政协参与立法协商工作已逐步走向规范化、制度化和常态化。

● 市科委透露世界卫生组织(WHO)正式批准上海之江生物科技股份有限公司研发的埃博拉病毒核酸检测试剂盒，将其列入其官方采购名录，并作为埃博拉病毒的检测手段向全世界推介。

● 上海现实题材创作交通行业基地在上海地铁博物馆揭牌。基地由市作协与市交通委共建,首个创作活动——“行在上海”作家采访“十日谈”随即展开。

6日

● 按照中央统一部署,市委书记韩正为全市党员领导干部讲“三严三实”专题教育党课。韩正强调,开展“三严三实”专题教育,是深入推进全面从严治党的重要部署,是党的群众路线教育实践活动的延展深化,是持续深入推进党的思想政治建设和作风建设的重要举措。

● 应友好城市阿联酋迪拜市政府邀请,市长杨雄率领上海市政府代表团访问阿联酋。访问期间,杨雄分别会见阿联酋副总统兼总理、迪拜酋长国酋长谢赫·穆罕默德·本·萨义德·马克图姆,阿布扎比酋长国王储、阿布扎比执委会主席谢赫·穆罕默德·本·扎耶德·阿勒纳哈扬,以及阿联酋内阁国务大臣、阿布扎比执行委员会副主席、迪拜酋长国执行委员会副主席、迪拜市政府首席执行官等。

● 由市委书记韩正作序的《汶川特大地震上海市救灾援助实录》一书举行首发座谈会。市委常委、统战部部长沙海林出席座谈并讲话。

● 浦东新区居民区党组织书记享受事业编制工作启动。本次“享编”工作覆盖全区所有就业年龄段的居民区党组织书记,标志着浦东成为上海首个实现居民区书记“享编”全覆盖的行政区。享编工作实施后,符合条件的浦东居民区书记可分别享受相当于事业单位九级、八级、七级的收入待遇。享编后的居民区书记税前年收入将有望达到:九级,年均 9.6 万元;八级,年均 10.5 万元;七级,年均 11 万元。

● 上海电视节组委会公布第二十一届上海电视节评委会主席名单。电视剧、纪录片、动画片三大评奖单元,将分别由著名导演阎建钢、艾美奖得主理查德·布拉德利、亚洲动画峰会创始人蒂姆·布鲁克—亨特领衔。

7日

● 市委书记韩正调研上海报业集团、上海广播电视台等新闻宣传系统新媒体发展情况。韩正强调,要准确把握阵地和市场的关系、导向和效益的关系,深刻认识大数据、“互联网+”时代新媒体的发展规律。要以强烈的社会责任感,处理好两对关系、把握好规律,实现传统媒体脱胎换骨和新媒体发展腾飞,努力走在全国前列。

● 市政协举办“委员界别活动日”,部分中共界别和社会科学界委员围绕“贯彻十八届四中全会精神,全面推进法治建设”主题座谈交流,建言献策。市政协主席吴志明出席。

● 深入开展“注重家庭、注重家教、注重家风”建设工作座谈会召开。会议结合学习贯彻习近平总书记关于家庭、家教、家风建设一系列重要讲话精神,落实韩正书记在全市精神文明建设工作表彰暨学雷锋志愿服务大会上的要求,开展经验总结和交流,推进全市家庭建设工作落细落小落实。市委副书记应勇出席会议并讲话,市委常委、宣传部部长徐麟主持会议。

● 著名法语翻译家郝运获颁“翻译文化终身成就奖”。他是继草婴、任溶溶后第三位获得此奖的上海翻译家。“翻译文化终身成就奖”由中国翻译协会于2006年起设立,是中国翻译界最高荣誉奖项。

8日

● 市质子重离子医院正式开业,市委书记韩正出席开业仪式。市质子重离子医院于20世纪90年代开始筹备,2003年项目正式启动,在市委、市政府的大力支持和国家相关部委的帮助指导下,该医院历经10年磨砺,建成我国首个拥有质子、重离子两种技术的医疗机构。世界上仅德国、日本、美国等少数发达国家拥有质子重离子放射治疗技术。

● 市民抗战歌曲大联唱群众性主题活动启动仪式暨杨浦区首唱活动在上海国歌纪念广场举行,拉开全市纪念中国人民抗日战争暨世界反法西斯战争胜利70周年市民歌咏展演及2015上海市民文化节市民合唱大赛序幕。启动仪式上,市委宣传部发布《上海市纪念中国人民抗日战争暨世界反法西斯战争胜利70周年群众性歌咏活动主题歌曲推荐名录》。

9日

● 上海首席信息官(CIO)联盟正式成立,这是中国首席信息官联盟成立后组建的一个地方性组织,中国东方航空、上海仪电集团、上海电气集团等近400家企业的CIO成为首批成员,这标志着上海企业的首席信息官制度建设进入新阶段。

● 由法国海军“迪克斯莫德”号投送指挥舰和“阿克尼特”号护卫舰组成的舰艇编队驶抵上海吴淞军港,开始对上海进行为期7天的友好访问。

10日

● “节约爱护水资源,保障城市水安全”上海宣传周开幕。市2014年万元GDP用水量,由2004年的151立方米,下降到33立方米,为10年前的20%,在全国处于领先水平。截至2014年,上海市共创建节水型园区、校区、小区约3 000家,并形成一套比较完备的节水管理制度。

● 邹碧华同志先进事迹报告团走进中国井冈山干部学院,为该院2015年第四期厅局班、中直机关党委副书记班、2015年第一期县委书记班的219名领导干部做专题报告,这些干部来自30多个省区市。

11日

● 市长杨雄率领上海市政府代表团应邀访问土耳其友好城市伊斯坦布尔和安卡拉。杨雄一行访问海峡大学并见证上海大学与海峡大学共建“土耳其中心”签约。随后,杨雄出席“一带一路”经贸合作工商论坛,见证上海进出口商会与土耳其对外经济关系委员会签署合作备忘录。

● 上海正式宣布光明食品集团与上海良友集团联合重组,这也成为 2006 年以来,上海国资系统涉及人员最多、涉及地域最广的一次重组。重组后,光明将集中品牌优势、资金优势、加工优势、渠道优势和粮食掌控优势,形成从田头到桌头的完整业务链,产业集中度和规模实力将大大增强,行业影响力和带动力也将显著提升。

● 市民政局、市民防办、市应急办和徐汇区政府在龙南小学举行全市“防灾减灾宣传周”活动启动仪式,由市民政局历时 3 年编制的推荐性地方标准《城镇社区防灾减灾指南》在仪式上首发。

● 2015 第十二届上海市大学生话剧节决赛开幕。本届话剧节主题为“镜面舞台,多彩青春”,收到上海 27 所高校 39 个剧社提交的 51 部剧目。最终 12 部长剧、8 部短剧作品入围决赛。

12 日

● 市委书记韩正会见美国霍尼韦尔公司董事长兼首席执行官高德威一行。韩正说,上海正在围绕建设具有全球影响力的科技创新中心,广泛听取各方意见建议,制定一整套实施方案,以营造更加宽松、更加开放的环境,鼓励世界各地的企业和人才前来发展。

● “建设具有全球影响力的科技创新中心相关法规”被列为 2015 年市人大年度立法计划重点调研项目。上海市人大常委会部分组成人员就科技创新中心建设开展立法调研,市人大常委会主任殷一璀参加。

● 全国推进简政放权放管结合职能转变工作电视电话会议召开。会后,上海分会场部署落实各项工作。市委常委、常务副市长屠光绍等出席会议。会议指出,上海在简政放权放管结合职能转变方面不断深化推进,取得了一定成效,但与经济社会发展、人民群众的期盼、改革发展的任务相比,还有差距和不足。

● “金桥先进制造业质量安全示范区”获得国家质检总局批复,成为全国首个以“先进制造业”命名的示范区,也是上海地区首个“国家级出口工业产品质量安全示范区”。

● 上海奥威科技开发有限公司的车用超级电容产业化应用项目正式落户中白工业园。这家上海民营企业将与白俄罗斯企业合作,在明斯克建设年产 100 万台超级电容器的产业基地,为电动城市客车和储能式有轨电车提供核心部件,让沪产超级电容车驶入丝绸之路经济带,并进一步开拓欧洲市场。

● 上海社科院法学研究所发布《上海法治发展报告(2015)》蓝皮书,评估结果显示,社会公众对上海政府网站信息公开的总体状况持正面评价。

● 央行降息利好持续提振市场,沪深股市继续飘红。沪指再度站上 4 400 点关口,报收于 4 401.22 点,涨幅达 1.56%,走出一波“三连阳”行情。

13日

● 市委书记韩正前往复旦大学和同济大学调研，听取专家学者、科研人员对于上海建设科创中心的建议。韩正说，我们按照中央要求加快向具有全球影响力的科技创新中心进军，不仅需要理性深入的思考，更需要一整套具有强大行动力的实施方案，这套方案要吸纳方方面面的意见建议。当前，高校和科研院所、企业、社会、政府各方面要形成合力，解决好科技成果产业化的“最后一公里”问题。

● 市人大常委会党组就开展“三严三实”专题教育进行动员。市人大常委会党组书记、主任殷一璀为市人大党员领导干部讲“三严三实”专题教育党课。殷一璀指出，要按照中央和市委的要求，认真学习习近平总书记系列重要讲话精神，切实提高对开展“三严三实”专题教育重大意义的认识。

● 世博园央企28幢总部楼宇45万平方米的一体化地下空间竣工，标志着上海世博板块后续开发利用进入新阶段。工程地上建筑面积为59万余平方米，地下达到45万平方米。B片区地下空间四通八达，集轨交、步行、车行、商业、仓储和管线系统为一体，并将世博A片区与C片区联系起来。

● 第151次上海市见义勇为先进分子表彰会召开。2015年4月17日在南京路步行街世贸百联门口阻止持刀划伤路人的张某而被砍伤的交通协管员方江等34位“上海市见义勇为先进分子”受到表彰。

●《上海市公共机构合同能源管理项目暂行管理办法》正式发布。此次新规的出台意味着，上海公共机构合同能源管理项目实施流程进一步规范，市场在公共机构节能资源配置中的核心作用进一步发挥。这是全国首个针对公共机构采用合同能源管理推进节能改造的制度。

● 上海航运交易所发布《2014年度中国港航船企创富榜》。榜单显示，2014年中国72家港航上市企业的收入总额达到7 741.24亿元，较2013年增长9.10%；利润总额达到409.06亿元，较2013年大增141.32%；亏损企业则由2013年的15家降至10家。

● 上海交通大学医学院附属上海儿童医学中心和国家人类基因组南方研究中心等中外学者组成的课题组，在国际上首次发现磷酸核糖焦磷酸合成酶1(PRPS1)基因突变，这是儿童急性淋巴细胞白血病治疗出现耐药和复发的重要原因之一。该成果得到中国、德国等国临床数据验证，并在国际顶尖学术期刊《自然医学》在线发表。

● 第三十二届上海之春国际音乐节音乐剧发展论坛在上海文化广场举行，来自中、澳、韩、美、日等国的120余位海内外音乐剧界人士和专家学者，一同分享交流“以跨界促进融合，以专业提升产业”这一主题。

● 2015年崇明国际自行车赛开赛。整个赛事历时5天，吸引全球顶级的18支车队来到崇明展开对决。

14 日

● 市委书记韩正会见美国苹果公司首席执行官蒂姆·库克一行。韩正说,一座城市的发展要有源源不断的活力,就要给年轻人更大舞台、给创新创业者更多机会。苹果公司的许多创新令人印象深刻。上海的发展离不开这座城市里每一个人、每一家企业的贡献,我们欢迎苹果公司在中国、在上海有更好的发展。

● 市长杨雄率领上海市政府代表团应邀访问新加坡。杨雄会见新加坡总理李显龙。杨雄首先代表上海人民对李光耀先生辞世表示沉痛哀悼。他说,李光耀先生和李显龙总理是上海人民的老朋友。上海愿在共建“一带一路”框架下,促进互利共赢,为中新两国友好关系发展作出更大贡献。

● 中亚、黑海及巴尔干地区央行行长组织第三十三届央行行长会议在上海开幕,国务院副总理马凯出席会议并致辞。马凯对本届会议的召开表示祝贺。他说,中国与中黑巴各国传统友谊深厚,高层交往密切,政治互信不断加深,中国与中黑巴地区蕴藏的合作潜力不断释放,经济金融联系越来越紧密。

● 上海市政协党组就开展“三严三实”专题教育进行动员部署。市政协党组书记、主席吴志明为市政协党员干部讲“三严三实”专题教育党课。吴志明指出,要按照这次专题教育的要求,引导政协各参加单位、广大政协委员、政协机关干部,着眼于构建程序合理、环节完整的协商民主体系,谋划和推进在贯彻“四个全面”战略部署中更好发挥政协的优势和作用。

● 市地税局与“上海发布”合作提供的“个税查询”功能上线。已注册的用户可查询 2010 年 1 月以后的个人纳税明细,还可在线申请《纳税清单》,发至个人邮箱的清单打印后可在纳税人办理居住证、办理贷款、申请购房等业务时作为个人纳税证明材料使用。

● 第十八届国际商业论坛在沪举行。上海商业已成为国内规模最大、门类最齐全、竞争最充分、开放度最高的行业之一,90%以上的国际一线消费品牌已在上海落户。2014 年,上海市商业增加值突破 4 100 亿元,对全市经济增长的贡献率达到 16.3%;商业税收突破 2 300 亿元,占全市税收总量的 19.7%;商业总面积突破 6 100 万平方米,人均商业面积达到 2.55 平方米。

● 东华大学众创空间正式挂牌成立,这是上海首个高校众创空间。

15 日

● 中共中央政治局委员、国务院副总理马凯在上海调研金融工作。马凯先后考察浦发银行、交通银行、建设银行的基层网点,并召开有金融机构、企业参加的座谈会。他指出,金融系统要认真贯彻党中央、国务院的决策部署,深化改革,强化服务，主动作为，狠抓落实，全面做好各项金融工作，努力服务好稳增长、调结构、促转型、惠民生的大局。

● 按照中央和市委统一部署，上海市委副书记、市长、市政府党组书记杨雄为市政府系统干部上“三严三实”专题教育党课。杨雄强调，开展“三严三实”专题教育，是党中央在新形势下全面从严治党的重要举措。

● 市政府与中国兵器工业集团公司在沪签署战略合作框架协议，推进双方在军民融合领域的合作。上海市委副书记、市长杨雄，中国兵器工业集团公司总经理温刚，中科院院士、北斗系统高级顾问孙家栋等出席签约仪式。

● 市政府与阿里巴巴集团在沪签署战略合作框架协议。双方将围绕云计算大数据、智慧城市、电子商务、互联网金融、智慧健康、社会信用体系等领域开展合作，推动“互联网＋”战略落地，助力上海向具有全球影响力的科技创新中心迈进。市委副书记、市长杨雄，阿里巴巴集团董事局主席马云等出席签约仪式。

● 市委副书记应勇为市科技系统党员领导干部讲“三严三实”专题教育党课。应勇指出，开展“三严三实”专题教育，是深入推进全面从严治党的重要部署，是党的群众路线教育实践活动的延展深化，是持续深入推进党的思想政治建设和作风建设的重要举措，是严肃党内政治生活、严明党的政治纪律和政治规矩的重要抓手。

● 国家统计局上海调查总队发布，2015 年 4 月上海居民消费价格同比上升 2.6%，比 3 月扩大 0.1 个百分点。1—4 月，上海居民消费价格同比上升 2.4%，与全国相比，上海升幅高出 1.1 个百分点，在 31 个省区市中居第二位。

● 市检察院召开市院机关检察改革试点动员大会，对市院机关的改革试点作出部署，探索省级检察机关司法体制改革的经验。

● 国际剑联花剑世界杯大奖赛（上海站）在静安体育馆开赛。2015 年的比赛由世界杯赛改为世界杯大奖赛，是国家体育总局国际赛事分类中的 A 级赛事，也是里约热内卢奥运会积分赛，较往年新增男子项目。

16 日

● 中共中央政治局委员、市委书记韩正会见印度总理莫迪一行，代表 2 400 万上海人民对总理阁下来沪访问表示热烈欢迎。韩正说，上海与印度有着特殊的关系，2014 年习近平总书记访问印度期间，与莫迪总理共同见证上海和孟买结为友好城市。上海愿继续努力，进一步加强与印度各地的交流，进一步推动地方政府间、企业间和民间的合作，为中印两国实现共同发展作出新贡献。

● 市长杨雄在复旦大学会见印度总理莫迪一行，代表上海市政府和 2 400 万人民对总理阁下访沪表示热烈欢迎。杨雄说，上海与印度各界有着长期友好交往，此次复旦大学与印度文化关系委员会合作建立“甘地和印度研究中心”，总理阁下亲临揭牌,将成为双方友好交往中的又一件大事。衷心希望研究中心能促进文化等领域交流,增进人民之间的沟通和相互了解。

● 以"构建更加紧密的发展伙伴关系"为主题的中国—印度经贸论坛在上海举办。印度总理莫迪出席论坛并发表主旨演讲。中国商务部部长高虎城、人力资源和社会保障部部长尹蔚民等出席。来自中印两国政府和工商界逾 350 位代表参会。

● 2015 年全国科技活动周暨上海科技节的启动仪式在上海光源举行。2015 年全国科技活动周的主题是"创新创业　科技惠民",上海科技节的口号是"万众创新——向建设具有全球影响力的科技创新中心进军"。

● 嘉定区残联和区国资委联合举办"嘉定区国资系统安置残疾大学生就业专场招聘会",11 家国有企业根据残疾大学生的特点,腾出个性化匹配岗位,助残疾大学生实现中高层次"就业梦"。

● 第三十二届上海之春国际音乐节"向大师致敬"活动之一的《朋友,你听过黄河吗?》音乐会在东方艺术中心举行。冼星海最著名的作品——《黄河大合唱》交响乐版 74 年来首次上演。

17 日

● 2015 年国际田联钻石联赛上海站比赛在上海八万人体育场圆满结束。比赛结束后,中国田径协会为雅典奥运冠军刘翔举行正式的退役仪式。退役仪式上,刘翔接过"中国田径杰出贡献奖",这是中国田径历史上第一次颁发这个奖项。

● 2015 国际智能星创师大赛在沪启动,这是机器人及智能装备行业首个创新创业国际赛事。比赛评选出最具潜力的创业个人和团队,培育和孵化自主品牌机器人和智能产品。

18 日

● 市科学技术奖励大会召开,表彰为上海科技创新事业作出突出贡献的科技工作者。市委书记韩正强调,创新是引领发展的第一动力,加快向具有全球影响力的科技创新中心进军,是新形势下中央对上海的新要求、新定位,也是上海突破自身发展瓶颈、重构发展动力的根本举措。2014 年度上海市科学技术奖共授奖 287 项(人)。

● 市委副书记、市长杨雄主持召开市政府常务会议,研究部署历年行政审批清理中取消和调整事项涉及上海地方性法规、政府规章清理工作。

● 2015 年度的地方志法规宣传日活动在上海举行,会上举行《国之歌——〈义勇军进行曲〉诞生八十周年》画册首发式。这是国内第一部有关国歌历史的大型画册,画册中收录的不少历史照片和史料属首次披露。

● 第三十二届上海之春国际音乐节在东方艺术中心闭幕,3 位新人方瑜、张祖晶、陆轶文获优秀新人表演奖,王静、Vocal Force 组合、李炜铃、张亮获新人表演奖;《冬雪》获优秀原创作品奖,《七彩之和》《定军山》获原创作品奖。

● 2015 英国《金融时报》高管教育课程全球排名揭晓,巴黎高商、杜克商学院、伦敦商学院、曼海姆商学院等分列前五名。在上榜的 85 所商学院中,共有 4 所中国商学院。其中,上海交大安泰经济与管理学院高管培训项目的定制课程首次参评,位列全球第 15 位,居亚洲商学院之首。

19 日

● 市委书记、市委全面深化改革领导小组组长韩正主持召开市委全面深化改革领导小组第八次会议。韩正强调,2015 年全市各项改革任务都已明确,当前的关键就是抓突破、抓落实。

● 中共中央政治局委员、市委书记韩正,市委副书记、市长杨雄会见由浙江省委常委、宁波市委书记刘奇,宁波市委副书记、市长卢子跃率领的宁波市党政代表团一行。韩正说,上海与宁波之间往来频繁,双方企业间、民间交流合作十分密切,希望宁波的同志多提宝贵意见,双方携手,实现共同发展。

● 市委副书记、市长杨雄在长宁区调研。杨雄说,上海建设具有全球影响力的科技创新中心,是贯彻落实创新驱动发展战略的重要抓手和具体体现。各区县要站高看远、对标一流,加强创新创业环境建设,优化公共服务,打造各具特色的创新集聚区,为上海科创中心建设提供重要支撑。

●《转型升级的新战略与新对策:上海加快建设具有全球影响力的科技创新中心研究》新书发布会在上海社会科学院举行。该书系上海社会科学院与中国工程科技战略发展研究中心(上海)联合课题组相关研究成果之一。

20 日

● 市委书记韩正前往上海地产集团、上海城投集团、上海久事公司,调研上海市国资国企深化改革的进展情况。韩正强调,上海国资国企改革正处于关键时期,要在中央“四个全面”战略布局的大背景下,贯彻党的十八届三中全会关于全面深化改革的部署,按照《进一步深化上海国资改革促进企业发展的意见》“20 条”,全力以赴、坚定不移推进。

● 上海海事局、市交通委和上海国际港务(集团)宣布,在洋山深水港全面实施大型集装箱船舶能见度 200 米以上时,进出港口的通航措施。洋山港每年将增加 30 万标准集装箱,每年为各大船公司节省 15 亿元运营成本。

● 第二十七届中国戏剧梅花奖在广州颁奖。上海昆剧团吴双、上海京剧院金喜全获得梅花奖,宝山沪剧团华雯斩获“二度梅”。

21 日

● 市委副书记、市长杨雄前往浦东新区调研,察看临港、张江等地区科技创新企业,分别与浦东新区和临港管委会负责人座谈。杨雄说，浦东新区集自贸区、自主创新示范区等优势于一身，既要通过体制机制调整、创新创业环境营造，鼓励大众创业、万众创新，更要站高看远、比肩一流，围绕关乎上海长远发展的重点产业，加快集聚具有世界影响力的创新主体，在科创中心建设中发挥主力军作用。

● 全市召开党外人士座谈会，市委常委、浦东新区区委书记沈晓明就“以自贸试验区辐射为契机深化浦东综合配套改革”情况与民主党派、工商联负责人和无党派代表人士座谈并听取意见。

22 日

● 浦东举行综合配套改革推进会。会议透露，2015 年浦东综改共安排 16 项改革举措，推进科技体制创新，加快完善促进创新创业和产业转型升级的制度环境，成为重中之重。

● 市双拥工作领导小组第十四次全体(扩大)会议召开。市委副书记、市长、市双拥工作领导小组组长杨雄发表讲话，市委常委、市委政法委书记、市双拥工作领导小组副组长姜平部署 2015 年全市双拥工作重点任务和新一轮双拥模范创建评选工作。

● 市委副书记、市长杨雄会见复旦大学附属中山医院内镜中心创新团队先进事迹报告团。杨雄说，中山医院内镜中心创新团队的先进事迹告诉我们，无论在什么岗位，只要敢于创新、敢于攀登高峰，都能做出不俗业绩。

● 浦东新区人民政府与上海市金融服务办公室签署战略合作备忘录。根据战略合作备忘录，浦东和市金融办将在 26 个重点金融项目上加强合作联动，包括推动有关部门研究制定符合条件的机构和个人双向投资于境内外证券期货市场的制度，推动上海证券交易所国际金融资产交易平台建设、保险交易所挂牌等，共同推进浦东上海国际金融中心核心功能区建设等。

● 市政府征兵办、市教委联合召开全市高校征兵工作会议，学习贯彻全国大学生征兵工作网络视频会议精神，部署安排 2015 年本市高校征兵工作。

● 国内规模最大的创新型成长企业投融资选拔大赛——黑马大赛上海全球路演中心签约落户漕河泾松江新兴产业园。黑马大赛为创业家传媒旗下标杆品牌。创业家传媒于 2008 年在中关村国家自主创新示范区核心区成立，是国内首批创新型孵化器。

● 沪指创 7 年新高，至收盘，沪指报 4 657.60 点，上涨 2.83%；深成指报 16 045.80 点，上涨 1.09%；创业板报 3 516.63 点，下跌 0.31%。沪市全天成交 10 072 亿元，深市成交 9 877 亿元，两市共成交 19 949 亿元，成交创下历史天量。

● 市妇联举行 2015 年度上海市儿童安全教育项目启动仪式。2015 年的儿童安全教育项目以“家庭应急避险”为主题，上海市科学育儿基地将开展儿童安全培训，通过大型公益活动或区域内试点，联合市立幼儿园，分别进社区和家庭、进校园普及推广宣传儿童安全教育。

23日

● 上海首家民营银行——上海华瑞银行宣布正式营业，并举行战略合作协议签约仪式，明确争做自贸金融改革先行者的目标。华瑞银行是注册于上海自贸试验区内的独立法人银行，具有自贸改革试验的先发优势。

● 中国戏剧家协会和上海市委宣传部共同主办的首届全国戏剧青年创作会议在上海戏剧学院举行。中国文联党组副书记、副主席李屹，中国剧协主席尚长荣，中国剧协分党组书记、驻会副主席季国平等出席开幕式。

24日

● 以“创新点靓精彩上海”为主题的第十四届上海市社会科学普及活动周拉开帷幕。活动周期间举行包括义务咨询服务、主题展览、主题活动、科普讲座等250余项特色科普活动。

● 全国武术套路锦标赛（女子赛区）在宝山区体育中心落下帷幕。上海选手顾修红夺得枪术项目冠军。比赛设拳术、短器械、长器械、对练、个人全能五类大项。共有36支代表队近300名运动员、教练员参与赛事。

● 首届上海半程马拉松赛于东方明珠塔下鸣枪起跑。赛事共吸引5 000余名跑友参与半程马拉松以及女子12千米两大项目竞逐。赛事以陆家嘴为起点，途经世博大道、耀龙路、前滩大道等浦东经典建筑景观路段，到东方体育中心为终点。

● 上海市第十一届青少年科技节暨上海市第八届青少年创新峰会召开会上，上海创客教育联盟正式成立。包括同济大学设计创意学院在内的14家联盟成员单位，将创建各具特色的创客教育活动平台，定期向全市学生开放，让学生尝试“创新的教育”和“制造的快乐”，搭建面向青少年的创客活动开放式平台。

25日

● 市委第十届委员会第八次全体会议召开。会议深入贯彻落实党的十八大和十八届三中、四中全会精神，深入贯彻落实习近平总书记系列重要讲话及对上海工作重要指示精神，紧紧抓住推进科技创新的重要历史机遇，牢牢把握世界科技进步大方向、全球产业变革大趋势、集聚人才大举措，努力在推进科技创新、实施创新驱动发展战略方面走在全国前头、走到世界前列，加快向具有全球影响力的科技创新中心进军。会议审议并通过市委《关于加快建设具有全球影响力的科技创新中心的意见》。

● 市长杨雄会见“第十届世界华裔杰出青年华夏行”参访团，代表上海市政府对华裔杰出青年来沪参访表示欢迎。杨雄向客人介绍上海的发展历史和经济社会基本情况。

● 首届 CES 亚洲消费电子展(CES Aisa)在上海新国际博览中心开幕,这是在拉斯维加斯举办的美国 CES 展会首次来到亚洲,吸引来自世界各地的逾 200 家参展商参展。展品涵盖可穿戴设备、数字健康、机器人、物联网和未来消费技术市场等主题。

26 日

● 市委召开专题学习会,重点围绕“严以修身”主题,开展深入的学习研讨。市委书记韩正主持会议。会上,杨雄、徐麟、徐泽洲、沙海林结合学习领会习近平总书记系列重要讲话精神,围绕坚定马克思主义信仰和中国特色社会主义信念,增强道路自信、理论自信、制度自信等主题,紧密联系思想和工作实际,谈认识和体会。

● 市人大常委会召开机关干部大会,传达学习十届市委八次全会精神。市人大常委会党组书记、主任殷一璀主持会议并传达市委主要领导讲话精神,还就学习贯彻落实全会精神提出要求。

● 由建行、绿地、建工、建信共同发起的国内首支千亿规模的城市轨道交通 PPP 产业基金在上海诞生。该基金由建行总行牵头,绿地集团、上海建工和建信信托共同发起,主要投资对象为绿地集团签约的城市轨道交通项目,总规模为 1 000 亿元,分期发行,首期规模 240 亿元,期限为“5 + 3”年。

● A 股市场量价齐升,沪指收获六连阳站上 4 900 点整数关口,报收于 4 910.9 点。深成指、中小板指也均创新高,两市总成交额达到 21 542 亿元,再度刷新历史纪录。

● 上海市教卫工作党委、市教委举行以“师・范——社会主义核心价值观的践行楷模”为主题的 2015 年上海市教育系统全国及上海市劳模先进事迹宣传表彰活动。2015 年,上海教育系统共有 7 人当选全国劳动模范和先进工作者,52 人当选 2010—2014 年度上海市劳动模范和先进工作者,13 个集体获上海市模范集体称号。

● 中山医院精准医学中心揭牌成立,将率先在心脏疾病、糖尿病、恶性肿瘤等领域进行个体化治疗、基因体检等。精准医学是以个体化医学为基础,依托基因组测序技术、生物信息与大数据科学交叉应用发展起来的全新医学概念。

27 日

● 市委副书记、市长杨雄主持召开市政府常务会议,研究部署 2015 年全市政府信息公开工作;研究制订上海贯彻落实《国务院关于加快发展生产性服务业促进产业结构调整升级的指导意见》的实施意见;听取 2015 年汛期气候趋势预测并部署加强气象防灾减灾工作。

● 市人大常委会举行理论中心组学习(扩大)会,邀请全国人大常委会预算工委副主任姚胜就学习贯彻新修改的《预算法》作专题辅导报告。市人大常委会主任殷一璀主持会议。

● 市政协召开十二届十九次常委会议,围绕“全面推进依法治市”协商议政。市政协主席吴志明讲话。市委常委、政法委书记姜平到会听取常委意见建议并讲话。

● 复旦大学收到有史以来最大单笔捐款,数额达 1.5 亿元。这笔资金来自泛海公益基金会,将主要用于经济学院新大楼和高级金融学院的建设及支持和推动学生的创新创业活动。

●《盛宣怀档案选编》一百卷出版首发座谈会在上海图书馆召开。《盛宣怀档案选编》是国家清史纂修工程《档案丛刊》项目之一,由上海图书馆主编,上海古籍出版社出版,全书共 100 册。

28 日

● 市委书记韩正邀请上海 18 家国有文艺院团的负责人与市里职能部门、相关区县的负责人一起,座谈文艺院团改革发展。韩正说,文艺事业是党和人民的重要事业,实现中华民族伟大复兴的中国梦,比以往任何时候都更加需要文艺兴盛。座谈会上,上海芭蕾舞团团长辛丽丽、上海歌舞团团长陈飞华、上海民族乐团团长罗小慈、上海交响乐团团长周平、上海昆剧团团长谷好好、上海越剧院院长李莉、中福会儿童艺术剧院院长蔡金萍、上海话剧艺术中心总经理杨绍林发言。

● 市委副书记、市长杨雄在虹桥商务区调研。杨雄强调,面对新的形势要求,作为全市六大重点开发区域之一,虹桥商务区要坚决贯彻落实市委、市政府“高品质开发”的要求,进一步提高开发能级和水平,打造具有世界水准的精品。

● 2015 年市老龄工作委员会全体(扩大)会议召开,2015 年上海将进一步推进社会养老服务体系建设,年内将新增养老床位 7 000 张。市委副书记应勇出席并讲话。应勇指出,老龄工作对于上海有着特殊重要的意义,需高度重视。

● 市政协召开机关干部会议,专题学习贯彻十届市委八次全会精神。市政协党组书记、主席吴志明出席并讲话。吴志明说,市委全会审议通过的《关于加快建设具有全球影响力的科技创新中心的意见》,对上海加快推进科技创新、实施创新驱动发展战略,具有重大深远意义。

● 第十二届上海衍生产品市场论坛在上海举行,此次论坛的主题是“一带一路战略下期货市场的发展与合作”。中国证监会副主席姚刚,上海市委常委、常务副市长屠光绍出席论坛并讲话。

● 沪指重挫 300 余点,向下跌穿三个整数关口,最终下跌 6.50%,报于 4 620.27 点;

深成指收盘报于 15 912.95 点,跌幅达到 6.19%;创业板指数则下跌 5.39%,报收于 3 432.98 点。两市盘中逾 2 000 只个股下跌,而且逾 500 只个股跌停。巨震“轰”出历史天量,沪深两市 24 205.8 亿元的成交总额,再度刷新纪录。

29 日

● 市重大工程建设工作推进会召开。上海市委副书记、市长杨雄在会上强调,各区县、各部门、各单位要按照市委、市政府的部署和年度计划安排,进一步强化大局观念加快推进重大工程建设,确保完成全年重大工程建设目标和任务。

● 上海金融业联合会换届大会召开。交通银行董事长牛锡明当选为第三届理事会理事长。大会公布 2014 年上海金融业改革发展优秀研究成果,发布 2014 年上海金融景气指数。

● 市政协主席吴志明会见来沪访问的约旦国民议会参议院议长拉瓦比德一行,对约旦参议院代表团访问上海表示欢迎,还介绍近年来上海经济社会发展情况和市政协履职情况。

● “纪念五卅运动暨上海总工会成立 90 周年座谈会”在上海展览中心召开。市委副书记应勇出席会议。应勇在讲话中首先代表市委,向全市广大职工、劳动模范、工会干部和工会积极分子表示亲切问候,向离退休职工和老工会工作者表示诚挚的敬意。并指出,走过 90 年光辉历程的上海工会,要传承历史经验,发扬光荣传统,更好发挥工会组织作用,团结动员广大职工,为上海建设“四个中心”和社会主义现代化国际大都市做出新的更大的贡献。

● 工信部发布通告,为深入推进自贸试验区增值电信业务开放试点工作,决定放宽部分试点开放增值电信业务服务设施设置的地域限制。一是将呼叫中心业务座席设置的地域范围由试验区放宽至上海市。其次,将国内因特网虚拟专用网业务边缘路由器设置的地域范围由试验区放宽至上海市。

30 日

● 市委副书记、市长杨雄到黄浦区调研半年度经济社会发展和“十三五”规划工作。杨雄指出,面向“十三五”规划愿景,上海中心城区要充分发挥自身优势,在规划建设、产业布局、城市管理、社会治理和民生保障等方面全面提升工作水平,体现引领作用。

● 市委副书记、市少先队队长学校名誉校长应勇,副市长时光辉在团市委机关接见第七次全国少代会上海代表和市十佳少先队员。应勇向各位代表表达亲切问候,向市十佳少先队员表示热烈祝贺,向广大少先队辅导员和少年儿童工作者致以崇高敬意,并向全市少年儿童致以节日的问候。

● 上海交响乐团与德国著名乐团北德广播交响乐团在沪签署协议,双方就互访演出、音乐演奏人才培养，展开为期5年跨国合作。此举标志着上交国际化进程再度迈出坚实一步。

31日

● 市健康促进委员会、市卫生计生委等共同启动“健康中国行——2015年度无烟生活主题宣传教育活动”。

● 2015“百日千里”上海大学生环滴水湖接力青春开跑，来自全市30余所高校的3 000名大学生，通过奔跑献爱心，为中西部山区孩子募集价值80万元的崭新运动鞋。本次公益爱心跑由团市委、市教委、市体育局、市学联、市少工委联合主办。

6月

1日

● 副市长翁铁慧会见英国坎特伯雷大主教韦尔比一行。翁铁慧向来宾介绍上海的经济社会发展情况。

● 市政协副主席周汉民会见由美国内华达州北拉斯维加斯市市长约翰·李率领的美国西部市长代表团一行。

● 由市交通委、四大出租汽车企业和“滴滴快的”三方共同参与建设的上海出租汽车信息服务平台正式上线运营。平台将管理部门所掌握的行业从业人员和车辆信息、出租汽车企业实时动态营运信息、“滴滴快的”的服务信息结合在同一个平台上实现资源共享、信息互通。

● 上海交大医学院附属仁济医院正式成为渥太华大学医学院附属医院。这是国内首家附属北美医学院的教学医院，也是渥大医学院首次在海外设立附属医院，两家医学院将在医学教育、临床、科研、卫生政策与全球健康问题等方面展开合作。

2日

● 长江航道发生“东方之星”旅游客船翻沉事件。市委书记韩正闻讯后，立即要求市政府迅速组织工作组赶赴现场，全力以赴配合当地做好抢险救援和妥善做好善后处置工作。市长杨雄召开专题会议，部署善后工作，要求有关方面尽快核实情况，全力以赴做好相关工作。

● 陈云纪念馆主馆改陈工程、文物保护修复工程全面完成。《陈云生平业绩展》《陈云文物展》开展仪式在陈云纪念馆举行。中共中央文献研究室，中共上海市委、市人大常委会、市政府、市政协以及陈云亲属，陈云身边工作人员，青浦区委、区人大常委会、区政府、区政协等，向陈云铜像敬献花篮。

● 市质监局、上海交通大学和上汽集团、上海电气、华谊集团、临港集团、振华重工、华测导航、联影、新时达、神州数码等9家企业签署三方协议，结成“2+9”战略联盟,政府和高校将加强科研成果、技术服务与企业需求的对接,与企业开展全面合作。

3 日

● 市政府党组召开“三严三实”学习交流专题会,重点围绕“严以修身”主题,开展深入学习研讨。市委副书记、市长、市政府党组书记杨雄主持会议。会上,翁铁慧、时光辉、李逸平等结合学习领会习近平总书记系列重要讲话精神,紧密联系思想和工作实际,谈认识和体会。

● 市委副书记、市长杨雄主持召开专题会议,研究部署“东方之星客船翻沉事件”上海市相关善后处置工作。杨雄强调,要切实按照习近平总书记指示精神,全力以赴支持前方救援工作,全力以赴配合做好上海游客家属善后处置工作。

4 日

● 由中共中央政治局委员、市委书记韩正率领的中国共产党代表团访问德国。访问期间,韩正会见了德国政要,并在法兰克福、汉堡、柏林等地,考察德国工业 4.0、新能源汽车、生物医药、城市更新等领域的最新成果,推动上海与德国重要城市之间经贸、科技创新、新兴产业等领域的交流合作。

● 市委副书记、市长杨雄前往虹口区和普陀区调研半年度经济社会发展和“十三五”规划工作。杨雄指出,主动适应新常态,面向未来谋划“十三五”,各区县要坚定不移贯彻落实创新驱动发展战略。

● 中国人大制度理论研究会在沪召开“人大在全面推进依法治国中的作用”研讨会。中国人大制度理论研究会特邀理事、十届全国人大常委会副委员长兼秘书长盛华仁讲话,市人大常委会主任殷一璀致辞,中国人大制度理论研究会理事长、十一届全国人大法律委员会主任委员胡康生主持会议。

● 市经信委联合市教委正式开展本市“四新”服务券(产学研合作)试点。本次试点支持对象为:建有区级企业技术中心的中小企业;支持范围限定为:企业与上海市高等院校围绕“四新”经济开展产学研合作,且支付给高校的合同金额不低于 50 万元。

● 上海文广集团和阿里巴巴正式签署合作协议,由阿里巴巴投资 12 亿元参股第一财经,与第一财经共同开拓市场潜力巨大的数据服务领域,打造具有全球影响力的新型数字化财经媒体与信息服务集团。

● 上海市与休斯敦市共同签署《中华人民共和国上海市与美利坚合众国休斯敦市建立友好城市关系协议书》。此次上海与休斯敦友城关系的建立,是继旧金山和芝加哥之后,与美国建立的又一座友好城市,标志着两市关系进入新的阶段,将进一步推动双方在各领域的友好交流与合作。上海的国际友好城市总数达到了 78 个。

● 市对外文化交流协会等主办的“渴望真实——奥地利当代艺术展”在上海城市规划展示馆开幕，展出23位奥地利艺术家的39件作品。该展旨在推动中国和奥地利两国文化的交流与合作，并庆祝奥地利驻上海总领事馆建馆20周年。

5日

● 市委召开常委会，传达贯彻2015年6月4日中央政治局常委会精神，听取“东方之星”号客轮翻沉事件上海市相关工作情况汇报，并就做好下一步工作作出部署。市委副书记、市长杨雄主持常委会。会议指出，上海要坚决贯彻党中央、国务院的统一部署，坚决落实习近平总书记、李克强总理的指示要求，以对人民生命安全高度负责的态度，动员全市各方面力量，继续全力以赴做好上海市遇险人员家属安抚等各项工作。

● 国务院第十督查组对上海贯彻落实国务院重大政策措施情况开展实地督查。督查组组长、海关总署署长于广洲，上海市委副书记、市长杨雄出席情况汇报会和反馈会。于广洲代表国务院督查组就相关督查情况作了反馈，对上海贯彻落实国务院重大政策措施情况给予充分肯定。

● 市委副书记、市长杨雄主持召开“十三五”规划工作领导小组专家座谈会，与来自国内智库、高校、跨国公司的6位专家对话交流，充分听取大家对上海“十三五”规划的意见建议。

● 市政协主席吴志明会见塞内加尔经济、社会和环境理事会主席塔勒率领的代表团，对客人访问上海表示欢迎，介绍近年来上海经济社会发展情况和市政协履职情况。

● 上证综指报5 023.10点，这是沪市时隔7年多后再次站上这个点位，上涨1.54%；深成指报17 649.09点，上涨0.85%；创业板报3 885.83点，下跌1.46%。

● “上海绿色账户”公众微信号于世界环境日正式上线。这一微信公众号致力于推进上海模式“绿色账户”激励机制，鼓励市民参与垃圾分类。

● 上海市政府与中国社会科学院在沪签署合作协议，双方将合作共建上海研究院，通过建设高水平、国际化的中国特色新型智库，为贯彻“四个全面”战略布局作出新贡献。上海市委副书记、市长杨雄，中国社科院院长王伟光出席。此次院市合作共建将重点围绕国家战略和上海作为全面深化改革前沿所承担的重要任务展开，努力将上海研究院建成高端思想库、人才培养基地、国际交流合作平台和国情调研基地。

● 黄浦区文化市场行政执法大队对广东路102号建筑被擅自违规施工的案件，按照执法程序，开展相关调查工作。经多方核实，认定中晋股权投资基金管理(上海)有限公司对登记不可移动文物广东路102号建筑擅自违规施工行为违法。区文化执法大队依据《中华人民共和国文物保护法》第六十六条第四款的规定,对当事人作出罚款人民币 50 万元的行政处罚。

6日

● 中共中央政治局委员、市委书记韩正应比利时法语革新运动邀请率中共代表团访问比利时,并在布鲁塞尔分别会见副首相兼外交大臣雷德尔斯以及前首相、法语社会党主席迪吕波。韩正表示,近年来,中比关系保持良好发展势头,两国高层交往频繁,各领域合作成果丰硕,人员往来日益便利。中方愿与比方一道,继续推动中比全方位友好合作伙伴关系不断向前发展。

● 上海国际医学中心试水医生合伙人制度,符合资格的专家可成为合伙人股东,实现“技术入股”。院长张澄宇介绍,此次推出的医生合伙人制度,是指以符合一定资格的核心技术人员、管理人员为合伙人股东,与公司共同投资设立新医院。

● “2015 上海坐标·城市定向挑战赛”在上海体育场拉开帷幕。此次比赛除主会场设在上海体育场内场,同时在静安、普陀、闸北和嘉定设置分会场,形成“以上海体育场为核心,区县全方位互动”的格局。

7日

● 2015 年高考开考,沪上 5 万余考生分赴 80 多个考点。2015 年报名高考者减少千人,其中文科考生 1.9 万人,比 2014 年减少约 3 000 人;理科考生 3.2 万人,比 2014 增加约 2 000 人,文理之比 37%:63%。

8日

● 市人大常委会召开第四十八次主任会议,听取关于《上海市人民政府办公厅对〈市十四届人大常委会第十八次会议对市人民政府关于本市深化行政审批制度改革、加快政府职能转变情况的报告的审议意见〉的复函》的评价意见。

● 第二十一届上海电视节开幕。电视节将在四大单元中评出“白玉兰”最佳中国电视剧、海外电视剧、最佳纪录片、最佳综艺栏目等十多个奖项。上海电视节诞生于 1986 年,是新闻出版广电总局和上海市政府合办的综合性国际电视节。

● 第二十一届上海电视节、第十八届上海国际电影节组委会全体会议召开。第二十一届上海电视节组织委员会主席、新闻出版广电总局副局长田进,2015 年上海影视两节组织委员会主席、上海市副市长翁铁慧等出席会议。

9日

● 中共中央政治局委员、市委书记韩正应瑞士卢塞恩州政府邀请率中共代表团访瑞并在伯尔尼会见瑞士联邦副主席兼经济部长施奈德—阿曼。韩正表示,中瑞建交 65 年来,两国关系发展顺利,各领域合作成果丰硕。

● 市委副书记、市长杨雄前往上海海关和上海出入境检验检疫局调研。杨雄指出,要善于运用市场化方式和互联网技术优化监管服务模式;要着眼全局,聚焦区域通关一体化,深化电子口岸和"单一窗口"建设,为上海打造世界级口岸作出新的贡献。

● 2015 年意大利米兰世博会"上海活动周"在中国馆影视厅拉开帷幕。此次活动周诠释"农业为城市服务,城市让农业增效"的主题。中国贸促会副会长王锦珍、上海市政府秘书长李逸平、米兰世博会意大利馆馆长斯蒂法诺·嘉蒂、意大利驻沪总领事裴思泛及各界代表人士出席"上海活动周"开幕仪式。

● 市人大常委会召开"三严三实"专题教育第一专题研讨会,重点围绕"严以修身"主题,开展深入学习研讨。市人大常委会党组书记、主任殷一璀主持会议。会上,钟燕群、姚海同及法制委主任委员林化宾、内司委主任委员沈志先、常委会人事代表工委副主任委员吕贵等结合学习领会习近平总书记系列重要讲话精神,围绕坚定马克思主义信仰和中国特色社会主义信念,紧密联系思想和工作实际,谈认识和体会。

● 在黄浦区有关部门与市工商局联手推动下,一家名为"蚂蚁达客"的企业拿到上海市第一张股权众筹服务公司登记执照,成为政府部门确认的首家该类型企业。

● 国际档案日,第二批上海市档案文献遗产和优秀档案文化传播项目在上海市档案馆外滩馆揭晓。上海图书馆的盛宣怀档案、虹口区档案馆、上海犹太难民纪念馆的 20 世纪三四十年代犹太难民上海生活档案,上海市档案馆的两次淞沪抗战照片集和中国近现代名人函札汇集,浦东新区档案馆的私立浦东中学历史档案,徐汇区档案馆的辛亥革命日记,杨浦区档案馆、杨浦区文物管理事务中心(国歌展示馆)的《义勇军进行曲》唱片、图书、报纸实物档案及上海煜书文化传播有限公司的近现代中国婚书等珍贵档案入选第二批档案文献遗产名录。

● 上海首次启动针对海底电缆保护执法海陆空协同应急演练行动。上海已成为亚太地区信息通信的重要枢纽,是我国内地主要的国际通信出入口,承担我国 80% 的新闻数据、国际互联网和国际电话的传送任务,通达近 200 个国家和地区。

● 为纪念陈云诞辰 110 周年,由陈云纪念馆、市书法家协会联合举办的"永远的风采——纪念陈云诞辰 110 周年全国书法名家作品邀请展"在上海图书馆开幕。

● 上海电视节"互联网+媒体融合广电高峰论坛"开幕,上海、湖南、福建、广东、重庆、陕西、辽宁等 10 余家省级广播电视台掌门人探讨广电传媒企业如何借力互联网技术,推进自身转型。

● 公安部推出支持上海科技创新中心建设的系列出入境政策措施,共有 12 项,将从加大海外高层次人才吸引力度、加大对创业初期人员孵化支持力度、促进国内人才流动、提高出入境专业化服务水平等方面,为上海科创中心建设提供最便捷的出入境环境、最优良的外籍人才居留待遇、最高效的出入境服务。

● 上海市校园排球联盟成立大会在复旦大学召开。组建后的上海校园排球联盟将负责创建校园排球从小学到大学进阶培养的方案,优化大、中、小学排球运动的课程教学、训练竞赛、科学研究等。

10 日

● 市长杨雄会见金砖国家新开发银行候任行长卡马特一行,对客人来沪考察金砖银行筹建情况表示热烈欢迎。杨雄说,很高兴看到金砖银行总部落户上海,我们将按照国家要求,全力做好落户相关服务和支撑。

● 市长杨雄在人民大厦会见新西兰驻华大使麦康年一行。杨雄说,上海与新西兰有着长期友好交往,早在 1994 年就与达尼丁市缔结为友好城市,两市友好交流频繁。近年来,上海与新西兰经贸往来活跃,潜力较大。

● 市社区卫生服务综合改革推进电视电话会议召开。市委副书记、市长杨雄强调,要坚决按照党中央、国务院部署要求,在国家卫生计生委指导支持下,把深化社区卫生服务综合改革与推进公立医院改革、加强养老服务、加强卫生人才队伍建设、加强卫生信息化建设、做好妇幼健康工作紧密结合。

● 上海公交深化改革连出组合拳,两家历史悠久的大型公交企业巴士一汽和巴士电车公司整合重组,组建成立上海巴士第一公共交通有限公司。巴士集团将形成下属 5 家区域性公交营运公司的规模,进一步有效提高资源配置效率。

● 由上海 17 位老年高级知识分子组成的工作队启程奔赴新疆,开展志愿服务,拉开第十三期上海援疆"银龄行动"的序幕。此次赴疆参与"银龄行动"的志愿者均已年过花甲,多为医疗卫生、职业教育,以及老年教育、心理咨询领域的专家。

● 上海市第八届农民运动会在宝山体育中心开幕,农运会坚持农情农趣农味和农民体育特色,设置广播操健身操、一镇一品特色展示、农耕、龙舟、跳绳、拔河、门球、三人制篮球、乡村特色田径、农家乒乓球、农家游泳、钓鱼比赛等 12 个比赛大项。

● "团结御侮——上图公司藏抗战时期珍稀文献特展"在上海古籍书店开幕。其中有一幅首次展出的珍贵的书法作品:1936 年 7 月"七君子事件"发生后著名的抗日"七君子"被捕后在狱中合书的条幅。这张珍贵的书法作品记录了抗战历程中这段重要的历史。

● 中交疏浚(集团)股份有限公司创立大会在上海召开,标志着全球规模最大的疏浚公司正式开始运营。中交疏浚集团是经国务院国有资产监督管理委员会批复同意,由世界 500 强企业——中国交建作为主发起人,通过对其下属天津航道局、上海航道局和广州航道局业务整合而设立的专业化子集团。

11 日

● 浦东新区召开深化国资改革促进企业发展工作会议,正式发布"浦东国资国企改革18条”，浦东国资国企改革大幕正式拉开。“浦东国资国企改革18条”的目标是以深化国资改革带动国企发展为着力点，以整合重组、有序进退为抓手，以发展混合所有制经济为重点，以分类监管和国资运营平台为途径，促进区域功能开发专业化、国企改制重组市场化、国资分类监管法制化，激发国有企业活力动力，提升国资运营效率，形成适应浦东二次创业要求的国资布局。

● 市委常委、常务副市长屠光绍会见来访的伦敦证券交易所集团首席执行官罗睿铎一行。屠光绍欢迎罗睿铎先生再次访问上海，感谢其担任上海市推进国际金融中心建设领导小组国际咨询委员会委员期间对上海国际金融中心建设所提出的非常有见地的建议。

● 上海市举办深入学习贯彻中央统战工作会议精神专题培训班。中央统战部副部长陈喜庆为培训班作辅导报告。市委常委、统战部部长沙海林作开班动员。陈喜庆从统战工作的重要地位作用、新时期开展统战工作的方法和统战工作的责任主体等方面，全面系统地论述了中央统战工作会议和习近平总书记重要讲话精神的新思想、新观点、新要求。

● 2015年高考评卷工作正式启动，上海共有1 000余名高水平的教师和工作人员参与评卷。

12日

● 中共中央政治局委员、市委书记韩正会见由主席昂山素季率领的缅甸全国民主联盟代表团。韩正向客人介绍浦东开发开放25年来上海经济社会发展情况。他说，上海25年来的发展，是中国改革开放的一个缩影，相信昂山主席此次访问中国、访问上海，会更加深入地了解改革开放以来中国的巨大变化，促进中缅双方的友好交流合作。

● 市人大常委会召开专题调研动员会，正式启动2015年上海市全国人大代表专题调研工作。2015年的专题调研将聚焦“推进科技创新中心建设”和“推进长江经济带建设”两个主题。全国人大代表、市人大常委会主任殷一璀出席会议并作动员讲话。

● 第二十一届上海电视节“白玉兰”颁奖典礼暨闭幕式在东方艺术中心举行，各大奖项一一揭晓。电视剧单元中，《北平无战事》获得最佳中国电视剧和最佳编剧奖，《平凡的世界》导演毛卫宁获得最佳导演奖，《老农民》中的陈宝国、冯远征分获最佳男主角与男配角奖，最佳女主角与女配角奖则被《红高粱》中的周迅与秦海璐包揽。美国《摩登家族》与德国《冷杉溪》分获最佳海外电视剧长剧和短剧奖。

13日

● 市委召开座谈会纪念陈云同志诞辰110周年。中共中央政治局委员、市委书记韩正深情回顾了陈云同志为党和人民事业作出的历史功勋和对上海的深厚感情。陈云同志对上海的拳拳关爱、殷殷嘱托，上海人民永志难忘。韩正强调，我们要认真学习、深刻领会习近平总书记在党中央纪念陈云同志诞辰 110 周年座谈会上的重要讲话精神，为实现“两个一百年”奋斗目标和中华民族伟大复兴的中国梦，作出新的更大贡献。

● 第十八届上海国际电影节开幕。新闻出版广电总局局长、电影节组委会名誉主席蔡赴朝出席开幕式并宣布上海国际电影节开幕。上海市市长、电影节组委会名誉主席杨雄出席并致辞。杨雄在致辞时说，上海国际电影节已经成为亚太地区最具规模和影响力的电影盛会之一。本届电影节将继续致力于培育新生力量。

● 第 10 个“文化遗产日”，上海外滩入选首批国家级历史文化街区。围绕“挖掘城市文脉，留住城市记忆”的主题，上海市历史文化风貌区和优秀历史建筑保护委员会办公室与各区(县)政府及相关机构举行一系列研讨、讲座、展览、音乐会活动。在外滩源主会场，黄浦区历史建筑保护委员会挂牌成立。

● 2015 年上海市初中毕业统一学业考试开考，全市 7.76 万名考生赴考。另外，约有 0.66 万名在沪进城务工人员随迁子女借用学业考试试卷，参加中职校招生入学考试。上海市共设 20 个考区、148 个考点、3 439 个考场。

14 日

● 中国共产党的优秀党员，全国人民代表大会常务委员会原委员长乔石在北京逝世。乔石 1924 年 12 月出生于上海。1940 年 8 月加入中国共产党，历任上海同济大学地下党总支部书记，上海地下党新市区委副书记，上海市北一区学委书记等职，组织指挥同济大学“一·二九”争民主、反迫害运动，是上海学生运动的重要领导人之一。

● 2015 年国际泳联世界女子水球联赛总决赛在上海落幕。新老结合出战的中国队以 5∶10 不敌荷兰队，获得第四名。

15 日

● 市委召开常委学习会，听取关于“四个全面”战略布局重大意义与实践要求的专题辅导报告，求是杂志社社长李捷主讲。市委书记韩正指出，上海各级领导干部要进一步深刻学习领会“四个全面”战略布局的重大意义，不断提高思想认识，结合实际扎实践行。

● 市委书记韩正会见“知名专家国情调研组”，向来自海内外的专家学者介绍浦东开发开放以来上海经济社会发展情况，并与大家交流互动，衷心希望听到各方专家学者对上海深化改革、创新发展的真知灼见。“知名专家国情调研组”由中共中央宣传部组织，全国哲学社会科学规划领导小组副组长尹汉宁担任组长，调研组专家来自北京、上海、香港和新加坡，先后在陕西、湖北和上海开展国情调研。

● 市政协主席吴志明会见斯洛文尼亚国民委员会主席贝尔瓦尔一行，对客人访问上海表示欢迎，并介绍了近年来上海经济社会发展情况和市政协履职情况。

● 上海现代设计集团国家级企业技术中心正式挂牌，全国建筑设计行业的首个国家级企业技术中心在上海诞生。

● 解放军出版社出版的长篇报告文学《永不褪色：南京路上好八连纪实》首发暨赠书仪式在北京举行。活动由上海市委宣传部、解放军出版社、上海警备区政治部、上海市双拥办、上海市黄浦区双拥工作领导小组和上海市作家协会联合举办，全国双拥办、总政宣传部等单位领导、专家和基层部队官兵出席活动。

● 国家版权局与世界知识产权组织（WIPO）共同主办的“电影和版权在文化与经济上的重要性”高端圆桌会议在沪举行。来自巴林、中国、哥伦比亚、加纳、日本、马来西亚、韩国、斯里兰卡、泰国、英国、美国、越南等10余个国家的200余名专家学者，就电影作品版权保护的意义及现状、版权保护促进电影产业发展展开讨论，探索电影版权保护的新途径和版权合作的新模式。

● 复旦大学医学分子病毒学教育部/卫计委重点实验室姜世勃教授团队与美国国立卫生院季米特洛夫博士团队合作，成功开发对MERS病毒具有高抑制活性的全人源单克隆抗体（m336）。该抗体是针对MERS病毒最好的潜在治疗药物之一，具有极强的病毒中和活性，与MERS病毒的结合亲和力常数达到“皮摩尔”级别。

16日

● 中共中央政治局委员、市委书记韩正，市委副书记、市长杨雄会见由喀什地委副书记、行署专员帕尔哈提·肉孜率领的新疆喀什党政代表团。韩正说，按照中央统一部署，上海与喀什四县开展对口支援，多年来双方之间合作交流、人员往来越来越紧密。我们向为民族团结、社会稳定作出贡献的喀什地区广大干部群众表示崇高的敬意，非常感谢当地干部群众对上海援疆干部的帮助与关爱。

● 市十四届人大常委会二十一次会议召开。会议听取市绿化市容局局长陆月星所作的《上海市绿化条例修正案（草案）》的说明并进行解读。市人大常委会主任殷一璀主持会议。

● 市委常委、警备区司令员何卫东少将会见土耳其副总参谋长亚萨尔·居勒上将。

● 浦发银行拟向国际集团、上海久事、申能股份、上海地产等11名交易方发行近10亿股股份，购买上海信托97.33%的股权。交易完成后，上海信托将成为浦发的控股子公司，浦发将由此跻身持信托牌照的商业银行之一，并朝着银行系全牌照金控集团目标迈进。

● 上海机场（集团）有限公司与阿里巴巴集团签署战略合作框架协议，携手打造全国首个“互联网+”机场产业创新基地。双方计划为旅客出行服务实现“互联网+”,如芝麻信用分在700分以上用户,可免费使用机场VIP候机室,机场内的商店和餐厅也将支持支付宝付款。

● 沪深两市低开低走,沪指盘中接连失守5 000点、4 900点整数关,最终收跌3.47%报于4 887.43点,深成指同样跌逾3%。创业板市场再度经历巨震,盘中跌幅一度超5%,收盘报于3 590.67点,跌幅为2.85%。

17日

● 第十一次中越两党理论研讨会在上海开幕。中共中央政治局委员、中央书记处书记、中宣部部长刘奇葆和越共中央政治局委员、中央书记处书记、中央宣教部部长、中央理论委员会主席丁世兄出席开幕式。本次研讨会的主题是“社会发展和治理创新”。刘奇葆作题为《中国社会建设的实践探索和主要经验》的主旨报告。

● 中共中央政治局委员、市委书记韩正会见由越共中央政治局委员、中央书记处书记、中央宣教部部长、中央理论委员会主席丁世兄率领的越南共产党代表团。韩正说,中国共产党和越南共产党之间有着全方位的交流。上海和胡志明市缔结友好城市20多年来,在文化、经贸等各领域交流密切。

● 特大暴雨袭击申城,造成城市交通大面积拥堵,部分地区积水严重。市委书记韩正前往市交警总队、排水泵站和杨浦区,看望慰问连续多日奋战在一线的职工,了解城市交通突发情况处置和下一步工作预案,查看防汛排水情况。听取市公安局、市交通委、杨浦区的情况汇报后,韩正向连日来奋战在一线的民警、水务以及各方面的职工表示感谢和慰问。

● 市十四届人大常委会第二十一次会议举行,会议听取上海市贯彻实施老年人权益保障法和执法检查情况,市人大常委会和市政府有关领导分别做报告,常委会组成人员进行审议并开展专题询问,市政府13个部门负责人到会应询,15名市民参加旁听。市人大常委会主任殷一璀出席会议。

● 上海国际电影节组委会在普陀长风生态商务区发布国内首个《互联网+电影趋势研究报告》。报告披露,互联网原生内容已成为中国电影内容重要来源。

18日

● 市委书记韩正在杨浦区、普陀区调研。韩正强调,做好区县工作的关键是始终牢牢把握大局,在不同发展阶段都要围绕全市发展大局,结合地区实际,凝聚热点、推进重点,大胆改革、大胆创新。各项工作都要从实际出发、实事求是。

● 市委副书记、市长杨雄前往宝山区调研转型发展和“十三五”规划工作。杨雄指出,面向“十三五”新形势、新要求,要坚持区域整体统筹谋划,高起点统一规划建设,市区联手综合施策,加快推动传统老工业地区“脱胎换骨”。

● 市十四届人大常委会第二十一次会议召开，会议表决通过了集体合同条例等三项法规案。市人大常委会主任殷一璀主持下午的全体会议并讲话。会议听取市财政局局长宋依佳所作的市政府《关于提请审议2015年市本级预算调整方案（草案）》的议案说明，以及市人大财经委副主任委员张耀伦所作的审查报告，审议、表决通过决议草案。

● 上汽集团召开股东大会，公布新一轮科技创新战略。上汽集团成为上海第一家将“容错机制”写入公司章程的国有企业。2013年底出台的“上海国资国企改革20条意见”中专门提出，为激励国企经营者大胆创新，上海率先建立鼓励改革创新的容错机制。

● 市高级法院与中国人民银行上海分行在沪联合签署《关于建立金融消费纠纷诉调对接工作机制的会议纪要》，标志上海市金融消费纠纷诉讼调解对接机制正式建立。

● 市出入境检验检疫局发布《上海国检局关于深化检验检疫监管模式改革支持上海自贸试验区发展的意见》。该意见共24条举措，涉及体制机制创新、简政放权、提升贸易便利化水平、服务新兴产业发展、加快互联互通等5个方面。

● 沪上首届家政服务大专班24名学员毕业。2012年秋季，上海开放大学女子学院开设职后教育家政服务大专学历班。相比其他专科教育，家政服务大专班更重实践。学员既要学习营养与食品卫生、社会心理学原理等课程，还要掌握家庭实用英语、基础沪语、护理基础知识与实务等技能。

● 市胸科医院和张江转化医学研发中心签约，共建国内首家“肺癌精准医学研究中心”。中心将联合国内多家三甲医院，开发最新的医学生物信息集成分析软件，建立真正属于“中国人”的肺癌精准医学大数据平台。

● 上海机场（集团）有限公司与腾讯正式签署战略合作框架协议，双方将共同推动“互联网+”在上海机场落地，打造全国首个“智慧机场社区”。借助腾讯的微信服务，将提高上海机场服务信息的透明度和及时性。同时对接上海智慧服务平台，让机场信息服务与上海市内大交通、政府在线服务窗口实现对接。

● 沪深股市遭重创，两市股指双双跌逾3%，沪指收盘失守4 800点。创业板表现更为惨烈，跌幅高达6.33%。成交量方面，沪市成交7 858.45亿元，深市成交6 753.67亿元，两市共成交14 612.12亿元。

19日

● 市委书记韩正会见参加第三十六届世界头脑奥林匹克决赛的上海获奖队，向所有参与活动的孩子们表示热烈祝贺，向支持鼓励孩子们积极参与创新创造的老师和家长表示诚挚感谢。中国工程院院士、上海头脑奥林匹克协会会长翁史烈等分别介绍第三十六届世界头脑奥林匹克赛的情况以及上海参赛队的成果。

● 中共中央政治局委员、市委书记韩正会见欧洲议会社会党党团主席皮泰拉一行。韩正说,中欧关系是当今世界最重要的双边关系之一,中欧建交 40 年以来,双方关系得到很好的发展。相信主席阁下通过此次访问,可以全方位了解中国改革发展情况,更好地促进中欧关系发展。

● 市委副书记、市长杨雄在申通地铁集团公司调研。杨雄指出,上海轨道交通要紧紧瞄准世界先进水平,站高看远,努力把上海轨道交通建设成世界一流轨交网络,更好地服务市民出行需求。

● 市人大常委会主任殷一璀一行赴徐汇区进行考察调研,进一步了解区县人大在人大工作中的探索与创新。

● “上海 12309 检察服务平台”正式开通。个人或单位只需拨打“12309”电话,或登录上海检察门户网站,即可向上海各级检察机关举报职务犯罪、查询行贿犯罪档案、进行律师预约、咨询法律等。

● 来自上海各级检察院的 321 名助理检察员参加上海司法改革全面铺开后的检察官遴选考试。这是上海继完成 4 家先行试点检察院检察官遴选工作之后,在全市层面推进检察院人员分类管理改革工作的又一重要举措。最高人民检察院检察长曹建明,上海市委常委、政法委书记姜平,上海市人民检察院检察长及上海市法官、检察官遴选委员会负责人等巡视考场。

● A 股经历“黑色星期五”,大盘暴跌,个股全面下挫。至收盘,沪指跌 6.42%,报 4 478.36 点,成交 6 854.58 亿元;深成指跌 6.03%,报 15 725.47 点,成交 6 012 亿元;创业板指跌 5.41%,报 3 314.98 点,成交 1 363.56 亿元。两市逾 2 600 股下跌,近千股跌停。

● 新闻晨报和漕河泾新兴技术开发区主办的 2015 上海创客大会在漕河泾开发区举行,300 名上海创客全程参与这场创业嘉年华并分享自己的故事。

● 市卫生计生委、解放日报社主办的 2015 上海卫生科技周开幕式暨第二十四届解放健康讲坛正式召开,此次论坛的主题为“警惕女性健康杀手”。

● 上海科学技术文献出版社推出的“淞沪抗战史料丛书”在上海图书馆首发。专家认为,这是出版界首次以大型丛书的形式完整展示淞沪抗战的全貌,填补了淞沪抗战研究中的空白,史料研究及学术价值重大。

● 在东方明珠与百视通两家上市公司完成重大资产重组所有审批与交割程序后,新上市公司“上海东方明珠新媒体股份有限公司”在上交所复牌交易。这也标志着,中国 A 股市场首家千亿市值的文化传媒航母扬帆起航。市委常委、常务副市长屠光绍为新东方明珠揭牌并鸣锣开市。

20日

● 市长杨雄会见喀麦隆总理菲勒蒙·扬率领的代表团,代表上海市政府和上海人民对总理阁下访沪表示热烈欢迎。杨雄向客人介绍了上海改革开放以来的发展历程,特别是“四个中心”和科创中心建设的有关情况。

● 上海获得2020年第十四届国际数学教育大会(ICME—14)举办权。这是中国自1980年参加国际数学教育大会以来,首次获得大会主办权。国际数学教育委员会(ICMI)是国际数学联盟(IMU)的分支组织,每4年举办一次国际数学教育大会(ICME)。这是国际数学教育界最高水平的盛会。

21日

● 第十八届上海国际电影节在上海大剧院闭幕。金爵奖颁奖典礼暨闭幕式上,法国导演皮埃尔·祖利维的电影《守夜》夺得最佳影片大奖。国产片《烈日灼心》导演曹保平拿下最佳导演奖,邓超、段奕宏、郭涛携手摘夺最佳男演员奖。影片《助产士》的女主角克里斯塔·科索恩获封金爵影后。本届电影节金爵奖国际评委会由俄罗斯著名导演安德烈·萨金赛夫担任主席。本届电影节共收到来自108个国家和地区的报名影片2 096部,再次刷新历史纪录。

22日

● 新疆农业产业化发展局和上海市农业委员会主办的“新疆农产品产销对接会”在沪举行,会议通过产品展示、产业推介、企业签约等多种形式,集中搭建一个新疆特色农产品产销对接平台。

● 由中国作协中华文学基金会、世界华文创意写作协会发起主办的首届世界华文创意写作大会,在上海大学召开。创意写作20世纪20年代末创生于美国爱荷华大学。经过近百年发展,创意写作学科遍布全球各地,形成成熟、系统的学科体系。

23日

● 中共中央政治局委员、市委书记韩正,市委副书记、市长杨雄会见由州委书记武玉嶂,州委副书记、州长白加扎西率领的青海省果洛藏族自治州党政代表团。韩正说,按照中央统一部署,上海与青海省果洛藏族自治州结为对口支援关系,5年来双方的合作越来越密切。

● 市委副书记、市长杨雄主持召开市政府常务会议,研究部署进一步加强全市部分区域生态环境综合治理工作;研究部署加快发展全市体育产业、促进体育消费。

● 上海公安禁毒实训馆举行揭幕仪式,该禁毒实训馆兼具训练和展示的功能,可以实现公安机关职前学员、职后民警的教育培训,也可以为全市公民警校学员、青少年提供禁毒知识的参观普及。市委常委、市委政法委书记姜平,副市长、市公安局局长白少康出席活动并为上海公安禁毒实训馆揭幕。

● 市经信委和虹口区政府签订合作框架协议。双方协议在虹口科技创新中心建设、推进"四新"经济发展、发展众创空间、推进重点成片区域调整、加强产业投资融资机制创新等多个方面开展合作。

● 上海市 2015 年普通高校招生统一文化考试发榜,本科批次最低控制分数线公布,2015 年上海市本科录取率与去年基本持平。

● 2015 上海国际体育仲裁论坛在浦东举行,国际体育仲裁院高管和法律界、职业体育俱乐部等各界人士齐聚一堂,围绕国际体育仲裁院的功能和特性、足球相关问题、体育争议解决等主题,对国际体育仲裁、中国体育仲裁发展及制度建设进行探讨。

● 上海百联股份与北京王府井百货、利丰集团(香港)在上海世博中心签署三方合作协议,共同出资成立合资公司并落户上海自贸区。合资公司由百联股份与王府井百货分别持股 40%,利丰持股 20%,首期注册资本 4 800 万元。合资公司将充分发挥三方的资源优势,合作推进零售企业自营业务的发展,探索推动国内传统零售业的转型。

● 国家统计局上海调查总队发布《2015 年本市高校应届毕业生就业情况调查报告之二》显示,2015 年全市应届毕业生实际签约的税前月薪平均约为 4 800 元,比 2014 年调查结果高了 400 元左右;2015 年应届毕业生期望的税前月薪平均为 5 800元,比 2014 年调查结果高约 500 元。总体来看,毕业生期望薪酬与实际获得水平相差约千元。

● 上海社科院研究员、上海犹太研究中心主任潘光主编的《艰苦岁月的难忘记忆——犹太难民回忆录》在上海图书馆首发。本书为国家社科基金重大项目"来华犹太难民研究"成果,收录 38 位来华犹太难民及其后裔对于来华避难生活的口述回忆。

24日

● 市委召开创新社会治理加强基层建设工作交流会,对 2014 年市委一号调研课题形成的"1+6"文件贯彻落实情况进行总结,动员部署下一阶段重点推进工作。市委书记韩正指出,以党建为引领,持续推进创新社会治理、加强基层建设各项工作,一切要从基层实际出发。

● 市委书记韩正调研上海市司法体制改革试点推进情况。韩正强调,司法体制改革是牵一发而动全身的综合性改革,上海要按照中央的要求和部署,积极稳妥有序推进各项试点工作。

● 市委书记韩正前往徐汇区康健街道,察看上海市基层禁毒工作情况,亲切慰问基层禁毒干部、社工和志愿者。韩正强调,全社会要进一步形成合力,做好禁毒的各项工作，不断创新工作机制，更好发挥社会各方面的力量，帮助戒毒康复人员坚定向往生活、回归社会的信心。

● 市委副书记、市长杨雄主持召开上海市“十三五”规划专家咨询委员会座谈会。会上，市发改委介绍上海制定“十三五”规划的基本思路和主要设想，听取来自国家部委、国内智库、高校和企业的 15 位专家组成的咨询委员会对上海制定“十三五”规划的意见建议。

● 市政府与中国核工业集团公司在沪签署战略合作框架协议。市委副书记、市长杨雄，中核集团党组书记、董事长孙勤出席签约仪式。中核集团是中央直管大型国有企业，是我国核电产业发展的主力军。上海是中国核电产业发展的重要基地，上海的装备制造企业、科研机构一直努力服务国家核电事业发展。

● 市委副书记、市长杨雄前往闵行区调研半年度经济社会发展和“十三五”规划工作。杨雄指出，上海部分区既有城市化区域，又有农村郊区，谋划“十三五”时更要注重统筹协调、创新开拓。

● 市政府发布《上海市推进上海国际航运中心建设条例（草案）》，《条例》旨在贯彻实施建设上海国际航运中心的国家战略，对接“丝绸之路经济带”和“21 世纪海上丝绸之路”建设，营造具有国际竞争力的航运发展环境，促进各类航运市场主体充分发挥作用。

● 上海首家应用技术型本科医学院校——上海健康医学院——召开新校首次新闻发布会。这所由 5 校合并而来的全日制高等学校，将建起“中高职专科—应用型本科—专业学位研究生”贯通式一体化体系，2015 年在沪首招本科生，2016 年招生扩至全国，其支柱专业是培养康复治疗、护理等应用型紧缺人才。

● 市商务委授予黄浦区“上海市国际时尚之都示范区”称号。黄浦区将培育一批具有时代特征的新颖经营方式和商业模式，同时聚集大数据搜集与分析，强化精准营销功能，建立时尚大数据平台，满足个性化消费需求，提升消费能级。

● 华东师范大学与法国里昂商学院签署共建“亚欧商学院”合作协议。亚欧商学院拟于 2016 年 9 月正式招入第一批本科生和硕士研究生。这是继中欧商学院之后，上海新增的一所中外合作办学性质的顶级商学院。

25 日

● 中共中央政治局委员、市委书记韩正会见比利时国王菲利普和王后玛蒂尔德一行，代表 2 400 万上海人民对国王和王后陛下的到访表示热烈欢迎。韩正说，中国上海市与比利时安特卫普市结为友好城市已有 30 多年，双方都是重要的港口城市，在中国实施“一带一路”战略的大背景下，有着更广阔的合作空间。

● 中共中央政治局委员、市委书记韩正，市委副书记、市长杨雄会见由省长谢伏瞻率领的河南省政府代表团。韩正对河南省长期以来给予上海发展的支持帮助表示感谢,希望沪豫双方通过加强交流,相互启发、携手发展、共奔小康。会见结束后,上海市政府与河南省政府签署深化两地战略合作框架协议。

● 上海保监局宣布,经中国保监会批准同意,上海率先开展航运保险产品注册制改革,市场主体可在电子化注册平台上进行航运保险产品注册,所需时间则由备案制的 20 个工作日缩减为即时处理。航运保险产品注册制改革,是保险产品监管制度的一次重大改革突破,有利于提升上海航运保险服务能级,更好推动上海国际航运中心建设,也将为“一带一路”海陆运输贸易大通道提供保障。

● 市医师协会组织的首届“仁心医师奖”揭晓。复旦大学附属中山医院樊嘉、闵行区莘庄社区卫生服务中心顾炅、复旦大学附属妇产科医院华克勤、上海中医大附属岳阳中西医结合医院李斌等 10 人获“仁心医师奖”。

26 日

● 以“新常态下的金融改革与扩大开放”为主题的 2015 陆家嘴论坛举行。中国证监会主席、论坛共同轮值主席肖钢出席开幕式并致辞。上海市市长、论坛共同轮值主席杨雄致辞并作主旨演讲。

● 市政协主席吴志明率部分政协委员前往上海市强制隔离戒毒所,视察上海市公安禁毒工作。委员参观了收戒大厅和禁毒展览馆,走进学员监室、值班监控室和医疗室,了解学员入院流程及治疗状况,并听取上海禁毒工作情况介绍。

● 上海市政府和湖北省政府在武汉签订《推进长江经济带旅游合作发展框架协议》,两地将在共建旅游市场、打造旅游产品、联合开展监督等方面加强合作。

27 日

● 中国首条国产心脏起搏系统生产线在上海张江高科技园区落成,这条坐落于创领心律管理医疗器械(上海)有限公司的生产线将彻底改变心脏起搏器被进口产品垄断的局面,实现中国人造“中国心”的梦想。

● 上海最后一户人工煤气用户——嘉定区安亭镇墨玉路 540 号的延锋伟世通汽车饰件系统有限公司接入天然气,这意味着使用 150 年的人工煤气就此告别申城,上海实现城市燃气“全天然气化”。

28 日

● 市政协召开“深化国防教育,增强国防意识”专题通报会,市政协主席吴志明出席,市委常委、上海警备区司令员何卫东通报有关情况。何卫东以古论今详细解读国防教育的重大意义、发展方向,介绍上海国防教育情况并回答委员提问。

● 2015“创业在上海”创新创业大赛发证仪式在中国(上海)创业者实训基地举行,标志着这项大赛进入了初赛阶段。2 326 家初创企业和 600 支创业团队入围初赛,是2014年参赛企业和团队数量的3倍。

● 《制造强国战略研究》重大咨询项目二期研究在上海交通大学举行课题战略研讨,项目负责人中国工程院院长周济等参与研讨。2013年以来,中国工程院会同工信部、质检总局开展了《制造强国发展战略研究》。50多位院士及百余位专家参与调研。

● 上海市纪念中国人民抗日战争暨世界反法西斯战争胜利70周年重点图书——《淞沪抗战史料丛书》在上海图书馆首发。《丛书》由上海科学技术文献出版社出版,主要选辑和汇集民国时期有关上海抗战的具有代表性的通讯、纪实、回忆录及报告文学等鲜为人知的孤本、藏本影印重版,内容涵盖"一·二八"淞沪抗战和"八一三"淞沪会战。

29日

● 市"十三五"规划工作领导小组第二次会议召开。市委副书记、市长杨雄上指出,"十三五"规划是关系上海今后5年发展的重要纲领,编制好"十三五"规划是2015年全市的一项中心工作。会议听取了市"十三五"规划工作领导小组办公室关于规划基本思路的汇报。

● 市委副书记、市长杨雄主持召开市政府常务会议,研究部署全市进一步做好欠薪欠保矛盾处置等工作。会议指出,欠薪欠保矛盾直接关系人民群众的切身利益,各区县、各部门要高度重视、妥善处置,尤其要严厉打击恶意欠薪欠保违法行为,坚决维护群众利益。

● 市人大常委会主任殷一璀会见哥伦比亚国会主席兼参议长纳梅一行。殷一璀说,今年是中哥建交35周年,相信代表团此次访问对中哥两国友谊将有长远的影响,谱写中哥友好合作新篇章。上海非常重视对外交往,希望能进一步加深与哥伦比亚的合作与交流,增进彼此间的了解。

● 上海市政协党组召开会议,开展"三严三实"专题教育第一专题学习研讨。市政协党组书记、主席吴志明主持会议。市政协党组副书记、副主席周太彤,党组成员、副主席姜樑重点围绕"严以修身"主题,结合学习领会习近平总书记重要讲话精神,深入交流认识体会。

● "第三届上海游戏精英峰会暨上海游戏出版产业报告发布会"举行,《2014年上海游戏出版产业报告》显示,中国游戏产业市场已经达到千亿市场规模,而上海网络游戏销售收入约为377亿元,约占全国销售总额的32.9%,比2013年的255.2亿元增长47.7%。其中,移动游戏销售收入约为55.8亿元,同比增长154.7%。

30日

● 上海市召开庆祝中国共产党成立94周年座谈会。市委书记韩正强调,加强和改进党的建设,是执政党的永恒主题。全市各级党组织和广大党员要深入贯彻落实中央要求和习近平总书记系列重要讲话精神,深刻把握大局,牢牢抓住正在做的事,不懈抓全面从严治党,不断创新基层党建,为上海继续当好全国改革开放排头兵、创新发展先行者作出新贡献。

● 市委书记韩正会见德国大陆集团执行董事会主席艾尔马尔·德根哈特。韩正说,大陆集团与杨浦区深化合作,进一步加强集团在沪的总部功能和研发功能,一定会取得更好发展。德国大陆集团是全球领先的汽车零部件供应商之一,位列世界 500 强第 237 位,该集团中国总部和 2 个研发基地均落户上海。

● 市人大常委会机关召开纪念建党 94 周年暨"我身边的共产党员"主题演讲大会,弘扬身边共产党员的典型事例,展示新时期人大机关共产党员风采,推动人大各项工作迈上新台阶。市人大常委会党组书记、主任殷一璀出席会议并讲话。

● 民建上海市委与杨浦区政府联合举办的"上海民建浦江论坛"在创智天地会议中心举行。此次论坛主题为"科技引领未来　创新驱动发展"。全国政协副主席、民建中央常务副主席马培华出席论坛并做主旨演讲。

● 武警上海总队举行"牢记党的使命,献身强军实践"先进个人表彰典礼,15 名典型代表受到表彰。武警上海总队司令员朱宏少将、政委马荣辉少将参加典礼。

● 首部中国和以色列两国合作的原创音乐剧《犹太人在上海》,在上海犹太难民纪念馆建组开排。《犹太人在上海》筹备 3 年。故事从 1941 年一艘停泊在外滩码头的犹太人航船开启,围绕犹太青年斯特恩与上海姑娘林亦兰之间的爱情层层展开。

7月

1日

● 市委书记、市委全面深化改革领导小组组长韩正主持召开市委全面深化改革领导小组第九次会议,总结 2015 年上半年全市全面深化改革工作,部署下半年改革重点工作。会议审议并原则通过《上海市深化党的建设制度改革实施方案》。

● 中石油在上海石油天然气交易中心挂出第一单,总共是 1 400 万方,挂牌价 2.610 9元/方,立即被上海管网摘牌。这是我国首单管道天然气现货网上交易成功的案例,宣告上海石油天然气交易中心投入试运行。

● 市绿化市容局官方微信公众号平台"上海绿化市容"正式上线运营,该微信平台将主要为市民提供绿化市容行业的最新资讯,市民通过该平台可快速查询到周边公厕位置、公园地图等。

● 市新闻出版局宣布设立"上海翻译出版促进计划",以推动上海国际文化大都市建设,促进优秀作品在世界范围内的传播。"上海翻译出版促进计划"是政府主导、社会组织负责实施、社会各界共同参与的出版资助项目。

2日

● 中宣部、文化部在上海召开创新公共文化服务体系运行机制经验交流会，中宣部副部长孙志军出席会议并讲话。上海已基本建成城乡一体化现代公共文化服务格局，共建有公共图书馆238个、区级群艺文化馆26个、社区文化活动中心215个、东方社区信息苑320个，村(居)委综合文化活动室5 245个，工人文化宫19个，青少年活动场所36处。

● 闵行区从浦江镇析出的新街道——浦锦街道成立仪式举行，市委副书记应勇出席会议。街道办事处行政区域范围为：东至浦星公路，南至丰收村和亭子村南面现有村界，西至黄浦江，北与浦东新区接壤；面积约23.99平方千米，常住人口11.5万，共涉及村委会17个，规划建立居委会24个，已经建立居委会21个。

● 中国人民银行上海总部与徐汇区政府签署徐汇滨江战略合作备忘录，双方将依托滨江地区建立“国际性创新型金融集聚区”，共同推进各类国际性、创新型、功能性金融机构以及相配套的金融专业机构和金融中介机构集聚发展。这是人行上海总部首次与区县政府建立战略合作关系。

● “2015上海市民营院团展演活动”颁奖。沪剧《风雨同舟》、话剧《青年客栈》获大戏剧目优秀奖，鼓乐《圆梦》、民乐交响诗《延河情·丝竹梦》和相声《迷上海》获小戏节目优秀奖。滑稽戏《孝在何方》、魔术小品《欢乐家园》等13台节目获参演奖。小戏节目和音乐会2015年首次列入展演评选。

3日

● 市人大工作会议召开。中共中央政治局委员、市委书记韩正强调，坚持和完善人民代表大会制度，加强新形势下人大工作，事关全局，意义重大。市委副书记、市长杨雄主持会议，市人大常委会党组书记、主任殷一璀讲话，市政协主席吴志明出席，市委副书记应勇就《中共上海市委关于推动人大工作与时俱进充分发挥人大作用的若干意见》作说明。

● 市委书记韩正主持召开市委常委会，听取前一段上海化工区规划(修编)环评公众参与情况汇报，进一步研究部署金山区污染治理和环境保护工作。韩正强调，金山区要认真负责地回应金山广大干部群众合理诉求，切实加大环境保护和污染治理力度，为金山的美好明天、为推动金山科学发展而努力。

● 市长杨雄会见日本电气株式会社(NEC)全球总裁远藤信博一行。杨雄感谢NEC为上海半导体产业发展所作的积极贡献，并对NEC创新转型发展表示赞赏。NEC是全球信息技术、通信网络的领先企业之一，在《财富》世界500强企业中排名第405位。

● 市长杨雄会见法国巴黎银行全球首席执行官柏诺飞一行。杨雄对法国巴黎银行一直以来重视并积极参与上海市市长国际企业家咨询会议表示感谢。法国巴黎银行是世界知名的跨国金融集团,该银行于2004年加入上海市市长国际企业家咨询会议。

4日

● 第六届上海夏季音乐节在上海交响乐团音乐厅进行首场演出。音乐总监阿兰·吉尔伯特执棒纽约爱乐乐团,偕当红小提琴家约书亚·贝尔演绎《西区故事》组曲及《阿巴拉契亚之春》等美国风格乐曲,以新中国上交首任团长黄贻钧改编的管弦乐作品《良宵》压轴。

● "国际视野中的都市人文遗产研究与保护"国际学术研讨会在上海社科院召开。来自美国、英国、法国、日本、澳大利亚等国的知名学者与国内各地相关专家学者就旧区改造、历史建筑、名人故居、城市景观等都市人文遗产保护重点、难点、热点展开跨学科、跨专业的深入讨论。

● 中国会展财富论坛在上海举行。这是上海国家会展中心正式运营后,上海举行的首个全国性会展业大会。本届大会聚焦"展会资本整合""互联网+会展""产业展览会创新""会展创意设计"等行业问题,深入研讨和探索中国展览业如何从大国走向强国以及上海如何建设成为世界会展中心城市。

5日

● 市委市政府发布《关于深化人才工作体制机制改革促进人才创新创业的实施意见》。《实施意见》共20条,总体目标是按照习近平总书记提出的"来得了、待得住、用得好、流得动"的总体要求,把握人才成长规律,聚焦引进培养、使用评价、分配激励等重点环节,进一步优化人才创新创业综合环境,使上海成为国际一流创新人才汇聚之地、培养之地、事业发展之地、价值实现之地。

● 陈凯歌受聘上海大学上海电影学院院长。学院主要以1995年成立的上海大学影视艺术技术学院为基础,著名导演谢晋曾长期担任该院院长。

6日

● 纪念世界反法西斯战争暨中国人民抗日战争胜利70周年,由市政协主办的"国际视野下的中国抗战·上海记忆"图片展在上海图书馆开展,百余幅珍贵历史图片和部分珍贵视频资料展现在上海市民面前。

● 市人大常委会召开党组会,学习贯彻市人大工作精神。市人大常委会党组书记、主任殷一璀出席并讲话。会上,市人大常委会党组成员、非中共的常委会副主任、部分委员会负责人等分别交流学习市人大工作会议精神体会。

● 上海市发出首张R字(人才)口岸签证,来自奥地利的艾尔瓦尔德入境前,在浦东机场的科创、人才签证窗口拿到属于自己的 R 字(人才)签证,在获得 R 字(人才)签证之后,在 30 天有效期内入境申领 5 年的工作居留许可。

● 上海自贸区咖啡交易中心揭牌成立。咖啡是全世界第二大大宗商品,中国咖啡市场以每年 25%以上的爆发式增长率成为全球最具潜力的咖啡市场。上海自贸区咖啡交易中心将充分利用自贸区的金融、贸易及政策等优势,带动全国咖啡行业继续保持稳步增长。

● 2015 年市哲学社会科学教学科研骨干研修班在市委党校开班。市哲学社会科学教学科研骨干研修工作领导小组成员、来自上海市高校和科研院所的 478 名哲学社会科学教学科研骨干参加开班典礼。组织开展哲学社会科学教学科研骨干研修活动,是中央从繁荣发展哲学社会科学、加强马克思主义理论队伍建设这一战略高度着眼作出的重大决策。

● 市工商局和市审计局签订《建立信息利用共享机制合作备忘录》。市工商局将向市审计局提供"上海市企业信用信息公示系统"的有关数据信息。市审计局将向市工商局提供其依法对被审计单位和个人作出的行政处罚决定信息(非涉密)、已公开的上海市有关企业的审计结果等信息。

7日

● 本市首个创业街区在陆家嘴金融城新兴金融产业园揭牌,这块建筑面积达 12 万平方米的街区,建成后将为创业者提供一站式的创业服务。

● 2015 沪台青年交流季在上海交通大学启动。市委常委沙海林出席开幕式并致辞。在为期近 4 个月的沪台青年交流季中,上海与台湾两地携手推出 20 多项青少年交流活动。包括以"创新、创业"为主题的海峡杯两岸青年创业领袖成长营、"青春梦想·缘聚上海"——2015 台胞青年夏令营、沪港澳台"创新、创意、创业"活动竞赛、两岸学生企业文化主题交流活动等。

● 上海迪士尼度假区与浦东图书馆合作,在馆内打造全国首个迪士尼图书角。

8日

● 市委书记韩正会见上海市市长国际企业家咨询会议成员、蒂森克虏伯集团董事会主席海里希·赫辛根一行。韩正说,2015 年国际企业家咨询会议的主题是"加快建设具有全球影响力的科技创新中心",感谢包括蒂森克虏伯集团在内的成员企业,正在为会议召开所做的精心准备。上海支持各类企业在沪设立研发机构、发展新兴产业,将通过一系列实实在在的举措,为各类人才在沪创新创业营造更好的环境。

● 市人大财经委与国家统计局上海调查总队合作开展上海市"十三五"规划专项调查。调查显示,与心目中的国际大都市相比,当前上海市最需要提升的是什么?认为要提高市民文明素养的占64.7%;其次是生态环境质量,占62.2%;还有提高城市综合经济实力,占35.1%。

● 首届上海国际游艇节在世博园区码头开幕。本届游艇节选址后滩公园、世博L6码头及21世纪民生美术馆,利用世博园区沿江泊位岸线600米,是国内首次举办的水陆结合公园式游艇节。

9日

● 市委书记韩正分别召开企业家和专家学者座谈会,就做好上海"十三五"规划工作听取大家的意见建议。6位国资、民资、外资企业代表和5位经济专家在对当前经济运行和企业经营状况进行深入分析的基础上,围绕上海面向"十三五"发展目标,积极建言献策。

● 市委书记韩正在黄浦区、青浦区调研。韩正强调,发展始终是第一要务,必须牢牢抓在手上。在推进各项工作的过程中,全市各级领导干部要进一步大兴调查研究之风,在工作落实上狠下功夫,各项工作的成果必须接受历史和群众的检验。

● 市委副书记、市长杨雄率领上海市代表团在黑龙江省学习考察。与黑龙江省委书记王宪魁,省委副书记、省长陆昊座谈时,杨雄说,上海正处在转型发展的关键时期,黑龙江发展中创造的许多好经验、好做法,值得上海认真学习借鉴。希望两地在更深层次、更宽领域加强交流、深化合作。

● 市政协主席吴志明、副市长时光辉率上海市代表团赴贵州遵义开展学习考察。贵州省委书记、省人大常委会主任赵克志、省长陈敏尔、省政协主席王富玉会见代表团。上海对口帮扶遵义项目实施效果明显,改善当地产业发展环境,提高公共服务水平,也增强当地干部群众的发展信心。上海对口帮扶遵义市项目共122个,其中2013年、2014年度项目已全部完工,2015年上海计划安排帮扶项目44个。

● 文化部与上海市政府联合主办的第十一届中国国际动漫游戏博览会(CCG EXPO2015),在上海世博展览馆开幕。开幕首日迎来3.6万人次观众,刷新2014年的3.3万人次纪录。

10日

● 市委副书记、市长杨雄率领上海市代表团在吉林省学习考察,并与吉林省委书记巴音朝鲁,省委副书记、省长蒋超良就深化沪吉合作交流会谈。吉林与上海发展互补性强,合作潜力巨大。

● 上海黄金交易所与香港金银业贸易场宣布开通"黄金沪港通"。此举意味着,内地和香港两大主要黄金市场将启动互联互通,香港投资者将能直接参与内地黄金交易。

● 在市委宣传部、市社会科学界联合会及市社会团体管理局的支持下,以"国家对外文化交流研究基地"为平台依托，上海国际文化学会成立大会暨第一届一次理事会召开。上海国际文化学会将整合上海以及国内外的专家力量，联系海内外的文化资源，为中国文化外交和上海建设国际文化大都市提供决策依据、智力支持和实证指南。

● 市文明办、市建设交通党委、市交通委、市旅游局在虹桥机场召开上海交通门户"深化志愿服务，推进文明旅游"工作交流会，部署在上海全市交通门户开展文明志愿服务活动。

11 日

● 市委书记韩正前往市防汛指挥部，听取超强台风"灿鸿"路径走向分析以及风、雨、潮对全市影响的预判，了解全市各项防御响应工作的落实情况。他叮嘱大家，要始终把保护市民群众生命安全放在第一位，把各项工作做到最细。

● 市委副书记、市长杨雄前往市防汛指挥部，了解 2015 年第 9 号台风"灿鸿"最新动向，与区县及沿海重点区域、单位负责人通话，检查各项防御工作落实情况并作进一步工作部署。

● 上海港城开发(集团)有限公司、上海浦东科技投资有限公司与美国爱康飞机制造公司在上海签署《投资合作协议》以及《合作备忘录》，宣告美国爱康中国总部正式落户临港。未来，被誉为"苹果飞机"的新型水陆两用飞机将在临港设计生产。

12 日

● 外滩国际金融峰会举行，黄浦区发布推进金融创新发展十条意见，为外滩金融创新试验区发展注入催化剂。

● 市气象局发布消息，上海告别长达 28 天的梅雨季，开启为期 40 天的"三伏天"。上海市气象局首席服务官张瑞怡表示，2015 年上海梅雨期略长，降水明显偏多，气温也较常年同期偏低。

13 日

● 市第十一次归侨侨眷代表大会在上海友谊会堂召开。中共中央政治局委员、上海市委书记韩正出席，并亲切会见获得 2010—2014 年度荣誉称号的上海市侨界先进个人和集体代表。中国侨联党组书记、主席林军，市委副书记、市长杨雄出席开幕式。中国侨联和上海市领导给受到表彰的先进集体和个人代表颁奖。

● 市长杨雄会见上海市市长国际企业家咨询会议现任副主席、澳大利亚电信前首席执行官苏大为及澳大利亚电信首席执行官安德鲁·佩恩一行。杨雄感谢苏大为多年来积极参与市长国际企业家咨询会议并贡献智慧力量。

● 科技部与上海市政府在沪召开 2015 年部市工作会商会议，专题研究进一步深化部市合作，推动上海加快建设具有全球影响力的科技创新中心。全国政协副主席、科技部部长万钢,上海市委副书记、市长杨雄出席并讲话。

● 市委副书记、市长杨雄主持召开市政府常务会议,研究贯彻落实《国务院关于促进海运业健康发展若干意见》的实施方案,加快上海国际航运中心建设。会议审议并原则通过《上海市贯彻国务院关于促进海运业健康发展若干意见的实施方案》。《实施方案》立足上海作为"海运强国"战略实施前沿阵地的特点,结合上海国际航运中心建设,从完善港航物流体系、发展航运服务产业、推动海运业改革创新、完善海运业发展环境等四个方面提出 20 项措施。

● 市长杨雄会见沪港经济发展协会会长姚祖辉一行。杨雄说,沪港合作源远流长、成果丰硕。沪港经济发展协会成立 30 年来,为促进沪港合作交流发挥重要作用。

14日

● 市委召开常委学习会,深入学习贯彻中央统战工作会议和《中国共产党统一战线工作条例(试行)》精神,中央统战部副部长陈喜庆作专题辅导报告。市委书记韩正主持会议并强调,《条例》作为党内法规颁布,对于推进党的统一战线工作规范化、制度化、程序化有重大意义,贯彻落实好《条例》必须把握精神实质。

● 市政协召开专题协商会,就深化上海自贸区改革,加快融入"一带一路"国家战略,率先推动新一轮高水平对外开放等内容,听取市发改委、市商务委相关情况介绍,组织政协委员开展协商建言。市政协主席吴志明出席。

● 上海国际港务(集团)股份有限公司发布公告,以 19 亿元收购上海锦江航运(集团)有限公司。上海两大国有港航企业合并,这是上海国资改革的又一重大举措。上港集团是目前中国最大的港口运营商,旗下码头年集装箱吞吐量连续数年稳居世界首位。锦江航运是一家成立于 1983 年的上海市地方航运企业,主要从事国际集装箱运输、国际航运物流和国际航运专业服务业务。

● 2015 上海市摄影艺术展览在上海图书馆举行。由市摄影家协会主办的市摄影艺术展是上海级别最高的摄影艺术大展,每两年举办一届。其中,朱剑明的《万马奔腾》、朱晓燕的《勇往直前》、聂逢辰的《巅峰看云》获得金奖。

15日

● "世界移动大会·上海"暨上海国际信息消费节在上海新国际博览中心开幕。工业和信息化部副部长尚冰、国家互联网信息办公室专职副主任彭波、中国移动董事长奚国华等出席开幕式。本届世界移动大会的主题是"移动无极限",聚焦移动互联网、企业物联网、可穿戴技术、互联网汽车、智慧制造等领域。

● 市检察院派驻中国(上海)自由贸易试验区检察室发布《自贸试验区刑事检察白皮书》。2014 年来,共受理刑事案件 63 起 78 人,主要涉及 18 个罪名。《白皮书》建议,金融、行政监管部门应重视事中、事后监管,强化监管措施和衔接机制。

● 2015 上海黄浦江世界名校赛艇赛举行。来自欧美、亚洲及中国的 12 支世界名校赛艇队参赛，其中包括牛津、剑桥、耶鲁等赛艇传统名校，以及悉尼大学、首尔大学、香港中文大学、清华、北大、上海交大、武汉大学等。

16 日

● 市委第十届委员会第九次全体会议在上海展览中心召开。中共中央政治局委员、市委书记韩正强调，要进一步解放思想，大力抓好工作落实，为上海全面完成“十二五”规划目标任务，顺利实现“十三五”规划良好开局，继续当好全国改革开放排头兵、创新发展先行者而奋斗。

● 市委书记韩正会见台湾少数民族访问团。韩正说，2015 年是中国人民抗日战争胜利 70 周年，也是台湾光复 70 周年，海峡两岸将举行一系列有意义的纪念活动。沪台两地交流交往十分密切，上海愿为推进两岸和平发展、共同繁荣做出更大贡献。

● 市长杨雄会见美国芝加哥市市长代表、副市长史蒂夫·科赫率领的代表团。杨雄说，上海与芝加哥作为中美两国的重要经济城市，结为友好城市已有 30 年。希望两市进一步加强高校、科技创新企业等层面的交流合作，促进双方共同发展。

● 市人大常委会机关召开会议，传达学习十届市委九次全会精神。市人大常委会党组书记、主任殷一璀主持会议并传达市委主要领导讲话精神，就学习贯彻落实全会精神提出要求。

● 市金融信息行业协会正式成立，这是全国首个金融信息行业协会。上海金融信息共享平台同时启动，并发布首份《网络借贷行业合同示范文本》，以完善网络借贷企业的信息披露机制和规范经营。

17 日

● 市委常委、统战部部长沙海林会见由党领袖布苏蒂尔率领的马耳他国民党代表团。沙海林向来宾介绍上海改革开放和经济社会发展等情况。

● 2015 中国（上海）国际青少年校园足球邀请赛圆满落幕。来自四大洲 8 个国家的 12 支 U18 男子青少年校园足球队在上海“以球会友”，参与一场体育竞技的盛宴、文化交流的盛会。

● 松江区投资促进服务中心正式挂牌，同时成立的岳阳、中山等 4 个街道分中心投入运行。今后松江区 4 个街道的招商引资职能将全部归位区投资促进服务中心和 4 个分中心，街道则集中精力，聚焦做好公共服务、公共管理和公共安全。

● 市政府、警备区召开全市征兵工作会议，部署全市 2015 年征兵工作。2015 年上海市符合相关条件的应征入伍青年年龄上限放宽 1 岁，凡具有上海市常住户籍、普通高中（含中专、职高、技校）毕业生的应征入伍年龄上限从 21 周岁放宽至 22 周岁,普通高职专科学历者应征入伍年龄上限从 23 周岁放宽至 24 周岁,普通本科及以上学历者应征入伍年龄上限不变。

● 2015 上海国际儿童戏剧展演在上海市群众艺术馆开幕。开幕式上,韩国金设剧团为观众展示木偶剧《恐龙妈妈》精彩片段;中国福利会儿童艺术剧院作为东道主,推出展示老上海风情的儿童剧《小八腊子流浪记》。

18 日

● 2015 年上海市公益广告征集大赛视频、音频组及创意剧本征集活动启动。所征集的三类作品要求围绕培育和践行社会主义核心价值观这一主线,反映理想信念、法治精神、传统美德、雷锋精神、良好家风、文明旅游、文明礼仪、生态文明等八大主题,并具有上海特色、上海表达和上海基因。

● 由民盟上海市委、市党史学会、上海福寿园主办,以"用生命点燃爱国烈焰"为主题的纪念爱国"七君子"发起救亡运动 80 周年活动在福寿园举行。"七君子"家属代表、相关专家学者、部分民盟盟员等参加活动。

19 日

● 市委召开常委会,听取 2015 年市委八项重点推进和督查工作 2015 年上半年进展情况的汇报,对下半年抓推进、抓落实进行部署。市委书记韩正主持会议并强调,2015 年全市改革发展任务繁重,全市各部门必须进一步聚焦重点、形成合力、狠抓推进落实。

20 日

● 市委组织部和上海市市级机关工作党委联合下发《关于进一步严格市级机关党的组织生活的意见》,就新形势下进一步严格市级机关党的组织生活提出具体要求。同时,市级机关工作党委还下发《上海市市级机关党支部建设纲要》《上海市市级机关党员干部行为规范》两个文件,提出以严的要求、严的标准、严的作风,大力加强机关党支部建设,在上海继续当好全国改革开放排头兵、创新发展先行者和加快建设具有全球影响力的科技创新中心中,发挥战斗堡垒作用。

21 日

● 中共中央政治局委员、市委书记韩正会见在上海正式开业的金砖国家新开发银行管理层。新开发银行是第一个总部设在上海的国际金融组织,这是党中央、国务院的一项重大决策部署。新开发银行是全球范围内第一个以新兴市场国家为主的银行。韩正在会见时表示,上海历来是金融机构的集聚之地,上海金融业发展迅速,已成为经济发展的支柱之一,加快国际金融中心建设,是上海"四个中心"建设的重要组成部分。金砖五国决定将新开发银行总部设在上海,意义重大而深远,上海已经做好一切准备,欢迎新开发银行在沪开业。

● 市长杨雄会见斐济总理乔萨亚·沃伦盖·姆拜尼马拉马一行，代表上海市政府和上海人民对总理阁下访沪表示热烈欢迎。杨雄说，斐济成功参展2010年上海世博会，有效增进了上海人民和斐济人民的相互了解和友谊，上海愿在中斐友好交流合作中发挥更大作用。

● 市十四届人大常委会第二十二次会议（扩大）举行代表分组会议，市人大常委会组成人员、市人大代表到各代表组参加评议市政府2015年上半年工作。市人大常委会主任殷一璀参加。

● 列席市十四届人大常委会第二十二次会议（扩大）的市政协委员、在沪全国政协委员进行分组讨论，就杨雄市长所作上半年政府工作报告，围绕经济转型发展、自贸区建设、科创中心建设以及社区治理、养老等热点问题展开讨论。市政协主席吴志明出席。

● 市体育局与上海报业集团签署战略合作框架协议，与新民晚报社签署项目合作协议。本次合作标志着上海体育和传媒的紧密合作进入一个崭新阶段，上海体育传媒将在助推上海体育产业发展、传播体育文化和弘扬体育精神等方面加大宣传力度、创新服务模式。

● 崇明县正式启动足球县建设工作，上海崇明根宝足球俱乐部揭牌。市体育局、市教委和崇明县政府将借助根宝足球基地品牌优势和人才优势，共同打造崇明足球县。

● 上海首个建设占用耕地耕作层土壤剥离再利用全流程示范项目在青浦金泽水源湖开工。这意味着上海在深化耕地保护、抢救性保护建设占用优质耕作层土壤资源上，正在探索完善良好的全流程实施机制。耕地耕作层土壤剥离再利用，指的是在土地建设开发过程中，先把占用耕地的表土剥离出来，再移到其他耕地使用。

● 银行间市场清算所股份有限公司（简称“上海清算所”）推出两大全球首创的价格指数金融衍生产品——人民币苯乙烯掉期和自贸区乙二醇进口掉期中央对手清算业务。人民币苯乙烯掉期是以华东江苏市场苯乙烯出罐价格为标的、采取现金交割、以人民币计价清算结算的全球首个苯乙烯价格指数金融衍生产品；自贸区乙二醇进口掉期是基于自贸区推出的、以交货地为华东地区主要港口的进口乙二醇现货价格为标的（不含增值税、关税）、采取现金交割、以跨境人民币计价清算结算的全球首个乙二醇价格指数金融衍生产品。

22日

● 市委副书记、市长杨雄前往横沙岛调研长江口航道疏浚与滩涂造地工作。杨雄指出，滩涂是上海宝贵的后备土地资源，要尊重适应自然规律，不过度人为干预，坚持可持续发展，科学有序开发利用。

● 市十四届人大常委会第二十二次会议召开全体会议,听取上海市 2015 年上半年国民经济和社会发展计划执行情况的报告。上半年全市生产总值同比增长 7%,一般公共预算收入同比增长 13.1%,居民消费价格同比上涨 2.4%。市人大常委会主任殷一璀出席会议。

● 市政协召开机关干部会议,传达十届市委九次全会精神。市政协党组书记、主席吴志明就学习贯彻落实提出要求。

● 在沪十二届全国青联委员、全国学联二十六大代表行前座谈会在上海青年管理干部学院举行。市委副书记应勇代表市委为此次参会的委员和代表送行。

● 市委、市政府召开 2015 年军队转业干部安置工作会议。市委常委、组织部部长徐泽洲出席会议并讲话。徐泽州强调,军队转业干部是重要的人才资源,全市各级党委、政府和领导要把习近平总书记的指示精神作为军转安置工作的重要遵循,把军转安置工作放在党和国家工作全局中来谋划,放在促进上海发展的高度来落实。

● 邹碧华精神研讨会在上海召开。最高人民法院党组副书记、副院长江必新,最高人民法院政治部主任徐家新,上海市委常委、政法委书记姜平,上海市高级人民法院院长崔亚东等出席。

● 上海召开第十届全国少数民族传统体育运动会上海市代表团组团会议。上海代表团团长由副市长翁铁慧担任,共有 149 人。其中运动员由全市蒙古、壮、回、土家、满、布依等 20 个民族组成,将代表上海参加蹴球、毽球、板鞋竞速、押加、射弩、武术、民族健身操等 7 个比赛项目和 3 个表演项目。

● 中科院上海药物所研究员徐华强领衔 28 个实验室组成的国际交叉团队,利用世界上最强的 X 射线激光,成功解析“信号兵”蛋白的复合物晶体结构,攻克细胞信号传导领域的世界级科学难题。这项突破性成果率先在线发表于国际顶级学刊《自然》上。

● 市教育考试院发布信息,2015 年上海市普通高校招生第一批本科录取基本结束,一本共录取考生一万余人。第一批本科录取通知书由招生院校陆续发出。

23 日

● 市委副书记、市长杨雄在上海地产集团调研国资国企改革有关工作。杨雄指出国有功能类企业既要强化大局观念和责任意识,坚决承担好国家和市委、市政府赋予的重大任务;又要主动顺应市场经济规律,善于运用市场化机制,更好地担负使命、实现发展。

● 市政协举行“本市深入贯彻落实中央八项规定精神情况”专题通报会,市政协主席吴志明出席,市委常委、市委秘书长尹弘作通报并听取委员意见建议。

● 市十四届人大常委会第二十二次会议表决通过《上海市预防职务犯罪工作若干

规定》，该法规于 2015 年 9 月 1 日起正式施行。《规定》包含 27 个条款，聚焦九方面职务犯罪预防重点领域。

● 市十四届人大常委会二十二次会议表决通过人事任免案。市高级人民法院、市人民检察院组织实施了首次向社会公开遴选高级法官、高级检察官工作，经市法官、检察官遴选（惩戒）委员会考核审议，确定任命北京大成（上海）律师事务所高级合伙人、著名律师商建刚为市二中院高级法官，复旦大学法学院副教授白江为市检察二分院高级检察官。

24 日

● 中国（上海）自由贸易试验区推进工作领导小组召开全体会议，市委副书记、市长、领导小组组长杨雄指出，面对新形势、新要求，上海自贸试验区建设要始终坚定不移地按照党中央、国务院的总体要求，全力以赴朝着建设“开放度最高的自贸区”这一目标迈进。

● 市单用途商业预付卡履约保证保险共保体正式启动。所谓“单用途商业预付卡履约保证保险”，是指当预付卡企业申请破产且被依法裁定、被依法吊销营业执照、被备案机关处以最高限额的行政处罚，企业拒绝履行或无法履行兑付商品或服务的义务，并且未能退还卡内预收的资金余额时，持卡消费者可以依据保险合同约定获得相应的保险赔偿。

● 上海自贸试验区“科创一号”项目启动暨果创孵化器入驻仪式在洋山国贸中心举行。这是国内首个对接国际资源的离岸科创孵化平台。

25 日

●《上海市高端智能装备首台突破和示范应用专项支持实施细则》发布，全面主动对接“中国制造 2025”与上海具有全球影响力的科创中心的打造，在原来“上海市重大技术装备研制补贴政策”和“首台业绩突破风险补贴政策”基础上进行重大创新。

● 松江区新设九里亭街道办事处、广富林街道办事处，面积分别为 6.79 平方千米、19.05 平方千米。

● 由巴金故居、上海市作家协会主办的“火——巴金的抗战岁月”展览在上海图书馆开幕。

26 日

●“上海的声音”沪剧文化列车启动仪式在人民广场地铁音乐角举行。参与活动的观众不仅欣赏到由上海沪剧院带来的高水准演出，还与上海沪剧院院长茅善玉带领的演员一起乘坐轨道交通 10 号线沪剧文化列车。

● 海派著名书画家韩敏与龙华古寺方丈照诚创作的 108 幅书法佳作以“花雨心香 · 佛缘翰墨”书法在朵云轩美术馆联合展出，此为上海首次僧俗书家联手办展。

27日

● 市委向市老领导、老干部、老同志通报当前全市重点工作。市委书记韩正说上海“十三五”发展的大目标已经清晰,必须按照中央精神、紧密结合上海实际,在研究“十三五”工作的过程中,协调推进各项工作。

● 市政协召开中心组学习会,深入学习领会中共中央印发的《关于加强社会主义协商民主建设的意见》以及中共中央办公厅印发的《关于加强人民政协协商民主建设的实施意见》等重要文件精神。

● 上海外高桥造船有限公司建造、第七〇八研究所自主研发设计的国内最大18000TEU集装箱船——“达飞 瓦斯科 达伽马”号在外高桥造船命名,并向承租人法国达飞海运集团交付,意味着我国已经完全具备设计并建造超大型箱船的能力。

● 由上海儿童医学中心教授吴圣楣、主任医师陈同辛领衔的“中国人母乳成分分析及相关功能研究”,首次系统分析中国人母乳中的成分含量,建立属于中国人的母乳成分数据库,为制定我国婴幼儿喂养指南,修订婴幼儿营养素适宜摄入量提供科学依据。项目获得上海医学科技进步奖。

28日

● 市委召开统战工作会议,深入学习习近平总书记在中央统战工作会议上的重要讲话精神,贯彻落实中央颁布的《中国共产党统一战线工作条例(试行)》。中共中央政治局委员、市委书记韩正强调,做好上海统一战线各项工作,必须牢牢把握正确方向,坚持用好统一战线这个重要法宝,坚持中国共产党对统一战线的领导。

● 市委召开第二次“三严三实”专题教育学习会,重点围绕“严以律己”主题,开展深入学习研讨。市委书记韩正主持会议。市委副书记、市长杨雄,市政协主席吴志明,市委副书记应勇,市领导屠光绍、沈晓明、徐泽洲、侯凯、姜平、沙海林、尹弘、何卫东、钟燕群、周波、翁铁慧、蒋卓庆、白少康、周太彤出席。

● 中国科学院、上海市人民政府在沪签署合作协议,双方将全面深化合作,共同推进上海建设具有全球影响力的科技创新中心。中科院院长、党组书记白春礼和上海市委副书记、市长杨雄分别代表双方签约。

● 全球生命科学领域首个综合性的大科学装置——国家蛋白质科学研究(上海)设施在沪通过国家验收。中科院院长、党组书记白春礼,上海市委副书记、市长杨雄,国家发改委副主任林念修出席蛋白质科学研究(上海)设施国家验收会并讲话。

● 市政府发布《促进本市跨境电子商务发展的若干意见》,明确到2020年,上海跨境电商交易额占全市进出口总量的比重稳步提高,跨境电商水平要居全国前列。

● 极大规模集成电路制造装备与成套工艺国家科技重大专项的核心工程——“40—28纳米集成电路制造用300毫米硅片”项目在临港地区启动。此举意味着我国将打破国外对集成电路关键材料的垄断，基本形成完整的半导体产业链。

● 市政协书画院正式揭牌成立，市政协主席吴志明出席成立仪式。新揭牌成立的市政协书画院以服务政协履职为宗旨，充分发挥联系广泛的优势，以书画为媒，深化政协委员、各民主党派人士之间联谊交流，增进与港澳台地区书画艺术界、海外艺术机构互动。

29日

● 市委书记韩正会见西班牙皇家马德里足球俱乐部主席弗洛伦蒂诺·佩雷斯一行。韩正说，中国足球还在发展之中，需要学习借鉴世界足球发达国家的先进经验和体制机制，皇家马德里足球俱乐部有着悠久历史和丰富经验，希望双方加强交流，特别是加强青少年选手培养方面的合作，共同推动足球运动发展。

● 市党外人士情况通报会召开。市委常委、上海警备区司令员何卫东代表市委向各民主党派市委、市工商联负责人和无党派代表人士通报上海国防教育有关情况。何卫东表示，国防教育具有重大意义，是世界各国通用之道，民族兴衰存亡之要，捍卫国家主权之需，希望党外同志发挥资源优势，支持上海国防教育工作。

● 第十三届中国国际数码互动娱乐展览会（ChinaJoy）在上海开幕。本届展会以“让快乐更简单”为主题，来自全球30多个国家和地区的700余家企业参展。

● 上海航运交易所发布了由其开发编制的“一带一路航运指数”。这是国内机构首次用指数形式，反映“一带一路”航运市场和航运产业的发展。“一带一路航运指数”，由“一带一路货运贸易指数”与“海上丝绸之路运价指数”构成。

30日

● 市委副书记、市长杨雄率领上海市代表团在辽宁省学习考察。在与辽宁省委书记李希，省委副书记、省长陈求发座谈时，杨雄说，沪辽深化合作交流潜力很大，我们要按照习近平总书记对东北老工业基地振兴的最新要求，紧紧抓住“一带一路”建设等重大机遇，在更深层次、更宽领域加强两地合作、实现共同发展。

● 上海工会贯彻落实中央党的群团工作会议精神学习班开班。市委副书记应勇出席并就深入学习领会中央党的群团工作会议精神和习近平总书记重要讲话精神、研究开展地方群团改革创新工作进行动员。团市委、市妇联党组班子成员也参加学习班开班式。

● 2015年上海哲学社会科学教学科研骨干研修班在市委党校结业，这是上海启动实施2015—2019新一轮“五年研修规划”而举办的第一期研修班。市委副书记应勇出席并讲话。

31 日

● 市委召开常委会,传达学习习近平总书记关于国防和军队建设的重要讲话精神,听取上海警备区军事工作情况的汇报。市委书记韩正主持会议并强调,要深入学习领会习近平总书记重要讲话精神,努力推动上海军民融合深度发展和双拥工作始终走在全国前列。

● 市庆祝中国人民解放军建军 88 周年军民座谈会召开。中共中央政治局委员、上海市委书记韩正强调,2015 年是中国人民抗日战争暨世界反法西斯战争胜利 70 周年,上海要不断学习和弘扬人民军队的好传统好作风,提升双拥工作整体水平,切实走出一条具有上海特色的军民融合深度发展新路子。

● 上海自贸试验区大宗商品现货市场正式启动运营,上海清算所、自贸大宗(上海)信息服务有限公司为现货市场度身定制的第三方清算和第三方仓单公示系统也同步上线运作。

8月

1 日

● 上海最大的外高桥进口商品直销中心在浦东唐镇开张,弥补了唐镇在国际化商业购物方面的空白。

● 教育部、总参谋部主办的 2015 全国第二届军事训练营在上海市青少年校外活动营地——东方绿舟举行开营仪式,本届训练营的主题是:中国梦、强军梦、青春梦。

2 日

● 第十三届中国国际数码互动娱乐展览会(ChinaJoy)闭幕。本届展览入场人次 27.3 万,比 2014 年增加约 2 万人次,创历史新高。其中,8 月 1 日入场人次 8.1 万,同比增加 1.4 万人次,是 ChinaJoy 举办以来首次单日入场人次破 8 万。

● 上海歌舞团舞剧《朱鹮》结束日本巡演暨文化交流任务回到上海。自 5 月 31 日抵达日本,《朱鹮》巡演长达 64 天,足迹遍布日本 29 个县、市,演出 57 场,观众近 12 万人次。舞剧《朱鹮》由中国人民对外友协、中共上海市委宣传部和上海文广影视集团联合出品。

3 日

● 市政府党组召开"三严三实"第二次专题学习会,重点围绕"严以律己"主题,深入学习研讨。市委副书记、市长、市政府党组书记杨雄主持会议。市领导屠光绍、周波、蒋卓庆等紧扣"严以律己"主题,结合学习领会习近平总书记系列重要讲话精神,紧密联系思想和工作实际,深入谈认识和体会。

● 市长杨雄会见韩国首尔特别市市长朴元淳和济州道知事元喜龙一行,对客人率团来沪开展旅游推介表示欢迎。杨雄说上海与首尔市、济州道先后签署友好交流协议书并开展多领域合作交流，我们将积极鼓励上海企业赴韩国投资发展。

● 市人大常委会召开“三严三实”专题教育第二次专题学习会，重点围绕“严以律己”主题，开展深入学习研讨。上海市人大常委会党组书记、主任殷一璀主持会议。

● 第三届全国智力运动会上海市代表团在东方体育中心成立。135 名教练员和运动员将代表上海，参加所有项目的角逐。全国智力运动会是我国棋牌类运动最高竞技水平的盛会。

4 日

● 市委副书记、市长杨雄率领上海市代表团赴西藏拉萨学习考察。在与西藏自治区党委书记陈全国，自治区党委副书记、自治区主席洛桑江村座谈时，杨雄说，我们要学习西藏广大干部群众艰苦奋斗、勇于拼搏的好作风，学习西藏在改革发展稳定工作中的好经验、好做法。要深入贯彻落实习近平总书记“治国必治边、治边先稳藏”的战略思想，在更深层次、更宽领域加强沪藏合作交流，进一步做好对口支援工作。

● 经中共中央批准，董云虎任上海市委委员、常委。上海市委决定，董云虎任市委宣传部部长。

● 全球第一大国际船舶管理公司——威仕（V-SHIP）——落户上海自贸区试验区并成立全资子公司——上海卫狮船舶管理有限公司。威仕的落户标志着全球顶尖航运服务企业对上海自贸区的营商环境充分认可，上海国际航运中心核心产业初显集聚化效应。威仕船舶管理集团是全球最大的船舶管理公司，总部设在英国。

● 2015 年上海市选聘大学生到村任职及“三支一扶”项目岗前培训开班式在市委党校举行。390 名新一批选聘到村任职及“三支一扶”大学生及市教委、市财政局、市农委、市卫生计生委、团市委等负责选聘及“三支一扶”工作的相关职能部门同志参加开班式。

● 2015 年上海军转干部“供需见面，双向选择”分配会在上海展览中心举行。市各党政机关、政法系统、事业单位、国有大中型企业及中心城区共计 225 家接收安置单位和 600 余名军转干部参加。

● 市新闻工作者协会青年新闻工作者委员会召开上海青年新闻英才交流分享会，分享会主题为“致青春：坚守与创新”。

5 日

● 浦东出台“促进人才创新创业 14 条”，以此为基础，浦东创建最开放的国家级人才管理改革试验区。“浦东人才 14 条”涵盖人才出入境管理，人才就业准入，人才金融服务，人才跨境交流，众创空间平台建设，创新人才交流和激励，人才落户制度，生活配套服务等内容。

● 市高院发布《关于服务保障上海加快建设具有全球影响力科技创新中心的意见》。《意见》明确要依法审理涉科创中心建设发生的金融、投资纠纷、劳动争议案件,为科技企业融资、知识产权证券化、科技企业无形资产入股和股权转让以及建设创新发展和科技人才高地提供优良的法治环境。

6日

● 中共中央政治局委员、市委书记韩正与驻沪部队官兵、上海各界代表一同观看由南京军区政治部文工团精心创作排演的话剧《小平小道》。该剧深刻反映邓小平对什么是社会主义、怎样建设社会主义等中国革命建设的经验教训和根本规律问题的思考。

● 市委书记韩正会见美国药典委员会全球首席执行官罗纳德·皮尔文昌智一行。韩正说,上海正全力推进自贸试验区扩区之后的各项改革,作为一家具有全球影响力的权威标准制定机构,美国药典委员会选择落户上海自贸试验区,将进一步拓展各领域业务,相信将为今后的发展与合作带来更大便利。

● 市互联网金融行业协会成立。市互联网金融行业协会是在市金融服务办公室、中国人民银行上海分行共同指导下成立的,是上海市辖内互联网金融行业的自律组织。

● 市跨境电商航空物流综合服务平台暨跨境电商示范园区正式启用。这是上海第一个经上海海关批准的跨境电商航空物流综合服务平台,也是全国规模最大的空港跨境电商服务场地。

7日

● 市委副书记、市长杨雄率领上海市代表团在西藏自治区党委副书记、自治区主席洛桑江村陪同下,在日喀则学习考察。就上海对口支援日喀则工作进行座谈时,杨雄说,对口支援西藏是国家作出的重大战略决策,做好对口支援工作,是上海义不容辞的责任。帮助日喀则人民发展致富,是2 400万上海人民的共同心愿。

● 2014年上海市全民健身发展指数发布。数据显示,全市经常参加体育锻炼的人数比例达到40.4%,人均体育场地面积较上年增长0.02平方米达到1.74平方米。2014年市区两级政府对全市市民人均投入的全民健身日常工作经费为14.1元。

● 国君华泰融出资金债权资产证券化1号资产支持证券和华泰国君融出资金债权1号资产支持证券完成发行,发行规模均为5亿元,在上海证券交易所挂牌转让。这是首批在国内发行的以证券公司两融债权为基础资产的资产支持证券。

● 市国资委召开上海仪电(集团)有限公司与上海电动工具研究所联合重组工作会议。本次联合重组是上海市新一轮国资国企改革中第一例产业集团与科研院所的联合重组,在上海推进科创中心建设的大背景下具有特殊意义。

8日

● 上海在全国第七个“全民健身日”推出场馆开放、赛事活动、技能培训、体质监测四大板块活动，提供丰富多样的体育健身服务。全市共有575家体育场馆设施向市民免费开放。

● 由复旦大学杜威中心组译，国内外百余位专家学者历时11年翻译完成的38卷中文版《杜威全集》在复旦大学举行新书首发式暨“杜威与实用主义”国际学术研讨会。这是迄今为止我国最大的西方哲学经典翻译工程。约翰·杜威是美国著名哲学家、教育家，实用主义哲学集大成者，功能心理学先驱，美国进步主义教育运动代表，20世纪最具国际声誉的思想巨人之一。

9日

● 2015浦东文化艺术节的开幕盛典，以“血肉长城”为主题的大型千人歌会在东方卫视演播厅举行。活动参与人员超过1 200人，是浦东历史上参与度最广泛的一次情景歌会。

● 第十七届华鼎奖中国电视剧满意度调查发布盛典在上海世博中心举行，这是华鼎奖第四次落户上海。周迅凭借《红高粱》中的“九儿”一角封后。

10日

● 市委副书记、市长杨雄赴青浦区调研“十三五”规划及青西地区发展等工作。杨雄指出，上海要实现“十三五”总体战略目标，必须直面差距，正视问题，主动补齐“短板”。面对青西等郊区县部分发展薄弱地区，要加强市区合力。

● 市政协举行党组会议，开展“三严三实”专题教育第二次专题学习研讨。市政协党组书记、主席吴志明主持。市政协党组成员、副主席方惠萍，党组成员、秘书长贝晓曦重点围绕“严以律己”主题，结合学习领会习近平总书记重要讲话精神，深入交流认识和体会。

● 市政协召开十二届五十次主席会议，审议《推进环境治理能力现代化，提高生态文明建设水平》课题调研报告。市政协主席吴志明主持。

● 上海警备区党委召开十二届八次全体(扩大)会议，学习传达南京军区党委扩大会议和市委常委议军会议精神，分析2015年上半年形势，部署下半年任务。

11日

● 市委召开常委学习会，听取国务院发展研究中心副主任王一鸣关于《实施长江经济带战略，全面提高资源配置效率》的专题辅导报告。市委书记韩正主持会议并强调，按照以习近平为总书记的党中央对上海发展的新要求，全力以赴贯彻落实长江经济带战略。

● 市长杨雄会见香港新家园协会会长许荣茂率领的香港青年创新创业交流团以及

香港青年世博5周年重聚参访团。杨雄说,我们愿进一步加强沪港合作交流,积极探索合作新方式、新路径、新领域,促进两地共同繁荣发展。

● 上海抗战历史地图系列之《慈善救助分布图》和《上海淞沪抗战分布图》在上海师范大学发布。地图采用可搜索的电子地图技术,增加街景地图,包括建筑外部航拍视频、内部全景图片等。

● 市新闻出版局发布《上海市民阅读状况调查分析报告(2015)》。《报告》就市民阅读兴趣、阅读行为、阅读消费、阅读趋势进行专题调查,调查显示,上海市民阅读方式的首选为纸质阅读,高出数字阅读18.25个百分点。

12日

● 市委副书记、市长杨雄在金山、奉贤两区调研区域环境综合整治工作。杨雄指出,加强生态环境保护是上海"十三五"必须承担好的战略任务。面对新形势、新要求,市区两级要形成合力,以更大的决心、更大的力度、更严的措施,坚持不懈推进区域环境综合整治。

● 市政协主席吴志明率部分政协委员赴徐汇区调研,了解创新社会治理工作情况和徐汇滨江地区开发建设情况。

● 上海自贸试验区海外人才离岸创新创业基地成立,中国科协党组书记、常务副主席、书记处第一书记尚勇,市委副书记应勇在浦东国际人才城共同为基地揭牌。这是国内首个在自贸试验区设立的离岸创新创业基地,有利于充分发挥自贸试验区的溢出效应,将开放制度优势转化为人才优势。

● 2015上海国际科学与艺术展在中华艺术宫开幕。本届科艺展以"融合·创新"为主题,共分为"大师与大家""大观与观止""大象与无形""幻象与祛魅""创造与栖居"五个展区。

● 上海港城开发(集团)公司与上海陆家嘴集团、新加坡高鸿集团签署合作框架协议,三方将在上海临港主城区联袂打造世界最大的综合性室内冰雪旅游度假项目——"冰雪世界"。这是继上海海昌极地海洋世界后,落户临港的又一大体量、综合性旅游项目。

13日

● 以铭记历史、缅怀先烈、珍爱和平、开创未来为主题的系列纪念活动在上海举行。"血沃淞沪——'八一三'淞沪会战主题展"和上海四行仓库抗战纪念馆正式开展、开馆。中共中央政治局委员、市委书记韩正强调,我们对淞沪会战的最好纪念,就是要大力弘扬伟大的抗战精神,努力当好全国改革开放排头兵、创新发展先行者,加快建设"四个中心"和社会主义现代化国际大都市。

● 市委副书记、市长杨雄前往松江区调研"十三五"规划和新型城镇化建设等工作。

杨雄指出，围绕“十三五”产业结构调整和城乡发展一体化，郊区县要加快突破传统模式，扎实推进本市新型城镇化建设和农业现代化步伐，全面提升郊区县经济社会发展水平。

● 原上海市商会正式更名为上海市总商会。市工商联、市总商会举行总商会挂牌仪式，市委常委、市委统战部部长沙海林出席并为上海市总商会揭牌。

● 金狮奖·第四届全国木偶皮影剧比赛上，上海木偶剧团年度大戏多媒体皮影戏《花木兰》获得金狮奖最高奖——最佳剧目奖，同时还获得“编剧奖”“舞美设计奖”“造型设计奖”等多个奖项。大赛由中国木偶皮影艺术学会、国际木偶联会中国中心等主办，是业内最高奖项。

14 日

● 市委副书记、市长杨雄前往中国科学技术大学上海研究院调研科创中心建设工作。杨雄指出，要紧紧围绕国家战略，瞄准世界科技前沿，加快布局，抢占高地。要统筹集聚各方资源和人才，创新体制机制，打通产学研一体化瓶颈，力争在基础科研和关键核心技术领域实现自主创新。

● 全国第一个军民融合发展网站“国防瞭望网”正式上线。国防瞭望网由市国防教育基金会、市国防教育办公室、中国金融信息中心主办，开设国防动态、双拥之窗、国防论坛、世界兵器等 10 多个栏目。

15 日

● “中流砥柱——中国共产党与全民抗日战争文物图片展”在中共一大会址纪念馆正式开幕。中共中央政治局委员、市委书记韩正和中共著名抗日将领及英烈后人、社会各界代表一同参观图片展。

● 2015 年上海市普通高校招生录取工作结束，集中录取期间共录取考生 4.5 万余人。综合评价、零志愿、提前批和艺术体育类本科、公安高专以及地方农村专项计划共录取考生 7 700 余人。第一批本科院校共录取考生 1 万余人。第二批本科录取考生 1.78 万余人。高职（专科）批次阶段，共录取考生 9 000 余人，其中提前批录取考生 400 余人，艺术类录取考生 800 余人，普通批录取考生 8 000 余人。

16 日

● 中国长篇小说最高奖、第九届茅盾文学奖公布获奖结果，格非《江南三部曲》、王蒙《这边风景》、李佩甫《生命册》、金宇澄《繁花》、苏童《黄雀记》5 部长篇佳作胜出。上海作家金宇澄凭借《繁花》获奖，这是继王安忆的《长恨歌》后，上海作家再次获得茅盾文学奖。

17 日

● 2014 年度市长质量奖颁奖仪式举行，上海三菱电梯有限公司、延锋汽车饰件系统有限公司以及中国建筑第八工程局有限公司董事长、党委书记黄克斯获奖。市委副书记、市长杨雄为获奖单位和个人颁发荣誉证书并讲话。杨雄代表市委、市政府向获奖单位和个人表示热烈祝贺。

● 市委副书记、市长杨雄主持召开市政府常务会议,学习贯彻习近平总书记、李克强总理关于安全生产重要指示批示和全国安全生产电视电话会议精神,部署进一步加强上海安全生产工作。研究鼓励外资研发中心在沪发展的政策举措,促进上海科创中心建设。

● 市长杨雄会见台北市长柯文哲率领的代表团一行,代表上海市政府对客人来沪参加"2015 上海—台北城市论坛"表示欢迎转达 2 400 万上海人民对台北人民的问候。

● "领导干部推进上海科技创新中心建设专题研讨班"在市委党校举行。开班仪式上,市委副书记应勇作重要讲话,副市长周波作专题辅导报告。

● 市召开上海市推进职能转变协调小组会议,市委常委、常务副市长、市推进职能转变协调小组组长屠光绍出席会议并讲话。会议强调,上海正处在深化改革、创新发展的重要关头,深入推进简政放权各项改革,把该放的权放足、放到位,该管的事管好、管到位。

● 市委、市政府发布《关于本市发展众创空间推进大众创新创业的指导意见》。《意见》提出加快发展众创空间,鼓励行业领军企业、创业投资机构、投资人、社会组织等社会力量参与建设,重在营造创新创业生态环境,把发展众创空间的实施举措交给市场和社会力量来做,而政府则发挥自身引导作用。

● 上海开放城市道路交通指数、地铁运行数据、一卡通刷卡数据、浦东公交车实时数据、强生出租车行车数据、空气质量状况、气象数据、道路事故数据、高架匝道关闭数据、新浪微博交通数据等十大数据集,供广大开发者自主开发大数据应用产品。

● 第十届全国少数民族传统体育运动会落幕。上海代表团获 4 项一等奖(金牌)、3 项二等奖(银牌)、4 项三等奖(铜牌),总成绩、奖牌总数创历史最好成绩,并在蹴球项目上实现奖牌零突破。

18 日

● 以"城市发展与青年自主创业"为主题的"2015 上海—台北城市论坛"在沪举行。上海市长杨雄、台北市长柯文哲出席论坛开幕式并分别致辞。论坛上,两市产业、科技主管部门负责人围绕"城市发展与青年自主创业"发表主题演讲。两市签署交通电子票证技术经验交流合作、静安区与中正区交流合作、闵行区与中山区交流合作、公务人力发展观摩交流合作等 4 项备忘录。

● 市政府新闻办召开新闻发布会，介绍《关于服务具有全球影响力的科技创新中心建设 实施更加开放的海外人才引进政策的实施办法(试行)》。《实施办法》中规定四类外籍高层次人才认定标准；突破外籍人员在沪就业需有两年工作经验的限制，将试点外国留学生毕业后直接留沪就业；同时，进一步完善上海市海外人才居住证政策，将《上海市居住证》B证的申请对象进一步向科技创新创业人才倾斜，并将B证的最高有效期限增加到10年。

● 市副市长周波会见来访的澳大利亚新南威尔士州贸易、旅游、大型活动部部长和体育部部长斯图尔特·艾尔斯一行。自上海和新州在2008年签署友好合作协议以来，双方在金融、经贸投资、教育等领域开展富有成效的合作。

19日

● 2015上海书展暨"书香中国"上海周在上海展览中心开幕。

● 市城乡基层党建工作推进会在市委党校召开。市委书记韩正强调，上海基层党建工作必须适应新形势新任务，充分体现党组织在各项工作中的领导核心作用，坚持问题导向、坚定改革，坚持一切从实际出发，因地制宜、分类施策，不断探索具有特大城市特点的基层党建工作新路，开创上海党建工作新局面。

● 市委书记韩正会见瑞士苏黎世保险集团首席执行官沈文天一行。韩正说，中国保险市场还在发展之中，有着巨大潜力，瑞士苏黎世保险集团把中国区总部迁至上海，相信将进一步地推动双方面向未来的合作。

● 上海海关发布统计数据，2015年前7个月，上海海关关区对美合计进出口5 149.5亿元，同比增长0.8%，占同期关区外贸进出口总值的17.9%。美国继续保持上海海关关区最大出口市场和第二大贸易伙伴地位。

20日

● 市长杨雄会见日本乐天集团董事长三木谷浩史和泰国正大集团执行副董事长谢吉人一行。杨雄说，欢迎乐天等海内外优秀企业抓住机遇、发挥优势，加强与上海企业合作，创新商业模式，更好地服务中国市场。

● 上海银监局发布《关于上海银行业提高专业化经营和风险管理水平进一步支持科技创新的指导意见》，重点针对创业期企业高成长、高风险、轻资产的特征，鼓励符合条件的上海银行业金融机构探索专业化经营道路，专门为创业期企业打造创投型信贷模式。

● "2015央企进奉贤"对接会召开，奉贤区与中国华电集团上海分公司签署合作协议，双方将在奉贤杭州湾开发区建设以"能源高效综合利用+大数据"为主题的复合型产业功能区，促进奉贤产业发展转型升级，加快四新产业集聚发展。

● 上海国际医学中心成立跨医院多学科会诊平台，来自肿瘤医院、长海医院、瑞金医院、仁济医院、龙华医院等三级医院的30余位专家,为大肠癌患者制定最优化方案。首个会诊聚焦结直肠癌,患者可通过平台获取各大医院专家综合会诊服务,实现一站式就诊。

21日

● 市政协工作会议在市委党校召开。市委书记韩正强调,人民政协事业的发展与党和国家事业的发展息息相关。要深入学习习近平总书记系列重要讲话精神,认真贯彻落实《中共中央关于加强社会主义协商民主建设的意见》和《关于加强人民政协协商民主建设的实施意见》,推动新形势下上海人民政协事业新的发展。

● 市委召开常委会,深入贯彻落实党中央、国务院对于做好全国安全生产工作的重要部署和习近平总书记、李克强总理的重要指示精神,进一步部署加强上海城市运行安全和生产安全各项工作。

● 上海发布《关于促进金融服务创新支持上海科技创新中心建设的实施意见》,聚焦八大方面:一是推进多样化信贷服务创新。二是发挥多层次资本市场的支持作用。三是增强保险服务科技创新的功能。四是推动股权投资创新试点。五是加大政策性融资担保支持力度。六是强化互联网金融的创新支持功能。七是鼓励创新创业服务平台与金融机构加强合作。八是建立科技金融服务工作协调机制。

● 上海首批“组团式”援藏医疗人才启程奔赴雪域高原,开展援藏医疗卫生工作。根据中央要求,上海从12家三甲医疗卫生机构选派了12名具有中、高级职称的医疗人才,对口日喀则市人民医院,肩负支持受援医院专科建设和医疗人才队伍建设的任务。

● 上海市宝山区区委原书记姜夔富因涉嫌受贿罪被依法提起公诉。经审查,1997—2008年,姜夔富在担任宝山区区委书记、市房屋土地资源管理局(原市房屋土地管理局)党委书记、市人大常委会委员、城建环保委员会副主任委员等职务期间,利用职务便利,为他人谋取利益,收受贿赂共计价值人民币174万余元。

22日

● 由黄浦区发起,联合思南路沿线众多党政机关、社会团体和企事业单位打造的“书香思南　人文中轴”阅读推广平台正式成立。

● 上海首家民营艺术馆(博物馆)联盟在闸北区华珍阁成立,成员包括尊木汇博物馆、四海壶具博物馆等9家民营艺术馆。上海共有30余家民营艺术馆(美术馆),已成为全国民营艺术馆(美术馆)的重镇。

23日

● 上海自贸区首批8家大宗商品现货市场之一的上海国际棉花交易中心通过开业验收,交易中心与10家银行签署授信总额200亿元的战略合作协议。

24日

● 为隆重纪念中国人民抗日战争暨世界反法西斯战争胜利70周年，经批准，国务院公布第二批100处国家级抗战纪念设施、遗址名录。上海四行仓库抗战纪念馆、国歌展示馆、金山卫城南门侵华日军登陆处入选。

● 2015年全国少数民族参观团一行196人抵沪进行参观考察。参观团团长由国家民委副主任陈改户担任，团员由来自31个省区市和新疆生产建设兵团、人民解放军、武警部队等2014年受国务院表彰的全国民族团结进步模范个人以及有突出贡献的英模组成。

● 上海华测导航技术公司自主研发的军民两用实时厘米级高精度北斗卫星导航接收机板卡，通过上海卫星导航创新产业联盟组织的专家鉴定评审，标志着我国高精度卫星导航定位技术跻身世界先进水平。

● 沪指狂泻近300点，收在3 209.91点，8.49%的收盘跌幅，创下8年来最大单日跌幅。

25日

● 中共中央政治局委员、市委书记韩正会见全国少数民族参观团，代表市委、市政府和全体上海人民，对全国民族团结进步模范来沪参观考察表示热烈欢迎。韩正在会见时说，希望参观团此行，进一步加深对国家发展和上海发展的了解，促进与上海各界的交流交往、合作互动，共同推动民族团结进步事业的发展。

● 全国药品审评审批制度改革工作会议在沪召开。会议贯彻落实国务院关于改革药品审评审批制度的意见，统一思想认识，动员全系统力量，对打好审评审批改革"攻坚战"进行全面部署。国家食品药品监管总局局长毕井泉出席会议并讲话。市长杨雄会见毕井泉一行并与毕井泉共同为上海市食品药品安全委员会办公室揭牌。

● 市政协主席吴志明率市政协代表团访问澳门，与市政协港澳地区委员座谈，传达市政协工作会议精神，通报市政协2015年上半年工作情况和下半年工作安排，听取委员对上海制定"十三五"规划的意见建议。

● 国务院安委会督查组在上海开展安全生产大检查综合督查工作并召开督查反馈会，就督查工作的总体情况作了通报。督查组充分肯定上海的安全生产工作，但也发现上海安全生产工作中一些需要引起重视的问题。一是部分企业安全主体责任落实不到位。二是危化品、粉尘涉爆等行业领域的隐患排查整治工作还需进一步深化。三是基层基础安全监管力度需进一步加大。

● 市委常委、浦东新区区委书记沈晓明会见以政治局委员、国民议会议员、前青年和体育部长、前内政部代部长艾哈迈德·法特法特为团长的黎巴嫩"未来阵线"干部考察团。沈晓明向来宾介绍上海改革开放和经济社会发展等情况。

● 市综治委召开全市群防群治守护网建设动员部署大会,部署群防群治守护网建设工作,进一步构建与上海特大型城市立体化社会治安防控体系相适应的群防群治工作网络。

● 市经信息委发布《关于上海加快发展智能制造助推全球科技创新中心建设的实施意见》。意见表示,从应用、装备、平台建设等层面全力发展智能制造,到2020年,上海智能制造体系在全国率先成形,并建设形成一批标志性智能制造示范工厂。

● 由中宣部、新闻出版广电总局组织评选的"第六届优秀通俗理论读物"推荐书目揭晓,8种推荐图书中,上海人民出版社出版的《中国协商民主的逻辑》(林尚立 赵宇峰著)一书入选。这是本届评选中上海地区唯一获奖的图书,实现了上海出版界在全国主题出版最高奖项中新的飞跃。

● 上海书展组委会揭晓本届书展出版与服务"双十佳"评选结果。中信出版社《21世纪资本论》、上海人民出版社《德政之要:〈资治通鉴〉中的智慧》、中华书局《故宫营造》、江西美术出版社《记住乡愁》、人民文学出版社《抗日战争》(第1卷)、上海交通大学出版社《平易近人:习近平的语言力量》、人民文学出版社《群山之巅》、中华书局《晚明大变局》、民主与建设出版社《耶路撒冷三千年》、三联书店《中华文明的核心价值》入选"最有影响力的十本新书"。二十一世纪出版社、复旦大学出版社、华东师范大学出版社、人民文学出版社、三联书店、商务印书馆、上海古籍出版社、上海文艺出版社、上海译文出版社、中华书局等入选"最有影响力的十家出版社"。

26日

● 市人大常委会召开理论中心组学习会,邀请华东师范大学地球科学学部副主任、城市与区域科学学院院长杜德斌教授作上海建设具有全球影响力的科技创新中心的若干思考的报告。市人大常委会主任殷一璀主持会议。

● 市政协召开机关干部会议,传达上海市政协工作会议精神。市政协党组书记、主席吴志明讲话。吴志明指出,要把学习把握上海市政协工作会议精神实质,作为当前和今后一个时期学习的重要任务。

● 市级机关工委和江苏省委省级机关工委、浙江省直属机关工委,在上海联合举办"创新 开放 协同——2015年苏浙沪机关党建服务长江经济带发展研讨会",共商机关党建工作服务长江经济带建设。

● 市委组织部、市委宣传部、市委老干部局联合在市委党校大礼堂举行"纪念中国人民抗日战争暨世界反法西斯战争胜利70周年上海市老干部歌会"。

● 上海小荧星30周年庆典晚会在上海大舞台举行。上海小荧星创立于1985年,分为小荧星艺校和小荧星艺术团。小荧星艺校拥有 21 家分校，全年在校人数近 2 万。小荧星艺术团分为舞蹈团、合唱团、歌舞团、演奏团、影视戏剧团、小记者团共六大分团。

27 日

● 市委书记韩正，市委副书记、市长杨雄等市领导带领各区县党政负责同志和市有关委办局负责同志，深入自主创新企业、新兴产业和创新创业园区、新型养老机构、重大项目工地以及部分区行政服务中心调研，实地了解 2015 年以来上海市创新驱动发展、经济转型升级重点工作进展，促进各区县相互学习交流，相互对照启发，更好推进全市工作上新台阶。

● 中共中央政治局委员、市委书记韩正会见多哥国民议会议长德拉马尼一行。韩正欢迎议长率团来华出席中非民间论坛并访问上海。他说，中多两国在政治上相互尊重支持，在文化、教育、卫生领域全面合作，相信议长此行将进一步加深双方的友谊。上海愿为促进中非之间的友好合作贡献更大力量。

● 市委副书记应勇会见以党总书记亨利·莫瓦·萨卡尼为团长的刚果（金）争取重建与民主人民党代表团。应勇向来宾介绍上海改革开放和经济社会发展等情况。

● 为纪念陈云同志诞辰 110 周年，“数字陈云纪念馆”开通仪式在陈云纪念馆举行。“数字陈云纪念馆”以实体展馆为原型，通过多媒体技术手段、Web3D 的创新表现方法和互联网媒介，成功对接网络顶级域名（www.chenyun.org.cn），实现馆藏资源、学术研究、宣传教育和协作交流的现代传播方式。

● 国内首个区域转型发展指数——《2014 年上海各区县转型发展指数》在沪发布。报告显示，浦东、静安、徐汇、虹口、黄浦排在综合指数前五位。其中，浦东综合指数为 64.3 遥遥领先，第二位静安为 34.54。

● 上海首批 15 名援克拉玛依干部人才以及第八批（中期）9 名援喀什大学教师启程奔赴西部边陲，开始对口支援新疆工作。

● 市教委举行推进学区化集团化办学和新优质学校集群发展会议，从 2015 学年起，全市 17 个区县将全面试行学区化集团化办学，到 2017 年全市学区和集团数预计为 118 个，覆盖约六成义务教育阶段学校，学生数约占全市总数的一半。

28 日

● 市委书记韩正，市委副书记、市长杨雄前往浦东新区，调研中国上海自由贸易试验区扩区以来的运行情况，部署推进下一步重点改革工作。韩正强调，改革进入深水区、攻坚期，上海自贸试验区深化改革意义重大，我们要按照党中央、国务院的决策部署，深入贯彻落实习近平总书记、李克强总理关于推进上海自贸试验区建设的一系列重要指示精神，全力以赴把上海自贸试验区建设成为开放度最高的自贸试验区。

● 全新改版的上海人大门户网站——"上海人大网"正式亮相。市人大常委会主任殷一璀为"上海人大网"新版作寄语。改版后的"上海人大网"第一时间发布上海人大重要活动消息,反映立法、监督、重大事项决定、人事任免、代表履职等各项工作全过程,进一步提升人大信息公开力度。

● 浦东新区物业管理纠纷人民调解委员会挂牌成立,物业管理纠纷有了专业化的调解平台,开拓了人民、行政和司法调解联动的新模式。

● 上海警备区党委机关举行《民族魂·强军路》专题文艺演出。上海市委常委、警备区司令员何卫东以及全体机关干部和基层官兵约500人观看演出。

● 东方航空外航服务中心揭牌成立,从企业内部飞行保障性部门,转向市场化、专业化的经营运作,为国内外航空公司提供全方位、一条龙、集成式的一流地面服务。

● 市孙中山宋庆龄文物管理委员会、中国福利会和上海宋庆龄研究会在上海图书馆,联合举办"中国是不可征服的——宋庆龄与中国人民抗日战争暨世界反法西斯战争"大型图片展。

29日

● 上海交响乐团在联合国总部首演交响序曲《上海1937》,拉开纪念联合国成立暨世界反法西斯战争胜利70周年音乐会大幕。音乐会由中国常驻联合国代表团和中国文化部主办。受中国上海国际艺术节委派,上海交响乐团担纲演出,这是中国完整编制职业交响乐团第一次登上联合国总部舞台。

● 2015年秋季上海高校党政负责干部会议召开,会议部署2015年下半年高校党建和改革发展重点工作,包括"全面启动和落实学校深化教育综合改革方案""进一步深化财政高等教育投入机制改革"等6方面。

● 中国抗癌协会、复旦大学附属肿瘤医院等承办的"第19届国际胰腺病学会年会"召开。上海肿瘤医院教授虞先濬领衔的团队发明"残端封闭内支撑胰空肠吻合法",术后胰瘘发生率小于10%,极大提升手术安全性。这一研究成果为国际胰腺癌治疗学术平台贡献"中国智慧"。

● 第三届思勉原创奖在华东师范大学揭晓:傅璇琮《唐代科举与文学》、茅海建《天朝的崩溃:鸦片战争再研究》、葛兆光《中国思想史》、张世英《哲学导论》、陈来《仁学本体论》5部作品获奖。至此,2011年起的5年内,思勉原创奖宁缺毋滥,仅评出13部真正的原创佳作。

30日

● "为和平歌唱"纪念中国人民抗日战争暨世界反法西斯战争胜利70周年2015年上海市民文化节·金秋闵行上海市民合唱展演举行。144支市民合唱队伍、近万人同声高歌。上海市委副书记应勇，市委常委、宣传部部长董云虎，市人大常委会副主任钟燕群，副市长翁铁慧，市政协副主席方惠萍，上海警备区政委马家利出席展演。

31日

● 市委书记韩正前往市公安消防总队调研。韩正强调，城市安全是各项工作的底线，不能有丝毫的放松、容不得半点马虎。必须以强烈的政治责任感，全力以赴确保城市运行安全和生产安全，确保人民群众生命财产安全。

● 市委副书记、市长杨雄为市委党校2015年秋季班学员作专题报告，就上海发展面临的国际国内形势和改革发展重点任务与学员们交流。

● 市政府兼职法律顾问聘任及签约仪式举行，市委副书记、市长杨雄为首批12位担任市政府兼职法律顾问的专家、律师颁发聘书并讲话指出，法律顾问是政府依法决策、依法行政的参谋和助手，希望大家依法履职、勤勉履职、高效履职，不断提高自身能力，积极投身到政府重大法律事务中，共同推动法治政府建设。

● 市委副书记、市长杨雄主持召开市政府常务会议，研究全市贯彻落实党中央、国务院要求，开展国内贸易流通体制改革发展综合试点工作；研究支持科创中心建设若干财政配套政策等事项。

● 市知识产权法院聘任18位专家为该院首届特邀知识产权咨询专家。

● 市委宣传部、市委农办、嘉定区委共同主办的张金龙先进事迹报告会在上海展览中心举行。张金龙是嘉定区徐行镇钱桥村退休党员，一生扎根乡村基层，数十年如一日，为家乡的发展、群众的利益，倾注了大量心血。退休后，张金龙腾出自家空间开办"客堂汇"，开展丰富多彩的活动，领风气之先，解乡民之事，聚乡情乡愁，以自己的嘉言懿行垂范乡里、涵育文明乡风，赢得了群众由衷赞许和信任。

● 全国第九届残运会暨第六届特奥会上海代表团出征。上海派出由运动员、教练员、工作人员组成的260人代表团，其中227名运动员参加23个大项的比赛。

● 上海作协主办的2015上海写作计划启动，来自法国、保加利亚、英国、泰国、斯里兰卡、印度、土耳其等国的11位作家成为新一批驻市作家。本届写作计划的主题为"城市之光"。

9月

1日

● 市委书记韩正会见美国达美航空公司首席执行官理查德·安德森一行。韩正说，上海浦东国际机场和虹桥机场将进一步扩建，以适应日益增长的国际国内客货运需求。很高兴看到东方航空公司和达美航空公司实现了股权合作，希望以此为契机，共同推动中国航空业实现更大发展，共同为加快上海国际航运中心建设而努力。

● 市“三严三实”专题教育工作推进会召开。会议深入学习贯彻习近平总书记重要指示精神和中央各省区市和部分部门单位“三严三实”专题教育工作座谈会精神，充分肯定上海市“三严三实”专题教育取得阶段性成效，指出存在的一些问题和薄弱环节，对下一步深入推进专题教育作出部署。

● 上海交通大学出版社出版的以“和平、友善、包容”为主题的《犹太难民与上海》故事丛书、专题邮册及纪念章举行首发仪式，市政协主席吴志明、以色列驻沪总领事柏安伦等出席首发仪式。二战时期，有 3 万多犹太难民从欧洲来到上海，其中近 2 万名聚居在虹口提篮桥地区，那里被称为犹太难民的“上海方舟”和“小维也纳”。

● 全市启动司法体制改革试点全面推开后的首批入额法官、检察官遴选工作。来自上海试点法院和试点检察院以外的 367 名助理审判员和 302 名助理检察员逐一进行陈述答辩，由市法官、检察官遴选(惩戒)委员会进行专业把关，对每一位遴选候选人实施综合考量。

● 宝山区政府与申能集团签订战略合作协议，双方按照“政企互动、企业主体、市场运作、政府支持”以及“整体规划、统筹开发、分步实施”的原则，共同打造上海国际能源创新中心。

● 中国东方航空与美国达美航空在上海正式签署《关于达美航空战略入股东航认股协议确认书》和《市场协议》，后者以 4.5 亿美元获得东航 3.55%股份，并开启双方第一份为期 15 年的商业合作计划。

2日

● 上海淞沪抗战纪念公园揭牌，免费向市民开放。上海淞沪抗战纪念公园位于宝山区淞宝地区，东临滨江大道，西临东林路，总面积 10.6 万平方米。公园内有淞沪抗战纪念馆、抗战主题雕塑、御碑亭、古城墙、古水关、大成殿和数量较多的古树等历史遗迹和丰富的人文底蕴。

● 上海宋庆龄基金会和复旦大学附属中山医院联合启动国内首个儿童肾移植领域的公益项目：“上海宋庆龄基金会——中山儿童肾移植公益项目”，该项目专门面向儿童肾移植领域，帮助和救治需要肾移植的儿童，给他们带来重生希望。

3日

● 在纪念中国人民抗日战争胜利暨世界反法西斯战争胜利 70 周年阅兵式上，中国人民解放军联合军乐团奏响 30 首军乐。此次阅兵，从全军官兵中遴选了千余名军乐手，组成了一支规模宏大的联合军乐团。来自武警上海总队军乐队的焦杨、安刚、王智君、骆鑫、金焰、郑逸磊、刘益和狄周琴 8 名官兵脱颖而出，成为驻沪部队唯一一支直接参加阅兵式的代表队。

4日

● 市纪念中国人民抗日战争暨世界反法西斯战争胜利70周年大会在上海世博中心隆重举行。中共中央政治局委员、上海市委书记韩正强调,要认真学习、深刻领会习近平总书记9月3日在纪念中国人民抗日战争暨世界反法西斯战争胜利70周年大会上的重要讲话精神,铭记历史、缅怀先烈、珍爱和平、开创未来。市委副书记、市长杨雄主持大会。

● 中共中央政治局委员、市委书记韩正会见捷克总统泽曼,代表2 400万上海人民,对泽曼应邀出席中国人民抗日战争暨世界反法西斯战争胜利70周年纪念活动之后访问上海表示热烈欢迎。韩正说,总统阁下在上海的所见所闻,是中国改革开放伟大成就的一个缩影。相信总统阁下此次来访将进一步推动两国之间的友好交往,促进上海与捷克各地之间在经贸、体育、文化等各领域的友好合作。

● 大韩民国临时政府旧址展馆更新启用仪式在沪举行。韩国总统朴槿惠、上海市市长杨雄为展馆更新启用剪彩并分别致辞。大韩民国临时政府旧址是位于上海黄浦区马当路的一幢石库门建筑,于1993年4月正式对外开放,20多年来已接待300多万名韩国参观者,成为中韩友好往来的重要窗口之一。

● 武警上海总队三支队二中队举行退伍老兵向警徽告别仪式。2015年首次施行"一征、两退、两选"补选退改革,对优化部队战斗力构成有很大促进作用,尤其对新老更替阶段的战斗力空置期能进行有效补充,让一线部队始终处于齐装满员状态。

5日

● 浦东新区启动实施周浦镇申江路以东区域(迪士尼项目配套服务区域)产业结构调整,计划在2016年底前完成153家企业的关停调整。调整后,区域以生态复垦为主要方向,通过对接迪士尼项目,重点推进相关基础设施和公共服务配套设施建设。

● 市公安局举行"我的抗战我的歌"离退休干部纪念中国人民抗日战争暨世界反法西斯战争胜利70周年主题歌会暨颁发抗战胜利纪念章仪式。24位抗战期间参加革命的老同志代表被授予纪念抗战胜利70周年纪念章。

● 市宗教界举行纪念中国人民抗日战争暨世界反法西斯战争胜利70周年祈福仪式,铭记历史、警示后人。

● 武警上海总队举行中国人民抗日战争胜利70周年纪念章发放仪式。总队司令员朱宏少将、政委徐国岩少将为总队8名抗战老战士发放抗战纪念章。

● 网络与信息安全智库论坛(2015)在上海社会科学院举行。来自全国的权威政策专家、产业精英和专业人士,就信息安全智库发展、制度创新等议题献计献策。

● "2015年中国(上海)国际康复辅助器具博览会"在上海国际展览中心开幕。

6日

● 市委召开常委会,听取关于编制《金山地区环境综合整治行动方案》的情况汇报。上海市委书记韩正主持会议并强调,金山地区环境综合整治是全市的一项重点工作,必须形成合力、统筹协调、大力推进。

● 市检察改革试点工作进入深水区,出台 11 条"深改意见",包括:推进检察官入额遴选和检察人员分类管理,全面落实检察官办案责任,完善监督制约机制,探索独任检察官和检察官办案组两种基本办案组织形式,整合内设业务机构,加大检察长、副检察长直接办案力度,落实检察官从严管理各项规定,建立检察官司法档案等。

7日

● 市委书记韩正会见美国领英公司全球董事长里德·霍夫曼一行。韩正说上海最重要的资源是人才,领英公司将互联网大数据充分运用于全球人力资源服务,上海与领英的合作潜力很大,相信双方的合作具有战略意义。创建于 2003 年的美国领英公司(LinkedIn)是全球最大的职业社交互联网企业,致力于向全球职场人士提供沟通平台,用户人数现已突破 3.64 亿,覆盖 200 多个国家。

● 市委副书记、市长杨雄主持召开市政府常务会议,研究贯彻落实国家总体部署,推进上海市统一社会信用代码制度建设,加快实施"三证合一、一照一码"登记制度改革等事项。

● 市政协召开主席会议,听取关于组织开展"十三五"规划建言工作和政协委员主要意见建议梳理汇总的情况汇报。市政协主席吴志明主持会议。

● 市科学技术协会与奉贤区人民政府签署《市区联动建设创新驱动助力工程示范区框架协议》。框架协议签署后,上海市科协将依托所属市级学会,在发展规划、产业布局、政策制定、科技评价等方面为奉贤区提供决策咨询服务。

● 全球最大的职场社交平台领英(LinkedIn)与上海市商务委和徐汇区政府正式签署"互联网+商务"的国际人才交流合作战略框架协议。这是跨国公司领英与上海这座国际化大都市就人才引进方面进行的首次战略合作。

8日

● 市委举召开常委学习会,听取中国工程院院士、清华大学环境科学与工程研究院院长郝吉明关于《加快生态文明建设,推动环境质量改善》的专题辅导报告。市委书记韩正主持会议并强调,上海作为国家的经济中心城市,环境保护尤为重要。全市各级领导干部必须进一步提高认识,把节约资源和保护环境的基本国策贯彻落实到各项工作之中。

● 市委副书记、市长杨雄会见 2015 年上海市优秀教师代表。参加会见的 2015 年上海市优秀教师代表包括2015年全国和上海市教书育人楷模、全国师德标兵、上海教育系统全国先进工作者和上海市“五一劳动奖章”获得者。

● 中国公共外交协会、上海市政协、拉美地区国家驻沪总领馆主办的“合作共赢共创未来，中国企业走进拉美”活动在上海举行。全国政协副秘书长、中国经社理事会副主席张秋俭，市政协副主席周太彤、王志雄，中国公共外交协会副会长吕凤鼎等出席活动。

● 2016年度《解放日报》发行推广工作会议召开，市委常委、市委宣传部部长董云虎出席并讲话。会议指出，全市各级党组织、各部门、各单位要认真贯彻落实中央和市委关于做好党报党刊发行工作的精神，切实把做好《解放日报》发行推广工作作为一项重要政治任务抓紧抓好。

● 第五届市住院医师规范化培训优秀师生表彰大会召开。中山医院林子博等204名住院医师、瑞金医院郑捷等50名带教老师、国际和平妇幼保健院程蔚蔚等20名住院医师规范化培训管理工作者获得表彰。

9日

● 市委书记韩正调研华东师范大学，参加“传承师大精神、加强教风学风建设”学术沙龙，与师生交流。韩正代表市委、市政府，向全市广大教师和教育工作者致以节日祝贺和诚挚问候。他强调，教育是实现中华民族伟大复兴“中国梦”的基石，是增强国家实力、提升城市竞争力的基础，必须始终把教育放在优先发展战略地位。

● 市人大常委会部分组成人员对上海市禁毒工作情况进行视察。市人大常委会主任殷一璀参加并讲话。组成人员一行实地察看毒品实物、毒品检测检验装备、缉毒情报信息平台、缴获的制毒工具等，视察市禁毒科普教育馆，听取市禁毒委关于上海市毒情形势和禁毒工作情况的汇报。

● 香港置地集团与陆家嘴集团签署合作框架协议，双方将成立合资公司，共同开发前滩地区的商业地产。至此，前滩国际商务区核心区内所有大型开发项目已全部落地，被誉为上海“第二个陆家嘴”的前滩向国际级都市商圈迈进。

● 第八届上海美术大展暨第四届白玉兰美术奖颁奖仪式在中华艺术宫举行。共有20余位艺术家获奖，包括国画、油画、水彩、漆画、版画、雕塑等多个艺术门类。

10日

● 市委副书记、市长杨雄前往嘉定区调研“十三五”规划和区域经济社会发展工作。杨雄指出，郊区发展潜力大、后劲足，要开阔视野、比肩国际，坚定不移深化结构调整，加快先进制造业和现代服务业的谋划布局。以更高的标准优化产业发展环境，提升城乡一体化整体水平。

● 市政协召开纪念中国人民抗日战争暨世界反法西斯战争胜利70周年座谈会，学习贯彻习近平总书记9月3日在纪念大会上的重要讲话精神,围绕“铭记历史、缅怀先烈、珍爱和平、开创未来”主题回顾历史,交流感受,汇聚克难奋进动力。市政协主席吴志明出席并讲话。

● 市危化品道路运输新规正式实施。新规定明确,凡在上海市从事危险化学品运输(包括起讫地一方在沪)的车辆,必须能够正常接入交通运输部全国重点营运车辆联网联控平台,并能够接入上海市重点营运车辆联网联控平台实施动态监控,经查验符合条件的录入《上海市联网联控平台接入危运车辆目录》。

● 市委常委、市委政法委书记姜平,市委常委、警备区司令员何卫东少将等检查上海市高校征兵工作。2015年,国务院、中央军委明确上海市大学生征集指导比例为70%,这是对上海的信任和重托。

● 国家统计局上海调查总队、上海市科委联合发布2014年上海公民科学素质调查测试结果,上海公民科学素质水平达标率为28.8%。与2012年测试结果相比,提高2.2个百分点。

11日

● 市政府与中国船东互保协会签署战略合作备忘录。双方将通过战略合作,促进中国船东互保协会在沪发展和上海国际航运中心功能提升,为服务“一带一路”和海运强国等国家战略作出贡献。上海市长杨雄出席签约仪式,副市长蒋卓庆和中国船东互保协会董事长、中远集团董事长马泽华代表双方签署备忘录。

● 市长杨雄会见毛里塔尼亚总统穆罕默德·乌尔德·阿卜杜勒·阿齐兹一行,代表上海市政府和上海人民对总统阁下访沪表示热烈欢迎。杨雄说感谢毛方对上海企业在毛投资发展的支持和帮助,上海愿在中非及中毛合作交流中发挥更大作用。

● 市委常委、宣传部部长董云虎会见以塞尔维亚议会对华友好小组主席奥布拉多维奇为团长的小组干部考察团。董云虎向来宾介绍上海改革开放和经济社会发展等情况。

● 上海博物馆文物保护科技中心举行落成典礼,该中心为国内占地面积最大、拥有设备最先进的文保单位。

● 上海证券交易所发布七项行业披露指引。第一号指引为一般规定,侧重于上市公司行业信息披露中的原则性、共同性要求;第二至七号共有六个具体行业的披露指引,分别涉及房地产、煤炭、电力、零售、汽车制造、医药制造等行业的经营性信息披露要求。

12日

● 市长杨雄会见新西兰达尼丁市长戴夫·卡尔一行。杨雄说,上海与达尼丁建立友城关系已有21年,是有着深厚友谊的老朋友。我们愿与达尼丁推动各领域的交流合作，进一步落实好两市签署的合作备忘录及专项合作协议，使传统友谊不断延续。

● 以中华民族伟大的航海家郑和名字命名的18000TEU超大型集装箱船在上海建造完工，交付承租运营方法国达飞海运集团公司。“郑和”号命名交付标志着上海船舶工业已形成连续建造交付世界超大型集装箱船的能力。“郑和”号轮由上海江南长兴重工公司建造，中国船舶工业集团公司第708所设计，是我国迄今为止建造的船体最长的船舶，也是我国建造的最大载箱量集装箱船。

● 2015年上海旅游节开幕。2015年上海旅游节的主题是“海上丝路”。

● 上海崇明风筝文化季暨首届上海市民风筝大赛正式揭幕。揭幕仪式上6 200米长龙形风筝在东滩上空迎风起舞，最新的风筝吉尼斯纪录顺利诞生。

13日

● 中共中央政治局委员、市委书记韩正，市委副书记、市长杨雄会见由云南省委副书记、省长陈豪率领的云南省代表团。韩正对云南省长期以来给予上海发展的支持帮助表示感谢。他说，云南省近年来改革发展的创新经验，上海要认真学习借鉴，互相取长补短，实现共同发展。

14日

● 市委书记韩正会见德国莱法州副州长兼经济部部长莱姆克一行。韩正说，上海与德国各地有着友好交流往来，特别与友城汉堡市在各领域合作紧密。相信副州长阁下此次访问上海，将全面了解上海与德国各地交流合作情况，推动双方在更广泛的领域深入合作、实现双赢。

● 市委书记韩正会见美国德勤有限公司全球主席柯睿尚一行。韩正说，德勤作为全球最大的专业服务机构，在全球、在中国、在上海取得显著的发展成绩，期待双方加强合作，共同推动中国企业、上海企业更好走出去，到全世界参与国际合作与竞争。

● 市委副书记、市长杨雄主持召开市政府常务会议，研究部署进一步促进科技成果转移转化等事项。

● 市长杨雄会见美国尼尔森公司全球总裁马祺一行。杨雄说，欢迎尼尔森等专业机构加强与政府和本地企业的合作，进一步整合数据资源，更好地挖掘数据价值，服务上海经济社会发展。上海也将努力为大数据产业发展创造更好的环境和基础条件，推动更多基于大数据的新商业模式和新业态发展。

● 市长杨雄会见德国蔡司集团主席兼首席执行官麦克·卡斯柯一行。杨雄对蔡司集团位于上海自贸试验区的中国区新总部即将正式运营表示祝贺。蔡司集团总部位于德国，是全球视光学和光电子工业领域知名的跨国公司。

● 市长杨雄会见北京大学校长林建华一行,就双方进一步加强合作,推动上海建设具有全球影响力的科技创新中心等深入交流。杨雄感谢北大长期以来给予上海经济社会发展的大力支持。他说,愿与北大等著名高校进一步携手,围绕科技创新等领域拓展更多合作,共同为国家实现重大关键技术的突破作出贡献,推动相关产业发展。

● 上港集团携手迪拜环球港务集团、和记黄埔港口控股集团、丹麦马士基集装箱码头公司、新加坡港务集团及鹿特丹港等全球六大港口集团,在沪共同启动全球港口环保周活动。本次活动周以"走向绿色"为主题,旨在提高全球港口环保意识,让更多港口成为"绿色码头"。

● A 股遭遇黑色星期一。沪指下跌近 2.67%,深成指下跌 6.55%,创业板指重挫 7.49%,除银行与保险股护盘外,行业板块几乎全线下跌,两市近 1 400 只个股跌停。

15 日

● 市委、市政府在浦东合庆镇勤奋村召开现场会,部署推进合庆镇环境综合整治,对全市加强违法建筑拆除和环境综合整治工作进行全面动员。上海市委书记韩正主持会议并强调,群众观点须臾不能忘记,要以强烈的责任感和紧迫感,拆除违法建筑、整治安全隐患、加强城市管理,补好城市发展中的短板,回应广大市民群众期盼,让整个上海更干净、更有序、更安全。

● 市政府与国家海洋局在沪签署《关于共同推进上海市海洋事业发展的战略合作框架协议》。上海市长杨雄、国家海洋局局长王宏出席签约仪式。

● 市长杨雄会见丹麦中部大区主席本特·哈森一行。杨雄说,今年正值中丹建交 65 周年,上海与中部大区结为友好市区后,围绕食品安全、医疗卫生等领域开展一系列富有成效的合作。面对人口老龄化和食品安全等双方共同的挑战,我们希望与中部大区进一步交流分享经验,推动更多务实合作。

● 荣德生诞辰 140 周年纪念会在上海召开。市委副书记应勇出席会议并讲话。应勇指出,要坚持促进非公有制经济健康发展和非公有制经济人士健康成长,充分发挥市场在资源配置中的决定性的作用,进一步营造有利于企业公平竞争的政策、市场、法制环境。

● 全国政协副主席韩启德率全国政协提案委员会"加强环卫工人权益保障"专题调研组在沪调研。调研组一行听取上海环卫工人权益保障工作情况汇报。上海共有 142 家环卫企业,环卫从业人员 56 247 名,其中一线环卫职工 53 137 名。市政协主席吴志明出席上海市情况汇报会并致辞。

● 市口岸办、市交通委、上海海关、上海出入境检验检疫局、上海国际港务(集团)股份有限公司联合发布公告，宣布在上海港港区内，对海关查验没有问题的进出口集装箱（重箱）货物查验（固体废物除外），免除企业向上海港务集团缴纳查验作业服务费，包括吊装、移位、仓储等费用（含开箱、掏箱费用）。

● 市企业联合会、市企业家协会和市经济团体联合会共同发布2015上海企业100强排行榜。上海企业100强2014年营业收入总额4.72万亿元，同比增长9.65%，呈现企业规模继续提升、服务业增长明显高于制造业、研发费用持续增加等特点。上海汽车集团股份有限公司名列第一；交通银行股份有限公司、宝钢集团有限公司分列第二、三位。

16日

● 市委书记韩正分别调研中国科学院上海生命科学研究院国家蛋白质科学中心（上海）、中国电子科技集团公司第五十研究所，了解上海科创中心建设22条意见和相关配套政策的落实情况。

● 市委副书记、市长杨雄赴青浦区专题调研青东农场地区生态环境综合整治并召开现场会。杨雄强调，加强上海部分重点区域生态环境综合整治，是贯彻中央关于依法治国和生态文明建设要求的重要措施，也是对人民群众呼声期盼的积极回应。

● 民进上海市委在民主党派大厦举行坚持和发展中国特色社会主义学习实践活动"我身边的先进"宣讲会。民进中央副主席、市人大常委会副主任、民进市委主委蔡达峰出席并讲话。

● 市政府举行第25批地区总部颁证仪式，参加仪式的共有29家跨国公司地区总部和3家跨国公司总部型机构。副市长周波为参加第25批颁证仪式的跨国公司地区总部和总部型机构颁证。29家地区总部中，按能级分有6家亚太总部，23家中国区总部；按类型分，有4家投资性公司、25家管理性公司。

● 上海首条社区便民公交线——1230路公交在普陀区桃浦新村开始试运行。

● 夸客金融与上海市慈善基金会合作成立夸客公益慈善专项基金，夸客金融由此成为首家与上海市慈善基金会合作成立专项基金的互联网金融公司。

● 市第八届农民运动会农耕比赛在金山区吕巷镇农民体育健身农耕基地举行。全市9个涉农区、县和市农委机关共20支队伍、240名运动员参加集农耕和健身为一体的运动项目。

17日

● 市委书记韩正会见英国渣打集团主席庄贝思爵士一行。韩正说，渣打银行是上海国际金融中心建设的见证者和参与者，希望双方不断深化合作。上海将一如既往为包括渣打银行在内的中外企业营造良好环境，支持企业在沪实现更大发展。

● 市政府在北京与工商银行、农业银行、中国银行、建设银行、国家开发银行、进出口银行和邮储银行分别举行工作会谈，围绕“十三五”进一步深化银政合作，推进上海国际金融中心和自贸试验区建设联动，加快科技创新中心建设等深入探讨、达成更多共识。上海市政府还与工商银行、中国银行、建设银行、进出口银行和邮储银行分别签署《战略合作备忘录》，至此上述 7 家国有银行已全部与上海签署《战略合作备忘录》。

● 市人大常委会部分组成人员赴市规划和国土资源管理局调研，市人大常委会主任殷一璀参加并讲话。上海已进入资源环境“紧约束”的发展阶段，新一轮城市规划是“存量为主”的规划和有边界的规划，更加强调以人为本、可持续发展，更加注重城乡统筹和区域一体化，更加注重城市功能和品质提升，更加注重规划的公共政策属性。

● 浦东新区政府、中国（上海）自由贸易试验区管委会召开自贸试验区服务业开放措施推进大会。会上，一批全新的服务业开放项目正式签约，标志着上海自贸试验区向建设开放度最高的自由贸易园区目标又迈进一步。

● 2015 年全市区县人大常委会主任例会在普陀区召开，大家围绕“学习贯彻关于加强县乡人大工作和建设的中央文件和全国人大常委会有关会议精神、上海市人大工作会议精神，加强区县乡镇人大工作和建设”的主题进行深入交流。市人大常委会主任殷一璀应邀出席并讲话。

● 上海仲裁委员会在上海展览中心友谊会堂召开成立 20 周年座谈会。上海仲裁委员会首任主任，最高人民法院原副院长李国光等、部分在上海仲裁委会曾经工作过的退休干部及社会各界人士等 50 余人参加座谈会。

● 全球最大的航运保险协会组织——国际海上保险联盟（IUMI）经过会员大会投票通过，上海航运保险协会代表中国加入 IUMI。这在中国航运保险发展史上具有里程碑意义，宣告中国航运保险正式迈向国际舞台。英国、美国、德国等世界航运保险强国在内共计 55 个国家和地区的航运保险协会作为 IUMI 正式会员。该组织长期发布航运保险权威数据和专业建议，为全球航运保险业提供沟通交流平台，并代表航运保险界与国际航运、贸易组织加强协作、争取权益，具有广泛的国际影响力。

● 惠誉评级将中国光明食品（集团）有限公司的长期发行人违约评级和高级无抵押评级从 BBB－上调至 A－，同时将光明食品的间接全资子公司光明食品香港有限公司所发行并由光明食品担保的高级债券的评级从 BBB－上调至 A－。

18 日

● 锦江国际集团与国内经济型连锁酒店龙头铂涛集团正式签订战略合作协议，旗下上市公司锦江股份将作为投资主体，战略投资铂涛集团 81%股权，交易标的公司价值超过100亿元人民币。锦江也由此成为首家跻身全球前五的中国酒店集团。

● 上海交响乐团宣布启动上海艾萨克·斯特恩国际小提琴比赛。这是全球首个由职业交响乐团创办的国际性音乐赛事，也是上海首个国际性小提琴大赛。奖项划分为六个等级，一等奖奖金高达10万美元，这也是全球同级别小提琴比赛中奖金数额最高的大奖。每两年举办一届。

● 为深入贯彻习近平总书记对上海提出的"加快向具有全球影响力的科技创新中心进军"的要求，进一步深化校市合作，上海市人民政府与清华大学在沪签署《战略合作框架协议》。上海市委副书记、市长杨雄，清华大学校长、中科院院士邱勇，清华大学党委书记陈旭，上海市委常委、浦东新区区委书记沈晓明出席签约仪式。

● 2015中国国际石油化工大会在上海举行，国内外近1 300位石化行业各领域企业的高层代表出席会议。2015年大会以"绿色、创新、未来"为主题。

19日

● 市政协主席吴志明会见印度尼西亚人民协商会议主席祖尔基弗利一行，对客人访问上海表示欢迎，并介绍上海经济社会发展和市政协履职情况。吴志明说，上海市政协将发挥优势和作用，为促进上海与印尼城市之间的经济、社会、人文交流和各领域互利合作贡献力量。

● "光荣与力量——2015感动上海年度人物"揭晓活动举行，上海市隆重表彰第五届感动上海年度十大人物、提名奖及特别奖获得者。邹碧华、王海滨、张宝发、陆兰婷、张金龙、王波兰、胡双钱，复旦大学附属中山医院内镜中心创新团队，上海造血干细胞捐献志愿者团队，消防救灾四烈士陆晨、孙络络、钱凌云、刘杰等获"2015感动上海年度人物"。朱国萍、蒋瑜华、白锦波、于杰、刘京海、王克宇、卢伟栋、蒋华云、东方爱民岗、第二军医大学博士团队等获"2015感动上海年度人物"提名奖。为纪念中国人民抗日战争暨世界反法西斯战争胜利70周年，抗战老兵群体获得"2015感动上海年度人物"特别奖。

● "海峡两岸纪念抗日战争胜利七十周年普利十方水陆空超荐大法会"在上海龙华古寺举行。此次是为纪念中国人民抗日战争胜利70周年而举行的水陆法会，首度以抗日战场中舍生取义的民族英烈，以及在抗战时期罹难的同胞为超荐的对象，同时也是海峡两岸佛教界首度携手举办同一主题的水陆法会。

20日

● 2015全市"全国科普日"活动在上海科技影城启动。副市长、市公民科学素质工作领导小组组长周波宣布第九次中国公民科学素质抽样调查的上海地区调查结果：我国具备科学素质的公民比例为6.20%，上海市这一比例达18.71%，位列全国各省份第一，并比2010年高出近5个百分点。2015年科普日活动以"万众创新拥抱智慧生活"为主题，市区联动共组织809个科普项目。

● 国内首家集成电路产业融资租赁公司——芯鑫融资租赁有限责任公司揭牌暨战略合作协议签署仪式在上海举行。芯鑫融资租赁有限责任公司于2015年8月27日在上海自贸区注册，是目前国内唯一一家专注于集成电路产业的融资租赁公司。

● 由沪台两地共同举办的"第八届沪台民间论坛"在上海举行。本次论坛旨在加强双方在社会治理领域的交流与借鉴，进一步推动沪台两地互动与合作，不断增进两地同胞的血肉感情。

● 2015上海邮轮旅游节在吴淞口国际邮轮港开幕。上海携程国际旅行社有限公司等5家知名旅行社与游客签订《上海市邮轮旅游合同示范文本》(2015版)。该合同是全国首份规范邮轮旅游经营活动的示范文本。

21日

● 市长杨雄会见丹麦新任驻华大使戴世阁一行。杨雄说，长期以来中丹两国关系发展良好，上海与丹麦中部大区结为友好城区后，不断推进多领域合作交流，取得显著成效。欢迎更多的丹麦企业参与自贸区建设，实现共赢发展。

● 市委办公厅、市政府办公厅印发《上海市贯彻〈关于加快构建现代公共文化服务体系的意见〉的实施意见》，对上海加快现代公共文化服务体系建设进行全面部署，并提出率先建成现代公共文化服务体系的总目标。

● 市政府新闻发布会介绍《上海市人民政府关于加快发展体育产业促进体育消费的实施意见》。根据《实施意见》设立的总目标，到2025年，上海将基本实现全球著名体育城市的建设目标，努力打造世界一流的国际体育赛事之都、国内外重要的体育资源配置中心、充满活力的体育科技创新平台。

● 外滩商贸促进会与法国巴黎圣奥诺雷街区管委会签约合作，这是继南京路步行街企业联合会与巴黎香榭丽舍大街管委会、淮海路经济发展促进会与巴黎圣日耳曼管委会之后，黄浦区商业街区管委会与巴黎著名街区之间第三次合作。

● 市委、市政府、上海警备区在上海大学召开欢送新兵大会，向即将踏上征程的全体新兵表示热烈祝贺，并向积极支持子女参军入伍的家长表示崇高的敬意。

22日

● 市委开展"三严三实"专题教育第三个专题学习研讨，市委书记韩正对下一阶段全市"三严三实"专题教育工作提出要求。韩正强调，全市各级领导干部要认真学习、深刻领会、全面落实习近平总书记在中央政治局第二十六次集体学习时的重要讲话精神，要通过"三严三实"专题教育，时刻保持清醒头脑，深刻认识到使命越光荣、目标越宏伟、环境越复杂，越要从严治党、从严要求各级领导干部。市委副书记、市长杨雄，市人大常委会主任殷一璀，市委副书记应勇，市领导屠光绍、沈晓明、董云虎、姜平、尹弘、钟燕群、周太彤出席。

● 中共中央政治局委员、市委书记韩正会见英国首席大臣兼财政大臣奥斯本一行。韩正说，上海与伦敦金融城之间合作紧密，双方经常共同探讨面向未来发展的问题，各项合作富有成效。长期以来，许多英国企业在上海成功发展，是上海国际金融中心建设的参与者和见证者，随着合作深入，双方在各领域的共识越来越多。相信阁下此访，将更加深入全面地了解中国、了解上海，促进上海与伦敦金融城之间的合作交流。

● 市委副书记、市长、市双拥工作领导小组组长杨雄会见由全国双拥工作领导小组副组长、全国双拥办主任、民政部副部长窦玉沛率领的中央双拥调研督导组。

● 华侨华人经理人座谈会在市政协召开。部分华侨华人经理人代表和海外嘉宾，围绕“聚焦长江经济带发展战略，助推上海加快建设国际科技创新中心”主题，坦诚交流，建言献策。市政协主席吴志明出席并讲话。

● 上海—喀什职业教育联盟“构建喀什特色现代职业教育体系”专题论坛举行，市教委与喀什行署签署《沪喀共建喀什特色现代职业教育体系协议》。

● 沪粤闽津检察机关服务自贸区建设交流研讨会在浦东新区检察院召开。来自高检院和上海、广东、福建、天津四地检察机关，上海自贸区研究局以及上海高等院校的专家学者和检察官出席。

● 第十九期全国人大民族工作干部学习班在沪开班。全国人大民族委员会主任委员李景田、副主任委员王万宾，上海市人大常委会主任殷一璀等出席会议。

● 第三届智运会在山东枣庄闭幕，上海代表团夺得金牌、奖牌双第一。

● 市非物质文化遗产保护协会成立大会暨第一次会员代表大会在上海市群众艺术馆召开。市非遗保护协会从2014年开始筹备，协会首批单位和个人会员共有600余人。

● 上海民族乐团艺术委员会成立并召开首次艺委会成员会议。众多知名学者和艺术家为民族乐团的艺术创作和人才培养建言献策。民族乐团首届艺委会有9位专家成员，包括中国民族管弦乐学会会长刘锡津，上海音乐家协会主席许舒亚，指挥家陈燮阳，古琴演奏家、教育家龚一，作曲家顾冠仁，上海音乐学院民乐系主任、作曲家王建民等。

23日

● 市委全面深化改革领导小组召开第十次会议，分别听取关于中国上海自由贸易试验区扩区建设运行情况和下一步工作打算的汇报、关于以“高峰”“高原”学科建设率先对接国家一流大学和一流学科建设情况的汇报，部署推进重点改革工作。市委书记、市委全面深化改革领导小组组长韩正主持会议并讲话。

● 市长杨雄会见英国伦敦金融城市长叶雅伦一行，并与叶雅伦共同签署《上海市与伦敦金融城合作交流备忘录》。杨雄对伦敦金融城多年来给予上海国际金融中心建设的支持和帮助表示感谢。希望双方进一步加强人员交流、金融及专业服务、航运金融等方面的合作,促进共同发展。

● 第九届参事国是论坛在上海举行。来自国务院参事室和北京、天津、上海、江苏等 24 个省区市的政府参事,聚焦"开放新格局与全面深化改革"主题,齐聚论坛,共商国是。

24 日

● 市十四届人大常委会第二十三次会议表决通过《上海市台湾同胞投资权益保护规定》,这是上海出台的第一部涉台地方性法规,共 26 条,对台湾同胞在上海的投资权益保护以及其他相关权益保护做出规定。

● 市经信委等部门在上海社会科学院举办以"智能制造"为主题的"四新"经济沙龙暨上海发展论坛系列活动。副市长周波出席活动并与专家互动交流,"上海智能制造产业技术创新战略联盟"同时揭牌。

● 首届中国网络文学论坛在沪举行,三场分论坛主题分别为"网络文学组织业态现状与发展前景""网络文学的艺术特性与走向""网络文学作品讨论"。

25 日

● 市委召开常委会,分别传达全国人大加强县乡人大工作和建设座谈会精神、第五次全国对口支援新疆工作会议精神,听取贯彻落实意见的汇报。市委书记韩正主持会议。

● 我国新型运载火箭"长征十一号"在酒泉卫星发射中心发射成功。"长征十一号"所载 4 颗卫星中,有一颗以上海浦江命名的卫星——"浦江一号",这是首颗以上海地域元素命名的卫星。这颗卫星是百分百的"上海制造",由上海航天技术研究院抓总研制。

● 上海外国语大学各国议会研究中心成立会议暨"G20 视野下的比较议会研究"学术研讨会召开。市第十三届人大常委会主任刘云耕,全国政协常委、第十一届市政协主席冯国勤等为各国议会研究中心揭牌。

26 日

● 第十四届国际压力容器技术会议在上海落幕。

● 由市语言文字工作委员会办公室和嘉定区共同主办的 2015 年上海市民文化节中华语言文字大赛总决赛在嘉定图书馆举行。

27 日

● "我们的节日——上海旅游节唐韵中秋"赏月诗会在桂林公园举行。作为上海最悠久、最纯粹的中秋节庆活动,"唐韵中秋"以中秋节和金秋赏桂习俗为载体,弘扬中华传统节日、节事文化，原创演绎“中秋祭月”“中秋赏月诗会”等特色活动，深受市民喜欢。

28日

● 市委副书记、市长杨雄召开市政府工作会议。杨雄强调，各区县、各部门、各单位必须坚决贯彻中央精神和市委部署，深入推进创新驱动发展，为2015年和“十二五”工作画上圆满句号，为2016年工作和“十三五”发展打下扎实基础。

● 按照中央及市委统一部署，上海市政府党组召开“三严三实”第三次专题学习会，重点围绕“严以用权”主题深入学习研讨。市委副书记、市长、市政府党组书记杨雄主持会议。会上，白少康等紧扣“严以用权、做到肩膀过硬”主题，结合学习领会习近平总书记系列重要讲话，特别是在中央政治局第二十六次集体学习时的重要讲话精神，紧密联系思想和工作实际，深入谈认识和体会。

● 市人大常委会召开“三严三实”专题教育第三专题研讨会，重点围绕“严以用权，做到肩膀过硬”主题，开展深入学习研讨。市人大常委会党组书记、主任殷一璀主持会议。

● 中国（上海）自由贸易试验区境外投资推进暨服务联盟成立大会在浦东新区政府举行。上海市委常委、浦东新区区委书记、上海自贸试验区管委会主任沈晓明出席。2014、2015两年自贸试验区境外投资制度不断创新突破，投资规模成倍增长，累计中方对外投资额已达到184.39亿美元，对外投资项目607个。

29日

● 市委召开党外人士座谈会，市委副书记、市长杨雄向各民主党派市委、上海市工商联负责人和无党派代表人士通报上海市“十三五”规划编制和城市总体规划修编情况并听取大家的意见和建议。

● 沪苏浙皖人大常委会主任座谈会在沪召开，会议围绕“深入贯彻党的十八届四中全会精神，推动人大工作与时俱进的创新举措；贯彻中央18号文件精神，加强县乡人大工作和建设”进行交流。市人大常委会主任殷一璀主持并作交流。

● 2015上海书展暨“书香中国”上海周总结表彰大会在上海图书馆召开。表彰大会宣读市委宣传部嘉奖令，对2015上海书展暨“书香中国”上海周各项工作进行总结，并对本届书展做出突出贡献的单位和个人进行表彰。

30日

● 市党政军领导、各民主党派、人民团体负责人和全市各界代表700余人，前往龙华烈士陵园，向人民英雄敬献花篮，深情缅怀烈士功绩，传承弘扬烈士精神。

● 市政府在上海展览中心举行国庆招待会，热烈庆祝中华人民共和国成立66周年。中共中央政治局委员、市委书记韩正，市委副书记、市长杨雄与中外来宾欢聚一堂,同庆共和国华诞。

● 市长杨雄会见澳大利亚昆士兰州州长白乐琪一行。杨雄说,中澳两国关系长期友好,2015 年 6 月中澳自由贸易协定的签署,为两国经贸关系发展增添新的活力。上海与昆士兰自 1989 年结好以来,围绕教育、科技、生物医药等领域的合作成果丰硕。

● 2015 年“上海市荣誉市民”称号和“白玉兰荣誉奖”颁授仪式举行。泰国正大集团董事长谢国民和联合国副秘书长、联合国人居署执行主任华安·克洛斯获“上海市荣誉市民”称号。市长杨雄为获奖者及代表颁授证章、证书,并会见“荣誉市民”。

● 光明食品集团宣布,收购西班牙米盖尔公司正式完成交割。这是 2015 年中国食品行业在西班牙规模最大的一次海外收购,也是中国大型食品企业首次进入西班牙食品分销流通领域。

● 市总工会和东方卫视联合制作的大型电视纪录片《上海工匠》在上海电影博物馆举行开播仪式。

10月

1日

● 上海全面实施“三证合一、一照一码”登记制度改革,22 家企业首批拿到新版、加载有统一社会信用代码的营业执照,这是企业今后在全国唯一的“身份证号”。

● 中共二大会址纪念馆举办“祖国万岁——中共二大会址纪念馆国旗升旗仪式”,来自静安区的机关干部、部队战士、学生以及居民代表共 150 余人参加升旗仪式,共同表达对祖国的诚挚热爱和美好祝福。

●《上海市食品安全信息追溯管理办法》正式开始施行,与之配套的上海市统一的食品安全信息追溯查询平台(www.shfda.org)正式上线运行,消费者可以追溯到粮食、畜产品、禽产品、蔬菜等四大类 13 个品种食品或食用农产品的“身世”。

● 2015 年上海民族民俗民间文化博览会在东亚展览馆举行。展区展示分为“七彩云南”“民族大家园”“文化大观园”“青海省黄南州唐卡大师展”“台湾顶级工艺展”“上海市非物质文化遗产展”4 个区域和动态演绎区域。

2日

● 国庆假期首日,上海野生动物园接待游客 5.6 万人次,同比增长 10.9%;金茂大厦观光厅接待游客 1.39 万人次,同比增长 5%;东方绿舟接待游客 1.8 万人次,同比增长 6%;上海欢乐谷接待游客 3.12 万人次,同比增长 8%;海湾森林公园接待游客 0.47 万人次,同比增长 9.3%;长风海洋世界接待游客 0.81 万人次,同比增长 2%。

3日

● 上海外国语大学师生翻译的联合国重要手册《联合国概况》最新中文版面世。距离上一次《联合国概况》中文版更新，已有29年。

4日

● 英国默林娱乐集团运营的乐高探索中心宣布选址上海普陀长风景畔广场。这是全国首家乐高探索中心，届时将为亲子家庭提供乐高玩具互动玩乐体验。

5日

● 上海交响乐团2015—2016团厅音乐季开幕音乐会举行，音乐总监余隆执棒，“小提琴女王”郑京和、二胡名家严洁敏同台炫技，中西作品交相辉映。作为首批获得世界级声誉的亚裔小提琴家，郑京和与美岛莉、穆特并称当今世界三大女性小提琴家。这是郑京和首次与上交合作。

6日

● 2015上海旅游节圆满落幕，共吸引海内外游客达1 100万人次，这是上海旅游节接待游客数首次突破千万大关。

7日

● 市总工会披露一项探索出租汽车行业发展导向的改革之举：旗下上海海鸥汽车服务公司率先试水，降低成本，把让利部分转化为激励措施，以提高驾驶员收入，提升他们的服务热情。每位驾驶员每月如果达到考核标准，都将获得一次性450元奖励。

● “十一”长假七天，上海累计接待游客881.75万人次，实现旅游收入79.52亿元。上海依然是国内游、出境游的重要客源地，其中出境游人数继续保持两位数增长，而自由行渐成出境游的重要方式，出入境总人数较2014年同期增长13%。

8日

● 市委副书记、市长杨雄主持召开市政府常务会议，研究部署上海市开展清理取缔涉渔“三无”船舶专项行动等事项。

● “共享经济下的约租车(专车)模式上海创新和探索”研讨会召开，市交通委正式宣布，向“滴滴快的”专车平台颁发网络约租车平台经营资格许可。这是国内首张专车平台的资质许可，也是上海在探索约租车管理上开辟的一条新路径。

● 复旦大学大数据学院揭牌成立。新成立的复旦大数据学院涵盖数学、统计学、计算机科学、生命科学、医学、经济学、社会学、传播学等多学科，且在这些学科融合的基础上，聚焦大数据学科建设、研究应用和复合型人才培养。

9日

● 市委召开区县、大口党委书记季度工作会议。上海市委书记韩正强调，做好当前和四季度工作，以及谋划好“十三五”发展，要牢牢抓住发展这个第一要务，坚持以经济建设为中心不动摇，以昂扬的精神状态，努力实现有质量有效益的增长，为全国稳增长作出上海应有的贡献，当好全国改革开放排头兵、创新发展先行者。

● 中共中央政治局委员、市委书记韩正会见美国常务副国务卿布林肯一行。韩正说上海与包括友城旧金山、芝加哥在内的美国各地交流紧密，许多美国企业在上海成功发展，期待双方在不断增进共识的基础上，进一步拓展各领域务实合作。

● 全市领导干部贯彻落实《中国制造 2025》专题研讨班在上海市委党校开班。工业和信息化部部长苗圩作专题辅导报告。上海市长杨雄作开班动员。

● 工业和信息化部与上海市政府在沪签署《推进“四新”经济实践区建设、促进上海产业创新转型发展战略合作协议》。工信部部长苗圩和上海市市长杨雄代表双方签约。

● 上海市组建上海市住房和城乡建设管理委员会，为市政府组成部门。不再保留上海市城乡建设和管理委员会、上海市住房保障和房屋管理局。原上海市城乡建设和管理委员会、上海市住房保障和房屋管理局的职责，整合划入上海市住房和城乡建设管理委员会。

● 市政协召开委员学习会，邀请海峡两岸关系协会会长、商务部原部长陈德铭作“经济全球化背景下的‘一带一路’战略”专题报告。市政协主席吴志明出席。

● 副市长时光辉赴松江区实地调研督导生态环境综合治理工作，要求有关各方重视做好综合治理这篇“大文章”，将当前问题和长远利益结合起来，让生态环境综合治理经得起时间检验。

● 国家现代农业光伏产业协同创新战略联盟在临港成立，标志着中国现代农业光伏产业创新创业工程进入实质运作。

10 日

● 在克罗地亚访问的市人大常委会主任殷一璀会见克罗地亚议长约西普·莱科。殷一璀表示，当前中克关系正处于良好的发展时期，上海愿意与萨格勒布市深化友城交流，尤其在人文交流、经贸科技、城市建设与管理以及旅游推介等方面开展优势互补的合作交流，以合作造福人民，让友谊代代相传。

● 为深入贯彻落实中央、上海市委加强协商民主建设和政协工作的新部署新要求，进一步加强和改进政协新闻宣传工作，上海市政协党组、市委宣传部联合召开上海市政协新闻宣传工作会议。市政协党组书记、主席吴志明，市委常委、宣传部部长董云虎出席并讲话。

● 副市长白少康赴嘉定区实地调研督导生态环境综合治理工作，提出要抓住机遇，全面深入开展生态环境、消防安全、治安隐患等综合整治工作。

● 市委组织部、市委宣传部、市文明办、市志愿者协会联合召开“上海市共产党员志愿服务工作座谈会”。殷行街道社区党建服务中心代表全市17个街道社区党建服务中心向全市发出“随手公益社区行、志愿服务暖人心”志愿服务行动倡议。

● 首届“复旦首席经济学家论坛”在复旦大学举行。本届论坛主题为“危机、转型、创新、动力”，数位来自业界的首席经济学家们就当前经济金融问题进行深入探讨。复旦大学校长、中国科学院院士许宁生出席论坛开幕式。

11日

● 上海税务和银监局签订《上海市“银税互动”合作框架协议》，两部门将在全市范围内实现银税信息的双向推送，充分共享纳税信用评价结果和信贷融资信息，为依法诚信的纳税人提供融资便利。

12日

● 市委副书记、市长杨雄主持召开市政府常务会议，研究部署上海药品审评审批制度改革；研究改革财政专项支持方式，探索设立“上海产业转型升级投资基金”；听取第二十七次上海市市长国际企业家咨询会议筹备工作情况汇报。

● 市长杨雄会见美国科罗拉多州州长约翰·希肯卢珀一行。杨雄说，上海在中美关系发展中扮演着重要角色，我们愿与包括友城在内的美国地方政府进一步加强友好往来，开展紧密合作。

● 市委常委、市委政法委书记姜平赴闵行区实地调研督导生态环境综合治理工作，强调必须秉持法治精神，政府部门要严格执法，政法机关要提供法律保障，企业和公民要自觉守法，确保生态环境综合整治工作有力有效。

● 浦东新区召开“融资租赁行业发展大会”，正式发布促进融资租赁行业健康发展的《若干意见》。

● 上海建工集团自主研发的国内首台矩形盾构机，在虹桥临空产业园区完成首条地道推进。28米的矩形地道“一次成形”，无渗漏，变形量完全在允许范围内。这一技术成果填补了国内隧道工程建设中的空白。

13日

●《中国共产党上海市代表大会代表工作室规范化建设暂行办法》发布。该《办法》的出台，旨在进一步贯彻落实市委创新社会治理、加强基层建设“1+6”文件要求，积极构建以联系服务群众为核心的党代表履职机制，推动党代表发挥作用实现常态化、规范化。

● 2014年度上海市质量金奖颁发，上海外高桥造船有限公司、上海三思电子工程有限公司、上海日用—友捷汽车电气有限公司、扬子江药业集团上海海尼药业有限公司、伽蓝（集团）股份有限公司、上海电气核电设备有限公司、上海核工程研究设计院、上海海博出租汽车有限公司、上海市质量监督检验技术研究院、上海电力设计院有限公司等 10 家组织,以及中国商用飞机有限责任公司 ARJ21—700 新支线飞机项目总质量师孙善福获奖。

● 中国国际纺织面料及辅料(秋冬)博览会、中国国际服装服饰博览会(秋冬)和中国国际针织(秋冬)博览会在国家会展中心(上海)同时开幕,三个展加起来规模约 30.7 万平方米,参展企业 5 000 余家。

14 日

● 市人大常委会召开"加强社会保障工作"专题代表建议督办座谈会。上海将逐步扩大高龄老人医疗护理计划试点,完善试点政策,统筹调整"职保""镇保""城乡居保"人员养老金和失业保险金、工伤保险待遇、医保待遇等民生保障标准。

● 2015 年市科普工作会议在科学会堂召开,市科委、市委宣传部分别通报《进一步提升公民科学素质三年行动计划(2015—2017)》和《关于落实市委 1 号调研课题营造创新文化氛围的行动方案》。

● 市环保局制定并出台《无组织排放废气(粉尘)环境行政执法操作规程》,明确将"结果罚"升格为"行为罚",一旦企业被发现有"无组织排放行为",即可依法予以处罚。

● 金砖国家争议解决上海中心宣告成立,由华东政法大学与上海国际仲裁中心合作设立。在中国、巴西、俄罗斯、印度、南非的法学界、法律界合作基础上,金砖国家法律人才培养基地、金砖国家法律研究院也同时在沪授牌。各国律协、法学会等机构签署论坛的重要成果文件《上海宣言》,五国法律专业院校一同倡议建立金砖国家法律高校联盟。

15 日

● 市委书记韩正在崇明岛调研时强调,上海要通过高质量高效益的经济增长为全国稳增长作更大贡献,这也是上海当好全国改革开放排头兵、创新发展先行者的必然要求。崇明要始终把生态岛建设作为着力点,贯穿于各项工作之中,坚持不懈按照生态岛建设目标推进各方面工作。

● 市委副书记、市长杨雄赴奉贤区调研"十三五"规划和 2015 年下半年经济社会发展工作。杨雄指出,创新转型正进入攻坚阶段,上海郊区县要坚定不移贯彻"创新驱动发展、经济转型升级"战略,坚定不移推进城乡发展一体化,补好城乡统筹发展"短板",真正让创新成为"十三五"发展主动力。

● 副市长周波前往宝山实地调研督导生态环境综合整治工作,强调环境整治既要讲究经济效益,更要讲究社会效益、生态环境等综合效益。

● 上海化工区召开环境综合整治推进大会,公布《上海化学工业区区域环境综合整治行动方案》。3年内，上海化工区将投入10亿元实施91个整治项目，全面开展区域环境综合整治，重点推进治理升级和提高精细化管理水平。

16日

● 市委书记韩正会见朱国萍、胡双钱等第五届全国道德模范以及提名奖获得者。韩正与全国道德模范和提名奖获得者朱国萍、胡双钱，张兴儒、卜佳青、方江、王永镇、蔡蕴敏、王军、周珏珉、卢伟栋一一握手，亲切交谈，代表市委、市政府和全市人民向他们表示衷心祝贺并致以崇高敬意。

● 中共中央政治局委员、市委书记韩正，市委副书记、市长杨雄会见由克拉玛依市委书记、市人大常委会主任、新疆油田公司党委书记陈新发，市委副书记、市长张红彦率领的新疆克拉玛依市考察团。

● 市长杨雄会见克罗地亚总统基塔罗维奇率领的代表团，代表上海市政府和上海人民对总统访沪表示热烈欢迎。杨雄说，上海与克罗地亚有着长期友好交往，与萨格勒布市结为友城已有35年。上海愿在中克两国提升全面合作伙伴关系、习近平主席倡导的"一带一路"战略以及中国—中东欧国家"16+1"机制的大框架下，为推动两国友好交往与合作发挥更大作用。

● 市人大常委会主任殷一璀对斯洛伐克进行友好访问。在斯洛伐克首都布拉迪斯拉发，殷一璀会晤该国副议长米罗斯拉夫·奇日并出席由上海对外经贸大学与斯最古老的大学考门斯基大学合作举办的孔子学院成立揭牌仪式。

● 文化部主办、上海市政府承办的第十七届中国上海国际艺术节开幕。开幕式遵循尊重艺术、尊重艺术家、节俭创新原则，简化仪式，首次取消领导讲话，改为为艺术家颁奖。著名话剧导演田沁鑫、比利时籍俄罗斯著名小提琴演奏家瓦汀·列宾，从著名舞蹈家赵汝蘅、著名作曲家吕其明手中获颁"第十七届中国上海国际艺术节特别贡献奖"。

● 上海出入境检验检疫局宣布，由上海牵头，长江经济带全面启动检验检疫通关一体化模式，覆盖范围涉及上海、江苏、浙江、安徽、江西、湖北、湖南、重庆、四川、贵州、云南、宁波等12个全国直属检验检疫局所管辖区域。区域内，诚信等级达到B级及以上的进出口企业，可申请实施检验检疫通关一体化。

● 上海正式启动实施第四轮公共卫生体系建设3年行动计划。新一轮三年计划将以"优化、整合、创新、发展"为主线，推动38个建设项目。38个建设项目中，尤以完善"立体式"城市公共卫生应急救援体系，建设糖尿病、慢性肾病、肿瘤等慢性病健康自主管理服务，落实儿童防龋等公共卫生服务为亮点。

● 国内首个绿色印刷材料交易中心公共电商服务平台在金山国家绿色创意印刷示范园正式上线。该中心主要服务于绿色印刷材料采购，通过对绿色印刷源头的控制,实现对教材绿色印刷的全程监管。

● 2015上海种业博览会在崇明跃进农场开幕,现场分粮油种子、蔬菜瓜果种子和花卉种子种苗三个专场,集中展示水稻、麦子、玉米、青菜、花椰菜、番茄、黄瓜、西甜瓜以及各类花卉等200多个新品种。

17日

● 中共中央政治局委员、市委书记韩正会见塞浦路斯总统阿纳斯塔西亚迪斯一行,代表上海人民对塞浦路斯总统访问上海表示欢迎。韩正说,上海作为经济中心城市,是中国改革开放的一个缩影,相信总统阁下此次访问中国、访问上海,会更加深入地了解改革开放以来中国的巨大变化,更好地促进两国之间、上海与塞浦路斯各城市之间的友好交流合作。

● 市委组织部、市科技党委、市科协等主办的2015秋季上海科学会堂草坪音乐会举行。

18日

● "上海创新创业投资母基金"完成注册并落户宝山。这是上海首个由市区两级政府引导筹建的创新创业基金,将通过财政杠杆撬动,吸引社保资金参与,引入专业团队管理,投资于新兴产业和先进制造业等领域。

● 东部地区公共行政组织(EROPA)2015年年会在上海召开。人力资源和社会保障部副部长孔昌生、上海市人大常委会副主任、党组副书记钟燕群出席会议并致辞。来自日本、印度、印度尼西亚、韩国、菲律宾等16个国家以及我国政府部门、研究咨询机构、高校的专家学者约200人参加会议。

● 2015年上海国际飞镖公开赛在徐汇区落幕,中国镖手创造历史,上海选手高洁玉夺得女子专业组冠军。

19日

● 以"创业创新——汇聚发展新动能"为主题的2015年全国大众创业万众创新活动周开幕。在位于杨浦区中国(上海)创业者公共实训基地的上海分会场,上海市委副书记、市长杨雄与4位创业者代表共同点亮"创新树",并参观上海大众创业万众创新成果展。

● 市长杨雄会见联合国副秘书长、联合国人居署执行主任华安·克洛斯一行并为华安·克洛斯颁发"上海市荣誉市民"证章、证书。杨雄祝贺克洛斯获得"上海市荣誉市民"称号。他说,克洛斯先生是上海人民的老朋友,早在担任巴塞罗那市市长期间就积极推动两地结为友好城市。担任联合国副秘书长兼联合国人居署执行主任后,继续推动与中国以及上海的合作,尤其是支持上海世博会设立"世界城市日"的倡议并为其申设工作作出很大贡献。

● 市长杨雄会见施普林格·自然集团首席执行官德克·汉克一行。杨雄对施普林格·自然集团与上海市科委签署战略合作框架协议表示祝贺,他说,在上海加快建设具有全球影响力的科技创新中心之际,双方进行战略合作恰逢其时。希望施普林格·自然集团帮助上海更多地了解前沿科技发展,把上海的科技成果介绍给世界,鼓励和推动上海的科研人员更多地参与国际交流与合作。

● 为进一步贯彻落实上海市人大新闻宣传工作会议精神,不断提升上海人大新闻宣传工作水平,上海市人大主办的上海人大新闻宣传工作培训班正式开班。市人大常委会副主任吴汉民作动员讲话。

● 市科委与施普林格·自然集团旗下的自然出版集团签署战略合作框架协议。通过展示科学研究成果、合作开展浦江创新论坛和有关学术论坛、支持推动科技创新智库建设等形式,更好传播上海科学家的工作、宣传上海建设科技创新中心的进展,提升上海在科技创新方面的全球影响力。

● “家和万事兴·上海市 2015 年老年节文艺晚会”在东视演播剧场举行,向上海全市 400 多万老年人以及老龄工作者致以节日的问候。

20 日

● 市委书记韩正,市委副书记、市长杨雄等分别前往社区和养老机构看望老年人,代表市委、市政府向全市老人送上节日的问候和祝福。韩正说,老年人是我们这个国家、这座城市的宝贵财富,要在全社会进一步弘扬敬老爱老的良好风尚。面对人口老龄化,上海要把养老为老作为“十三五”发展重点之一,不断加强养老服务体系建设,完善养老服务设施,提升为老服务水平,让更多老年人安享幸福晚年。

● 市长杨雄会见由会长李渊祈率领的美国百人会代表团。杨雄感谢百人会长期以来为促进中美关系发展、加深相互了解所作的努力以及对上海发展的关心和支持,希望百人会继续支持和参与上海的发展建设,为上海“十三五”规划编制贡献真知灼见。美国百人会创建于 1989 年,是由美籍华人在美国组建的非政府性团体,其会员包括著名建筑师贝聿铭、大提琴家马友友等。

● 2015 年新方志论坛在上海开幕。根据上海市二轮修志规划任务要求,2010—2020 年将完成《上海市志(1978—2010)》155 部分志、分卷,上海市级专志 65 部和区(县)续志 25 部编纂工作,合计 245 部。

21 日

● 全市开展“关爱环卫工人,共建洁净家园”专项行动,市委副书记、市长杨雄慰问环卫工人代表。他说,上海建设社会主义国际大都市不仅要有高楼大厦,更要有国际一流的城市软环境。广大环卫工人是城市美容师,大家辛勤劳动、倾注心血,维护上海城市的良好形象。全社会要进一步关心、支持环卫工人的工作,改善他们的工作条件和环境,共同把城市建设管理好,让广大市民满意。

● 市委副书记应勇率上海代表团赴湖北、重庆三峡库区等对口支援地区学习考察,落实《国务院关于全国对口支援三峡库区合作规划(2014—2020 年)》,实地考察上海对口支援项目,看望慰问上海市援派干部。

● 中国科学社和《科学》杂志 100 周年纪念会暨上海市科协第十三届学术年会开幕式在上海科学会堂举行。中国科学院院长、《科学》杂志编委会主编白春礼院士,市委副书记应勇等出席会议。作为中国第一个综合性学术团体,1915 年创立的中国科学社以振兴中国科学事业为目标,成立研究所、增设图书馆、创办实业,曾为中国科学的体制化作出了重要贡献。同年,中国科学社在上海创刊的《科学》是中国历史最悠久的综合性科学刊物,开启中国科学传播的新纪元,在中国百年出版文化史上创造多项第一,也在中国近代科学文化史上留下民族觉醒的深刻印记。

● 上海先进半导体制造公司与深圳比亚迪微电子公司签署战略产业联盟协议,双方将共同打造 IGBT 国产化产业链,未来"上海造"芯片将会大规模应用于比亚迪新能源汽车。

22 日

● 市长杨雄会见爱尔兰科克市长克里斯·奥利瑞率领的代表团。杨雄说,2015 年是上海与科克结为友城 10 周年,双方在公务员交流培训、文化、教育等领域开展务实合作,取得显著成效。上海与科克在很多方面有着相似之处,希望两市以深化友城合作交流为契机,加强互学互鉴,促进共同发展。

● 上海工会以学习贯彻习近平总书记在文艺工作座谈会上的重要讲话精神和《中共中央关于繁荣发展社会主义文艺的意见》为契机,召开"传承与创新:上海职工文体场馆转型发展座谈会"。

23 日

● 市长杨雄会见德国巴登—符腾堡州长温弗里德·克莱切曼率领的代表团。杨雄说,上海与德国经贸往来密切,德国企业积极参与上海经济建设,双方合作取得丰硕成果,上海愿继续在中德合作中发挥应有作用。

● 由市委宣传部、市思想政治工作研究会、市企业文化促进会主办的"阿拉创新在行动"年度上海企业创新文化品牌展评发布活动举行。获得企业创新文化十佳品牌的有上海隧道工程有限公司、上海市对外服务有限公司、春秋航空股份有限公司、上海汽轮机厂有限公司、上海核工程研究设计院、上海奥盛投资控股(集团)有限公司、中国建筑第八工程局有限公司、中国移动通信集团上海有限公司嘉定分公司、上海电力设计院有限公司、中国电信股份有限公司上海分公司。

24日

● 英国BBC爱乐乐团首次访沪进行演出。BBC爱乐被誉为“BBC旗下最具冒险精神和创新意识的乐团”，不仅有出色的演绎古典作品的能力，更一直致力于介绍和推广全新的、充满挑战的曲目。

● 海峡两岸学者在华东师大召开“台湾光复70周年的历史与现实”学术研讨会，回顾抗战苦难辉煌，共谋两岸关系发展。

● 2015上海购物节闭幕，据上海市商务发展研究中心对全市百余家重点商业企业2 600余个商业网点的抽样数据：重点监测商家日均客流量达到4.57万人次，比2014年增加2 700人次；销售额同比增长10.1%，连续3年增幅在两位数以上。

25日

● 2015全国质量奖揭晓，上汽通用作为“上海制造”的唯一代表获奖，并在6家获奖企业中以优异的成绩名列首位。全国质量奖每年由中国质量协会组织评审，依据国家标准《卓越绩效评价准则》，代表中国质量的最高荣誉。上汽通用汽车以其独具优势的质量管理体系获得评委会充分认可。

● 中国文艺评论家协会戏剧戏曲艺术委员会在上海成立，上海戏剧学院“中国文艺评论基地”同时揭牌。

● 2015上海市民足球节开幕式暨上海家庭足球嘉年华在浦东新区世纪公园足球场举行。

26日

● 市政协召开主席会议，审议市政协《关于编制“十三五”规划的若干建议》(草案)。市政协主席吴志明主持。

● 市政协召开专题协商会，听取2016年上海预算编制情况介绍，部分市政协委员、在沪全国政协委员围绕贯彻新预算法，进一步完善全口径预算管理提出意见建议。市政协主席吴志明出席，市委常委、常务副市长屠光绍到会听取委员建言。

● 市网络精神文明建设工作推进会在市委宣传部召开。会议指出，加强网络精神文明建设，是上海当好排头兵、先行者，建设国际文化大都市的时代要求。市委常委、宣传部部长、市文明委常务副主任董云虎出席会议，并为上海市志愿者协会网络文明志愿者联盟、上海市青年网络文明志愿者联盟揭牌。

● 2015年上海市民体育大联赛暨上海市航海模型锦标赛(普及型和动力艇项目)在市军事体育俱乐部举行。

27日

● 科技部和市政府共同主办的2015浦江创新论坛在沪开幕。中国国务院总理李克强和以色列总理本雅明·内塔尼亚胡发来贺信，全国政协副主席、科技部部长万钢和本届论坛主宾国代表、以色列副总理兼内政部部长西尔万·沙洛姆分别做主旨演讲。

●全国政协副主席韩启德率全国政协教科文卫体委员会“推进安宁疗护发展”专题调研组在沪调研,实地考察徐汇、普陀社区卫生服务中心和复旦大学附属肿瘤医院,了解上海推进舒缓疗护工作情况。

●市第四次老年教育工作会议召开。会议透露,上海将继续倡导“在学习中养老”,提升老年教育学习品质,力争到2020年,基本形成覆盖广泛、社会参与、灵活多样、优质均衡、充满活力的现代老年教育体系。

●由上海和以色列方面联合成立的“中以上海创新中心”在上海举行揭牌仪式。“中以上海创新中心”由上海市张江高科园区推动建设,由雷哈韦(上海)众创空间管理有限公司、上海天慈以华科技投资发展有限公司、上海医汇谷智慧医疗创新中心等三个中以合作机构联合组成。

●第十七届中国上海国际艺术节“爱我中华·魅力西藏”西藏文化周开幕暨《雪域撷珍——西藏文物珍品展》开展仪式在中华艺术宫举行。中国上海国际艺术节组委会副主任、上海市委常委、宣传部部长董云虎,西藏自治区政府党组副书记、政府顾问孟德利等出席。

●世界500强德国费森尤斯医药公司的新研发中心,在漕河泾开发区科技绿洲正式落成,这是其亚太地区的首家全球研发中心。

28日

●荷兰国王威廉·亚历山大在中国浦东干部学院,发表题为“共同的挑战,紧密的合作”的演讲。中共上海市委副书记应勇出席活动并致辞。

●市政协召开十二届二十一次常委会议,围绕“编制上海‘十三五’规划的重大问题”协商议政。市政协主席吴志明出席并讲话,市委常委、副市长应邀出席,对常委关注的重点问题给予回应。

●市妇儿工委、市妇联召开“上海市纪念北京世妇会20周年　贯彻落实男女平等基本国策大会”。市委副书记应勇出席会议并讲话。

●苏浙皖沪三省一市公安机关区域警务合作第七次联席会议在上海召开。会议要求,四地公安机关要以G20峰会安保合作为主线,进一步实化细化区域警务合作措施;以制度规范建设为保障,进一步推动区域警务合作常态长效开展,努力推动区域警务合作向更广领域、更深层次、更高水平迈进,全力以赴维护长三角地区社会和谐稳定。

●由市委宣传部、市总工会联合举办的“上海市五一新闻奖”评选揭晓。解放日报《一步一脚印,是劳动者应有的样子》、新民晚报《净离别——我的故人给了我坚强的理由》、劳动报《大驾光临——上海代驾从业者就业状况调查》、上海广播电视台电视新闻中心《不一样的“爸爸”》、工人日报《上海:拒建职代会者代价沉重》等5篇报道获一等奖。

● 市教委发布2014年度上海市中小学学业质量绿色指标综合评价报告。数据显示上海市义务教育阶段学生学业成绩保持较高水平,城乡之间教育水平差距在缩小,学生学习自信心、学习动机、对学校认同度明显提高,上海市义务教育的全面质量和均衡水平总体呈上升态势。

● 上海现代服务业联合会成立10周年大会举行,《上海现代服务业发展报告2014》出炉,上海现代服务业景气指数首度发布:2014年的景气指数为102.37点,位于荣枯线100点以上,证明现代服务业在上海发展较快。其中,互联网及相关服务业、货币金融服务业、软件和信息技术服务业景气指数并列各行业第一。

● 第四届中国上海优质畜禽产品采购交易会在沪举行,全国各地100多家畜禽企业参展,展示的鸡鸭鹅猪牛羊等畜牧禽产品达到1 000多种。

29日

● 市人大常委会举行第五十四次主任会议,经讨论和表决,《上海市推进上海国际航运中心建设条例》由2015年度立法计划预备项目转为正式项目。市人大常委会主任殷一璀主持会议。

● 市委宣传部召开上海推进理论工作“四大平台”建设工作会议,就推进上海马克思主义理论研究和建设工程、中国特色社会主义理论体系研究中心、马克思主义学院、报刊台网理论宣传阵地“四大平台”建设作出专题部署。市委常委、宣传部部长董云虎出席会议并讲话。

● 上海鲁迅纪念馆藏《田所广海勤务日志》由上海书店出版社影印出版,该书是19世纪日本海军军官田所广海在浪速、吉野、筑波等军舰上服役时记下的所见所闻,其日志详细记述了1894年中日甲午海战的细节,是日方海战亲历者的第一手资料。

30日

● 市委召开全市党员负责干部会议,传达党的十八届五中全会精神。市委书记韩正主持会议并传达习近平总书记在全会上的重要讲话精神。韩正强调,要认真学习、深刻领会、全面把握党的十八届五中全会和习近平总书记重要讲话精神,要把党的十八届五中全会精神全面落实到上海“十三五”规划的制定中,以创新、协调、绿色、开放、共享五大发展理念引领上海“十三五”发展,结合地方实际,聚焦重大问题,扎实推进各项工作,切实担当起中央交给上海的重任。

● 市长杨雄会见美国高盛集团总裁加里·科恩一行。杨雄说,欢迎包括高盛集团在内的全球知名金融机构借助自贸试验区平台，共享改革开放机遇，赢得共同发展。希望高盛集团积极发挥专业优势，聚焦资源力量，在自贸试验区和上海国际金融中心建设中发挥更大的作用。

● 市人大常委会召开理论中心组学习会，邀请中国人民大学重阳金融研究院高级研究员，前驻旧金山、纽约总领馆经济商务参赞何伟文，作“当前国际形势与我国的‘一带一路’战略”专题报告。市人大常委会主任殷一璀主持会议。

● 中国人民银行、商务部、银监会、证监会、保监会、外汇局、市政府正式印发《进一步推进中国(上海)自由贸易试验区金融开放创新试点加快上海国际金融中心建设方案的通知》，涉及率先实现人民币资本项目可兑换、进一步扩大人民币跨境使用、不断扩大金融服务业对内对外开放、加快建设面向国际的金融市场、不断加强金融监管，切实防范风险等五方面任务，共计 40 条。

● 市 2016 年度公务员考试录用工作正式启动。全市各级机关和参照公务员法管理的机关(单位)共推出招考职位 1 765 个，计划录用公务员和参照公务员法管理的机关(单位)工作人员 3 931 名。

● 市工商联(总商会)与市高级人民法院、市人民检察院、市公安局在上海工商联大厦举行“促进守法诚信　保障合法权益”协议签署仪式。

31 日

● 市委书记韩正会见前来参加第二十七次上海市长国际企业家咨询会议的淡水河谷总裁兼首席执行官费慕礼，赢创工业集团董事长兼首席执行官英凯师，美国国际集团总裁兼首席执行官韩沛德，咨询会议副主席、安联集团前董事会主席兼首席执行官迈克尔・狄克曼，安永会计师事务所全球主席兼首席执行官马克・温伯格，诺华公司董事长林浩德。

● 市长杨雄与第二十七届市长咨询会议主席、WPP 首席执行官苏铭天爵士等 10 位国际企业家一同来到上海交通大学徐汇校区，在安泰经济与管理学院与交大师生展开对话，共论创新人才与创新精神的话题。

● 市长杨雄会见上海市市长国际企业家咨询会议主席、WPP 首席执行官苏铭天，美铝公司董事长兼首席执行官克劳斯・柯菲德，ENGIE 集团董事长兼首席执行官热拉尔・梅斯特雷，铁狮门公司总裁兼联合首席执行官徐瑞柏，三菱商事株式会社董事长小岛顺彦，野村控股集团首席执行官永井浩二，对各位企业家成员来沪参加第二十七次上海市市长国际企业家咨询会议表示热烈欢迎。

● 以“城市设计、共创宜居”为主题的 2015 世界城市日论坛在上海展览中心开幕。住房和城乡建设部部长陈政高、上海市市长杨雄、联合国人居署代表阿利乌尼・巴迪阿尼出席并致辞。

● 2015年复旦管理学奖励基金会颁奖典礼暨10周年总结会在上海举行。第十一届全国人大常委会副委员长陈至立出席颁奖典礼。复旦管理学奖励基金会理事长、第十届全国政协副主席徐匡迪出席颁奖典礼并为获奖者颁奖。中国工程院院士、西安交通大学教授汪应洛获"复旦管理学终身成就奖"。

11月

1日

● 新编沪剧《邓世昌》在北京梅兰芳大剧院上演。中共中央政治局委员、中央书记处书记、中宣部部长刘奇葆观看演出,并在演出前会见上海沪剧院以及上海京剧院、昆剧团、越剧院、淮剧团、评弹团进京展演的艺术家代表。

● 第二十七次上海市市长国际企业家咨询会议在世博中心举行。市长杨雄发表题为《把握大势　把准方向　加快向具有全球影响力的科技创新中心进军》的主题报告,本次大会由苏铭天爵士担任会议主席。

● 台湾商品中心在上海自贸试验区保税区域正式揭牌营运。大陆方理事长曾培炎,国台办副主任龚清概,两岸企业家峰会成长型企业合作推进小组召集人蒋以任,市委常委、中国(上海)自由贸易试验区管委会主任、浦东新区区委书记沈晓明等出席揭牌仪式。台湾方理事长萧万长率团参加。

● 市2015年全国1%人口抽样调查正式开始入户登记。

● 2015年世界耐力锦标赛(WEC)上海6小时赛在上海奥迪国际赛车场举行。

2日

● 我国自主研制的C919大型客机在上海中国商飞公司总装下线。中共中央总书记、国家主席、中央军委主席习近平作出重要指示,向广大参研单位和人员表示热烈的祝贺。希望大家继续弘扬航空报国精神,坚持安全第一、质量第一,脚踏实地、精益求精,扎实做好首飞前的准备工作,为进一步提升我国装备制造能力、使自己的大飞机早日翱翔蓝天再作新贡献。中共中央政治局委员、国务院副总理马凯出席总装下线活动并致辞,代表党中央、国务院,向C919大型客机总装下线表示热烈祝贺,向广大参研参试人员表示衷心感谢和诚挚问候,对试飞准备阶段工作提出要求。中共中央政治局委员、上海市委书记韩正出席总装下线活动。C919大型客机是我国首款按照最新国际适航标准研制的干线民用飞机,基本型混合级布局158座,标准航程4 075千米,具有完全自主知识产权。

● 中共中央政治局委员、市委书记韩正会见两岸共同市场基金会荣誉董事长、两岸企业家峰会台湾方理事长萧万长一行。韩正说,沪台两地交流频繁,在经贸、科技、教育、文化等各领域有着全面深入的合作,民间交往尤其密切,我们十分欢迎台湾的朋友积极参与自贸试验区建设,在这个大平台上实现更好的交流和发展。希望两岸和平发展的成果,更多更好惠及两岸民众。

● 中共中央政治局委员、市委书记韩正会见加拿大前总理让·克雷蒂安。韩正说,克雷蒂安先生是中国人民的老朋友,在总理任期内为推动中加两国友好交往作出重要贡献。上海与加拿大各地交往密切,尤其与友城蒙特利尔在经贸等各领域有着广泛而深入的合作。

● 市人大常委会机关召开会议,传达学习党的十八届五中全会精神。市人大常委会主任殷一璀主持会议并传达习近平总书记在全会上的重要讲话精神。

● 市政协主席吴志明为市委党校主体班学员作"人民政协:协商民主的重要渠道和专门协商机构"专题报告,详细讲解人民政协性质、职能和发展历程,中央、市委加强协商民主建设和政协工作的新部署及市政协推进协商民主建设情况。

● 第十届上海市自然科学牡丹奖授奖暨纪念 20 周年学术报告会在复旦大学举行。本届牡丹奖授予复旦大学雷震、曾璇,中科院上海硅酸盐研究所刘宣勇,中科院上海应用物理研究所樊春海,长海医院刘善荣,中科院上海光学精密机械研究所程亚等 6 名科学家。

● 华东师范大学、上海市社联、上海社科院联合举办的"世界性百家争鸣与中国哲学自信——纪念冯契先生百年诞辰国际学术研讨会"在华东师范大学举行。

3 日

● 第十七届中国国际工业博览会在国家会展中心(上海)举行开幕仪式。本届中国工博会,以"创新、智能、绿色"为主题,集中展示 2015 智能制造试点示范行动,集中体现了国内外高端制造及"跨界、协同、融合、创新"的趋势。中共中央政治局委员、国务院副总理马凯出席并宣布第十七届中国国际工业博览会正式开幕。中共中央政治局委员、上海市委书记韩正出席并颁发本届工博会特别荣誉奖。市委副书记、市长杨雄致辞。

● 市长杨雄会见加拿大蒙特利尔市市长德尼·科德尔率领的代表团一行,并与科德尔共同签署两市新一轮友好合作交流备忘录。

4 日

● 中共上海市委、市政府举行撤销闸北区、静安区,设立新的静安区工作大会。市委书记韩正强调,实施闸北、静安两区行政区划调整,是事关上海长远发展的一件大事,要紧紧抓住这次区划调整的良好契机,在新的起点上,推动新静安区经济社会发展再上新台阶,努力成为上海中心城区发展的新亮点。

● 市委副书记、市长杨雄主持召开市政府常务会议,研究实施《上海市政府系统运行目标管理暂行办法》,进一步加强政府效能建设等事项。

● 以“强化责任，积极创新，勇当先锋”为主题的上海新闻界庆祝第十六届中国记者节大会召开。市委常委、宣传部部长董云虎出席大会，向全市新闻工作者致以节日问候，向中国新闻奖、上海新闻奖获得者表示热烈祝贺。大会表彰第二十五届中国新闻奖上海获奖代表，颁发第二十四届上海新闻奖，上海共有 9 件作品获中国新闻奖。

● 2015 中国上海绿色建筑与建筑节能科技周在上海新国际博览中心开幕。多家参展企业以建筑工业化为展示重点，建筑工业化的产能与质量明显提升。

● 国际戏剧协会国际总部在静安区举行开幕仪式，第一百四十一届执委会会议同时举行。国际戏剧协会于 1948 年由联合国教科文组织发起并建立，是全世界最大的戏剧组织。国际剧协落户上海，开创国际文化组织总部迁址中国的先例，有望吸引更多的亚洲国家参与到国际戏剧协会的活动中，为东西方表演艺术的交流注入新的活力。

5日

● 中共中央政治局委员、市委书记韩正，市委副书记、市长杨雄会见由江苏省委常委、南京市委书记黄莉新率领的南京市考察团一行。韩正说，按照党中央、国务院的要求和部署，近年来长三角地区加快推进一体化发展，各领域合作不断深化，许多重点工作都建立起区域合作的长效机制。让我们共同携手、一起努力，全力以赴把贯彻落实长江经济带战略与谋划好“十三五”发展结合起来，为国家发展作出长三角地区的更大贡献。

● 市长杨雄会见上海合作组织秘书长梅津采夫一行。杨雄说，上海是上合组织的诞生地，对此我们感到非常荣幸。多年来，上海十分重视与上合组织成员国的交流与合作，相信“一带一路”战略的实施和推进，将为上海与上合组织成员国友好合作交往创造更多机遇、拓展更广阔的空间。

● 以“一带一路　全球并购”为主题的 2015 中国并购年会在上海普陀并购金融集聚区举办。全国政协副主席、全国工商联主席王钦敏，上海市委副书记、市长杨雄出席并致辞。

● 本市举行“沪动—2015”战时国防动员指挥机构综合演练，全面检验国防动员能力。市委副书记、市长、市国动委主任杨雄，南京军区副司令员秦卫江，市委常委、政法委书记姜平，市委常委、警备区司令员何卫东，警备区政委马家利，副市长时光辉，南京军区机关、上海市政府、警备区等有关领导参加并指导演练活动。

● 市长杨雄会见美国默克公司全球董事会主席兼首席执行官、美国药物研究和制造商协会主席福维泽一行。杨雄说，医疗卫生保障人民的生命健康，上海高度重视生物医药产业发展，并已成为生物医药产业的重要基地。美国默克公司是世界

500强企业,在美国和加拿大以外称为默沙东,中国总部设在上海。

● 上海召开2016年度报刊发行工作动员会,市委常委、宣传部部长董云虎作动员部署。会议指出,要充分认识新形势下做好党报党刊发行工作的重要意义和面临的严峻挑战,以更加扎实的工作和更加创新的精神持续做好这项工作。

● 上海(国际)赛事文化及体育用品博览会在上海世博展览馆开幕。上海体博会是国内首个将体育赛事、体育文化、体育产业三者融合的全新平台。

6日

● "新形势下加快推进中国(上海)自由贸易试验区建设"专题培训班开班。韩正出席并讲话。韩正说,面向"十三五"发展,按照党中央对上海工作的新要求,浦东要在新起点上实现新突破、新跨越,必须进一步解放思想,始终把浦东的发展放在全市、全国、全球的大背景下思考和谋划,紧紧围绕国家战略、服务国家战略推进各项工作。

● 由国际面具文化艺术联盟(IMACO)、国家对外文化交流研究基地、上海社会科学院文学研究所、上海国际文化学会联合主办的2015国际面具大会在上海举行。2015国际面具大会作为国家艺术基金2015年度资助项目,是在中国本土举办的第一次世界性面具艺术盛会。

● 纪念邹韬奋诞辰120周年座谈会召开,市委常委、宣传部部长董云虎出席并讲话。上海人民出版社、韬奋基金会和上海韬奋纪念馆联合推出《韬奋全集》(增补本)。

7日

● 纪念人工全合成结晶牛胰岛素50周年暨加强原始创新座谈会在上海召开,中共中央政治局委员、国务院副总理刘延东出席会议并讲话。中共中央政治局委员、上海市委书记韩正出席座谈会。刘延东指出,50年前我国首次实现人工全合成结晶牛胰岛素,为人类揭开生命奥秘、解决医学难题迈出了重要一步,成为中国攀登世界科技高峰征程上的一座里程碑。广大科技工作者要以老一辈科学家为榜样,不断发现和创造重大科学技术成果。

● 中共中央政治局委员、市委书记韩正会见澳大利亚新南威尔士州州长贝尔德一行。韩正说,上海正按照中央的部署,全力推进中国(上海)自由贸易试验区建设。上海市和新南威尔士州作为两国的经济中心地区,长期以来在经贸、科技、教育、文化等各个领域有着广泛交流,希望双方不断深化务实合作,共同实现更大发展。

● 市委副书记、市长杨雄为"新形势下加快推进中国(上海)自由贸易试验区建设"专题培训班作报告,围绕"自贸试验区建设与政府职能转变"这一主题与大家深入交流。

● 2015全球智慧之都评估论坛在上海举行,2015年《全球智慧之都排名》同时发布，纽约、伦敦、东京分列前三位，北京排名第14位，上海排名第15位。

● 由中国田径协会、上海市体育总会、上海东浩兰生国际服务贸易（集团）有限公司、解放日报社联合主办，以“马拉松让城市生活更美好”为主题的国际马拉松与城市高峰论坛在沪举行。

8日

● 中央宣讲团党的十八届五中全会精神报告会在世博中心举行。中共中央政治局委员、上海市委书记韩正主持报告会并强调，全市各级党组织和广大党员干部要把学习宣传贯彻党的十八届五中全会精神，与贯彻落实中央和习近平总书记对上海的期望要求结合起来，坚定不移推进自贸试验区建设，坚定不移推进科技创新中心建设，努力当好全国改革开放排头兵。

● 第二十届上海国际马拉松赛在外滩金牛广场起跑。来自85个国家和地区的3.5万名跑者，参加，其中外籍参加者逾6 000人。男子方面，来自肯尼亚的郎彦佳塔·保罗·基普丘巴历时2小时7分14秒率先冲过终点；女子方面，肯尼亚的谷丽娅图珂·拉艾尔·吉娅拉以2小时26分23秒的成绩折桂。

● 2015年上海科普教育创新奖颁奖典礼举行，陈晓亚、薛永祺、邹世昌三位中国科学院院士分获科普杰出人物奖和科普贡献奖（个人）一等奖，创下历届评选中院士获奖人数之最。上海科普教育创新奖是上海科普教育发展基金会2012年设立的科普类奖项。作为全国首个由社会力量出资的综合性科普奖，上海科普教育创新奖2015年共评出51个奖项，分为科普杰出人物奖、科普贡献奖、科普成果奖和科普传媒奖4类。

● 2015世界创意经济峰会在东华大学召开，上海科学技术文献出版社出版的《厉无畏学术文集》（四卷本）在会上首发。

9日

● 中共中央政治局委员、市委书记韩正，市委副书记、市长杨雄会见由云南省普洱市委书记卫星率领的普洱市党政代表团一行。韩正说，普洱市是上海对口支援云南的重要区域之一，长期以来两地合作交流密切。上海将按照中央对于扶贫工作的最新要求部署，在云南省委、省政府的统一领导下，全力以赴做好对口帮扶各项工作。

● 市委副书记、市长杨雄主持召开市政府常务会议，研究部署贯彻国务院融资担保行业发展电视电话会议精神，促进本市融资担保行业发展工作；审议《上海市行政处罚案件信息主动公开办法（草案）》和《上海市行政处罚听证程序规定（草案）》，进一步规范本市行政处罚听证程序和信息公开工作。

● 市政协召开十二届五十六次主席会议，审议市政协组织学习党的十八届五中全会精神的工作方案,市政协主席吴志明主持。

● 2015年度“中国最美的书”评选在沪揭晓,来自全国各地18家出版社的20种图书荣膺本年度“中国最美的书”称号,并将代表中国参加2016年度“世界最美的书”评选。上海人民美术出版社的《上海字记——百年汉字设计档案》、广西美术出版社的《订单——方圆故事》等20种图书获得本年度“中国最美的书”称号。

10日

● 市委召开常委扩大会议,通报中央关于艾宝俊涉嫌严重违纪,接受组织调查的决定。

● 市学习贯彻党的十八届五中全会精神宣讲团正式成立。宣讲团成员由上海有关党政机关领导干部、理论工作者、市委讲师团成员等组成,成员有:王战、王国平、王德忠、冯小敏、冯绍雷、邢邦志、权衡、刘靖北、孙力、寿子琪、李琪、李友梅、李志伟、肖林、沈国明、张全、张晖明、陈宪、周国平、周振华、郑杨、俞北华、施凯、顾骏、奚洁人、诸大建、黄仁伟、童世骏、潘世伟、燕爽。

● 市政协围绕“推进重大工程建设”专题开展年末考察活动,先后赴世博园区B片区工地、上海中心,了解工程项目建设进展情况。市政协主席吴志明参加。

● 市文明委召开上海市未成年人思想道德建设工作经验交流会,表彰上海获得全国未成年人思想道德建设先进城区徐汇区,上海东方宣传教育服务中心等7个全国未成年人思想道德建设工作先进单位,吴永祥等3名全国未成年人思想道德建设先进工作者,以及浦东新区东明路街道等91个上海市未成年人思想道德建设工作先进单位,盛文萍等51名上海市未成年人思想道德建设先进工作者。

11日

● 市委书记韩正赴紫竹国家高新技术产业开发区调研。韩正强调,党的十八届五中全会提出了“创新、协调、绿色、开放、共享”五大发展理念,上海加快建设具有全球影响力的科技创新中心,要始终围绕国家战略导向、市场导向、应用导向,坚定不移向前推进。紫竹国家高新区要在10多年建设发展的基础上,进一步为上海科创中心建设发力。

● 市委副书记、市长杨雄赴市统计局调研。杨雄说,要主动顺应改革开放新形势,统筹运用社会和市场资源,创新工作机制和技术手段,着力提升政府系统对经济社会发展数据的采集研判能力,为“十三五”期间上海继续当好全国改革开放排头兵、创新发展先行者提供坚实支撑。

● 华东六省一市政协第二十二次提案工作座谈会在市政协召开。市政协主席吴志明致辞,全国政协提案委员会主任孙淦讲话。

● 2015中国剧协全国小戏小品基地交流演出在沪举行,集中展示了四家小戏小品创作基地近年来的优秀原创作品。

● 国家对外文化贸易基地(上海)主办的第二届自由贸易试验区文化授权交易会开幕。交易会集展示、洽谈、服务于一体，聚集英国、美国、日本、韩国10多个国家及全国近20个省市的100多家展商。

12日

● 中共中央政治局委员、国家副主席李源潮在上海调研群团工作。李源潮指出，青妇科侨组织要按照习近平总书记重要讲话要求，积极稳妥推进自身改革，动员所联系群众为全面建成小康社会建功立业。中共中央政治局委员、市委书记韩正一同调研。

● 市委全面深化改革领导小组举行第十一次会议，传达学习中央全面深化改革领导小组第十八次会议精神和习近平总书记重要讲话精神，审议并原则通过《上海市群团改革试点方案》。上海市委书记、市委全面深化改革领导小组组长韩正主持会议并讲话。

● 中共中央政治局委员、市委书记韩正会见以新国家党最高委员、国会议员徐清源为团长的韩国超党派国会议员代表团。韩正说，上海市与釜山市缔结友好城市20多年来，双方在各个领域的交流往来十分频繁，相信代表团此次访问中国、访问上海，将进一步了解中国的改革开放，更好地促进中韩友谊、促进上海与韩国各城市之间的友好交往。

● 中国民主革命的伟大先行者孙中山先生诞辰149周年纪念活动在上海孙中山故居举行。

● 市委常委、常务副市长屠光绍会见美国华盛顿市长穆里尔·鲍尔斯女士一行。屠光绍向客人介绍上海经济社会发展最新情况。

● 市委常委、统战部部长沙海林会见由美国华商会组织的美国政商友好代表团。沙海林向来宾介绍上海经济社会发展情况。

● 新疆生产建设兵团与上海市2016—2025年干部人才培训合作签约仪式在市委党校举行，市委常委、组织部部长徐泽洲，新疆生产建设兵团党委常委、副政委、组织部部长宋浩出席签约仪式并讲话。

● 建国以来最大的文化出版工程、国家文化发展规划纲要的重点出版工程项目、国家出版基金资助项目《中华大典》中的5卷本《天文典》首发。《天文典》由上海交通大学科学史与科学文化研究院耗时8年编纂，汇编并甄选中国历代古籍中最有价值的天学记录。

13日

● 中共中央政治局委员、市委书记韩正会见德国汉堡市市长、德国社民党联邦副主席、汉堡社民党主席奥拉夫·朔尔茨一行。韩正说，上海市与汉堡市缔结友好城市

29年以来,在经贸、科技、港口、人文、教育等各领域合作紧密,友城关系不断深入。希望上海与汉堡密切友城之间的合作,共同为中德两国关系健康、稳定、持续向前发展作出更大贡献。

● 副市长周波与正在上海访问的德国汉堡市市长奥拉夫·朔尔茨共同出席由上海市外国投资促进中心主办的中国制造2025与德国"工业4.0"——上海制造业发展新机遇暨中德企业对接活动,并在活动上致辞。逾200名中外企业界及商界代表参加活动。

● 市公安局、武警上海总队联合召开公安武警联合武装巡逻工作现场推进会,会商进一步强化公安武警联合武装巡逻机制,有效维护城市安全。

● 市软科学基地——知识竞争力与区域发展研究中心和国际竞争力中心亚太分中心共同编制的《2015亚太知识竞争力指数》发布,以色列排名第一,中国上海排名第六,上海已连续3年跻身前十,成为中国大陆知识竞争力最强的地区,也是持续上升最稳定的地区。

14日

● 以"上海城市发展'十三五'规划思路"为主题的2015上海城市发展创新论坛举行。论坛由上海市城市经济学会、宏观经济学会、城市规划学会、固定资产投资建设研究会、市政公路行业协会和市建设工程咨询行业协会联合举办。

● 首届中美日儿科转化医学论坛举行,聚焦从临床医疗与基础研究层面加快个体化精准医疗在儿童重大疾病领域的发展。

● 世界自然基金会与上海科技馆、上海科普教育发展基金会签署合作备忘录。三方将以上海自然博物馆为基地,组织以自然保护为主题的公众教育、展览及培训;共同举办"国际自然保护周",提高公众的自然保护意识等活动。

15日

● 市反恐怖工作领导小组召开反恐怖工作专题会议,认真贯彻落实中央领导关于加强反恐怖工作的重要指示批示精神以及国家反恐怖工作领导小组反恐怖工作专题视频会议精神,部署扎实做好反恐怖防范应对工作。

● 在加拿大蒙特利尔举行的国际科技中心协会(ASTC)年会上,上海科技馆理事长、上海科普教育发展基金会理事长左焕琛获2015年度"罗伊·L.谢弗行业前沿奖"之"杰出行业领袖奖"。这是中国人首次获得这一科技馆行业的国际大奖。ASTC是科技馆行业的国际组织,"罗伊·L.谢弗行业前沿奖"旨在表彰科普场馆或个人过去3年在经营案例、游客体验或领导力方面作出的突出成就。

● 复旦大学通识教育10周年学术研讨会召开,北京大学、清华大学、复旦大学和中山大学四校共同成立"大学通识教育联盟"。

16 日

● 市长杨雄会见哈萨克斯坦驻华大使沙赫拉特·努雷舍夫一行。杨雄说,近年来中哈两国关系发展良好,上海非常愿意与哈萨克斯坦开展更多友好交往与合作。

● 第十七届中国上海国际艺术节落幕。本届艺术节历时 32 天,来自 55 个国家和国内 27 个省市自治区及港澳台地区的近 5 000 位艺术工作者相约申城,吸引 420 多万人次参与。其中舞台演出 46 台剧目 93 场,15 万观众走进剧场,平均出票率和上座率超过 9 成。

● "上海人大"微信公众号正式上线。"上海人大"官方微信号由市人大常委会办公厅联合新华社上海分社共同打造,双方将共同积极打造一个全面发布上海人大权威信息、广泛征集社情民意,深度宣传人大制度、积极普及法律法规的线上平台。

● 2015 上海地震紧急救援联合演练在上海建材集团浦东水泥厂举行。本次演练由市应急办指导,市地震局联合市东方医院灾难医救队和武警上海市总队第九支队共同举办,东方医院灾难医救队、武警特种救援队、市地震局地震现场应急工作队,总共 110 人参与。

● 世界华人美术教育大会在华东师大举行,联合国秘书长潘基文发来电文致贺。大会是世界华人美术教育协会首次与联合国教科文组织所属的国际美术教育学会接轨。世界华人美术教育大会每两年举办一次,本届大会提出"大数据时代的创意美术教育"主题。

17 日

● "携手沪商共同实施走出去发展战略"2015 外交官与民营企业家交流活动举行。上海市近 60 位民营企业家和 80 余位驻沪领馆官员以及在沪外国商会代表齐聚一堂,共议"一带一路"背景下中国民营企业"走出去"的机遇与挑战。

● "生前身后——上海图书馆藏人物文献展"在上海图书馆进行,这是上海图书馆连续第 11 年举办年度馆藏文献精品展。展览精选年谱、讣告、墓志及寿序等馆藏人物主题文献 150 余种,兼具学术性与观赏性。

● 宋城演艺与上海世博东迪文化发展有限公司在中华艺术宫举行签约仪式,宣布成立合资公司"上海宋城世博演艺发展有限公司",将投资 7 亿元共同打造"宋城演艺世博大舞台项目"。

● 全球 3D 打印领军企业德国 SLM Solutions 集团公司上海分公司——斯棱曼激光科技公司——正式落户漕河泾松江新兴产业园,成为园区首家外资 3D 打印企业。园区汇聚 20 多家 3D 打印相关企业,在材料研发、设备制造、虚拟仿真、平台运营及行业应用等领域上下游形成了集聚发展,成为沪上最大规模的 3D 产业基地。

18日

● 中共中央政治局委员、市委书记韩正，市委副书记、市长杨雄会见由浙江省舟山市委书记、市长、舟山群岛新区党工委书记、新区管委会主任周江勇率领的舟山市党政代表团一行。韩正说，面向“十三五”，上海要基本建成国际经济、金融、贸易、航运中心，国际航运中心建设的根本是提升软实力和国际竞争力。上海将全力以赴支持舟山发展、配合大洋山开发规划和建设。

● 市委副书记、市长杨雄赴中国(上海)自由贸易试验区陆家嘴片区调研。杨雄说，陆家嘴是上海国际金融中心建设的主战场和核心承载区，要紧紧抓住自贸区和国际金融中心联动建设的重大历史性机遇，坚定不移推进自贸区金融改革创新，加强风险防控，全力服务上海国际金融中心建设国家战略。

● 市政协召开2015年情况通报会，向各国驻沪机构相关人士通报2015年以来上海经济社会发展基本情况和市政协履职情况。市政协主席吴志明出席并致辞。

● 市委常委、市政法委书记姜平前往华漕镇许浦村，实地调研督导拆违和环境综合整治工作，要求拆除违法建筑，坚持“安全隐患必须消除，违法无证建筑必须拆除，脏乱差现象必须整治，违法经营必须取缔”的原则不动摇。

● 2015上海台北双城健康讲坛暨第二十六届解放健康讲坛在台北孙中山纪念堂举办。来自海峡两岸知名的环境、药理以及中西医专家亮相，共谈“环境污染和我们的身体”。

● 上海莱佛士国际医院项目在浦东前滩地区举行奠基仪式。这是上海自贸试验区推出服务业开放措施后首家落户的中外合资国际医院。上海莱佛士国际医院项目由新加坡莱佛士医疗集团和上海陆家嘴集团联手打造，旨在建成世界一流的顶尖医院，为上海本地居民和驻沪外籍人士，以及国外病患提供优质的医疗保健服务。

● 2015年上海市道路养护新技术交流会在嘉定汽车会展中心召开。

● 国家统计局发布的房价统计数据显示，2015年10月全国70个大中城市新建商品住宅价格环比上涨城市达到27个，比9月减少12个。上海新建商品住宅价格环比上涨2.1%，涨幅排在全国首位。

● 美国涂料巨头艾仕得亚太技术研发中心在闵行开发区破土动工，将打造艾仕得修补漆色彩研发中心、新的修补漆客户培训中心和多个实验室，建成艾仕得在中国乃至亚洲地区的创新中心。

19日

● 市委副书记、市长杨雄赴中国(上海)自由贸易试验区金桥片区、保税区片区调研。杨雄说，上海自贸区扩区要努力在制度创新和投资贸易便利度等方面始终走在全国前列，为增强上海核心竞争力和创新转型发展打下坚实基础。

● 市政协主席吴志明会见巴基斯坦参议院主席拉巴尼率领的代表团。吴志明代表市政协向客人来访表示欢迎,并介绍了近年来上海改革发展情况和市政协履职情况。

● 市社会科学界第十三届学术年会大会在上海展览中心召开。市委常委、宣传部部长董云虎出席并讲话。本届年会的主题是"'四个全面':新常态与大战略"。

● 苏浙沪政协保护和扶持地方戏曲艺术第九次座谈会暨上海戏曲论坛在上海市政协举行。全国政协副秘书长、京昆室副主任,民革中央副主席刘家强讲话。上海市政协副主席方惠萍致辞。江苏省政协副主席罗一民、上海市政协副主席张恩迪出席。

● 市十四届人大常委会第二十四次会议表决通过《上海市实施宪法宣誓制度办法》,并决定自2016年1月1日起正式实施。从2016年开始,上海的国家工作人员在就职前,需按照统一誓词公开进行宪法宣誓。

● 由商务部和上海市人民政府支持、商务部外贸发展局主办的"第四届中国国际石油贸易大会"在上海举行。来自19个国家的大型跨国石油企业、国家石油公司及与石油、天然气贸易相关机构代表近300人共同探讨"一带一路"战略下中国及世界油气贸易发展现状、机遇与挑战以及未来的发展趋势。

● 香港国际仲裁中心上海代表处揭牌,标志着首家境外商事仲裁机构入驻上海自贸区。

● 上海青年艺术家创作孵化基地在沪揭牌。该基地由上海文广局创作中心牵头,联合崇明工业园区文创投资公司、上海戏剧学院、上海音乐学院、上海艺术研究所等专业机构,为连结优秀艺术院校毕业生与艺术界打造绿色通道。

● 第三届"荧星杯"少儿国际标准舞(体育舞蹈)公开赛暨青少年国际标准舞精英大奖赛,在上海开赛。"荧星杯"作为全国首个专业少儿国标舞大赛落户上海,迄今已连续成功举办三届。

20日

● 市委召开党的群团工作会议,进一步学习贯彻中央党的群团工作会议精神和习近平总书记关于群团工作的重要讲话精神,动员部署上海群团改革试点工作。市委书记韩正强调,在中央"四个全面"战略布局的大背景下,群团改革的目标已经清晰,必须紧紧围绕保持和增强群团组织政治性、先进性、群众性的目标,坚持问题导向,增强改革的思想自觉和行动自觉,确保改革试点扎实推进、取得实效。

● 以"中国改革　世界机遇"为主题的第六届世界中国学论坛在上海开幕。中宣部副部长、国务院新闻办主任蒋建国出席并作主旨演讲。上海市委副书记、市长杨雄出席并致辞。世界中国学论坛由国务院新闻办公室和上海市人民政府共同主办,上海社会科学院和上海市政府新闻办联合承办,是一个高层次、全方位、开放性的学术论坛。论坛从2004年起,每两年在上海举办一届,旨在为海内外中国学研究提供对话渠道和交流平台,增进中国与世界的相互了解,努力建设具有世界影响力的中国学学术共同体。

● 中共中央政治局委员、市委书记韩正会见出席第六届世界中国学论坛的中外嘉宾代表,对论坛在沪开幕表示祝贺。韩正说,世界中国学论坛是中外交流的平台、增进友谊的桥梁,也是讲述中国故事的舞台。在座各位对中国有着很深的了解,期待通过世界中国学论坛这一平台开展全方位交流,也希望聆听大家对上海今后发展的意见和建议。

● 主题为"'一带一路'国家战略推进中的法律服务保障"的第七届陆家嘴法治论坛在上海国际会议中心举行。

● 上海三中院(铁路中院)正式揭牌并开通运行第一个跨省远程审判法庭——合肥法庭。这是全国首家跨行政区划法院。

21日

● 第六届世界中国学论坛圆满闭幕。本届论坛召开是在党的十八届五中全会闭幕之后,全会提出的五大发展理念、"十三五"规划等,成为热议话题。

22日

● 市委召开常委会,审议并通过《关于加强知识产权运用和保护支撑上海科技创新中心建设的实施意见》。市委书记韩正主持会议并讲话。

● 中共中央政治局委员、市委书记韩正会见捷克总理索博特卡一行,代表2 400万上海人民对总理阁下来沪访问表示欢迎。韩正说,随着中国"一带一路"战略的不断深入,中国和捷克各领域合作交流更加紧密,越来越多中国企业在捷克投资发展。在两国领导人确立的合作框架下,上海非常愿意为促进两国的友好合作做出更大贡献。

● 中共中央政治局委员、市委书记韩正会见拉脱维亚总理斯特劳尤马一行,代表2 400万上海人民对总理阁下访问上海表示欢迎。

● 上海佘山当代艺术中心开馆仪式暨"海上繁花——2015上海当代艺术展"开幕式举行,来自海内外当代艺术领域的40余位知名艺术家与多位国内专家学者出席。

23日

● 市委副书记、市长杨雄主持召开市政府常务会议,研究贯彻《国家集成电路产业发展推进纲要》,设立上海集成电路产业基金工作;研究制定《上海市推进"互联网+"行动实施意见》,推动互联网与上海市经济社会各领域深度融合发展。

● 市长杨雄22日会见来华出席中国—中东欧国家领导人会晤的波兰总统安杰

伊·杜达一行，代表上海市政府和上海人民欢迎总统访沪。杨雄说，中波两国有着长期友好交往，上海与波兰的合作源远流长。总部位于上海的中波轮船股份公司，就是中波两国于1951年合资创办的远洋运输企业，也是新中国第一家中外合资企业。上海正推进国际经济、金融、贸易、航运中心建设，加快建设具有全球影响力的科技创新中心，同时，通过自贸区建设进一步加快对外开放，这些都为上海与波兰加强交往、深化合作开辟广阔天地。

● 市长杨雄会见来华出席中国—中东欧国家领导人会晤的保加利亚总理博伊科·博里索夫一行，代表上海市政府和上海人民欢迎总理访问上海。杨雄说，上海珍视与保加利亚的传统友谊，正积极筹备与索非亚市建立友好城市关系，我们期待未来通过友城合作交流进一步加强与保加利亚的友好往来，促进经贸、科技、文化等领域的交流与合作。

● 市长杨雄会见来华出席中国—中东欧国家领导人会晤的爱沙尼亚总理塔维·罗伊瓦斯。杨雄说，相信总理阁下此次出席中国—中东欧国家领导人会晤并访问上海，将进一步促进中爱两国以及上海与爱沙尼亚的友好交往，进一步促进上海与爱沙尼亚在经贸、教育、旅游、创意产业等领域的合作。

● 市人大常委会召开加强区县、乡镇人大工作座谈会，研究部署加强上海区县、乡镇人大工作和建设。市人大常委会主任殷一璀、市委副书记应勇出席会议并讲话。

● 市委第一至第十巡视组分别进驻14家市管国有企业和6家高校开展专项巡视。这标志着上海市2015年第三批巡视工作全面展开。本批巡视采取“一托二”的形式，每个巡视组同时巡视2个单位，巡视时间为2个月。

● 国家统计局发布的2014年全国科技经费投入统计公报显示，研发经费支出最多的六个省（市）为江苏（占12.7%）、广东（占12.3%）、山东（占10%）、北京（占9.7%）、浙江（占7%）和上海（占6.6%）。2014年上海研发投入862亿元，比2013年增长85.2亿元；投入强度为3.66%，比2013年上升0.06个百分点，继续位居全国第二位。

24日

● 市委书记韩正会见西门子股份公司管理委员会成员博乐仁一行。韩正说，上海与西门子在先进制造业领域的合作正在深化，西门子下一步对于服务中小企业成长的举措，也将有助于我们在全社会形成“大众创业、万众创新”的良好氛围。

● 曹亚中、张宝发、蒋永华、李洁、汤臣栋5位优秀党员干部走进中共上海市委常委会“三严三实”专题学习会作报告。市委书记韩正主持学习会并强调，五位优秀党员干部的感悟告诉我们：再好的政策举措，贵在行动、重在落实；面对前进道路上的困难和矛盾，贵在认识问题、重在解决问题。

● 市委宣传部、市卫生计生委、第二军医大学共同主办的长征医院血透中心护理组先进事迹报告会在上海展览中心举行。市委书记韩正会见由第二军医大学校长孙颖浩率领的长征医院血透中心护理组先进事迹报告团。长征医院血透中心护理组组建于1977年,是上海规模最大、水平最高的血透中心,是全国唯一提供24小时不间断服务的血透中心。

● 市长杨雄会见印度内政部部长拉杰纳特·辛格一行。杨雄说,中印都是有着灿烂历史文化的国家,也是世界上两个最大的发展中国家,双方互利合作潜力很大。上海与孟买结为友好城市,愿在友城合作交流的基础上进一步加强与印度各方面的合作。

● 市长杨雄会见芬兰埃斯波市市长尤加·麦凯拉一行。杨雄说,2015年是中芬建交65周年,上海与埃斯波作为友好城市,近年来在科技创新、文化交流等领域取得了一系列新进展。希望在深化创新领域合作的同时,进一步加强教育、文化、医疗卫生等方面的交流与合作。

● 由全国政协文史和学习委员会主任王太华任组长的"加强和改进学习工作"专题调研组在沪调研,了解上海市政协及区县政协开展学习工作的实践,并围绕丰富和创新政协学习的内容形式,与部分在沪全国政协委员、市政协委员座谈交流。

● 由沪港经济发展协会、上海海外联谊会及岭南大学潘苏通沪港经济政策研究中心联合主办的第八届沪港大都市发展研讨会在香港召开。香港特别行政区政府财政司司长曾俊华,上海市委副书记应勇,中央政府驻港联络办副主任仇鸿,上海市委常委、统战部部长、上海海外联谊会会长沙海林,全国人大常委范徐丽泰等出席。本届研讨会主题为"金融大时代下的机遇和挑战",吸引沪港两地逾400位专家学者、企业家以及政府官员参加讨论。

25日

● 中国上海网发布《关于加快推进中国(上海)自由贸易试验区和上海张江国家自主创新示范区联动发展实施方案》。《方案》提出,上海要率先探索创新驱动发展的制度安排,充分利用国际国内"两个市场、两种资源",着力打造国际化循环、全球化配置的创新创业生态系统,不断提升自贸试验区和张江示范区的功能、质量、效益。

● 市政府召开鼓励创业带动就业工作推进会,对启动实施新一轮鼓励创业带动就业3年行动计划进行全面部署。副市长时光辉出席会议讲话并为"十佳创业新秀""市级创业孵化示范基地"以及"国家级充分就业社区"进行颁奖和授牌。

● 中国青年天使会上海天使创投咨询服务中心正式挂牌成立,并将落户中国(上海)创业者公共实训基地。这意味着国内首个天使投资NGO组织落户上海,让天使投资人"组团"服务创业者,让初创企业获得更丰富的创业服务。

● 国家统计局上海调查总队发布上海企业集团“走出去”专题分析报告。报告显示，2014 年上海企业境外投资业务实现营收同比增长 49%，但利润同比下降 26%。上海企业集团境外投资规模稳步扩大，营业收入大幅增长的同时，出现利润大幅减少的新情况需要引起关注，企业抵御风险能力相对不足、民营资本参与度较低等瓶颈问题也有待改善。

● 主题为“历史，我们永远不会忘记”的奥地利犹太难民纪念铭牌，在上海犹太难民纪念馆摩西会堂揭幕。来自中奥双方以及其他领馆和机构的代表出席了揭幕仪式。

● 上海国盛(集团)有限公司 2015 年可交换公司债券在上海证券交易所挂牌上市，成为迄今为止国内证券市场发行规模最大的可交换公司债券。

● 市卫生计生委、市红十字会等主办的 2015 年上海市无偿献血表彰大会召开。会议透露“十二五”期间前四年(2011—2014 年)，上海市无偿献血量累计达到 184.9 万人份、献血人次达 134.4 万，献血率达 14.04/1 000，上海市无偿献血志愿者队伍结构日趋合理、长效。

26 日

● 中共中央政治局常委、国务院总理李克强到上海考察自贸试验区改革开放的最新进展，要求贯彻党的十八届五中全会精神，按照创新、协调、绿色、开放、共享的发展理念，做好下一步工作。中共中央政治局委员、上海市委书记韩正和市长杨雄陪同考察。

● 市长杨雄会见百度创始人、董事长兼首席执行官李彦宏，安联集团亚太区首席执行官乔治・邵多卓，高瓴资本集团创始人、董事长兼首席执行官张磊一行。杨雄对上述企业来沪参与互联网金融产业业务表示欢迎。他说，自贸试验区和国际金融中心联动建设，是上海发展的重大机遇，欢迎海内外更多优秀企业和机构来沪探索金融新业务、新业态、新产品，为上海国际金融中心建设贡献力量。

● 上海久事(集团)有限公司举行揭牌仪式，标志这家资产总额 4 147 亿元、有近 7 万员工的国有大型企业集团正式完成公司制改制，由传统的全民所有制企业整体改制为国有独资公司。

● 市关心下一代工作表彰大会在青松城召开。65 个关心下一代工作先进集体、193 名先进工作者以及 16 个全国先进集体、39 名全国先进工作者受到表彰。

● 2015 上海翻译出版促进计划入选书目揭晓，《租界》《老猫的书房》《革命与形式：茅盾早期小说的现代性展开 1927—1930》《假面吟》4 部作品获得翻译资助，总额达 23 万元。上海翻译出版促进计划是市新闻出版局 2015 年新设资助项目，旨在打通优秀出版作品对外传播的瓶颈——翻译质量不高、难以进入外国主流发行渠道。

27日

● 第二届上海国际科普产品博览会在上海展览中心开幕。本届科博会以“智慧城市让生活更完美”为主题，展会面积达2万平方米，吸引来自美、日、韩、德、法、俄、丹麦、荷兰等12个国家和地区的3 500多件展品，展示高新技术产业的成果。

● 中国审判理论研究会金融审判理论专业委员会在沪召开“普惠金融与法治化进程中的P2P”研讨会。来自最高人民法院、全国各地方法院、上海市政府、市委政法委、市检察院、黄浦区政府、金融监管部门、高校、P2P行业及律师界代表等近百人出席会议。

● 上海中心获美国绿色建筑认证委员会LEED—CS白金级认证，为国际绿色建筑领域最高级别的认证。这也是上海中心继2012年9月获国家住建部“绿色三星建筑”认证后，在绿色建筑领域再次取得认可，获得“中美双认证”。同时，上海中心也是全球范围内首栋400米以上的LEED—CS白金级建筑。LEED认证是由美国绿色建筑协会在1993年提出并建立，是在世界各国的各类建筑环保、绿色建筑评估中最完善、最有影响力的标准。

28日

● 市人大常委会主任殷一璀会见阿根廷副总统兼参议长布杜一行。殷一璀说，阿根廷在上海世博会中有一展示令人印象深刻，希望两国立法机关进一步加强交流互鉴，为中阿关系发展添砖加瓦。

● 第七届苏浙沪皖知联会主题论坛在上海举行。市委常委、统战部部长沙海林出席论坛并致辞。论坛上，四地专家学者围绕“聚焦具有全球影响力的科技创新中心，促进苏浙沪皖转型发展”主题展开深入交流探讨。

● 第七届傅雷翻译出版奖在沪颁出，这是该奖项首次在上海举办。傅雷翻译出版奖2009年设立，由法国驻华大使馆支持，旨在奖励中译法文优秀图书，每年评选出文学类(虚构类)与社科类(非虚构类)各一部。本届评选结果：周小珊译、广西师范大学出版社出版的《6点27分的朗读者》，许明龙译、商务印书馆(上海)有限公司出版的《请中国作证》分获文学类和社科类最佳图书称号。

29日

● 我国自行研制的ARJ21—700新支线飞机从上海飞往成都，正式交付成都航空公司。这是继11月初C919大型客机总装下线后，我国航空工业的又一重大突破，标志着我国走完喷气式支线客机设计、试制、试验、试飞、取证、生产、交付全过程，具备喷气式支线客机的研制能力和适航审定能力。同时，也标志着我国航线上首次拥有按照国际标准自主研制的喷气式支线客机。工信部部长苗圩在飞机交付活动上宣读中共中央政治局委员、国务院副总理马凯的重要批示并讲话。市委副书记、市长杨雄出席并讲话。

● 上海纺织(集团)有限公司与全球知名皮草公司哥本哈根皮草共建的保税冷库在上海浦东启用,这是上海纺织布局全球产业链跨出的又一步。

● 中国第四支赴南苏丹维和警队圆满完成为期 1 年的联合国维和任务,14 名上海市公安局选派的队员搭乘班机回国。继 2008 年上海市公安局赴海地维和警队之后,这是第二次参加维和,14 名队员分别来自市公安局刑侦、经侦、治安、特警、反恐、出入境、基层派出所等多个部门,精通外语,警龄均在 8 年以上,具有丰富的实战经验。

● 华东地区首家本科学历教育类的珠宝学院在上海建桥学院成立,同时成为"上海宝玉石交易中心培训基地"。

30 日

● 市委召开常委扩大会议,传达学习中央扶贫开发工作会议精神。市委书记韩正主持会议并强调,上海各级党政领导干部要认真学习、深刻领会中央扶贫开发工作会议精神和习近平总书记、李克强总理重要讲话精神,把中央交给上海的对口支援任务纳入脱贫攻坚的全过程,强化与西部地区的扶贫协作,全力以赴做好各项对口支援工作。

● 工商总局和世界知识产权组织在上海召开中国商标金奖颁奖大会,表彰在商标创新、运用、保护和有效利用马德里商标国际注册体系方面取得突出成绩的单位和个人。百度、携程等 7 家单位获"商标创新奖";北京同仁堂等 7 家单位获"商标运用奖";北京市工商局朝阳分局等 6 家单位和个人获"商标保护奖";北京同仁堂等 5 家单位获"马德里商标国际注册特别奖"。国家工商总局局长张茅、上海市市长杨雄、世界知识产权组织总干事弗朗西斯・高锐出席会议并讲话。

● 银行间市场清算所股份有限公司(上海清算所)与上海航运交易所签署合作协议,上海清算所将推出采用上海航运交易所指数为最终结算标的的集装箱掉期和中国沿海煤炭远期运费协议中央对手清算业务,人民币在国际航运市场定价的话语权将进一步提升。

● 2015 年中国技能大赛——全国首届电切削工职业技能竞赛全国总决赛在沪举行。

12月

1 日

● 市委书记韩正会见世界知识产权组织总干事弗朗西斯・高锐一行。韩正说,上海正在加快建设具有全球影响力的科技创新中心,知识产权战略将贯穿科创中心建设的全过程。我们对世界知识产权组织给予的帮助表示感谢,希望听到更多真知灼见,期待开展更加紧密合作。

● 市政府与世界知识产权组织共同主办的上海知识产权国际论坛在沪开幕。市长杨雄、国家知识产权局局长申长雨出席并致辞。世界知识产权组织总干事弗朗西斯·高锐发表主旨演讲。

● 市长杨雄出席 2015 年市领导与驻沪领团见面会,向各国驻沪领馆官员介绍 2015 年以来上海经济社会发展和上海“十三五”规划编制情况并就自贸试验区建设、环境保护、城市管理等话题与大家坦诚交流。

● 市群团改革专题研讨班开班式在市委党校举行,市委副书记应勇出席并讲话。应勇强调,各级党委和政府、各群团组织要充分认识群团改革的重要性、必要性和紧迫性,把群团改革作为应尽职责、分内之事,全力以赴抓好各项改革任务的落实。

● 华人文化控股集团宣布联手中信资本控股有限公司入股“英超劲旅”曼城俱乐部,总计出资 4 亿美元收购曼城母公司城市足球集团(CFG)13%的股份,进一步扩充旗下体育产业版图。

● 上海各民主党派和无党派人士“坚持和发展中国特色社会主义学习实践活动经验交流暨中期推进会”在上海展览中心召开。市委常委、统战部部长沙海林出席会议并讲话。

● 国家版权局和世界知识产权组织(WIPO)在上海签署《关于进一步加强中国国家版权局与世界知识产权组织双边合作的谅解备忘录》。

● 上海图书馆与芝麻信用管理有限公司、支付宝(中国)网络技术有限公司签署战略合作协议:从 2016 年 1 月开始,上海常住人口可凭芝麻信用分免押金办理上图读者证,在 250 多家上海市中心图书馆借还书。

● 谭元元国际芭蕾艺术工作室在上海戏剧学院揭牌。

● 国家会展中心上海洲际酒店管理合同签约暨揭牌仪式在沪举行,作为配套酒店,国家会展中心上海洲际酒店将于 2016 年 7 月正式开业。这也是上海地区第五家洲际酒店。

● 上海首次发布《智慧城市发展水平评估报告》,全城视角而言,上海智慧城市发展水平总指数为 96.91。从区县评估的各项结果看,在总体指数上徐汇区智慧城市发展水平最高,在城市治理指数上原静安区电子警察覆盖率最高。

● 徐汇区—市第六人民医院医疗联合体正式成立。受委托,市六医院将管理市第八人民医院。联合体是以市六医院为核心,市八医院为骨干,田林、虹梅、康健、漕河泾、龙华等社区卫生服务中心参与的紧密型医联体,形成“3 + 2 + 1”的分级诊疗体系框架。

2日

● 闸北区、静安区“撤二建一”联合党委召开领导干部大会，市委副书记应勇出席会议并讲话。市委组织部副部长郑健麟宣布市委关于组建新的中共静安区委常委会的决定：安路生任中共静安区委书记；陆晓栋、王醇晨任静安区委副书记，何以琴任静安区纪委书记。

● 2014年度浦东科学技术奖励大会召开。大会共授奖76项，其中创新成就奖30项，科技进步奖46项。

● 以“志愿服务与社会创新”为主题的“2015年上海志愿服务论坛”在华东理工大学举行，来自上海和外省市的志愿服务理论工作者和实务工作者300余人出席会议。

● 2015年上海市政总院承担修编的国家标准《城市综合管廊工程技术规范》完成，上海市政总院在武汉等地设计建设的地下综合管廊工程，得到国家发改委的肯定。

● “会商旅文体联动·魔都消费卡”推出。首批“魔都消费卡”共有上海博览会有限责任公司、法兰克福展览公司、百联集团、上海新世界股份有限公司等12家企业作为合作伙伴。

● “拒绝危险驾驶、安全文明出行”上海“12.2”交通安全日系列主题活动在上海科技馆举行。姚明、刘翔被授予“上海市道路交通安全大使”称号。

● 绿地集团与SOHO中国旗下的SOHO3Q达成合作协议，双方将在北京、上海等全国主要城市，建设和运营一批共享办公空间，探索商业、办公地产的互联网运营新模式。

● 2015—2016年度全国冰壶锦标赛在松江大学城落下帷幕。上海对外经贸大学男队获全国冰壶锦标赛铜牌。

● 第二届国际艺术评论奖（IAAC）在上海21世纪民生美术馆颁奖。本届IAAC共收到英文稿件180篇，中文稿件81篇。来自加拿大的戴维·鲍尔泽获得本届IAAC一等奖，中国的张未和美国的安德鲁·韦纳获二等奖。

3日

● 长江三角洲地区三省一市主要领导座谈会在合肥召开。中共中央政治局委员、上海市委书记韩正，上海市委副书记、市长杨雄；江苏省委书记罗志军，江苏省委副书记石泰峰；浙江省委书记夏宝龙，浙江省委副书记、省长李强；安徽省委书记王学军，安徽省委副书记、省长李锦斌出席会议。会议认真贯彻落实党的十八届三中、四中、五中全会和习近平总书记系列重要讲话特别是对长三角地区发展的重要讲话精神，全面总结“十二五”以来长三角地区合作与发展情况，深入交流三省一市今年以来参与“一带一路”和长江经济带等国家战略建设，重点围绕“共同谋划‘十三五’长三角协同发展新篇章”的主题深入讨论。

● 长三角区域大气污染防治协作机制第三次工作会议在合肥召开。会议认真学习十八届五中全会精神和中央领导指示精神,深入交流落实国务院《大气污染防治行动计划》有关情况,回顾总结 2015 年区域大气污染防治协作的主要进展和成效,研究部署下一阶段协作,审议通过《长三角区域大气污染防治协作 2016 年工作重点》等协作文件。中共中央政治局委员、上海市委书记韩正主持会议并讲话。

● 纪念陈云同志诞辰 110 周年《伟大光辉的一生——陈云生平业绩展》全国巡展在中国金融信息中心开幕。全国政协副主席、陈云长子陈元,市政协主席吴志明,市委常委、宣传部部长董云虎,市政协副主席周太彤等出席开展仪式。

● 上海海外联谊会成立 30 周年纪念大会召开。市委常委、统战部部长、上海海外联谊会会长沙海林出席并致词。

4 日

● 市委召开常委会,分别听取《中共上海市委关于制定上海市国民经济和社会发展第十三个五年规划的建议(送审稿)》起草和修改情况的汇报,关于对各区县、各部门和有关单位贯彻执行中央八项规定精神情况开展专项督查的汇报。上海市委书记韩正主持会议并讲话。

● 市委书记韩正会见出席上海海外联谊会成立 30 周年纪念大会的港澳台海外嘉宾代表。韩正说,上海海外联谊会成立 30 年以来,高举爱国主义旗帜,团结广大港澳台同胞和海外侨胞,加强联系、增进友谊、扩大交流、促进合作,为国家发展、为上海发展作出了积极贡献。

● 全国政协副主席陈元率全国政协经济委员会“加快推进品牌建设”专题组在沪调研,出席上海市情况汇报会并讲话。市政协主席吴志明会见专题组一行。

● 中国话剧协会 2015 年全国会员大会在上海召开。这是成立于 1985 年的中国话剧艺术研究会更名为中国话剧协会之后的首次会员大会。大会提出“以剧目树形象、以人才举旗帜,以效益创目标”为主题的《2015 年中国话剧协会全国会员大会上海共识(草案)》。

● 上海警备区党委召开十二届九次全体(扩大)会议,学习领会习近平主席在中央军委改革工作会议上的重要讲话精神,并就贯彻落实南京军区党委扩大会议精神进行部署。

5 日

● 由江西省委书记、省人大常委会主任强卫,省委副书记、省长鹿心社率领的江西省党政代表团抵沪考察访问。中共中央政治局委员、上海市委书记韩正,市委副书记、市长杨雄同江西省党政代表团举行座谈。

● 第十八届“上海十大杰出青年”评选颁奖活动举行。上海国际机场股份有限公司消防急救保障部场区大队副中队长、农民工青年代表管昌盛,长江学者、上海交通大学特聘教授、最年轻的上海青年科技英才师咏勇等10人获十大杰出青年殊荣。市委副书记应勇为十大杰出青年颁奖并讲话。

● 位于徐家汇美罗城的上剧场开幕。作为著名艺术家赖声川首个专属剧场,上剧场开幕大戏《在那遥远的星球,一粒沙》同时上演。

● 以“创新创业,梦圆上海”为主题的2015中国海归创业大会暨上海海归千人创业大会举行。会上,第四批上海“千人计划”专家接受颁证,上海海归千人科技创新中心宣告成立。

6日

● 第十届全球孔子学院大会开幕式在上海举行。国务院副总理、孔子学院总部理事会主席刘延东出席并致辞,为全球孔子学院先进个人和先进单位颁奖。来自130多个国家和地区的大学校长、孔子学院代表共2 300多人出席大会。

● 由中国政治学会主办,上海市委党校、上海政治学会承办的中国政治学会2015年年会暨“‘四个全面’战略布局与中国政治发展”学术研讨会在上海市委党校召开。来自中国社会科学院、国家行政学院及全国部分高校和科研单位的近400位专家学者参加会议。

● 上海金融信息共享平台上线并发布2015上海网络信贷服务业白皮书。

7日

● 市委副书记、市长杨雄主持召开市政府常务会议,研究促进上海外贸转型升级和持续稳定增长若干措施,以及制定上海加快促进服务贸易发展行动计划等事项。

● 市人大常委会主任殷一璀赴市高级人民法院和市人民检察院开展届中调研,贯彻落实市委关于全面深化改革和推进法治上海建设的工作部署。

● 中国科学院、中国工程院公布两年一度的院士增选结果。2015年,中国科学院选举产生61名新院士和12名外籍院士,其中沪上7人当选,并有一名在沪工作的瑞典外籍院士当选。中国工程院共选举产生70名新院士和8名外籍新院士,上海有6人当选。上海产生13名本土新院士,数量在全国各省市区中排名第二,仅次于北京。

● 由民政部指导,中国社区发展协会、中国社会治理研究会主办的“创新社会治理加强基层建设”研讨会在上海召开。会议系统总结上海开展基层社会治理的创新实践,广泛交流各地创新社会治理、加强基层建设的做法与经验,深入探讨推进全国基层社会治理的创新发展。民政部副部长顾朝曦、市委副书记应勇、副市长时光辉、中国社区发展协会会长姜力等出席会议并讲话。

● 市区域化党建工作推进会召开。会议要求,各级党组织要深入贯彻落实市委“创新社会治理,加强基层建设”“1 + 6”文件精神,继续保持开展区域化党建工作良好势头,把这项工作持之以恒抓下去,不断推动区域化党建工作取得新的更大成绩。

● 市“学习习近平总书记系列重要讲话精神与推进‘四个全面’战略布局”理论研讨会召开。本次研讨会由市委宣传部、市委党史研究室、市委党校、市教卫党委、市社联、上海社科院、市中国特色社会主义理论体系研究中心(研究会)联合举办。

● 由文化部公共文化司指导、上海图书馆主办的“大数据与公共数字文化服务研讨会”在沪举行,文化部公共文化研究基地同时在上图举行揭牌仪式。上海图书馆是国内唯一一家入选公共文化研究基地的图书馆。

8日

● 上海临港网上政务大厅正式启用,此次上线的临港网上政务大厅坚持“用户体验至上”的服务理念,创新性地提出“报件池、临港项目编码、电子监察系统、极简流程”等特色功能模块,使得临港地区成为上海乃至国内审批效率最高的地区之一。

● 被称为“全球最难申请奖学金”罗德奖学金中国得主揭晓,复旦大学国际关系与公共事务学院 2015 届毕业生巩辰卓成为其中之一。罗德奖学金已有 112 年历史,是依照英国矿产业大亨西塞尔・罗德的遗嘱设立的国际性奖学金,寻找卓越、勇敢、仁爱以及拥有领袖气质的世界青年精英,资助他们前往牛津大学深造。每年申请者超过 1.2 万名,但最终只有 83 人能够脱颖而出,录取率不到 0.7%。因此,罗德奖学金被称为“本科生的诺贝尔奖”。

● 为期一周的“戏曲・呼吸”2015 首届上海小剧场戏曲节落幕,包括《十两金》在内的 6 台剧目 7 场演出总票房超过 12 万元。

● 中国福利会主办的第十七届宋庆龄樟树奖颁奖活动举行。本届樟树奖共有 5 位获奖者,分别是中国学前教育研究会副理事长王化敏,上海交通大学医学院附属上海儿童医学中心心胸外科主任医师刘锦纷,中国青年政治学院教授陆士桢,宋庆龄幼儿园园长、上海宋庆龄学校校长封莉蓉,首都医科大学附属北京中医医院妇科主任医师柴嵩岩。

9日

● 上海市委召开学习讨论会。学习领会党的十八届五中全会精神和习近平总书记重要讲话精神,围绕“加强干部队伍思想建设”主题,开展深入学习讨论。市委书记韩正主持会议并强调,要把准当前干部队伍的思想脉搏,有针对性地加强干部队伍思想建设,把思想建设贯穿于上海改革发展的全过程。

● 公安部与上海市政府签署共同推进上海具有全球影响力的科技创新中心建设合作备忘录,积极推进完善出入境配套政策措施,持续推动上海科技创新中心建设。

● 上海社会科学院召开《开放改革引领创新转型——上海“十三五”发展规划思路

研究》新书发布会。该书是上海社科院重大研究课题，也是上海社科院入选国家首批 25 家高端智库建设试点单位之后拿出的第一个成果。

● 上海老饭店“本帮菜肴传统烹饪技艺”获得“国家级非物质文化遗产项目”授牌。这是上海餐饮界继功德林素食、上海古猗园南翔小笼馒头之后，又一个申报国家级“非遗”成功的项目。

● 上海早期胃癌筛查项目启动仪式举行。“血清胃功能筛查 + 胃镜”可有效提升胃癌筛查普及率，松江区率先启动早期胃癌筛查项目，筛查者只要抽 2 毫升静脉血，就能及早发现胃黏膜病变风险。

10 日

● 洋山深水港开港 10 周年总结报告会在港区举行。上海市委书记韩正强调，“洋山精神”是上海城市精神的重要诠释。面向未来发展，上海要按照中央要求当好全国改革开放排头兵、创新发展先行者，始终围绕国家战略、服务国家战略，为长江经济带和“一带一路”战略作出更大贡献。2005 年 12 月 10 日，洋山深水港正式开港运营，掀开上海港发展新篇章，标志着上海国际航运中心建设取得重大突破。开港 10 年来，累计完成集装箱吞吐量达到 1.08 亿标准箱，年集装箱吞吐量从开港第一年的 324 万标准箱，发展到 2015 年的 1 537 万标准箱，年均增长近 20%，为上海港集装箱吞吐量迅速跃居并连续 5 年保持世界第一作出重要贡献。

● 市消费者权益保护委员会换届大会暨三届一次全委会召开。市十三届人大常委会副主任杨定华担任市消保委新一届全委会主任，市政府副秘书长吴建融兼任第一副主任，市工商局局长陈学军兼任市消保委常务副主任。新一届全委会组成人员共 77 名。

11 日

● 市政协召开工作学习讨论会。市委书记韩正出席会议并讲话指出，2016 年是“十三五”开局之年，要认真学习贯彻习近平总书记系列重要讲话精神，充分发挥人民政协协商民主重要渠道和专门协商机构作用，牢牢把握为实现“十三五”良好开局积极资政建言这条工作主线，为上海“十三五”发展作出更大贡献。

● 市人大常委会主任殷一璀走访黄浦区南京东路街道，参加市人大代表联系社区活动，围绕编制和完善上海市“十三五”规划等听取意见建议，为在市人代会上审议相关议题做准备。

● 国务院批复同意中远集团与中海集团实施重组，两家中国航运业巨头国企拉开重组大幕，总部注册上海。

● 纪念中国民主建国会成立 70 周年大会在上海展览中心友谊会堂召开。全国政协副主席、民建中央常务副主席马培华，市委常委、市委统战部部长沙海林出席并讲话。

● 最高人民法院经核准上海市高级人民法院判决，复旦大学医学院学生投毒案的罪犯林森浩被依法执行死刑。

12 日

● 市委召开党外人士座谈会，就《中共上海市委关于制定上海市国民经济和社会发展第十三个五年规划的建议》，听取各民主党派、市工商联和无党派人士的意见和建议。市委书记韩正主持座谈会。

● 市委召开常委学习会，听取中央纪律检查委员会副书记吴玉良关于党的十八大以来纪检监察工作和《中国共产党廉洁自律准则》《中国共产党纪律处分条例》的专题辅导报告。市委书记韩正主持会议。

● 市长杨雄会见意大利参议长彼得罗・格拉索率领的代表团。杨雄说，上海与意大利有着长期友好交往，与米兰结为友城已有 36 年的历史。面向未来，上海愿与意大利各方面进一步加强交流与合作，促进中意关系发展，增进两国人民友谊。

13 日

● 市委召开常委会，原则通过《上海市水污染防治行动计划实施方案》。市委书记韩正主持会议并讲话。《上海市水污染防治行动计划实施方案》明确，到 2017 年底前，基本实现建成区污水全收集、全处理，污水处理厂达到一级 A 标准，建成区河道基本消除黑臭；到 2019 年，城市污水处理率达到 95%；到 2020 年，基本消除丧失使用功能的地表水体，地下水和近岸海域水质保持稳定。

14 日

● 由中国社会科学院和上海市政府联合主办的第二届“世界考古论坛・上海”在上海大学开幕。中国社科院院长王伟光、上海市市长杨雄、国家文物局局长刘玉珠分别致辞并共同颁发 11 项重大考古研究成果奖。中国社科院副院长李培林为英国剑桥大学教授伦福儒勋爵颁发“世界考古论坛终身成就奖”。

● 市人大常委会部分组成人员就编制和完善上海“十三五”规划、推进科创中心建设等赴上海交通大学闵行校区开展调研。市人大常委会主任殷一璀参加。

● 由市委宣传部、市民政局、市司法局、浦东新区区委共同主办的冯红梅先进事迹报告会在上海展览中心举行。冯红梅是浦东新区东明路街道“红梅工作室”负责人，市人民调解协会会长，10 余年奔走在社区一线，热心帮助群众排忧解难，被评为“全国模范人民调解员”并当选“2014 年感动上海年度人物”。

● 金山卫抗击日军登陆地建设主题纪念活动在金山区金山卫抗战遗址纪念园举行。社会各界代表共约 400 人参加活动，全体人员向在抗日战争中遇难的同胞默哀并参观金山卫抗战史料展示馆，向“十月初三惨案”死难者名单墙敬献菊花。市委常委、宣传部部长董云虎出席活动并讲话。

● 2015 上海智慧城市体验周闭幕式举行，上海智慧城市建设优秀应用评选活动奖项正式揭晓。国网上海“电能绿色管理平台”、光明乳业“智能化制造食品安全管理系统”、大众点评“智慧餐厅”等获“十大优秀应用奖”；“阿基米德 FM”“驾道”等获“十大创新应用奖”；同时还揭晓了“惠民应用奖”“人气应用奖”及“邀请案例奖”。

● 市文明办和上海社科院社会学所联合发布“上海未成年人成长发展指数”：综合成长发展指数为 0.81 分，上海未成年人整体发展状况良好，身体成长和文化修养尚需加强。未成年人成长发展指数以未成年人成长发展为评估对象，全国属首创，2015 年是首次发布。

● 第十二届 CASIO 杯翻译竞赛颁奖典礼在市文联文艺大厅举行。本届英语组、俄语组一等奖仍旧空缺。本届翻译竞赛英语原文选自英国诗人、评论家 W.H.奥登的散文集《染匠之手》序章“阅读”的第一段落，俄语原文选自俄罗斯作家叶尔马科夫·德米特里·阿纳多利耶维奇刊登于《我们现代人》杂志的短篇小说。

15 日

● 市长杨雄会见阿联酋阿布扎比王储谢赫穆罕默德·本·扎耶德·阿勒纳哈扬率领的代表团，代表上海市政府和上海人民对王储访沪表示欢迎。杨雄说，近年来上海与阿联酋阿布扎比、迪拜等围绕经贸、金融等领域开展积极的交流与合作，部分上海企业与阿方的合作项目正在顺利推进，为双方进一步深化合作奠定良好基础。

16 日

● 市委第十届委员会第十次全体会议召开。全会深入学习贯彻党的十八大和十八届三中、四中、五中全会精神，深入学习贯彻习近平总书记系列重要讲话精神，全面总结 2015 年工作，认真研究上海“十三五”发展的指导思想、基本要求和目标任务，围绕贯彻落实《中共中央关于制定国民经济和社会发展第十三个五年规划的建议》，审议并通过《中共上海市委关于制定上海市国民经济和社会发展第十三个五年规划的建议》。

● 市长杨雄会见瑞士德科集团全球首席执行官艾伦·德海兹一行。杨雄说，我们欢迎更多海内外优秀人才来上海发展，我们将努力为大家发展提供更多便利、创造更好环境。也希望德科集团等专业机构发挥自身所长，运用新理念、新方法，为企业提供专业服务，更好地助推上海发展。

● 市委副书记、市长杨雄出席第六届“上海市青少年科技创新市长奖”颁奖仪式并为 10 名“市长奖”获得者颁奖。杨雄说，大众创业、万众创新的时代，为青少年科技创新开辟了更加广阔的空间。希望广大青年尽早树立人生理想，点燃科学梦想，以坚韧不拔的精神迈向成功之路，成长为栋梁之材。祝愿全市青少年科技创新活动更加蓬勃发展,不断创造新的佳绩。

● 第一届中德智能制造/工业 4.0 发展与标准化交流会在临港新城举行。会议由中国电子技术标准化研究院、上海工业自动化仪表研究院、机械工业仪器仪表综合技术经济研究所与德国电气电子与信息技术委员会、德国标准化协会共同举办。

● 英国《自然》杂志增刊《2015 中国自然指数》发布,显示中国高质量的科研产出在 2012—2014 年期间,增长 37%,中国对世界高质量科研的总体贡献居全球第二位,仅次于美国。上海在国内科研产出城市排行榜上位列第二,仅次于北京。

17 日

● 市人大常委会召开学习研讨会。市委书记韩正指出,2016 年是“十三五”开局之年,要深入学习习近平总书记系列重要讲话精神,与时俱进做好人大工作,切实发挥人大代表作用,找准人大工作着力点,为上海“十三五”发展顺利开局和民主法治建设深入推进作出新贡献。

● 市委副书记、市长杨雄主持召开市“十三五”规划工作领导小组第三次会议,研究贯彻落实十届市委十次全会精神和市委关于制定“十三五”规划的建议,进一步完善上海市“十三五”规划纲要。

● 市委副书记、市长杨雄主持召开上海市“十三五”规划专家咨询委员会会议,听取来自经济、社会、科技、教育、文化、城市规划、法律等领域的 14 位专家对“十三五”规划《纲要(草案)》的意见和建议。

● 市总工会宣布《上海市总工会改革实施方案》的重要内容——机关“瘦身”方案,市总工会内设机构从现有的 13 个部门整合为 9 个,精简 30.8%。

● 国家外汇管理局上海市分局召开政策通报会,正式发布《进一步推进中国(上海)自由贸易试验区外汇管理改革试点实施细则》。这是上海自贸试验区“金改 40 条”印发后发布的第一个实施细则,允许上海自贸区内企业(不含金融机构)外债资金实行意愿结汇、允许区内货物贸易外汇管理分类等级为 A 类的企业外汇收入无需开立待核查账户等重磅利好一一落地。

● 青浦区促进跨境电商产业发展推进会举行,“中欧上海跨境电子商务研究中心青浦分中心”揭牌。

● 市商务委、市外资协会共同发布 2014 年度“上海外资营业收入百强企业”“上海外资进出口总额百强企业”“上海外资纳税总额百强企业”“上海外资吸收就业人数百强企业”四张榜单,上海大众汽车有限公司独得 2014 年度上海外资营业收入百强企业之首、上海外资纳税总额百强企业之首两项冠军。

● 市演出行业协会公布 2015 年度“上海市示范剧场”,上海大剧院、东方艺术中心、上海文化广场、上海音乐厅、天蟾逸夫舞台等 5 家剧场榜上有名。

18日

● 近300位市人大代表围绕推进上海航运中心建设、工业和商业转型升级、新农村建设、司法改革试点等专题继续开展代表集中视察。市人大常委会主任殷一璀参加视察。

● 市政协召开机关干部会议，传达中共上海十届市委十次全会精神，要求把服务"十三五"规划实施作为贯穿明年履职工作的一条主线，努力为实现"十三五"良好开局凝聚智慧力量。市政协党组书记、主席吴志明出席并讲话。

● 市政协主席吴志明率部分市政协委员赴市高级法院调研，实地考察上海法院12368诉讼平台和信息管理中心，了解上海法院践行司法为民，提高诉讼服务质量，依托信息化技术，推进司法公开等方面的实践。

● 培养选拔年轻干部和女干部、少数民族干部、党外干部工作座谈会召开。市委副书记应勇出席并讲话，应勇指出，各级党委和有关部门要站在政治和全局的高度，着眼大局大势，充分认识做好培养选拔年轻干部和女干部、少数民族干部、党外干部工作的重要性，把中央的部署要求落到实处。

● 国家统计局发布2015年11月70个大中城市住宅销售价格统计数据显示，2015年10月，上海新建商品住宅价格环比涨幅超过深圳，位居全国首位；11月，上海新建商品住宅价格环比上涨1.9%，比10月回落0.2个百分点，仅次于深圳2.9%的环比涨幅，位居全国第二；上海新建商品住宅价格比2014年同月上涨15.4%，位居全国第二。

19日

● 上海轨道交通11号线（罗山路—康新公路区段）、12号线（七莘路—曲阜路区段）、13号线（长寿路—世博大道区段）载客试运营，标志着上海城市轨道交通基本网络全面建成，上海全网运营线路总长首超600千米，增至617千米（588千米+磁浮29千米），总里程数位居全国第一，车站增至366座（364座+磁浮2座），换乘车站增至51座。

● 上海市奉贤区西渡街道正式挂牌成立，标志着奉贤区有了第一个行政区划意义上的街道，也是奉贤区解决"镇管社区"面临的一系列社会管理难题的破题之举。市委副书记应勇、副市长时光辉等共同为西渡街道党工委、办事处揭牌。

● 2015上海市中小学生冰上运动会在飞扬冰上运动中心开幕。这是上海市首次举办冰上运动会，来自30多所中小学及幼儿园的391名选手参加。

20日

● 第二十二届"蓝天下的至爱"慈善活动开幕式举行。本届慈善活动以"帮助他人，阳光自己"为主题，市慈善基金会官方微信号将开启，市民可以通过微信进行捐款。

● 上海评弹团举办 8 位评弹艺术家和 9 位青年演员集体结对拜师仪式，拉开“薪火计划”序幕。这是上海评弹团历史上最大规模拜师仪式。“薪火计划”是上海评弹团传承评弹优秀书目，培养青年评弹演员的重要举措，通过师徒结对，在 3—5 年时间内，集中传承 20 部经典弹词和评话，让书目与流派一起“薪火相传”。

21 日

● 市人大常委会机关传达十届市委十次全会精神。市人大常委会党组书记、主任殷一璀就学习贯彻落实全会精神提要求。

● 市政协召开十二届五十九次主席会议，审议市政协 2015 年优秀提案奖(草案)和优秀提案特别奖(草案)。市政协主席吴志明主持会议。

● 市政协主席吴志明率部分政协委员赴市人民检察院调研，参观院务公开馆和预防职务犯罪警示教育基地，考察上海检察机关综合信息管理平台，了解市检察院开展反腐倡廉和法制宣传教育、推进信息化建设等方面的工作实践。

● 复旦大学收获学校历史上最大笔来自校友的捐赠，经济学院校友、中国泛海控股集团董事长卢志强，通过泛海公益基金会向复旦大学整体捐赠 7 亿元。

● 上海图书馆举行“翁万戈捐赠‘翁氏文献’”入藏仪式，标志着由晚清重臣翁同龢五世孙翁万戈捐赠的一批珍贵“翁氏文献”正式回归故土，这是中华古籍保护海外回归的一个重大成果，也是上图多年来致力于古籍整理保护利用结出的又一硕果。

22 日

● 上海召开全市党政负责干部会议，传达中央经济工作会议精神。市委书记韩正强调，全市各级领导干部要认真学习贯彻中央经济工作会议精神和习近平总书记、李克强总理的重要讲话精神，全面把握当前经济形势，切实把思想和行动统一到中央的重大判断和决策部署上来，努力在深刻认识、主动适应、积极引领新常态方面走在全国前列。

● 由浦东新区宣传部、浦东新区文广局、上海陆家嘴金融贸易区管委会主办的 2015 文化陆家嘴论坛在上海国际会议中心举行。本次论坛主题为“让艺术之光点亮陆家嘴”。

● 市青少年校园足球精英训练营成立。精英训练营将通过科学的训练和系统的选拔机制，为上海及国家培养和输送优秀的足球后备人才。上海全市 16 个区县将分别组建 U11、U13、U15、U17 四级精英训练营。

23 日

● 市委书记韩正会见 2015 年上海地区新增中国科学院院士和中国工程院院士代表。韩正与上海地区新老两院院士代表叶叔华、翁史烈、王恩多、龚惠兴、景益鹏、唐勇、张旭、陈义汉、陈国强、常青、陈芬儿、钱锋、宁光、孙颖浩、张志愿、柴洪峰一一握手、交谈，代表市委、市政府对各位院士长期以来为国家科技进步、为上海经济社会发展作出的贡献表示感谢，对新当选的两院院士表示祝贺。

● 市政府召开全体会议，审议即将提交市十四届人大四次会议审议的 2016 年《政府工作报告》和“十三五”规划《纲要（草案）》，并部署岁末年初各项工作。市委副书记、市长杨雄主持会议并强调，各区县、各部门要对照年初确定的重点工作和“十二五”制定的目标任务，查漏补缺，逐一销账，确保全年和“十二五”圆满收官。

● 市政协召开十二届二十二次常委会议。市委副书记、市长杨雄通报上海市经济社会发展情况。市政协主席吴志明主持。

24 日

● 市委召开常委扩大会议，全面贯彻落实中央经济工作会议精神，全面部署 2016 年上海经济社会发展工作。上海市委书记韩正强调，全市各级领导干部要把握大势大局，切实把思想和行动统一到中央对形势的科学判断和工作的部署要求上来，全力以赴谋划好“十三五”开局，当好全国改革开放排头兵、创新发展先行者。

● 市住建委和市建科院联合编撰的《上海建筑业行业发展报告》发布。《报告》认为，上海建筑业已经挥别高速增长，进入“减速慢行”的存量时代。在存量时代，上海本地建筑龙头企业应大踏步“走出去”，开拓全国与海外市场。

● 本市首个表土剥离再利用全流程示范工程——黄浦江上游水源地金泽水库工程土壤剥离完成验收，剥离出来的土壤预计可再造优质耕地约 17 万平方米。这意味着上海在耕地土壤资源的治理保护上，已经探索出一套全流程的实施机制。

● 市委宣传部、市科委、市科协等 12 家单位联合举办的 2015 年上海市文化科技卫生“三下乡”集中示范活动——“科技惠农”主题活动——在奉贤区举行。

25 日

● 市委常委会召开“三严三实”专题民主生活会。各位市委常委紧扣践行“三严三实”主题，聚焦对党忠诚、个人干净、敢于担当，突出政治纪律和政治规矩，紧密联系班子建设和个人思想、工作、生活和作风实际，联系个人成长进步经历，联系党的群众路线教育实践活动中个人整改措施落实情况，深入查摆“不严不实”问题，深刻进行党性分析，严肃认真开展批评和自我批评，明确整改方向和重点，达到统一思想、增进团结、转变作风、改进工作的目的。

● 上海东方网股份有限公司（证券简称东方网，证券代码 834678）正式挂牌新三板，成为新三板新闻网站中经营规模和资产体量最大的企业。东方网成立于 2000 年，是全国重点新闻网站、上海市主流媒体之一。

● 最高人民法院举办的全国法院青年干警学习邹碧华精神主题演讲比赛在上海举行，来自全国 16 个省、市、自治区和广州军区军事法院的 20 位选手参赛。经过激烈角逐,上海一中院的杨斯空获得冠军。

26 日

● 市政府党组召开"三严三实"专题民主生活会。各位党组成员紧扣"三严三实"主题,突出政治纪律和政治规矩,紧密联系班子和个人实际,深入查摆剖析问题,严肃认真开展批评和自我批评,明确今后的努力方向和改进措施,达到统一思想、增进团结、转变作风、改进工作的目的。

● 市检察院第三分院召开"跨行政区划检察院改革试点一周年暨改革实践与探索研讨会",对 1 年来跨行政区划司法改革探索经验进行回顾总结。最高检检察长曹建明发信祝贺。

27 日

● 市委书记韩正参加市公安局党委领导班子"三严三实"专题民主生活会。韩正强调,做好公安工作,必须始终牢固树立大局意识、增强忧患意识、坚持依法严管、加强舆论引导,打造一支绝对忠诚、绝对过硬的公安队伍,为上海经济社会发展做出更大贡献,在平安上海建设各项工作中做出更大成绩。

● 上汽通用汽车公司生产的别克昂科威 SUV 汽车在山东烟台港装船启程,发运北美市场。这是国内合资汽车企业首次实现向美国本土市场反向出口汽车,这批出口汽车也将成为上汽第一批产自中国、销售在美国的别克品牌汽车。

● 浦东新区三届区委九次全会召开。市委常委、浦东新区区委书记沈晓明在会上作关于《中共上海市浦东新区委员会关于制定浦东新区国民经济和社会发展第十三个五年规划的建议(讨论稿)》的说明。

● 以"互联网时代的新闻创新"为主题的第八届中国新闻学年会在复旦大学新闻学院召开,来自全国约 70 所高校的 120 余位学者与会。

28 日

● 市委副书记、市长杨雄主持召开市政府常务会议,研究大力推进上海政务数据资源管理等事项。

●《上海高等教育布局结构与发展规划(2015—2030 年)》和《上海现代职业教育体系建设规划(2015—2030 年)》由上海市教委、市发展和改革委、市人力资源和社会保障局、市财政局、市规划和国土资源管理局、市经济和信息化委联合印发。

● 上海股权托管交易中心"科技创新板"正式开盘。上海市委副书记、市长杨雄出席开盘仪式并敲响开市锣。上海市金融办与上海证交所就共同推动"科技创新板"发展、支持上海科创中心建设交换合作备忘录。

● 市政协召开"完善城市公共安全管理体系"专题通报会,市政协主席吴志明出席。

● 市十四届人大常委会第二十六次会议召开,听取《上海市老年人权益保障条例草案(修订草案)》(修改二稿)修改情况的报告并分组审议条例草案。市人大常委会主任殷一璀主持会议。

● 巴基斯坦海军“沙姆谢尔”号护卫舰和“纳斯尔”号补给舰组成的舰艇编队,在巴海军驱逐舰 25 支队比拉·阿卜杜勒·纳迪尔准将的率领下驶抵上海吴淞某军港,开始对上海进行为期 7 天的友好访问。这是“纳斯尔”号第四次访问上海,也是巴基斯坦海军舰艇第七次访问上海。

● 上海社会科学院世界经济研究所发布《2016 年世界经济形势分析报告》,报告下调了 2016 年世界经济增速的预测,为 3.24%。

● 市戏剧家协会、上海音像出版社宣布,《百年典藏》经典戏曲百辑已经全部完成制作,这项国家“十二五”重点出版物出版规划项目圆满收官。

● 上港集团足球俱乐部宣布与上汽集团确立为期 1 年的战略合作伙伴关系,双方将在 2016 赛季开展合作:在亚冠联赛上,上港球衣胸前广告将出现上汽名爵的字样和商标;在中超和足协杯比赛中,上港球衣将出现上汽集团、上汽荣威的字样。

29 日

● 市委副书记、市长杨雄参加市建设交通工作党委领导班子“三严三实”专题民主生活会。杨雄强调,城市建设管理和交通工作事关上海长远发展,与民生保障息息相关,要深入贯彻落实中央城市工作会议精神和市委、市政府明年工作部署,使城市综合管理水平再上新台阶。

● 市政协党组召开“三严三实”专题民主生活会。各位党组成员紧扣践行“三严三实”主题,紧密联系政协工作和个人实际,直面问题、自我剖析、自我批评、相互批评,体现从严治党、严肃党内政治生活的要求,收到相互教育、相互警醒的效果。市政协党组书记、主席吴志明主持会议。

● 世界最大单体卫星厅——上海浦东国际机场三期卫星厅工程全面开工。到 2019 年浦东机场三期竣工投用时,将使浦东国际机场保障的年旅客吞吐能力从 4 200 万人次增长到 8 000 万人次。

● 市科技成果转化促进会、市教育发展基金会和市促进科技成果转化基金会召开 2015 年“上海产学研合作优秀项目奖”颁奖大会,上海振华重工与上海海事大学、上海交通大学、同济大学合作的“智能化集装箱码头成套装卸系统”项目获特等奖。

● 市委宣传部、市文明办、市卫生计生委联合新闻媒体开展的第二届“我心中的白衣天使——市民投票评选五‘十佳’活动”正式揭晓。薛松、丁志祥、李晓蓉、瞿洪平、潘蓓敏等 50 人分获“十佳医生”“十佳医技工作者”“十佳护士”“十佳公共卫生工作者”“十佳卫生后勤工作者”。

● 第 20 批上海市著名商标揭晓,本次共认定著名商标 426 件,其中新认定 79 件,延续认定 347 件。至此,上海有效著名商标总量达到 1 300 件,平均每千件有效注册商标中就有 3 件为著名商标,市场主体的商标注册意识和品牌发展水平居全国前列。

● 新华社上海分社、新华 08 上海总部、中国金融信息中心联合评选出“2015 上海国际金融中心建设十大事件”:(1)自贸区“金改 40 条”出台。(2)金砖国家新开发银行等机构开业。(3)自由贸易账户境外融资和外币业务启动。(4)金融支持上海科创中心建设 20 条公布。(5)人民币跨境支付系统(CIPS)上线。(6)CFETS 人民币汇率指数发布。(7)银行间市场对外开放不断扩大。(8)上证 50ETF 期权等产品上市,黄金“沪港通”开通。(9)航运保险产品注册制改革在沪率先启动。(10)上海互联网金融加快发展。

30 日

● 市委副书记、市长杨雄主持召开座谈会,就 2016 年《政府工作报告》(征求意见稿)和市政府工作,听取全国各省区市驻沪办事处负责同志意见和建议。

● 市委副书记、市长杨雄主持召开座谈会,听取上海市民主党派、工商联负责人及无党派代表人士对即将提交市十四届人大四次会议审议的 2016 年《政府工作报告》(征求意见稿)的意见和建议。

● 市十四届人大常委会第二十六次会议听取和审议审计整改情况的报告,表决通过《上海市烟花爆竹安全管理条例》。条例规定,为保障公共安全和人身、财产安全,改善大气环境质量,上海市禁止在外环线以内区域燃放烟花爆竹,从 2016 年 1 月 1 日起施行。

● 市政协召开专题通报会,部分市政协委员、在沪全国政协委员就《政府工作报告(征求意见稿)》发表意见建议。市政协主席吴志明出席。市委常委、常务副市长屠光绍介绍有关情况。

● 第五届上海市德艺双馨文艺工作者表彰座谈会召开,杨祖柏、吴新伯、张建亚、张培础、陆星奇、陈飞华、林路、金江波、胡建平、奚小琴、蔡金萍、谭晶华、魏松等 13 位文艺工作者获得“上海市德艺双馨文艺工作者”称号。市委常委、市委宣传部部长董云虎出席座谈会并为获奖者颁奖。“上海市德艺双馨文艺工作者”评选表彰活动始于 1997 年,前四届共评出 38 位德艺双馨的老中青文艺工作者。

● 第四届“浦东好人”——感动浦东十大典型人物颁奖典礼举行。市委常委、浦东新区区委书记沈晓明出席并讲话。与往届相比,“浦东好人”越来越年轻化,80 后超过本届好人数量的四分之一。

● 中国第三十届“飞天奖”揭晓。在获优秀电视剧奖的 17 部电视剧中,由 SMG 影视剧中心参与策划制作,并为东方卫视梦想剧场编排播出的《历史转折中的邓小平》《琅琊榜》《平凡的世界》《嘿，老头！》4 部剧作获得优秀电视剧大奖，也使东方卫视成为全国省级卫视中首播“飞天奖”获奖作品最多的平台。

● 2015 年全年中国以 372 宗 IPO，成为全球 IPO 市场最大来源国，共筹资 603 亿美元。其中，A 股市场 IPO 达 219 宗，筹资 1 586 亿元人民币，比 2014 年分别上升 75%和 102%。深交所宗数全球第一，上交所筹资额全球第二。

31 日

● 市委书记韩正，市委副书记、市长杨雄分别前往城市网格化综合管理中心、商业综合体、地区派出所、人员密集场所、市公安局，检查城市运行安全和生产安全各项工作的落实情况，亲切看望慰问一线工作人员。韩正强调，必须时刻牢记，城市安全工作不能有半点麻痹和疏忽。上海的城市安全工作，有成功经验，也有惨痛教训，作为城市管理者，我们必须时刻把群众安危铭记在心，以自己的不懈努力和付出，确保市民平安、城市安全、社会祥和。

● 2016 上海新年音乐会在上海交响乐团音乐厅举行。市领导韩正、杨雄、殷一璀、应勇等，与千余名市民一起欣赏演出，共迎新年的到来。

● 市政府与中国核工业建设集团公司在沪签署战略合作框架协议。市委副书记、市长杨雄，中国核建集团公司党组书记、董事长王寿君出席。

● 市人大常委会党组召开“三严三实”专题民主生活会。会议紧紧围绕“严以修身、严以用权、严以律己，谋事要实、创业要实、做人要实”的要求，深入查找党组班子及成员存在的问题和原因，在此基础上进一步明确努力方向和改进措施。市人大常委会党组书记、主任殷一璀主持会议。

● 市人大常委会颁发法官、检察官任命书仪式举行，市人大常委会主任殷一璀向 2015 年度市人大常委会任命的上海市 222 名法官和 122 名检察官颁发任命书、宪法和监督法合装本。法官、检察官分别宣誓。

● 市政府和华为技术有限公司签署物联网战略合作协议，未来 5—10 年，将上海打造成为全球物联网产业高地，支撑具有全球影响力的科技创新中心建设。

● 2015 年上海十大新闻发布：(1)上海坚持先行先试，深入推进各项重大改革任务。(2)上海积极做好外滩拥挤踩踏事件善后处置工作，深刻吸取教训，全力保障城市安全。(3)习近平总书记肯定上海一年来锐意探索所取得的新成就，要求继续当好改革开放排头兵、创新发展先行者。(4)上海自贸试验区正式扩区，金融开放创新、“证照分离”等改革试点迈出新步伐。(5)深入推进党风廉政建设和反腐败斗争，在全国率先制定规范领导干部亲属经商办企业行为规定。(6)上海出台加快推进科技创新中心建设 22 条意见。(7)上海各界隆重纪念中国人民抗日战争暨世界反法西斯战争胜利 70 周年。(8)上海聚焦补短板，开展新一轮全面拆违和环境综合整治工作。(9)国产C919大型客机总装下线,新支线客机ARJ21正式交付。(10)上海"十二五"规划目标顺利完成,十届市委十次全会明确"十三五"发展总体部署。

● "新天地载歌载舞迎接2016新年"活动在上海文化时尚地标新天地举行。晚会引进众多高科技,70米高的LED屏幕从舞台中心向两边延伸,投射出如梦如幻的上海城市景色,在新年倒计时的狂欢中,人们迎来2016年。

本年

● 2015年,上海经认定登记的技术合同成交额707.99亿元,再创历史新高,单项合同平均成交额314.48万元,比2014年增长18.9%,合同含金量显著提高。在破纪录的700亿中,电子信息、先进制造、生物医药和医疗器械等战略新兴产业领域的技术合同交易最为活跃,占合同成交总额的八成以上。其中,电子信息技术领域成交额最高,达到329.16亿元,同比增长9.8%;先进制造技术领域成交额增幅最大,同比增长92.1%,交易额为166.62亿元;生物医药和医疗器械技术领域成交额突破100亿元,达到100.19亿元,同比增长16.1%。

● 2015为"十二五"收官之年,上海企业境外投资交出一份出色答卷:1—11月,境外投资实际汇出数145亿美元,同比增长3.8倍,位居全国各省市第一,在全国占比13.9%;如果除去央企部分,占比更是高达21.9%,名副其实成为全国资本"出海"的第一口岸。

● 2015年上海合同利用外资达589亿美元,同比增长86%,再创年度引资新高,规模位居全国首位。实际利用外资在前年高位基础上继续保持增长,达到184.59亿美元,同比增长1.6%,连续16年实现增长。

● 2015年上海港邮轮客流量首次突破220万人次大关,创历史新高。浦江边检站共检查出入境人员226万余人次,同比增长34%。其中,出入境旅客163万余人次,同比增长35%;船员62万余人次,同比增长32%。

● 2015年,中国网络视听服务业市场继续保持高速增长,网络视听产业的营收规模达到531.1亿元,比2014年的388.6亿元增长36.8%。其中,网络视频作为网络视听业的核心业务,几乎占据半壁江山。

● 2015年首届上海市民足球节10月在浦东世纪公园开幕,两个月内开展的20多项系列活动在申城掀起全民足球热潮。今后每年10月26日将定为上海市民足球日,以宣传足球运动在市民文化、城市体育中的价值。

● 由华东政法大学政治学研究院联合上海交通大学企业法务中心研制的《2015中国企业社会责任指数年度报告》在上海发布。该报告旨在借助理论的有力支撑,运用客观数据来准确衡量中国企业的社会责任履行状况。《报告》对《财富》"中国

500强”中的前100家企业进行排名。

● 上海首家“信息服务管家体验馆”在浦东东三里桥路正式开业，标志着电信传统服务向信息服务管家转型的启程。体验馆突出智能家居的主题，模拟家居生活环境，运用信息管家新技术将全面展示电信稳定高速的宽带网络与智能家居产品相融合，突出百兆宽带、远程监控、4K电视、手机看家等服务。

● 上海市体育局发布“2014年上海市国民体质监测公报”及“2014年上海市全民健身活动状况调查公报”。两项公报显示：上海市民体质第三次领跑全国，继2005年、2010年两次“夺冠”后，再度蝉联国民体质“大金牌”。同时，经常参加体育锻炼的人数比例达到38.4%，较2008年有大幅上升。

2016年

1月

1日

● 新修订的《上海市烟花爆竹安全管理条例》实施以来，上海公安机关以最严的标准、最严的要求、最严的措施，全面强化烟花爆竹管控工作。节日期间，全市各级公安机关加大街面巡逻力度，主动劝阻、制止、查处违法燃放行为。

● 市民政局、市社会团体管理局举行社会组织法人登记证书颁证仪式，上海市民文化协会、上海市中新新能源汽车动力电池循环利用促进中心、上海浦东新区社区发展基金会等12家新成立和已成立的社会组织，获得新的登记证书。

● 新年首日，一系列全民健身赛事在申城上演。在名为“2017燕燕日上迎新四环跑”的上海F1赛车场，一万余名选手奔跑。其中11名视障选手在陪跑志愿者的陪伴下，体验“上赛道”的速度与激情。连续举行22年的东方明珠塔登高迎新年长跑，已经成为上海传统的元旦全民健身活动。此外，还有很多就在社区、乡镇举办的全民健身活动。

● 上海第六百货、汇金百货、汇联商厦、美罗城、太平洋百货、港汇恒隆广场等徐汇商圈主要商城大屏上同步打出“汇善汇美汇爱，亲老爱老助老”。同时，第二十二届“蓝天下的至爱——2016年千店义卖”活动拉开帷幕，徐家汇这些地标式的商城也在元旦周期间加入千店义卖的爱心商城队伍之中。

● 上海市卫生计生委通报：上海市报告1例感染H7N9病毒确诊病例。患者倪某，男，59岁，本市户籍。

2日

● “第十届孔子学院大会文艺演出”在东方卫视播出。此次演出以“和”为主题，着重表现“天地人和，和而不同，和衷共济”三层重要内涵。上海10多所高校的近500名各国留学生和孔院学生以及150余名中国学生参加演出。

● 作为奉贤城市阅读联盟首家试点单位，奉贤宝龙广场“A Small Town”的咖啡店书架上，摆放着近3 000册文史、旅游、人文等畅销书，这些书都从奉贤图书馆流通而来。

● 元旦假期前两天，由市区往崇明的交通状况相比2015年五一、十一假期大为改善，基本只在1日上午出现过短时小堵，且堵点出现在浦东的高东收费口附近以及崇明陈海公路收费口附近，其他路段较为通畅。

3日

● 上海话剧艺术中心艺术总监吕凉把戏剧工作室开到闵行颛桥，不仅带去整台话剧演出，还有儿童戏剧工作坊、讲座等丰富内容。

● 21时30分起，全市发布空气重污染黄色预警，启动Ⅲ级响应措施。市、区两级政府实施电力绿色调度、工业企业限产限污、停止工地易扬尘作业、停止易扬尘码头堆场作业、加强道路保洁、渣土车禁行、禁止秸秆露天焚烧等应急响应措施。

4日

● 上海邮政EMS和海关邮办处上线“同城当日递”和“个人物品邮件通关作业辅助系统”两大新业务，以期提高邮政速递服务效率，突破快递业旧有模式难题。

● 市委书记韩正邀请8位全市民营企业家代表来到市委座谈，听取他们对上海科创中心建设和经济社会发展的建议。韩正表示，面向“十三五”，上海在全面推进改革和建设科创中心的进程中，要花更大努力，为民营企业发展营造更好环境，搭建更大干事创业舞台，推动民营企业为国家发展、为上海发展做出更大贡献。

● 市委副书记、市长杨雄主持召开市政府参事座谈会，就即将提交市十四届人大四次会议审议的2016年《政府工作报告》（征求意见稿）征求参事的意见和建议。

● 上海市总工会、市发改委、市经信委、市科委、市人社局和市知识产权局六部门联合发布《关于推动一线职工岗位创新，促进“大众创业、万众创新”的若干意见》，全方位打造职工创新的平台、环境、动力、机制、保障体系，力争到2020年基本建成上海职工创新服务体系，使之成为城市创新体系的重要组成部分。而且，还在全国首次提出“上海工匠”的概念，准备用10年时间培养选树1 000名“上海工匠”。

● 受本地静稳天气、污染排放和上游输送污染物的叠加影响，上海在中度空气污染中迎来2016年首个工作日，0—19时，上海实时空气质量指数始终在159—192之间徘徊。

● 复旦大学《2015届毕业生就业质量报告》显示，复旦大学2015届毕业生共7 677人，几乎全部毕业生都落实去处，其中三成毕业生选择国外深造，而本科毕业生中选择深造的占到六成。不同于理工科专业为特色的高校，复旦大学流向现代制造业的毕业生占毕业生百分比只有个位数，而金融行业、医疗卫生、信息、教育等行业成为毕业生最主要的流向。

● 上海市旅游局聘任上海籍知名演员胡歌担任上海旅游形象大使。

5日

● 上海人民出版社、上海古籍出版社与上海戏剧学院联合举办纪念汤显祖逝世400

周年学术研讨会,并推出《汤显祖集全编》和《汤显祖研究丛刊》。

● 历时 5 年,美琪大戏院修缮完成,并以《天鹅湖》开启试营业。消除隐患、修旧如旧、提升功能,成为新美琪三大亮点。

● 复旦大学、上海财经大学公布 2015 年就业质量报告,其中,上海财经大学的就业质量报告显示,该校 2015 届全体毕业生平均月薪为税前 6 940 元,比上一届毕业生的平均月薪高 755 元。

6 日

● 国务院召开全国安全生产电视电话会议,市委副书记、市长杨雄在上海分会场讲话指出,立足上海超大型城市实际,进一步严格落实责任,把安全工作落实到城市工作和城市发展的各个环节、各个领域,以更大的决心、更有力的措施,牢牢拧紧安全"螺丝钉",全力维护市民生命财产安全和城市运行安全。

● 市政协召开台胞联络组成员座谈会,就发挥在沪台商企业在国家"一带一路"战略中的作用、加快在沪台商企业转型发展等议题,听取在沪台胞意见建议。市政协主席吴志明出席。

7 日

● 市委副书记、市长杨雄前往青浦区青东农场,现场检查督导重点区域生态环境综合整治工作推进情况。

● 中共上海市委举行 2015 年度区县、大口党委书记抓基层党建工作述职评议会。市委书记韩正强调,抓好基层党建,要始终把解决问题作为工作重点,始终把基层有活力、干部做表率、群众得实惠作为工作标准。市委副书记、市长杨雄,市委副书记应勇代表市委进行全面点评。

● 2016 年"千万人帮万家"红十字迎春募捐帮困活动拉开序幕。帮困资金近千万元,有 2 万余户困难家庭受益。

● 由市委宣传部、市委政法委、市高级人民法院在上海展览中心友谊会堂共同召开邹碧华先进事迹学习宣传座谈会,参加会议的有邹碧华的亲友代表,还有新闻界、理论界、出版界、文艺界以及政法系统的代表。

● 市委宣传部、市文广局主办,上海文化发展基金会、上海艺术研究所承办的"中国歌剧的现状与发展"座谈会在沪举行。专家学者与歌剧表演艺术家们聚集一堂,以《白毛女》为案例,梳理中国歌剧的发展历程,聚焦中国歌剧的未来发展。

●《关于进一步落实鼓励创业带动就业行动计划有关问题的通知》公布。《通知》明确,对于未在工商登记注册,但在网络平台实名注册、稳定经营且信誉良好的网络商户创业者,可按规定申请最高 15 万元的创业前贷款担保。在贷款期限内还清贷款本息,按规定给予银行贴息扶持。

● 由新闻出版广电总局和上海市政府联合主办的第七届中国网络视听产业论坛在上海举行。

● 光明乳业股份有限公司与曹燕华乒乓球俱乐部在上海举行战略合作签署仪式。

8日

● 2015年度国家科技奖励大会召开，在被授予国家科学技术奖的302个项目（人）中，上海获国家自然科学奖5项、国家技术发明奖6项、国家科学技术进步奖31项，分别占国家同类级奖项的12%、9%和16.6%。上海共有42项牵头及合作完成的重大科技成果荣获国家科学技术奖，占全国获奖总数的14%，连续14年获奖比例超过10%。

● 市长杨雄会见美国宾夕法尼亚大学沃顿商学院院长杰夫瑞·盖瑞特一行。杨雄说，当前，上海正着力推进国际经济、金融、贸易和航运中心建设，以自贸试验区为平台进一步深化改革、扩大开放，并加快建设具有全球影响力的科技创新中心。盖瑞特说，沃顿商学院高度关注并看好中国经济的未来。金融和创新是上海今后发展的重中之重，沃顿希望将商业教育领域的丰富经验带到上海，关注和研究电商等新兴领域的发展。

● 市纪委在其官方网站上通报上海海洋大学以考察交流为名，组织部分师生乘坐豪华邮轮赴境外公款旅游等4起违反中央八项规定精神的典型案例。

● 市人大常委会主任殷一璀在衡山宾馆会见加拿大参议长乔治·富里一行。殷一璀向客人介绍上海经济社会发展的情况。乔治·富里说，加拿大与中国和上海有多年友好合作交流，在长三角地区共有220家加资企业，希望能够大力推动全方位的合作关系。

●"上海古树盆景产权交易中心"在上海农业要素交易所上线运营，首批有20多株"200岁"以上的古枣树挂牌，它们来自沪郊的人然合一现代农业生态园。

● 市女医师协会评选的首届"上海最美女医师"出炉。华克勤等10位女医师获奖，另有10位女医师获提名奖。

● 市卫生计生委通报，全市报告1例人感染H7N9禽流感病例。患者高某，女，58岁，山东户籍。这是2016年以来申城报告的第2例人感染H7N9禽流感病例。

9日

● 新年首场应届生大型招聘会举行。刚刚实施的二孩政策已经影响应届生招聘，有单位担心招聘的女生会生二孩而影响工作，故而谨慎招聘女生。

● 无轨电车20路正式并线延伸。

10日

● 静安区委第一次代表大会开幕。市委书记韩正出席第一次全体会议并强调，静安广大党员、干部和群众要进一步增强责任感和使命感,贯彻落实好创新、协调、绿色、开放、共享五大发展理念,改革创新要有新突破,民生改善和社会治理创新要有新进步,城区管理水平要有新提升,党的建设要有新局面,努力把静安建设成为国际化程度更高、综合竞争力更优、群众幸福感更强的城区,各项工作走在全市前列,成为中心城区新标杆、上海发展新亮点。

● 以"设计之变"为主题的2016年上海艺术设计展于上海西岸艺术中心揭幕。展览由市文联、市文广局、市教委、徐汇区人民政府共同主办。著名艺术家丁乙担任总策展人。主题展分为"聚变力""新物种""泛学科""未来场"四大板块。

● 0时起,铁路将实施新的列车运行图。地处长三角地区的上海铁路局计划编排开行旅客列车770.5对,其中动车组列车516.5对,新图编排开行客车对数再创历史新高。

● 上海杂技团大型原创杂技主题晚会《小龙飞天》在法国凤凰马戏流动剧场完成首站巴黎的谢幕演出。《小龙飞天》在巴黎的67场驻场演出中,观演人数近20万人次。

● 第三届全球商学院EMBA年会在上海国际会议中心正式召开,吸引来自国内外的商界、政界及研究智库专家出席。会上,商学院专家作2016经济发展的未来趋势,金融资本市场发展趋势,全球创新创业经济发展趋势等报告。

11日

● 市委书记韩正会见瑞士联合银行集团首席执行官安思杰一行。韩正说,非常希望听取包括瑞银集团在内的全球知名金融企业的专业意见,在自贸试验区建设的大平台上开展广泛合作,更好地推进上海金融中心建设。

● 上海市高级人民法院微信公众号"庭前独角兽"正式上线。"庭前独角兽"系已故上海高院副院长邹碧华的个人微博、微信名,它旨在展现法院人职业形象、弘扬法治精神、记录法院历史、塑造法律职业共同体文化。

● 市规划和国土资源管理局官网正式发布《上海市城市总体规划(2015—2040)纲要》概要,这是上海第六轮城市总体规划内容的首次亮相。根据概要所述,上海将严格控制人口规模,力争至2020年常住人口控制在2 500万人左右,并作为2040年常住人口规模的动态调控目标;建设用地将只减不增,总量控制在3 200平方千米以内。

● 一年一度的"温暖送三岛"慈善活动在崇明县举行。本次活动由市慈善基金会、市老年基金会、市红十字会等单位共同举办。

● 市长杨雄会见国际展览业协会主席谢尔盖·阿莱克谢耶夫一行,对客人们来沪出席第三届"国际会展业CEO峰会"表示欢迎。

● 市人大常委会主任殷一璀在市政府第一贵宾厅会见上海市友城魁北克省议会主席雅克·沙农一行。殷一璀向代表团介绍上海经济社会发展的情况。

● 民建上海市委公布的一份调研报告提出，上海发展存在七大短板，体现在发展模式、产业发展、城市发展、社会发展等方面，而上海补短板的关键就是抓创新能力的不足。

● 由市委宣传部、市文广局主办的上海影视四季沙龙举行。著名编剧王丽萍、顾伟丽、何晴、程婷钰，导演夏晓昀，影评人李星文，制作人王旭东以及资深媒体人岳云飞、胡建礼等齐聚一堂，共同把脉2016上海影视创作方向和重点，为打造上海影视创作高地建言献策。

● 市统计局公布《市民公共文化服务调查报告之三》。《报告之三》显示，有40.1%的受访农村居民选择“都没有参与”文艺活动，高出受访城市居民9.1个百分点。八成左右的受访农村居民认为社区文化活动中心(80.5%)、公园绿地(79.6%)能满足自身需求；逾七成认为体育健身场所(76.1%)、电影院(74.1%)、图书馆(72.7%)能满足自身需求。基础公共文化设施和服务基本能满足农村居民需求。另外，对于音乐厅、剧院、展览馆、博物馆等文化设施和服务，选择“不能满足”的比例仅两成左右。

12日

● 上海航运保险国际论坛在沪成功举行。论坛的主题是“一带一路”与航运保险发展。中国保险监督管理委员会党委副书记、副主席周延礼，上海市委常委、常务副市长屠光绍出席论坛。来自保险业界、航运业界、政府部门、国际组织以及高等院校的200多名国内外专家学者参加论坛。周延礼发表题为“抓住‘一带一路’重大机遇开拓中国航运保险业美好未来”的主旨演讲。

● 上海社会科学院向社会发布上海市第一中级人民法院2015年司法公信力评估报告。指标评估得分为82.06分，达到良好程度。这是全国法院首次对司法公信力进行整体性、综合性第三方评估。

● 市长杨雄会见加拿大安大略省教师退休基金全球关系投资总裁肯·芒热一行，对该基金与上海机场集团洽商合作表示赞赏。杨雄说，上海正全力推进自贸试验区建设，通过制度创新，进一步促进投资和贸易便利化，加快金融改革开放，提升对外开放水平。

● 复旦大学附属儿科医院再度为一对联体兄弟成功实施分离手术。与以往不同的是，这对胸腹联体的男婴除了肝实质相连外，有异常的肝内血管相互沟通。手术团队在国内首次利用计算机手术辅助系统(CAS)，在术前清晰再现患儿的畸形情况，进而实现精准分离。

● 互联网学习平台沪江用户数量突破1亿大关,创造互联网教育行业的最新纪录。

● 蚂蚁金服发布的2015年支付宝全民年度账单显示,上海仅次于杭州,成为全国人均交易额第二高的城市。不过,上海是全国唯一一个人均交易额破10万元的省级行政区。

● 市妇儿工委发布:全市启动修订“城市公共厕所规划和设计标准”,在商业区、文化场馆和旅游景点等地,男女厕位比有望达1∶2至1∶3;2016年底,全市将在200座公共场所环卫公厕内建设“第三卫生间”。

● 上海运动训练康复中心(市体校实验室)建成启用仪式在上海市体育运动学校举行。该中心是继绿舟实验室、莘庄实验室后又一个投入使用的水下运动康复系统实验室。但其不同意义在于:前两个实验室是为上海一线运动员服务,市体校实验室是为上海青少年运动员服务。

● 市卫计委透露,为全面推进《上海市进一步改善医疗服务行动计划实施方案》,各级医院通过网络、电话、窗口、诊间、社区等多种方式、多种途径,为百姓提供预约诊疗服务,逐步提高预约比例。

● 市委召开常委学习会,听取财政部财政科学研究所原所长贾康关于“宏观经济走势与供给侧改革”的专题辅导报告。

● 市委举行区县、大口党委书记第一季度工作会议,全面部署2016年市委“1+9”重点调研课题、重点推进和督查工作。补好短板,被列为2016年市委唯一的重点调研课题。

● 美国玻璃艺术大师图兹·詹斯基在亚洲的首次个展《极光之舞》在上海琉璃艺术博物馆揭幕,展出的20余件作品让人们看到玻璃艺术的艳丽和柔美。

● 上海歌舞团为舞蹈演员授予2016年“艺衔”演员证书。2016年歌舞团在艺衔档次和人员配置上都有所完善。以往群舞以上的艺衔分为“领舞”“独舞”“首席”三档。2016年则把“领舞”“独舞”各自拆分为A、B两档,变为五档。同时,2016年获得“领舞”以上艺衔的有30位演员,领舞人数新增60%左右。

13日

● 浦东新区政府和上海中医药大学签订合作共建协议,双方重点推进上海市康复医学中心、龙华医院东院、上海中医药大学社区卫生服务中心建设;并建设浦东新区“国家中医药管理局科技成果转化基地”,大力促进中医药科技创新与成果转化。

● 2015年度上海市重点工程实事立功竞赛表彰大会举行。副市长蒋卓庆主持会议。市领导屠光绍、薛潮、李良园和警备区领导马家利出席。一批为城市建设发展作出突出贡献的先进集体和先进个人受到表彰。

● 浦东新区第五届人民代表大会第七次会议和政协浦东新区五届五次会议圆满完

成预定的各项议程后闭幕。会议提出，未来五年，浦东将基本建成“四个中心”核心功能区，基本形成科技创新中心核心功能区框架，基本建成体现社会主义现代化国际大都市风貌的开放型、多功能、现代化新城区。

● 市委统战部邀请上海主要媒体负责人召开统战宣传工作座谈会，沙海林出席会议并讲话。

● 由印度驻沪总领馆、上海贸促会和市政协经济委员会共同举办的“印度—中国商务投资论坛”在沪开幕。论坛旨在进一步加强中国与印度经贸往来，为中国企业赴印度在基础设施、新能源、汽车、纺织、食品加工等领域投资兴业提供政策、市场信息等咨询服务。

● 由上海市政府发展研究中心与上海市经济学会主办，上海交通大学中国发展研究院承办的2016年第一次经济学人上海圆桌会议在上海交通大学安泰经济与管理学院召开，会议主题设定为“聚焦2016，中国的结构性改革”，上海多位知名经济学家展开讨论。

● “中国网络空间命运共同体建设论坛暨中国网大上海外宣平台上线仪式”在上海东方体育中心举行。仪式上，中国大数据产业创新网总裁谢金明、中国网多媒体部副总监杨丹、中国网大上海外宣平台总监邬先谋、中国网大上海外宣平台副总监王斌、科技部中国科学技术发展战略研究院研究员赵刚共同上台触摸水晶球，宣布中国网大上海外宣平台正式上线。该上线仪式还举行了中国网络空间命运共同体建设论坛。

● SOHO中国与中国电信上海分公司宣布，双方在SOHO中国上海地区内的已建及新建项目中开展通信建设合作。

● 中国上海国际艺术节“扶持青年艺术家计划”委约的青年艺术家竹马以及他的两部作品《斩·断》和《异曲同工》，受美国亚洲协会与线圈艺术节邀请在纽约举行两场推介演出。首场推介演出聚集肯尼迪艺术中心、林肯中心、奥普斯经纪公司、宾夕法尼亚大学演艺中心等众多演出机构、专业买家。

14日

● 市委副书记应勇先后赴闵行区、松江区，实地调研许浦村开展环境综合整治的情况，并暗访松江区九亭镇城乡接合部的环境突出问题。

● 上海文化发展基金会海派文化发展专项基金成立暨海派文化中心筹建启动仪式在虹口区举行。市委常委、宣传部部长董云虎出席成立仪式。上海文化发展基金会会长周慕尧为海派文化发展专项基金揭牌。

● 用镜头为市民点赞，用影像为城市喝彩。“行进上海·精彩故事”微电影大赛在大光明电影院举行颁奖仪式。活动现场宣布了本次微电影大赛的获奖名单，《文汇报》出品的 3 部微电影作品获奖,文汇报新媒体中心获优秀组织奖。

● 市政府与京东集团签署战略合作框架协议。市委副书记、市长杨雄,京东集团首席执行官刘强东出席签约仪式。副市长周波与京东集团副总裁黄东升代表双方签署协议。

● 上海发布《上海市依法行政状况白皮书(2010—2014)》,这是继 2010 年《上海市依法行政状况白皮书(2004—2009)》发布之后的上海第二本依法行政状况白皮书。

● 支付宝发布 2015“互联网 + 城市服务”报告,总结移动互联网在政务服务、交通出行、生活缴费等方面,给人们生活带来的便利。如果把高度实现“互联网 +”的城市称为“未来城市”,那么上海的“未来度”全国排名第二。

● 上海文化广场迎来 2011 年重建开业以来的第 1 000 场演出,累计接待观众近 120 万人次,逐渐成为上海的音乐剧码头。

15 日

● 市委全面深化改革领导小组召开第十二次会议,听取 9 个专项办公室 2015 年工作推进情况汇报和 2016 年工作计划,对今年全市全面深化改革工作进行部署。会上,经济社会事业体制改革、民主政治领域改革、文化体制改革、社会治理体制改革、社会保障和分配领域改革、生态文明体制改革、党的建设制度改革、纪律检查体制改革、全面推进法治建设 9 个专项工作办公室分别汇报 2015 年工作推进情况和 2016 年重点工作安排。会议还听取全市开展“证照分离”改革试点有关情况的汇报,通过《上海市全面深化公安改革综合试点方案》。

● “丝路雪域”文化特展在上海印刷集团青浦印刷基地展厅开幕。此次展览展出的新疆龟兹洞窟壁画是印刷集团多维数字采集、还原复制以及 3D 打印应用技术的综合体现,实现了不可移动文物的异地实体展示;而展出的 40 余幅唐卡均是印刷集团收藏的珍品,年代最久远的一幅唐卡制作年代可追溯至清朝年间。

● (联合国)亚洲文化艺术家联合会上海分会进张堰暨文化交流基地揭牌仪式在南社纪念馆举行。Snow world“一起来玩雪”——雪世界乐园落户东方明珠广场。它涵盖雪地景观街区、中心雪场区及娱乐休闲餐饮区等。

● 中国人民银行上海总部公布 2015 年上海市货币信贷运行状况:2015 年上海各项存款增速放缓,新增存款活期化特征显著;各项贷款增加较多,实体经济有效信贷需求充分释放,信贷结构有所调整,个人贷款增量占比提升较快。

● 致公党上海市委召开上海“两会”动员会,致公党成员中的人大代表、政协委员就关注话题、拟提交建议或提案展开交流。提案内容主要涉及长江经济带建设、自贸区金融创新、公共信用体系建设、科创中心建设、城市安全、国际邮轮船供食品和基层社会治理创新等方面。

16 日

● 柏荟国际第十七次“点亮心愿”慈善义拍在上海国际商品拍卖有限公司举行，现场 39 件拍品以 204.72 万元落槌。

● 2016 年 1 月上海私车牌照拍卖揭晓，187 533 人参加拍卖，共同角逐 9 409 张牌照，中标率为 5%，比 2015 年 12 月的 4.3%略高。

● 由团市委、市青联等主办的 2016“爱心上海”青春公益集中行动启动。团市委、区县和街道团干部等组成“慰问团”，为超万名贫困青少年送上慰问金。今年公益行特别推出三个“一”环节，慰问者们递上一张名片，与青少年建立直接联系；开展一次倾听，了解青年的真实心声；送上一份祝福，写满浓浓关爱的书信。

17 日

● 中国体育彩票超级大乐透第 16005 期再送 6 注头奖，分落福建（2 注）、河南、江苏、陕西、上海。其中，上海彩民中得的一等奖采取追加投注，在单注基本奖金 692 万元的基础上，每注多得 415 万元追加奖金，单票总奖金为 1 107 万元。

● 市工商局正式推出“双随机”抽查制度，改市场巡查为“阳光执法”，明确上海工商部门对辖区内不特定企业进行实地检查开展综合监管前，必须摇号并公示，让全民参与监督。

● 2016 年闵行区“森马杯”迎春健康吉祥跑暨上海市第二届市民运动会闵行区启动仪式，在紫竹国家高新区进行，吸引近 5 000 名市民参与。

● 由新民晚报社、海上印社、龙美术馆联合主办的“金石齐寿金石家书画铭刻特展”在上海龙美术馆（西岸馆）开幕。展览汇集众多明清至当代金石家所创作的书画、碑帖、拓本、印章、印谱、文玩等共 300 余件。

18 日

● “2016 年上海市慰问高层次人才暨在沪外国专家新年音乐会”在上海大剧院举行。音乐会由市委组织部、市人力资源和社会保障局、市外国专家局主办，上海交响乐团承办。市委副书记应勇出席并讲话。市委常委、市委组织部部长徐泽洲，副市长时光辉出席。

● 市人大常委会召开第六十二次主任会议，讨论《关于进一步加强民主立法工作的规定（修改稿）》和《关于加强立法工作组织协调的规定（修改稿）》等议题。市人大常委会主任殷一璀主持会议。

● 一架机号为 B3321 的国产 ARJ21 客机从长沙黄花机场安全飞抵上海虹桥机场，标志着该系列国产飞机在虹桥机场首次验证飞行取得圆满成功。

● 以“营造健康环境，追求健康生活”为主题的第二十六届上海市健康教育周正式启动。同时发布的 2015 年上海市成人健康素养监测结果显示：上海市民总体健康素养水平为21.94%,较2014年提升了3.33个百分点。追求健康生活,离不开健康环境的建设,离不开健康生活方式的倡导。2015年上海市成人健康素养的监测结果显示:市民基本知识和理念素养水平、健康生活方式与行为素养水平、基本技能素养水平均有明显提升,分别从2014年的24.53%、16.86%、19.54%,提升至29.33%、23.55%和31.98%。但监测结果也显示,仍存在一些薄弱环节需要加强宣传教育,如37.9%的市民不能正确认识吸烟危害,50.1%的市民不了解选购包装食品的注意事项,67.3%的市民不了解咳嗽、打喷嚏的正确处理方法等。

● 上海市邮政业2016年工作会议召开:2015年上海人均寄送快件70件,年人均寄送快递支出910元。数据还显示,上海邮政业每日承载12亿元的商品流通,带动30多万人直接间接就业,同时支撑网购就业人员80万。

19日

● 针对全市儿科看病难的问题,市卫生计生委推出《上海市儿童健康服务能力建设专项任务》。上海社科院举行《上海2050年发展愿景》新书发布会。该书是上海社科院在高端智库启动之年出版的第一本重要决策咨询研究成果。

● 市高级人民法院召开新闻发布会,高院副院长盛勇强通报上海法院2015年执行工作情况。据统计,2015年上海全市法院共对663人采取司法拘留措施,较2014年的557名增加19%,追究拒执罪17人,追究拒不支付劳动报酬罪6人。

● 市政府召开2016年全市旅游工作会议,全面部署"十三五"开局及2016年旅游重点工作。

● 上海海关宣布成功破获一起案值超1亿元的海上油品走私案,犯罪嫌疑人共涉嫌走私油品2.3万吨。海关缉私警察在上海、福建、江苏、浙江四地抓获涉案犯罪嫌疑人21名,其中10人被市人民检察院第三分院正式批捕。

● 第五次上海文艺评论双月座谈会召开。中国文艺评论家协会副主席毛时安等7位文艺评论家,就上海文艺创作的实际,从"补短板"和"破瓶颈"的角度,议论分析上海文艺工作中有待关注和解决的问题,就进一步繁荣活跃上海的文艺创作和评论各抒己见。

20日

● 松江区新浜镇是2015年全市确定的9个区县11个生态环境综合治理重点地块之一。副市长时光辉再次到新浜镇暗访治理进展。

● 市地方志编纂委员会全体委员(扩大)会议召开。市委常委、宣传部部长、市地方志编纂委员会主任委员董云虎出席会议并讲话。市委副秘书长、市委宣传部副部长、市地方志编纂委员会副主任委员朱咏雷在会上做工作报告,并向上海市志书评审专家代表颁发聘书。副市长、市地方志编纂委员会副主任委员翁铁慧主持会议。

● 上海京剧院公布 2016 年演出计划，除依托上海天蟾逸夫舞台和周信芳戏剧空间、以三大演出季贯穿全年之外，还包括两项特别演出计划，以及围绕人才培养推出青年人才演出实践计划。

● 在全市大规模的“补短板”生态环境综合治理中，郊区县是关键，也是难点。副市长蒋卓庆前往金山区实地暗访、查看治理情况。市领导一行首先来到金山卫镇农建村、卫通村区块暗访。

● 副市长赵雯会见皇家加勒比游轮集团董事会主席兼首席执行官理查德·费恩。

● 2016 上海投资促进机构联席会议工作交流会传出信息，“十三五”期间，上海将通过实施“智能制造招商计划”，把智能制造作为引进外资的重点方向，大力发展机器人、集成电路、3D 打印、智能装备、健康医疗等智能制造产业，全力打造一批智能制造产业承接基地。会上，金山、松江、青浦、奉贤、普陀、嘉定等区和临港、张江、金桥、闵行等开发区，与市外国投资促进中心签署合作招商备忘录，共同落实“一区一业”招商计划。

● 市统计局总经济师汤汇浩在市政府新闻发布会上透露，2016 年上海将坚持以居住为主、市民消费为主、普通商品住房为主的原则，继续严格执行住房限购政策，继续支持自住和改善型住房的需求，努力实现房地产市场的健康稳定发展。

● 市体育局牵手地产集团，共同推动上海乒乓球职业化发展，携手共绘上海乒乓球运动蓝图。副市长赵雯出席合作签约仪式，并为上海中星乒乓球俱乐部揭牌。

21 日

● 副市长周波到宝山区南大地区暗访，发现一些拆违现场仍存在不少“牛皮癣”违建，当地居民生活也受影响。

● 市政府召开新闻发布会，介绍《国家税务总局关于支持上海科技创新中心建设的若干举措》相关情况。上海国家税务局、地方税务局局长过剑飞介绍国家支持上海科创中心建设 10 项创新举措主要内容和政策特点。

22 日

● 上海的居村委“协助行政事务”清单和印章使用清单公布。原先上海居村委会承担的协助行政事务超过 140 项，现缩减为居委会 37 项、村委会 46 项；原先居委会印章使用事项多达 120 余个，现在清单明确 22 类事项“可盖章”，20 类事项“不盖章”。

● 市委举行常委扩大会，传达学习省部级主要领导干部学习贯彻十八届五中全会精神专题研讨班精神。市委书记韩正强调，全市各级领导干部要学深悟透习近平总书记在开班式上的重要讲话精神，深刻认识我国经济发展新常态，主动适应、把握、引领经济发展新常态，全面树立创新、协调、绿色、开放、共享五大发展理念，紧密结合上海实际抓各项工作的落实推进，努力当好全国改革开放排头兵、创新发展先行者。会议传达中共中央总书记习近平在开班式上的重要讲话精神和中共中央政治局常委刘云山在结业式上的总结讲话精神。

● 市宣传思想文化工作会议召开。会议强调,要深入贯彻习近平总书记系列重要讲话精神和全国宣传部长会议精神,深入贯彻市委和韩正书记部署要求,持续提升核心价值观的感召力、理论成果的说服力、宣传舆论的影响力、文化产业的竞争力,为上海“十三五”时期开好局、起好步提供强有力的思想保证、精神力量、道德滋养和文化条件。

● 意大利著名指挥里卡多·穆蒂率芝加哥交响乐团演奏柴可夫斯基《第四交响曲》。这是穆蒂和芝加哥交响乐团在上海首次“合体”演出,东方艺术中心音乐厅座无虚席。

23 日

● 市十四届人大四次会议在上海世博中心举行预备会议,市十四届人大常委会主任殷一璀主持。

● “帮助他人　阳光自己”——第二十二届“蓝天下的至爱”2016 爱心全天大放送活动在本市举行。此次活动由市文明办、市慈善基金会、市红十字会、市老年基金会、市残疾人福利基金会、市志愿服务公益基金会和上海青年家园民间组织服务中心联合主办。

24 日

● 市第十四届人民代表大会第四次会议在上海世博中心举行。大会执行主席是韩正、应勇、殷一璀、钟燕群、姜斯宪、蔡达峰、郑惠强、吴汉民、洪浩、薛潮、王治平、许伟国、许谋赛、陈高宏、施兴忠、唐周绍、颜建平。在沪全国人大代表、驻沪全国政协委员,全体市政协委员,中央在沪单位和上海有关部门负责人及有关方面代表,各国驻沪领事机构官员也应邀参加会议。37 名市民代表旁听大会。

● 市长杨雄在市第十四届人民代表大会第四次会议上作政府工作报告,提出“十三五”奋斗目标、主要任务,以及今年全市经济社会发展主要预期目标。

● 春运首日,全市铁路发送旅客 28.74 万人次,民航发送旅客 14.07 万人次,长途汽车发送旅客 10.31 万人次,水路受大风寒潮影响,三岛、省际水运航线全线停航,全市共计发送旅客 53.12 万人次,同比增长 3.5%。

25 日

● 市委副书记、市长杨雄,市委副书记应勇等分别参加市政协十二届四次会议专题会议。杨雄在参加“推进结构性改革,提高经济质量和效益”专题会议时指出,推进供给侧结构性改革是中央在经济新常态下的重大举措,“十三五”上海既要贯彻落实好五大发展理念,持续深入推进经济结构调整,真正使创新驱动成为经济发展的第一动力，又要加快建设“四个中心”和科创中心，进一步打造发展高地，在主动服务“一带一路”“长江经济带”等国家战略中服务全国，实现自身更大发展。应勇和市委常委、政法委书记姜平参加“加强法治建设，提升社会治理能力”专题会议。屠海鸣、曹艳春、薄海豹、马驰、骆新等14位委员，围绕深化司法改革、推进依法治市、创新社会治理、维护城市安全、实施二孩政策、打击电信诈骗等，直抒意见和建议。

● 市委书记韩正在出席政协“坚持创新发展，进一步当好改革开放排头兵和先行者”专题会议时说，面向“十三五”发展，上海必须做好疏解特大城市非核心功能这篇大文章，这是确保全市经济社会可持续发展的必然选择。

● 市政协十二届四次会议举行第一次大会发言，16位政协委员先后发言。中共上海市委书记韩正出席会议，认真听取委员的意见建议。市政协主席吴志明主持。市领导应勇、沙海林、尹弘、翁铁慧出席会议。

● 市十四届人大四次会议主席团举行第二次会议。市十四届人大常委会主任殷一璀主持会议。会议听取大会副秘书长王瑜关于各代表团审议关于接受市人大常委会部分委员辞去常委会和有关专门委员会职务请求的决议（草案），审议决议（草案），决定提请大会表决。

● 上海石库门文化保护传承基地在虹口区上海音乐谷上海石库门文化研究中心揭牌。揭牌仪式上，虹口区启动申报国家级上海石库门文化生态保护实验区。与会专家表示，基地的建立将对上海石库门文化的保护传承创新发挥引擎和辐射作用。

● 市委副书记、市长杨雄参加市十四届人大四次会议奉贤代表团全团审议时说，奉贤等郊区县是上海“十三五”乃至更长远发展的重要潜力区域，发展正处在“爬坡过坎”的关键阶段。

26日

● 截至上午11时，市十四届人大四次会议议案提交截止，大会秘书处共收到代表10人以上联名提出的议案31件。此次代表议案关注的话题集中在上海航运中心建设、城乡一体化发展、城市物业管理、医疗体制改革、国防和军队建设等多个方面。住宅物业话题涉及千家万户，是城市管理中的重要问题，受到代表的普遍关注。钱翊梁等16位代表、陈霜华等12位代表、朱鸿召等17位代表、李向农等12位代表分别围绕房屋使用安全、小区充电桩的设置、业委会的职能作用、小区停车等问题提出议案。

● 浦东医院成为复旦大学的第十一家附属医院。“复旦大学附属浦东医院揭牌仪式暨医教研协同发展创新论坛”在浦东医院举行。

● 市十四届人大四次会议举行专题审议。围绕“加强基层建设，推进基层治理”“推进‘互联网+’行动计划，构筑经济社会发展新优势和新动能”“促进和完善家庭医生及分级诊疗制度,推进健康城市建设”“加强文化建设,提高文明程度,增强城市软实力”“补短板破难题,加强城市管理创新”“激发农村经济社会发展活力,推进城乡协调发展”六大议题,代表们争相审议建言。市人大常委会主任殷一璀参加“补短板破难题,加强城市管理创新”专题审议,相关市领导和职能部门负责人到场与代表直面交流,市人大常委会副主任主持专题审议。

● 市政府外办、市政府港澳事务办公室和市人民对外友好协会等联合举办2016年迎春招待会,各国驻沪领事机构官员、金砖国家新开发银行代表、驻沪新闻机构代表、友好城市办事处代表、白玉兰奖获得者、香港特区驻沪机构代表以及上海有关单位代表400余人出席,共贺新春佳节,展望美好未来。

● 经过7年整理,由上海人民出版社出版的10卷本近400万字的《归有光全集》在沪首发。《归有光全集》以经、史、子、集分类,包括《易经渊旨》《三吴水利录》《兔园杂抄》等,其中绝大多数为首次整理面世。

● 中国工业设计研究院与上海翰动浩翔航空科技有限公司合作成立CIDI无人机产业创新中心,并举行“skyhook天钩-100”无人机首飞活动。这是国内第一款长航时高机动性多旋翼无人机,能在空中一次性飞行24小时以上,将在安保监控、应急抢险、交通管制、森林防火等领域发挥作用。

● “2016中国最好大学排名”出炉,其中清华大学、北京大学、浙江大学、上海交通大学、复旦大学位居前五,成为中国高校金字塔尖端上的学府。

27日

● 市政协十二届四次会议举行全体会议,选举政协上海市第十二届委员会常务委员会部分组成人员。市政协主席吴志明出席。

● 中国人民政治协商会议上海市第十二届委员会第四次会议在圆满完成各项议程后,在世博中心胜利闭幕。市政协主席吴志明主持闭幕会议。

● 市十四届人民代表大会第四次会议审议《上海市老年人权益保障条例(草案)》和市人大常委会工作报告。市组织部部长会议召开。会议深入贯彻全国组织部部长会议和十届市委十次全会精神,总结2015年工作,部署2016年任务。

● “互联网+”原力觉醒暨2015上海微信公众账号评选活动颁奖盛典在沪举行,由专家评选出的2015上海十大微信公众号五大类(政务、大众媒体、自媒体、商业、服务功能)10强榜单揭晓。新闻晨报微信号(shxwcb)获“十佳内容类大众媒体微信号”大奖。此次“2015上海微信公众号”评选活动由腾讯·大申网、上海交通大学媒体与设计学院大数据与传播创新实验室(T-Lab)主办。

28日

● 《开天辟地——中华创世神话项目》文艺创作动员会召开,标志着该项目作为上海繁荣社会主义文艺创作的“龙头工程”正式启动。

● 家住杏梅园居民区的2 500多名居民，通过“爱我杏梅”这个居民区微信公众号，投票评选最优志愿者团队，还能直接发布服务需求、报名加入志愿团队。这是普陀区曹杨街道转变志愿服务模式的一项创新。

● 市综治委召开主任会议，听取市综治办关于2015年工作汇报，审议并通过2016年综治工作要点、重点工作安排和平安创建命名的决定。市委常委、市委政法委书记、市综治委主任姜平主持会议并讲话。

● 宝山区举办“一·二八”淞沪抗战84周年纪念活动。收藏家杨涌向淞沪抗战纪念馆捐赠由田汉作词、聂耳作曲、上海百代唱片公司1934年出版的珍贵黑胶木唱片《毕业歌》，这是上海电通公司拍摄的第一部电影《桃李劫》的主题歌。台胞白中琪向淞沪馆捐赠淞沪抗战期间中国军队第八十八师使用的大刀。民革上海香山书画社社员、画家孙康生向淞沪馆捐赠自己创作的油画《“一·二八”淞沪抗战》。

● 2016“上海100+企业绿色链动计划”启动，市环保局、市商务委等部门与各区县、工业园区、社会团体合作，鼓励企业积极实施节能降耗和污染减排行动，提供更环保的产品和服务。

29日

● 市第十四届人大四次会议闭幕后，上海市政府记者招待会在上海城市规划馆市政府新闻发布厅召开。市长杨雄与中外记者见面并回答记者提问。在2个小时的交流中，杨雄回答17家中外媒体的提问，涉及自贸区、科创中心建设、雾霾治理、房产调控、老年综合津贴制度、治理交通拥堵、全面二孩、上海迪士尼、沪台关系等热点话题。

● 市人代会闭幕会议召开，新当选的5名市人大常委会委员来到宣誓台前，举行宪法宣誓仪式。这是自2016年1月1日上海《宪法宣誓制度办法》施行以来，首次在市人代会上举行集体宣誓仪式。

30日

● “金猴闹春”——第十届海上年俗风情展在上海市群众艺术馆拉开帷幕。

● 乘坐BA169航班从浦东机场入境的瑞典籍旅客艾玛刚办好过境边检手续，就收到上海机场边检站民警赠送的“中国边检·阳光国门”纪念品和鲜花，成为上海口岸第一批享受144小时过境免签新政的旅客之一。

31日

● 一台名为“沙上风”的崇明山歌音乐会在上海大剧院的舞台唱响。原汁原味的崇明方言搭配上现代器乐，为这台音乐会打上了独特文化印记。这也是崇明山歌首次以音乐会的形式亮相剧院舞台。

● 市水务局表示,受极端寒潮影响,上海供水管网面临严峻考验,全市出现大量水箱冰冻、水管漏水、水表冻裂,部分居民用水受到严重影响。对此,市委、市政府领导高度重视,多次作出指示并召开专题会议,对抗御寒潮、保障供水提出明确要求。

本月

● 2016 年元旦假日期间,市工商局 12315 中心共受理消费者投诉举报 289 件(其中投诉 277 件、举报 12 件),同比增加 8%,其中旅游投诉居首,共有 24 件。

● “2015 上海中国画院年展”在上海中国画院美术馆举办。展出画院画师近期作品共计 70 余件,作品内容丰富,题材新颖。

● 市委书记韩正先后前往上汽集团、上港集团、仪电集团,调研上海深化国资国企改革的进展情况。韩正强调,国有企业的动力在创新,活力在市场,生命在品牌,舞台在实体经济领域。上海国资国企改革决不能停步、也不能缓步,必须不断迈步向前走,深化改革是今年上海国资国企发展的主题词。市场竞争类国企尤其要大踏步走向市场,按照上海国资国企改革“20 条”精神加快改革创新,真正成为充满竞争力的市场主体。

2 月

1 日

● 市委副书记、市长杨雄主持召开市政府常务会议,研究部署 2016 年市政府重点工作,部署落实 2016 年市“两会”代表建议和提案办理工作。会议审议并原则通过《2016 年市政府重点工作安排》,包括 5 个方面 14 项工作。

● 市高速路网迎来一波返沪车流。路政局路网监测中心的数据显示,0—17 时,高速公路网总流量为 61.43 万辆次,同比增长 13.27%。

● 市政协召开十二届六十三次主席会议,传达近期市委重要工作情况,听取部分专门委员会 2016 年工作计划汇报。市政协主席吴志明主持。会议审议市政协十二届二十七次常委会议筹备工作方案。听取关于在沪全国政协委员出席全国政协十二届四次会议服务保障工作方案(草案)的汇报。

● 市委宣传部、市委党史研究室、市红色旅游协调小组办公室在地铁人民广场站联合举行“党的摇篮·光荣城市”巡展启动仪式,拉开上海市纪念中国共产党成立 95 周年系列活动序幕。

● 在轨道交通 17 号线工程 9 标段 1 号风井至漕盈路站盾构区间上行线,盾构机准确进入接收井。这意味着,由上海市基础工程集团有限公司承建的这一盾构区间已经贯通。这条长达 1 700 米的盾构区间,也是整条轨道交通 17 号线中最长的盾构区间。

● 上海国际经济贸易仲裁委员会产权交易仲裁中心成立，这是国内首个产权交易仲裁争议解决平台。

● “三下乡”大篷车开到闵行区马桥镇。来自市文化、出版、科技、司法、卫生计生、共青团、妇联等系统的近200名专家、学者和演员，为当地农民送去服务和温暖，从而拉开2016年全市文化科技卫生“三下乡”活动的大幕。

2日

● 2015年下半年度，市绿化和市容管理局委托第三方，对全市中心城区和郊区城市化区域的市容环境开展社会公众满意度测评，测评主要内容为“道路、建筑物、居住区、绿地、工地、集市菜场、交通集散地、校园周边、医院周边、公厕、水域、车容车貌、服务规范”等13大类和47项具体指标。测评得分共分优秀(85分以上)、良好(80—85分)、尚可(75—80分)、一般(70—75分)、较差(70分以下)等5种市容环境状况。

● 2日是第20个世界湿地日，上海市在崇明举行专题活动，50多名代表参加“湿地健康跑”，并在沿途路线中参与芦苇轮割体验活动。当日，上海首个国家级湿地公园——崇明西沙国家湿地公园也正式揭牌。

● 从上海国际经济合作协会获悉，2015年市派出各类出国劳务人员共计1.88万人次，同比下降29.6%，人均收入1.31万美元，同比增长22%。尽管“洋打工”年收入在增加，但受到人民币汇率走低和国内期望工资水平走高的挤压，劳务人员出国意愿在减弱。在中高端劳务方面，境外雇主招聘需求与境内劳务资质能力不相匹配的矛盾凸显，如德国厨师、日本护工等行业，兼具语言能力和职业技能的劳务资源不足。

3日

● 上海浦东新区人民政府与上海交通大学医学院正式签约，合作共建浦东儿科医疗联合体。浦东儿科医联体以上海交通大学医学院附属上海儿童医学中心为核心，区域内仁济、东方、七院、浦南、人民、浦东、公利、周浦、中医、光明、妇幼院、潍坊、迎博、北蔡、大团、泥城等16家医疗机构为成员单位共同组成。

● 丙申新春来临之际，市委书记韩正，市委副书记、市长杨雄前往华东医院，分别看望正在住院治疗的杨堤等老同志和各界知名人士，祝他们健康长寿、猴年吉祥。

● 市委副书记、市长杨雄在上海市网上政务大厅建设与推进工作领导小组第二次全体会议上指出，今年是网上政务大厅建设承上启下的关键一年，要全面贯彻落实国务院有关要求，对照既定的总体方案，咬定青山不放松，进一步转变思想观念，加大创新突破力度，构筑数据共享基础，强化各方协同应用，确保按时建成政府服务

“单一窗口”,推动政府服务管理加快迈入“互联网+”时代。副市长周波主持会议。市委常委、常务副市长屠光绍,市政协副主席李逸平出席。领导小组办公室汇报2015年网上政务大厅建设进展和2016年工作安排。浦东新区、徐汇区、市住建委、市环保局作交流发言。

4日

● 市领导韩正、杨雄、殷一璀、吴志明、应勇和市委、市人大、市政府、市政协负责人,分赴全市16个区县的街镇村居,看望困难群众,慰问帮困救助一线的工作者,倾听大家的心声,送上新春的祝福。

● 在市委政法委、市综治办组织下,浦东、徐汇、长宁、普陀、虹口、杨浦、黄浦、静安8个中心城区,以及宝山、闵行、嘉定区统一行动,共组织3万余名平安志愿者在人流聚集的广场、车站、码头、商圈、旅游景点、菜场等地宣传《上海市烟花爆竹管理条例》。

● 市“网络文明能量大放送联合行动”暨2015上海市公益广告征集大赛颁奖会在上海儿童艺术剧场举行。中央文明办中国文明网、市委宣传部、市文明办、市网信办、市人大教科文卫委员会、市公益广告宣传协调小组成员单位等近千人出席现场活动。“网络文明能量大放送联合行动”是由各区县委办、各网站、各媒体等共同参加的一次线上线下全市大型联合行动。

● 上海召开全市检察工作会议,传达全国政法工作会议和全国检察长会议精神,总结2015年工作,并对2016年全市检察机关贯彻十八届四中、五中全会和习近平总书记系列重要讲话精神,全面履行法律监督职责,深化司法改革试点,严格规范司法行为,加强司法公信力建设等工作作出部署。

5日

● 国内首家银行博物馆从浦东搬到浦西“新家”,并以金融博物馆暨银行博物馆的形式全新亮相。“新家”位于黄浦区复兴中路301号。

● 上海各界人士欢聚一堂,出席2016年春节团拜会。市领导韩正、杨雄、殷一璀、吴志明、应勇与各界嘉宾一起,共同祝愿伟大祖国繁荣昌盛、国泰民安,祝愿上海明天更美好,祝愿全市人民新春快乐、幸福吉祥。

● 中国工程院、上海市政府合作委员会第十二次会议在沪召开。中国工程院主席团名誉主席徐匡迪、中国工程院院长周济、上海市市长杨雄、中国工程院副院长徐德龙出席并讲话。市政协副主席李逸平主持,徐逸波出席。会议审议通过第十二届合作委员会成员名单、中国工程科技发展战略研究中心(上海)第三届理事会成员名单,讨论上海市中国工程院院士咨询与学术活动中心及中国工程科技发展战略研究中心(上海)2015年工作报告和2016年工作要点。

● 上海文交所申江文化商品交易中心在中国(上海)自由贸易试验区宣告成立,该平台由国家级交易所上海文化产权交易所与申江信德(上海)文化发展有限公司联合共建,致力打造一个规范化、专业化的交易平台,引导和规范市场发展,为广大收藏爱好者、投资者提供一流的文化商品交易服务。

● 2015 年度沪交通运输行业企业违法率排序情况公布。上海公交、出租、省际客运、危险品运输以及驾驶员培训这五大重点行业及省际客运站,2015 年有 455 户企业存在违法案件。

● 位于源深体育中心的国际体育仲裁院上海听证中心再次开庭,上诉人国际足联和被上诉人韩国足协就"韩国球员姜秀一兴奋剂违规"一案进行听证程序。这是上海听证中心成立以来,第一次有国际体育单项组织在这里"状告"成员国协会。

6 日

● 位于衡复历史风貌保护区内的张乐平故居、柯灵故居,以及徐汇区府大院内的"2号楼"大修道院向公众正式开放。

● 复旦大学儿科医疗联合体(闵行协作网)启动。作为全国首个优质专科医疗资源纵向延伸医联体,闵行协作网将由儿科医院牵头,联合区内医疗机构、社区卫生服务中心,共同为辖区内儿童提供优质、便捷、连续的诊疗服务。

● 根据商务部的工作部署,商务部国际贸易谈判代表兼副部长钟山分别来到地处徐汇区嘉善路的上蔬永辉嘉善店和地处静安区静安寺街道的强丰智慧微菜场,考察上海春节市场供应及保障工作,上海市副市长周波陪同考察。

● 凌晨,我国台湾南部地区发生 6.7 级地震。地震发生后,上海市旅游局立即启动应急预案,及时核查上海组织赴台湾高雄团队人数及安全运行情况。全市 12 家旅行社发出的 47 个团队共 902 位游客(含领队),均确认安全。各在线旅游企业也纷纷采取应对措施,确认自由行旅客安全。

● 6 日是小年夜,全市各个区县参与烟花爆竹安全管控工作的平安志愿者开始上岗,确保禁止燃放区域不燃放烟花爆竹,确保禁止燃放区域以外区域安全燃放。

8 日

● 大年初一,上海科技馆"猿猴传奇"猴年生肖特展、巨幕影片《马达加斯加:狐猴岛》吸引众多游客,全天参观人次为 0.77 万,游览环境舒适;上海自然博物馆(上海科技馆分馆)的参观人次为 1.42 万,从 12—15 时处于临时限流状态。

● 申城总体交通状况良好,市区高架道路和高速公路通行顺畅。0—15 时,高速公路网流量为 36.82 万辆,同比减少 3.23%,其中小客车 35.67 万辆,同比减少 2.89%;城市快速路网总流量为 66.44 万辆,同比减少 26.67%。

9 日

● 天气晴好,豫园地区迎来春节长假以来的最大客流。武警上海总队一支队执勤分队迅速行动,配合豫园工作人员疏导人流,维护现场秩序,保障群众平安游园。

● 上海戏剧学院附属舞蹈学校学生于航等从瑞士洛桑载誉归来。在第四十四届瑞士洛桑国际芭蕾舞比赛中,于航和同学白鼎恺经过激烈角逐脱颖而出,成为2016年"洛桑奖学金"获得者。于航更是获本届比赛第一名洛桑大奖。这是上海选手自1987年参加洛桑国际芭蕾舞比赛以来第二次摘得桂冠。

10日

● 浦东曹路大型居住区的居民今年春节过得特别开心。原来,位于大居里的金海文化艺术中心特意在春节期间推出十大文艺活动,从各处动迁来的居民们在新家过上一个有滋有味"文化年"。

● 外出探亲访友郊游的旅客逐渐增多。铁路、民航客流明显回升。春节假日前四天,全市旅游市场供给充盈,市场秩序安全平稳。全市纳入假日监测统计的120家旅游景区(点)累计接待游客235万人次,同比增长12.7%。

● 10时,地铁10号线部分区段供电设备出现故障,导致新江湾城至新天地小交路运行,其余区段单线双向运行。同时虹桥火车站至老西门、航中路至老西门地面启动公交预案。

11日

● 在度过一个静悄悄的大年夜之后,晚上的"迎财神"同样安静,公安、消防、基层干部、平安志愿者等多支力量一起共同做好烟花爆竹管控工作,确保市民安静、安全"迎财神"。

● 运作8年之后,立身于工农三村小区的周逸翔法律服务工作室,变成"紫藤苑说理堂"。

● 2月11日—3月3日,上海公交开辟30条"春运专线",提供公交与机场、车站、码头、轨道交通等交通方式之间的衔接,其中将着重加强公交与轨道交通站点的衔接,方便乘客换乘回家。

● 20时,随着上海当日平均气温出炉,2016年入春时间的悬念也彻底揭开:2月9日。这也是申城自1873年有气象记录以来最早的一次入春。

12日

● 受空气湿度较大、海上平流雾及辐射降温等因素影响,11日夜间至12日早晨上海出现大雾天气。市气象局观测数据显示,早晨闵行、松江、奉贤、金山等区能见度一度只有200米左右。上午起能见度有所好转。

● 5时起,吴淞、石洞口、宝杨路码头至崇明航线全部停航,黄浦江上轮渡均停航。交警部门随即启动紧急预案,通过增派警力疏导、过江驳运、警车压道等方式,确保驳运车辆安全有序过江。

13日

● 春节长假期间，市工商局12315热线共受理消费者投诉举报778件，同比增长21%，其中餐饮住宿投诉量居首。

14日

● 西方情人节，来自北美的“海中小龙女”细吻海龙不但首次游到上海滩，为市民游客水下“献吻”，还在上海海洋水族馆布置的新春龙宫诞下一大波宝宝。

● 市委召开大口党委书记例会。会上，围绕中央交给上海的“证照分离”重大改革试点任务，市委副书记应勇代表市委就加快推进这项重大改革试点工作提出明确要求，市委常委屠光绍、沈晓明、徐泽洲、尹弘出席会议。相关大口党委和区县、部门围绕落实“证照分离”改革试点交流，浦东新区、市商务委、市文广影视局、市教卫工作党委、市科技工作党委、市经济和信息化工作党委、市建设交通工作党委负责同志分别发言。

● 宝山区委书记汪泓、区长方世忠等来到南大地区，现场督察“五违”整治情况。在沪太支路沿线，原先的农贸市场已经搬离，不再见到商铺跨门经营、违建违章现象。在南大路的申新集团地块，只见挖掘机在忙碌工作，原先的房屋正被夷为平地。

● 金山区召开“环境综合整治情况通报会”，区领导和职能部门负责人直面居民代表、网友代表和记者，介绍2015年环境综合整治的进度和2016年的目标任务，并坦陈当前的重点、难点和短板问题。

● 普陀区四套班子领导兵分五路，走进各个街镇，到社区问计“同心家园”建设。区委书记施小琳等一行来到大渡河路1550弄社区特色商业街，察看了小区门口的街心花园，还走进真西菜场，了解弄堂改造、菜价等民生问题。

● 合庆及曹路相关区域环境综合治理工作推进会在浦东新区政府召开。农历新年首个工作日，浦东就吹响“补短板”的集结号、冲锋号。

● 嘉定区委书记马春雷等区领导带领各职能部门负责人分赴江桥镇等各街镇，现场督导环境综合整治，开展专题调研，了解拆违工作进展情况，部署下阶段工作。

● 徐汇区委书记莫负春和区长鲍炳章带着大家驰往吴中路综合市场和桂江路拆违基地，察看后续管理情况，一边让各委办、街镇“参观见学”，一边布置工作节点。

15日

● 市政府召开一季度工作会议。市委常委、常务副市长屠光绍主持会议并通报市政府党组“三严三实”专题民主生活会情况。副市长周波部署有关重点工作。副市长赵雯、翁铁慧、时光辉、蒋卓庆、白少康出席。

● 市政协、市委统战部领导走访民主党派市委、市工商联及有关团体。市政协主席吴志明，市委常委、统战部部长沙海林出席。

● 市十四届人大常委会第六十三次主任会议传出信息，全市将进一步推进司法制度改革，市检察院将通过制定《上海检察机关检察官管理办法(试行)》规范改革后检察官管理。

● 市委书记韩正在解放日报社主持召开新媒体发展座谈会时强调，必须始终保持强烈的责任感和使命感，坚定不移深化改革，加快推进上海主流媒体深度融合、整体转型。要牢牢把握正确的舆论导向，不断提高上海主流媒体的传播力和影响力，为提高我国国际话语权、加强国际传播能力建设作出上海的更大贡献。在随后举行的新媒体发展座谈会上，市领导逐一听取解放日报·上海观察、澎湃新闻、界面、上海发布、伴公汀、东方网团队负责人和上海报业集团、解放日报社主要负责人的发言，与大家谈心交流。

16 日

● 2016 年市委创新社会治理加强基层建设推进大会在上海展览中心召开。市委书记韩正强调，创新社会治理、加强基层建设，是一项长期的基础性工作，必须始终坚持问题导向和目标导向。会上，市委副书记应勇通报 2015 年创新社会治理加强基层建设推进情况，并对 2016 年重点工作进行部署。市委常委沈晓明、徐泽洲出席，副市长时光辉主持。黄浦区委书记翁祖亮、嘉定区委书记马春雷、市建设交通工作党委书记崔明华、浦东新区塘桥街道党工委书记奚德强、奉贤区奉城镇党委书记蒋德川在会上作交流发言。

● 全国妇联副主席宋秀岩来沪调研上海群团改革工作，上海市委副书记应勇出席座谈会。

● 国家发展改革委、科学技术部批复同意上海以张江地区为核心承载区建设综合性国家科学中心，目标是到 2020 年基本形成相关基础框架。

17 日

● 上海市全面深化公安改革动员部署大会在上海展览中心召开。会上，市委常委、市委政法委书记姜平部署全面深化公安改革工作，市委常委、市委秘书长尹弘宣读市委关于成立上海市全面深化公安改革领导小组的批复及成员名单，副市长、市公安局局长白少康主持会议。市人大常委会副主任薛潮、市政协副主席徐逸波、市高级人民法院院长崔亚东、市人民检察院检察长张本才出席。

● 市委副书记、市长杨雄在市建设交通工作党委和市住房城乡建设管理委调研时指出，今年是“十三五”的开局之年，也是市住建委机构改革和职能调整后的第一年，要深入贯彻落实创新、协调、绿色、开放、共享五大发展理念和中央城市工作会议精神，按照市委、市政府部署要求，既要站高看远，对标世界一流找差距，不断提高上海特大型城市综合管理水平，也要眼睛向下，深入调研谋良策，以更大的决心和担当解决基层、市民反映的突出问题，推动上海城市管理不断取得新成效。在座谈交流时，市建设交通工作党委和市住建委负责人汇报了机构改革和职能调整有关情况以及 2016 年重点工作考虑。

● 从 2016 年上海市社会组织工作会议上获悉，上海将稳妥推进行业协会商会与行政机关的第一批脱钩试点工作，实现在机构、职能、资产财务、人员、党建外事等方面"五分离、五规范"，以进一步完善学会和协会的管理体制机制。

● 市食药监管局公布上海生产经营的汤圆及元宵的监督检查结果。来自上海生产企业、流通企业和餐饮单位的 61 件样品，涉及"思念""三全""桂冠""龙凤""甲天下"等品牌，经检验全部符合食品安全标准，合格率 100%。

18 日

● 中国远洋海运集团有限公司成立大会在世博中心召开。中共中央政治局委员、上海市委书记韩正，国务院国资委党委书记张毅共同转动舵轮，为中国远洋海运集团有限公司启航。上海市委副书记、市长杨雄出席大会并致辞。

● 市农村工作会议传出信息，2015 年上海农村居民人均可支配收入达到 23 205 元，继续保持全国首位，比上年增长 9.5%，这已是上海农村居民收入增幅连续 7 年快于城镇居民。

● 市打击治理电信网络新型违法犯罪工作联席会议第一次会议召开。会议决定，为进一步加强电信网络新型违法犯罪的打击治理工作，全市各有关部门将按照"系统治理、依法治理、综合治理、源头治理"的原则，打防并举、重典治乱，全面推进上海市打击治理电信网络新型违法犯罪专项行动。

● 由中远航运、中国海运两大航运央企重组合并的中国远洋海运集团有限公司正式成立，总部设在上海。

● 由上海龙华古寺、上海大慈公益基金会向市红十字会捐赠 1 000 万元设立的"明旸法师帮困助学基金"，在龙华寺举行启动仪式。

● 上海戏剧学院艺考开考，近年来最热门的表演系报名人数翻了一倍多，录取比例达 200∶1。

19 日

● 经过整整一年数据整合与分析，由经济合作与发展组织（OECD）开展的上海"教师教学国际调查（TALIS）"项目结果今天零点公布，上海初中教师在教师的专业合作发展、职业发展动力、教师评价反馈体系的完善程度、校长专业程度等至少 11 个方面的表现，远超国际均值。尤其是在教师和校长专业发展的参与率、强度以及获得的支持方面，更是体现出绝对优势。

● 今天起，"江南百工——首届长三角非物质文化遗产博览会"在上海朵云轩艺术中心拉开帷幕,全面系统地梳理、展示长三角地区不同形态的非物质文化遗产的丰富成果。这也是长三角地区首次举行的大型综合性非遗大展。

● 市信访工作暨 2014—2015 年度先进表彰会议在世博中心召开。市委副书记、市长杨雄主持会议。市人大常委会主任殷一璀、市政协主席吴志明出席,市委副书记应勇宣读先进表彰决定,市委常委、常务副市长屠光绍,市委常委、市委秘书长尹弘分别通报和部署相关工作,市委常委、市委政法委书记姜平出席会议。市领导向受到表彰的先进集体和个人表示祝贺,对全市广大信访干部长期以来付出的艰辛努力表示崇高敬意。

● 市长杨雄会见意大利驻华大使谢国谊一行。谢国谊感谢上海对米兰世博会的大力支持。他表示,2016 年,意大利将通过担任上交会主宾国、来沪举办国际展会等各种形式,进一步深化与上海的交流与合作。希望双方延续世博合作的友谊,推动意中友好交流不断深入。

● 2016 年人力资源和社会保障工作会议召开,明确上海在促进就业、人才发展、社会保障、劳动关系四个方面的改革事项。

● 2016 年市知识产权联席会议工作会议召开,会议提出,“十三五”期间,上海知识产权创造要从数量向质量转变,在知识产权布局上形成一批核心专利、知名品牌、版权精品和优良植物新品种,培育一批拥有国外专利布局和全球知名品牌的知识产权优势企业,大力推动战略性新兴产业、品牌产业、版权产业、文化创意产业和现代农业成为知识产权密集型产业。

● 上海市张江高新区管委会、国家发展改革委价格监督检查与反垄断局联合举行“上海张江竞争政策与反垄断研究咨询中心”揭牌仪式。中心将利用上海张江发展战略研究院的创新资源,集聚实务资源优势,发挥专家学者的智慧,开展理论研究、学术研讨、人员培训、决策咨询、实务参与等工作,在宏观政策层面引领、规范张江示范区的产业发展方式。

● 2016 年市知识产权联席会议召开,总结“十二五”时期以及 2015 年工作情况,并对“十三五”时期以及 2016 年工作提出意见。

● 根据零点公司发布的“教师教学国际调查(TALIS)”结果,上海只有 15.2% 的教师促使学生使用信息与通讯技术(ICT)完成学习项目或作业,远远低于国际平均值的 38%。上海教师在教学的个性化和多样化方面,也只略高于国际均值。

20 日

● 猴年沪牌首拍进行,共有 196 470 人参与投标,比上月增加 8 937 人,再创沪牌拍卖人数历史新高,中标率仅为 4.3%。最终,沪牌最低中标价 83 200 元,比上月上涨 1 000 元;平均中标价 83 244 元,比上月微涨 892 元。

● 由新民晚报社主办、当当童书频道合办的2015年度“父母的选择”童书榜在上海报业集团大厦揭晓，《渔童》《飞鼠传奇》《地下水下》等10本童书，经由读者微信平台票选和专家评审投票入选上榜。

● 2016金桥中外家庭闹元宵活动在浦东金桥开发区举行，500多名在金桥工作生活的中外人士共同参与，“零距离”体验中国传统文化的独特魅力。活动现场，不少中外家庭全家总动员，踊跃参与文艺表演、民间传统才艺互动、中国书法写“福”字等活动。

21日

● 非法原封养犬场开始拆除。养犬场位于嘉定江桥镇博园路、G2京沪高速公路南侧，占地12亩，违章搭建面积13 800余平方米，非法居住300多人，犬只1万余。养犬场拆除后，将在原址建设公共绿地，还绿于民。

● “春天的故事——邓小平生平业绩图片展”开展式在虹口区曲阳社区文化活动中心举行。作为虹口区委纪念建党95周年活动之一，此次展览由市委党史研究室、四川省广安市委、虹口区委共同举办。此次展览的主题是“心系人民——你们生活得好，我就高兴”。

22日

● 市委副书记、市长杨雄在市北高新区现场主持召开市环境保护和环境建设协调推进委员会第21次会议暨全市环保工作会议。下午，杨雄与副市长蒋卓庆一行察看江苏路泵站，了解苏州河沿岸泵站运行及雨天放江排放情况，听取苏州河段深层调蓄管道系统工程方案介绍。在随后召开的现场会上，市环保局汇报“十二五”期间上海环保工作进展和“十三五”特别是2016年重点工作安排。市发改委、市经信委、闵行区、青浦区作交流发言。

● 市委副书记、市长杨雄主持召开市政府常务会议，研究上海贯彻落实国务院有关意见，加快推进残疾人小康进程等事项。

● 市十四届人大常委会第二十七次会议召开，对《上海市人大常委会2016年度工作要点（草案）》《上海市人民代表大会常务委员会关于区县和乡镇人民代表大会工作的若干规定（草案）》等进行审议。市人大常委会主任殷一璀主持会议。

● 市政协召开十二届六十四次主席会议，听取部分专门委员会（指导组）2016年工作计划汇报。市政协主席吴志明主持。

● 市十四届人大常委会27次会议审议市人大常委会2016年度工作要点（草案）。

● 全市统战部长会议在市委统战部召开。会议深入贯彻中央、市委统战工作会议和习近平总书记系列重要讲话精神，总结2015年工作情况，部署2016年的工作任务。市委常委、统战部部长沙海林出席会议并讲话。

● 上海市举行党外人士座谈会。市委常委、市纪委书记侯凯作有关上海党风廉政建设和反腐败工作情况介绍，并与党外人士座谈，听取意见建议。市委常委、统战部部长沙海林主持会议。

● 市校园篮球联盟在交通大学成立，首批 355 所会员学校加入联盟。加上之前已经成立的校园足球联盟和排球联盟，上海成为全国率先成立三大球校园联盟的城市。

● 莘庄梅园正式开园，约 1 000 株梅花已开放。

23 日

● 市新闻出版(版权)工作会议召开。市委常委、宣传部部长董云虎出席并讲话。会议公布第十四届“上海图书奖”获奖名单，上海古籍出版社的《宋会要辑稿》、上海科技教育出版社的《竺可桢全集》等 92 种图书获奖。

● 普陀区白玉坊旧改地块举行集体搬迁仪式，这块只有 132 张产证、最小居住面积仅 3.9 平方米的迷你地块，16 天就达到 100%签约率，又一次刷新旧改签约纪录。

● 市级机关工作党委召开 2016 年上海市市级机关党的工作会议。会议透露：2016 年市级机关党的工作，要加强思想建设，通过解决干部思想问题，最大限度凝聚起市级机关党员干部推进改革发展的思想共识和行动自觉。

● 针对房地产市场存在的结构性问题，市规土局等四部门联合发布《关于进一步优化本市土地和住房供应结构的实施意见》。意见明确，未来上海中心城区中小套型住房供应比例将不低于 70%，郊区将不低于 60%。

● 市人大常委会召开常委会组成人员专题学习会。市人大常委会主任殷一璀主持会议并讲话。

24 日

● 市委召开区县、乡镇换届工作会议。市委副书记应勇主持会议，市委常委、组织部部长徐泽洲作工作部署，市领导沈晓明、侯凯、姜平、沙海林、尹弘、姜樑出席。

● 市公共信用信息服务平台宣布：作为全市社会信用体系建设的重要基础设施，市信用平台已初步实现对全市 138 万法人、2 400 万自然人的全覆盖，可查询法人信息超过 1 046 万条，自然人信息超过 3 亿条。对于公民个人，平均每人已有 12.5 条相关信息归集入库，这些信息包括表彰奖励、志愿服务、慈善捐赠等“正面信息”，也包括欠缴税费、行政处罚等“负面信息”。

● 中共中央政治局委员、上海市委书记韩正，市委副书记、市长杨雄会见由市委书记王晓光率领的贵州省遵义市党政代表团一行。

● 市科技系统党政负责干部会议在科学会堂召开，市委副书记应勇出席并讲话。

● 市政法工作会议在展览中心召开，总结 2015 年全市政法工作，分析形势，研究部署今年主要工作任务。市委常委、市委政法委书记姜平出席会议并讲话，要求全市政法系统把防控风险、服务发展和破解难题、补齐短板摆在更加突出位置，全面提升政法工作能力和水平。

● 长宁对接医改、探索推进分级诊疗，各社区卫生服务中心家庭医生以参加“四医联动”的困难群体为突破口，建立家庭医生首诊制度，在贫困人群中率先实现社区首诊、定点医疗、逐级转诊的政策突破。在此试点基础上，将区域的分级转诊制度逐渐推广到整个区域医疗卫生服务人群。

● 波音公司在上海启动新一代737—800波音改装货机项目，该项目已获得来自7家客户的55架改装订单和承诺订单。在列明身份的5家公司中3家为中国的快递航空公司，与波音共签订40架飞机的订单或承诺订单。

25日

● 市委副书记、市长杨雄在市体育局调研时指出，面对市民群众对体育运动的巨大需求和制约体育事业、体育产业发展的障碍瓶颈，必须深入贯彻五大发展理念和国家深化体育改革的精神，把体育事业和体育产业发展目标细化为“十三五”的各项具体任务，充分发挥市场和社会组织作用，以提高公众参与度为核心，加快完善公共服务体系，广泛开展全民健身运动，促进群众体育和竞技体育全面发展，力争到2025年把上海基本建成全球著名体育城市，为实现中国体育强国梦做出应有贡献。

● 2016年全国政策咨询工作会议在沪开幕。国务院发展研究中心主任李伟出席会议并作工作报告，上海市委副书记、市长杨雄出席并致辞。上海市委常委、常务副市长屠光绍，国务院发展研究中心副主任张军扩、王一鸣出席，副主任隆国强主持开幕式。会上还颁发2015年中国发展研究奖。来自全国各省、自治区、直辖市、计划单列市及省会城市发展研究中心、政策研究室等机构近300位代表参会。

● 市文艺评论家协会成立大会暨第一次会员大会在上海文艺会堂召开。市委常委、宣传部部长董云虎，中国文艺评论家协会副主席路侃与140余名上海文艺评论家和文艺评论工作者出席大会。

● 市妇联揭晓第九届“上海市巾帼创新奖”和“上海市巾帼创新新秀奖”获奖者名单。上海交大医学院附属瑞金医院血液科副主任、主任医师赵维莅等10人获巾帼创新奖；第二军医大学附属东方肝胆外科医院信号转导实验室副研究员陈瑶等5人获巾帼创新新秀奖。

● 上海国际医学中心签约国内首个脑科医生集团——冬雷脑科医生集团。体制外医生集团“嫁接”平台，全新组合模式为医生多点执业带来更多选择。

26日

● G20财长和央行行长会在上海浦东陆家嘴正式开幕，全球财经界的目光将聚焦中国、聚焦上海。

● 中共中央政治局委员、上海市委书记韩正会见来沪出席G20财长和央行行长会议的美国财政部部长雅各布·卢一行。韩正向客人介绍上海“十三五”发展规划、自贸试验区建设的最新进展。

● 市长杨雄会见美国前财政部部长鲍尔森一行。杨雄对鲍尔森及其创立的鲍尔森基金会致力推动中美合作交流表示赞赏。

● 市妇联十四届八次执委(扩大)会议召开。市委副书记应勇出席会议并讲话。会议审议通过题为《全面推进妇联组织和妇联工作改革创新,团结带领全市妇女为“十三五”良好开局贡献力量》的工作报告。会上替补卫丹红、王春辉、刘方、吴晓峰、张丽萍等5人为上海市妇女联合会第十四届执行委员会委员,增补黄绮为上海市妇女联合会第十四届常务委员会委员、执行委员会副主席。

● 市纪委官方网站通报市计划生育科学研究所违反因公出国(境)管理的有关规定,擅自批准51批67人次通过因私渠道公款出国等5起违反中央八项规定精神的典型案例。

● 市工商联(总商会)召开十三届八次常委会、五次执委会。会议围绕市委、市政府中心工作,谋划部署2016年重点工作,服务、引导非公经济人士为“十三五”开好局、起好步作出新贡献。全国工商联副主席、市政协副主席、市工商联主席王志雄出席并作《工作报告》。

●“上海张江波士顿企业园”开园仪式在美国马萨诸塞州州政府大厅举行,标志着这一园区正式启动运营。

27日

● 外交部部长王毅、上海市市长杨雄分别同金砖国家新开发银行行长卡马特正式签署金砖银行总部协定和金砖银行总部安排的谅解备忘录。

● 市长杨雄会见来沪出席G20财长和央行行长会议相关活动的美国贝莱德集团董事长兼首席执行官劳伦斯·芬克一行。

● 中国(上海)自由贸易试验区推进工作领导小组召开工作会议。市领导屠光绍、沈晓明、周波出席会议。领导小组办公室汇报自贸试验区2015年工作情况及2016年工作安排建议。领导小组成员单位代表围绕自贸试验区下一步重点工作进行讨论。

● 以92.55的最高分,PK掉了122个对手,上海嘉定在2015年度全国文明城市(区)测评督查中获全国第一,这意味着嘉定离2017年“全国文明城区”称号越来越近。

28日

● 中共中央政治局委员、上海市委书记韩正会见韩国经济副总理兼企划财政部部长柳一镐一行。

● 在由市罕见病防治基金会、市红十字会、市儿童健康基金会、上海宋庆龄基金会、市医学会罕见病专科分会主办，上海儿童医学中心承办的第九届国际罕见病日“让我们一起倾听罕见病患者的心声”主题活动中，罕见病患儿用演讲、朗诵、歌曲与肢体动作表达出互帮互助、自强不息的精神与心声，希望得到社会关注。市罕见病防治基金会名誉理事长谢丽娟揭晓基金会官方标识，同时宣布该基金会公众微信号的启用。

● 国内首例单细胞高通量测序联合核型定位 PGD(胚胎植入前诊断)技术阻断多发性内分泌腺瘤(家族性甲状腺髓样癌)遗传的健康婴儿，在国际和平妇婴保健院顺利诞生。专家表示，这再一次彰显第三代试管婴儿在阻断致病基因传递和疾病干预上的强大力量。

● 上海诞生首批 70 个“明星工地”。经施工单位申报，行业协会和相关部门推荐，新闻媒体和市民巡访团核查，中铝南方总部项目工程南楼、北楼项目等 70 个工地被评为上海“明星工地”。

29 日

● 市统计局发布《2015 年上海市国民经济和社会发展统计公报》。

● 市委副书记、市长杨雄主持召开市政府常务会议，研究进一步推动上海财政科技投入管理改革，加强财政科技投入联动与统筹管理；部署进一步加强林业建设等事项。会议审议通过《关于本市加强财政科技投入联动与统筹管理实施方案》。

● 市总工会十三届七次全委(扩大)会议召开，群团改革为市总工会机关带来新气象：领导班子调整，迎来首位农民工兼职副主席朱雪芹，和一名挂职副主席；新补选的 38 名市总工会委员中，32 名来自基层一线，基层委员比例由 20.7%增至 40.1%；常委中，基层一线人员比例也由 11.8%升至 25%。

● 市卫生计生委与市公安局召开打击“号贩子”专项工作部署会，要求严厉打击“号贩子”，维护本市医疗机构正常诊疗秩序，保障群众合法权益。

本月

● 市纪委第五次全体会议召开。出席会议的市纪委委员 47 人，列席 286 人。中共中央政治局委员、上海市委书记韩正出席全会并发表重要讲话。市委、市人大、市政府、市政协领导和有关方面负责人参加会议。全会由中共上海市纪律检查委员会常务委员会主持。全会总结 2015 年全市纪律检查工作，部署 2016 年任务，审议通过侯凯代表市纪委常委会所作的《把纪律挺在前面，坚定不移推进党风廉政建设和反腐败斗争》工作报告。

● 地面公交、出租汽车、省际客运等城市交通行业日均运送乘客超过723万人次。春节期间上海地面公交行业日均客流达434.29万人次。出租汽车日均供车155.11万车次，日均载客279.2万人次；省际客运行业日均发送人次9.71万人次（其中包车日均6.27万）。

3月

1日

● 上海迪士尼度假区与中国太平洋保险（集团）股份有限公司签署为期数年的战略联盟协议，宣布中国太平洋保险成为度假区的官方保险领域赞助商。

● 中国首部《反家庭暴力法》实施。上午9时，马先生走进上海市浦东新区人民法院诉讼服务中心，向立案法官递交民事起诉状，要求离婚，理由是妻子经常暴力虐待他。这也是《反家庭暴力法》实施后，沪上首例立案的涉家庭暴力民事诉讼案件。

● 曹杨二中教育集团挂牌成立。该集团由曹杨二中牵头，联合梅陇中学、民办兰田中学等10家单位，按照地理位置相对就近原则，聚集不同学段、不同办学体制的学校，促进学校纵向衔接和优势互补。

● 闵行区召开建设上海南部科技创新中心核心区推进大会，出台《核心区重点项目三年行动计划》。

2日

● 上海市人民政府与国家食品药品监督管理总局在北京签署《关于加强食品药品安全监管战略合作协议》。国家食药监总局局长毕井泉、上海市市长杨雄代表双方签署协议并进行工作会谈。国家食药监总局副局长滕佳材出席上述活动。

● 教育部和上海市政府在北京召开部市共同深化上海教育综合改革2016年度工作推进会，回顾总结2015年上海教育综合改革进展情况，研究部署2016年继续深化上海教育综合改革各项工作。教育部党组书记、部长袁贵仁，上海市委副书记、市长杨雄出席会议并讲话。

● 在“学雷锋日”到来前夕，市委书记韩正，市委副书记、市长杨雄会见获全国和上海市志愿服务先进典型的个人及集体代表。韩正说，雷锋精神指引着几代人成长，志愿服务精神是新时代的雷锋精神。上海要大力弘扬奉献、友爱、互助、进步的志愿精神，使志愿服务成为广大市民的基本生活方式，让我们这座城市时时处处充满爱。

● 市长杨雄会见英国劳合社主席约翰·纳尔逊一行。杨雄说，上海保险业持续健康发展，我们在工程建设、农业生产等领域探索运用保险工具进行风险管理，取得良好效果。希望中外保险企业不断创新探索，为城市风险管理提供更多保险服务。

● 市科协九届六次全委会议在科学会堂举行，市委副书记应勇出席会议并讲话。

● 市卫生系统文明办评选出诊前、急诊抢救室患者住院流程优化管理、慢病相对时空等 20 个服务品牌，将在申城各级医院推广。

● 上海张江高科技园区与阿里巴巴集团宣布展开全面合作，建立“阿里云创客 + ”基地，双方将各自的创新创业资源进行充分对接，打造高质高效的众创服务平台。

● 陆家嘴互联网金融协会成立。协会是陆家嘴金融贸易区管理委员会牵头发起成立，由区域内互联网金融企事业单位自愿组成的专业性、非营利性的社会团体法人组织。首批会员成员包括支付宝、陆金所、宜信、交通银行、兴业银行、光大集团、网易集团、万达、海尔、小米等 53 家机构。

3 日

● 出席十二届全国人大四次会议的上海市代表举行组团会议，推举殷一璀为上海市代表团团长，王乃坤、徐麟、应勇为上海市代表团副团长。

● 市商务委全面落实“外资促进十大计划”，对标高标准的国际投资贸易规则，坚持“市区联动、内外联动”原则，2016 年实现“两个力争”：合同外资力争突破 600 亿美元，实到外资力争与上年持平。

● 100 名全国道德模范及提名奖获得者、上海市杰出志愿者等先进人物走进上海第六人民医院等 9 家医院接受免费体检。

● 市文明办、市总工会、市建交党委、市交通委联合举行“学习雷锋，快乐志愿”2016 年上海出租汽车行业学雷锋志愿者行动启动仪式。

● 全国爱耳日，公益项目“看得见的声音”在上海第四聋校进行首站活动，借由艺术的力量启发听障学童对声音的想象。

● “上海的士雷锋车队”成立，同时推出 300 辆以“上海的士雷锋车队”为标杆的上海交通志愿者出租分队。

4 日

● 市中医药工作会议召开，金山区董永庆等 30 名中医被授予上海市“社区好中医”称号。这是上海首次面向基层一线开展中医评优活动，首批评出的 30 名社区“小华佗”大多拥有“独门绝技”，他们用特色鲜明的中医诊疗技术守护一方健康。

● 虹桥商务区核心区重大项目（入驻企业）签约颁证仪式在虹桥天地举行，此次签约活动共有 28 家企业确定入驻。

5 日

● “向雷锋同志学习”题词发表 53 周年纪念日。来自全市各区县、委办局和知名社会团体的 1 000 名优秀团员青年和优秀志愿者代表齐聚世博源大舞台，兵分两路穿越上海科技馆、上海城市规划馆、新天地、雷锋驿站等全市多个具有代表性的志愿者服务基地,身体力行弘扬雷锋精神、践行志愿服务。

6日

● 全国人大上海代表团举行分组会议,继续审议政府工作报告。

● 市政协主席吴志明委员与部分在沪全国政协委员座谈交流,学习领会习近平总书记在参加全国人大上海代表团审议时的重要讲话精神。

7日

● 全国人大上海代表团分别召开全团会议和分组会议,审查“十三五”规划纲要草案。上海市委书记韩正代表,市委副书记、市长杨雄代表,上海代表团团长、市人大常委会主任殷一璀代表参加审议。

● 由上海科技文献出版社影印出版的 30 卷《上海图书馆藏珍稀家谱丛刊》(第一辑)在上海图书馆首发。第一辑以名人和世家望族家谱为主,收录了徐阶、董其昌、陈洪绶、毛奇龄、华蘅芳等 5 种名人家谱和无锡秦氏(秦观)家谱。

8日

● 十二届全国人大四次会议上海代表团召开分组会议,审查计划报告和预算报告。中共中央政治局委员、上海市委书记韩正代表,上海市委副书记、市长杨雄代表,上海市人大常委会主任、上海代表团团长殷一璀代表参加。

● 上海注册女医师占在沪注册医师总数的 50.16%,首次超过男医师的数量。在传统以男性为主导的医学世界里,女医生正以特有的女性视角服务患者、征服疾病。

● 市总工会举行纪念三八国际劳动妇女节 106 周年主题活动暨上海市五一巾帼创新工作室表彰会,首批 30 个上海市五一巾帼创新工作室获得表彰。

● 以“世界因你而美丽”为主题的纪念三八国际劳动妇女节 106 周年大会在上海城市剧院举行,市委常委、政法委书记姜平出席会议并讲话。大会上,10 名上海市巾帼创新奖获得者、5 名巾帼创新新秀奖获得者,777 个“巾帼文明岗”和 199 名“巾帼建功标兵”获表彰。9 位个人和 7 个团体获“全国三八红旗手”和“全国三八红旗集体”称号。

9日

● 第三届上海肾脏周活动举办。近年来慢性肾脏疾病发病率在国内外逐年上升。上海发病率高达 11%。除了铅汞元素外,化妆品中本有的芳香族化学制剂也或将引发使用者的免疫系统变异,如原本多见于老年患者的膜性肾病在年轻人群中也呈上升趋势。

● 2016 年度“设计上海”展览在上海展览中心开幕。300 多个参展品牌发布 1 000 多件全新设计、精心策划的装置设计作品。其中,本土设计和东方元素在此次设计盛会中成为主基调。本届“设计上海”展厅面积逾两万平方米,分为当代设计馆、经典设计馆、限量设计馆三个主展示馆。

● 市政府征兵办发布 2016 年上海范围内适龄青年应征入伍报名的有关事项通告，即日起启动网上兵役登记和应征报名登记。

10 日

● 上海代表团分别召开全团会议和分组会议，审议全国人大常委会工作报告。中共中央政治局委员、上海市委书记韩正代表，市委副书记、市长杨雄代表，上海代表团团长、市人大常委会主任殷一璀代表参加审议。

● 上海音乐学院原副院长，上海音乐学院终身教授周小燕遗体告别仪式，在上海龙华殡仪馆举行。

● 市旅游公共服务大会启动“旅游云”试运行。市民只要下载“市民云”App，在“旅游云”空间里，不仅能够得到关于上海吃住行游购娱的精准化旅游公共信息，如果有不满意，还可以直接用实名给个差评。

11 日

● 上海代表团分别召开全团会议和小组会议，审议慈善法草案、政府工作报告，审查“十三五”规划草案。中共中央政治局委员、上海市委书记韩正代表，国务委员王勇，市委副书记、市长杨雄代表，上海代表团团长、市人大常委会主任殷一璀参加审议。

● 截至中午 12 时，人代会上海代表团的代表提出议案 22 件，全部被大会列为正式议案。议案内容涉及城市社会管理、互联网发展、人才开发、环境保护、野生动物保护、循环经济、对外援助、劳动合同、司法改革等诸多领域。

● 国家林业局与上海市人民政府在上海签署《国家林业局与上海市人民政府部市合作协议》。双方合作支持在上海野生动物园建设上海大熊猫保护研究基地，并在上海辰山植物园建立华东野生濒危植物资源保育中心。

● 常务副市长屠光绍在市政府贵宾室集体会见加拿大、古巴、乌拉圭、日本、爱尔兰、伊朗、印度、塞尔维亚、斯里兰卡和乌克兰等十国新任驻沪总领事，对他们到上海履新表示欢迎，并希望各领馆进一步推动各自国家与上海的交流合作。上海已有 75 家驻沪领事机构。

● 第十六届中国西部国际博览会推介会在上海召开。本届西博会以“中国西部·世界机遇”为主题，于 10 月 29 日—11 月 9 日在四川成都举办，6 万余名来自全球各地嘉宾代表和专业客商共襄盛会。这也是西博会被纳入国家“一带一路”战略政府白皮书后的首秀。

12 日

● 中国民主革命伟大先行者孙中山先生逝世 91 周年纪念活动在上海香山路孙中

山故居举行。

13 日

● 上海代表团召开全团会议，审议最高人民法院工作报告、最高人民检察院工作报告和慈善法草案(修改稿)。中共中央政治局委员、上海市委书记韩正代表，市委副书记、市长杨雄代表，上海市代表团团长、市人大常委会主任殷一璀代表参加审议。

14 日

● 全国政协十二届四次会议在人民大会堂闭幕。出席会议的在沪全国政协委员圆满完成会议各项议程，乘东航班机返回上海。会议期间，79 名在沪全国政协委员提交提案 305 件，17 名委员提交大会发言 51 篇。

15 日

● “上海市跨境电子商务示范园区”在外高桥保税区揭牌，这是 2016 年 1 月 12 日国务院批复同意在上海等 12 个城市设立国家跨境电子商务综合试验区后，上海设立的第一批示范园区，标志着上海跨境电子商务综合改革试点进入一个新阶段。这也是自贸试验区先行先试、深化改革的又一重大举措。

16 日

● 市委常委、常务副市长屠光绍在市政府大厦会见欧洲复兴开发银行行长苏玛·查克拉巴蒂一行，双方就全球经济形势及今后上海与欧洲复兴开发银行的合作交换意见。

● 市委常委、市委秘书长尹弘在衡山宾馆会见由蒙古民主党中央执行委员会委员、国家大呼拉尔委员(议员)、政府办公厅主任桑·巴雅尔朝格特率领的蒙古跨党派政治家代表团一行。尹弘向来宾们介绍上海改革开放和经济发展等情况。

● 沉寂 10 年的天蟾书会重新启动，打头阵的是苏州评弹团“姑苏韵”系列演出。

17 日

● 市委书记韩正在浦东新区调研分类综合执法改革试点情况时强调，推进分类综合执法改革试点，是贯彻党的十八届三中、四中全会关于深化综合行政执法体制改革的要求部署，加快政府职能转变、加强事中事后监管的重要举措。

● 市委书记韩正会见怡和集团主席亨利·凯瑟克爵士一行。韩正说，我们欢迎各方企业来沪发展，积极参与上海面向未来的经济社会建设，也将一如既往营造更好环境，支持中外企业在沪实现更大发展。

● 市长杨雄会见澳大利亚新任驻华大使安思捷一行。杨雄欢迎中澳两国企业立足自贸区平台，开展更多投资和贸易。

● 市人大常委会在上海展览中心召开传达贯彻十二届全国人大四次会议精神大会。全国人大代表、市人大常委会主任殷一璀就学习贯彻落实会议精神提要求。

● 由最高人民法院知识产权司法保护研究中心、中国法院知识产权司法保护国际交流(上海)基地、欧盟委员会联合主办,同济大学、欧盟中欧知识产权合作项目共同协办的中欧法官论坛在上海召开。最高人民法院副院长陶凯元,欧盟驻华代表团副团长、公使卡门·卡诺,上海市副市长赵雯,上海高院院长崔亚东出席论坛并致辞,来自中国、德国、西班牙等国的知名法官、专家学者共计100余人出席论坛。

● 浦东新区市场监管局颁发一张特别的食品经营许可证,餐饮类别显示为专业网络订餐,这也是上海颁发的首张专业网络订餐类别的食品经营许可证。

18日

● 新静安区第一个大型旧改基地——华兴新城项目——正式启动第二轮征询签约。一天内,已签订房屋征收与补偿协议4 015证4 350户,签约率达93.18%,超过90%生效比例。这意味着,华兴新城基地签约首日即生效。

● "二度梅"获得者、湖北省京剧院院长朱世慧领衔主演的《徐九经升官记》登上东艺舞台,拉开第九届东方名家名剧月大幕。

● 由市卫生计生委和解放日报社共同主办的上海市健康大讲堂暨第二十八届解放健康讲坛,在上海市胸科医院举行,近千名观众热情参与。来自沪粤两地的知名胸外科专家何建行、王群、陈海泉以"倾听'肺腑'之言"为主题,首次向公众发布发现肺腺癌13个突变基因,并为市民推荐早诊早治手段和微创手术的最新理念。

● 市卫生计生委通报:上海市报告1例境外输入性外来就诊黄热病确诊病例。该病例为我国第2例、上海第1例输入性黄热病病例。

● 拥有浦东和虹桥两座机场的上海机场集团发布企业新标志,以天空蓝和草地绿为主色调的新标志,明快清新,立体感和动感十足。新标志图形由上海机场集团英文缩写"SAA"(Shanghai Airport Authority)构成,其中"S"为上海,上下两个"A"分别代表浦东和虹桥机场,体现"一市两场、两位一体"的特征。

● "上海市特色戏剧学校命名仪式"在上海戏剧学院举行,包括北虹高级中学、松江二中、复旦附中在内的一批高中与上海戏剧学院签约共建。

● 市慈善基金会举行2014—2015年度优秀慈善义工颁奖表彰大会。会上,上海报业集团信息技术中心慈善义工队等40个"优秀慈善义工集体"、安利(中国)日用品公司慈善义工队陈虹等40名"优秀慈善义工"和华东理工大学青年志愿者协会万婷等30名"优秀慈善义工组织者"受到表彰。

● 上海金山区与浙江嘉善县签订"共建沪浙毗邻地区合作发展示范区"战略框架协议,并为双方共建的"长三角路演中心"揭牌,同时开始运行"社区联合治理网格化中心",实现上海金山枫泾镇、浙江嘉善姚庄镇、浙江嘉善惠民街道"两镇一街道"社区治理网格化的一体化、全覆盖。

19 日

● 市委召开加强上海综合交通管理工作座谈会，围绕 2016 年市委一号课题“补好短板”，明确重点、明确责任，就全市形成合力补好交通管理中的短板进行全面部署。

●《中国政府透明度指数报告(2015)》在中国社科院法学研究所等主办的研讨会上发布。报告显示，省级政府中，政府信息公开透明度最高的是上海。这份报告对政府信息公开的评价要素分别有：信息公开专栏、规范性文件、财政信息、行政审批信息、环境保护信息、政府信息公开年度报告等。

● 3 月上海私车额度拍卖再次刷新参拍人数历史纪录 221 109 人。这是沪牌第一次超过 20 万人投标。本月上海个人私车额度投放 8 310 辆，最低成交价为 83 100 元，平均成交价为 83 148 元，中标率仅为 3.8%，创历史新低。

● 历时 3 年、迁址新建的刘海粟美术馆新馆开幕。选择了腾讯作为合作伙伴，推出“新生代互联网原创艺术家推介展”，大胆将年轻艺术家的互联网作品请进艺术殿堂。

● 当时间指向 20 时 30 分，东方明珠、环球金融中心、金茂大厦等陆家嘴的几幢地标建筑的景观灯渐渐熄灭，以此方式参与每年一度的“地球一小时”活动，呼吁公众更关心环境问题。

20 日

● 由市新闻出版局、上海报业集团任指导单位，新华传媒和各出版机构联合主办的“全国新书发布厅”项目，在上海书城福州路店一楼启动。华夏新供给经济学研究院院长贾康新书《供给侧改革》同步首发。

● 上午 10 点，市皮肤病医院开出第一张电子处方——江苏省宿迁市许先生深受灰指甲困扰多年，皮肤科专家王秀丽教授通过视频远程会诊，明确诊断“远端甲下型甲真菌病”，并开具院内自制剂复方苯甲酸乳膏。这是上海首张皮肤科“电子处方”，也宣告上海市皮肤病医院开始探索网上医院全流程在线服务体系。

● 历时近 4 个月，由上海喜玛拉雅美术馆与敦煌研究院联合主办，由敦煌博物馆协办的“敦煌：生灵的歌”大型展览闭幕。共有 30 多万参观人次、1 100 余场专业导览、50 余场公共教育活动、12 次专家讲座。

● 顾村公园再次迎来赏樱大客流，截至 18 时，共有 159 002 人次入园游览。园内樱花种植面积 73 万多平方米，数量达 1.2 万多株，有 60 多个品种。

21 日

● 市政协召开十二届六十五次主席会议，传达市委近期重要工作情况，审议 2016 年度市政协平时视察活动的安排(草案)。市政协主席吴志明主持。会议听取

2016年度委员联络服务工作计划(草案)的汇报。

● 常务副市长屠光绍在市政府贵宾厅会见安哥拉石油部部长若泽·德瓦斯康塞洛斯一行。屠光绍向来宾介绍上海改革开放、经济社会发展情况。

● 市人民政府副秘书长吴建融为“上海虹桥海外人才一站式服务中心”揭牌,标志长宁加快打造贸易功能突出、现代服务业特色鲜明的科技创新人才集聚区又迈出了重要的一步。

● 在多重利好因素的助推下,A股延续近期反弹,上证综指则在实现“七连阳”的同时重返“3时代”。两市成交稳步放大,突破9 000亿元。

● “公正为民　情铸天平”全国模范法官周欣先进事迹报告会在市第一中级人民法院大法庭举行。周欣现任市一中院立案庭信访三组组长、审判员。自1995年进入上海一中院以来,周欣20年如一日,以优秀的工作业绩、严谨的审判作风和清廉的职业操守,奋斗在重大刑事案件审判第一线,生动诠释着新时期法官的良好素质和形象。

22日

● 市委书记韩正会见德国总统高克一行。韩正说,上海与德国各地在经贸、科技、文化、民间等领域交往密切,特别是上海与汉堡结为友城已经30年,许多德国企业在上海发展很成功。

● 上海警备区党委十二届十次全体(扩大)会议召开。

● 杨浦区发布人才新政16条。杨浦区将每年安排不低于2亿元财政资金支持创新人才,原先分散在人社、科委、房管等多个部门的人才政策将统一归口,公众可以通过公共平台查询信息并在线申请支持项目。

● “天工开物——非物质文化遗产全国精品邀请展”在上海滩大美术馆开幕。展览包括全国50余个非遗保护单位及传承人提供的工艺类精品,共计200余件,极具代表性。

23日

● 市委书记韩正在上海大学调研时指出,地方高校在全市经济社会发展中发挥着重要作用,解决地方高校发展中的问题和瓶颈,关键要靠改革创新。市委、市政府全力支持上海大学进一步落实和扩大高校办学自主权、开展一流大学建设,探索出一整套符合教育发展规律和地方高校发展规律、可复制可推广的管理体制机制,不断增强竞争力、提高对经济社会发展的贡献度。

● 首届“中国美术奖·终身成就奖”、第六届“上海文学艺术奖·终身成就奖”获得者,著名连环画家贺友直先生遗体告别仪式,在上海龙华殡仪馆举行。

● 外高桥造船公司与招商局能源运输股份有限公司在深圳签订4艘第二代超大型

40 万吨级矿砂船(VLOC)的建造合同,成为国内首家建造 40 万吨级矿砂船的船厂,突破上海仅能建造 30 万吨级船舶的历史。

24 日

● 市领导韩正、杨雄、殷一璀、吴志明等来到闵行区梅陇镇行西村植树点,参加全民义务植树活动。韩正一行听取闵行区生态专项工程及其外环梅陇段主体项目规划设计及建设情况汇报。

25 日

● 市深化公务用车制度改革动员部署会议召开,标志着在前期试点基础上,全市党政机关深化车改工作全面启动。

● 嘉定区人民法院公开开庭审理被告人许某涉嫌危险驾驶罪一案,并当庭宣判。法院以被告人许某犯危险驾驶罪判处其拘役 2 个月并处罚金人民币 2 000 元。这是刑法修正案(九)实施以来,上海法院宣判的首起客运车辆超载入刑案。

● 中国互联网金融协会在沪正式成立,标志着我国互联网金融规范发展进入新的阶段。上海市市长杨雄、中国人民银行副行长潘功胜出席协会成立大会并为协会揭牌。常务副市长屠光绍出席并致辞。

● 市人大常委会召开理论中心组学习会(扩大),听取有关"供给侧结构性改革下的经济走势"的专题报告。市人大常委会主任殷一璀主持会议并讲话。

● 市统一战线理论研究会学术年会暨六届四次理事(扩大)会议在市委统战部举行。会议主题为"加强思想建设,凝聚政治共识"。

● 由上海老新闻工作者协会组织的"千名老记看上海新貌"主题活动启动仪式,在位于张江的中国商飞公司设计研发中心举行。

● 根据国家对房地产市场"因城施策"的管理要求,上海实施调控新政。《关于进一步完善本市住房体系和保障体系促进地产市场平稳健康发展的若干意见》自发布日起执行。

● 静安区在全市率先召开"加强道路交通秩序管理工作大会",举全区之力为辖区交通管理补短板。2016 年,静安区将通过"一路一策"缓解重点整治路段的十大突出交通违法行为,加强和改进道路交通管理勤务运作机制,实现重点区域静态交通违法监控全覆盖。

26 日

● 主题为"文化引领市民素养"的 2016 年上海市民文化节开幕。除上海市群艺馆作为"文化服务日"的主场馆,还有近千项活动在城市文化广场、绿地、商圈、地铁等公共文化场所同步展开。与此同时,筹备两年的一站式公共文化数字平台"文化上海云"正式上线。

27 日

● 市委组织部、市委宣传部在锦江小礼堂召开上海市区县、部委办局党委（党组）中心组学习交流会。市委常委、宣传部部长董云虎出席并讲话。会上宣布 2015 年度党委（党组）中心组学习实践创新项目优秀成果、基层理论宣讲先进集体和先进个人及上海市“纪念中国人民抗日战争暨世界反法西斯战争胜利 70 周年”主题宣讲特别贡献奖表彰决定。

● 中国体育彩票足彩胜负游戏第 16044 期开奖。由于当期足彩马德里竞技爆冷输球、切尔西主场被逼平，在前日滚存的助力下，头奖开出三注 500 万元足额头奖。上海彩民获 568 万元大奖。

28 日

● 市委副书记、市长杨雄主持召开市政府常务会议，研究促进上海展览业改革发展；部署 2016 年上海产业结构调整重点工作；审议《上海市儿童健康服务能力建设专项规划（2016—2020 年）》《2016 年本市推进社会养老服务体系建设工作目标》等事项。

● 市政协副主席李逸平在市政协议事中心会见美国驻沪总领事史墨客，双方就以上海自贸试验区建设和科技创新中心建设为契机，进一步扩大各领域交流合作交换意见。

● 静安区第一届人民代表大会第一次会议在海上文化活动中心开幕。由全区选民直接选举产生的 340 名区人大代表出席会议。市人大常委会主任殷一璀出席并讲话。

● 姚明、孙俪和郎朗成为上海迪士尼大使。

● 上海国际棉花交易中心正式开业。该交易中心由上海纺织出资控股、中国新疆建设兵团参股，是获批在上海自贸区设立的唯一一家国际棉花交易中心。

● 上海奉贤菜花节在花米庄行开幕。层层叠叠、连绵不绝的油菜花仿佛在大地铺上一幅“金色油画”。菜花节一直持续到 4 月 17 日。

29 日

● 由市政府新闻办、上海广播电视台主办的 2016 年度《市民与社会·市长热线》广播直播访谈节目开播。市委副书记、市长杨雄与广大听众围绕“全民参与、形成合力，为补好交通短板献计出力”这一主题，在电波中广泛交流。

● 2016 年市政府决策咨询工作会议召开。市委常委、常务副市长屠光绍主持会议。会议发布 2016 年市政府决策咨询研究重点课题并部署招标工作，对第十届上海市决策咨询研究成果奖获奖单位和个人进行表彰并颁奖。

● 市委召开常委学习会，听取中国人民大学经济学院院长张宇教授关于《学好用好马克思主义政治经济学》的专题辅导报告。

● 中国农工民主党“走进基层,贴近党员,培育和践行社会主义核心价值观百场宣讲”启动仪式在农工党“一干”会址举行。农工党中央副主席、农工党上海市委主委蔡威,农工党中央专职副主席龚建明出席仪式。

● 市公安局治安总队公布的数据显示,2015 年全年食品安全风险监测总体合格率为 97%,药品监督抽检合格率为 97.6%,较前一年分别上升 3.6%和 0.7%。2015 年,上海市公安局共侦破食品药品刑事案件 791 起,抓获犯罪嫌疑人 1 186 人。

● 由普洱市咖啡协会、长三角咖啡行业协会、云南咖啡交易中心有限公司和上海自贸区咖啡交易中心有限公司共同主办的 2016 首届中国国际精品咖啡生豆拍卖会在上海举行。最终,020 号竞拍者以 1 800 元/千克(共 150 千克)的价格成功竞拍到冠军豆。

30 日

● 市政协召开十二届二十七次常委会议,围绕“坚持创新发展,增强企业在科创中心建设中的主体作用”协商议政。市政协主席吴志明出席并讲话。副市长周波通报有关情况,并听取常委意见建议。

● 市政府召开专题会议,正式启动房地产市场监管工作联席会议机制,部署房地产市场专项整治工作。市住房城乡建设管理委、市发展改革委、市财政局、市规划国土资源管理局、市工商局、市金融办等部门参加会议。副市长蒋卓庆参加会议并作重要讲话。

● 人民网和上海报业集团在北京举行战略合作签约仪式,双方首个合作项目——面向“90 后”的个性化推荐移动资讯阅读客户端“唔哩”——正式启动发布。

● 在上海金山的枫泾科创小镇,长三角路演中心迎来首场活动。江苏农科院、浙江农科院和上海农科院的多个领域专家带着各自最新成果上台推介“找婆家”,吸引一大批农民和农业企业在台下“抢绣球”。

● 上海银监局发布《关于进一步完善自贸区中外资银行业金融机构市场准入相关报告事项的通知》,在全面梳理和优化的基础上,形成一张自贸区银行业市场准入报告事项的管理清单,改善监管服务,提升自贸区外资银行国民待遇,这也是上海银行业落实“金改 40 条”的最新举措。

● 上海市住宅小区综合治理工作推进会在上海展览中心举行。市委副书记应勇出席会议并讲话。

● 市民政局、市老龄办、市统计局联合召开信息发布会,发布的最新统计数据显示:截至 2015 年 12 月 31 日,上海 60 岁及以上老年人口已经达到 435.95 万,占户籍总人口比例首次突破 30%的关口,达到 30.2%,上海人口老龄化趋势已进一步加重。

31日

● 全国人大代表、市人大常委会主任殷一璀赴杨浦区走访在沪全国人大代表金锋，深入了解代表工作和履行代表职责的有关情况。

● 市委常委、组织部部长徐泽洲到上海图书馆参观“风好正是扬帆时——上海‘两新’组织纪念中国共产党成立95周年展览”。

● 市政协举行上海对台工作专题通报会。市政协主席吴志明出席，市委常委、市委统战部部长沙海林作有关情况通报，围绕新形势下对台湾问题的基本判断和主要思考与市政协委员进行交流。

● 上海市工商行政管理局与黄浦区人民政府签订《深化商事制度改革加强事中事后监管合作备忘录》。

本月

● 武警上海总队党委三届十二次全体（扩大）会议召开，总结2015年工作，部署2016年任务。市委常委、政法委书记姜平，副市长、市公安局局长、总队第一书记、第一政治委员白少康出席会议并讲话，总队党委书记、政治委员徐国岩代表总队党委常委会作工作报告，总队党委副书记、司令员朱宏讲话。

● 长江三角洲城市经济协调会第十六次市长联席会议在金华召开，本次会议以“‘互联网+’长三角城市合作与发展”为主题，30个成员城市的市长齐聚金华。

4月

1日

● 浦东新区审改办宣布，根据国务院的批复，上海今起在浦东新区开展“证照分离”改革试点。116项行政许可事项将按5种类型进行分类改革。

● 上海数据交易中心落户静安区市北高新技术服务业园区。

● 市委召开常委扩大会议，传达学习国务院常务会议精神，部署上海系统推进全面创新改革试验、加快建设具有全球影响力的科技创新中心相关工作。市委书记韩正主持会议并强调，上海加快建设具有全球影响力的科技创新中心，是纳入“十三五”规划纲要的一项国家战略，要按照习近平总书记、李克强总理对上海科创中心建设的重要指示精神，始终坚持制度创新，牢牢把握可复制可推广的要求，举全市之力系统推进全面创新改革试验，全力以赴落实好国家战略。

● 市政府廉政工作电视电话会议召开。市委常委、常务副市长屠光绍主持会议，副市长翁铁慧、时光辉、蒋卓庆出席。市监察局、市审计局、市审改办分别围绕今年监察、审计、审改等重点工作作了发言。

● 市长杨雄在人民大厦会见台湾法务主管部门负责人罗莹雪一行。杨雄说,上海与台湾经贸往来密切,在两岸合作交流中发挥着重要作用。有数十万台胞工作生活在上海,很多台湾企业在上海投资发展,台湾农产品也很受上海市民欢迎。上海—台北“双城论坛”为促进两岸更多领域合作交流发挥积极作用。

2 日

● 市社会各界清明感恩典礼在四行仓库抗战纪念馆举行。参与市民接到“穿越任务书”,沿着上海城市历史地标,分组完成寻找雕塑、临摹书法、朋友圈点赞、拍摄小视频等规定任务。

3 日

● 上海首个“无烟墓区”——文星园节地生态葬区——在福寿园推出。凡选择该园区的市民,需签署一份“绿色承诺”——祭扫中不燃放爆竹、不烧锡箔和纸钱。此次新开出的无烟墓区占地仅 83 平方米,可安葬 264 位先人,单个墓穴面积均不超过 0.2 平方米,节地率为 37%。

● 全市 54 家经营性公墓和骨灰堂全天接待祭扫市民 106.4 万人次,同比减少 33.23%;祭扫车辆 12.1 万辆,同比减少 25.2%;落葬 778 穴,同比减少 20.7%。

4 日

● 企业经营范围查询系统在宝山区启动试运行。该系统也是上海市场监管部门推出的首个企业经营范围查询和监管平台。

5 日

● 中共中央政治局委员、上海市委书记韩正,市委副书记、市长杨雄会见由西藏自治区日喀则市委副书记、市长刘虎山率领的日喀则市党政代表团一行。

● 市委副书记、市长杨雄主持召开市政府常务会议,研究部署上海 2016 年节能减排和应对气候变化重点工作等事项。

● 市公安局公布 2015 年以来涉及道路交通严重违法犯罪、被依法吊销机动车驾驶证,且终生不得重新取得机动车驾驶证的 36 名行为人。这 36 人中,有 6 人因酒后驾车发生重大交通事故构成犯罪,另有 30 人则是因交通肇事逃逸。

● 市委常委、市委统战部部长沙海林在衡山宾馆会见由党的政治理事会成员、议会地区委员会主席阿里夫·拉吉姆扎德为团长的阿塞拜疆新阿塞拜疆党干部考察团一行。沙海林向来宾介绍上海改革开放和经济社会发展等情况。

● 普陀区包括四套班子领导在内的 1 000 多名交通文明志愿者身穿橙马甲,在区域内 19 条主要道路、112 个路口和 85 个重点区域,引导非机动车和行人严格遵守交通法规。在全市道路交通违法行为大整治中,普陀区采用人防、技防、物防相结合的手段,完善常态长效治理机制。

6日

● 市对口支援与合作交流工作领导小组全体会议召开。市委副书记、市长杨雄主持会议，市委常委、市委秘书长尹弘出席会议，副市长时光辉作2016年度市对口支援与合作交流工作报告，市政协副主席王志雄出席。市援疆工作前方指挥部、浦东新区、闵行区、市卫生计生委、市国资委作交流发言。

● 市长杨雄会见德国默克集团执行董事会主席柯禄唯一行。杨雄对默克集团近年来持续加大在沪投资表示赞赏。

● 由广西旅发委、广西驻沪办、上海市广西商会及河池市环江县共同举办的第三届广西“三月三”文化旅游上海行活动，在沪开启，持续一个月，期间安排有“壮族三月三·相约游广西”旅游推荐活动、桂沪艺术交流之《大美漓江——白晓军水墨画展》及桂沪文化旅游交流合作座谈会等活动，增进“美丽广西·壮乡风情”在上海的知名度。

7日

● 市委召开常委会，传达学习习近平总书记关于在全党开展“两学一做”学习教育的重要指示精神，贯彻中央“两学一做”学习教育工作座谈会的要求部署，审议通过《关于在全市全体党员中开展“学党章党规、学系列讲话，做合格党员”学习教育的实施方案》。市委书记韩正主持会议并讲话。

● 市人大工作研究会发布2015年度研究成果，43个课题报告新鲜出炉，多篇报告涉及换届选举中可能出现的问题。

● 市委副书记、市长杨雄在市经济和信息化委员会调研时指出，面对经济下行压力加大和供给侧结构性改革的新要求，要增强使命担当，保持战略定力。既要千方百计，努力解决当前困难和问题，更要着眼长远，坚定不移推进产业转型升级。要紧紧围绕供给侧结构性改革，一方面，站高看远，统筹谋划上海产业结构调整大战略，另一方面，分门别类，明确工作抓手和政策“工具箱”，全力以赴推进落实。以更大的作为提升上海产业竞争力，为实现创新驱动发展作出新的贡献。

● 在上海交通大学主办的“世界一流大学校长论坛”上，上海交通大学与中国C9大学各成员，英国罗素集团、欧洲研究型大学联盟、美国加州大学系统以及加拿大、澳大利亚等地的高校联合发布《上海宣言》，联手共建新型创新网络。

8日

● 由市委组织部、市级机关工作党委和市委党校联合举办的市级机关系统领导干部“两学一做”专题研讨班结束，本次研讨班历时3天。市委常委、市委秘书长、市级机关工作党委书记尹弘出席结业式并讲话。

● 由上海交通大学和上海交通大学医学院附属瑞金医院共同承担建设的转化医学国家重大科技基础设施（上海）项目，进入实质性建设阶段。转化医学大设施项目的落户,未来将成为覆盖上海、辐射长三角、服务全国,与国际相接轨的转化医学研究标杆。副市长翁铁慧出席奠基仪式。

● 市规划和国土资源管理局召开的“城市更新与风貌保护工作代表委员座谈会”上,人大代表和政协委员直言不讳。上海已进入城市更新的发展新阶段。城市更新过程中,既要考虑城市功能的提升,又要兼顾历史风貌的传承。

● 中国共产党上海市第十届委员会第十一次全体会议召开。出席这次全会的有市委委员70人,市委候补委员3人。全会由市委常委会主持。全会审议并通过《中共上海市委工作规则》及其他事项。韩正作讲话,应勇就《中共上海市委工作规则(讨论稿)》作说明。

● 上海交通大学举行建校120周年纪念大会,新老校友欢聚交大闵行校区,共话上海交通大学的昨天、今天和明天。市委副书记、市长杨雄,教育部副部长杜占元出席纪念大会并讲话。

● 2015年度上海金融创新奖公布,共有69个项目分获创新成果奖。其中,“人民币跨境支付系统(一期)建设与运营”获特等奖;银行间市场清算所“人民币大宗商品金融衍生产品中央对手清算”、浦发银行“‘SPDB+’互联网金融平台的创新实践”“国泰君安FICC业务链金融创新”、上海股权托管交易中心“科技创新板”、上海航运保险协会“航运保险产品注册制”等5个项目获一等奖。

● 上海迪士尼度假区主题巡展全国巡回活动在上海港汇恒隆广场启动,邀请游客在开幕前抢先体验迪士尼度假区打造的神奇世界。4月8—17日,为期10天的上海首展将通过主题陈列、多媒体演示、舞台表演及与迪士尼明星互动等多种形式,立体呈现上海迪士尼度假区的创意细节。

9日

● 市委书记韩正会见瑞士联邦主席施奈德—阿曼一行。韩正说,我们十分关注实体经济发展,关注上海在快速发展过程中面临的住房、交通和人口老龄化等问题,我们期待在经贸等更多领域与瑞士各地开展合作,相信双方的合作一定会是双赢。

● 市长杨雄在衡山宾馆会见加拿大多伦多市市长庄德利率领的代表团。杨雄说,中加两国经贸关系发展顺利,上海与加拿大友好合作交流日益深化,上海与蒙特利尔和魁北克省先后结好,有很多加拿大金融机构及企业在沪发展,也有越来越多的上海企业赴加拿大投资。

10日

● 交通新规0时起正式实施:使用外省市公安机关核发的临时行驶车牌号机动车,不得在本市外环线以内(含外环线)区域行驶。此外,15日起,高架“限外”时段将延长。

● 在《春之声圆舞曲》的优美旋律中，奥地利维也纳文化地标——“约翰·施特劳斯金色雕像”——的复制品落户上海地标建筑“上海中心”。

● 上海警备区政委马家利少将会见古巴革命武装部干部部部长希尔少将。

● 0 时刚过，一辆苏 E 临牌车辆在长宁区凯旋路—安顺路附近被交警查获，驾驶人张某被罚款 200 元、记 3 分。他是全市首例违反限行新政而被处罚的驾驶人。从凌晨开始至 15 时，长宁警方共处罚 32 辆违反禁令的车辆。

● 截至 17 时，在顾村公园举办的上海樱花节总客流达到 158 万人次，突破历史纪录，再创新高。

11 日

● 市政协召开十二届六十六次主席会议，审议市政协 2016 年主席会议成员和专委会(指导组)重点协商办理提案专题。市政协主席吴志明主持会议。

● 迪士尼园区内首座快充站正式送电投运，最快 20 分钟能完成一辆纯电动汽车 80%的电能储备。年底，浦东电力公司将在所辖范围内投运 40 座快充站。

● 市委组织部、市人力资源和社会保障局、市教育卫生工作党委、市政府合作交流办召开对口支援干部选派工作动员会，部署为西藏、青海、云南和贵州等省区对口支援和帮扶地区选派干部人才工作。今年是本市对口支援干部人才大轮换之年，仅上半年就将启动选派援藏、援青、援滇和援黔等 5 批、183 名干部人才。副市长时光辉在市政府贵宾厅会见智利比奥比奥大区主席罗德里格·迪亚兹·沃尔内沃一行。

12 日

● 由上海机床厂有限公司研发制造的“MK8220/SD 双砂轮架数控切点跟踪曲轴磨床”顺利下线，发运上汽通用汽车有限公司浦东金桥基地生产线投入生产。这也是国内第一台能够进入汽车主机厂发动机生产线的磨床。

● 根据中央要求和市委安排，市委组织部召开“两学一做”学习教育工作座谈会，深入学习习近平总书记关于“两学一做”学习教育重要指示精神和中央“两学一做”学习教育工作座谈会精神，贯彻市委提出的工作要求，对开展“两学一做”学习教育工作进行具体部署。

● 市纪委监察局网站新通报嘉定区委常委、宣传部部长林峻两次赴京出差期间超标准住宿、用餐等 6 起违反中央八项规定精神典型案例。

● 浦东新区再推重磅改革：从诚信管理、分类监管、风险监管、联合惩戒和社会监督五大维度，对“证照分离”的 116 个事项逐项制定事中事后监管方案和实施细则。这一改革探索建立以市场主体自律为基础，权责分明、公平公正、透明高效、法治保障的综合监管体系。

● 市交通文明建设工作会议召开。会上发布《上海市文明交通三年行动计划(2016—2018 年)》,标志着全市新一轮交通文明建设工作正式启动。启动仪式上,由上海市公共交通卡股份有限公司、上海市北高新(集团)有限公司等 11 家单位发起的上海市交通文明建设专项公益基金也同时宣告成立。

● 爱尔眼科向市慈善基金会捐款 350 万元,设立"爱心成就光明"慈善专项基金,并承诺 3 年内向该基金捐赠共计 1 000 万元。这一专项基金将用于全市各年龄段、各类贫困眼科疾病患者的补贴。

13 日

● 市人大常委会部分组成人员赴东航集团开展调研,市人大常委会主任殷一璀参加。组成人员一行实地调研东航培训中心和运行控制中心,现场感受东航 500 多架飞机的运行调度工作,了解指挥东航每天 2 000 多个架次航班是否起飞、何时起飞、飞往何处、飞行线路等的指挥中枢,并召开座谈会。

● 中国(上海)自由贸易试验区与爱尔兰香农自由区在浦东新区人民政府签署战略合作备忘录。

● 为弘扬和传承陈云的文艺思想,贯彻落实习近平总书记在文艺工作座谈会上的讲话精神,由市委宣传部、市委党史研究室指导,陈云纪念馆、黄浦区委宣传部等主办的"评弹'老听客'——陈云与评弹艺术专题展"在黄浦区文化馆开展。展览持续到 4 月 25 日,共展出陈云与评弹界交往的图片 60 余张,部分重要信件和文献 20 余件。

● 市委召开区县、大口党委书记第二季度工作会议。市委副书记、市长杨雄,市委副书记应勇,市领导屠光绍、沈晓明、侯凯、姜平、沙海林、尹弘、钟燕群、蒋卓庆、白少康、姜樑出席。会上,市公安局、市金融办、杨浦区、青浦区交流了相关工作情况。

14 日

● 中共中央政治局委员、上海市委书记韩正会见澳大利亚总理特恩布尔一行。韩正说,中澳同属亚太地区,两国拥有重要的共同利益和深厚的合作基础。上海与澳大利亚各地交流十分频繁,与昆士兰州缔结友好城市 27 年以来,官方和民间的经贸、科技、人文等领域都有紧密的合作。

● 市长杨雄在兴国宾馆会见尼日利亚总统穆罕马杜 · 布哈里一行。

● 市委副书记、市长杨雄赴奉贤区督导海湾区域生态环境综合整治工作并召开现场推进会。会上,奉贤区负责人汇报海湾区域生态环境综合整治工作进展情况以及下阶段工作安排。

● 市人大常委会召开食品安全法执法检查暨《上海市实施〈中华人民共和国食品安全法〉办法》修法工作启动会。

● 市政协召开“进一步做好对口支援和合作交流，打好扶贫帮困攻坚战”专题协商会，副市长时光辉应邀到会通报相关工作情况，并听取政协委员意见建议。

● 上海市召开反恐怖工作领导小组全体成员会议，研究部署进一步加强全市反恐怖工作。《上海市公安局奖励群众举报恐怖活动违法犯罪线索的通告》正式发布，对举报涉嫌恐怖或者极端主义活动的违法犯罪线索的市民给予最高 50 万元的奖励。

● 为国家加快实施创新驱动发展战略和上海建设全球科创中心提供人才和学科支撑，同济大学上海国际设计创新学院举行揭牌仪式，这一全新的学院将于 2017 年 9 月开始首批招生。

15 日

● 市长杨雄前往市国资委调研。在座谈会上，市国资委负责人着重介绍“十三五”国资国企改革发展主要目标、2016 年推进国资国企改革和创新发展的主要举措以及下一步深化国资国企改革的思考。

● 2016 年市公共文化建设工作会议召开。市委副书记应勇出席会议并讲话。会议总结 2015 年上海市公共文化建设情况，部署 2016 年重点工作。副市长翁铁慧主持会议。

● 由市卫生计生委和解放日报社共同主办的上海市健康大讲堂暨第 29 届解放健康讲坛，于复旦大学附属肿瘤医院举行。知名院士、院长和大众共谈“健康生活，远离癌症”的话题，告诫市民：保持好心态、坚持运动、饮食清淡、生活规律才是最好的远离癌症办法。本次讲坛承办单位为复旦大学附属肿瘤医院、上海市健康教育所；协办单位为上海新闻广播《活到 100 岁》；支持单位为中国联通上海市分公司。

● 南京西路上的商务楼宇里的白领志愿者走上街头，向路人发放“文明出行”倡议粘纸。这一名为“放弃午休 1 小时，宣传交通文明 60 分”的志愿活动，吸引白领、机关青年、公安青年总计 200 余人参与。

● 静安区文明办、团区委、区公安分局联合组织开展“静安青年、护畅有我”交通文明出行倡议活动。作为静安区青年志愿者协会四大联盟之一的静安社会组织青年志愿者联盟正式成立。

● 市规土局会同市发改委、市交通委、申通集团等相关部门，召开 2016 年“两会”建议提案办理专题座谈会。

16 日

● 4 月上海私车额度拍卖进行，共有 256 897 人参与，再次刷新投标人数的历史新高。4 月沪牌拍卖最低成交价 85 100 元，平均成交价为 85 127 元，比 3 月的 83 148 元增加 1 979 元，256 897 人的参拍人数，比 3 月增加 35 788 人。

● 由上海交响乐团策划并主办的ECM(当代音乐出版)音乐节,在巴西音乐奇才埃格贝托·吉斯蒙蒂充满热带雨林色彩的音乐中拉开帷幕。本届ECM音乐节中,郑明勋除指挥上海交响乐团演绎阿沃·帕特和勃拉姆斯作品外,还带来独奏音乐会。此外,乌德琴大师阿努阿尔·易卜拉欣的《回忆》,凯勒弦乐四重奏久违了的《赋格的艺术》,还有托马什·斯坦科、苏珊·艾波尔这些代表ECM不同风格的音乐家,为观众奉上独特的音乐体验。

18日

● 市科学技术奖励大会召开,表彰为上海科技创新事业和经济社会发展作出突出贡献的科技工作者。表彰大会上,韩正向中国科学院院士、复旦大学电磁波信息科学教育部重点实验室主任金亚秋,中国工程院院士、上海交通大学轻合金精密成型国家工程研究中心主任丁文江颁发"科技功臣奖"。

● 市委副书记、市长杨雄主持召开市政府常务会议,研究部署推进供给侧结构性改革、促进上海工业稳增长调结构促转型;听取第四届中国(上海)国际技术进出口交易会("上交会")筹备情况汇报;研究贯彻落实全国行政学院院长会议精神,进一步提高上海行政学院办学水平。

19日

● 市委全面深化改革领导小组召开第十三次会议,听取开展改革督查工作有关情况汇报,研究《关于加强上海新型智库建设的实施意见》。

● 继伦敦、纽约之后,全球黄金市场有望产生"第三极",上海黄金交易所发布全球首个以人民币计价的黄金基准价格——"上海金"定价。上午10时15分,"上海金"首笔基准价定格于256.92元/克。这也是继2014年9月上海黄金交易所推出黄金国际板后,中国黄金市场国际化发展的又一标志性事件。

● 公交车鸣号时间被限制在0.4秒,按一次喇叭后需要等20秒才能按第二次。这一新型"禁声器"首次在巴士三公司63路公交车上进行试点,未来还将推广到2 000多辆公交车。

20日

● 云南省党政代表团抵沪考察访问。沪滇双方签订《关于贯彻落实中央决策部署进一步加强对口扶贫协作的协议》。

● 检察机关服务中国(上海)自由贸易试验区法治建设的创新举措再次扩容与实体运行。自贸区管委会保税区、陆家嘴、金桥、张江和世博5个管理局,分别与浦东新区检察院签署法治建设合作行动备忘录。

●《上海市环境保护条例(修订草案)》提交市十四届人大常委会二十八次会议一审。此次立法创设了不少新制度,比如环保部门与排污企业签订污染防治协议、环境污染第三方治理制度、土壤污染防治措施等。环境保护履职情况将作为对政府和领导人督察和考核的重要内容。

● 由云南省委书记、省人大常委会主任李纪恒，省委副书记、省长陈豪率领的云南省党政代表团抵沪考察访问。座谈会上，杨雄和陈豪分别介绍上海、云南经济社会发展情况和沪滇对口帮扶工作进展。

● 嘉定区教育局公布推进学区化集团化办学的实施方案，该区以“两圈四区”布局教育资源，推动教育优质均衡发展。

21日

● 市委书记韩正会见新西兰总理约翰·基一行。韩正说，习近平主席前年成功访问新西兰，确定了中新两国全面战略伙伴关系，推进两国交流合作迈上新台阶。上海与新西兰各地交流十分密切，特别是上海市与达尼丁市结为友好城市20多年来，双方在各领域有良好合作。

● 市长杨雄会见美国特斯拉汽车公司全球首席运营官兼总裁约翰·迈克尼尔一行。迈克尼尔表示，当前，特斯拉正大力推进包括电动汽车在内的多领域高科技项目研发。上海在全球汽车工业领域占有重要地位，特斯拉高度重视中国特别是上海市场，将进一步加大投入，积极谋求更多合作。

● 第四届中国(上海)国际技术进出口交易会在上海世博展览馆正式拉开帷幕，首日参展观众达到近1.9万人，更有特色论坛与专题会议17场，1 300余人到会。

● 市人大常委会副主任吴汉民在虹桥迎宾馆会见由代理总书记阿马杜·苏马奥罗率领的科特迪瓦共和人士联盟代表团。吴汉民向来宾介绍上海改革开放和社会经济发展等情况。

● 副市长赵雯会见意大利歌诗达邮轮集团首席执行官汤沐。汤沐向赵雯介绍了集团在沪运营及未来发展计划。

● 市“扫黄打非”工作办公室举办2016年全国侵权盗版及非法出版物集中销毁活动上海分会场活动，现场集中销毁各类盗版、非法书刊、音像制品、电子出版物和盗版计算机软件18万件。

22日

● 市委召开常委会，传达中央网络安全和信息化工作座谈会精神，听取上海贯彻落实意见的汇报。

● 全市首个交警支队勤务指挥平台在静安启用。

● 由市委组织部、市委宣传部、金山区委共同主办的蒋永华同志先进事迹报告会在上海展览中心举行。蒋永华是金山区朱泾镇党委书记，多年来始终坚持心中有党，心中有民，心中有责，心中有戒，以“从心出发，由爱开始”的工作理念，将“听民心，知民意,解民忧”落实在工作每一天,探索和形成创新基层社会治理的“朱泾经验”,是上海千千万万基层干部的杰出代表。

● 作为张江高科上市 20 周年系列纪念活动之一,大型爱因斯坦户外青铜雕像在张江高科技园区的诺贝尔湖公园内“安家”。雕像由法国德高集团赞助,高 2.7 米,宽 3 米,净重达 2.6 吨,具有较高的艺术价值。

● 由市地方志办公室、上海古籍出版社组织的“上海府县旧志丛书”点校出版工作历时 9 年正式完成。共有 11 卷 36 册丛书,辑有 59 种 1949 年前修纂的上海地区府县卫厅志书,并附录 20 种府县级方志资料正式出版。

23 日

● 市第二届市民运动会开幕式在上海体育场举行。市委书记韩正宣布运动会开幕。本届市民运动会以“全民参与、全民运动、全民健康、全民欢乐”为宗旨,以“上海动起来”为主题,由竞赛和活动两大板块构成,共有 151 个代表团报名参赛,比首届市民运动会增加 41%,覆盖青少年、在职职工、老年人、妇女、农民、军人、残疾人、少数民族、在沪外国友人等各类人群。开幕式后,由 4 000 支队伍、2 万人共同参与的“上海坐标 · 城市定向挑战赛”正式开赛。

● 由商务部、科技部、国家知识产权局和上海市政府共同举办的第四届中国(上海)国际技术进出口交易会在上海世博展览馆圆满落幕。本届上交会吸引来自 70 多家境内外媒体,观众达到 50 367 人次,比上一届的 4.48 万人次增加 12%,其中专业观众比例 81.2%。

24 日

● 民盟上海市委在上海戏剧学院集会,纪念民盟成立 75 周年暨上海民盟组织建立 70 周年。全国人大常委会副委员长、民盟中央主席张宝文出席大会并讲话。会上表彰上海民盟 38 个先进集体和 379 名先进个人,举行“上海民盟”微信公众号启动仪式。当日,民盟市委还举行上海民盟地方组织建立 70 周年暨上海民盟书画院成立 10 周年美术作品展。

● 首个“中国航天日”。在上海交通大学、上海航天技术研究院联合指导下,钱学森图书馆与上海市宇航学会、上海科学创新教育研发中心共同主办本次“我的航天梦”上海市青少年航天特色作品展示展演活动。

25 日

● 由市委副书记、市长杨雄率领的上海市代表团在新疆维吾尔自治区党委副书记、自治区主席雪克来提 · 扎克尔陪同下,在新疆喀什地区考察并推进落实产业援疆促进就业工作。

● 上海房地产调控新政出台正好满月。来自各方面信息显示,新政发布实施一个月以来，上海房地产市场发生了积极变化，政策效果明显。

● 市政府发布文件宣布，将取消农业户口与非农业户口性质区分，建立统一的城乡户口登记制度，同时逐步建立积分落户政策。

● 市教委公布的统计数据，上海高校毕业生签约率为73.36%，比2015年高出2.02个百分点。中小企业和民企，成为吸纳大学生就业的“主力军”。

26日

● 市委书记韩正会见瑞士罗氏集团董事会主席克里斯托弗·弗兰茨一行。克里斯托弗·弗兰茨感谢上海多年来给予罗氏集团的支持和帮助，为罗氏在沪发展20多年以来的成绩感到自豪，对于上海把生物医药产业作为重点发展领域深受鼓舞。

● 市委书记韩正先后前往北横通道中山公园工作井工地、轨道交通14号线浦东南路站工程现场，调研重大工程建设推进情况。

● 市人大召开专题座谈会，就道路交通管理条例的修订再次征求意见，聚焦立法需求。与会人员就破解执法难题、加大处罚力度、完善管理服务机制等内容发言。

● 市政协召开“适应经济新常态，保持经济持续健康发展”专题协商会。市政协主席吴志明出席。市委常委、常务副市长屠光绍到会听取委员建言并讲话。

● 市总工会宣布，通过单位推荐、民主评选，2016年上海市五一劳动奖状（章）、工人先锋号揭晓，共评选出上海市五一劳动奖状177个、上海市五一劳动奖章599名、上海工人先锋号300家。另产生全国五一劳动奖状候选对象7家、全国五一劳动奖章候选人38名、全国工人先锋号候选对象33家。

● 东华大学创新创业孵化基地启用，这是上海首家将留学生创业企业纳入服务范围的大学生创业孵化基地。当天，该基地就收到来自伊朗的硕士留学生亚米注册创意企业的申请和孟加拉国的硕士留学生哈森注册贸易企业的申请。

● 市文明办、市志愿者协会召开“完善100家社区志愿服务中心民生服务功能”启动大会，通过一系列评估指标考核，上海2016年将对全市范围内100家社区志愿服务中心的民生服务进行“升级”。

27日

● 市委书记韩正在金山第二工业区调研区域环境综合整治进展情况，走进停产的上海兢璐化工有限公司，察看廊下郊野公园建设进展。

● 市综治委预防青少年违法犯罪专项组、市综治办、团市委等，联合召开2016年上海市预防和减少青少年犯罪工作推进会，总结2015年度工作，并对下阶段工作进行部署。市委常委、政法委书记、市综治委主任姜平出席会议并讲话。

● 闵行七宝镇九星地区转型改造正式启动。由此，上海规模最大的综合型市场——九星市场——将分批、分区域终止营业。未来，九星地区将优化生态环境，打造高品质城市空间,加快功能转型和产业能级提升。九星市场将变身为现代化平台型"国际家居建材贸易中心"。

● 市高级人民法院举行全市法院推进执行体制改革试点工作动员大会,按照最高法院对《上海高院关于开展执行体制改革试点工作的方案》的批复精神,就上海法院推进执行体制改革试点工作进行动员部署。

● "2016 年上海地面公交文明行业创建推进大会"召开。2016 年上海地面公交文明行业将聚焦"补短板""展亮点",通过大力推进"绿色公交""智慧公交""人文公交"建设,从环保、科技、文化等多方面补好城市交通"短板",回应民生关切。

28 日

● 随着上海团市委打造的"网上共青团"——"青春上海 Act +"平台上线,共青团服务从线下汇聚线上,聚焦青年对公益、社交、亲子等"痛点"需求,服务模式从 8 小时机关模式切换为 24 小时在线模式。

●《她们・风华绝代——宋氏三姐妹特展》在上海开幕,这是宋氏三姐妹在大陆分别后首次以这种特殊形式"相聚",也是宋蔼龄、宋美龄等诸多珍贵遗物第一次在祖国大陆展出。两岸收藏者征集到上千件实物、照片、文献、影像等,并从中精选 300 余件展出。其中,三姐妹的遗物达 150 件。

● 继面向上海 800 多万工会会员推出官方微信"申工社"之后,市总工会"申工社"App 上线,广大职工只要扫取二维码或登录手机"应用商店"即可下载。

● 上海并购金融集聚区第四期要素对接推进会在跨国采购中心召开,普陀区政府与华东师范大学合作成立"上海并购金融研究院",将纳入华东师大承接的亚投行智库,着力打造特色鲜明的高层次研究基地和政府智库。市委常委、常务副市长屠光绍出席。

29 日

● 市长杨雄在人民大厦会见土耳其伊斯坦布尔市市长、世界城市和地方政府联盟主席卡迪尔・托普巴什一行。杨雄说,上海与伊斯坦布尔 1989 年缔结友城关系以来,双方在经济、教育、文化、基础设施建设等领域开展密切合作。

● 2016 上海市庆祝五一国际劳动节特别节目在东视演播剧场举行。市委副书记应勇,市人大常委会副主任钟燕群,市人大常委会副主任、市总工会主席洪浩,市政协副主席周汉民等领导和近千名新一届全国、上海市五一劳动奖获得者、2015 年劳模年度人物、历届劳模代表一同观看节目,喜迎劳动者自己的节日。

● 致力于提供专业文创和科创产业发展服务的企业德必集团宣布,国内首个"德必运动 LOFT 国际体育产业联盟"在上海挂牌成立。该联盟旨在整合政府、企业、产业、场馆等多方资源,打通壁垒,为联盟成员提供资源共享、信息互通、企业共创、服务互助的平台，推动体育产业发展。

30 日

● 市公安交警部门根据公安部的统一部署，在全市范围内开展查处酒驾、醉驾等交通违法行为。

● 截至下午 5 点半，从迪士尼站进出站客流已达 7.4 万人次，创造开站以来的最高纪录。

本月

● 全国政协“优化金融服务，支持创业创新”专题调研组在沪调研，了解上海推进大众创业、万众创新各领域探索实践，听取相关工作情况汇报，全国政协副主席王家瑞出席上海市情况汇报会并讲话。

● 市委书记韩正先后前往市发展和改革委员会、浦东新区张江高科技园区，调研科创中心建设的推进落实情况。调研期间，韩正主持召开两个座谈会，分别听取市发改委负责人关于加快推进具有全球影响力的科技创新中心建设相关情况汇报、浦东新区负责人关于围绕张江综合性国家科学中心建设做好服务配套工作的汇报，与大家深入研究科创中心建设下一阶段重点工作。

● 市政协主席吴志明率上海市代表团对印度尼西亚、澳大利亚和斐济进行友好访问。此访通过会见各级议会、政府领导人和出席相关专业论坛，深化上海与上述三国的议会友好交往关系，为上海与亚太地区“一带一路”沿线重要国家携手发展，在经贸、教育、旅游等领域的务实合作谋划了更为广阔的空间。

● 全国政协副主席刘晓峰率全国政协“涉税专业服务的法治保障”专题组在沪调研，了解本市涉税专业服务工作发展情况。市政协主席吴志明出席上海市情况汇报会，市委常委、常务副市长屠光绍作相关情况汇报。

● 有关方面实地走访上海几个著名公园“相亲角”统计出一份调查报告。在择偶因素 TOP8 热词中，“人品”最受关注，意外超越“物质条件”，占比高达 67%；其次是“性格修养”，占比 58%；排在第三位的是“文化水平”，占比 57%；第四至八名的热词依次是：“共同语言”“物质条件”“工作能力”“理财观念”“家庭背景”。“物质条件”占比未过半，显示上海男女青年不如想象中拜金，而是体现出积极向上的正能量。

5 月

1 日

● 上海试行跨省异地缴纳交通违法罚款。外省市核发驾驶证的当事人在上海市因交通违法行为被公安交管部门现场处罚后，可以到全国各省市的中国工商银行任一营业网点柜台缴款。

● 中国太平洋财产保险股份有限公司上海分公司开出沪上全行业营改增试点后首张增值税发票,标志着全面推开营改增试点在上海成功启动。该张发票同时也是全国保险业第一张增值税电子发票。

● 2016 上海浪琴环球马术冠军赛落幕,3 天累计观赛人数 2.6 万多人次。

2 日

● "'中华号角'2016 上海之春国际音乐节管乐艺术节"的特色活动——中外管乐团队浦江大巡游活动举行。黄浦江畔,中国人民解放军军乐团、海军军乐团、中国武警军乐团以及来自奥地利、西班牙、匈牙利、印度尼西亚、泰国等地的 10 余支优秀管乐团队、近千名乐手分别登上 6 艘大型游轮,沿着外滩和十六铺码头一线奏响雄浑的号角,呈上观众耳熟能详的《走上复兴》《歌唱祖国》《军威进行曲》《欢乐颂》等名曲佳作。

3 日

● 市长杨雄主持召开市政府常务会议,审议《"十三五"时期上海国际金融中心建设规划》;部署推进市政府目标管理工作;研究国家妇女儿童发展纲要中期评估督导上海相关工作等事项。

● 市人大常委会主任殷一璀、副市长时光辉率上海市代表团赴湖北夷陵区和重庆万州区开展为期 5 天的学习考察。在鄂期间,湖北省委书记李鸿忠、湖北省长王国生会见代表团。

● 新版敬老卡分批次发放,全市首批发放量约 50 万张。之后,每周都将有一批制作好的上海市敬老卡送达居(村)委,由居(村)委会发放至老年人手中。

● 以"促进青年成长成才,凝聚团结青年力量,丰富青年文化生活"为宗旨的上海检察机关青年工作委员会成立。市检察院党组书记、检察长张本才,团市委书记徐未晚共同为"青工委"揭牌,并与全市检察机关 100 余名青年代表座谈。上海检察机关青年微信公号"青春检影"同日上线。

4 日

● 2016 年上海市文化创意产业推进工作电视电话会议召开。"十二五"期间,上海文创产业保持健康快速发展,总产出和增加值从"十一五"末的 5 499 亿元和 1 673 亿元,增长至 2014 年底的 9 054 亿元和 2 833 亿元。2015 年,上海文创产业继续保持快速增长,实现增加值 3 020 亿元,占上海 GDP 的 12.1%。上海文创产业"十二五"规划圆满收官。

● 团市委、市青联、市学联、市红理会等在南洋模范中学举行"上海青少年纪念五四运动 97 周年主题集会·入团仪式"。市委副书记应勇出席。

● 市长杨雄会见美国田纳西州州长比尔·哈斯拉姆一行。杨雄说，中美经贸关系发展对世界经济稳定至关重要，上海与美国经贸往来密切，合作交流频繁，与旧金山、芝加哥、休斯敦等都建立友城关系。

● 上海合作组织即将迎来成立15周年，市长杨雄会见上海合作组织秘书长阿利莫夫·拉希德及上合组织部分成员国代表，代表上海市政府和上海人民对客人访沪表示热烈欢迎。

● 由市委组织部授权发布权威人才政策信息、人才工作信息和人才服务信息的在线平台——上海国际人才网正式开通上线。市委副书记应勇出席上线仪式。

● 上海公安正式启动视频举报交通违法查处工作，市民群众持车载行车记录仪记录的闯红灯、违法占用专用车道等机动车交通违法视频资料均可作为举报的内容，公安机关核查确认后将依法处罚违法人员。

● 2016年上海市文化创意产业推进工作电视电话会议召开，会上发布《上海市文化创意产业发展三年行动计划(2016—2018年)》。

● 副市长周波会见卢森堡大公储夫妇及副首相兼经济大臣埃蒂安·施耐德率领的经贸代表团一行。

● 世界级化学泰斗、2001年诺贝尔化学奖得主巴里·夏普莱斯与中科院上海有机化学研究所签约，作为特聘教授正式加盟该所的中科院有机氟化学重点实验室。

● 沪上金融系统首次推出的重大人才计划——"海金才工程"宣布全面启动，《关于推进上海金才工程　加强金融人才队伍建设的实施意见》同步发布。

● 市政府与中国联通集团公司在沪签署《推进"互联网+"战略合作框架协议》，双方将聚焦信息基础设施建设和"互联网+"创新应用两大领域进行深度合作，支撑上海"四个中心"和具有全球影响力的科技创新中心建设。根据战略合作框架协议，中国联通将把上海作为重要的战略发展区域，5年内投资140亿元。

5日

● 市长杨雄调研世博园区后续开发利用工作。杨雄指出，要深入贯彻五大发展理念和中央城市工作会议精神，持续传承上海世博会理念经验，以长远眼光和战略定力，牢牢坚持"高起点规划、高品质开发、高水平运营"的要求，加快推进世博园区后续开发建设，努力将世博园区打造成世界级的城市公共活动中心，为上海城市创新转型发展探索新模式、积累新经验。

● 中国—中东欧国家最高法院院长会议代表一行到上海高院访问交流。来自阿尔巴尼亚、波黑、克罗地亚、爱沙尼亚、拉脱维亚、立陶宛、马其顿、黑山、塞尔维亚等国家最高法院院长和匈牙利、波兰、斯洛伐克等国家最高法院副院长及随行人员参观上海高院法庭、12368诉讼服务平台，并听取上海法院信息化工作的介绍。

●"上海银企合作服务实体经济"座谈会在中国金融信息中心召开。座谈时,来自农行上海市分行、国开行上海市分行、浦发银行、张江高科技园区、市北高新技术服务业园区、上海和辉光电有限公司、浙江龙盛集团股份有限公司的代表分别结合各自业务,重点围绕金融服务实体经济、金融支持科技创新等方面作交流发言。

6日

●上海召开专题协商座谈会。市委常委、宣传部部长董云虎就全市加强宣传思想工作,提高宣传舆论影响力的有关情况作介绍,并与党外人士座谈交流,听取意见建议。市委常委、统战部部长沙海林主持会议。

●香港特别行政区全国人大代表考察团来沪,就上海国际金融中心建设及上海自贸试验区金融改革试点等情况开展专题调研。市长杨雄出席专题调研汇报会并与代表座谈交流。在沪期间,考察团赴自贸试验区、洋山深水港、中国商飞公司等地考察调研。

●2016年"永达天恒传媒"杯环崇明岛国际自盟女子公路世界巡回赛在崇明鸣枪开赛,赛事总里程351.6千米。3天的比赛起终点均设在崇明大道新城公园。比赛有来自14个国家和地区的18支世界排名前列的职业队和国家队参赛。

●美国海军"兰岭"号两栖指挥舰在陪访舰西安舰的引导下,驶抵上海吴淞某军港,开始对上海进行为期5天的友好访问。这是"兰岭"号时隔10年再次访问上海,也是"兰岭"号第五次访问上海。

●上海交通大学2016年"综合评价录取改革试点"在沪共招生650人。上海交大公布2016年上海市高考招生政策,今年首次推出生物医学科学拔尖人才培养计划。

7日

●上午11时30分,上海迪士尼度假区迎来首日内部测试,有近万名迪士尼演职人员及家属和相关受邀人员进入园区,部分游乐项目首次投入运营测试。乐园外围开放区域内的迪士尼世界商店、乐高商店、小镇市集等商业配套也同步投入运营。

●上海正式启动"行走上海2016——社区空间微更新计划",大西别墅、金谷苑、虹旭小区、水霞小区、金浦小区等11个微更新试点项目改造开始,并号召有志于社区营造的规划师、建筑师、景观师和艺术家,积极参与社区空间微更新的试点改造。

●"第二届京沪经贸论坛暨北京上海企业商会一届二次会员大会"在北京召开。本次会议主题为"创新发展、塑造未来"。专家和企业家就加快京沪两地经济文化合作,以及在当前经济形势下,企业如何转型升级、提振信心、抱团发展等问题进行探讨。

8日

● 以“水润千万家，节水靠大家”为主题的2016年上海“全国城市节约用水宣传周”拉开帷幕。

● 时值纪念第69个“5.8世界红十字日”之际，作为中国红十字运动的发源地，上海红十字历史文化陈列馆在上海青浦赵重公路正式开馆。这是中国红十字运动110多年历史中，第一个系统介绍红十字历史文化的主题展馆。

● 母亲节，一场名为“献给妈妈的爱”京剧时尚主题活动在上海京剧院周信芳戏剧空间开演。活动由徐汇区龙华街道与上海京剧院联合主办。

9日

● 市长杨雄主持召开市政府常务会议，听取今年汛期气候趋势预测，部署加强气象防灾减灾和防汛工作；研究2016年政务公开重点工作；研究修订完善《张江国家自主创新示范区企业股权和分红激励办法》。

● 香港全国人大代表考察团在沪举行专题调研反馈会，围绕上海国际金融中心建设与上海自贸试验区金融改革试点等调研考察情况进行交流。市人大常委会主任殷一璀出席会议并讲话。

● 首部《迪士尼形象电话卡大全套》在上海首发。《大全套》的内容分为“米奇系列”“公主系列”“小熊维尼系列”“经典电影系列”“玩具总动员系列”“冰雪奇缘系列”“超能陆战队系列”“头脑特工队系列”等8大系列，共有288张17 900电话卡，每张面值10元，持有者均可按面值使用。

● 上海市金融消费纠纷调解中心与上海地区银行业金融机构签订合作备忘录，在沪试点建立小额金融消费纠纷快速解决机制，今后赔付金额在5 000元以下的纠纷，如果当事人无法协商一致的，可由中心调解员提出解决纠纷的调解意见，这为金融消费者提供一条高效、便利的纠纷解决渠道。

● 《关于推进供给侧结构性改革　促进工业稳增长调结构促转型的实施意见》正式发布，这也标志着上海后工业时代发展拉开大幕。

10日

● 市政府新闻发布会召开，相关委办局负责人对《关于推进供给侧结构性改革促进工业稳增长调结构促转型的实施意见》的主要内容及相关情况作详细说明。

● 市长杨雄赴市人力资源和社会保障局调研。

● 以市儿童医院为核心，联合静安区、普陀区、嘉定区、长宁区四区卫计委，携手所辖区域内16家“区属”医疗机构组建而成的“上海市儿童医院（上海交通大学附属儿童医院）儿科医疗联合体”宣布成立。这是上海首个多区协作、统筹运行的儿科医疗联合体。

11 日

● 上海举行“礼乐论坛·解放论坛”2016 礼乐文明与家庭建设学术研讨会暨上海市民修身行动启动仪式。本次活动由市文明办、嘉定区委、解放日报社主办,嘉定区文明办、市礼仪协会承办。启动仪式上,清华大学的教授彭林、中国艺术研究院音乐研究所所长项阳、同济大学教授阮仪三、复旦大学社会发展与公共政策学院院长彭希哲等知名专家学者,围绕公民修身实践拓展、礼乐文明与家庭建设互动、市民素质与城市形象塑造等作主题演讲,为下一步工作提供全新的理论思考与路径建议。

● 市高级人民法院召开以审判为中心诉讼制度改革试点工作动员大会,旨在通过改革试点工作,确保侦查、审查起诉的案件事实证据经得起法律的检验,有效预防冤假错案的发生。

12 日

● 全国首批 28 个双创示范基地出炉。其中包括上海市杨浦区等 17 个区域示范基地、上海交通大学等 4 个高校和科研院所示范基地、中国电信集团公司等 7 个企业示范基地。

● 市政协召开中心组(扩大)学习会,深入学习习近平总书记系列重要讲话精神,部署市政协党组、市政协机关党委开展“两学一做”学习教育工作。市政协主席吴志明出席并讲话。会上,中国浦东干部学院首任常务副院长奚洁人和市政协学习委员会副主任、上海社科院研究员钟祥财应邀分别作“习近平总书记治国理政的理念创新和战略运筹”和“习近平总书记经济思想的发展、逻辑和实践”专题辅导报告。

● 位于迎春路民生路的轨道交通 18 号线迎春路站工地上,全线第一幅地下连续墙砼顺利浇筑完成,标志着上海轨道交通 18 号线一期土建工程全面启动。

● 市卫生系统第三届“左英护理奖”颁奖仪式举行。本次“左英护理奖”获得者分别为:复旦大学附属儿科医院小儿外科护士长、副主任护师陈劼;复旦大学附属华山医院门急诊科护士长、主管护师刘华晔;上海中医药大学附属龙华医院护理部主任、主任护师周文琴等。“左英护理奖”提名奖获得者为华东医院呼吸重症监护室护士长、副主任护师程婕;杨浦区市东医院急诊科总护士长、主管护师沈勤新等。

● 市委常委、市委政法委书记姜平,副市长、市公安局局长白少康率市公安局、市交通委、上海国际旅游度假区管委会、申迪集团、申通集团负责人,赴上海国际旅游度假区调研,先后实地察看迪士尼园区、迪士尼小镇、园区应急地块、客运中心和轨道交通 11 号线迪士尼站等重要场所的客流组织管理、安检工作和安全运行情况,并于随后召开座谈会,听取上海国际旅游度假区安全管理和安保工作的情况汇报。

● 由市商务委、市外国专家局主办的第十九届国际商业论坛在锦江小礼堂举行,这次论坛以“消费升级与城市商业”为主题，来自海内外的14位商业和消费模式研究专家与学者同与会者围绕“消费的新理念、新模式”“供给侧的结构改革、商业创新”“城市商业的现代化、国际化”三个分主题展开深入探讨。

● 上海召开庆祝“5.12”国际护士节暨表彰大会，10个“深化优质护理、改善护理服务”优秀示范项目和20个“深化优质护理、改善护理服务”示范项目受表彰。

13日

● 市民族团结进步表彰大会在上海展览中心召开。

● 由市政府参事室和台湾旺报社主办，市政府台湾事务办公室、上海东亚研究所协办的“两岸经济转型发展：方向与优势互补”2016年沪台研讨会在上海举行，来自沪台两地共50余人参加研讨会。

15日

● 2016年全国“最美家庭”揭晓暨全国五好文明家庭表彰大会在人民大会堂召开，上海有30户家庭入选全国千户“最美家庭”。这30户“海上家庭”，有尚长荣、易解放这样的“名家”，更多的是平凡的草根之家。

● 市公共政策研究会成立大会暨“国家治理现代化与政策创新”学术论坛在市委党校举行。新成立的上海市公共政策研究会旨在积极开展理论研究、学术交流和咨询服务，不断推进公共政策研究的科学化和有效性。国务院参事室主任王仲伟为研究会的成立发来贺信，并担任名誉会长。市社联副主席、市委党校教授胡伟当选研究会会长。

16日

● 市委书记韩正，市委副书记、市长杨雄会见由广东省委常委、广州市委书记任学锋，广州市委副书记、市长温国辉率领的广州市党政代表团。

● 市进一步深化医药卫生体制改革推进大会以电视电话会议形式召开，国务院医改领导小组副组长、国家卫生计生委主任李斌，上海市委副书记、市长杨雄出席并讲话。上海市委常委、常务副市长屠光绍主持会议，副市长翁铁慧对综合医改试点工作作全面部署。

● 2016中欧生物医药合作暨投融资大会召开，总部位于上海徐汇区的上海枫林集团与瑞士巴塞尔地区政府共同签署协议，就关于合作推进生命健康产业的发展签署合作备忘录。

● 市消保委、上海社科院联合发布“上海迪士尼境内游客相关消费需求与趋势调查报告”。报告显示：外省市消费者在上海逗留期间，计划人均消费可达4 215元（不含往返上海的交通费）。

● 尚长荣京剧表演艺术人才培养研习班在上海京剧院排练厅举行开班仪式。研习班 30 位学员为来自北京、上海、天津、山东、云南、湖南、福建、陕西、黑龙江、香港等 19 家戏曲院团、院校及文艺单位的青年演员及评论人才。

● 市政协主席吴志明会见在沪访问的波黑议会民族院轮值主席塔迪奇一行。吴志明代表市政协对客人访问上海表示欢迎,并介绍上海经济社会发展情况和市政协履职实践。

● 全国人大教科文卫委来沪就《促进科技成果转化法》实施情况展开调研,召开座谈会听取各方意见。全国人大常委会委员、全国人大教科文卫委员会主任委员柳斌杰参与调研,市人大常委会副主任钟燕群参加座谈会。在沪期间,全国人大教科文卫委还就高等教育改革与发展工作情况赴上海大学等地进行调研。

17 日

● 由广西壮族自治区党委书记彭清华、自治区主席陈武率领的广西壮族自治区党政代表团抵沪考察。上海市委书记韩正,市委副书记、市长杨雄同广西党政代表团举行座谈。彭清华对上海市各方面长期以来给予广西的大力支持和帮助表示感谢。他说,进入新世纪以来,很多上海企业到广西投资发展,涉及汽车、化工、金融、制造业等高层次项目,有力促进广西经济社会发展。

● 由世界银行主办、上海师范大学承办的“公平与卓越:全球基础教育发展论坛”在沪开幕,副市长翁铁慧出席开幕式并致辞。论坛上,来自欧洲、美洲和亚洲 25 个国家的部长级官员们分享上海基础教育的成功经验。世界银行发布上海的教育体系研究报告《上海是如何做到的?》。

● 以“科技惠农,科技惠民”为主题的 2016 年上海市文化科技卫生“三下乡”集中示范活动在崇明县港沿镇国家设施农业工程技术研究中心举办。本次活动由市委宣传部、市文明办、市科委、市妇联等 13 家市“三下乡”主办单位联合举办。

●《上海市实施 2011—2020 年中国妇女儿童发展纲要中期情况汇报》公布。5 年来,上海户籍女性平均预期寿命继续保持上升趋势。2015 年达到最高 85.09 岁,比男性高出 4.62 岁,高于极高人类发展水平(83 岁)。孕产妇死亡率、婴儿死亡率、5 岁以下儿童死亡率,继续创新低,达到极高人类发展水平。中小学生体质健康标准合格率提高至 94.3%,超出规划目标 4.3 个百分点。

18 日

● 由市总工会、市科委、市经信委、市人社局、市国资委、市知识产权局和市科协等部门联合主办的上海职工创新大会暨 2016 年上海职工科技活动周开幕式举行,开幕式上还正式启动 2016 年“上海工匠”培养选树计划。

● 第三十三届上海之春国际音乐节落下帷幕。在 21 天里,来自 10 多个国家的近 40 个演出单位,献上 50 台国际化、高质量的演出,新人新作轮番登场,让数十万观众领略一场艺术盛会。

● 市影视精品创作会议召开，上海影视创作已初步形成制片主体逐步集聚、人才梯队初见规模、创作环境逐步优化的良好局面，在为上海精品力作创制提供优质土壤的同时，也吸引全国各地的优质影视资源纷纷涌入。会议对2016年上海影视精品创作作出部署，力争推出一批新品、优品和精品。会议由市委宣传部、市文广影视局、市文联、市作协共同举办。

● 上海电力交易中心有限公司在上海揭牌，作为贯彻中央电力体制改革文件精神的重大举措，上海电力交易中心有限公司的成立将推动构建统一开放、竞争有序的电力市场体系，是上海电力市场化改革进程中迈出的实质性步伐。

● "创业在上海"2016上海创新创业大赛宝山分赛区开幕式在上海移动互联网创新园举行。在此次开幕式中，与会现场的专家学者与现场嘉宾一同就"创业在上海"创新创业政策进行一番简明扼要的解读，还从不同的案例和实际经验中探讨和分析创业者常见的心理现象及应对方法。

19日

● 市委书记韩正在徐汇区调研城市历史建筑、历史风貌保护工作时强调，历史建筑、历史风貌是城市历史的延续、文化的积淀，做好历史建筑、历史风貌保护工作，是上海贯彻落实中央城市工作会议精神的一项重要工作。座谈会上，韩正听取徐汇区、市发改委、市财政局、市规土局、市绿化市容局、市住建委等负责人的汇报，与大家讨论相关工作。

● 市委书记韩正，市委副书记、市长杨雄调研市质子重离子医院，召开座谈会听取该院运行1年来的情况汇报，对质子重离子医院1年来所取得的成绩表示祝贺和充分肯定。

● 市长杨雄赴上海城投集团调研。座谈交流时，集团负责人介绍企业发展情况以及下一步深化"集团化、市场化、专业化"改革的设想。市相关部门围绕体制机制改革等问题进行深入讨论。

● 市人大常委会组织部分组成人员和市人大代表赴中国金融信息中心视察上海国际金融中心建设情况，了解"十三五"时期上海国际金融中心建设规划编制情况。市人大常委会主任殷一璀参加并讲话。

● 市委常委、市委政法委书记姜平前往闵行区，实地调研督导环境综合整治工作，强调必须秉持法治精神，政府部门要严格执法，政法机关要提供法律保障，稳妥处理出现的问题，确保环境综合整治工作有力有效。

● 市长杨雄会见国务院妇儿工委委员、全国妇联副主席、书记处书记崔郁为组长的国家"两纲"中期评估督导组。督导组来沪，主要是对上海实施《中国妇女发展纲要

(2011—2020 年)》和《中国儿童发展纲要(2011—2020 年)》情况进行中期评估督导。在沪期间,评估督导组除听取相关情况汇报,还深入部分区县学校、医院、妇女儿童救助保护机构、敬老院、企业、社区、居(村)以及创业者实训基地等地实地考察,并就评估情况进行反馈。

● 市人大常委会主任殷一璀会见匈牙利国会常务副主席、匈中友好议员小组主席玛特劳伊·玛尔道。

● 针对"社区服务、创新经济、历史传承、慢行生活"等 4 个市民关注焦点和城市功能的主要短板,市规土局发布"行走上海"品牌,启动城市更新四大行动计划,掀起一场全社会共同参与的城市实践行动,推动上海"卓越的全球城市"建设。

● 经过两年多酝酿,百联集团"i 百联"全渠道电商平台正式上线。此举意味着在"互联网 + "大潮滚滚而来的今天,上海商业旗舰、全国商业航母——百联集团率先转型为全国首家全渠道、全业态、全客群、全品类、全时段的大型商业企业。

20 日

● 从闵行区居村民自治暨邻里中心建设工作推进会上获悉,到"十三五"期末,闵行全区要建成约 100 个"一号里虹景"这样具有区域特色、功能多样、运转良好、群众点赞的邻里中心,基本实现"最后一公里治理服务圈"对城市化地区的全覆盖,让居民就近即能"享受公共服务、邻里守望相助、共同参与治理"。

● 沪滇三级医院对口帮扶贫困县县级医院签约仪式在云南省昆明市举行,上海 28 家三级医院与云南 28 家贫困县县级医院签订合作协议,新一轮为期 5 年的卫生对口合作交流工作正式启动。

● 市经济和信息化委员会组织召开"上海市居民供用电格式合同"听证会。这是上海公用事业领域首个经听证的格式合同。

21 日

● 以"上海建设具有全球影响力的科技创新中心——战略性高端技术与政策环境"为主题的第十届"中华学人与 21 世纪上海发展"研讨会在上海召开。全国人大常委会原副委员长、原国务委员华建敏作主旨报告,就上海建设具有全球影响力的科技创新中心的重要意义、上海建设科技创新中心的优势作了阐释并对上海建设科技创新中心提出建议。此次论坛由上海海外联谊会、上海市欧美同学会·上海市留学人员联合会主办。

● 5 月上海私车牌照额度拍卖揭晓,最低中标价 85 000 元,平均中标价 85 058 元,分别比 4 月减少 100 元和 69 元,中标率 4.2%。5 月上海投放私车牌照额度 11 598 张,警示价仍为 82 800 元。

● 第二届全国创新创业教育研讨会在上海财经大学召开,来自上海高校创新创业教育联盟及全国各财经院校的专家纷纷为创新教育发展出谋划策，首届“冠生园杯”全国财经类高校创新创业大赛也同时启动。

● 上海携手北京、广州、成都、西安、沈阳，共同创造了最大规模排舞（多场地）吉尼斯世界纪录，取得3万人齐跳广场舞的新突破。上海市第二届广场舞大赛也正式开幕。

● 一部风格奇幻、充满诗意的非传统戏剧《爸爸的时光机》在上海大宁剧院上演。这部由当代艺术家马良执导的奇幻装置舞台剧，在沪上预热演出3天后，将受美国耶鲁大学邀请，于6月再度赴美演出。

● 上汽集团与同济大学签署《共建共营智能网联汽车测评基地合作协议》。

22日

● 2016年上海市检察机关检察官遴选笔试在上海大学举行，这是上海司法改革全面铺开后的第二次检察官遴选考试。来自全市各级检察机关的265名检察官助理和助理检察员参加考试，参加考试者平均年龄33.4岁，硕士、博士学位178人，占67.4%；来自业务部门244人，综合部门21人。

● 由市社联主办的第十五届上海市社会科学普及活动周拉开帷幕。此次活动周将推出主题论坛、科技与人文对话、人文社科电影展映、社科调查成果发布、义务咨询服务、主题展览、科普讲座、新媒体科普互动活动等253项活动。

23日

● 市委书记韩正，市委副书记、市长杨雄等市领导，集体瞻仰党的二大会址，在党章的诞生地召开常委学习会，重温党章诞生、发展、完善的历史，重温党的奋斗历程，集体交流学习体会。

● 市长杨雄主持召开市政府常务会议，审议《上海市科技创新“十三五”规划》《上海市制造业转型升级“十三五”规划》《上海市推进智慧城市建设“十三五”规划》等事项。

● 由上海现代服务业联合会、沪港国际咨询集团有限公司共同主办“供给侧改革条件下中国经济发展专题报告会”。会上，沪港国际咨询集团宣布成立由企业出资的“供给侧改革研究中心”，着重研究现代服务业特别是咨询、评估、审计等专业服务业对接供给侧结构性改革的成功案例。

● 由上海中华职教社联合贵州省委统战部、贵州省中华职教社举办的上海—贵州中华职业教育社首期贵州职业院校院（校）长研修班在上海市社会主义学院开班。来自贵州遵义市、毕节市等50位职业院校校长在沪参加为期一周的研修和学习。

24日

● 市委书记韩正，市委副书记、市长杨雄会见由浙江省宁波市委副书记、代市长、市政协主席唐一军率领的宁波市党政代表团。

● 徐汇区“创新创业”主题日活动在上海漕河泾新兴技术开发区举行，全市首个国家级知识产权服务示范区——上海漕河泾国家知识产权服务业集聚发展示范区也同时揭牌，示范期为期3年。

● 松江宣布，出台60条产业政策，设立每年20亿元专项，沿G60高速公路松江段两侧布局“一廊九区”，助力“松江制造”向“松江创造”转型。这些政策和专项，主要用于鼓励科技创新创业、引导产业转型升级和推动产业园区转型发展，鼓励和吸引各类创新创业主体和重大功能性项目落户松江。

● 市人大常委会召开理论中心组学习会(扩大)，听取有关“供给侧结构性改革:创新中如何运用制度和技术实现经济转型”的专题报告。市人大常委会主任殷一璀主持会议。

● 市综治办、市见义勇为基金会在大宁剧院举行上海市第154次见义勇为先进分子表彰会暨“见义勇为　德耀浦江”专场文艺演出，大会向32名见义勇为先进分子或群体颁发荣誉证书和奖金。市委常委、市委政法委书记姜平出席会议并讲话。

25日

● 市委书记韩正，市委副书记、市长杨雄会见由内蒙古自治区党委常委、呼和浩特市委书记那顺孟和，呼和浩特市委副书记、市长李杰翔率领的呼和浩特市党政考察团。

● 市政协召开十二届二十八次常委会议，围绕“坚持协调、绿色发展理念，推动城市可持续发展”协商议政。市政协主席吴志明出席并讲话。副市长蒋卓庆通报有关情况，并听取常委意见建议。

● 作为“2016上海·宁波周”活动的重头戏，宁波·上海投资合作洽谈会在沪召开。

● 市委宣传部召开会议，学习贯彻习近平总书记在哲学社会科学工作座谈会上的重要讲话精神。市委常委、宣传部部长董云虎出席并讲话。

26日

● 市人大常委会召开专题调研动员会，正式启动2016年上海市全国人大代表专题调研工作。全国人大代表、市人大常委会主任殷一璀出席会议并作动员讲话。

● 解放日报·上海观察与复旦大学联合开启“日月光华　旦复旦兮——《解放日报》中的111个复旦历史片段专题展”。从1949—2005年，《解放日报》上111个(篇)与复旦有关的版面、文章，唤醒这座城市对大学的记忆，大师风范、青年朝气、学界清风、改革足迹……融汇为“日月光华　旦复旦兮”的大学精神，每一个定格，都有故事。

● 市政协理论研究会召开2015年重点课题、优秀论文成果发布会,发布《政协参与立法的依据和实践研究》《积极推进参与立法协商工作、促进地方立法科学化民主化》《利益表达视野下人民政协主体“角色”结构分析》研究成果。

● 副市长周波走进电台直播间,围绕科创中心建设话题,在“市长热线”节目中与听众进行90分钟的交流。他透露,2016年一季度,全市新注册的企业超7万家,同比增长超过20%;全市孵化器和众创空间总数已达到450个,其中90%以上由民企和社会资本出资。

27日

● 市长杨雄赴市民政局调研。座谈会上,市民政局负责同志汇报2016年民政重点工作有关情况。市领导不时提问插话,与大家一道探讨推进上海民政工作的思路和方法。

● 上海浦东新区正式启动首席信息官(CIO)试点工作。本次试点将率先在新区区府办、经信委、环保局、卫计委、市场监管局、建交委、文广局、规土局和城管执法局9家单位设立部门CIO,显示浦东新区加强事中事后监管、促进政府职能转变、推动自贸区和科创中心建设的决心。

● 第四届市爱国主义教育基地讲解员大赛决赛在上海城市规划展示馆举办。本次大赛由市委宣传部、市教委、团市委、市红色旅游工作协调小组办公室主办。大赛融合“在场”“在线”两个平台,通过讲解员场上演讲、才艺展示、综合素质考量,网上进行讲解内容推介、在线访谈、网络评选等环节,广泛传播上海红色之源的光荣历史。获奖讲解员将作为上海市纪念中国共产党成立95周年主题展览的志愿讲解员。

● 由市人社局、团市委、徐汇区政府、市青联主办的“汇乐业　共启航——2016启航嘉年华暨乐业上海品牌推广活动”在徐家汇港汇恒隆外广场及美罗城上剧场开幕。活动现场,人社部门发布全新的公共就业服务品牌“乐业上海”,依托这一品牌和“启航”计划,青年朋友将可得到更高质量的就业岗位推荐服务、更专业前沿的职业指导服务、更丰富多彩的就业主题活动和更周到贴心的重点跟踪服务。

● 市统计局公布《2016年市民邻里关系调查报告》。《报告》显示,表示对隔壁邻居很了解和部分了解的受访市民占比分别为26.8%和28.9%,而43.6%的受访市民表示不甚了解隔壁邻居。

28日

● 静安区天目西路街道正式启动“遇见1小时”志愿服务行动计划。通过一系列创新举措,营造“零门槛”的公益环境,鼓励市民积极献出1小时的碎片时间,让“有心无闲”的旁观者,成为交通文明的志愿者。

● “上海论坛 2016”年会在上海国家会议中心开幕。来自全球智库、高校、政府、企业等机构的嘉宾围绕“互联互通与创新:迈向亚洲命运共同体”的主题,论坛多角度、全方位探讨中国和亚洲发展中面临的问题和挑战。

● 为期 4 个月的上海童话节梦幻之旅正式起航,来自全市的小读者冒雨汇聚在上海少年儿童图书馆,共同放飞童话梦想。

● 市社联和市社会心理学学会联合发布“民众社会心理变迁(2012—2015)——影响民众心理的年度十大社会事件”调查报告。近 4 年 40 个“年度十大社会事件”中,民生类事件占事件总体数量的近六成,其次是政治类事件和经济类事件。

● 走过一甲子的上海中医药大学举行建校 60 周年纪念大会暨张江中医药国际论坛等系列学术活动。

29 日

● 上海中青年知识分子联谊会召开六届四次理事大会暨调研成果发布会。市委常委、市委统战部部长、市知联会名誉会长沙海林出席会议并讲话。

● 美国弗吉尼亚大学校长特蕾莎·沙利文到访上海,参加由复旦大学和韩国高等教育财团主办的“上海论坛 2016”,就“老龄化和劳动力”问题发表主题演讲,并与复旦大学社会发展与公共政策学院教授、人口与发展政策研究中心主任彭希哲,斯坦福大学亚洲健康公共项目主任翁笙和,哈佛大学全球健康和人口学院教授戴维·康宁,以及加州大学尔湾分校和复旦大学社会学教授王丰就老龄化和劳动力问题展开讨论。

● 市青少年网球锦标赛暨青少年十项系列网球比赛第二站比赛在位育中学及上海东亚网球场落幕。比赛共吸引上海各区县 530 余名青少年网球选手参与,按照不同年龄分为 5 个组别,共设 29 个比赛小项。徐汇区代表队获得 16 枚金牌。

● 主题为“虹口区的城市更新与发展”的 2016 年中澳城市论坛在北外滩召开。中澳两国城市规划、建筑界的权威专家与学者围绕保护与更新的有机共生,共商城市可持续发展之路。论坛上,专家学者以“可持续发展与生态城市”“城市更新与遗产保护”“数字时代的城市设计”“城市活力与产业发展”为议题,突出资源整合、功能复合和产业融合,提出统筹推进产业、功能、形态协调发展,统筹推进硬件设施和软环境建设协调发展,统筹推进物质文明和精神文明协调发展,以增强区域发展软实力,推动城区形象品质达到新水平。

30 日

● 市委副书记应勇,市委常委、宣传部部长董云虎出席由中国福利会和团市委共同举办的“童梦上海　情系万家”——2016 上海少年儿童六一主题活动,并启动中国福利会关爱留守儿童项目“春兰计划”。

● “我是红领巾，我快乐，我光荣”2016 年上海少年儿童庆六一主题活动在静安区第一中心小学举行，市委副书记、市少先队队长学校名誉校长应勇，市人大常委会副主任薛潮、副市长时光辉、市政协副主席徐逸波出席。

31 日

● 市委举行大口党委书记工作例会，重点聚焦补齐短板，围绕推进区域环境综合整治和依法从严加强交通综合管理两项任务，进一步统一思想、形成共识、推进工作。市委副书记应勇主持会议并讲话。

● 由市委副书记、市长杨雄担任编委会主任、市政府发展研究中心负责编纂的大型资料性年刊《上海经济年鉴・2016》(第 32 卷)出版发行。

● 市人大常委会召开《上海市住宅物业管理规定》执法检查启动会。市人大常委会主任殷一璀参加并讲话。启动会上，市住建委主任顾金山汇报贯彻实施《上海市住宅物业管理规定》的情况。

● 闵行区正式发布“1＋4”的政策体系，强力助推上海南部科技创新中心核心区建设。“1”为《闵行区关于建设上海南部科技创新中心核心区的框架方案》，“4”则为鼓励人才创新创业、发展众创空间、创新创业引导基金、科技创新和成果转化等四个专项配套政策。

● 中船保商务管理有限公司在上海宣告成立。上海市副市长蒋卓庆、中国船东互保协会董事长许立荣出席成立仪式并为新公司揭牌。这是我国第一家国际保赔管理公司，这家新企业将对中国保赔业走向专业化、市场化及国际化具有极其重要的价值和意义。

● 中共上海市委老干部局召开“上海市离退休干部网上正能量活动推进会”。全市 42 支离退休干部“六合院”网宣示范小组代表和特邀离退休网宣团队代表共计 150 余名老同志出席推进会。

● 市委老干部局召开“上海市离退休干部网上正能量活动推进会”。全市 42 支离退休干部“六合院”网宣示范小组代表和特邀离退休网宣团队代表共计 150 余人出席推进会。

● 中国—瑞士(上海)低碳城市项目在金山区全面启动。项目包括建设中国—瑞士(上海)科技创新转化中心、中国—瑞士(上海)绿色发展合作中心和中国—瑞士(上海)科技创新产业园“两中心一园”。

● 1 118 种、1 340 册图书正式入库徐家汇藏书楼，与 2010 年上海图书馆整体引进的 1 551 册“罗氏藏书”相聚。这批书是已故瑞典藏书家罗闻达生前立下遗嘱，无偿捐赠给上海图书馆的 5 000 多册有关中国学工具书、参考书的一部分。

本月

● 应印度外交部邀请，韩正率中共代表团于5日抵达新德里开始访问。6日，韩正分别会见印度人民党主席沙阿、国大党主席索尼娅·甘地、印度共产党(马克思主义)总书记亚秋里、印度共产党总书记雷迪等。

● 第七届华东专业舞蹈展演在上海举行，共有63个舞蹈新作参加展演。在8日晚于上海大剧院举行的颁奖晚会上，《母亲的麦田》《只为途中与你相见》《梧桐的记忆》三部作品成为本届展演的评委会“最佳作品”。上海歌舞团朱洁静、浙江歌舞剧院刘福洋、无锡市演艺集团张娅姝获“华东舞蹈之星”称号。

● 市委书记韩正率领中国共产党代表团访问印度期间，会见总理莫迪等印度政要，并在新德里、班加罗尔、孟买考察和推进合作项目，出席聚焦科技、创新、金融和IT服务的中印合作对话论坛，推动上海与印度重要城市之间的交流合作。

● 第十七个“上海助残周”。本次助残周，孩子成为绕不开的话题，以关爱呵护残疾儿童为主线，静安区与嘉定区举办形式丰富的主题活动。静安区在市第一聋哑学校举办“获感助残行动，走好成长道路”主题活动，邀请社会各界人士走进特殊学校，同时举办残疾儿童才艺展示活动，搭建社会了解残疾儿童的平台。嘉定区正式启动“点亮心愿”公益服务项目，完成23名残疾儿童和青少年心中的梦想。全市其他各区县还展开一系列帮扶残疾人的活动。

● 市委书记韩正率领的中国共产党代表团访问泰国。访问期间，韩正会见泰国总理巴育等泰国政要，出席上海与曼谷建立友好城市协议签署仪式，考察上海企业在泰国的合作项目，推动上海与泰国重要城市之间在金融、制造、文化等领域的交流合作。

● 市委副书记应勇、副市长时光辉率上海市代表团赴贵州省遵义市学习考察，检查指导上海对口帮扶遵义工作，看望慰问上海援黔干部和人才。在遵义，代表团一行先后瞻仰红军烈士陵园，参观遵义会议会址及陈列馆，考察遵义市第二人民医院新生儿病房、道真县玉溪小学、云峰村“四在农家·美丽乡村”、正安县凤仪镇良种羊繁育场、遵义职业技术学院实训楼等上海对口帮扶项目。同时，代表团还看望并慰问上海援黔干部、支教老师和义诊医生。

● 由中共中央政治局委员、上海市委书记韩正率领的中国共产党代表团访问越南。访问期间，韩正会见越共中央总书记阮富仲等越南政要，瞻仰胡志明墓，并出席上海与胡志明市加强友好合作交流一系列文件的签署，推进上海与越南重要城市之间在科技、教育、文化等领域的友好合作。

● 2016年上海科技活动周举办，8天十大板块1 000余场活动，活动数量创历年之最。这次活动向公众开放的高校、科研院所重点实验室和国家工程技术研究中心共计 122 家。

● 市政协主席吴志明率港澳委员在宁夏学习考察，并开展捐资助学活动。宁夏回族自治区党委书记、人大常委会主任李建华会见考察团，自治区政协主席齐同生参加会见并出席座谈会。在宁期间，港澳委员实地考察宁夏经济社会发展和参与“一带一路”国家战略情况，听取有关介绍并座谈，就宁夏加快建设丝绸之路经济带战略支点、加强沪宁两地政协合作等交流探讨。

6月

1日

● 市委书记韩正主持召开党外人士座谈会，就补短板工作听取各民主党派、市工商联和无党派人士的意见建议。座谈会上，民革市委主委高小玫、民盟市委主委郑惠强、民进市委主委蔡达峰、农工党市委主委蔡威、致公党市委主委张恩迪等先后发言，围绕座谈会主题，就强化法治引领、依法依规严管，增强底线思维和忧患意识，调动市场化社会化力量形成合力共治格局，提升管理队伍综合能力、加快市民文明素质养成，促进科技成果在城市管理中的运用等提出中肯的意见建议。

● 全市首家社区托养机构综合体在石门二路街道成立。在这里，24 小时住养、日间照护、喘息式服务、居家护理、失能家庭照料者培训等综合一站式为老服务应有尽有，方便 10—15 分钟生活圈内有需求的家庭。

● 上海警方与上海保险业联合推出“快处易赔”公众微信号，驾驶员遇人未伤、车能动的简易程序处理交通事故时，通过这一微信号即可完成从快处到理赔的流程。

● 市政府批复同意在长宁区设立上海首个“互联网 + 生活性服务业”创新试验区，计划用 3 年左右时间，在全市形成 20 家左右具有国际竞争力的大型生活性服务业企业和 100 家左右的行业龙头企业，确立上海“互联网 + 生活性服务业”在全国发展的优势地位。

● 全国通关一体化改革在上海率先启动试点。随之海关总署风险防控中心（上海）和海关总署税收征管中心（上海）也正式启用。

● “院士 + ”新疆儿科医师研修班开班仪式在上海儿童医学中心举行。首批来自乌鲁木齐、喀什、和田、伊犁等地的 24 名儿科医师以配套成组的形式，在中心接受为期 3 个月的专科培训。

2日

● 市委书记韩正赴浦东张江高科技园区，调研外资企业研发中心在沪发展情况，并主持召开外资企业座谈会，听取外资企业对于上海进一步扩大开放、营造更好发展环境的意见建议。

● 市委书记韩正,市委副书记、市长杨雄,会见即将奔赴工作第一线的新一批对口支援干部。

● 常务副市长屠光绍在市府贵宾厅会见奥地利萨尔茨堡市市长海茨·沙登先生及其所率代表团。屠光绍对沙登一行的来访表示欢迎,向客人介绍近年来上海经济社会发展情况,并就推动两市在文化、教育领域的友好交流与沙登市长交换意见。

● 全国检察机关未成年人检察工作30周年座谈会在上海召开。会议对全国未检工作先进个人和先进集体进行表彰。

● 6月,市人大常委会会议听取和审议市政府关于全市促进制造业转型升级情况的报告。为了做好此项监督工作,部分市人大常委会组成人员和市人大代表赴宝山区就全市制造业转型升级情况开展调研。市人大常委会主任殷一璀参加。殷一璀一行实地察看利物盛集团超碳石墨烯产业技术有限公司、发那科机器人有限公司和宝钢不锈钢有限公司,了解新材料应用对制造业升级的推动作用、智能制造对生产制造方式带来的变革,以及淘汰过剩产能有关情况。

● 市政协召开"党风廉政建设和反腐败工作情况"专题通报会。市政协主席吴志明出席并讲话。中纪委常委、市委常委、市纪委书记侯凯通报有关情况,并听取委员建言。

● 市政协理论研究会召开二届四次会员大会暨首届"政协协商民主"论坛,表彰2015年度获奖论文,以"充分发挥政协委员联系群众的桥梁纽带作用"为主题交流研讨。市政协主席吴志明出席。

● "2016张江—诺华创新论坛"在浦东举办,耗资10亿美元、历经数年建设的诺华上海研发园区同时宣布正式建成投入使用。

3日

● 市委召开常委扩大会议,传达学习全国科技创新大会、中国科学院第十八次院士大会和中国工程院第十三次院士大会、中国科学技术协会第九次全国代表大会精神。

● 国家发改委网站正式发布《长江三角洲城市群发展规划》。《规划》明确提出,到2020年,长三角城市群基本形成经济充满活力、高端人才汇聚、创新能力跃升、空间利用集约高效的世界级城市群框架,人口和经济密度进一步提高,在全国2.2%的国土空间上集聚11.8%的人口和21%的地区生产总值。

● 以"恒·心——工艺传承的源泉"为主题的第四届国际(上海)非物质文化遗产保护论坛在沪举行,欧亚各国的专家学者围绕非遗保护问题展开讨论,交流各国的经验与做法。

● 市政协民宗委、市少数民族联合会等共同举办“阳光育人”计划 10 周年暨第七期毕业欢送第十期签约仪式。

● 住房城乡建设部等十部门联合发布《上海市农村生活垃圾治理认定验收通知》，上海成为全国第一批农村生活垃圾治理工作验收合格的省市之一。

5日

● 上海市第一家母乳库在上海市儿童医院正式揭牌启用，并对外招募捐赠志愿者。这份来自母亲的“最初馈赠”，将为更多特殊宝宝提供生长所需的营养及治疗。

● 云上贵州大数据产业基金借力多层次资本市场峰会在上海成功举办。云上贵州大数据产业基金与富望金控的合作，拉开了资本合作的帷幕。

● 上海城投水务集团推行“水管家”进小区，为居民实行贴身服务。此举正在黄浦区、静安区、闵行区、宝山区、青浦区的部分地区进行试点，年内将在上海中心城区全面推开，通过区域化、区块化、网格化的分级管理模式，实现供水服务“最后一公里”的无缝对接。这一服务新举措在上海 130 多年的供水史上尚属首次。

6日

● 市长杨雄主持召开市政府常务会议，审议《“十三五”时期上海国际贸易中心建设规划》《上海市社会信用体系建设“十三五”规划》和《上海市食品药品安全“十三五”规划》等事项。

● 市人大常委会机关召开“两学一做”学习教育第一次专题学习会，市人大常委会党组书记、主任殷一璀主持会议并讲话。学习会上，市委党校科研处处长、教授周敬青作题为《学党章，讲党性，树信念》的专题讲座。

● 2016 年上海国际电影电视节今日启幕，作为电视节官方节目模式论坛的第二届“中国模式日”5 日提前举行。中外电视人齐聚一堂，就“国际视野下的中国原创力探索”“大型综艺节目的持续创新”“拿什么保护你的模式版权”等诸多议题展开探讨。

● 中远海运能源运输股份有限公司在上海成立，标志着上海自贸试验区向世界能源交易中心的地位又迈进一步。

● 经过 10 年酝酿，上海中国书法院正式成立并落户闵行区。上海中国书法院是由上海市书协和上海市文化艺术品鉴促进会共同发起的民非单位，旨在研究、传承、交流、发展，弘扬中国书法艺术。

● 崇明法院成立上海首家环境资源审判庭，推进环境资源案件办理的专门化、专业化。

● 上海支付结算综合业务系统自贸区业务正式上线，这是助力上海自贸区建设，服务实体经济、服务贸易与投资便利作出的一次重要创新尝试。

7 日

● 由工信部批准的国内第一个“国家智能网联汽车(上海)试点示范区”封闭测试区在上海嘉定国际汽车城启动，标志着中国版的“安娜堡模式”正式开启。国内外知名高校、研究机构、车企、互联网企业、通信企业、移动运营商等，共同加入智能汽车测试，探索该领域的未来技术和相关标准。

● 市长杨雄在市旅游局调研时指出，作为支柱型现代服务业，上海旅游业对于推进供给侧结构性改革、培育发展新动能以及满足人民群众日益增长的休闲生活需求具有重要战略意义。座谈交流中，市旅游局负责人介绍“十三五”上海旅游业发展思路和近期推进的重点工作。

● 俄罗斯著名指挥家尤里・特米卡诺夫偕 120 人的圣彼得堡爱乐乐团登上东方艺术中心舞台，演绎肖斯塔科维奇《第五交响曲》和柴可夫斯基《第六交响曲“悲怆”》，带来纯正的俄罗斯之声。

● 9 时 30 分许，全市首次组织保护海底燃气管道海陆空执法协同应急演练。

● 第六批 124 名医学专家志愿者与 132 名 2015 年新评选的全国劳模正式结对，为劳模提供医疗咨询等服务。

● 强生出租公司推出三大服务新举措：首批 6 000 辆途安出租车年内逐步添置相关设备，乘客可使用带有银联标志的银行卡支付车费，同时，车上首次设置车载 DVR 监控设备，安装 4 个摄像头记录服务全过程以及车外路况；此外，车载平板电子设备(i-PAD)在车厢内放置供乘客使用，方便乘客可通过互联网了解各种即时资讯。

8 日

● 市委书记韩正会见来沪出席全球中央对手方协会(CCP12)注册成立大会的美国商品期货交易委员会主席蒂莫西・马萨德一行。

● 市长杨雄在市知识产权局调研时指出，知识产权已经成为上海城市综合竞争力的核心要素之一，加强知识产权工作是上海实施创新驱动发展战略的必然要求。要站在建设具有全球影响力的科创中心这一战略高度，以更加开阔的国际视野，坚持需求导向、问题导向，完善顶层设计，勇于改革创新，加强国际合作，不断提升上海知识产权保护、管理和服务水平。

● 为纪念中国共产党建党 95 周年，市档案馆在外滩馆启动“红色珍档”档案展，披露百件承载着上海红色记忆的馆藏珍品，其中近 20 件为首次公布。

● 市纪委官网通报 5 起国企人员违反中央八项规定精神问题典型案例。从案例可看出，在国有企业领域，公款吃喝、公款旅游、公车私用等违反中央八项规定精神的问题仍然存在，一些党组织和党员干部宗旨观念淡漠、纪律意识不强、监督管理缺位。

● 全球中央对手方协会注册成立大会暨中央对手方高峰论坛在上海举行，这标志着重量级国际金融组织——全球中央对手方协会法人实体在上海落户。中国人民银行副行长、国家外汇管理局局长潘功胜，上海市委常委、常务副市长屠光绍一同为协会揭牌。

● 市政协举行“促进城乡一体化发展”重点协商办理提案专题座谈会。部分政协委员围绕郊区新城生产、生活、生态一体化发展，与提案办理单位沟通协商。

● 浦东新区 2016 年重大项目战略合作和落户协议签约活动举行。浦东新区政府与中国铁路工程总公司签署全面战略合作协议、与上海保险交易所股份公司签署合作备忘录，浦东新区金融局和上海自贸区各片区管理局先后与中船重工、中国黄金、中国华电等 10 家央企，华信、苏宁等 5 家民营龙头企业，英特尔等 3 家著名外企签约，呈现出国家战略在浦东的集聚效应。

● 黄浦区政府与同济大学签订战略合作框架协议，首个合作项目正式启动，黄浦区教育局和同济大学设计创意学院合作创办公办中学——同济黄浦设计创意中学（暂定名）。这也意味着全市第一所以创意设计为特色的中学落户黄浦区。

● 巴塞罗那智慧城市博览会（SCEWC）全球推介会上海站在上海国际会议中心成功召开。

9日

● 一场关于“中国纪录片产业新势力”的论坛在上海影视节举行；“网红”纪录片《我在故宫修文物》重返荧屏，在东方卫视播出。

10日

● 2016 年上海国际电影电视节“白玉兰绽放”颁奖典礼在上海东方艺术中心举行。中宣部副部长景俊海，新闻出版广电总局副局长田进，中共上海市委常委、宣传部部长董云虎，上海市副市长翁铁慧等出席颁奖典礼。《芈月传》获本届白玉兰最佳中国电视剧奖，胡歌、孙俪分获最佳男女主角奖。导演孔笙、李雪凭借《琅琊榜》获白玉兰最佳导演奖。白玉兰最佳编剧奖归属《少帅》编剧江奇涛。

● “文化遗产日”非物质文化遗产系列活动在刘海粟美术馆启动。启动仪式上，市文广影视局发布《上海匠心》和《上海市非物质文化遗产手绘地图》，公布 108 位第五批上海市非物质文化遗产代表性项目代表性传承人。《上海匠心》收录顾绣传承人戴明教、上海灯彩传承人何伟福、上海面人传承人赵艳林、乌泥泾手工棉纺织技艺传承人康新琴等 18 名上海市国家级传承人的珍贵口述记录。

● 2016 上海养老服务创新实践案例评选颁奖典礼暨第五届中国老年福祉产品设计大赛启动仪式在上海新国际博览中心举行。来自奉贤区老龄事业发展中心的“四堂间”农村老人睦邻点建设、市第一社会福利院的“六位一体”服务重度照护老人等项目获10大优秀案例殊荣。

11日

● 2016"中外影视译制合作国际专家座谈会"在上海召开,亚洲、欧洲、拉美、非洲和美洲地区共30个国家的55位外国影视译制专业与机构负责人与来自国内10余家文化机构的30余位专家出席座谈会。中宣部副部长景俊海、文化部副部长丁伟、新闻出版广电总局副局长田进,上海市委常委、宣传部部长董云虎等领导出席座谈会,并与中外嘉宾就如何拓宽中外影视译制合作渠道、进一步推动中外影视艺术交流等话题展开对话。

● 第二届上海沪剧艺术节在浦东开幕。陈瑜、陈甦萍、钱思剑、朱俭、程臻、洪豆豆等五代演员在浦东文化艺术指导中心惠南分中心联袂主演明星版《芦荡火种》。由上海沪剧院和浦东新区联合举办的《风中的紫竹调——2016中国文化遗产日·上海沪剧院主题展览》拉开帷幕。艺术节由浦东新区宣传部、市剧协、市群艺馆、上海沪剧院共同主办。

● 2016年上海国际电影电视节开幕盛典在上海大剧院举行。中宣部副部长景俊海,新闻出版广电总局副局长田进,人民日报社副总编辑卢新宁,中共上海市委常委、宣传部部长董云虎,上海市副市长翁铁慧,上海市政协副主席方惠萍等出席盛典。田进宣布第十九届上海国际电影节开幕。

12日

● 以"全球经济增长的挑战与金融变革"为主题的2016陆家嘴论坛,在黄浦江畔拉开帷幕。中共中央政治局委员、上海市委书记韩正出席开幕式暨第一次全体大会。中国保监会主席、论坛共同轮值主席致辞并作主旨演讲,上海市委副书记、市长、论坛共同轮值主席杨雄致开幕辞。

● 市委书记韩正,市委副书记、市长杨雄会见由广东省委副书记、深圳市委书记马兴瑞,深圳市委副书记、市长许勤率领的深圳市党政代表团。

● 上海保交所举行揭牌仪式,标志其正式开始运营。中国保监会主席、上海市市长杨雄共同为上海保交所揭牌。中国保监会副主席陈文辉、上海市常务副市长屠光绍分别致辞。

● "中国文物保护技术协会近现代建筑保护委员会"在上海交通大学成立,委员会将致力于近现代建筑遗产保护的技术、工艺、材料的研究,让老建筑恢复往日的旧貌。

13日

● 市长杨雄主持召开市政府常务会议,审议《上海市服务业发展"十三五"规划》等事项。

● 市人大常委会召开第六十九次主任会议，决定市十四届人大常委会第三十次会议于6月21—23日举行。会议讨论并原则通过《上海市人大常委会基层立法联系点工作规则（试行）》（草案）。市人大常委会主任殷一璀主持会议。

● 市委副书记应勇调研住宅小区综合治理时指出，要进一步抓落实、抓推进，确保各项任务落实到位、全面完成，务求在综合上下功夫、在治理中见效，让人民群众有更多感受度和获得感。

● 福州市在沪召开推介会，向长三角地区宣传推介福州新区和中国（福建）自由贸易试验区福州片区，吸引长三角企业前往投资兴业。福州市市长杨益民介绍福州市总体情况与投资环境。

● 市政协举办公众日活动，邀请60余名来自全市高校、科研院所的外籍专家、留学生代表参观交流，直观了解政协工作情况。市政协副主席姜樑致欢迎辞。外籍人士代表还参观部分市政协会议厅和上海市政协历程展。

● 2016“魅力上海”城市形象推广活动在英国伦敦拉开帷幕。此次推广活动由上海市政府新闻办、市教委、市对外文协主办。英国文化教育协会、英国旅游局、伦敦市政府、中国驻英国大使馆、英国驻中国大使馆官员以及英国各界人士出席开幕式，一同欣赏精彩展演。随后，市政府新闻办、英国文化教育协会共同举行《姐妹城市及其文化愿景——探讨上海与伦敦双城文化纽带》圆桌会议。与会两国专家学者坦诚交流建设国际文化大都市的经验，探讨文化创意领域携手合作的前景。

14日

● 市委书记韩正参加他所在的市委督查室党支部“两学一做”组织生活会，与同支部的党员们一起交流学习和实践的体会感悟。

● 住房和城乡建设部与上海市政府在沪召开《上海市城市总体规划（2015—2040）》城市性质论证会，听取来自国内外政府部门、国际组织、智库、高校的专家的意见和建议。住建部部长陈政高、上海市市长杨雄出席并讲话。

● 市委宣传部、市委党史研究室、市中国特色社会主义理论体系研究中心在上海图书馆联合召开“中国共产党与上海——上海纪念中国共产党成立95周年”理论研讨会。市委常委、宣传部部长董云虎出席会议并讲话。

● 围绕“血液连接你我”的主题，全市举行世界献血者日主题活动。据统计，截至2015年底，全市无偿献血1 000毫升以上人数累计10 000多人次，10 000毫升以上人数累计1 000多人次。上海千人口献血率达到13.9，已提前达到国家卫计委提出的千人口献血率达10的目标。

● 全球血吸虫病控制和消除领域的一流专家齐聚上海，就推动实现世界卫生组织在全球范围内消灭血吸虫病这一目标共商大计。为期两天的会议由全球血吸虫病联盟主办,广邀全球健康医疗专家出席,就新药品、把握疾病传播途径和可替代疾病控制战略等话题展开探讨。

15 日

● 市行业协会商会与行政机关脱钩第一批试点暨加强社会组织内部治理工作电视电话会议召开。市委常委、市委组织部部长徐泽洲,副市长时光辉出席会议并分别作工作部署。市政府合作交流办、市政公路行业协会作交流发言。

● 市长杨雄在人民大厦会见土耳其安卡拉市市长梅里赫·戈克切克率领的代表团。

● 市长杨雄参加他所在的市政府研究室党支部"两学一做"组织生活会,围绕如何做一名合格的共产党员,和大家交流认识和体会。

● 市委副书记应勇到虹口区调研住宅小区综合治理及"1+6"文件贯彻落实情况,强调要认真抓落实、抓推进,加大工作力度,全面改善住宅小区整体面貌和生活环境,让居民群众有更多感受度和获得感,推动建立充满活力的基层共治与自治体系。

● 市政协副主席姜樑会见来沪访问的斯里兰卡议会友好小组代表团,就建立发展友好关系,推动双方多领域交流合作交换意见。

● 市人大常委会部分组成人员赴徐汇区视察节能减排专项资金管理和使用情况。组成人员一行先后视察新能源车分时租赁上师大网点、市环境监测中心,并召开座谈会,就全市"十三五"期间推进节能约束性指标,落实新能源汽车推广应用情况分别听取市发改委、市交通委汇报,就全市"十三五"期间推进减排约束性指标落实中大气环境监测及重点污染源排放治理情况听取市环保局汇报。

● 市人大常委会组织部分组成人员和市人大代表赴华东师范大学视察高考阅卷工作,听取市教委、市教育考试院相关负责人有关高考及阅卷情况的介绍,并就高考改革准备情况开展座谈交流。

● 世界银行高级副行长凯尔·彼得斯率领世界银行"面向未来 30 年的上海"发展战略研究团队一行 14 人来沪交流研究成果。市委常委、常务副市长屠光绍会见凯尔·彼得斯一行,并听取世行研究成果汇报。

16 日

● 上海迪士尼乐园举行开园仪式,国家主席习近平发来贺信。国务院副总理汪洋宣读习近平主席的贺信并致辞,市委书记韩正出席开园仪式。上海迪士尼度假区是中国内地首座、全球第 6 座迪士尼度假区,包括一个由六大主题园区组成的独特主题乐园。

● 由中国邮政集团公司发行的《上海迪士尼》特种邮票发售，此套邮票共有 2 枚，图案内容分别为：米奇和米妮、奇幻童话城堡。全套面值 2.70 元。

● 市基础教育课程改革专家咨询委员会和专家工作委员会成立，副市长、上海市基础教育课程改革领导小组组长翁铁慧出席并讲话。咨询委员会由 42 名委员组成，覆盖中小学各学科、教育学、相关专题教育等领域，兼顾理论研究和实践研究专家。

● 市政协副主席姜樑会见柬埔寨参议院外委会主席迪波拉西率领的代表团，双方就响应“一带一路”战略，深化贸易投资、基础设施建设等领域务实合作进行交流。

17 日

● 市长杨雄在衡山宾馆会见新西兰达尼丁市市长戴夫・卡尔一行。卡尔说，达尼丁愿与上海进一步加强文化创意、科技、教育、商贸、旅游等领域的交流与合作。

● 市长杨雄在衡山宾馆会见上海市市长国际企业家咨询会议前主席、美国史带公司董事长兼首席执行官莫里斯・格林伯格和美国企业高管国家安全促进会代表团一行。

● 市政协召开“落实全面‘二孩’政策与调整公共政策、配置公共资源”专题协商会，副市长翁铁慧通报有关情况，并听取政协委员意见建议。

● 市公共关系协会、市教委、团市委在东华大学举行“2015 年度上海市高校公共关系学专业奖学金”颁奖仪式。由上海 6 所高校评选并经批准的 90 名公关专业优秀学生获奖。

● 首届申城体育产业论坛在漕河泾召开，本届论坛的主题为“职工体育”，由市体育局、上海漕河泾开发总公司以及学体信息科技（上海）有限公司共同主办。

18 日

● 由国家发改委城市和小城镇改革发展中心、金山区政府与解放日报社联合主办的“特色小镇：更新与发展”论坛开幕。

● 博纳影业集团落户上海静安区环上大国际影视园区暨上海电影项目发布会在上海举行。

● 上海第八批援藏干部启程奔赴雪域高原，开始为期 3 年的对口支援西藏日喀则工作。副市长时光辉和市委组织部、市教育卫生工作党委、市人力资源社会保障局、市政府合作交流办等有关部门负责同志前往市委党校欢送援藏干部出征。

● 第二届上海国际科普微电影大赛揭晓。大赛共收到 50 多家影视制作机构、电视台、各大高校以及青年科普爱好者投寄的原创作品 260 余部。经过层层选拔，20 部优秀作品入围终评，主题涉及网络安全、绿色文明、科技创新、生物医学、健康传播、数字修复、非遗传承、智能生活等领域。大赛最终评出了最佳创意奖、科普人文奖、最佳导演奖、最佳作品奖和评委会大奖。

20日

● 市长杨雄主持召开市政府常务会议,审议《上海虹桥商务区发展“十三五”规划》《上海市综合交通“十三五”规划》,研究进一步提高上海质量工作水平等事项。

● 上海第十批援滇干部奔赴云岭大地,开始为期3年的新一轮沪滇对口帮扶工作。市委组织部、市人力资源和社会保障局、市政府合作交流办等有关部门的负责人在市干部教育中心为援滇干部送行。

● 市老龄委、市“银龄行动”领导小组办公室在上海展览中心举行第十四期沪疆“银龄行动”志愿者赴疆欢送仪式。

● 市人大常委会部分组成人员赴静安区,就《上海市住宅物业管理规定》贯彻实施情况开展执法检查。市人大常委会主任殷一璀参加。常委会组成人员一行先后视察唐家沙小区老旧设施改造情况、华山小区公房管理情况,并召开住宅物业管理规定执法检查座谈会,听取街道、业委会代表、物业代表所作物业管理情况的介绍。

● 市人大常委会召开全市加快构建新型农业经营体系专项监督启动会,市人大常委会副主任洪浩出席并作动员。会上,市农委、市发改委等部门汇报全市构建新型农业经营体系的情况。

● 法国大学生瓦诺韦尔-舍尔德来到市人力资源社会保障局就业促进中心,领取实习证件。这是全市实施“中法千人实习生计划”以来,向法国学生颁发的第一本加注“实习”字样的《外国人就业证》。舍尔德将在甄美服饰(上海)有限公司进行实习,获得海外实习经历。

21日

● 市网上政务大厅建设与推进工作领导小组召开第三次全体会议,市委副书记、市长杨雄在会上强调,建设事中事后综合监管平台,是深化简政放权、放管结合、优化服务改革的当务之急,必须高度重视、全力推进。要突出综合,牢牢坚持“主体全覆盖、信息开放共享、协同运用、技术创新、运行透明”的原则,力争实现事中事后综合监管平台建设更大突破,加快政府职能转变向纵深推进。

● 市十四届人大常委会第三十次会议召开,对《上海市街道办事处条例(修订草案)》进行一审。市人大常委会主任殷一璀主持会议。会议听取市民政局局长朱勤皓所作的关于《上海市街道办事处条例(修订草案)》的说明及解读,市人大内务司法委员会主任委员沈志先所作的相关审议意见报告,并分组审议条例草案。

● 市长杨雄和中国证监会主席刘士余共同会见世界交易所联合会董事会主席胡安·帕布罗一行。杨雄向客人介绍上海国际金融中心建设有关情况。

● 市政协召开“确保道路交通违法行为大整治取得实效”专题协商会,市政协主席吴志明出席,副市长、市公安局局长白少康作相关通报,并听取委员意见建议。

● 上海自贸区建设外国驻沪商会及外资企业专场座谈会在浦东新区办公中心召开。市区相关部门与美国商会、欧盟商会、日本商会及勃林格殷格翰(中国)投资有限公司、卫狮船舶管理(上海)有限公司等 14 家外资企业共同座谈,听取外企高层对上海自贸区 3 年来工作及今后发展的意见与建议。

●《2015 年度上海金融景气指数报告》在沪发布。报告显示,上海金融业整体继续保持向好发展态势,2015 年景气度指数为 1211 点,较 2014 年上升 7.4%。上海金融人才集聚效应日益显著,人民币国际化进一步带动金融国际化,金融创新不断深化,金融生态环境整体向好,国际金融中心软实力进一步提升,上海金融业整体保持较高的发展水平。

22 日

● 市委全面深化改革领导小组召开第十四次会议。会议分别听取关于 2016 年上半年全市重点改革事项开展督察情况的汇报、关于全面深化公安改革综合试点工作完善全市人民警察职业保障制度初步方案的情况汇报、关于扩大试点推进全市行政执法类公务员分类改革的汇报,通过《上海市深化医药卫生体制综合改革试点实施意见(2016—2020 年)》《上海市深化高校改革建设高水平地方高校试点方案》《群团改革第二批单位改革实施方案》。

● 中国(上海)自由贸易试验区推进工作领导小组召开全体会议。领导小组办公室和自贸试验区管委会在会上汇报 2016 年上半年自贸试验区建设进展以及下一阶段重点工作安排。领导小组各成员单位围绕自贸区改革创新重点事项提出意见建议。

● 市十四届人大常委会第三十次会议继续举行,听取、审议关于全市促进制造业转型升级情况的报告。市人大常委会主任殷一璀出席会议。会议听取市经济和信息化委员会主任陈鸣波所作的关于上海促进制造业转型升级情况的报告,并在审议报告的同时开展询问。

● 浦江流芳"一带一路·沪喀情深"庆祝建党 95 周年——2016 上海·喀什美术书法名家作品邀请展上海站首展,在市文联展厅开幕。此次亮相的上海 70 位书画名家的 39 件美术作品和 50 件书法作品将辗转多个舞台。

● 2016 浦江创新论坛英国分论坛举行,上海创新中心(伦敦)和上海技术交易所伦敦分中心揭牌,意味着上海在全球创新创业版图上落下第一颗棋子。两天后,法国巴黎也将迎来首个为中法创业者服务的生态圈。

● 上海召开"两新"组织庆祝建党 95 周年大会。会议表彰上海市"两新"组织先进基层党组织、优秀共产党员和优秀党务工作者。市委副书记应勇出席会议并讲话。

● 中共上海市委党校举办热烈、简朴的活动,欢迎圆满完成 3 年援藏任务的第七批

68名援藏干部载誉归来。市委常委、组织部部长徐泽洲致欢迎辞,副市长时光辉主持欢迎仪式。

23日

● 市委书记韩正前往长宁区延安中学,调研校园毒品预防教育工作。在延安中学,韩正和市领导姜平、白少康一行参观全市青少年毒品预防工作教育展。

● 市长杨雄上午、下午分别赴杨浦区和静安区调研。先后来到杨浦五角场地区的创智天地园区、静安区共和新路街道唐家沙小区。

● 国家开发银行上海业务总部在沪成立。上海市委副书记、市长杨雄,国家开发银行党委书记、董事长胡怀邦出席成立仪式并共同为国开行上海业务总部及金融研究发展中心、资金业务上海分中心、船舶融资中心揭牌。

● 市十四届人大常委会第三十次会议表决通过《上海市人民代表大会常务委员会关于设立上海市区县乡镇选举工作委员会的决定》等3个决定。市人大常委会主任殷一璀主持会议并讲话。

● 由复旦管理学奖励基金会和复旦大学联合主办的2016复旦管理学论坛在上海开幕,本次论坛的主题为"产业转型与企业创新"。

24日

● 由市委组织部、市委宣传部、市合作交流党委、市卫生计生委党委、市对口援疆前方指挥部党委共同主办的上海卫生援疆团队先进事迹报告会在上海展览中心举行。报告会前,市委副书记应勇,市委常委、宣传部部长董云虎,副市长翁铁慧等会见报告团成员。

● 市委书记韩正会见古巴共产党中央第一书记劳尔·卡斯特罗特使、古共中央政治局委员、国务委员会副主席巴尔德斯一行。

● 2016上海城市乐跑赛在上海东方体育中心拉开帷幕,本次参赛人数多达4 500人,迎着骄阳共同完成5千米乐跑征途。

25日

● 市长杨雄在衡山宾馆会见台湾南投县县长林明溱一行。

● 市教委公布统计数据,上海高校毕业生签约率为73.36%,比2015年高出2.02个百分点。中小企业和民企成为吸纳大学生就业的"主力军"。

● 市文明办、市教委、团市委、市公安局交警总队、虹口区委宣传部以"我爱上海　文明出行"为主题,在虹口区青少年活动中心举行"上海市青少年暑期交通文明主题宣传活动"启动仪式。仪式上,发布2016年第二次上海市交通文明测评结果。

● 由徐汇区委宣传部、上海百老德育讲师团等单位联合主办的"英模喜看徐汇,共建美丽家园”活动在上海龙华烈士陵园举办，“百老团文史专家委员会”也于同日成立。

●“传承太极文化，共享宜居生活”，市首届太极文化节主题展演活动，在闵行区举办。

26日

● 一台特殊的演出在兰心大戏院举行。上海淮剧团以淮四班专场形式为江苏盐城受灾地区赈灾义演。主办方上海淮剧团捐出演出费、上海人民广播电台《星期戏曲广播会》节目组捐出票房收入、兰心大戏院捐出场租收入、上海阜宁商会捐款百万元。

● 由中科院院士、同济大学校长裴钢倡导发起的上海老年脑健康队列研究正式启动，计划用30年时间在社区开展长期随访，寻找阿尔茨海默病等脑疾病的关键危险因素。首批万人队列在徐家汇街道社区卫生服务中心启动。

● 2016“先贤与上海城市记忆”论坛上发布沪上首个红色纪念电子地图。电子地图特别选取陈独秀、俞秀松、陈望道三位早期党的领导人，以他们在上海参与建党活动的历史纪念点和历史性事件串联，形成建党红色轨迹。

27日

● 上海文化企业发展座谈会召开，市委常委、宣传部部长董云虎出席会议并讲话。会上，揭晓首届“上海文化企业十强”“上海文化企业十佳”和“上海文化创业年度人物”名单，上影集团、张江文控、咪咕视讯、河马动画等企业代表和陈嵩等个人代表分别作交流发言。

● 上海国际学生服务中心、境外人员服务站在华东师范大学中山北路校区一侧开张，同时还开通了“留学上海”多语种网站。此举通过教育、公安、外事和民政等多方合作以及社会组织参与，为将上海建成亚洲最受欢迎的留学目的地城市发挥应有作用。

● 第二十四期海外华侨华人专业人士回国创业研习班在沪开幕。在3天时间里，研习班为来自18个国家和地区的130余名华侨华人提供政策解读与创业实务指导。开幕式上，“上海市侨商会科技创新委员会”揭牌。

● 为纪念建党95周年，上海市地方志办公室、上海通志馆和徐汇中学联合举办首届“上海乡土历史教育”论坛，拉开上海“地方志进校园”孵化工程的序幕。来自上海地方志系统、基础教育界的代表和上海社科院的专家一起，深入探讨。论坛还举行“徐汇中学少年中国梦孵化基地”揭牌仪式。

●《信仰的力量——中国共产党人的家国情怀》档案展在市档案馆外滩馆免费展出。此次展览包含近240件档案文献和影像资料。

28日

● 市长杨雄主持召开市政府常务会议,审议《"十三五"时期上海国际航运中心建设规划》《黄浦江两岸地区发展"十三五"规划》等事项。

● 上海宝山区作为区级事中事后综合监管系统的试点单位之一,建成并正式启用宝山区事中事后综合监管系统,成为全市第二家推动事中事后综合监管平台正式上线的区县。

● 16时,随着最后一辆装着1.6吨液氨的危化品槽车从上海申宏冷藏储运公司的厂区驶出,昔日上海甚至远东地区最大冷库的关停工作接近尾声。

29日

● 市委书记韩正会见泰国副总理颂奇一行。韩正对颂奇副总理一行来沪访问并前往中国(上海)自由贸易试验区考察表示欢迎。

● 市委书记韩正会见德国西门子股份公司管理委员会成员博乐仁一行。

● 市委、市政府在普陀区红旗村召开季度现场会,总结上半年工作,梳理经验、剖析问题,对下半年区域环境综合整治工作再动员、再部署。

● 市政协机关召开迎"七一"暨"两优一先"表彰会,通报受市级机关系统和市政协机关表彰的先进基层党组织、优秀党员和优秀党务工作者。市政协党组书记、主席吴志明出席并讲话。会上,市政协机关3个基层党组织和10名党员受到表彰。

● 市人大常委会党组书记、主任殷一璀参加她所在的市人大常委会办公厅秘书处联合党支部"两学一做"组织生活会,与支部党员交流学习体会,并以"牢记党的历史,坚定理想信念,不断推进人大工作与时俱进"为主题,为支部党员上党课。

● 市委召开进一步推进社会组织参与社会治理专题会议,市委副书记应勇出席并讲话,副市长时光辉主持会议。会议通报《关于进一步推进社会组织参与社会治理的工作方案》。

● 全市市级机关召开纪念中国共产党成立95周年暨"两优一先"表彰大会,隆重表彰近年来取得突出成绩的市级机关先进基层党组织、优秀共产党员和优秀党务工作者。市委常委、市委秘书长、市级机关工作党委书记尹弘出席会议并讲话。

● 2016年世界移动大会举行。此次大会吸引1 000多家参展商、8 000多家公司和7万多名参观者参与。与会人士就4G/TD-LTE技术演进、5G发展创新解决方案、车联网、物联网等领域5G新机遇,促进跨行业融合创新,迎接万物互联新时代等议题广泛交流。

● 由民革上海市委、上海交通大学和台湾"中华青年发展联合会"共同主办的第一届"海峡两岸暨港澳青年中山论坛"在沪举行。论坛上,来自上海、台湾、香港、澳门的12位青年代表,分别就中山精神传承、两岸青年交流、推动两岸合作、青年人责任和使命等话题进行交流。全国政协常委、民革中央副主席程崇庆,上海市政协副主席、民革市委主委高小玫出席开幕式。

● 上海国际信息消费节开幕,一大批领先企业和创新公司借助这个平台,集中对外展示“互联网+”在生活领域的诸多可能性。上海市副市长周波、工信部总工程师张峰出席开幕活动。

● 两台智能静脉药物配置机器人在仁济医院日间化疗中心正式启用。这是全国首家引入静脉药物配置智能机器人的医疗单位,静脉药物配置进入更精准、安全、智能的机器人时代。

30 日

● 上海市庆祝中国共产党成立 95 周年大会在上海展览中心召开。市委副书记、市长杨雄主持会议。市委书记韩正、市人大常委会主任殷一璀、市政协主席吴志明出席,市委副书记应勇宣读《中共上海市委关于命名、表彰上海市优秀共产党员、优秀党务工作者和先进基层党组织的决定》。市委常委沈晓明、董云虎、徐泽洲、侯凯、姜平、沙海林、尹弘出席大会。市领导向市优秀共产党员、优秀党务工作者和先进基层党组织代表颁奖。

● 市委副书记应勇在奉贤区调研时强调,当前要认真开展“两学一做”学习教育,深入推进创新社会治理加强基层建设、群团改革等市委重点工作,进一步下实功务实效,把各项改革举措落到实处。

● 市人大常委会主任殷一璀在兴国宾馆会见保加利亚议长察切娃一行。

● 由市精神文明办、市文联、市新闻出版局主办,市儿童文学研究推广学会举办的第三届“上海好童书”评选阅读推广活动,在浦东图书馆启动。

● 上海非公企业和社会组织党建工作现场推进会在上海中心“金领驿站”召开。市委常委、浦东新区区委书记沈晓明,市委常委、市委组织部部长徐泽洲出席会议并为上海中心“金领驿站”揭牌,同时为上海第一批 30 个园区、60 个楼宇党建工作指导站示范点授牌。

本月

● 张园大客堂、安恺第旧址、张园主街巷跨文化艺术活动“张园看世界”向公众免费开放,成为市民文化节“寻找乡土文化”的重要一站。在音乐、舞蹈、音响装置、多媒体艺术、手工艺展示等活动中,智利传统社区和上海弄堂展开“对话”,让人们重新发现本土文化之美。

● 全国政协副主席卢展工率全国政协“促进社会主义文艺繁荣发展”专题调研组在沪调研,了解上海推动文艺繁荣发展各项改革举措的实施情况。市政协主席吴志明出席上海市情况汇报会。

● 在沪全国政协委员召集人、市政协主席吴志明率部分在沪全国政协委员赴广东省考察。考察团瞻仰邓小平塑像并敬献花篮，实地考察广东自贸区广州南沙片区、深圳前海片区及腾讯、华为、大疆等多家高科技创新型企业，听取广东省及广州市、深圳市经济社会发展情况介绍，并座谈交流。

● 由上海证券交易所主办的世界交易所联合会(World Federation of Exchanges)董事会和工作委员会会议在沪召开。中国证监会主席刘士余出席并致辞。会议期间，来自纳斯达克证券交易所、芝加哥商品期货交易所、芝加哥期权交易所、瑞士交易所、印度国家交易所、韩国交易所、哥伦比亚交易所、日本交易所、卢森堡交易所等 15 家全球交易所高层齐聚上交所，就全球资本市场发展新趋势、全球交易所协作共赢进行深入探讨。

● 松江有轨电车“蚕宝宝”在 2016 上海国际轨道交通展览会上首次亮相。该车辆也是上海轨道交通设备发展有限公司设计制造的上海首列 100%低地板有轨电车，该车营在松江现代有轨电车示范线 T1 线和 T2 线两条线路上，车辆全长约 33 米、宽 2.65 米，地板面和站台在同一水平面，完全实现 100%低地板。

● 由市委宣传部、市委党史研究室主办的“日出东方——上海市纪念中国共产党成立 95 周年主题展览”，在上海展览中心东一馆展出。本次展览面积 2 500 平方米，共分 7 个板块，展出上海各个发展时期的实物、图片、视频 500 余件。展览将首次向社会展示海外购得的党创建前后的视频资料，同时在展陈方式上大胆创新，比如以多媒体呈现《日出东方》主题片；设置“两学一做”学习教育专区向市民介绍党的方针政策等。

1—6 月

● 市商务委披露，2016 年上半年，全市引进外资地区总部、研发项目、金融服务、信息服务行业和制造业均实现快速增长，利用外资质量进一步提升。截至 2016 年 6 月底，外商在上海累计设立跨国公司地区总部 558 家(亚太区总部 49 家)、投资性公司 320 家、研发中心 402 家。

● 最高人民法院披露，2016 年上半年全国法院收案和结案数同比分别增长18.94%和 25.42%，其中上海法院结案率达 81.39%，为全国各省(区、市)法院最高。另一组数据同样抢眼：2016 年 1—6 月，上海法院一共收案 36.25 万件，同比增长 21.1%，审结 34.72 万件，收、结案数都创历史新高。与此同时，上海法院的收案、结案、存案却保持良性循环，法院在审限内的结案率达到 99.19%。

● 2016 年上半年，全市对外投资出现“井喷”，首次进入双向投资的“顺差时代”，

2016年1—6月，145亿美元的全市实际对外投资数远远超过了87亿美元的实际利用外资数。

● 上半年，上海以流通和服务为代表的第三产业增加值占全市GDP的比重，首度突破七成，达到70.8%，同比提高3.7个百分点。这意味着，在主动适应经济发展新常态、加快推进供给侧结构性改革的进程中，上海以服务经济为主导的产业格局迈入新的阶段。

● 上半年，自动数据处理设备、集成电路、电话机及服装类等四大类商品出口均保持在百亿美元以上，占全市出口总额的40%左右；其中，集成电路出口连续3年保持两位数增速，上半年增长24%。

● 上海上半年GDP同比增长6.7%，其中第三产业增加值9 175.70亿元，增长11.6%。第三产业增加值占全市生产总值的比重首次超过七成。

● 2016年全市环境执法1—6月共查处违法案件1 230多件、处罚金额近8 800多万元，同比分别增长7.6%和32.7%。这是全市环境监察总队党员干部在“两学一做”学习教育中，用执法行动交出的一份实实在在的成绩单。

● 上海产权市场各类产股权成交宗数同比增长36%，成交金额同比增长93%，实实在在地从融资端担起为实体经济“补短板”的重任。

● 2016年上半年上海战略性新兴产业制造业总产值增速高于全市工业增速5.1个百分点，扭转2015年负增长局面。上海口岸入出境达2 850万人次，同比增长15%，预计全年将首次突破4 000万人次，刷新2015年刚刚创下的3 750万人次的最高纪录，较10年前翻一番。

● 今年上半年，上海治安相关数据发布：多类案件发案率下降，破案率上升，严管重罚之下，不仅使道路更通畅，也使得辖区更安全，城市安全系数得到全面提升。

● 截至2016年6月底，上海外资研发中心累计已经突破400家，达到402家，其中，独立研发中心237家，非独立研发中心165家。

● 黄浦区金融业税收超过140亿元，同比增长63.5%，在全区税收占比30.2%；全区税收百强中，金融业企业28家。

● 市食品药品监督管理局公布2016年上半年度对上海化妆品的生产、经营和使用单位实施质量监督抽检的结果。本次抽检共完成检验701件，有4批次化妆品抽检不合格。各抽样单位已对质量监督抽检不合格的化妆品依法进行了查处。

● 2016年上半年，全市电子商务规模进一步扩大，交易总额首次突破8 000亿元关口，达8 116.3亿元，同比增长17.9%，高于同期GDP增速1倍有余，且增速较第一季度提高1.2个百分点。这表明，“十三五”规划开局之年，以电子商务为代表的“四新经济”增速迅猛，已经成为全市经济增长的新动力。

7月

1日

● 由解放日报社和 SMG 东方广播中心发起,同中共一大会址纪念馆、黄浦区委宣传部主办的“党的摇篮,伟大开端”纪念诗文诵读会,以实景表演形式,引领现场观众走进历史场景、感知党史细节、体悟信仰忠诚。

● 市人大常委会召开基层立法联系点启动会,共有 10 家单位被确定为“上海市第十四届人大常委会基层立法联系点”。市人大常委会主任殷一璀出席会议并讲话。

● 市政协副主席姜樑在上海大酒店会见到访的韩国国际交流财团理事长李是衡。

● 第二十一届中韩未来论坛在上海举行,中、韩两国的 30 余位官员、学者就中韩关系现状、G20 框架下的中韩经济合作以及朝鲜半岛的局势变化展开深度探讨。

2日

● 以“狂飙年代”为主题的第七届上海夏季音乐节拉开帷幕。两周的时间,在上海交响乐团音乐厅和上海城市草坪音乐广场,将有 21 场音乐会为这个城市带来夏日之声。

3日

● 加拿大国宝级马戏剧团“炫光马戏工场”携新马戏《大都会》在上海大剧院首演。

4日

● 中共上海市委举行党的群团改革推进会,总结前一阶段群团改革情况,部署下一步改革任务,启动第二批群团改革试点。会上,市委副书记应勇部署下一阶段全市群团改革工作。市委常委、组织部部长徐泽洲主持。市领导沈晓明、董云虎、沙海林、尹弘、洪浩、薛潮、翁铁慧、时光辉、王志雄、徐逸波出席会议。

● 在沪召开的社区卫生服务综合改革试点推进会透露,上海在 65 家社区卫生服务中心启动新一轮社区卫生服务综合改革试点,开展“1 + 1 + 1”医疗机构组合签约,已签约 23 万多名居民。

● 中国船舶工业集团公司与意大利芬坎蒂尼公司在上海正式签署豪华邮轮《造船合资公协议》。根据协议,双方将在中国香港合资设立豪华邮轮设计建造公司,中国船舶工业集团公司旗下的中船邮轮科技发展有限公司控股 60%,意大利芬坎蒂尼公司持股 40%。

5日

● 上海市不动产权证书发证仪式在奉贤区不动产登记大厅举行,奉贤区居民顾女士领到编号为 31000000001 号的《中华人民共和国不动产权证书》。

6日

● 应中国国家主席习近平邀请,刚果共和国总统德尼·萨苏-恩格索访问上海。

● 由中共中央政治局委员、上海市委书记韩正，市委副书记、市长杨雄率领的上海市党政代表团赴甘肃省学习考察。在兰州，同甘肃省委书记、省人大常委会主任王三运，省委副书记、省长林铎举行两省市座谈交流会。

7日

● 市政府新闻发布会介绍《上海妇女儿童发展“十三五”规划》的编制情况和主要内容。该规划的编制工作历时两年半，历经调查研究、起草修改、征求意见、论证审核四个阶段。

● 副市长陈寅代表市长杨雄在兴国宾馆会见来访的刚果（布）总统萨苏和夫人一行。陈寅对萨苏来访表示欢迎，并向客人介绍上海改革开放以来在城市和经济建设方面所取得的成就，并表示将进一步促进上海与刚果（布）经贸和投资等领域的交流与合作。

● 以“图书馆：社会发展的助推器”为主题的第八届上海国际图书馆论坛，在上海图书馆开幕，全球27个国家和地区逾300位代表出席。国际图联主席唐纳·谢德尔、中国国家图书馆馆长韩永进、上海图书馆理事会理事长余秋雨分别作题为《图书馆：呼吁采取行动》《变革与创新——关于中国图书馆事业未来发展的思考》《图书馆与文化传承》的主旨报告。

● 一个孵化创业服务组织的孵化器——华创创服园在杨浦揭牌成立，这个由华创俱乐部发起的孵化器致力于打造创业服务组织集聚区，孵化提升创业服务组织的服务能力，以便更好地服务创业者。

8日

● 副市长陈寅在市政府贵宾厅会见美中友协会长戴安娜·格里尔一行，向客人介绍上海经济社会发展最新情况。双方就上海与美国之间开展民间友好交流与合作交换意见。

● 全市举办迎接建党百年“党的诞生地发掘宣传工程”主题宣传发布活动。市委常委、宣传部部长董云虎出席活动并讲话。活动集中发布从2016—2021年建党百年期间发掘宣传中国共产党在上海创建的光荣历史、奋斗历程以及取得的辉煌成就的工作方案。

● 随着金税三期系统全市第一张税收缴款书成功打印，标志着全新的税收征管系统在沪正式上线运行。

9日

● 2016年二十国集团（G20）贸易部长会议在上海开幕。会议主席、中国商务部部长高虎城主持会议并致开幕词。本次贸易部长会议是G20中国年的一场重要活动，对于G20成员全面推进贸易投资领域合作具有重要意义。

10日

● 为期15天的2016豫园老上海弄里风情夜市，即日起在豫园商城中心广场举办，吸引了不少市民、游客参与。2016年的弄里风情夜市活动以“弄里人文、青葱时光”为主题，通过恢复“弄里小学”和经典重现上家下铺、烟纸店、小人书摊等，唤醒人们记忆深处那份最淳朴、最温馨、最快乐的记忆。

● 2016年二十国集团(G20)贸易部长会议在沪圆满闭幕。会议发布G20历史上首份贸易部长声明，批准《G20贸易投资工作组工作职责》《G20全球贸易增长战略》和首份《G20全球投资指导原则》“三份文件”。

11日

● 市委常委、市委组织部部长徐泽洲在兴国宾馆会见以胡志明市市委副书记武氏容为团长的2016年第二批越南党政干部考察团。徐泽洲向来宾们介绍上海改革开放和经济社会发展等情况。

● 市委副书记应勇在虹桥迎宾馆会见以党的副主席君贝尔为团长的德国社民党代表团。应勇向来宾们介绍上海改革开放和经济社会发展等情况。

● 在黄浦区公益新天地暑托班办班点的30余名小学生参加一场不同寻常的“开笔礼”。与此同时，2016年上海市小学生爱心暑托班在全市400个办班点同时开课。全市近4万名小学生将分两批体验“快乐不简单”的爱心暑托班生活。

● 中国第七次北极科学考察队计划乘坐“雪龙”号科学考察船从上海极地考察国内基地码头起航，前往北极执行科学考察任务。

● 全市首批贸易型总部颁证仪式在市政府举行。首批认定的贸易型总部共有94家，范围覆盖全市13个区县，其中浦东新区、黄浦区与长宁区贸易型总部企业数量位列全市前三位；功能涵盖国内批发零售、国际货物贸易、物流仓储和国际服务贸易以及平台交易业务四大类别；企业性质涵盖国有企业、民营企业和外资企业等多种所有制形式。

● 上海群团改革又一创新基层站点“徐汇滨江建设者之家”在黄浦江畔启用。它是徐汇区委根据中央、市委群团改革工作要求，立足滨江开发实际和建设者基本需求设立的首个示范性基层站点，也是全市首家扎根工地、服务建设者的基层群团工作站。

● 上海第二批11名援黔干部启程奔赴贵州遵义，开展沪黔对口帮扶工作。上海对口帮扶贵州省遵义市，帮扶范围包括乌蒙山、武陵山两个集中连片特殊贫困地区的9个县(市)，重点对口习水、道真、务川3个国家扶贫开发重点工作县。上海援黔干部继续在遵义市部分市直机关、国家级开发区和3个国定贫困县挂职，时间3年。

● 由文化部与上海市政府联合主办的第十二届中国国际动漫游戏博览会（CCG EXPO2016）在上海世博展览馆落下帷幕。吸引观众人数 20.4 万人次，现场总交易金额达 1.32 亿元。

12 日

● 由市双退安置办公室主办、市军队离休退休干部活动中心承办的“我心向党、锦绣呈翔”上海市军休系统纪念建党 95 周年、庆祝建军 89 周年文艺汇演在虹桥艺术中心举行。

● 上海交通大学医学院附属仁济医院直播一台由副院长、肝脏外科主任夏强主刀的小儿活体肝移植手术。与以往不同的是，这次直播采用当前最为先进的虚拟现实技术（VR）来显示手术的全景画面。这也是全国首次采用 VR 技术直播的 3D 儿童肝移植手术。

● 由市教委主办，上海教育国际交流协会、华东师范大学第二附属中学、东方绿舟、上海市科技艺术教育中心共同承办的“2016 上海国际友好城市青少年夏令营”在虹口区青少年活动中心举行开营仪式，副市长翁铁慧出席。

13 日

● 在圆满完成为期 3 年的对口帮扶贵州遵义任务后，全市第一批 11 名援黔干部回到上海。3 年来，上海向遵义对口帮扶地区投入资金共 1.92 亿元，实施各类帮扶项目 122 个，项目覆盖惠及遵义市 9 个片区县、58 个乡镇、72 个村，各类扶贫项目直接受益贫困群众超过 16 万人，助推 111 个贫困乡镇减贫摘帽。

● 被誉为“经济伦理学奥运会”的“国际企业、经济学和伦理学学会（ISBEE）第六届世界大会”在上海开幕。这是 ISBEE 自成立以来首次在中国举办的世界大会。本届大会为期 4 天，以“企业和经济发展中的伦理、创新与福祉”为主题。联合国重要官员和世界五大洲 30 多个国家和地区的 500 多名专家学者与会，国际企业、经济学与伦理学会主席乔安娜·齐佑拉，上海社会科学院院长王战、中国伦理学会会长万俊人，前联合国全球契约执行主任乔治·科尔、哈佛商学院教授林恩·佩因、经济合作与发展组织统计委员会主任马汀·杜兰德、联合国负责任投资原则组织政策研究主任南森·费边等出席大会并作重要演讲。

● “城生活”智慧社区平台品牌战略发布会在上海设计中心隆重召开。“城生活”智慧社区平台是由上海报业集团与上海实业集团强强联合打造，两大集团通过资源整合，发挥、共享各自的资源优势，为业主生活、物业服务、社区互动、商户营销构建一个全体系的服务平台，实现多方共赢并为用户创造更多有利价值。

● 继精心打造龙华中医医联体、岳阳吴泾医联体、复旦大学儿科医疗联合体（闵行协作网）、华山五院闵行医联体之后，第五个医联体“仁济南院——浦江闵行医疗联合体”共建协议正式签订,意味着大浦江地区约 35 万人将从中受益。

14 日

● 市委副书记、市长杨雄主持召开市政府常务会议,审议《上海市城乡建设和管理“十三五”规划》等事项。《规划》从 7 个方面提出 31 项重点任务。

●《新华—波罗的海国际航运中心发展指数报告(2016)》在上海发布。综合评价结果显示,全球十大国际航运中心中,新加坡、伦敦、香港依旧位列前三,上海居第六位。

● 市旅游局局长杨劲松和纽约市旅游会展局局长弗莱德·迪克森(Fred Dixon)共同签署旅游伙伴城市备忘录,标志着上海市旅游局和纽约市旅游会展局宣布结成旅游伙伴城市,推动上海和纽约的旅游业共同发展。

● 上海市政府与苏宁控股集团在沪签署战略合作框架协议,双方围绕上海建设具有全球影响力的科技创新中心战略,聚焦内贸流通体制改革,共同打造全国领先的“互联网+”产业高地。

● 上海出入境检验检疫局受理一批由集装箱装载的 10 辆、货值 52.9 万欧元的欧洲版宝马 X5xDrive35i 型汽车的报检。该批车辆是 2016 年 6 月中国质量认证中心颁发国内首张平行进口汽车 CCC 认证证书以来的首批进口平行汽车,标志着上海自贸区平行进口汽车改革举措开始落地实施。

15 日

● 中国共产党上海市第十届委员会第十二次全体会议在世博中心召开。审议并通过《中国共产党上海市第十届委员会第十二次全体会议决议》。

● 一部最新发布的学校跑道塑胶面层标准——《学校运动场地塑胶面层有害物质限量》正式启动,该标准对学校塑胶场地原材料、成品的有害物质种类及释放量限量提出更为严格的规定。

● 由英国作曲家沃尔顿创作的电影《亨利五世》原声音乐作品,首次在中国演出,作为“爱上莎士比亚”艺术季的节目之一亮相上海大剧院。哈雷管弦乐团特地邀请了两位英国戏剧演员加盟,他们在音乐会的舞台上展示莎翁作品的魅力。

16 日

● 上海迪士尼度假区迎来开园满月。经过 1 个月的磨合,上海迪士尼乐园各方面工作渐入佳境,各个游玩景点在开足客流承载量的情况下,排长队的现象也大大缓解。

● 上海昆剧团《邯郸记》在北京国家大剧院上演,拉开由文化部主办的纪念汤显祖逝世 400 周年展演的序幕。此次展演汇集上海昆剧团、北方昆曲剧院、江苏省苏州昆剧院、江苏省演艺集团昆剧院 4 家院团的 7 台剧目。其中,上海昆剧团连续 4 天把“临川四梦”《邯郸记》《紫钗记》《南柯梦记》《牡丹亭》首次整体搬上舞台，成为本次展演的亮点。

● 全市各区县陆续公布中招“零志愿”最低投档分数线。由于2016年中考分数普遍上涨，导致零志愿分数线也随之走高。其中，上海中学、复旦附中、华东师大二附中、上海交大附中（俗称“四大名校”）的零志愿投档线均在600分左右，一些老牌的市实验性示范性高中（俗称“八校”）的零志愿投档线均在590分左右，个别学校甚至超过600分，大多数实验性示范性高中的零志愿投档线普涨10—20分左右。

17日

● 由同济大学、香港理工大学、台湾逢甲大学、台湾世新大学共同主办的“联合大学（暑期2016）”在上海开学。包括特邀的澳门大学在内，五所高校400位学子走进这个为期12天的“开放式课堂”。

● 第十二届宋庆龄奖学金夏令营开营暨颁奖仪式在上海举行。2016年全国31个省区市和新疆生产建设兵团共1 538名同学获得这项殊荣。其中100多名获奖代表来到上海接受颁奖，获奖学生中上海学生38名。

18日

● 市第一个居民区屋顶分布式光伏发电系统在曹杨新村街道南梅园居民区常高公寓竣工并并网发电。该系统利用太阳能发电，年发电量约5万度，主要用于小区电梯、泵房用电需求，不仅降低能耗，也节约小区的物业开支。

● 市政协副主席高小玫会见新任阿根廷驻沪总领事马丁·里博尔塔和在沪访问的布宜诺斯艾利斯市立法院议员代表团。

● 经中国人民银行批准，银行间市场清算所股份有限公司正式推出人民币电解铜掉期中央对手清算业务。

19日

● 市纪委网站通报，闵行区纪委严肃查处莘庄工业区系列违纪案件。莘庄工业区社区办主任兼社区股份合作社理事长庄根东、社区股份合作社原理事长朱佳其、社区股份合作社副经理颜永平严重违纪并涉嫌犯罪，闵行区纪委将其涉嫌犯罪的问题及线索，按程序移送司法机关依法查处。

● 副市长陈寅在市政府贵宾厅会见以色列驻沪总领事安迈凯、秘鲁驻沪总领事索西莫·莫里约、斐济驻沪总领事陈玉茹、阿根廷驻沪总领事安东尼奥·马丁·里博尔塔、巴基斯坦驻沪总领事纳依姆汗、斯洛文尼亚驻沪领馆馆长史伯杨等六国新任总领事以及即将离任的比利时驻沪总领事林佳夕女士。

● 自19日起，台北市12个行政区的130余名里长、社区发展协会理事等基层社区工作者来到上海交流参访。

20日

● 市长杨雄会见联合国副秘书长、人居署执行主任华安·克洛斯一行。克洛斯说,联合国人居署与上海有着良好合作,“世界城市日”活动成效显著,《上海手册》修编工作顺利推进。包括上海在内的中国城市化进程中的成功案例和经验,将为世界各国及城市提供有益启示和借鉴。人居署愿继续深化与上海的合作,努力取得更多成果。

● 中国科学技术发展战略研究院在京发布《中国区域科技进步评价报告2015》。报告显示,全国综合科技进步水平指数比2015年提高2.94个百分点;上海在各省区市中排名第一,比2014年上升一位,2014年位居榜首的北京此次排名第二。在科技进步环境、科技活动投入、科技活动产出、高新技术产业化、科技促进经济社会发展等5个一级指标中,上海均处于全国前三。相对而言,在高新技术产业化指标上,上海排名还有提升空间。

● 长宁区发布《长宁区产业发展指导目录》(2016版),对航空服务业、“互联网+”生活性服务业、时尚创意产业等长宁区特色重点产业勾勒“路线图”。新版《指导目录》共分36个产业类别,重点围绕航空服务业、信息服务业、现代商贸业、专业服务业、金融服务业、社会服务业、会展旅游业、高新技术产业、生物医药、节能环保等领域,参照国家产业目录分类中的“鼓励类、限制类、禁止类”等三大种类,着重聚焦“鼓励类”产业发展。

● 大陆首家“台湾青年法律人才实践基地”揭牌仪式在静安区举行,市委常委沙海林出席并为基地揭牌。借助这一平台,上海将吸引更多台湾青年专业人才来大陆从事体验式实践,并鼓励和支持更多台湾青年来沪创业就业,增加两岸青年之间的沟通与交流。

● 上海交通大学医学院附属新华医院宣布启动“新华医院儿科医疗联合体”“新华医院—第一康复医院儿科康复医疗联合体”,对接全市北部儿科就医需求。

● 2016上海市民营院团展演活动剧(节)目评选结果揭晓。上海恒源祥戏剧发展公司原创音乐剧《犹太人在上海》、上海张军昆曲艺术中心原创昆曲《春江花月夜》获得展演剧目优秀奖。上海东方国乐团短笛与乐队《柯尔克孜的中国梦》、上海海上雅乐艺术团民乐合奏《长相思》和上海虹影魔幻艺术团魔术《光隐》,获得展演小戏节目优秀奖。原创话剧《汇贤坊》等一批新剧目以及小戏节目获得参演奖。

21日

● 市委书记韩正会见美国摩根大通集团董事长兼首席执行官杰米·戴蒙一行。韩正说,上海自贸试验区改革探索的核心是制度创新,其中也包含着金融创新。摩根大通在中国、在上海有着很好的发展,我们欢迎和支持摩根大通在上海自贸试验区开展业务，欢迎国内外更多成熟机构参与上海自贸区金融创新，建立健全更加符合中国市场特点、成熟定型的市场化、法治化、国际化制度规范，不断提升风险防范的能力和水平。

● “2016 中国网络空间安全（上海）论坛”在上海展览中心举行。中央网信办网络安全协调局等管理部门、互联网安全领域专家学者和国内外互联网技术实务领域的代表等 2 000 余人与会。本届论坛主题为“从国家安全战略高度推进网络安全建设”，论坛还发布中国网络空间安全十项重大成果。

● 市委常委、市委秘书长尹弘在虹桥迎宾馆会见由塔尔图斯省委书记贾桑·埃斯阿德率领的叙利亚阿拉伯复兴社会党代表团，向来宾介绍上海改革开放和经济社会发展等情况。

● 由陈云纪念馆与潇湘电影集团有限公司联合出品的影片《难忘的岁月》，在上海影城举行首映活动。

22 日

● 市委、市政府召开“崇明撤县设区”工作大会。市委书记韩正强调，崇明撤县设区，是优化城市布局、促进全市城乡和区域协调可持续发展的重要举措，标志着县级行政建制在上海成为历史，上海城市发展进入新阶段，意义重大。

● 2016 年上海市选聘到村任职及“三支一扶”岗前培训开班式，在上海市委党校举行。389 名新一批选聘到村任职及“三支一扶”大学生，及市教委、市财政局、市农委、市卫生计生委、团市委等负责选聘及“三支一扶”工作相关职能部门同志参加开班式。

● 市绿化市容局召开第二季度媒体通气会。会上，环卫处处长徐志平表示，上海已采取一系列措施加强建筑垃圾全程管理，已全面停止建筑垃圾外运处置。同时，针对上海建筑垃圾处理、生活垃圾分类等一系列问题作详细说明。

● “得丘文化创意空间、得丘艺术馆”暨“莘庄工业区礼享谷·邻里中心”在莘庄工业区得丘园落成，书法篆刻家刘一闻的个人艺术工作室也在当地举办揭牌仪式。

23 日

● 上海气象史上第十个“40℃ + ”气温纪录落地，同时出现的还有 2016 年首个高温红色预警。8 时 30 分，气象部门便挂出高温橙色预警，比 21 日提前了 4 分钟。到 14 时，“橙警”升格为“红警”；3 分钟后，徐家汇就录得 2016 年新高：40.0 摄氏度。

● 市研发公共服务平台管理中心披露，1 年来，共有 946 家企业使用科技创新券，服务金额达 9 998 万多元。根据科技创新券补贴条件，预计最终兑现近 2 000 万元，撬动社会 5 倍的科技研发投入。

● 上海 7 月私车牌照额度拍卖揭晓，最低成交价为 87 200 元，平均成交价为 87 235

元,7月参拍人数达240 750人,中标率为4.8%,比6月上升0.6个百分点。

●"贴近大地的灵魂——纪念茅盾诞辰120周年暨抵沪100周年图片文献展"在延安中路816号解放日报社拉开帷幕。文献展由"在上海,成为茅盾""摩登·茅盾""茅盾的会客厅"三部分组成。展品共100余件,包括茅盾青年至中年时期的老照片,茅盾重要作品手稿及茅盾回忆录的部分手稿,茅盾作品初版本以及展现茅盾与友人交往的书信图片等。

24日

●上海第三批援青干部启程奔赴青藏高原,开始为期3年的对口支援青海果洛工作。市委常委、组织部部长徐泽洲,副市长时光辉及市有关部门负责同志前往市干部教育中心欢送援青干部出征。第三批援青干部22人,党政干部18名、专业技术干部4名,平均年龄35岁,其中硕士学位9人、博士1人。22名干部将到果洛州有关直属单位和玛沁、玛多、甘德、达日、班玛、久治6个县工作。

●市文明办发布2016年第三次上海市交通文明测评结果。上海6月交通文明创建综合指数为94.47分,较5月提高了1.79分,继续保持优良水平。中心城区综合排名前三位分别为静安区、长宁区和徐汇区,郊区综合排名前三位依次为金山区、嘉定区和闵行区。

●台州影视项目推介活动在沪举行,活动共签约项目8个,签约资金约5亿元,同时宣告第三届亚洲国际旅游影视节落户台州。

25日

●市十四届人大常委会第三十一次会议(扩大)在世博中心召开。市委书记韩正出席。市委副书记、市长杨雄代表市政府报告2016年上半年全市经济社会发展情况和下半年工作总体考虑,并围绕人大代表和市民关心的自贸试验区建设、科技创新中心建设、"证照分离"改革试点、综合交通管理等重点工作作了介绍。

●市委书记韩正在中国远洋海运集团有限公司调研时指出,中远集团、中海集团联合重组成立中国远洋海运集团有限公司,是党中央、国务院在新形势下作出的重大决策,上海将始终立足国家战略、服务国家战略,全力以赴支持总部设在上海的央企"国家队"抓住机遇、深化改革,更好地代表国家参与国际竞争、体现国家实力,取得更大发展。

●市委副书记、市长杨雄主持召开市政府常务会议,审议《上海市环境保护和生态建设"十三五"规划》,研究推广政府和社会资本合作模式有关实施意见,部署推进全市行政事业性收费清理工作。

●市十四届人大常委会第三十一次会议召开,听取《上海市道路交通管理条例(修订草案)》的说明和审议意见报告。市人大常委会主任殷一璀主持会议。

26日

● 中国科学院、上海市政府共同推动量子信息技术发展院市合作座谈会暨签约活动在沪举办。中国科学院院长、党组书记白春礼，上海市委副书记、市长杨雄，上海市委常委、浦东新区区委书记沈晓明，上海市副市长周波，中科院副院长相里斌，中国科技大学校长、中科院院士万立骏等出席。

● 市委副书记、市长杨雄在青浦区调研时指出，上海郊区经济社会发展已进入新的历史阶段，要全面贯彻中央要求和市委全会部署，坚决守住人口、土地、环境、安全四条底线，主动对标国际先进，向改革创新要动力，加快提升区域综合环境和公共服务水平，高起点谋划产业转型升级，高质量推动城乡一体化，为落实创新驱动发展战略探索新途径、积累新经验。

● 市十四届人大常委会第三十一次会议（扩大）召开代表分组会议，市人大常委会组成人员、市人大代表到各代表组参加评议市政府2016年上半年工作。市人大常委会主任殷一璀参加。

● 列席市十四届人大常委会第三十一次会议（扩大）的市政协委员、在沪全国政协委员进行分组讨论，就杨雄市长所作上半年政府工作报告，围绕经济转型发展、自贸试验区建设、科技创新中心建设、供给侧结构性改革以及综合交通管理、区域环境综合整治等问题展开讨论。市政协主席吴志明参加。

● 市委网络安全和信息化领导小组召开关键信息基础设施网络安全检查动员部署会，学习贯彻习近平总书记关于网络安全的重要讲话精神，按照中央网信办有关要求，部署开展全市关键信息基础设施网络安全检查工作。市委副书记、市委网络安全和信息化领导小组副组长应勇出席会议并讲话，副市长周波主持会议。

● 市青年工作联席会议召开，总结上海市青少年发展“十二五”规划执行情况，部署“十三五”规划及下阶段落实的工作安排。市委副书记、市青年工作联席会议主任应勇出席会议并讲话。

● 市政协副主席姜樑会见来沪访问的美国伊利诺伊州众议院代表团一行。

● 作为政务信息化向基层一线延伸的重要举措，浦东新区社会治理综合信息服务平台启动，覆盖1 270个居村委，使用用户达到35万人（次），融合3 000万数据项，实现85%以上的数据无需居村委录入，在为基层“减负增效”的同时，有效提升社会管理服务效能。

● 第一批上海浦东的南汇水蜜桃以跨境电商的形式进入香港市场销售，今后香港市民足不出户就能品尝到又大又红的新鲜南汇水蜜桃。这是南汇水蜜桃首次直接出口中国香港。

27日

● 上海拉响今夏第二个高温红色预警,高温日已达11个。根据气象预报,市高温天气仍将持续。市领导韩正、杨雄、殷一璀、吴志明、应勇等深入基层一线,向冒着高温酷暑辛勤工作的各行各业职工表示敬意和慰问。

● 市长杨雄会见格鲁吉亚第一副总理、经济和可持续发展部部长德米特里·库姆斯什维利率领的代表团。杨雄说,中格友好关系发展顺利,各领域合作交流日益频繁。第一副总理阁下此次率团访沪,有助于双方增进相互了解、加强合作交流。

● 市十四届人大常委会第三十一次会议听取关于《上海市公共场所控制吸烟条例修正案(草案)》《上海市街道办事处条例(修订草案)》和《上海市人民代表大会常务委员会关于撤销崇明县设立崇明区若干问题的决定(草案)》的说明。会议分组审议市政府关于2016年上半年国民经济和社会发展计划执行情况的报告、关于2015年市本级决算及2016年上半年预算执行情况的报告、关于2015年度市本级预算执行和其他财政收支的审计工作报告和市人民代表大会常务委员会关于批准上海市2015年市本级财政决算的决议。

● 市政协主席吴志明率部分委员赴上海国际舞蹈中心调研,实地考察舞蹈中心主体工程、刘海粟美术馆及上海芭蕾舞团、上海歌舞团人才公寓配套工程,了解重大文化设施建设及舞蹈人才培养情况。

● 由市委组织部、市委宣传部、市委党校、市教卫工作党委、市教委、市财政局联合主办的"2016年上海哲学社会科学教学科研骨干研修班"举行结业典礼。市委副书记应勇出席并讲话。

● 2016年二十国集团青年会议在复旦大学开幕。此次会议主题为"推动青年创新,实现共同愿景"。来自二十国集团成员国、嘉宾国和国际组织的青年代表100余人参加会议。此次会议代表均为18—30岁青年。

● 市民营经济发展联席会议第三次全体会议召开,围绕着力解决中小企业融资难、放开市场准入、加快公共服务体系建设、引导民营企业利用产权市场组合民间资本以及进一步清理精简涉及民间投资管理的行政审批事项和涉企收费等民营经济发展中的"五个方面问题",进一步促进上海民营经济健康发展。市委常委、统战部部长、联席会议总召集人沙海林主持会议。

● "绿色发展　共享未来"高峰论坛暨企业社会责任优秀案例评选活动颁奖仪式上,上海市社会各界的代表及专家学者就上海建设"全球城市"的绿色发展之路展开探讨。本次评选首次引入"绿色发展"概念。自2016年4月启动以来,得到广大企业和社会公众的踊跃参与,共收到来自83家企业的100个案例,在新媒体平台的传播吸引40多万人次的关注和参与。通过专家评审和公众投票,最终49个优秀案例脱颖而出，成为引领上海绿色发展的示范典型。

● 市委政法委召开司法体制改革工作座谈会，邀请全国和上海法学研究、法律实务领域的知名专家、学者和律师，就上海深化司法体制改革工作建言献策。市委常委、市委政法委书记姜平向各位专家学者介绍上海司法体制改革试点工作情况。

● 上汽集团以及上汽大通旗下首个房车生产基地正式落户江苏溧阳。

28日

● 市委副书记、市长杨雄在长宁区调研时指出，上海中心城区区位优势明显、发展基础较好，面对新的形势任务，要深入贯彻中央要求和市委全会部署，振奋精神，齐心聚力，高起点推进产业结构调整，积极实施城市更新，不断优化城市管理，全面改善民生保障，加快探索特大型城市中心城区各具特色的创新驱动发展道路。

● 市委副书记应勇主持召开群团改革座谈会，市总工会、团市委、市妇联汇报深化改革的相关情况。应勇强调，工青妇始终是群团改革的重点和标杆，要认真贯彻中央和市委精神，不松劲、不懈怠、全力抓，聚焦基层基础，突出建机制、强功能，高质量、高标准，全面推进改革出成效。

● 市政协主席吴志明会见由全国政协经济委员会副主任、香港中国商会主席陈经纬率领的香港中国商会访沪团。吴志明介绍近年来上海推进创新改革发展情况和市政协履职情况。他说，香港中国商会是爱国爱港的重要团体，自成立以来，大力推动香港与内地企业之间合作，积极为内地民营企业开拓香港和海外市场提供服务。

● 市委宣传部与浦东新区联合召开专题会议，深入贯彻落实中央精神和市委要求，研究支持推进浦东新区“十三五”时期宣传思想文化事业发展相关事宜。市委常委、浦东新区区委书记沈晓明主持会议，市委常委、宣传部部长董云虎讲话。

●《关于深化改革推进出租汽车行业健康发展的指导意见》《网络预约出租汽车经营服务管理暂行办法》正式对外公布。

● 以全国劳动模范、市总工会副主席朱雪芹名字命名的“朱雪芹职工法律援助工作室”在市职工援助服务中心正式挂牌，该工作室为员工提供各类全免费的法律维权服务。工作室同步在申工社 App 上线。12 位沪上知名劳动法专家、律师组成法律顾问团队，为维权员工提供法律支持。

● 上海第二批 17 名援青干部圆满完成 3 年对口支援任务载誉归来。市委常委、市委组织部部长徐泽洲前往市干部教育中心迎接。

● 江南造船公司收到国信招标集团的中标通知，成为我国第一艘自主建造极地科学考察破冰船项目船舶的建造单位，根据建造计划，该船于 2016 年底在上海开工建造。

29 日

● 市委书记韩正会见由全国政协经济委员会副主任、全国工商联副主席、香港中国商会主席陈经纬率领的香港中国商会访沪团。

● 市十四届人大常委会第三十一次会议表决通过《上海市急救医疗服务条例》《上海市环境保护条例》《上海市人民代表大会常务委员会关于撤销崇明县设立崇明区若干问题的决定》等。

● 市政协副主席姜樑会见巴基斯坦新任驻沪总领事纳依姆·汗,就共同推动双方在经贸、能源、科技等领域拓展合作进行交流。

● 宝钢集团在其社会责任报告发布会上宣布,根据中央企业化解钢铁过剩产能的目标和时间要求,经过对资源、市场、产品、产线等各项要素的权衡,2016—2018 年宝钢计划再压减产能 920 万吨。

● 由市检察院和市教委联合举办的"法治进校园"巡讲活动正式启动。活动旨在向全市中小学生普及法律常识,增强自我保护能力,预防校园暴力欺凌案件发生,保障未成年人健康成长。

● 市双拥模范命名表彰大会暨建军 89 周年庆祝大会在世博中心召开。

● 市宗教工作会议召开。市委书记韩正强调,宗教工作本质上是群众工作,要深入学习领会、全面贯彻落实全国宗教工作会议精神和习近平总书记重要讲话精神,科学认识和把握宗教工作规律,深刻理解宗教工作的特殊重要性,始终坚持党的宗教工作基本方针,注重解决工作实际中的突出问题,认真做好新形势下上海宗教工作。

● 2016 年二十国集团青年会议在上海落下帷幕。自 7 月 27 日开幕以来,来自 G20 成员国、嘉宾国和国际组织的青年代表 100 余人在"推动青年创新,实现共同愿景"主题下围绕五项分议题展开热烈讨论。各国代表结合本国情况发表国别演讲,通过多次圆桌会议交流意见、分享经验、达成共识,还与政治、经济、金融、体育、国际组织等领域中外嘉宾进行了深入互动。经过认真磋商,会议最终形成公报。

● 全国双拥模范城(县)命名暨双拥模范单位和个人表彰大会在京召开,上海 14 个区县被命名为"全国双拥模范城(县)",1 个单位和 2 位个人受到表彰。

● 由上海市人民检察院和上海市教育委员会联合举行的"法治进校园"巡讲活动正式启动,为期 3 年,实现对上海市所有中小学校的全覆盖。

30 日

● 由市体育局和市卫计委共同主办的 2016 年上海市迎接"全民健身日"主题活动在世纪公园启动,60 多名医生、体育专家共同指导市民科学健身。

● 2016 上海"芯"医学高峰论坛举行,由生物芯片上海国家工程研究中心牵头、全国

50 多家三甲医院发起的“中国生物样本库联盟”宣告在沪成立。这是我国首个由社会医疗机构共同发起、得到政府有关部门认可的专业合作联盟，旨在推动我国生物样本库标准化建设，引导生物银行新模式。

● 上汽大通与 G20 峰会组委会举行签约仪式，正式成为 G20 峰会的会议用车。

31 日

● 第十四届中国国际数码互动娱乐展览会(ChinaJoy)闭幕，32 万多人次入场，创历史新高，虚拟现实火爆数码互动娱乐展。

● 被业界称为“上海地铁之父”的刘建航院士去世，享年 88 岁。上海地铁用 20 年的时间走完西方地铁 100 年的历程，现在上海地铁总里程数已达 600 多千米，在这期间，刘建航一直在为上海地铁建设默默奉献。

● 市人力资源社会保障局的数据显示，全市创业贷款担保政策落实成效喜人，担保贷款持续放量增长。2016 年 1—6 月，全市有 1 314 个小微创业项目得到政策性担保贷款的支持，资金总额达 2.6 亿元。

● 由中国军事文化研究会主办的纪念中国共产党成立 95 周年和中国人民解放军建军 89 周年专题报告会，在锦江饭店小礼堂举行。中国人民解放军国防大学著名军事专家金一南教授，应邀作了题为“中国共产党为什么能够胜利”的主旨演讲。来自部队和地方的来宾，以及上海市民代表等参加报告会。

本月

● 市政协主席吴志明率上海市政协学习考察团赴陕西省调研，围绕贯彻落实中共中央关于加强社会主义协商民主建设和人民政协协商民主建设的重要文件精神，就加强政协协商民主制度建设、发挥民主监督职能、提高委员协商建言能力和政协协商活动组织能力等，与陕西省政协座谈交流。陕西省委书记、省人大常委会主任娄勤俭会见考察团，陕西省政协主席韩勇参加会见并出席座谈会。

● “2016 上海国际友好城市青少年夏令营”在沪举办，来自 17 个上海国际友好城市的 102 名师生及上海多所学校的 41 名学生参与活动。

● 由中共中央政治局委员、北京市委书记郭金龙率领的北京市代表团，在中共中央政治局委员、上海市委书记韩正，市委副书记、市长杨雄的陪同下，在上海考察访问，并举行两地座谈交流。在上海期间，北京市代表团先后考察上海城市规划展示馆、上海中心大厦、中国(上海)自由贸易试验区行政服务中心、徐汇区行政服务中心和滨江规划展示中心、城市灯光工程、张江高科技园区等。

● 第十四届世界英语短篇小说大会在上海召开，这是专题研讨短篇小说的唯一世界级盛会首次在亚洲举行。苏童、余华、毕飞宇、方方、赵玫、罗伯特・奥伦・巴特勒、杰克·罗斯等来自近20个国家和地区的200多位知名作家和学者齐聚华东师范大学,围绕“短篇小说中的影响与汇合:西方与东方”主题展开交流。

● 截至7月底,2016年全市新建充电设施达1.8万多个,其中社会公共充电桩4 400个,提前完成新建4 000个社会公共充电桩的年度目标,也是2016年首个完成的市政府实事项目。

8月

1日

● 市委副书记应勇会见北京大学博士生服务团。应勇代表上海市委、市政府对北京大学博士服务团来沪实践调研表示欢迎。叶静漪感谢上海温馨热情的接待工作,并简要介绍北大开展社会服务的情况。

● 首个航运中心地方性法规——《上海市推进国际航运中心建设条例》实施。由此,上海国际金融、贸易和航运中心建设的基本法规体系逐渐成型,上海“四个中心”建设的法制保障不断完善。

● 由市人民检察院、市国资委党委主办的“国资国企职务犯罪预防”上海论坛在中国商飞公司总部举行。中国商飞等6家大型央企、上海汽车集团等10家市属国企以及浦东发展集团等2家区属国企代表,与专家学者、国资国企主管部门代表围绕“打造廉洁国企、保障国资安全”的主题展开深入研讨交流。

● 2016年“新闻晨报杯”市中学生暑期篮球联赛启幕。包括各区预赛在内,共有400支球队参赛,人数约5 000人。

● 各界人士送别陆谷孙先生,韩正、杨雄、殷一璀、吴志明、应勇等敬送花圈。

● 8月1日起,市职工保障互助会启动退休职工医疗互助保障金的直接给付工作。参加“退休住院保障计划”的人员,在全市各社区事务受理服务中心或街镇工会服务点,办理直接给付登记后,一旦发生住院等四种情况,不出家门,保障金即可直接发放到养老金账户上。

●《张江国家自主创新示范区企业股权和分红激励办法》正式施行。修订后的激励办法包括股权激励、股权出售和股票期权、分红激励、绩效奖励和增值权奖励等。《激励办法》还对科技成果入股奖励和收益分成、股权管理,以及激励方案的拟订、备案、审批和管理等做详细规定,规范操作细则,让相关机构有“法”可依,增强科研与管理人员转化科技成果的内在动力。

● 海峡两岸首届青年创客大赛颁奖典礼暨闭幕仪式在同济大学设计创意学院举行。海峡两岸关系协会会长陈德铭出席闭幕式。

● 上海警备区政委马家利少将在兴国宾馆会见阿富汗总参谋长沙希姆上将。

● 2016第三届全国学生军事训练营在东方绿舟举行开营仪式。教育部体卫艺司王登峰司长、上海市教育委员会王平副主任、市教委体卫艺科处丁力等出席开营仪式。

2日

● 市发改委发布，按照国家发展改革委、财政部《关于降低住房转让手续费受理商标注册费等部分行政事业性收费标准的通知》要求，经市政府同意，市物价局、市财政局决定规范和调整上海房地产交易手续费计费方式和收费标准，新的方式和标准于2016年8月1日起正式执行。

● 2016年7月1日以后生育的符合生育保险待遇享受条件的生育妇女，其生育医疗费补贴将从原先的3 000元调整至3 600元。

● 由上海鸿慈儿童医院组织沪上儿科名医，举办主题为“健康的孩子，幸福的家庭”——2016鸿慈暑期儿童健康义诊活动。

● 国内首只以上海国企改革为投资主题的基金——“上海国企ETF基金”顺利结束募集。设立“上海国企ETF基金”，鼓励投资者通过换购基金份额，实现股份流转，提升上海国资国企整体形象，提高国有资本回报水平。而投资者的追捧，也体现各界对上海国资改革的高度认可。

● 上海市再担保公司首推“零收费”再担保模式，为实体经济和中小微企业直保，扶持19家中小企业登陆资本市场。

3日

● 市食药监管局发布上海开展药品上市许可持有人制度试点工作的实施方案，标志上海在全国率先启动药品上市许可持有人制度改革。

● 晚上，停办9年的第五届上海国际芭蕾舞比赛开幕。

4日

●《新闻晨报》报道，犯罪嫌疑人朱某某因涉嫌利用影响力受贿罪，被普陀区人民检察院提起公诉。这是《中华人民共和国刑法修正案(七)》实施以来，上海市首例以新罪名“利用影响力受贿罪”立案侦查并起诉的案件。

● 中国共产党党员、中国工程院院士、著名隧道与地下工程专家、原上海市市政工程管理局副总工程师刘建航遗体告别仪式在上海龙华殡仪馆举行。

● 上海部分区域和类型的户外广告设施的设置行政许可将暂停。市绿化市容局透露，五类范围内申请户外广告设施设置行政许可的，将暂停受理1年。

● 虹口区绿化市容局透露，虹口试行《市容环卫责任区责任人记分管理办法》，对商户实行“门责制”，累积记满12分请城管进行取证处罚一次，处罚两次即列入诚信档案。

● 首届长江经济带科技资源共享论坛在上海召开，会上讨论《长江经济带科技资源共享论坛章程》，希望建立一个科技资源跨区域合作的平台，探索和尝试科技资源的跨区域互动合作。

5日

● 市科协系统改革推进会在科学会堂召开。上海市科协群团改革实施方案从五个方面提出多项举措，包括提高基层一线科技工作者在科协领导机构中的代表比例，精简市科协机关内设机构和机关行政编制，推进直属事业单位机构和编制精简工作，探索实行专职干部遴选制，逐步实现学会工作人员队伍职业化、专业化。

● 第五届上海国际芭蕾舞比赛的评委、嘉宾和专家走进新落成的上海国际舞蹈中心，与上海戏剧学院附属舞蹈学校的孩子面对面交流。

● 纪念茅盾诞辰120周年暨抵沪100周年系列活动在中共四大纪念馆启动，《弥漫着生命力的人——茅盾诞辰120周年暨抵沪100周年纪念展》同时开幕。全国和海外的茅盾文学研究专家、茅盾长孙沈韦宁等亲属及北京、上海、桐乡等地相关部门百余位嘉宾出席活动。

● 上海东方明珠房地产有限公司、上海富想文化创意有限公司、上海浦东川沙新镇农业投资发展有限公司、上海久有兆谷投资管理有限公司四方代表在浦东川沙新镇连民村正式签署合作协议，合资成立明珠富想川沙(上海)民宿文化有限公司。此番合作协议的签署也意味着上海第一批试点的特色民宿将落户连民村。

● “刘开渠与二十世纪中国美术”大展在上海中华艺术宫开幕，展览精选刘开渠最具代表性的50件雕塑原作和数百件珍贵历史文献，全面展示刘开渠的艺术成就及他对中国美术发展的卓越贡献，梳理20世纪以来中国美术发展的脉络，尤其突出刘开渠与上海文化界的重要联系。

● 八一建军节期间，周浦镇武装部积极协调组织武警一中队与共建单位开展“迎八一、促和谐”警民联谊活动。

● 5日起，由新世界现代珍藏品中心和兄弟传奇国际贸易(北京)有限公司共同举办的“从波斯到中国——伊朗手工艺术荟展”在南京东路558号8楼的新世界珍宝馆开展。

● 由上海国际芭蕾舞比赛组委会主办，市舞蹈学校、上海戏剧学院舞蹈学院承办的“芭蕾夏令营”开营。作为第五届上海国际芭蕾舞比赛系列活动之一，全国各大舞蹈专业院校的90名学生参加。

● 杨浦公安消防支队联合公安部上海消防研究所，在杨浦区军工路1076号的一块开阔空地上，举行上海首次电动公交车人员疏散演练和燃烧烟气蔓延实验，模拟电动公交车电池组短路燃烧后，明火蔓延时间和烟雾等有毒有害气体对车内乘客逃生的危害。

●《文汇报》报道，市政府发出《关于调整法律援助对象经济困难标准和扩大法律援助事项范围的通知》，上海也成为全国第一个完成三次调整法律援助相关标准的省份，法律援助受益人群范围得到进一步扩大。

● 由斯里兰卡茶叶局携手斯里兰卡驻上海总领事馆组织的锡兰茶推广活动在静安香格里拉大酒店圆满举办。

6日

● 上海首批“定点组团”式援藏支教团启程赴日喀则市上海实验学校支教。这支平均年龄36.2岁、清一色的男教师支教团，怀着助飞高原学子成长之梦的豪情壮志，踏上雪域高原，这也是上海首次选派大规模教师队伍采用“定点组团”的方式援藏。

● 旅游部门牵头，文化、交通两家执法单位联合，针对报道和举报中提及的黑社、玉器店开展首轮执法检查。按照整治计划，旅游市场的集中整治将持续两个月。

● 第二届全国中学语文批判性思维教学现场会在上海师范大学附属中学召开。会上传出消息，从2016年开始，每年全国将有20名教师作为批判性思维教学的“种子教师”，参与“中学生批判性思维培养与思辨读写教学实践研究”课题，深入和扩大这一教学方法的研究。

● 在上海中医药大学附属曙光医院开班的2016年中医专业“上海市研究生暑期学校”热火朝天，包括中科院院士、上海中医药大学教授陈凯先等30多名学术“大佬”，与全国100多名青年对谈“精准医学背景下的中西医结合肿瘤研究”。

7日

● 由上海中华职业教育社主办、浦东中华职业教育社承办的上海市第四届“中华杯”职业技能竞赛暨大陆及港澳台地区邀请赛颁奖大会在上海市群星职业技术学校举行。市政协副主席、上海中华职业教育社主任周汉民出席。

● 为从根本上实现新生儿遗传病的早发现、早诊断、早干预，中国遗传学会遗传咨询分会联合复旦大学附属儿科医院在上海发起中国新生儿基因组计划。中国新生儿基因组计划将在未来的5年内开展10万例样本的新生儿基因检测，旨在构建中国新生儿基因组数据库，建立新生儿遗传病基因检测标准，促进新生儿遗传病基因检测的产业化，制定新生儿遗传病遗传咨询标准，联合医院进行遗传咨询培训，完善遗传咨询培训体系。

● 上海爱乐乐团发布“2016—2017新乐季”，推出大师与经典、音乐多棱镜、节庆系列、走近爱乐及室内乐五大系列38台音乐会，涵盖歌剧、交响乐、芭蕾舞剧、清唱剧、艺术歌曲等几乎所有的管弦乐艺术样式。德彪西的五幕歌剧《佩里亚斯与梅里桑德》首次在中国演出。这是德彪西唯一的一部歌剧作品，在世界歌剧史上有着里程碑意义。

● 复旦大学附属儿科医院儿科临床遗传中心正式揭牌，计划 5 年完成 10 万例新生儿基因检测。

8 日

● 上海市中心唯一的免税商店中服上海免税店试营业。该店有 3 300 平方米，汇集 100 多个国际品牌。上海已有“日上”等多家口岸免税店，开在市中心的中服上海免税店将给消费者提供更多购买海外商品的选择，引导中国消费者的海外消费回流。

9 日

● 首只“沪生”大熊猫宝宝满月。

● 市政协开展重点协商办理“切实挖掘保护红色资源”提案专题活动，部分政协委员赴中国劳动组合书记部旧址陈列馆、中共一大会址纪念馆等地考察，围绕“关于切实保护、生动展示在沪中共中央机关史迹的建议”等提案办复情况与提案承办单位沟通协商。

● 副市长赵雯在市政府贵宾厅会见意大利歌诗达邮轮集团首席执行官汤沐一。

● 浦东新区首届“十佳人民调解员”颁奖礼在浦东图书馆举行。评选由浦东新区司法局、浦东新区人民调解协会等联合举办，经多轮推荐和评选，最终 10 名调解员获得“首届浦东新区十佳人民调解员”称号，另有 10 人被评为“首届浦东新区优秀人民调解员”。

10 日

● 第五届上海国际芭蕾舞比赛进行成人组决赛，10 日举行颁奖仪式暨闭幕演出，9 天的比赛就此落下帷幕。世界各地的芭蕾选手、明星舞者、评委齐聚上海，带来精彩的比赛、表演，也一起探讨上海芭蕾的未来。

● 积累 10 余年之久，费时 5 年之多，百年来对海派绘画最为系统、规模最大的整理成果——《海派绘画大系》推出并召开出版座谈会。

● 永远的香格里拉——云南迪庆原生态民俗风情展演活动在豫园开幕。

●《解放日报》报道，31 岁的多囊肾病患者沈某在第二军医大学附属长征医院顺利诞下一名健康宝宝。此前，长征医院应用 MALBAC 单细胞扩增及第三代试管婴儿技术，阻断多囊肾病遗传。这是全球多囊肾病患者中第一例应用该技术诞生的健康新生儿。

● 市人民检察院第一分院经审查决定，依法对东华大学原副校长、上海东华大学科技园发展有限公司原董事长江建明(副局级)以涉嫌贪污罪、受贿罪、挪用公款罪立案侦查并采取强制措施。

11日

● 副市长蒋卓庆参加上海广播电台《市长热线》访谈节目时说，未来全市将在水利基础设施建设上“补短板”，2016—2017年两年重点建设“苏州河段深层排水和调蓄管道系统”及太湖吴淞江泄洪工程等，加大力度建设海绵城市，增强城市防汛排涝能力。

12日

● 市委书记韩正主持会议专题研究部署G20峰会空气质量保障工作。韩正强调，要进一步提高思想认识，不折不扣执行中央明确的G20峰会空气质量保障方案，坚决细化落实到位，全力以赴为峰会举办创造良好环境。

● 静安区叫停安康苑拆毁文物建筑，在市区两级部门组织专家论证后，明确基地文物建筑的具体保护方式。

● 西藏日喀则市在沪宣布，本届珠峰文化旅游节由日喀则市与上海市联合举办，设日喀则主会场和上海活动周。以“情系珠峰·吉祥日喀则”为主题的日喀则主会场于8月25日开幕，历时7天；以“珠峰神韵·沪藏情深”为主题的上海活动周将于9月11日开幕，历时4天。

● 规定凡在社会非学历教育培训机构从教，将被称为“教育培训师”，而且须有行业评定的从教资格证书。

● 申城首支全部由外籍平安志愿者担任的社区治安巡逻队在程家桥地区外籍人士居住区域进行治安巡逻。这些志愿者来自不同的国家，有学生，有商人，也有音乐制作人，是因为“爱中国、喜欢上海”让他们共同选择长期在沪工作学习，从而走到一起。

● 12日起，上海博物馆一楼中国古代雕塑馆新增5件千年石刻造像，它们来自北京故宫博物院，将借展上博两年。

13日

● 张江国家自主创新示范区选择在波士顿建立实体机构，计划构建7个功能平台、6个产业创新中心。2016年6月，在市科委推动下，上海创新中心(伦敦)、上海技术交易所伦敦分中心成立，落户科控伦敦孵化器。“上海—波士顿—伦敦”网络的建成，将助力上海向国际技术转移枢纽迈进。

● 由人力资源和社会保障部举办的2016年中国技能大赛——第四十四届世界技能大赛全国选拔赛——在沪开幕。人社部部长尹蔚民出席开幕式并讲话，上海市市长杨雄、世界技能组织首席执行官戴维·霍伊出席开幕式并致辞。人社部副部长汤涛主持开幕式，上海市副市长时光辉、世界技能组织副主席兼竞赛委员会主任施泰芬·普拉绍尔出席。

● 抗战老兵、海陆空部队指战员、社区居民、学校师生齐聚上海淞沪抗战纪念馆广场举行纪念仪式,向抗战先烈敬献鲜花,共同缅怀。同时,为期 1 个月的《新四军从这里走出》专题特展也正式揭幕。

● 市司法局加快推进普惠型公共法律服务网络建设,聚力打造法律服务"升级版"。提出"搭平台、整资源、强辐射"的工作思路,深入推进普惠型公共法律服务体系建设,线下实体窗口和线上网络平台建设同步实施。

14日

● 第三十一届全国青少年科技创新大赛在上海华东师范大学拉开帷幕。中国科协党组书记、常务副主席、书记处第一书记尚勇,上海市委副书记、市长杨雄出席开幕式并致辞。中国科协党组副书记、副主席、书记处书记徐延豪,上海市副市长周波出席。中国科协副主席、清华大学副校长、中科院院士施一公出席并作主题演讲。

● 青浦区教育局和市教育学会共建"上海市清河湾教育实验园区",并引进青浦工业园区与葛洲坝上海公司参与合作共建,短短半年间,四方合力的办学框架就此形成。

● 历经长达两年筹备,首届上海艾萨克·斯特恩国际小提琴比赛在上海交响乐团音乐厅开幕。国际评委团和 24 位入围选手首次亮相。入围半决赛选手都将演奏《梁山伯与祝英台》。

● 著名越剧表演艺术家毕春芳因病在徐汇中心医院去世,享年 90 岁。

● 上海交通大学医学院附属仁济医院副院长、妇产科主任医师王育领衔成立仁济医院南院盆底 MDT 团队,集合妇科、泌尿外科与普外科于一体,打破学科壁垒,持续追求创新。

● 上海竞争类企业已基本完成公司制改革,整体上市和核心业务资产上市的企业分别达到竞争类产业集团总数的 1/3,到"十三五"末,整体上市企业将占竞争类企业总量 50%以上;随着国资改革进程的推进,上海地区国企改革的进度有望领跑全国。

15日

● 市委书记韩正前往浦东新区张江高科技园区,调研科创中心建设进展。韩正说,没有网络安全就没有国家安全,党中央、国务院高度重视网络安全和信息化工作,互联网信息安全行业迎来全新的发展机遇。上海建设具有全球影响力的科技创新中心,必须始终围绕和服务国家战略,全力以赴支持互联网信息安全行业发展,更好地为互联网经济发展保驾护航。

● 0 时起,上海虹桥和浦东两机场航站楼出入口实施反恐安全检查。

● "机械与运载工程科技 2035 发展战略"国际高端论坛在上海大学举行。充分听取国内外专家的建议后，有关课题组进一步完善战略研究报告，为国家工程科技的系统谋划和前瞻部署提供支撑，为国家相关领域的基础研究部署提供参考。

● 以“共担共赢，打造 PPP 合作命运共同体”为主题的“2016 第二届中国 PPP 融资论坛”在沪开幕。来自中国财政部、一行三会、世界银行、亚洲基础设施投资银行、丝路基金等方面的业内专家共同探讨 PPP-政府和社会资本合作模式在发展过程中如何吸引社会资本和金融机构广泛参与，解决 PPP 融资难、融资贵、融资渠道不畅通等热点话题。论坛由财政部和社会资本合作中心及上海金融业联合会共同举办，财政部副部长史耀斌，上海市副市长赵雯等出席。

16 日

● 为对接国家战略，服务长三角城市群，建设有全球影响力的世界级城市群，首届长江三角洲城市群发展论坛在沪举行。中国工程院主席团名誉主席、中国工程院院士徐匡迪出席论坛开幕式并作主旨演讲。中国社科院院长、党组书记王伟光，上海市委副书记、市长杨雄出席并分别致辞。中国社科院副院长李培林主持，上海市副市长翁铁慧出席。

● 市住宅小区综合治理工作年中推进会议召开，市委副书记应勇主持会议并强调，要深入贯彻市委、市政府要求，切实增强使命感、责任感、紧迫感，紧紧咬住目标，加大推进力度，确保全面完成各项年度任务，着力建立健全长效机制，在加强小区综合治理中提高基层社会治理的能力水平。

● 由市旅游局、上海广播电视台历时 4 个月联合打造的 VR 版上海城市宣传片《我们的上海》亮相，带给海内外游客一番全新的奇妙体验。

● 2016 上海书展 · 上海国际文学周拉开帷幕。各国和各地区嘉宾在主论坛上畅谈“莎士比亚的遗产”。

● 全市检察长会议暨全市检察机关队伍建设工作会议召开。会议传达全国司法体制改革试点工作推进会、第十四次全国检察工作会议、全国政法队伍建设工作会议和十届市委十二次全会精神，总结上半年工作，并对下半年工作作出部署，同时通报 2016 年上半年全市检察机关党风廉政建设情况。

● 上海启动《中华人民共和国反恐怖主义法》宣传教育月活动。市委常委、市委政法委书记姜平出席启动仪式并作动员部署。

● 常德投资推介会在沪召开。

● 即日起，上海街面巡逻防控等级逐级提升，在足额部署专职巡逻警力的基础上，逐级加大增援警力部署力度，提高武器装备配备等级，全市民警无论昼夜开警灯行车、民警佩戴警闪肩灯执勤，以提高“见警察、见警车、见警灯”概率。

● “商品 + 服务”“线上 + 线下”“零售 + 体验”等在上海融合发展的势头迅猛。市商务委披露,上海着力推进消费领域供给侧改革,"互联网+"和餐饮、旅游、文化等服务领域的 O2O 发展激发出新的消费需求;服务消费增长快于商品类商品消费,上半年服务类网上交易额达到 1 132 亿元,增长 37.4%。

● 2016 年市普通高校招生集中录取工作结束,共录取考生 4.4 万余人,其中本科阶段 567 所院校录取考生 3.7 万余人,高职(专科)阶段 99 所院校录取考生 0.7 万余人。

● 为进一步拓展与上海的产业合作,江苏省东台市来沪召开新兴产业招商推介会,现场共有 26 个项目成功签约,总投资额达 65 亿元。

● 上海市税务局与芝麻信用签署协议,联合上海银行等多家银行,将传统的银税合作升级为"银税信"互动模式。此次与芝麻信用签署信息服务协议,是上海市税务部门发挥税务信息价值,服务企业创新创业的全新尝试。

17 日

● 市委书记韩正在调研黄浦江两岸公共空间贯通工程进展时强调,黄浦江是上海的母亲河,要始终坚持"百年大计、世纪精品"的原则,始终围绕公共空间开放做好文章,全市齐心协力把黄浦江两岸建设成为服务于市民健身休闲、观光旅游的公共空间和生活岸线,到明年年底,基本实现黄浦江两岸从杨浦大桥到徐浦大桥共 45 千米公共空间的贯通开放。

● 以"我爱读书,我爱生活"为主题的 2016 上海书展在上海展览中心开幕。全国 500 家出版社,15 万种参展图书,700 多场阅读文化活动,在这里集中展示。

●《解放日报》第七十二届文化讲坛携手 2016"书香中国"阅读论坛,在上海展览中心友谊会堂举办。中国人民解放军国防大学教授、空军少将乔良,上海市文艺评论家协会主席、复旦大学教授汪涌豪,"雪龙"号科考船政委王硕仁,乌镇"总规划师"陈向宏等四位嘉宾,同台共论"中国故事与文化自信"。

● 上海电影股份有限公司正式在上海证券交易所挂牌。上市之后,上海电影将按照公司的战略发展规划,全力拓展发行、院线、电子商务三大平台联动规模,做大市场;以系统管理为基础,全力打造联和院线、上影影城、天下票仓三大品牌核心价值,做强市场。

● 从市防汛办新闻通气会获悉:上海在 8 月和 9 月即将迎来防汛形势严峻的关键时期,容不得丝毫懈怠。目前,市防汛办已经建议联合相关政府机关、科研机构重新研究制定暴雨重现期标准。

● 市交通委答复民盟上海市委的提案,市政府已明确市中心区、郊区新城以发展纯电动新能源公交车为主,将加快推进中心城区和郊区新城实现公交"零排放"。同时,相关部门将不断完善机动车额度总量控制政策,并强化对沪 C 牌照的增量控制，研究包括额度年限制、严控沪C牌照等管控措施的可行性。

● 在市政协举办的“街镇优秀历史文化资源保护”专题视察中，多名委员建议有条件的街镇建立村史馆，尽最大可能保留上海文化。

●“2016浦东生活服务电商创新发展论坛”举办，沪上上钢、博文、培花、杰森等四菜场正在试点向上海农产品批发市场的大型批发商团购蔬菜，团购后上市的蔬菜比以往菜价便宜10%—50%。这是沪上菜场首次向批发商团购蔬菜。

●“十三五”期间，虹口区将布局建设38个社区综合管理服务片区，包括具有综合服务（助餐服务、为老服务、助残服务、文化休闲服务）、卫生服务、网格化管理三大功能。

● 出国留学全球留学生住宿服务平台在沪发布业界首部《留学生公寓报告》，纽约与旧金山成为前两名全球最贵城市，上海学生挑公寓最大的特点是喜欢朝南和高楼层。

● 由市文明办主办，上海东方宣教中心、市礼仪协会承办的“诗书传家·悦读修身”——“市民修身”系列读本新书发布会，在上海展览中心2016年上海书展召开。结合上海书展，主办方发布第一批“市民修身”系列读本，分别为《中华好故事》和《礼仪读本》两个系列共4册。

● 随着全市首个“站内药房”入驻杨浦区平凉社区卫生服务中心海杨站点，部分长期受慢性疾病困扰的老年患者从此告别“折返跑”。这一社会化药房入驻社区卫生服务站点的模式，在全市尚属首创。

● 静安区成立曹家渡老年人日间照护中心，是首个开设失智专区的日间照护机构。

● 普利策诗歌奖、艾略特奖得主莎朗·奥兹，艾略特奖、前进奖得主肖恩·奥布莱恩，美国国家图书奖得主特伦斯·海斯等众多国内外知名诗人，在上海交通大学的2016上海书展活动之一“世界诗歌论坛”上齐齐亮相，为正在火热举办的首届上海国际诗歌节添上浓墨重彩的一笔。

18日

● 到18日止，辰山植物园举办的“静谧的睡莲世界”为主题的睡莲展结束。1.2万平方米花如锦绣、叶如翡翠的睡莲在辰山的碧池绿水中盛开，展示出莲“出淤泥而不染、濯清涟而不妖”的品格。

● 坐落在延安西路凯旋路口的刘海粟美术馆新馆开馆，开馆大展《再写刘海粟》上的100件展品多角度展现艺术大师刘海粟多姿多彩的艺术人生。

●《文汇报》报道，上海市金山区在全市率先推出网上养老大厅，把林林总总的为老公共服务“一网打尽”。老年人可以在线申请机构、居家、医疗护理等服务；服务机构可以在线申请成为供应商；普通市民可以查询金山辖区所有的为老服务设施和在线公示的为老公共服务对象名单。

●《远东国际军事法庭庭审记录·中国部分》在上海书展推出。该书由上海交通大学出版社、国家图书馆出版社联合出版。全书共12卷,展现了东京审判法庭审判记录中有关中国部分的重要内容。该书是中文世界东京审判史料一次里程碑式的出版,填补东京审判史料中文版本的空白,为广大中文世界的读者带来第一手东京审判的原始文献。

● 中科院上海硅酸盐所以1亿元人民币转让费,将染料敏化太阳能电池关键材料及器件技术整体转让给深圳光和精密自动化有限公司,上海硅酸盐所技术团队提供3年的技术支持。该项目在嘉定设立集团总部及研发中心,推进现有技术的产业化。

● 由市文明办主办的"诗书传家·悦读修身"——"市民修身"系列读本新书发布会,在上海展览中心召开。读本充分挖掘优秀传统文化和现代礼仪魅力,运用通俗易懂、寓教于乐的经典故事和礼仪知识,融针对性、可读性、趣味性为一体,积极传播知书达理、明德正心的修身理念。

●《关于宝山区推进"一号创新带"建设实施方案》在宝山区委常委会上正式通过。宝山区将打造"一号创新带",推动形成"一带两核三轴"发展布局集聚创新要素实现产城融合。

● "最美书店"钟书阁上海市中心首家分店,在静安区芮欧百货大楼开业。

● 由嘉迪集团(香港)有限公司董事长蒋霞萍根据真实故事创作的30集电视文学剧本《凤凰涅槃》,由文汇出版社出版,在"上海书展"举行新书首发式暨研讨会,同时参与书展的还有她的散文集《船上人家》和长篇小说《情归何处》两部作品。

● 著名越剧表演艺术家、越剧毕派创始人、国家级非物质文化遗产传承人毕春芳追悼会在龙华殡仪馆举行。

● 湖南省政府在上海举办"投资贸易洽谈周"活动。上海与湖南两地的工商界知名人士在沪谋商论道,一批重大项目顺利签约。上海市副市长时光辉、湖南省副省长何报翔出席活动。

● 第三十一届全国青少年科技创新大赛18日在上海闭幕。中共中央政治局委员、国家副主席李源潮参观竞赛项目并出席闭幕式。他指出,希望广大青少年牢记习近平总书记嘱托,把人生理想融入实现"中国梦"的时代洪流,努力成长为建设世界科技强国的栋梁之材。全国政协副主席、中国科协主席、科技部部长万钢出席闭幕式。

● "书香小镇"高行举办第十届读书节,打造公益空间,让好书和爱阅读的人发生"化学反应"。

● 长宁消防借力攻坚“先除隐患再拔点”，关闭安西服装市场，消除火患。

● 上海选手许昕与队友马龙、张继科组成的中国队以 3∶1 战胜对手，实现奥运男团三连冠。赛后，上海市委、市政府向中国体育代表团发去贺电。

● 浦东新区召开五届人大八次会议，为了最大限度释放出“自贸效应”，浦东新区正在加速形成改革开放整体推进的强劲态势，加快创新举措向新区全域复制推广。市委常委、浦东新区区委书记沈晓明等出席会议。

● 坚持真材实料，拒绝过度包装，让真实发声。五品牌签“裸装公约”“裸装者”新闻发布会暨华釜奖颁奖仪式在上海国际会议中心举行。

● 全国边检系统最大最新的执法巡逻艇——上海边检总站“边检 3166 艇”在上海吴淞边检公务码头正式入列，开始正式执行上海海域巡检，堪称海上移动边检站。

●《长河秋歌七君子——1936 年七君子事件与他们的命运》一书在沪面世，并于上海书展首发。该书由中西书局出版，学者潘大明用纪实笔法记录“七君子事件”的历史背景、事件真相、人物命运；以翔实的史料为基础，探寻七君子走到一起的原因，强调中西文化对于他们爱国主义人格的塑造，寻找他们思想发展的共性。

19 日

● 徐汇区图书馆与港汇新华书店首次尝鲜，联合推出“新书速借，你选我购”服务，中心城区实体书店也能借书。

● 在上海书展上，皇皇巨著《歌德全集》首发，填补了中国百余年来歌德作品全集的空白。

● 由市就业促进中心举办的“不忘初心　携爱同行——上海市创业指导专家志愿团年度表彰暨第二批高校创业指导站授牌仪式”在上海戏剧学院附中举行。活动表彰 2015 年度创业指导专家志愿服务先进集体和个人。

● 市交通委在长江路隧道（暂未开通）举行“2016 年新能源公交车自燃事故应急演练”。

20 日

● 市委宣传部“上海戏曲电影拍摄项目”重点剧目之一、3D 全景声京剧电影《曹操与杨修》开机。

● 第十九届亚洲宠物展在上海世博展览馆对公众开放。

● 利用一根管子、一些干细胞，我国科学家首次成功研发生物性人工肝，有望真正破解重症肝病患者的生存难题，为大量等候肝源的移植病人赢得生机。在沪召开的“长三角肝衰竭临床救治协作网论坛”披露，这一重大突破具有里程碑式的意义，该技术已在上海市公共卫生临床中心进入临床试验，接受治疗的患者全部成功获救。

● 101岁老人成功安装心脏起搏器，一项刷新患者年龄的新纪录在市一医院诞生。

21日

● 一场名为"弘扬海派文化，留住城市记忆——《虹口百景》主题画展"在市政协展厅开幕。110名画家，历经150余天创作，将虹口的135幅旧景、新景跃然纸上。展览主办方是上海市政协区县政协联络指导组和虹口区政协。

● 沉淀12年，SMG王牌节目《可凡倾听》最新人物访谈录《可凡倾听·一帘风月》由上海人民出版社推出。

● 我国首个研究老年运动健康问题的国家级专业学术团体——中国老年学和老年医学学会运动健康科学分会在上海体育学院成立。

● 第十三届上海市示范性中学学生会主席论坛在上海大学附属中学举行。全市93所高中学校和34所中职学校的近千名学生代表齐聚，共同参与一年一度的学生领袖峰会。

22日

● 市委书记韩正在市食品药品监督管理局调研食品安全工作时强调，食品安全事关群众身体健康和生命安全，必须全力以赴贯彻落实中央"最严谨的标准、最严格的监管、最严厉的处罚、最严肃的问责"要求，进一步构建舌尖上的安全体系，把上海建设成为市民满意的食品安全城市。

● 市委召开"两学一做"学习教育工作座谈会暨大口党委书记工作例会。市委副书记应勇强调，要深入学习习近平总书记七一重要讲话精神，认真贯彻落实中央召开的部分地区和部门"两学一做"学习教育工作座谈会精神和刘云山讲话精神，各区委、各大口党委要按照市委要求，切实履行主体责任，把学习教育抓紧抓实抓出成效，将解决问题贯穿学习教育全过程。市委常委、市委组织部部长徐泽洲出席并讲话。

● 市政协召开十二届七十二次主席会议，传达市委近期重要工作情况，审议"加强城市治理，促进城市运行高效有序"调研报告(草案)。市政协主席吴志明主持。

● 国内首只以"上海国企改革"为投资主题的基金——上海国企ETF顺利结束募集，首募金额达到152.2亿元。

● 圆满完成卫生援藏任务的上海首批12名援藏医生归来。

●《上海市城市总体规划(2016—2040)》草案发布，由上海科学技术出版社与市规划行业协会携手出版的《上海城乡规划百题集》在上海书展首发。

● 蔡志忠彩版漫画《孔子三部曲》在上海书展首发和签售。

● 上海书展闭幕。

●《中国古典文学丛书》典藏版发布会暨中国古典文学典籍整理与出版论坛在上海

社联群言堂举行。《中国古典文学丛书》是上海古籍出版社出版时间最长、学术含量最高的一套大型丛书，也是体现新中国古籍整理出版成就的一个标志性项目。出版品种已达136种。

● 以“推广交流上海中小学数学教育改革经验，研讨我国数学教育改革发展方向与推进策略”为主题的全国“上海中小学数学教育改革经验”交流会在上海市市西中学召开，来自全国各省、自治区、直辖市的250余名数学教育专家和教研员齐聚一堂，聆听上海基础教育改革经验总体情况，交流上海中小学数学教育改革经验。

23日

● 市精神文明建设工作会议在市委党校召开。市委书记韩正强调，要深入学习贯彻习近平总书记关于精神文明建设的一系列重要讲话精神，坚定上海精神文明建设目标方向，不断提高市民文明素质、提高城市文明程度，坚持行之有效的工作经验，开创精神文明建设的新局面，把培育和践行社会主义核心价值观工作做得更细、更实、更深入人心，努力走在全国前列。市委副书记应勇主持会议，市委常委、宣传部部长董云虎作工作报告，副市长翁铁慧宣读命名表彰决定。市领导姜平、尹弘、钟燕群、方惠萍，上海警备区政委马家利出席。市领导向受到表彰的先进集体和个人代表颁奖。

● 借力国家“创新创业”和上海科创中心建设的“风口”，有着两家30年历史国家级开发区的上海闵虹集团加快了“二次创业”的步伐。在其最新3年行动计划中，老牌工业园区向产业链“微笑曲线”两端延伸、探索产业更新之路同时，还将每年重点拓展1—2个新的产业园区项目，创新产业园区发展的新模式。

● 以“展现城市活力”为主题的2016台北上海城市论坛在台北举行。上海市市长代表沙海林率领上海市政府访问团赴台出席论坛并发表主题演讲。论坛上，沪台两市签署3项交流合作备忘录，台北市市长柯文哲出席签署仪式并致辞。

● 2016年市精神文明建设工作会召开，未来5年上海将建立《上海市民个人诚信档案》，以个人信用记录规范市民公共行为，培养知法守信的意识和习惯。

● 市委常委、市委政法委书记姜平到虹桥机场、虹桥火车站以及部分高速路道口检查安保工作。姜平强调，各级公安机关和广大武警官兵要进一步增强紧迫感和责任感，狠抓各项工作的落实，确保G20峰会前后上海社会稳定、城市安全。副市长、市公安局局长白少康，武警上海总队司令朱宏参加检查。

● 中科院上海药物所药物安全评价研究中心通过美国FDA(美国食品药物管理局)的GLP(药物非临床研究质量管理规范)检查和审计。至此，中科院上海药物所安评中心已成为我国经过国际GLP检查最多、水平最高、最为严格GLP安评机构，达到与国际药物非临床安评研究能力和水平的接轨、安评数据的国际互认这一重要标准。

● 以“我Ai机器人”为主题的全国少儿科普科幻原创作品大赛在上海科学会堂启动。大赛由上海市科普作家协会、少年儿童出版社、上海教育报刊总社发起，旨在为少年儿童科普写作提供学习、交流和提高的平台，引导少年儿童与机器人亲密互动，提升我国科普原创能力，并从中发掘人才。

● 由上海老新闻工作者协会组织编写的新版《脚印——上海老新闻工作者回忆录》新书发布会暨签名售书活动在2016上海书展举办，近30位作者来到现场与读者见面。

24日

● 市委书记韩正在上海广播电视台调研时强调，改革创新是传媒发展的动力源泉，深度融合、整体转型是互联网时代传媒发展的根本出路。我们所有的改革创新，根本目的是为了不断提高党的新闻舆论传播力、引导力、影响力、公信力，为加强国际传播能力建设、增强国际话语权，作出上海的更大贡献。

● 上海市浦东新区科技和经济委员会宣告成立，这是浦东构建开放型经济新体制综合试点试验的一项重要举措。

● 市长代表沙海林率领的上海市政府访问团赴台湾新北市参访，考察当地养老事业及环保项目等，并会晤新北市市长朱立伦。

● 市“六五”普法总结表彰暨“七五”普法启动大会召开。市委常委、市委政法委书记姜平出席会议并讲话。市人大常委会副主任薛潮、副市长白少康出席会议。

● 上海浦东孙桥现代农业科技创新中心正式成立。作为唯一位于自贸区的国家级现代农业科技园区，将致力于打造成为具有全球影响的农业科技创新中心，重点建设“一个中心、三个平台、两个基地”，助力我国农业现代化。

● 第七届长三角水产发展论坛在沪举办。9月26日，上海凌海国际农产品贸易中心将开业。

● 上海市民政局、上海市社团局专门召开座谈会，邀请社会组织从业者和研究者研讨《关于改革社会组织管理制度，促进社会组织健康有序发展的意见》。市民政局表示，将出台项目化清单逐个落实“两办”文件要求。

25日

● 市人大常委会部分组成人员赴浦东新区开展《上海市住宅物业管理规定》执法检查，市人大常委会主任殷一璀参加。浦东新区出台《加强浦东新区业主大会、业主委员会指导与监督管理若干意见》，推动三分之二以上街镇成立业委会指导机构，推进居委会、业委会“交叉任职”，提高业委会组建率，已完成业委会组建1 439个。市人大常委会副主任薛潮参加调研。

● 按照企业化组织、市场化运作的"法定机构"——上海陆家嘴金融城发展局正式投入运作，与此同时，陆家嘴金融城理事会一届一次大会也顺利闭幕，开始履职。随着以"业界共治＋法定机构"为基础的公共治理架构正式组成，陆家嘴金融城体制改革试点的大幕也徐徐拉开。

● 2016年上海企业百强榜出炉，上汽、交行、浦发、太保、宝钢领跑上海百强。

● 市培育社会主义核心价值观工作现场推进会在浦东新区召开。市委常委、浦东新区区委书记沈晓明，市委常委、宣传部部长董云虎出席会议并讲话。

● 从新学期开始，上海所有小学生将收到各学科A、B、C、D的等第制评价和评语，帮助老师和家长更清楚发现孩子的长处和不足等，避免"分分计较"。

● 由浦东新区文明办和浦东新区公安分局等部门联合举行的浦东新区首批"文明交通好市民"颁奖暨浦东运输企业"两个率先"承诺签约仪式在浦东上南公交公司举行。从2016年8月起，浦东新区将每月评选宣传一批"文明交通好市民"，并将在年底组织开展"文明交通最美市民"评选宣传活动。

● 2016上海旅游消费信息秋季发布在上海国际贵都大饭店举行。活动以"上海旅游节，精彩不落幕"为主题，向广大市民游客展示上海秋季旅游亮点。

● 全市实际运行的带有学区或集团性质的办学联合体达128个，覆盖学校653所(除去共有学校)，约占全市义务教育阶段学校总数的46.2%，2017年将达到50%。

26日

● 按照市政协2016年度协商计划，市政协召开专题通报会，让政协委员深入了解当前全市民族和宗教工作情况。市政协主席吴志明出席。市委常委、市委统战部部长沙海林通报有关情况。市政协副主席方惠萍主持通报会，副主席姜樑、高小玫、王志雄、李逸平、徐逸波出席。

● 由市反恐办会同上海警备区，武警上海市总队，上海水警区，市卫计委，市民防办，市环保局，市公安局特警总队、消防总队、警务航空队、宝山公安分局等单位，共同开展上海近年来最大规模的反恐怖综合演练。演练共设置力量快速投送、武力侦察打击、城市联合反恐和化学爆炸处置四个课目。

● "2016上海设计之都活动周"在上海展览中心拉开帷幕。本届设计周以"设计新应用，创造新需求"为主题，以促进设计原创发展、推动设计应用转化、探索设计业态创新为主要目标，聚焦时尚、科技、绿色三大领域。

●《黄浦区滨江公共空间实施优化规划设计》发布，到2017年中，滨江黄浦段从外滩向南延伸，连接外滩、南外滩、世博园等三大区域的8.3千米公共空间将全面贯通。

● 作为“绿地集团杯”第二届市民运动会的重头戏,市民篮球节 JUMP10 世界街球大奖赛在洛克公园世博源馆拉开帷幕。

● 由民进上海市委、民进中央出版和传媒委员会主办的第三届“上海民进出版论坛”在沪举行,民进中央副主席、市人大常委会副主任、民进上海市委主委蔡达峰出席并讲话。

● 上海自贸试验区咖啡交易中心正式上线交易,上海这座咖啡文化久远的城市从此告别没有咖啡交易中心的历史。

27 日

● 作为第二届上海市民运动会的重头戏“市民篮球节”的重要组成部分,2016 上海国际篮球文化高峰论坛在宝山区开幕。

● 2016 年上海全市法院第二批法官入额考试在上海法官学院举行,全市各级法院的 331 人参加这次考试。

● 青浦重固镇五大民生工程正式启动建设。建设者力争在 3 年内明显改善当地居民的居住条件。整个建设项目范围包含重固镇整个镇域,总面积约为 24 平方千米,近期投资约 120 亿元。项目整体将分三期持续推进。

● 从 27 日开始,由上海仁济医院牵头,联合上海东部 20 多家二三级医院成立“上海东部肿瘤疑难病例会诊中心”,旨在进一步提高疑难肿瘤诊治水平,“多原发肿瘤”是该平台聚焦之一。

●《文汇报》报道,上海长征医院骨肿瘤外科(长征脊柱肿瘤中心)肖建如教授研发团队设计的世界首例 3D 打印钛合金 6 节椎体钢板一体化假体,应用于颈胸椎超长节段巨大脊索瘤切除后缺损区重建获得成功,刷新世界最长颈椎肿瘤椎节切除重建纪录。

28 日

● 市委书记韩正,市委副书记、市长杨雄分两路检查 G20 杭州峰会上海安保工作。韩正强调,G20 杭州峰会是 2016 年我国主场外交最重要的活动,做好峰会安保工作是一项重大政治任务,上海各级领导干部要紧紧围绕中央的要求部署,思想上进一步提高认识,行动上自觉贯彻落实,全力以赴服务好大局,为 G20 杭州峰会圆满成功举办作出上海应有的贡献。

● 上海洋泾中学男声合唱团跻身全球 50 强,新学期探索“艺教结合”素质教育新模式。

● 为了保障 G20 峰会顺利举行,28 日起,G60 沪昆高速浙江段采取单双号限行临时交通管理措施。

● 上海交警重申,电动滑板车、电动平衡车不具有路权,不得在公共道路行驶,将对此展开集中整治。

● 新学年开学在即，市教委透露，2016 年秋季开学，全市有 85 所中小幼学校（含新校区）新开办，扩充班级规模 1 881 班。

● 黄浦区公安、消防等部门联合开展“风暴三号”专项整治行动，集中打击人群密集的商贸市场内出现的各种严重消防违法行为，确保辖区消防安全。

29 日

●“撤二建一”后的新静安区首次亮出经济成绩单：2016 年前 7 个月，静安公共预算收入达 170.6 亿元，同比增长 26.6%；外向型经济与楼宇经济发展强势延续，前 7 个月外商直接投资总额为 7.02 亿美元，同比增长 46.11%，亿元楼从 58 幢增长到 62 幢。新静安已实现“撤二建一”后的经济平稳过渡。

● 市委副书记、市长杨雄主持召开市政府常务会议，听取全市政府系统目标管理运行情况并部署下一阶段工作。

● 2015 年度上海市市长质量奖颁奖仪式举行，市委副书记、市长杨雄为获奖组织和个人颁发荣誉证书并讲话。

● 市人大财经委在浦东新区洋泾街道组织社会信用立法“微听证”，实地征求社区居民代表对《上海市社会信用条例（草案）》的意见和建议。这也是首次在人大常委会审议之前，制度设计之初召开的地方立法听证会。

● 在由上海地产闵虹（集团）有限公司、中国开发区协会和解放日报社共同主办的“城市更新背景下的开发区转型升级与创新发展”论坛上，与会专家们建议，上海应该节约利用存量土地，提升城市功能，改善人居环境，激发城市活力的“城市更新思维”来推进开发区的“二次创业”。

● 2016 年，上海绝大多数适龄入学儿童家长选择免试就近入学的对口公办小学，报名民办小学的两成不到。近年来，民办小学和初中的录取比呈下降趋势，家长择校趋于理性。

● 长宁回租闲置房源治“群租”，统一装修后租给符合条件的市民，计划扩大收储范围。

● 徐汇交警对辖区内 200 余辆校车开展集中安全检查，并为检验合格的校车发放新学期校车标牌。

● 市中小学生、婴幼儿住院医疗互助基金发布最新消息称：新学年互助基金参保人员范围再度扩容。凡已参加当年度上海市居保、父亲或母亲一方为上海户籍的非沪籍 0—5 周岁散居婴幼儿；以及上海市户籍在外省市、境外就读的 18 周岁以下在校学生，纳入参保范围。

● 在由上海拓新健康促进中心主办的“无烟上海 · 企业先行——医疗健康行业

共同倡议完全无烟工作场所"研讨会上,沪上多家医疗企业、大型医院分享内部的最新控烟行动,并号召支持"无烟上海",在医疗健康行业内率先实现无烟工作场所。

● 河南洛阳旅游推介团走进申城,召开 2016 年洛阳河洛文化节新闻发布会暨秋季旅游推介会。

30 日

● 市长杨雄会见美中贸易全国委员会会长傅强恩一行。

● 第二批 10 名上海"交通文明好市民"集体亮相,他们以自己的热情和专长,为上海交通的不断改善贡献力量。

● 松江区正全力推进国家新型城镇化综合试点。其中,补齐生态环境建设短板、水环境治理是国家新型城镇化综合试点的重要内容。全区 1 421 条(段)河道将全部落实专人担任"河长"。

● 全市推进家政服务业立法,家政服务地方标准规范有望年内出台。

● 占地 3.91 万平方米、耗时 4 年建成的上海国际舞蹈中心交付使用。9 月起,上海芭蕾舞团、上海歌舞团、上海戏剧学院舞蹈学院及上海戏剧学院附属舞蹈学校 4 个主体单位将陆续进驻。

● 自 2006 年 9 月 1 日上海市诞生第一个 IPTV 用户算起,上海 IPTV 电视用户及手机用户已经达到 300 万户。

● 第六届上海国际充电站(桩)技术设备展览会在上海新国际博览中心举办。来自充电桩产业链上下游的国内外 300 多家企业齐聚一堂,展示各类智能充电解决方案和充电设施建设运营方案。

● 市首批 50 家"梦创工坊"青年中心在中国金融信息中心正式授牌,同时聘请 100 名知名企业家、创业导师等作为"梦创导师"。

● 由市交通委主办的"寻找最美公交线"评选举行,包括 6 路在内的 20 条候选线路进入最后投票阶段。这些线路都是在车容站貌、人文风光、服务理念等方面有着独到之处的特色线路。

31 日

● 市委书记韩正在调研上海世纪出版集团时强调,唯有全面深化改革,才能不断开创新局面。面对新形势新情况新问题,上海世纪出版集团要始终保持改革的定力,牢固树立以社会效益为先、以读者为中心的改革发展理念,坚持目标导向和问题导向,全力以赴深化改革,多出精品力作,多出广大读者欢迎的文化产品,为上海国际文化大都市建设作出更大贡献。

● 中共中央政治局委员、中央政法委书记孟建柱,中共中央政治局委员、上海市委书记韩正在上海考察反电信网络诈骗工作时强调，电信网络诈骗犯罪已经成为严重侵害人民群众切身利益的社会公害，要以对党和人民高度负责的态度，主动进攻、重拳出击，坚持综合治理、源头治理，坚决遏制电信网络诈骗犯罪高发势头，切实维护人民群众财产安全和合法权益。

● 市委副书记、市长杨雄为市委党校 2016 年秋季班学员作专题报告，与学员们交流。杨雄说，2016 年下半年以及“十三五”期间全市改革发展任务非常繁重，要切实按照中央要求和市委全会部署，紧紧抓住重点工作、重大项目、关键环节，继续坚定不移深化改革、扩大开放，全力推动上海经济社会健康可持续发展，为“十三五”良好开局和上海长远发展打下坚实基础。

● 市长杨雄会见捷克布拉格市市长阿德里亚娜・克尔娜乔娃率领的代表团。

●《上海市检验检测条例(草案)》被列为 2016 年市人大常委会正式立法项目，将提交 9 月召开的市人大常委会会议审议。为了提高法规的审议质量，市人大常委会部分组成人员赴浦东开展调研。市人大常委会主任殷一璀参加。

● 市政府新闻发布会召开，市经济信息化委相关负责人介绍《上海市制造业转型升级“十三五”规划》相关内容。根据规划提出的目标，到 2020 年，上海制造业增加值占 GDP 力争保持在 25%左右，战略性新兴产业增加值占 GDP 达到 20%左右，综合竞争力迈入世界先进水平行列，成为具有高附加值、高技术含量、高全要素生产率的国际高端智造中心之一。

● 市委党校、上海行政学院 2016 年秋季开学典礼举行。市委常委、市委组织部部长、市委党校校长徐泽洲就学习贯彻习近平总书记七一重要讲话精神作动员报告，强调领导干部要从历史、信仰、责任、宗旨、标准五个方面，当好“不忘初心、继续前进”的表率。

● 市卫计委公布最新制定的《儿科季节性医疗高峰专项应急预案》，并制定提升儿科服务能力工作方案。预案将预警级别分为四级：特别重大(Ⅰ级)、重大(Ⅱ级)、较大(Ⅲ级)和一般(Ⅳ级)四级，依次用红色、橙色、黄色和蓝色表示。卫计委要求，根据儿科门急诊需求变化规律，成立专门应急队伍，同时强调实施儿科分时段预约、简便就诊流程。

● 市交通委透露，G20 峰会期间，全市进一步加强交通工程安全质量和环境空气质量保障，推进扬尘和噪声在线监测系统安装，开展 48 小时扬尘情况预测预报以及一周情况展望。同时，对严重企业和个人实施列入“黑名单”制度。

● 市政府新闻发布会介绍新近正式公开的《上海市制造业转型升级“十三五”规划》。未来 5 年，上海将花大力气，在将制造业占 GDP 比重保持在 25%左右的同时，显著提升自主创新能力，实施十大重点任务和重点工程，使得产业综合竞争力达到国际先进水平。

● 国内首台全进口骨科手术机器人“MAKO plasty”在上海六院完成安装调试。

● 华为历史上规模宏大的面向 ICT 行业的全球生态大会——华为全联接大会(HUAWEI CONNECT 2016)在上海开幕。来自 120 多个国家和地区的 20 000 名业界精英,围绕“塑造云时代”主题,共同探讨云时代趋势与洞察,以及各行各业如何通过打造云技术、构筑云生态,积极实现数字化转型。会上,华为首次全面阐述华为云战略定位。

●《上海市基本医疗保险定点零售药店管理办法》公布并实施。《办法》规定,定点零售药店不得以滋补品、保健品或以其他物品代药,并申请结算相关费用。同时定点零售药店不得向参保人员销售假药、劣药,并申请结算相关费用;不得申请结算“药品目录”以外药品的费用。

本月

● 中共中央政治局委员、国家副主席李源潮在上海调研群团改革试点工作。李源潮指出,群团改革要按照习近平总书记要求,加强党对群团工作的领导,推动联系服务群众的改革举措在基层落实、在基层见效,让群众有更多获得感。中共中央政治局委员、上海市委书记韩正一同调研。

● 市委书记韩正在奉贤、松江、青浦区调研时强调,上海加快推进城乡一体化发展,重在全面提升郊区发展水平。必须始终秉持创新、协调、绿色、开放、共享五大发展理念,紧紧围绕供给侧结构性改革,加快郊区产业结构调整,为实体经济发展作出新的贡献。要持之以恒补齐生态环境短板,到 2017 年底,上海所有中小河道、断头河基本消除黑臭状态,水域面积只增不减。

● 以“我爱读书,我爱生活”为主题的 2016 上海书展暨“书香中国”上海周举办,2016 年书展亮点纷呈,“大数据”选出的精品图书和一系列丰富多彩的阅读活动,打造了一场以书为主题的“上海文化黄金周”。

● 由市委副书记、市长杨雄率领的上海市政府代表团访问智利。访问期间,杨雄分别会见智利总统巴切莱特和智利圣地亚哥首都大区主席奥雷戈,并与奥雷戈共同签署《2016—2019 年上海市与智利圣地亚哥首都大区友好合作交流备忘录》。中国驻智利大使李宝荣陪同访问。

● 由市委副书记、市长杨雄率领的上海市政府代表团访问美国。代表团先后赴纽约、波士顿和旧金山,考察部分国家实验室、大学、机构和企业,与美国科技与产学研领域的管理者、科学家和企业家深入交流探讨。中国驻美大使崔天凯、驻纽约总领事章启月、驻旧金山总领事罗林泉等分别参加相关活动。

● 上海公安交警总队组织闵行、青浦、机场、铁路支队和总队高架交警部门，联合开展虹桥枢纽出发平台及周边道路交通违法行为整治行动。重点整治空车“闯禁令”、机动车违法停放、机动车无牌无证和其他影响道路秩序的交通违法行为。严查空车“闯禁”虹桥枢纽出发层。

● 2016 年是上海大剧院开幕 18 周年。上海大剧院举行 18 岁“成人礼”，以“仲夏狂欢节”夏季市集开放日形式邀请广大观众逛市集、听讲座、看影像。上海大剧院 2015—2016 演出季年报同时公布，公益品牌活动成为年报最大亮点。

● 中共中央政治局委员、中央统战部部长孙春兰在上海就贯彻落实中央关于统一战线重大决策部署情况开展调研检查。孙春兰强调，要着力破解重点难点问题，切实把中央关于统一战线重大决策部署落到实处。上海市委书记韩正在调研检查专题会上讲话，表示要以调研检查为契机，进一步加强组织领导，聚焦工作重点，全面贯彻落实中央关于统一战线重大决策部署，推动上海统战工作迈上新台阶。

9月

1日

● 上海公安机关将进一步扩大身份证异地受理范围，10 个省市来沪人员享受这一新政策带来的便利。

● 上海浦东机场 1 号、2 号航站楼出发层，虹桥机场 2 号航站楼南北出发层，实行“送客车辆停车限时 6 分钟以内”的新规。

● 市保险同业公会宣布，根据《上海市机动车物损交通事故快速处理实施办法》，交通事故理赔流程将简化。9 月 1 日起，持《道路交通事故自行协商协议书》至“理赔服务分中心”处理的当事人，如果在办理定损、理赔时可提供现场照片、现场摄录像等有效证据，《协议书》就可直接作为保险公司理赔依据，而无须再去申请更换《道路交通事故认定书》。

● 为确保开学期间全市道路交通安全、有序，全市交警部门出动交警和交通辅助管理力量 2 500 余人次，对 370 余所中小学校、幼儿园开展绿色护校工作，做好校园周边道路交通秩序的管理，特别是对于违法停车行为采取严查严管的措施。

● 市委书记韩正在虹口区、杨浦区调研时强调，各区要紧紧围绕全市工作重点，结合自身实际，一以贯之抓突破、抓落实。要牢牢把握大趋势、关注新变化、研究新情况、解决新问题，勇于解放思想、敢于改革创新，为全市按照中央要求当好全国改革开放排头兵、创新发展先行者作出更大贡献。

● 市委副书记、市长杨雄调研金山地区环境综合整治工作。杨雄指出，面对国家“十三五”环保目标要求和人民群众改善环境的强烈期盼，各有关方面要在前阶段工作基础上,按照市委、市政府部署和综合整治行动方案,继续坚定不移推进金山地区环境综合整治各项工作。要以更高的标准、更严的执法、更有力的措施,努力把金山地区建成环境友好的排头兵和绿色发展的先行者,为全市践行新发展理念、持续改善生态环境作出应有贡献。

● 加拿大总理抵沪访问。加中贸易理事会在沪召开年会,加拿大总理贾斯廷·特鲁多、上海市市长杨雄出席相关活动并致辞。

● 市人大常委会主任殷一璀在兴国宾馆会见纳米比亚国民议会议长彼得·卡贾维维一行。

● 由中共上海市委宣传部、中共贵州省委宣传部和中共遵义市委主办的"长征与遵义会议——纪念红军长征胜利 80 周年展览",在上海图书馆正式开展。

● 中德智能制造合作试点示范项目经验交流会在上海临港举行。首批中德智能制造合作试点示范项目也在会上正式揭晓,上海临港经济发展(集团)有限公司承担的"中德合作智能制造临港综合示范区试点示范"和宝钢集团有限公司承担的"宝钢与西门子联合探索钢铁行业工业 4.0 试点示范"入选试点示范。

● 2016 年上海购物节组委会全体会议透露,2016 年上海购物节以"女人的上海"为主题,推出一系列针对女性、网络、中高收入和"80 后""90 后"等主流消费群体的特色活动。

● 市旅游局、市气象局共同宣布成立上海市旅游气象中心。9 月 1 日起,市民游客可通过上海发布、东方网及全市 500 余台旅游信息多媒体触摸屏,查询上海 17 个 A 级景区未来 24 小时的天气、风力、温度情况。遇有突发性气象征候,上述信息还会即时更新。

● 为增强高中学生的消防安全意识,普陀区公安消防支队和区教育局联合发起"消防安全进军训"活动。

●《互联网广告管理暂行办法》正式实施,明确将付费搜索推销商品或服务定义为广告,纳入法律的监管体系之中。由于将不具备母婴保健技术资格的医院的医疗广告顶至前列,上海工商部门正式对南浦妇科医院、安平医院等广告主涉嫌违法广告行为以及百度搜索、搜狗搜索等广告发布者涉嫌未尽审查义务行为,一并立案调查。

2 日

● 上海奥运健儿凯旋表彰大会在上海展览中心召开。韩正说,全市各行各业都要发扬伟大精神,齐心协力、砥砺前行,敢于突破、敢于拼搏、敢于超越。杨雄参加会见并在表彰大会上讲话。市领导殷一璀、吴志明、钟燕群、张恩迪出席。副市长赵雯主持。表彰大会宣读市政府、市总工会、团市委、市妇联有关表彰决定。市领导授予吴敏霞“上海市体育事业白玉兰终身杰出成就奖”，授予钟天使、许昕、黄雪辰、聂玉弟“上海市劳动模范”荣誉称号。运动员代表吴敏霞、钟天使、许昕发言。

● 巴西—中国高级商务研讨会在沪召开。巴西总统米歇尔·特梅尔、上海市市长杨雄在闭幕式上致辞，并共同见证中巴企业合作项目签约。

● 应捷克布拉格市政府、捷中友好合作协会，奥地利萨尔茨堡市政府和瑞士巴塞尔州政府邀请，市委副书记应勇率上海市代表团对三国进行友好访问。

● 筹备两年、为期三周的首届上海艾萨克·斯特恩国际小提琴比赛落下帷幕，日本选手木岛真优获得第一名，赢得10万美元的全球最高奖金。

● “2017年度解放日报发行推广工作会议”召开，市委常委、宣传部部长董云虎出席并讲话。会上，市委宣传部和解放日报社表彰陈丹凤等61位“2016年度解放日报发行工作先进个人”。解放日报社、奉贤区、市级机关工作党委、市科技工作党委、中国邮政集团公司上海市金山区分公司石化支局等单位代表作交流发言。

● 从9月2日起，走进浦东市民中心的办事人员，可以在显示屏上看到一组实时更新的K线图，上面是浦东各个职能部门日常审批服务效率的走势。政府效能“上墙”，让市民一目了然，得益于全国首个“网上督查室”在浦东正式投入运行。

● “上海—台北·微游双城”活动在沪启动，作为2016年上海旅游节的重要活动之一，上海和台北双城分别推出五条主题微游线路，体验不同于常人的上海和台北“双城故事”。

● 上海社会科学院与香港贸易发展局签署合作协议，共同推动沪港企业把握“一带一路”机遇。根据协议，两家机构在建立数据库、分享信息、调查研究、合办活动等方面密切合作。

● 上海法院认为出租经适房对社会诚信造成损害，裁定合同无效，并收缴相关收益，法院首次以民事制裁的形式“喊停”经适房出租行为。

● 市食药安委副主任、市食药安办主任、市食品药品监管局局长阎祖强等局领导率队分多个检查组对上海部分学生盒饭生产企业、学校食堂及学校食堂配送中心的食品安全情况开展突击检查。

● 口腔黏膜拭子采集入库在申城正式启动。最终将总结出可推广、可复制的非血液采集——口腔黏膜拭子采集——方式入库案例，探索一条符合国情、与世界发达国家采集方式相匹配的采集方式，使我国造血干细胞捐献工作在库容量、质控指标、采集方式和技术手段等各方面均走在全球先进行列。

● 由中宣部、教育部主办的原创大型史诗话剧《雨花台》全国高校巡演活动再次起航，于9月2日起在上海交通大学、上海大学、上海外国语大学演出6场。

● “2016上海写作计划欢迎仪式”在上海作协大厅举行，标志着一年一度的上海国际写作计划拉开帷幕。

3日

● 上海张江综合性国家科学中心超强超短激光实验装置研制取得重要进展。市委副书记、市长杨雄专题调研超强超短激光实验装置重大项目,向科研团队表示祝贺并指出:上海建设具有全球影响力的科技创新中心,必须奋起直追,加快建设一批具有国际领先水平的大科学装置。要集中资源力量,优化规划布局,着力形成重大科技基础设施集群和综合性科学研究试验基地,不断取得体现国家核心竞争力的重大科研成果。

4日

● 郑徐高铁开通运营,9月10日铁路大调图,上海至西安进入"半日"交通圈。

●《新闻晨报》报道,上海又一条穿梭巴士1122路正式开通运营,填补了林展路、三舒路地区的公交空白,今后,上海不仅要不断开辟帮助市民"最后一公里"出行的"穿梭巴士",全市年内所有"最后一公里"线路都要实施时刻表挂牌服务。

5日

● 市政协召开"深入挖掘历史文化资源,弘扬社会主义核心价值观"专题通报会。市政协主席吴志明出席。市委常委、宣传部部长董云虎通报有关工作情况。

● 市十四届人大常委会召开七十三次主任会议,决定市十四届人大常委会第三十二次会议于9月12—14日召开。市人大常委会主任殷一璀主持会议。市人大常委会副主任钟燕群、姜斯宪、蔡达峰、吴汉民、洪浩、薛潮出席会议。

● 市政协召开十二届七十三次主席会议,审议"发挥上海自贸区优势,加快国际化大宗商品现货交易平台建设"调研报告。市政协主席吴志明主持。市政协副主席姜樑、蔡威、高小玫、张恩迪、李逸平、徐逸波出席。

● 由文化部外联局、上海社会科学院联合主办的"2016青年汉学家研修计划"秋季班在上海社会科学院开班。

● 由中国杂技家协会选派的上海杂技团原创节目《云起龙腾——集体造型》《秦俑情——抖杠》获得第十五届国际马戏艺术节11位国际评委肯定,以近乎满分的成绩共同荣膺比赛最高奖项"金象奖"。

● "十三五"期间,随着一些重量级商业项目投入运营,未来闵行将加快推进载体建设与功能提升,形成市级、地区级、社区级三个层次商业商务中心布局体系。根据闵行"十三五"规划,未来闵行将形成"1+8+2+X"新格局。

● 23时上线的《自然神经科学》杂志发表中科院上海生科院神经科学研究所科学家的最新发现,他们不仅发现了大脑存储恐惧记忆的重要神经通路,还顺藤摸瓜,找到了成年大脑存储记忆的基本规律——非常经济节能。

● 第二十七届上海旅游节正式拉开帷幕。作为旅游节重头戏之一的“花车巡游暨评比大奖赛”也同期登场。

● 上海首单永续型慈善信托项目——“蓝天至爱 1 号”在市慈善基金会设立。该信托财产及其收益，全部用于《慈善法》规定的慈善公益项目。

6日

● 市委书记韩正在浦东新区调研黄浦江两岸公共空间贯通工作时强调，到 2017 年底基本实现从杨浦大桥到徐浦大桥 45 千米滨江岸线贯通开放，目标任务已经明确，全市各方面要全力以赴抓落实抓推进，贯通一段开放一段，直至全部贯通开放，让广大市民群众共享黄浦江两岸建设成果。

● 市委书记韩正会见安联集团董事会主席兼首席执行官奥利弗·贝特一行。

● 国务委员、公安部部长郭声琨在上海调研反电信网络诈骗工作时强调，要牢固树立以人民为中心的发展思想，坚持关口前移、标本兼治，坚持综合施策、齐抓共管，以更加扎实的措施有效防范、精准打击、坚决遏制电信网络诈骗犯罪，切实维护人民群众财产安全。

● 市网信办加大互联网传播秩序整治力度，坚决打击造谣传谣行为，依法对 13 个违规微信公众号暂停更新 30 日，关闭 5 个违规微信公众号。

● “2016 中外诗歌进地铁”系列活动在人民广场地铁站音乐角拉开帷幕。

● 人民日报媒体技术股份有限公司与上海报业集团在沪签署战略合作框架协议。根据协议，双方将在内容生产与业务运作、技术创新、融合云平台应用与新媒体运营支撑、资本运作等方面开展全面合作。双方将实现强强联合、协同发展，以传媒技术为引领，推动组织重构，解放新闻生产力，激发创造活力，合力打造新型主流媒体。

● 山西、安徽、河南、广东、广西 5 个代表团的 28 位全国人大代表展开对上海法院为期 4 天的视察，部分在沪全国人大代表和上海市人大代表应邀参加。上海市委常委、政法委书记姜平，上海市人大常委会副主任薛潮出席相关活动。

● 由市妇联主办的“汇聚女性力量开创智慧生活”第六届沪台妇女文化周开幕式及论坛在中国金融信息中心举行。全国妇联副主席、书记处书记焦扬出席开幕式并致辞。来自沪台两地的妇女界人士 300 余人参加开幕式和论坛。市政协副主席高小玫出席开幕式并致辞。

● 中共中央组织部公布中共中央、国务院关于同济大学校长调整的决定，钟志华任同济大学校长（副部长级），裴钢由于年龄原因不再担任同济大学校长职务。

● 2015 年度上海市质量金奖揭晓，上海汉钟精机股份有限公司等 10 家单位、上海天阳钢管有限公司董事长何建忠等 3 人获 2015 年度上海市质量金奖。

● 中国上海国际艺术节艺术公益行动“麦穗计划”启动。“麦穗计划”艺术公益行动将组织上海艺术家赴革命根据地安徽金寨和贵州遵义，遴选 20 位怀有艺术梦想、具有成长空间的少年儿童，作为“麦穗计划”种子，邀请他们到上海，组成“种子合唱团”。

7日

●“2016 上海崇明生态岛国际论坛”邀请国内外专家学者进一步探讨和分析崇明可持续发展和绿色经济的实际情况、特色资源及突出问题，为推进崇明生态岛建设提出真知灼见。开幕式上，崇明与联合国人居署签署合作意向书，双方将共同开展调研，支持基于生态系统管理的崇明生态岛中长期规划发展，推进科技支撑崇明生态岛建设工作。

● 2016 年是远东国际军事法庭即“东京审判”开庭 70 周年。作为 2016 年国家社科基金抗日战争研究专项工程重要课题，“日本战犯审判文献征集、整理与数据库建设”在上海交通大学开题。

● 中国高质量科研产出大增，《自然》8%原创论文作者来自中国，引来自然科研集团首次在上海举办内部科研峰会，《自然》及旗下 44 个子刊的主编和资深编辑齐聚上海，这是《自然》有史以来规模最大的一次内部科研峰会，也是自然科研集团首次在中国举办这样的会议。

● 近期发生食品安全问题的“饿了么”、美团外卖、百度外卖等网络订餐平台被市食药监管局约谈。列席约谈室的还有大众点评、“到家美食会”、“点我吧”、“派乐趣”、京东到家、“邻趣”等在上海开展经营活动的网络订餐平台。

● 上海国拍公司公告称自 2016 年 9 月非营业性客车额度拍卖会起，拍卖保证金和手续费收取标准双双降低。

● 2016 年上海市“白玉兰纪念奖”颁授仪式在上海举行，19 个国家的 50 位杰出外籍人士获得这一荣誉。

● 全球最大的职场社交平台领英(LinkedIn)携手百度发布《高校毕业生十年流动大数据报告》。数据显示，一线大城市对于人才的吸引力依然持续走高，上海对人才的“地心引力”最强，复旦大学更是力压北京大学、清华大学，问鼎全国最具创业基因的院校。

● 瑞金医院举行航空急救演练，这是上海首次投送专家的全程航空急救演练。演练在短短一小时内已完成当地医院救治、医疗专家组投送、危重患者转运等公共卫生事件伤员救治的全过程，充分体现出空中转运的优势

8日

● 上海佘山国家旅游度假区建设推进大会召开，旅游业将作为推动松江全面崛起

的战略性支柱产业，重点聚焦佘山国家旅游度假区，让佘山回归自然、回归百姓，不断拓展公共空间，实现“还山于民”。

● 副市长赵雯在新锦江大酒店会见由圣马力诺共和国前执政官、圣中友协主席泰伦齐率领的圣马力诺弓弩手和舞旗手联合会代表团。

● 上海警备区政委马家利少将在虹桥迎宾馆会见芬兰国防部部长尤西·尼尼斯特博士。

● 宝山区围绕着轨道交通1号线，制定《推进一号创新带建设的实施方案》，通过一号创新带的辐射作用，全力打造上海科创中心重要功能区，努力闯出具有自身特色的创新发展新路。

● “见证新高度——上海中心工程建设摄影展”在公共大街开幕。上海中心地下公共大街未来将举办各类艺术展览和发布活动，形成一条公共艺术长廊，为陆家嘴地区增添艺术气息。

● 中华印刷展示馆正式更名为中华印刷博物馆。同时，中华印刷博物馆所属映美术馆也正式亮相。

● 保监会在官网公布《关于保险资金参与沪港通试点的监管口径》，标志着保险资金可参与沪港通试点业务。

● 上海城市创新经济研究中心主任任新建表示，崇明撤县设区是积极融入上海总体发展战略的表现。撤县建区后，崇明不仅仅是上海城区的重要组成部分，更是城市生态产业和生态空间的主要承载地，崇明需要更高标准、更快速度厚植生态优势，结合《崇明生态岛建设纲要》，未来崇明将积极探索生态保护与生态产业共生发展的新模式，为上海总体发展战略作出贡献。

● 复旦大学俞燕蕾教授团队发布，该团队突破微流控系统简化的难题，采用新型液晶高分子光致形变材料，构筑出具有光响应特性的微管执行器，可实现对包括生物医药领域常用液体在内的各种复杂流体的全光操控。该技术可以运用在医学领域，未来市民有望在家做验血等身体检查。

● 瑞金医院上海消化外科研究所朱正纲、于颖彦教授领导的胃癌转化医学课题组再传捷报，他们发现的胃癌新型尿液标志物研究成果在国际癌症研究权威刊物《癌症靶标》（*On-cotarget*）发表。这标志着上海瑞金医院胃癌生物标志物研究进入精准、便民、无创阶段。

● 市政府新闻发布会上，市交通委发布《“十三五”时期上海国际航运中心建设规划》。到2020年，上海将基本建成航运资源高度集聚、航运服务功能健全、航运市场环境优良、现代物流服务高效，具有全球航运资源配置能力的国际航运中心。

● 松江区全域旅游发展规划发布，围绕广富林遗址，松江区将打造成体现上海水平的自然生态示范地、人文资源荟萃地、市民休憩首选地、旅游产业集聚地、城市魅力展示地。

● 新加坡海军坚定号护卫舰(舷号 70)在舰长黄勤凯中校的率领下驶抵上海扬子江码头,开始对上海进行为期 4 天的友好访问。

● 2016 上海崇明生态岛国际论坛“生态 + 体育”主题论坛举行。本次论坛旨在完善崇明体育产业设施,使产业项目特色鲜明,产业规模显著扩大,于 2020 年基本建成在国内具有较强影响力的“运动休闲岛”。

9 日

● 在第 32 个教师节到来之际,市委书记韩正,市委副书记、市长杨雄分别登门看望全市优秀教师代表,代表市委、市政府和全市人民,向全市广大教师和教育工作者致以节日的问候和崇高敬意。

● 市委召开常委会,学习习近平总书记在推进“一带一路”建设工作座谈会上的重要讲话精神,听取全市贯彻落实意见的汇报。市委书记韩正主持会议并强调,全市各级领导干部要深入学习贯彻习近平总书记的重要讲话精神,从全局和战略上认识“一带一路”建设的重大意义,坚决按照中央的要求部署,紧密结合上海实际,更好发挥上海在国家扩大对外开放中的重要作用,更加积极主动地融入和促进“一带一路”建设。

● 市长杨雄会见贝宁总统帕特里斯·塔隆率领的代表团,代表上海市政府和上海人民对总统访沪表示欢迎。

● 2016 年 5—9 月,市人大常委会组织上海市全国人大代表围绕“推进精准扶贫,打赢脱贫攻坚战”“大力提高产品质量品牌,加快我国制造业转型升级”等两个专题进行深入调研。9 月 9 日,市人大常委会召开 2016 年上海市全国人大代表专题调研总结交流会。全国人大代表、市人大常委会主任殷一璀出席会议并讲话。

● 市委召开专题协商座谈会,市委副书记应勇介绍科创中心建设相关人才工作推进情况,并听取各民主党派、市工商联和无党派人士的意见建议。

● 首个诞生在上海的熊猫宝宝双满月,在上海野生动物园与公众见面,百万网民在双满月这个特殊日子为熊猫宝宝送上新名字——“花生”。

● 市人大专题视察全市多层住宅增设电梯试点效应。上海已启动实施的加装电梯项目有 11 处,正在施工的有 5 处。加装电梯将简化为 15 个审批环节。

● 副市长陈寅在人民大厦会见拉脱维亚副总理兼经济部部长阿尔维尔斯·阿舍拉登斯一行,他向客人介绍上海近年来在城市建设、经济发展方面取得的成果。

● 市委常委、宣传部部长董云虎在虹桥迎宾馆会见以国家自由党第一副主席、伊尔福夫省省长彼得拉凯为团长的罗马尼亚国家自由党干部考察团。

● 黑龙江农民合作社优质农产品展销会在上海农业展览馆举办，会期 3 天。

● 由新闻晨报联合淘宝网共同打造的“淘宝头条 · 上海频道”正式上线，标志着两大平台今后将联合本地自媒体达人，共同打造关注本土生活消费资讯的生态圈。

● 2016 第十届上海购物节在奕欧来上海购物村正式开幕，以“新消费，新体验，新联动”为主题，全区 12 大商圈 40 家商业企业推出近 80 项主题活动。

● “复旦大学附属肿瘤医院—宝山区肿瘤防治一体化医疗联合体”正式揭牌成立。

● 上海科技大学 2016 级新生开学典礼举行。从这个学期开始，上科大位于张江高科技园区中区的新校园全面建成并投入使用，占地约 900 亩，总建筑面积约 70 万平方米。

10 日

● 2016 年上海旅游节开幕式暨开幕大巡游在淮海路举行。市长杨雄出席开幕式并宣布旅游节开幕。上海市副市长赵雯、内蒙古自治区副主席云光中出席开幕式。本届旅游节为期近 1 个月，其间，全市范围内将举办花车巡游暨评比大奖赛、上海购物节、美食节、玫瑰婚典等 50 多项丰富多彩的活动。

● 民族管弦乐《春江花月夜》的抒情旋律在上海交响乐音乐厅响起，就此开启“天涯共此时”——上海民族乐团中秋音乐会序幕。

● 2016 年驻沪部队首批近百名山东籍新兵抵达上海，这是国防和军队改革以来首次征集的新兵，他们将被分配到上海警备区各部队的新兵训练机构，接受近 3 个月的训练。

● 松江佘山规划三大自然山林片区，松江新城至佘山度假区还规划水上旅游线。

● 老半斋、功德林、洪长兴、小绍兴、沈大成等 5 户近日被媒体点名批评的老字号餐饮企业，首次集体发声，联合做出“服务承诺”，同时已在积极行动补短板，并深刻反省促整改。

● 9 月 10 日是第 17 个“世界急救日”。上海市红十字会联合瑞金医院、市一医院、妇产科医院和市公共卫生中心等市红十字冠名医疗机构及上海市护理学会，分别在静安区静安公园，黄浦区日月光广场、妇产科医院黄浦分院，松江区开元地中海广场，金山区万达广场等场所，同时开展红十字志愿者应急救护快闪行动，向市民普及应急救护技能。

● 上午 8 时，黄浦江底最大直径隧道长江路隧道正式通车。

● 上海海上搜救中心各成员单位联合举行“2016 年船舶火灾应急处置战术演习”，是上海水域首次以船舶火灾为主题科目的无脚本实战演习。

11 日

● 针对近期部分房产中介企业蓄意编造、传播“房贷新政”谣言，以讹传讹，扰乱上海房地产市场平稳健康发展等行为，上海住建部门已对编造、传播谣言人员所在的金丰易居、太平洋房屋、我爱我家等中介企业立案调查，并暂停相关企业涉事部门(或门店)、人员的网签资格。

● 副市长陈寅在上海瑞金洲际酒店会见到访的津巴布韦副总统皮莱凯泽拉·穆波科，他向客人介绍上海近年来改革开放和经济社会发展情况。

● 来自萨尔茨堡艺术节“青年歌唱家项目”的优秀成员在上海大剧院开启首次中国巡演。

● 百余名在沪印度友人在上海市血液中心慷慨捋袖，参加第四届“爱暖申城，来自印度的生命礼物”无偿献血活动。

● 作为2016上海旅游节重点活动的“微游上海”在虹口、徐汇、黄浦、静安、长宁五大中心城区同步启动。在专业导览员带领下，近千名游客沿着五条“微游上海”特色线路，展开了一次城市微旅行。

12日

● 市十四届人大常委会第三十二次会议召开，听取并审议关于全市生态环境综合整治情况的报告，并开展专题询问。市委副书记、市长杨雄列席会议。市人大常委会主任殷一璀主持上午的全体会议。

● 市长杨雄在人民大厦会见英国伦敦金融城市长茅杰飞一行。

● 在全市推进社会组织党建工作座谈会上，市委副书记应勇强调，要认真学习贯彻习近平总书记重要讲话精神和中央文件要求，按照市委部署，充分认识加强社会组织党建工作的重要性紧迫性，深入推进社会组织党建工作，促进社会组织健康发展。

● 全市2016年首批210名进藏新兵从虹桥火车站乘列车启程，这批新兵由同济大学、上海财经大学、上海理工大学等高校大学生和街镇青年组成。

● 市委宣传部、市委政法委联合召开第六届上海市“平安英雄”评选宣传活动动员会，正式启动新一轮上海市“平安英雄”评选宣传活动。市委常委、市委政法委书记姜平出席会议并讲话。

● 市十四届人大常委会第三十二次会议听取副市长蒋卓庆作的关于全市生态环境综合治理情况的报告。全市区域生态环境综合整治第一批涉及9个郊区县的11个地块，已全部完成整治；第二批涉及16个区的17个地块，整治工作已进入冲刺收尾阶段。

● “甲子同心，璀璨60年”——上海市人民对外友好协会成立60周年中外市民交流活动在曹杨二中开幕，上海市人民对外友好协会成立60周年网上庆典也同步开通。

● 四川省都江堰市在沪开展“乐动舞秋风·多彩都江堰”旅游推荐活动。

● 复旦大学、上海交通大学、同济大学和华东师范大学分别公布对普通高中学生综合素质评价信息的使用办法。2017年，上海将全面实施综合评价多元录取机制。此前一段时间，上海在着力构建综合素质评价体系，在此基础上，如今又明确综合素质评价信息的使用办法，至此，上海新高考改革方案整套“两依据一参考”构架已经形成。

● 市第十四届人大常委会第三十二次会议听取《上海市统计条例(草案)》审议结果报告，并审议《上海市统计条例(草案)》(修改稿)。草案修改稿中明确，统计机构和统计人员对在统计工作中知悉的国家秘密、商业秘密和个人信息，应当予以保密。泄露统计资料的，对直接负责的主管人员和其他直接责任人员，由任免机关或监察机关依法给予处分；构成犯罪的，依法追究刑事责任。

● 市委常委、市委统战部部长沙海林在虹桥迎宾馆会见以伊朗确定国家利益委员会委员、副议长侯赛因·穆扎法尔为团长的伊朗确委会考察团。沙海林向来宾介绍上海改革开放和经济社会发展等情况。

● 第七届国际航运战略发展研讨会透露，以航运功能性产业服务平台为触发点，浦东已经吸引到众多航运公司总部和航运营运中心、航运组织和协会在此集聚，航运金融与保险、海事法律与仲裁、海事人才教育与培训、航运文化与会展等高附加值航运产业呈现出加速融合的格局。

13日

● 市十四届人大常委会第三十二次会议听取关于《上海市道路交通管理条例(修订草案)》审议结果的报告。修订草案修改稿对第一章“总则”做了修改，对“交通规划与设施”等章节做补充、完善和修改。

● 由市委组织部、市委宣传部、市委统战部、上海警备区政治部等主办，市国防教育办公室、市国防教育基金会等承办的“纪念红军长征胜利80周年报告会”，在市委党校举行。军旅作家王树增谈长征精神。

● 华侨华人经理人座谈会在市政协召开。21位华侨华人经理人代表、嘉宾，围绕“聚焦一带一路，助推上海科创中心建设”主题，坦诚交流，建言献策。市政协主席吴志明出席并讲话。

● 市十四届人大常委会第三十二次会议听取关于《上海市公共场所控制吸烟条例修正案(草案)》的审议结果的报告，并进行分组审议，在扩大范围基础上新增规定，幼儿园学校教育机构室外，也将列入禁烟范围。听取关于《上海市实施〈中华人民共和国食品安全法〉办法(修订草案)》的说明并解读。此次修法回应市民对网络订餐、回收食品、食品摊贩等领域加强管理的诉求，明确网络订餐平台责任，第三方要备案,经营者证照要公示。

● 市纪委网站发布消息,通报市测绘院党委书记杨海荣公车私用,违规接受有业务往来单位的宴请,并醉酒驾驶构成犯罪等 5 起违反中央八项规定精神问题典型案例。

● 长宁公安分局对涉嫌非法吸收公众存款的“金鹿财行”和“当天财富”两家单位立案侦查,并对相关责任人依法采取强制措施。

● 市委常委、统战部部长沙海林在虹桥迎宾馆会见以伊朗确定国家利益委员会(确委会)委员、副议长侯赛因 · 穆扎法尔为团长的伊朗确委会考察团,并向来宾介绍上海改革开放和经济发展等情况。

● 上海选手傅昕瀚获残奥会 F35 级铅球冠军。

● 市教育考试院有关负责人介绍,4 所高校公布综评信息使用办法,只是开始。对高中学生综合素质评价信息的使用,将渗透高招各个层面,深度融合。

● 全市 2016 年新创建林荫道名单通过公示,常熟路、嵩山路、延长路、龙腾大道等道路在列。最终确定 21 条道路及桂平路延伸段(江安路—漕宝路段)符合林荫道标准。至此,全市林荫道总量达到 174 条。

● 奉贤区税务局创新“互联网 + 纳税咨询”,引入人工智能机器人客服,实现机器人服务与人工服务的协同,极大提升人力资源应用效率。

● 市十四届人大常委会第三十二次会议听取关于《上海市检验检测条例(草案)》的说明和审议意见报告。草案明确规定:检验检测机构属于事业单位的具有“普遍服务义务”,应公告资质范围。除送检对象不符合样品标准等特殊情况的,不得拒绝提供检验检测服务。个人委托业务不会遭遇“送检无门”的困境。

● 市人力资源和社会保障局就业促进中心发布的调查报告显示,2016 年上半年,上海企业平均招聘满足率为 83.3%,这意味着全市企业 16.7%的招聘需求未能及时得到有效满足,这些就业机会因为人力资源市场供求不匹配的结构性矛盾而流失。

● 2016 年全国青年科普创新实验暨作品大赛上海赛区召开前期筹备通气会,本届大赛以“节能、环保、健康”为主题,保持“科普实验”和“创意作品”两个单元展开比赛。

● 市红十字会、市教委、市卫生计生委联合主办的“上海市中小学生、婴幼儿住院互助基金发展研讨会”召开,对上海市中小学生、婴幼儿住院医疗互助基金成立 20 年来运行情况作出系统评估。评估报告显示,上海市少儿住院互助基金 20 年来已累计帮助近 160 万人次儿童,报销逾 16 亿元医疗费用。至 2016 年已实现全市 0—18 岁常住少儿的全覆盖。

● 上海市第一人民医院发布 3D 实景智慧医嘱系统,与医院信息系统实时对接,实施整个医疗流程的智能导航，受到患者好评。

● 由上海市闵行区人民政府主办的“闵行区 2016 年区域经济统筹暨上海南部科创中心核心区重点招商项目签约仪式”在闵行区政府会议中心举行。

14 日

● 殷一璀主持市十四届人大常委会第三十二次会议，表决通过有关人事任免案，决定任命应勇为上海市政府副市长。会议表决通过《上海市统计条例》，此次立法明确全市建立健全统计信用制度，依法作为有关行政机关采取激励和惩戒措施的依据。通过《上海市华侨权益保护条例》。这也是全市保护华侨权益方面的第一部地方性法规，按照规定，华侨来沪工作可以参加全市社会保险和住房公积金。

● 2016 年秋季上海高校党政负责干部会议召开。会议传达中央和上海市委有关会议精神，围绕切实加强和改进上海高校党的建设，全面深化教育综合改革，聚焦提升上海高等教育质量和科技创新能力，服务国家创新驱动发展战略和上海科创中心建设，对下半年上海高校党建和改革发展重点工作做部署。市委副书记应勇、副市长翁铁慧出席会议并讲话。

● 市政协召开“深化司法体制改革，推进法治社会建设”专题通报会。市政协主席吴志明出席并讲话。市委常委、市委政法委书记姜平通报有关工作情况。

● 市政府新闻发布会传出消息，全市积极落实推动民营经济健康发展的各项举措，民营经济保持持续健康发展。截至 2015 年底，上海民营经济增加值占全市比重已达到 26.7%，民营经济已成为上海创新的重要力量，扩大就业的主体力量，推动和体现上海经济活力的骨干力量。

● 市政协副主席周汉民会见日本长崎大学师生访问团，围绕市政协基本情况、上海经济文化建设发展情况进行友好交流。

● 工商总局实施的商标注册便利化改革，作为全国新设的 25 个注册商标专用权质权登记申请受理点中的一个，也是上海唯一一个，该受理点设在徐汇区行政服务中心，这意味着商标专用权质权登记不用进京了。

● 著名沪剧表演艺术家王盘声在黄浦区中心医院病逝，享年 93 岁。

● 上海市商务委在全国率先利用物联网、大数据、云计算、二维码、移动终端等多种技术融合的手段，搭建“上海市酒类流通安全信息追溯管理平台”，形成来源可查、去向可追和责任可究的酒类产品追溯信息链条。

● 儿童医院首例炎症性肠病患儿出院，患儿是儿童医院通过多学科合作团队成功用脐血干细胞治疗的第一例炎症性肠病患儿，也是晨报公益与儿童医院合作通过“互联网 + 公益募集”帮助的第一个“幸运儿”。

15日

● 市长杨雄在兴国宾馆会见秘鲁总统库琴斯基率领的代表团。

● 上海化工研究院迎来建院60周年。经过60年的努力,上海化工研究院走在转制科研院所的前列,积累了由事业单位转型为科技型企业的宝贵经验,是国家科研院所改革发展历程的缩影,成长为推动上海科技创新体系建设的生力军。

● "天宫二号"顺利升空,上海航天技术研究院等科研院所的一大批科学家们为"天宫二号"中的高精尖设备和实验贡献他们的智慧。

16日

● 上海国际科普产品博览会开幕,集成最先进的VR技术和动感技术的VR(虚拟现实)设备成为展会亮点。作为配套,本届科博会也第一次举办科普产品采购大会,一个一头连着科普场馆、惠及百姓,一头连着企业的科普产品交易平台已见雏形。

● 上海运动员邹丽红在里约残奥会轮椅竞速获得冠军,打破该项目世界纪录。由上海选手邹绪凤、周晶晶和江苏运动员荣静组成的中国女子重剑队,在轮椅击剑女子重剑团体赛中荣获金牌。

● 奉贤区中心医院、云南普洱市澜沧拉祜族自治县第一人民医院正式结成对口帮扶关系,上海援滇医生在国家级贫困县救治病人,体味独特中秋节。

● 由中国福利会儿童艺术剧院出品的大型儿童剧《大顺子吼歌》在马兰花剧场首演。这也是2016年市委宣传部、市文广局、市文联和市作协主办"上海市舞台艺术精品创作——现实题材作品研发研讨会"上8个现实题材选题中率先与观众见面的作品。

● 国家防总工作组赴沪指导协防台风"马勒卡"。

●《浦东新区三林外环地区生态专项规划》(草案)公示,三林将建生态绿地相当3.5个世纪公园。

● 上海公安局官方微博发布消息,"好男儿"乔任梁在上海意外死亡。

● 以"美味世界"为主题的第一届光明酸奶节暨莫斯利安国际酸奶文化节在黄浦江畔盛大开幕。

17日

● 上海公安启动社会面防控、交通组织管理、出入市境道口查控二级勤务等级,投入警力5万余人次,全面加强社会面管控和值班备勤,中秋小长假期间,全市未发生重大刑事、治安案件和火灾、交通事故。

● 9月17日是我国第十六个全民国防教育日,上海市每年在全民国防教育日组织防空警报试鸣,以进一步增强市民的国防观念和民防意识,提高市民对防空警报信号的认知能力，并检验全市防空警报设备和控制系统的完好率。

● 2016 上海市“全国科普日”活动启动仪式在上海展览中心举行。

● 2016 上海邮轮旅游节暨上海旅游节花车宝山巡游活动在吴淞口国际邮轮港举行。

● 在古镇朱家角，被誉为“创作人的节日”的朱家角水乡音乐节正式迎来 10 周岁生日。同日，由上海市商务委、上海市旅游局和青浦区政府主办的 2016 上海淀山湖旅游购物节也正式开幕。

● 2016 第九届中国国际青年艺术周在奉贤正式开幕。9 月 17—25 日，举办交响音乐会、芭蕾舞剧、音乐剧、静态艺术展等近 30 场演出，在中秋节后为广大市民呈上华美的艺术盛宴。

● 作为 2016 上海孔子文化节的重头节目的“百名书童写家训”活动在嘉定孔庙举办。2016 年的孔子文化节以“金声玉振　嘉定儒风”为主题，从“儒风”“雅韵”“乐游”三大篇章开展 12 项主题活动。

18 日

● 由江苏省委书记李强，省委副书记、省长石泰峰率领的江苏省党政代表团抵沪考察。下午，中共中央政治局委员、上海市委书记韩正，市委副书记、市长杨雄会见江苏省党政代表团一行。上海市领导吴志明、应勇、尹弘、吴汉民、时光辉，江苏省领导张连珍、黄莉新、李小敏、樊金龙、张卫国参加会见。

● 市委副书记、市长杨雄主持召开市政府常务会议，研究进一步加快政府自身改革，着力推进全市电子政务云和政府系统办公协同平台建设，不断提升电子政务能力和水平。

● 著名材料科学家、战略科学家、教育家，我国化学界泰斗严东生因病在上海逝世，享年 98 岁。

● 徐汇区制定发布《区体育事业与体育产业发展第十三个五年规划》《公共体育设施专项规划(2016—2025)》和《全民健身实施计划(2016—2020 年)》，到 2020 年，徐汇区将确保新增体育场地面积不少于 50 000 平方米。

● 市儿童医院与上海宋庆龄基金会母婴平安基金联合成立“早产儿帮困救助项目爱心基地”。今后，家境困难的早产儿家庭经评估后，可向医院社工部提出资助申请，经“母婴平安”专项基金审核后发放资助款项。

● 第二届亚洲临床工学论坛在上海中医药大学举行，我国应尽快发展临床工程体系，“临床工程师”的缺乏，将制约医学的整体发展。

●《解放日报》报道，上海“我加壹”公益服务中心在宝山区顾村镇设立首家固定公益服务点，服务于本地社区的孤寡老人，并搭建起上海向新疆喀什地区的贫困农村献爱心的桥梁。

19日

● 上海中青年知识分子联谊会成立30周年之际,“知识分子与民族复兴”主题座谈会召开。市委书记韩正强调,要深入贯彻落实习近平总书记重要讲话精神,切实尊重知识、尊重人才,认真做好知识分子的工作。上海广大知联会成员要始终胸有大局、服务大局,始终坚持中国共产党的领导,坚定对中国特色社会主义的道路自信、理论自信、制度自信和文化自信,为国家发展、为上海发展作出更大贡献。

● 市政协召开十二届七十四次主席会议,审议2016年年末委员考察视察工作方案。市政协主席吴志明主持。“光荣与力量——2016感动上海年度人物”揭晓,隆重表彰2016感动上海年度十大人物、提名奖及特别奖获得者。市委常委、宣传部部长董云虎出席揭晓活仪式。

● 由中国国际扶贫中心主办、上海市政府合作交流办公室协办、东盟秘书处及亚洲开发银行等机构支持的第四届“东盟+3村官交流项目”在上海开幕。

● 市政协副主席姜樑会见俄罗斯圣彼得堡市公众院代表团和圣彼得堡音乐会合唱团一行。

● 市统计局发布数据,8月,上海规模以上工业企业完成工业总产值同比增长8.1%,创下近两年来的月度增幅新高。从2016年前7个月的持续负增长,到8月逆势快速上扬,上海工业经济运行出现明显的回暖信号。

● 包括吴敏霞在内的5位沪上奥运健儿首次集体直面市民,用模拟TED演讲的方式,在“人生赛道”第一季——“里约归来、上海开讲”演讲会中开讲。

● 在市政府新闻发布会上,市税务局局长过剑飞表示,上海计划到2016年底,实现大部分常用办税事项网上通办;2017年中,实现办税事项线上线下全覆盖、全通办。

● 华东地区首例采用国际顶尖的体外膜肺(ECMO)技术成功转运抵沪救治的幼儿,经复旦大学附属儿科医院的救治,康复出院。这标志着我国儿童急救水平进一步提升。

● 中国科学院上海生命科学信息中心发布“π指数”,用以评价生命科学与基础医学全球科研机构的论文产出。这是中国发布的首个全球科研评价指数。

20日

● 市委召开常委学习会,听取著名军旅作家王树增少将所作的《长征精神的当代意义》专题辅导报告。市委书记韩正主持会议并强调,全市各级领导干部要深刻认识、充分把握长征精神内涵实质,弘扬伟大长征精神,始终坚定理想信念。

● 为依法保护未成年人合法权益,防控未成年人犯罪,上海市高级人民法院少年司法保护网站正式开通。

● 2016年上海军转干部“供需见面、双向选择”分配会在上海展览中心召开。全市各党政机关、政法系统、事业单位、国有大中型企业及中心城区共计205家接收安置单位和800余名军转干部踊跃参加。

● 市政协举办2016年公众日活动，邀请各民主党派、企事业单位、新经济组织和新社会组织的76名公众代表走进市政协，参观上海政协历程展和常委会议厅，与委员面对面交流。

● 2016年是上海与圣彼得堡结为友好城市28周年。作为中俄文化交流系列活动之一，由市政协、俄罗斯圣彼得堡市公众院共同主办的“中俄文化对话会”在市政协举行。

● 中非合作论坛——减贫与发展会议在上海开幕。来自中国和14个非洲国家的政府官员、专家学者、非政府组织、企业，以及联合国开发计划署、非洲联盟、中部非洲经济共同体等国际组织、媒体代表共150余人参会，就“中非产能合作与减贫”这一主题展开研讨。

● 市人力资源和社会保障局与虹桥商务区管委会签署战略合作协议。协议明确，双方将建立长效机制，全力推进合作，使虹桥商务区成为现代服务业高端人才集聚区、人才服务功能完善的示范区和人才政策的先行先试区。

● 以“融合　品质　多元”为主题的2016上海网络视听季暨第八届中国网络视听产业论坛在上海世贸商城展览中心开幕。作为我国网络视听产业的国家级年度盛会，中国网络视听产业论坛走入第八个年头，进一步凸显中国网络视听产业论坛在提升产业能级、引领产业发展、优化产业布局等方面的实践价值。

● 由瑞金医院、黄浦区卫计委和市儿童医院共同组建的上海中部儿科医疗联合体正式成立。中部儿科医联体的成立，将提升区域内儿科医疗服务水平，进一步缓解患儿就诊难。

● 市公安局交警总队、上海市交通委员会执法总队召开动员部署大会，双方于20日起联合开展为期1年的公路货车违法超限超载行为专项整治行动。

● 市质量技术监督局执法总队联合上海海事局、上海地方海事局兵分四路，对全市水上加油站、港口使用船的油品质量展开执法行动。

● 由市教委法宣办和《上海法治报》联合举办的第二届上海市中小学生法治小达人活动拉开帷幕。本次活动主题是“学习边防知识，爱我平安家园”。活动集展示性与体验性于一体，让中小学生深刻体会到平安幸福生活的来之不易，加强国防意识。

● 复旦大学附属中山医院心内科葛均波院士团队申报的国家发明专利“一种瓣膜

夹合器”,以 180 万元入门费加 2%销售提成的价格,独占许可给苏州拓宇医疗科技有限公司。

● 沪上首个“房地产销售诚信联盟”成立,万科、碧桂园、世茂、新城等 20 余家品牌房企以及易居、同策、策源、华燕等多家销售代理公司积极参与,成为联盟首批成员单位。该联盟以“不欺骗、勇担当、共监督”为主旨,致力于加强对房地产企业和从业人员的自律与监督,提高房地产行业的服务水平和诚信意识,共创诚信规范的交易环境,还将建立从业人员的诚信档案和黑名单制度。

● 根据毛姆小说改编的舞台剧《月亮和六便士》在美琪大戏院首演。

21 日

● 市委书记韩正在崇明区主持召开专题会,再部署崇明生态岛建设。韩正强调,要进一步深刻认识崇明生态岛建设的重大意义,增强大局意识,保持战略定力,牢固树立生态立岛的原则,坚持不懈以更高标准、更开阔视野,高水平、高质量地推进崇明生态岛建设,“没有速度要求,只有生态质量要求”。

● 市委书记韩正在向市老领导、老干部、老同志通报当前全市重点工作时说,做好上海各项工作,必须始终按照中央要求,立足和服务国家战略,继续当好全国改革开放排头兵、创新发展先行者,为国家发展作出上海的更大贡献。希望大家继续关心支持全市发展建设,帮助我们把各项工作做得更好。杨雄通报经济运行以及自贸试验区和科创中心建设等情况。

● 为更好地满足企业需求,上海海关设立专门的课题攻关组,研究上海自贸区海关创新制度的叠加运用,诞生物流运作速度新纪录,企业物流成本大幅降低。

● 上海市政府与中国移动通信集团公司在沪签署共同推进“互联网 + ”战略合作框架协议。“十三五”期间,中国移动计划在沪投入 260 亿元,着力构建新一代网络与信息基础设施,积极推进“互联网 + ”在城市管理、产业升级、文化创意、民生服务、创新创业、网络安全等领域发展。

● 全国推行的“双随机一公开”监管工作电视电话会议召开,市委副书记、常务副市长应勇在上海分会场部署相关工作,要求严格落实主体责任,聚焦重点,切实把“双随机一公开”工作落到实处,进一步深化简政放权、放管结合,优化服务改革。

● 市政协召开“发挥外事优势,助推上海国际大都市建设”专题协商会,依托外事平台优势,上海积极推动城市外交,创新推进民间外交,吸引国际组织入驻,打造对外交流品牌,市政协主席吴志明出席。副市长陈寅通报有关工作情况。

● 作为上海戏曲艺术中心主办的“戏·聚精典”演出季重要演出项目,沪剧经典《雷雨》亮相上海大剧院,这是上海沪剧院时隔 13 年后在大剧院亮相。

● 当地时间 9 月 20 日晚,上海文化艺术团赴摩洛哥巡回演出拉开序幕,演出获得当地观众的追捧。

● 第九届“感动闵行·可爱的闵行人”评选结果正式揭晓，救火英雄王海滨等 17 人入选。

● 市委、市政府、警备区在上海大学召开 2016 年欢送新兵大会。大学生征集比例再创上海市历史新高。

● 由市政府新闻办公室、上海广播电视台等单位主办的曼谷“上海广播周”，在泰国曼谷正式启动。

● 副市长陈寅在市政府贵宾厅会见来访的格林纳达总督塞茜尔·拉格雷纳德一行。

●《反洗钱法》颁布 10 周年，中国银行上海市分行反洗钱工作 10 年成果累累。

● 上海通过大力实施“公交优先”，打造“绿色公交”“智慧公交”“人文公交”，以“公交优先＋慢行交通”为主重新配置路权，延安路之后，下个中运量公交也选在市中心。

● 市政府办公厅下发的《上海市单用途商业预付卡专项治理行动工作方案》，以美发美容、沐浴(含足浴)行业发卡主体为整治重点，在全市范围内第一次大规模开展单用途商业预付卡专项治理行动。

● 市民文化节公布秋季活动全表，全市各级各类公共文化机构和社会主体将举办 6 000 多项文化活动，全市 16 个区也各自举办为期一周的特色文化活动，成为上海市民文化成果的一次集中展现。

●“笑写沧桑——民国时期漫画家孙之俊作品展”在上海图书馆开幕，共展出孙之俊漫画作品及相关图稿百余件。

● 首版米其林上海指南正式发布。全市唯一一家米其林三星餐厅花落唐阁，另有 7 家餐厅被授予二星餐厅称号、18 家中外餐厅摘得一星。另外，还有 25 家平价餐厅上了“必比登美食推介”榜单。

● 21 日起，上海公安交警部门联合市交通委交通执法总队展开为期 1 年的货运车超载超限专项整治行动，在专项整治行动期间将对违法超限超载运输行为严格实施“一超四罚”。

● 市公安局文化保卫分局、市教委、市反电信网络诈骗中心平台和“柏万青工作室”，在上海交通大学闵行校区举办“一路上有你　安全伴我行”名讲师进校园安全周活动启动仪式。

● 东华大学松江校区化学化工与生物工程学院 3 名研究生在实验室进行化学实验过程中引发爆炸，导致 1 名学生受轻微擦伤，2 名学生接受进一步检查治疗，所幸均无生命危险。

● 2016 年以来市公安局在“猎狐行动”中从境外抓获及劝返在逃犯罪嫌疑人 71 名，其中包含 9 名被国际刑警组织签发红色通缉令的人员。

● 徐汇区康健街道已成为上海中心城区唯一一个符合创建园林街镇硬件指标的街道，2017 年底，康健园林街镇将初现雏形。

22 日

● 全市举办 2016 世界无车日城市公益定向赛活动，同时，市文明办发布 2016 年第五次上海市交通文明测评结果，本次交通文明综合指数为 95.24 分，显示全市文明交通创建工作保持良好态势，反映道路交通违法行为大整治以来所取得的成果。

● 青浦区在全市率先出台区级层面供给侧结构性改革实施意见，进一步提升供给体系的质量和效率，旨在通过战略性结构性调整培育经济发展新动能，形成新的有效优质供给。

● 市委书记韩正会见法国欧莱雅集团全球董事长兼首席执行官让・保罗・安巩一行。韩正表示，上海会越来越有创新的活力，一如既往为中外企业创造更好发展环境，实现合作共赢。

● 上海出台《关于促进本市停车资源共享利用的指导意见》政策，鼓励停车资源共享，今后小区周边具条件道路，有望开放给居民夜停。

● 市人大常委会召开住宅物业法规执法检查代表小组组长会议，市住建委表示，将考虑对连续 1 年不缴，且 3 次催缴而不缴费的，采取相应惩罚措施。

● 第三届国家网络安全宣传周(上海地区)暨第六届上海市信息安全活动周期间，上海市信息网络安全管理协会会长李建华接受专访表示，防电信诈骗须完善个人信用系统。

● 市人大常委会对“社区卫生改革情况”方面的代表建议办理进行督办检查，市卫计委表示将抓紧研究薪酬分配方案，学历科研等条件可放宽，让好医生愿意下沉到社区。

● 经过 74 天、16 000 多千米航行，“张謇”号科考船返回上海芦潮港。

● 第十届参事国是论坛在上海举行。国务院参事室和全国 18 个省(市)的政府参事，聚焦“供给侧结构性改革：补短板与城市(群)发展”主题，从多元视角交流探讨各地对于补齐短板、推进改革、强化管理，促进经济发展和城市发展，服务国家现代化建设大局的政策建议。中共上海市委常委、统战部部长沙海林，上海市副市长赵雯出席论坛。

● 出征里约残奥会的上海运动员、教练员满载荣誉和喜悦返沪，市残联在上海市残疾人体训中心举行热烈而简单的欢迎仪式，欢迎载誉归来的上海残奥健儿。

● 市委常委、政法委书记姜平在虹桥迎宾馆会见苏里南国民议会议长珍妮弗・西蒙斯一行;副市长时光辉在人民大厦会见阿斯利康全球公司事务副总裁珍妮·雅格尔女士一行;上海市高级人民法院院长崔亚东会见澳大利亚高等法院首席大法官罗伯特·弗伦奇一行并进行工作座谈。

● 著名大提琴家马友友接受专访,高度评价上海艾萨克·斯特恩国际小提琴比赛:要选拔巨星,更要播撒音乐种子。

●“探索邬达克”科普月暨建筑遗产科普展,在这位建筑师位于番禺路上的旧居揭幕。

● 复旦大学附属儿科医院近10年来第三次成功救治早产四胞胎。

●“外滩控股”2016年世界水上摩托锦标赛上海大奖赛暨国家杯世界摩托艇大赛上海临港站开幕仪式在上海南汇新城滴水湖举行。

● 上海开展一系列积极探索,完善公共体育服务体系,将健身指导和服务送到市民身边,让健康福利为市民共享。

23日

● 以“双轮驱动:科技创新与体制机制创新”为主题的2016浦江创新论坛在沪开幕。全国政协副主席、科技部部长万钢作开幕演讲。上海市市长杨雄,本届论坛主宾国代表、英国大学与科学国务大臣乔·约翰逊,主宾省代表、浙江省副省长冯飞出席开幕式并致辞。

● 第十一届中国邮轮产业发展大会签署首批国产豪华邮轮订单,2+2艘13.35万吨Vista级豪华邮轮锁定在上海外高桥造船有限公司建造,并将于2022年交付。

● 市长杨雄分别会见英国大学与科学国务大臣乔·约翰逊和英国政府首席科学顾问马克·沃尔伯特,蒙古教育文化科技体育部部长扎米彦苏荣·巴图苏里,对客人来沪出席2016浦江创新论坛表示欢迎。杨雄表示,上海将积极落实G20杭州峰会各国达成的创新增长的共识,主动参与全球创新网络建设,促进创新资源有效流动,推动更多国际科研合作。

● 中央批准,免去沈晓明的上海市委常委、委员职务,沈晓明任教育部党组副书记。

●《2016亚太知识竞争力指数报告》在浦江创新论坛发布,专家建议上海加强对高技术服务业科技金融等行业的扶持。

● 市红十字会、市教委、市卫计委联合主办“上海市中小学生、婴幼儿住院互助基金20周年报告会”,20年来,少儿住院互助基金累计参保约4 000万人次,为近160万人次患病少儿支付16.6亿元医疗费用,真真切切地帮助很多患病儿童,向社会传播“人道、博爱、奉献”的红十字精神,获得巨大社会效益。

● 上海市侨联成立60周年纪念大会在上海展览中心友谊会堂召开。

●《艰苦卓绝创伟业——纪念长征胜利80周年艺术作品展》在上海图书馆开幕,展出艺术家们诠释新时代长征精神的书法、篆刻、国画、油画等作品百余件。

● 作为第十八届中国上海国际艺术节参展项目,《叶锦添:流形》艺术大展在上海当代艺术博物馆(PSA)10号展厅对公众展出。

● 第九届上海当代音乐周在上海音乐学院贺绿汀音乐厅正式开幕,“网红”彩虹合唱团献演一曲《森林的祈祷》。

● 最受外宾欢迎的特色酒店排行榜揭晓,《上海日报》旗下的生活时尚服务子品牌iDEAL-Shanghai在上海金茂君悦酒店举行第四届“爱的上海”颁奖盛典。69家机构获奖。

24日

● 上海交通大整治开展已达半年,不少市民感受到身边的变化,九成以上受访群众支持交通大整治,上海还推出“上海交警”App(手机客户端),集成“违法缴款”“违法举报”等多种“掌上功能”。

● 中国科学院上海硅酸盐研究所名誉所长严东生遗体告别仪式,在上海龙华殡仪馆举行。中共中央政治局委员、上海市委书记韩正,第十届全国政协副主席、原中国工程院院长徐匡迪,中国科学院院长、党组书记白春礼,中国科学院党组副书记、副院长刘伟平,上海市委副书记、市长杨雄,市领导吴志明、应勇、徐泽洲、沙海林、尹弘等送别。

● 上海中环线国定东路下匝道工程首次采用拼装“积木”一样的装配式技术,彻底解决湿法施工存在的低效、污染、高成本等问题,也为上海中心城区桥梁施工中全面采用装配式技术的推广开了好头。

● 上海自贸区率先在张江探索CMO改革试点。

● “2016新丝绸之路上海合作研讨会”召开。本次研讨会就如何在国家战略的框架下,把民间交流的桥梁搭得更好,搭得更远,配合完成“新丝绸之路经济带”的宏伟蓝图,实现新丝路各国人民的美好愿望展开研讨。

● 第四届“2016上海海归千人创业大会”在上海科学会堂召开。此次大会以“海归海聚创新创业”为主题,举办创业大赛获奖项目展示与签约、院士与千人计划创业者圆桌论坛、各区人才政策展示等活动,总结分享留学人员回国创新创业成功经验、宣传普及最新人才政策、集聚创新创业与资本的力量。

● 有“地球上最快5公里跑”之称的The Color Run(彩色跑)上海站在高行镇森兰绿地分批次组团开跑,19 200位跑友参加。

● 复旦大学成立中西医结合研究院,“中西合璧”助力攻克重病难关。该研究团队提出中草药DNA条形码物种鉴定的方法,即利用基因组中一段通用标准短序列,建立中草药物种鉴定数据库平台,实现中草药标准化鉴定。

● 第三届"创青春"中国青年创新创业大赛(商工组)全国赛在上海拉开帷幕。全国31个省市区的145支优秀创业团队齐聚上海,在未来3天同场对决。

● 2016年市学生中华优秀传统文化主题月系列活动展示暨上海市未成年人暑期工作总结颁奖会在黄浦区文化馆举行。黄浦区在"非遗进校园"方面动足脑筋,激发青少年对传统文化的热爱,推动非物质文化遗产在校园的普及和传承。

● 第四届中国自由贸易试验区论坛举办,多位重量级专家围绕"上海自贸区如何进一步发展"展开一系列探讨,为上海自贸区的未来发展提出建议。此外,上海财经大学还首次发布《上财中国自由贸易试验区发展指数》,对上海、天津、广东、福建四个自贸区进行全面系统的定量评价和分析。

25日

● 市委副书记、市长杨雄与科技部党组书记、副部长王志刚为组长的国务院第三次大督查第八督查组召开见面交流会。督查组副组长、国土资源部党组成员、国家土地专职副总督察、总规划师严之尧,市委副书记、常务副市长应勇出席。杨雄表示,上海将加强政府目标管理体系建设,狠抓问题整改落实,确保国家各项决策部署在上海落地见效,取得更大实效。

● "对接'16+1合作'与'一带一路'倡议"国际研讨会在上海国际问题研究院召开。中东欧国家的政府官员与学者,以及国内北京、上海等地的学者共同探讨在新的发展阶段,中国与中东欧国家的"16+1合作"与"一带一路"倡议如何更好地进行对接,从而以务实有效的方式合力推进中国与中东欧国家的互利双赢。

● 由解放日报社、市作家协会、上海图书馆共同主办的"海上心声秋,'朝花'六十周年经典诗文朗诵会"在上海图书馆举行。

● 由市政府侨办和市海外交流协会主办的2016年"相聚上海·共谋发展"活动开幕。活动围绕海外和谐侨社建设、展示侨团特色活动以及发挥海外侨务资源优势、服务国内企业"走出去"发展。国务院侨办副主任李刚、市政协副主席徐逸波出席并讲话。

● 第三届国家网络安全宣传周(上海地区)暨第六届上海市信息安全活动周闭幕。本次安全周在全市陆续召开数十场专业论坛和技术研讨会,集中表彰一批网络安全工作先进个人,举办多项网络安全竞赛,走进社区和学校开展网络安全宣传教育等活动。

● 市第二届市民运动会之"寻找魔都大力士"拔河总决赛启动仪式在东方明珠城市广场举行。

26日

● 上海人才"30条"发布。9月26日起,全市持有《外国人永久居留证》的海外高层次人才可以直接办理《上海市海外人才居住证》(B证)并享受相关待遇。同时,通过"七个方面"进一步完善B证持证人所享受的市民待遇来提高《外国人永久居留证》的含金量。

●《唐翔千传》出版座谈会暨赠书仪式在市政协举行。会前,市政协主席吴志明会见全国政协常委、香港知名人士唐英年一行。

● 上海贵州两地经济交流座谈会在上海召开。沪黔两地就如何通过体制机制改革,推进创新驱动发展、经济转型升级进行交流。上海市委副书记、常务副市长应勇主持座谈会并讲话,贵州省委常委、常务副省长秦如培出席。

● 由市人民政府新闻办公室、市对外文化交流协会、塔什干市政府、乌兹别克斯坦艺术学院共同主办的"魅力上海"推广活动在乌兹别克斯坦首都塔什干市揭幕。

● 全球最具影响力的国际金融中心排名——由英国Z/Yen公司编制的全球金融中心指数(GFCI),首次在上海发布。上海名列全球第16位,是中国大陆在全球排名最高的金融中心城市。

● 市政府侨办、市海外交流协会在上海中心召开2016年上海市侨界国庆招待会。

● 中国第七次北极科考队乘坐"雪龙"号极地考察船,返回位于上海的极地考察国内基地码头。此次考察在北冰洋陆架区发现金属结核区,这一发现堪称"全球首次"。

● 市志愿服务公益基金会、复旦大学附属儿科医院、绿地集团控股有限公司、香格里拉市红十字会共同携手,启动"关爱香格里拉困难先心病儿童特别行动"。短短2天,12名医护人员以及志愿者们奔波在迪庆藏族自治州的小学、幼儿园,共为3 712名孩子实施先心病筛查。

● 新静安拥有博物馆60多家,是上海拥有博物馆最多的区域,未来新静安将打造历史文化保护的"博物馆城区"。

● 备受关注的上海"1.13"特大诈骗案在金山法院一审公开宣判。4名被告人因犯诈骗罪,被分别判处10—14年有期徒刑不等,并处罚金。这是上海近年来最大一起电信诈骗案,涉案人员多达140余人,其中被检察机关提起公诉的就有120余人。

27日

● 市委副书记、市长杨雄在普陀区调研。杨雄要求抓推进抓落实,全力实现年度目标任务,并立足区域定位和功能塑造,及早谋划2017年工作思路,坚持不懈探索创新发展道路。

● 市长杨雄会见加拿大萨斯喀彻温省省长华尔德一行,希望与加拿大及萨斯喀彻温省深化科技、教育等领域合作,通过务实合作,促进经济发展,造福双方人民。

● 上海市加强城市基层党建工作专题研讨班在市委党校举办。市委副书记、常务副市长应勇进行开班动员并讲话,他强调,要以改革创新精神全面加强上海城市基层党建工作,为做好改革发展稳定各项工作提供坚强保证。市委常委、组织部部长徐泽洲作研讨班总结讲话。

● 上海北斗导航创新研究院成立。研究院的建设目标,是形成集资讯、研发、产业化、投资于一体的导航产业技术协同创新平台和创新加速体系,成为高精度导航位置服务产业技术的领军者。研究院将采用“E3 + X”模式,即集聚科技、投资、管理三方面专家,助力北斗导航产业能级提升。

● 由商务部和上海市政府共同主办、上海跨国采购中心有限公司承办的“第十五届中国(上海)国际跨国采购大会”拉开帷幕。本届跨采大会期间还举办以“智能制造趋势下的全球供应链变革与发展”为主题的跨国采购论坛。在大会之外,由上海跨国采购中心有限公司运营的“跨国采购在线平台”提供365天的精准配对服务,吸引全球买家和优质供应商,打造永不落幕的跨国采购盛会。

● 由民建市委与奉贤区政府联合举办的“2016上海中小企业发展奉贤论坛”在奉贤区会议中心举行。全国政协副主席、民建中央常务副主席马培华出席论坛并作主旨演讲,民建中央副主席、市政协副主席、民建市委主委周汉民主持论坛。

● 第七届全国部分省市社会建设(上海)年会在沪召开,共同探讨交流基层治理创新的新情况、新挑战和新机遇,谋求新形势下的社会建设和基层治理的新方法、新举措和新路径。

● 副市长陈寅在人民大厦会见来访的首尔市行政第一副市长柳炅基一行。

● 上海第三次农业普查农作物面积遥感测量启动,一批全新技术在上海郊区亮相,首次使用卫星遥感技术开展主要农作物面积的测量,并结合无人机航拍、手持智能数据采集终端(PDA)等现代信息技术,提升普查的工作效率、服务水平和统计数据质量。

● 在上海市导航领域十余家骨干企业与科研院所协同创新下,国家重大科技专项“长三角卫星导航应用示范工程”建设任务通过国家验收,中国卫星导航系统管理办公室主任冉承其用“远远超出预期”来评价这次工作。

● 浦东举行2016年上海院士专家峰会,中国科学院科技战略咨询研究院院长潘教峰等专家呼吁,通过提升“原始创新能力”重塑发展新动力。

28日

● 2016年第三次“补短板”综合治理现场会召开,市委书记韩正主持会议并强调,“五违四必”区域环境综合整治是一场攻坚战,要打出精气神,让人民群众有更大获得感。2017年是“五违四必”攻坚战关键一年,要把握时机、抓住机遇、狠抓落实,真正形成常态长效管理机制。市委副书记、市长杨雄出席并讲话。

● 市委书记韩正会见上海航天长征六号团队先进事迹报告团时说,广大航天人所展现的创新、担当、奉献和团队精神,深深鼓舞和激励着全市人民。我们要进一步学习和弘扬航天精神,以锐意创新的勇气、敢为人先的锐气、蓬勃向上的朝气,努力当好全国改革开放排头兵、创新发展先行者。

● 2016 年"上海市荣誉市民"称号和"白玉兰荣誉奖"颁授仪式在市政府举行。美国籍人士杨曹文梅和马来西亚籍人士黄柏兴获"上海市荣誉市民"称号,美国籍人士葛伯强等 10 人获"白玉兰荣誉奖"。市长杨雄为获奖者及代表颁授证章、证书,并会见两位"荣誉市民"。市人大常委会副主任钟燕群参加会见。副市长陈寅在颁授仪式上致辞并参加会见。

● 嘉闵高架路(G2 公路-S6 公路)建成并实现高架主线通车,标志着嘉闵高架路北段主线全面建成通车。

● 孔子诞辰 2 567 周年。"万世师表 · 海峡两岸甲骨文书法展览"亮相嘉定区工人文化宫,展览围绕《论语》,通过甲骨文书法来反映孔子的思想与其倡导的儒家学说,搭建文化交流平台。

● 张江行政服务中心在全国率先推出外国人证件"五证联办、平行受理"的服务新模式。

● 2015—2016 年度上海市职工职业道德建设十佳标兵单位、市职工职业道德建设十佳标兵个人揭晓,并受到表彰。

● 市发改委和杨浦区制定《全面建设国家大众创业万众创新示范基地实施方案》,上海市和杨浦区政府共同出资 20 亿元,设立支持创业创新的投资基金,计划到 2018 年带动吸引天使投资、风险投资等各类创业投资 500 亿元左右,各类资本市场上市企业 100 家左右。

● 连接徐汇、黄浦两区滨江断点的"北连"工程——日晖港人行桥开放试运行,黄浦徐汇滨江"断点"打通,可直接由从外滩步行至西岸。

29日

● 市委书记韩正深入社区医院、专科医院和综合医院,调研儿科医疗服务体系和服务能力建设进展情况。韩正强调,市委、市政府高度重视全市儿科医疗服务体系建设。上海要始终把儿科发展放在重要位置,形成合力补好上海医疗服务体系中儿科这个"短板",希望通过我们的共同努力,全面提升上海儿科医疗服务的能力水平。这是上海软实力的体现,是上海民生建设迫切需要解决的问题。

● 市委副书记、市长杨雄在松江区调研时指出,"十三五"郊区创新转型发展机遇多、空间大、任务重,牢牢守住"人口、土地、环境、安全"四条底线,坚定不移推进产业结构调整，继续大力发展先进制造业和现代服务业；坚定不移推进环境综合整治，加快新型城镇化建设，推动城乡一体化发展迈上新台阶。

● “上海市2016年老年节文艺晚会”在上海大剧院举行。市委副书记、常务副市长、市老龄委主任应勇到会致辞，代表市委、市政府，向全市430多万老年人致以节日祝福，向全市老龄工作者和关心支持老龄事业发展的社会各界人士表示衷心感谢。

● 武警上海总队召开国庆长假安保执勤部署会，对国庆假期上海各大要点、险点目标安保作出部署，形成全方位、多层次的社会治安防范网络。

● “长征精神·永放光芒——纪念红军长征胜利80周年”国防教育演出活动在大宁剧院举办，市高校青年师生、驻沪部队官兵、机关党员干部、社区普通市民、工商联企业家代表约1 000人观看演出。

● 中国驻匈牙利大使馆在布达佩斯艺术宫举行国庆文艺晚会，邀请各方嘉宾欣赏上海文化艺术团演出，共贺新中国成立67周年。

● 国庆黄金周，全市交通执法联手公安、旅游、文化执法等部门在全市范围组织开展“安运八号”省际客运行业专项整治，严查省际客车无证经营、外省市省际客车异地经营以及接入联网联控平台等情况。

● 市戏剧家协会成立60周年座谈会在沪召开，尚长荣、茅善玉等戏剧界老中青三代戏剧家近百人出席。京剧表演艺术家李蔷华、昆剧表演艺术家蔡正仁，越剧表演艺术家王文娟，话剧表演艺术家焦晃、滑稽戏表演艺术家童双春，导演艺术家马科等纷纷寄语上海剧协、上海戏剧人“坚守舞台”“谱写上海戏剧新篇章”。

● 中国商飞公司在上海向成都航空公司交付第二架ARJ21新支线喷气客机，标志着我国支线喷气客机正向产业化目标稳步迈进。

● 香港知名作家、出版人、香港作家联会会长潘耀明在上海季风书园发表“接过巴金讲真话的薪火”读书演讲。他谈到，人类的人格精神之花是永远不会凋谢的，巴金先生给我们留下丰厚的精神遗产。

30日

● 黄浦江两岸公共空间贯通开放概念方案正式发布。

本月

● 2016年1月，警方在宝山区陈广路某物流园区一家厂房内抓获犯罪嫌疑人朱某、夏某等4人。经查，4人长期非法加工从4S店等途径收购来的废旧机油。8月，虹口区检察院批准逮捕了这起污染环境案的2名主要犯罪嫌疑人朱某和夏某。这是全市中心城区成功批捕的首例污染环境案件。

● 一年一度的通向劳力士大师赛之路国际网球挑战赛上海站在上海对外经贸大学举办,开国际网球赛事首次进入我国校园的先河。这项赛事将连续 3 年在上海对外经贸大学举办。为期一周的赛事中,学生不仅可以观赏精彩对决、体验热烈比赛气氛,更有机会与球员近距离互动。

● 应最高人民法院邀请,国际法院院长龙尼·亚伯拉罕一行来沪访问。访问期间,亚伯拉罕一行前往上海高院参观交流。上海市高级人民法院院长崔亚东会见来宾,并介绍上海法院的总体工作情况。

● 市委书记韩正,市委副书记、市长杨雄等市领导带领各区党政负责同志和市有关委办局负责同志,深入高新产业园区、新型城镇化综合试点区域、重大文化设施、住宅小区、滨江公共空间、世博园区城市最佳实践区,实地了解 2016 年以来全市创新驱动发展、经济转型升级重点工作进展,促进各区相互学习交流、相互借鉴启发,更好地推进全市工作迈上新水平。

● 应最高人民法院邀请,秘鲁最高法院院长维克托·卢卡斯·蒂科纳·波斯蒂戈一行来沪访问。

● 集"绿色能源之都""教育之乡""海鲜之乡""长寿之乡"等城市品牌于一身的江苏省南通市如东县,在沪举办第十届中国如东沿海经济合作洽谈会暨上海投资环境说明会。

● 贵州省遵义市与上海市商务委、普陀区政府共同举办"第二届遵义生态农特产品上海行"活动。

● 2016 年以来,上海交警部门已查处不按规定系安全带违法行为 3.7 万余起。2016 年 7 月、8 月,交警相继启动高清探头抓拍不系安全带、使用手机,抓拍违法行为 3 850 余起,其中逾千起已被处罚。交警部门表示正在更新升级电子警察设备,未来抓拍不系安全带、打手机等违法行为的电子警察范围进一步扩大。

● 由贵州省委书记、省人大常委会主任陈敏尔,省委副书记、省长孙志刚率领的贵州省党政代表团,在上海考察访问。14 日下午,中共中央政治局委员、上海市委书记韩正,市委副书记、市长杨雄与贵州省党政代表团举行两地座谈交流。在沪期间,韩正、杨雄陪同陈敏尔、孙志刚率领的贵州省党政代表团参观"长征与遵义会议——纪念红军长征胜利 80 周年暨上海对口帮扶遵义成果展览",并先后考察上海中心大厦、中国(上海)自由贸易试验区行政服务中心、张江高科技园区和 GE 中国科技园区。

● 据空中交通网发布的上海终端区航班延误黄色预警显示,15 日 16 时—16 日 8 时,受雷雨天气影响,上海终端区通行能力下降 20%左右,16 日 8—12 时通行能力下降 30%左右。这使本应迎来客流小高峰的浦东和虹桥两机场受到一定影响,浦东机场更是遭遇 14 小时 290 毫米的降水量，两大机场彻夜奋战排水，确保运行安全。

● 2016 国际机器人嘉年华在上海西岸艺术中心开幕。现场，中国首台巨型格斗机甲“极战大威”正式亮相，并代表中国向来自日本和美国的巨型机甲约战。

● 2016 第三届中国信息安全用户大会(Ucon)在上海召开，会上发布首个移动互联网安全标准《移动互联网应用软件安全通用技术规范(试行)》特别对第三方移动应用的信息保护要求提出一些考核的要点。

● 应上海友好城市新西兰达尼丁市、泰国清迈府及友好交流关系城市日本长崎县的邀请，市人大常委会主任殷一璀率上海市代表团访问新西兰、泰国和日本。

● 由科技部和上海市政府共同主办的 2016 年浦江创新论坛在东郊宾馆举行。论坛以“双轮驱动：科技创新与体制机制创新”为主题，邀请来自全球逾百位政坛精英、企业巨头、学界巨匠相聚黄浦江畔，共话创新。英国和浙江省受邀担任主宾国和主宾省。

10月

1日

● 6 时 30 分，武警上海总队一支队国旗班在人民广场举行升旗仪式，百余名群众聚集在人民广场国旗台前，翘首期盼五星红旗冉冉升起。在中共二大会址纪念馆、渔阳里团中央机关旧址纪念馆、宋庆龄陵园等爱国主义教育基地，不少市民、中小学生、青年等通过各种形式，表达对祖国的祝福。

● 上海节日气氛浓厚，旅游市场秩序良好。在纳入假日监测统计的景区中，朱家角古镇接待游客 3.5 万人次，东方明珠广播电视塔接待游客 2.5 万人次，上海动物园接待游客 1.98 万人次，位列人气最旺景区前三名。

● 新落成的上海国际舞蹈中心迎来首批观众。大剧场崭新的 1 078 个座位被观众填满，上海芭蕾舞团的原创舞剧《哈姆雷特》在此开演。

2日

● 上海南京路步行街、外滩、豫园商城三个开放式旅游区迎来大客流。全市 2.5 万名公安民警和武警上海市总队官兵联勤驻防坚守岗位，加强巡逻、维持秩序，保障市民和观光旅游者的节日活动安全有序。

● “上海市民诗歌节”系列讲坛在大隐书局举行。围绕著名德国诗人汉斯・恩岑斯伯格，翻译家姚月朗诵并分享她翻译的汉斯诗集《比空气轻》。

● 市食品药品监督管理局透露，上海食品安全监督部门已对福喜公司等作出行政处罚。相关责任人纳入全市食品严重违法失信“黑名单”。

● 2016 斯柯达 HEROS 嘉定活力嘉年华在上海奥迪国际赛车场精彩上演,也是 2016 市民运动会自行车项目总决赛以及环上海系列赛的收官战。3 000 余名车手在 F1 赛道驰骋,近万名市民及游客齐聚赛场,观赛游园,一同感受节日的气氛。

3 日

● 中科院上海应用物理研究所李景烨课题组的一项抗菌棉布研究发表在《应用材料与界面》。2016 年 3 月,研究所和一家企业签订科研成果产业化项目合作协议,其中就包括对这一抗菌棉布进行产业化合作开发。

4 日

● 国庆期间有近 35 万人次前来临港观光游玩,其中有约 15 000 人次的“看海族”到南汇嘴观海公园享受海风的洗礼。

5 日

● 中华艺术宫南广场入口等待观展的人群蜿蜒数十米长。这一天中华艺术宫接待观众 2 万多人次。2016 年“十一”长假期间,看展览与看电影、看演出一样,正成为申城市民乐享假日的方式。

● 国庆长假第五天,纳入假日监测统计的全市景区景点中,多个景区游客接待量同比大幅增长。

6 日

● 随着亚洲最高楼宇“上海中心”举办的“空中音乐会”的指挥棒上下翻飞,为期 27 天的 2016 上海旅游节谢幕。

7 日

● 市公安局交警总队透露,为应对返程高峰,市公安局增派交警,开展排堵疏导措施,截至 16 时,全市高速公路进出沪收费口均流量平稳,无明显堵点。

● 在申城各景区持续多日的大客流中,2016 年国庆假日落下帷幕。市旅游局的统计信息显示,国庆 7 天,全市共接待游客 927 万人次,同比增长 5%;实现旅游收入 91 亿元,同比增长 13.2%。通过全市出国(境)游组团旅行社组织的出国(境)人数为 6.4 万人次,同比增长 9.1%。

● 2016 年国庆长假市民自驾出游热情高涨,长假 7 天(10 月 1 日 0 时—10 月 7 日 17 时)全市高速公路车流总量达到 876.45 万辆次,同比增长约 11%,再创新高,总体运行平稳有序。

8 日

● 市委书记韩正,市委副书记、市长杨雄与安徽省党政代表团举行两地交流座谈。

● 市委书记韩正和市委常委、市委秘书长尹弘来到普陀区桃浦镇第一养老院走访慰问。

● 全国人大常委会《安全生产法》执法检查汇报会在沪举行。全国人大常委会副委员长吉炳轩讲话,全国人大常委会委员、财经委主任委员李盛霖介绍执法检查的工作要求。市委副书记、市长杨雄,市人大常委会主任殷一璀分别致辞。

● 上海全面实施不动产统一登记制度。届时,房地产登记由不动产登记替代,房地产权证书和登记证明停止发放,颁发《不动产权证书》和《不动产登记证明》。

● 市政府正式批准发布《上海市老龄事业发展"十三五"规划》,未来5年,上海将积极应对人口老龄化,通过"八项任务""八大项目"等措施,全面构建现代老龄事业发展体系,在更大范围、更高水平上实现老有所养、老有所医、老有所学、老有所为、老有所乐。

● 市住房城乡建设管理委、市规划国土资源局联合下发《关于进一步加强本市房地产市场监管促进房地产市场平稳健康发展的意见》,提出在继续严格执行《关于进一步完善本市住房市场体系和保障体系促进房地产市场平稳健康发展的若干意见》的基础上,进一步强化市场监管,加大执法力度,规范市场秩序,坚决遏制房价过快上涨态势,确保全市房地产市场平稳健康发展。

● 作为个体工商户"两证整合"的试点区域,上海工商部门颁出"五证合一"首证。自此,上海成为全国最早实现全部市场主体"五证合一"登记制度的省市,包含个体工商户在内的所有市场主体均有了统一的"身份证"。

● "上海发布"发布关于上海市出租汽车行业改革三个文件等。

● 上海歌剧院宣布,与英国皇家歌剧院签订3年合作协议。未来3年中,双方将在经典剧目的联合制作和上海歌剧新秀的培育方面加强合作,英皇新锐导演参与到上海歌剧院经典剧目、原创剧目的制作和创作。

● 市教委公布2017年上海市普通高中思想政治、历史、地理、物理、化学和生命科学6门科目学业水平等级性考试命题要求。各科目等级性考试试卷的试题难度在0.75左右,介于高考和合格性考试难度之间。

9日

● 市长杨雄和副市长时光辉一行来到上海中医药大学附属曙光医院教授、上海市名中医王灵台家,向老人送上节日祝福,感谢他为上海医疗卫生事业特别是中医发展作出的贡献。

● "要只争朝夕、奋发有为,确保完成'十三五'开局之年各项目标任务。"市委副书记、市长杨雄在市政府工作会议上强调,第四季度工作时间紧、任务重,要在中央和市委坚强领导下,进一步增强紧迫感,强化大局意识、责任意识,攻坚克难,勇毅前行。

● 市政协召开十二届七十五次主席会议,传达市委近期重要工作情况,审议"补短板、攻难题,增强企业在科技创新中心建设中的主体作用研究"课题调研报告。市政协主席吴志明主持。

● 市人大就"加强物业管理"代表建议召开专题督办座谈会。针对小区停车难问题,市交通委汇报多项对策措施,鼓励采用政府和社会资本合作模式(PPP),推进利用公共资源建设停车设施,支持申请停车场建设专项基金和发行专项债券,拓宽项目融资渠道。

● 2017 年度邮政报刊大收订拉开序幕,上海邮政以"订了么"开启 2017 年度邮政报刊收订新模式。打出"为父母订、为朋友订、为儿女订"一张张充满亲情的新牌。

● 在世界精神卫生日之际,市医学会精神医学专科分会、市心理卫生服务行业协会联合虹口区精神卫生中心举行老年人心理健康论坛。

● 市消保委透露,2016 年国庆长假期间,全市各级消保委共受理消费者投诉 741 件,同比上升 2.9%。其中旅游服务成为假日投诉热点。

● 为缓解浦东国际机场晚间旅客疏散的压力,磁浮线已在现有磁浮运营时间的基础上常态化加开两个班次,票价 40 元,比平时班次便宜 10 元。

● NEW BEGINNING 环球都会广场全球发布会暨上海世博滨江区域发展主题论坛举行,位于世博滨江板块的环球都会广场项目也首次公开亮相。

10 日

● 市长杨雄会见葡萄牙总理安东尼奥·科斯塔率领的代表团一行,代表上海市政府和上海人民对总理阁下访沪表示欢迎。

● 市长杨雄主持召开市政府常务会议,学习贯彻第五次全国残疾人事业工作会议精神,部署推进上海相关工作;研究全面建设杨浦国家大众创业万众创新示范基地等事项。

● 市质量技术监督局业务受理中心、上海研发公共服务平台、上海牵翼网络科技有限公司共同签署《互联网+检验检测认证服务平台合作共建协议》,预示着市科委和市质监局将互通数据,携手探索互联网、大数据、电商平台与科技创新服务、检测测试运营服务相结合的创新发展新模式。

● 市高级人民法院与市律师协会签订《关于依法履行职责、保障司法权益、共同维护司法权威的倡议书》。这也是全国首份提出维护法官权益的倡议书。

● 上海社会科学院公布新一期民生民意调查报告,主题是劳动就业与收入消费。调查显示,在上海,"两头小、中间大"的橄榄型收入结构已初显。

● 从召开的金山区产业发展及"十三五"规划情况通报会上获悉,金山区正在建设上海第一个国家级海洋公园,总占地 39 平方千米,一期工程已投入 9 000 万元,内容包括金山三岛的修复和海洋修复。

● 2016年上海公共精神卫生知晓度调查结果显示，上海市民在对精神卫生的基本知识和疾病识别上，总体有一定提升；但对于疾病的误解，以及对患者的歧视和偏见，依然存在。

11日

● 市十四届人大常委会召开第七十五次主任会议，决定将《上海市社会信用条例（草案）》《上海市实施〈中华人民共和国村民委员会组织法〉办法》（修订草案）和《上海市居民委员会工作条例（草案）》由年度立法计划预备项目转为正式项目。市人大常委会主任殷一璀主持会议。

● 市委书记韩正，市长杨雄会见由浙江省湖州市委书记裘东耀，湖州市市长陈伟俊率领的湖州市党政代表团。

● 市人大常委会主任殷一璀会见斯里兰卡议会议长卡鲁・贾亚苏里亚一行。殷一璀说，中国与斯里兰卡的传统友谊是我们共同拥有的宝贵财富，建交59年以来，双方相互理解、相互支持，始终保持着真诚友好的关系，在高层互访、经贸、文化等方面都建立友好来往。

● 复旦大学教育发展基金会泛血管基金设立，将致力于搭建重大血管疾病科技创新大平台，整合血管及其相关疾病大学科，推进血管大健康产业发展。

● 为首批全国双创示范基地之一的上海交通大学发布双创示范基地建设方案，在未来两年中，通过通识平台以及开设"技术创业""金融创业"双学位等人才培养计划，为创新创业提供人才支持。

● 2016中国出租汽车发展论坛透露，全市传统出租车将加快转型步伐，提升载客频率，减少空驶率，进一步缓解市民打车难。

12日

● 市委、市人大常委会领导赴徐汇区视察选民登记工作，并召开座谈会。

● 市住建委宣布，上海第六批次共有产权保障住房申请受理工作于四季度开展。共有产权保障住房准入标准维持不变，继续执行《上海市共有产权保障住房（经济适用住房）准入标准和供应标准》（沪府发〔2014〕53号）及相关配套文件，第六批申请人的年龄、婚姻状况年限和户口年限以2016年12月31日为截止时点前溯计算。

● 2016年全国大众创业万众创新活动周开幕，上海启动仪式在全国双创活动示范基地杨浦区举行。启动仪式上，国家科技成果转化基金和上海双创孵化母基金双双揭牌，杨浦区与上海交通大学、复旦大学和同济大学签署有关创新创业的战略合作协议。上海双创孵化母基金由杨浦区政府和上海双创投资中心共同出资，总规模达20亿元。

● 为纪念中国共产党建党 95 周年、中国工农红军长征胜利 80 周年,由上海师范大学师生排演的校园版民族歌剧《党的女儿》在上海师范大学举行巡演的首演。

● 在 2016 亚太邮轮大会上,上海中船国际邮轮产业园正式揭牌,这意味着,宝山将邮轮产业链进一步延伸至邮轮制造配套和运营等方面。

● 由文化部主办、上海市政府承办的第十八届中国上海国际艺术节在庄严的国歌声中拉开帷幕。艺术节组委会主任、文化部部长雒树刚致辞并宣布开幕。艺术节组委会主任、上海市市长杨雄致辞。文化部副部长丁伟,上海市领导董云虎、钟燕群、翁铁慧、张恩迪,青海省政协副主席纪仁凤出席。

● 民航局调查组连夜对 10 月 11 日发生在上海虹桥机场的两架飞机冲突事件进行调查,初步判断,该事件是一起因塔台管制员指挥失误造成跑道侵入的不安全事件。

13 日

● 中共中央政治局委员、上海市委书记韩正,市委副书记、市长杨雄与青海省党政代表团举行两地交流座谈。

● 由市金融办、上海银监局、杨浦区政府、张江管委会共同主办的 2016 上海科技金融创新论坛在杨浦区举行。

● 中民投全球专家咨询委员会第三次年度会议在上海开幕。围绕“全球新形势,亚洲新机遇”的主题,为期两天的会议吸引来自全球各地的专家学者,共同探讨影响地区发展的趋势和中国资本所面对的机会和挑战。

● 在上海制造业发展的关键时期,一个历史性的重大工业项目在沪启动。“中芯国际”集成电路制造产能扩充项目的总投资额近 1 000 亿元,这一数字足以使之成为 10 年来上海最大的工业投资项目之一。

● 上海海事法院与上海保监局联合在全国首次推出海事诉讼保全责任险以及保证函推荐格式文本,这是双方助推航运金融创新的有益实践。

14 日

● 市委书记韩正,市委副书记、市长杨雄赴浦东张江,实地察看科创中心建设大科学设施项目,了解上海科技大学建设发展情况,与学校负责人、专家教授座谈。

● 市委书记韩正,市委副书记、市长杨雄会见获得全国表彰的全市人民防空工作先进单位代表、先进个人和基层一线工作者代表。

● 第三届全国哲学社会科学话语体系建设理论研讨会在中国浦东干部学院召开。中国社会科学院院长王伟光作主旨报告,中共上海市委常委、宣传部部长董云虎出席会议并致辞,会议由中国社会科学院副院长李培林主持。

● 市文明办、市建交党委、上海师范大学和文汇报社联合主办“市民修身与城市发展”论坛暨第104期文汇讲堂。中科院院士、同济大学学术委员会主任郑时龄在主讲《卓越的全球城市之人》中递进式阐述了全球城市及内涵更丰富的卓越全球城市,并将目光投向“城市之人”的作用。

● 由市政府新闻办公室、市金融服务办公室、美国汤森路透集团主办,第一财经、上海WTO事务咨询中心、美国中文电视协办的“上海金融创新论坛”,在位于纽约时代广场的汤森路透大厦举行。

● 从市住房和城乡建设管理委员会获悉,上海共有产权保障住房供后管理实施细则已经市政府转发。实施细则主要规定购房人购房后5年内回购、5年后政府优先购买、购买政府产权份额和上市转让的申请审核、办理程序、价格标准、税费承担等重点内容。对于违规违约使用共有产权保障住房行为的发现、认定和分类处理等问题,也出台相关政策措施。

● 2016年市志愿者协会理事第二次(扩大)会议暨市政府实事项目“完善100家社区志愿服务中心民生服务功能”经验交流会举行。会议学习传达中央文明办全国学雷锋志愿服务培训班精神,交流全市志愿服务与社区志愿服务中心建设工作。

● 来自中公教育统计的数字显示:“国考”上海考区,2016年岗位数282个,招录人数867人,2017年整体招录人数下降了5%。整体岗位招录人数有所下降,海关逆袭增幅65%,国税、海关、海事遥遥领先。

15日

● 上海边检总站透露,今日0时起,上海作为全国首批试点的口岸,正式启用贴纸式144小时过境免签临时入境许可,为外籍旅客享受144小时过境免签政策提供便利。

● 上海城市草坪音乐广场迎来观众近2 000人次,上海民族乐团为纪念长征精神、缅怀民族先烈精心打造的音乐会《长征路上民歌行》在此献演,正式拉开第十八届中国上海国际艺术节核心版块“艺术天空”的序幕。

● 由市社联、市委党校、市中国特色社会主义理论体系研究中心联合主办的“上海市社会科学界第十四届(2016)学术年会马克思主义研究学科专场暨上海市马克思主义研究年度论坛”,在市委党校举行。本届论坛的主题是“治国理政与马克思主义新境界”。

● 艺术塑造完美人格——第十八届中国上海国际艺术节艺术教育论坛在沪举行。中国上海国际艺术节党总支部书记杨靖,耶鲁大学戏剧学院副院长、剧院管理客座教授琼·钱妮科,“舞向未来”创始人、全美舞蹈协会(NDI)董事杨雪兰,上海市教育委员会副主任王平,现任中国福利会少年宫党总支书记、常务副主任、“舞向未来”艺术教育项目副总监陈敏,上海师范大学教授钱源伟出席论坛。

16日

● 为纪念中国工农红军长征胜利80周年,大型原创交响诗剧《长征:不朽的丰碑》首演于上海文化广场。这台融合音乐、戏剧、舞蹈、诗歌等多种艺术形式的舞台演出,全方位地展现中国共产党领导中国工农红军跨越千山万水,战胜无数艰难险阻,完成二万五千里长征的英雄壮举。

● 市公安局透露,按照中央公安改革"1+3"意见方案精神和市委部署,上海共提出60项具体改革任务,其中涵盖公安机关管理体制和人民警察管理制度。在人民警察管理制度改革中,还将稳步推进按需分类招警和特殊人才招录制度的建立。

17日

● 市委副书记、市长杨雄主持召开市政府常务会议,听取第十八届中国国际工业博览会筹备情况汇报,强调要坚持"专业化、国际化、市场化、品牌化"方向,不断提升工博会办展水平;听取第二十八次上海市市长国际企业家咨询会议筹备情况汇报,希望主动顺应互联网经济,完善组织机制,为上海未来发展贡献更多智慧。

● 市委常委、市委政法委书记姜平前往浦东新区调研人民调解工作,先后赴上海市金融消费纠纷、现代服务业联合会、交通事故民事损害赔偿纠纷、国际旅游度假区等人民调解委员会开展实地调研指导,并听取市司法局关于全市矛盾纠纷化解机制建设工作情况的汇报。

● 在市政府新闻发布会上,杨浦区、市发改委、市科委等有关部门介绍杨浦区全面建设"国家'双创'示范基地"的情况,并发布《上海市人民政府关于全面建设杨浦国家大众创业万众创新示范基地的实施意见》。

18日

● 市委召开常委学习会,听取中国科技发展战略研究院原常务副院长王元研究员所作的《双轮驱动:打造具有全球影响力的科技创新中心》专题辅导报告。市委书记韩正主持会议。

● 上海公安推出身份证快证办理措施,急需用证的户籍居民可走绿通道加急办理,只要7天就能拿证,在全国领先。

● 2016年市学生运动会在上海交通大学体育馆拉开序幕。作为上海学生界的"奥运会",市学生运动会由市教委、市体育局共同主办,每4年举办一届。

● 上海中医药大学世界标准日主题活动日上传出消息,国际标准化组织/中医药技术委员会(ISO/TC249)成立6年来,已发布包括针灸在内的国际标准7项,另有47项标准提案正在制作中,实现ISO领域中医药国际标准多个零的突破。

●《上海市住宅物业消防安全管理办法(草案)》展开立法听证。议题集中在两点:其一,草案对物业服务企业规定住宅物业消防安全管理方面的具体义务,规定物业服务企业主要负责人是住宅物业管理公共区域的消防安全责任人是否合理、可行？其二：草案将适用范围定位于实施物业管理的住宅物业，未实施物业管理的住宅物业参照执行，是否合理、可行？

19日

● 市政府与泰康保险集团在沪签署战略合作协议，双方将充分发挥各自优势，深化战略合作，共同推进上海国际金融中心建设和民生事业发展。上海市市长杨雄、泰康保险集团董事长兼首席执行官陈东升出席。上海市副市长周波与泰康保险集团执行副总裁兼泰康养老董事长李艳华代表双方签约。

● 市委书记韩正会见美国星巴克公司董事会主席兼首席执行官霍华德·舒尔茨一行。

● 中国人民银行上海总部召开会议，要求各商业银行继续严格执行限贷政策，防止变相放松要求、打政策擦边球的情况。

● “上海市药品零售企业《上海市药学服务证》挂牌仪式”在上海第一医药商店举行，标志着全上海药房的专业药学服务又上新台阶，这在全国药品零售行业中也开先河。

● 由上海医院协会信息专业委员会主办，中国电信上海公司承办的上海市医院协会信息管理专业委员会 2016 年第三季度学术研讨会——影像云专场顺利召开。会议对健康网三期“医疗影像云”架构和医联“影像云”情况做了总结，并分享中国电信上海公司在同济医院影像云项目中的实践。

● 上海专家全新研发的紫外光 LED“中国方案”，在与国外产品比拼中，以优良性能胜出。这一创新突破不仅将使光纤行业制造实现飞跃发展，也有望推动其他产业变革。

● “公益号”主题列车以第六届“上海公益伙伴日”内容为主要设计元素，集中展示上海公益慈善新风貌，借助上海地铁的人流量和宣传资源，让更多市民了解并参与公益伙伴日，形成线上线下互动“全城公益”的热烈氛围，从而进一步打造上海“公益之城”的形象。

● 徐汇区检察院与漕河泾新兴技术开发区签订《服务企业备忘录》，设在园区的许磊检察官工作室同日揭牌。

20日

● 中共上海第十届委员会第十三次全体会议召开。出席这次全会的有市委委员 65 人，市委候补委员 1 人。市纪委委员、有关方面负责同志和部分党的十八大上海代表、市第十次党代表大会代表列席全会。全会由市委常委会主持。全会审议《上海市城市总体规划(2016—2040)(送审稿)》。韩正作讲话，杨雄就规划编制作说明。

● 市政府与中国电信集团公司在沪签署“互联网+”战略合作协议。在“十三五”期间,双方将围绕提升基础网络能级、推动重点产业创新、促进社会民生及打造高效服务政府等方面展开合作,致力于将上海打造成亚太领先的“互联网+”标杆城市。

●“家·园”城市影像艺术展在外滩十八号开幕。英国驻沪总领事吴侨文出席活动。

●“世界城市文化论坛上海论坛(2016)”在上海举行,纽约、伦敦、巴黎、阿姆斯特丹、伊斯坦布尔、波哥大、首尔、东京、新加坡等世界主要城市以及中国部分城市的专家学者、业界人士和文化官员,就城市文化建言献策。

● 天津贵金属交易所与上海自贸区大宗商品跨境金融服务平台相关建设方签署战略合作协议。各方将在仓库系统互连、仓单管理和增值服务、跨境商品交易支付融资等方面展开合作,这也是上海和天津两大自贸试验区首度在大宗商品贸易金融领域携手合作,中国自贸改革的协同效应开始显现。

● 市统计局、国家统计局上海调查总队发布前三季度经济运行情况显示:在连续两个季度经济增长与全国同步之后,2016年前三季度,上海再次实现6.7%的GDP增速,与全国保持一致。

● 在上海体育学院举行的首届社区体育(上海)论坛吸引数百位国内外专家学者齐聚,围绕“变革中的社区体育组织发展与建设”主题建言献策。

21日

● 市委首次召开调研协商座谈会。市委常委、市委统战部部长沙海林受市委书记韩正委托主持召开座谈会,副市长周波会同市委、市政府相关部门领导,围绕“上海建设具有全球影响力的科技创新中心”议题,与各民主党派市委、市工商联、无党派代表人士开展调研协商座谈。

● 在沪三军和武警部队百名老将军共聚上海城市剧院,举行“百名将军颂长征——纪念中国工农红军长征胜利80周年”主题活动,与近千名驻沪部队官兵、青少年学生代表一起观看长征主题演出,共话英烈事迹,弘扬长征精神。

● 由市妇儿工委、市妇联等主办的2016上海妇女发展国际论坛在沪举行,国内外专家学者共同探讨性别平等与企业社会责任的机遇、挑战与经验。

● 根据市人大常委会党组第75次会议讨论通过的《市十四届人大常委会2017年度立法计划编制工作方案》的相关要求,从21日起至10月底,“上海人大”微信公众号联合“上海发布”微信公众号开始向市民征询年度立法计划建议项目。

● 中国电信上海公司正式启动千兆宽带规模化发展计划。这是上海电信继2015年开展千兆宽带示范小区试点后,正式在全市范围内推广千兆宽带接入服务。

22日

● 上海在山东省临沂市兰陵县、费县、河东区和江苏省徐州市铜山区先行试点建设的6个规模化外延蔬菜基地全面启动，成为蔬菜淡季供应平抑价格的“蓄水池”，让2 400万上海市民的“菜篮子”拎得更轻松。

● “让我们携手共为一个地球、一片碧水蓝天承担自己的责任，做出自己的贡献。”在第二届上海国际自然保护周启动仪式上，上海旅游形象大使胡歌发出“生态文明行动倡议”，号召社会各界参与自然保护活动。

23日

● 静安寺隆重举行迁址800周年暨命名静安1008年纪念活动。国家宗教局和上海市、静安区领导出席纪念活动。

● 艺游嬉梦——中国上海国际艺术节“艺术天空”12小时特别活动在上海城市草坪音乐广场和上海音乐厅举行。除了“音乐演出”板块，12小时特别活动还在城市音乐草坪广场上推出“亲子互动”“创意集市”“VR体验”“Cosplay模仿秀”等多个单元，更首次从英国伦敦引进“创意影像装置”。

● 市食品药品安全委员会办公室、市食药监局和市公安局联合宣布，上海市成功破获一起违法销售过期烘焙用乳制品的重大案件。涉案的19名犯罪嫌疑人已被归案，其中8人被检察部门起诉、3人被刑事拘留，另有8人取保候审。

● 第十八届中国上海国际艺术节“节中节”之一的“台北音乐周”在上海交响乐团音乐厅拉开帷幕。台北市立交响乐团、台北市立国乐团和台湾吹笛人室内乐团一一登场，这也是台北三大乐团首次齐聚上海。

24日

● 市政协召开十二届七十六次主席会议，审议《上海流量经济发展的现状及对策建议(草案)》。市政协主席吴志明主持会议。

●《上海市电子政务云建设工作方案》印发。上海将按照“集约高效、共享开放、安全可靠、按需服务”的原则，建成市、区两级电子政务云平台，实现市政府各部门基础设施共建共用、信息系统整体部署、数据资源汇聚共享、业务应用有效协同，开展政务大数据开发利用，提高为民服务水平，提升现代治理能力。

25日

● 全国政协副主席、民进中央常务副主席罗富和赴民进上海市委机关调研并召开座谈会。

● 市政协召开“建立贯彻执行中央八项规定精神的长效机制”专题通报会，市政协主席吴志明出席。市委常委、市委秘书长尹弘通报有关情况。

● 市人大常委会主任殷一璀会见韩国釜山市议会议长白宗宪一行。

● 2016 上海广播节开幕。上海广播电视台东方广播中心新媒体融合项目“音乐云中心——M 项目”正式启动建设,该项目在广播创新融合的大背景下,为音乐广播构建更符合全媒体播发、投送的技术框架和节目模式。全国政协常委、中国广播电影电视社会组织联合会会长张海涛,中国广播电影电视社会组织联合会副会长王求,中共上海市委常委、市委宣传部部长董云虎等出席开幕式。

● 第九届“高端医疗服务与建设国际研讨会”透露,上海已有 20 余家涉外医疗服务机构,上海的国际医疗服务已经达到较高水平。

● 市教委公布 2015 年度上海市初中学业质量绿色指标综合评价报告,对全市九年级学生绿色指标相关测评结果显示,上海初中教育质量总体处于较好水平。

● 上海铁路局透露,上海火车站、上海虹桥站、上海南站已将全部室内吸烟设施关停。

● 市口腔医院 70 周年院庆暨口腔预防国际研讨会在沪举行。流行病学抽样调查显示,上海 5 岁儿童的患龋率达到 71.7%,超过全国的平均水平。

26 日

● 市政协举行十二届三十次常委会议,围绕“坚持共享发展,促进社会和谐”协商议政。市政协主席吴志明出席并讲话。副市长时光辉通报有关情况,并听取常委意见建议。

● 市政府召开市级行政事业单位所办企业清理规范工作会议。市委副书记、常务副市长应勇在会上指出,要坚决贯彻党中央、国务院“四个分开”要求,按照市委、市政府部署,扎实推进市级行政事业单位所办企业清理规范工作,将其作为适应和引领经济发展新常态的一项重大决策部署、全面深化行政体制改革和国资国企改革的重要内容,确保 2017 年底全面完成清理规范工作。

● 由市政协和法国法中委员会共同举办的“同行中国”中法企业界交流会在市政协召开。70 多名中法企业界人士围绕深化上海与法国中小型企业的双向互惠合作交流互动。

● 常务副市长应勇在市政府会见卢森堡大公储纪尧姆一行。卢森堡大公储及随行的财政部部长格拉美亚介绍近年来卢中双方特别是与上海的合作情况,表达深化与上海在财金领域合作的愿望。应勇向客人介绍上海四个中心及国际大都市建设和经济发展情况,他指出上海和卢森堡在金融创新和人才培养等方面有共同的需求,希望今后加强上海与卢森堡在各领域的合作。

● 全国政协副主席、民进中央常务副主席罗富和出席“柯灵故居”“雷洁琼雕塑铜像”民进会史教育基地揭牌仪式。民进中央副主席、上海市人大常委会副主任、民进上海市委主委蔡达峰出席。

● 以“优势互补，合作双赢”为主题的第五届中印合作论坛在中欧国际工商学院上海校园拉开帷幕。中印两国的专家、学者和知名企业代表，共同就中印两国经贸往来和投资问题进行深入探讨。

● 2016中国国际食品博览会在上海展览中心举行，国内外商业联合会、食品行业终端企业带来包括奶制品、肉制品、糖果及休闲零食、酒类等参展产品。

● 向闵行区环保局递交了2016年前三季度主要污染物的排放量清单后，鹰革沃特华汽车皮革（中国）有限公司总经理张立疆松了口气。作为上海第一批获发《主要污染物排放许可证》的企业，按时向监管部门公开自己主要污染物的排放情况，是他们每季度的指定功课。

● 市综合为老服务平台（www.shweilao.cn）上线仪式举行。随着该平台投入运行，全市老年人将更方便获取养老服务资源。

27日

● 市常务副市长应勇会见英国太古集团行政总裁及副主席施铭伦，应勇对施铭伦一行表示欢迎，并对太古集团来华150年表示祝贺。

● 市疾病预防控制中心透露，经过专家论证、审批等一系列流程，上海正式引入全球首个EV71手足口病疫苗，该疫苗由中国自主研发。

● 市公安部门公布交通违法量排名前十位的公交车、出租车“违法大户”，其中数量最多的公交车违法量达13起，最多的出租车则达41起。

● 以“完善分级诊疗制度，提升基层医疗服务水平”为专题的市政协首场年末视察启动，市卫计委相关负责人表示，以家庭医生制度为突破口，全市已初步构建“基层首诊、双向转诊、急慢分治、上线联动”的分级诊疗体系。

●《上海市大数据发展实施意见》正式公布，按照“市场主导、政府带头”原则，确立了上海大数据发展目标：到2020年，政府数据服务网站开放数据集超过3 000项，建成3家大数据基地，引进和培育50家大数据重点企业，大数据核心产业产值达到千亿级别。

● 第四届公共外交对话会在上海市政协举行，文化部原部长、全国政协文史和学习委员会原主任王蒙，中共中央党校国际战略研究院中国外交研究室主任罗建波，上海国际问题研究院台港澳所所长邵育群，北京外国语大学国际关系学院副教授周鑫宇应邀以“讲好中国故事”为主题发表演讲，并与现场听众互动交流。市政协副主席姜樑出席。

● 市慈善基金会启动2016—2017年度社会慈善项目资助计划，投入3 000万元招募优质公益慈善项目资助，资助金额为历年之最。新的资助计划将进一步提高善款的使用效益，为困难群体提供更加专业、更加高效的服务。

● 上海召开电影工作座谈会，市委宣传部等 9 部门联合制定《关于促进上海电影发展的若干政策》，作为政策“红利”之一，上海影视摄制服务机构挂牌，次日对外开放。

28 日

● 市长杨雄会见英国默林娱乐集团 CEO 尼克·瓦尼一行。

● 新华网股份有限公司首次公开发行 A 股上市仪式在上海证券交易所举行。新华社社长蔡名照、上海市市长杨雄在仪式上致辞并共同鸣锣开市。上交所理事长吴清，新华社副社长兼秘书长刘正荣，人民日报社副总编辑、秘书长王一彪等出席。

● 上海报业集团与上海农村商业银行股份有限公司签署全面战略合作协议，建立战略性伙伴关系。此举将进一步推动上海报业深度融合、整体转型，助力做强互联网舆论主阵地，是文化传媒与金融行业合作共赢的创新举措。

● 2016 上海智慧城市建设领军先锋评选暨智慧工匠技能竞赛启动。活动由市总工会、市经济和信息化工作委员会、市经济和信息化委员会指导，《解放日报·上观》、上海市经济和信息化工作系统工会工作委员会联合主办。

● 市商务委员会和市外商投资协会联合召开 2015 年度上海市外商投资“百强企业”发布会暨“责任—创新—共享”外企社会责任论坛。

● 由市民政局、市委宣传部、市委统战部等共同主办的第六届“上海公益伙伴日”，在上海公益新天地园开幕。活动以《中华人民共和国慈善法》实施为契机，传播公益理念和慈善文化，展示上海国际化大都市的公益慈善新风貌。

29 日

● 市委召开常委会和全市党员负责干部会议，传达学习贯彻党的十八届六中全会精神。市委书记韩正和市委副书记、市长杨雄分别传达习近平总书记在党的十八届六中全会上的重要讲话精神。市领导殷一璀、吴志明、应勇、董云虎、徐泽洲、姜平、沙海林、尹弘等出席。

● 2016 上海肿瘤放疗与影像国际会议围绕“聚焦肿瘤诊治新技术，推进精准医疗新发展”主题，专家学者就癌症放射治疗、医学影像技术等前沿问题展开深入研讨和交流。

● 早上 5 时的铜川路水产市场，汽车的发动声划破清晨的宁静，58 辆车载着 141 家从江苏来此经营淡水鱼海鲜档的商户和他们的全部“家当”，离开铜川路，开往“新家”，位于嘉定的嘉燕市场。

30 日

● 作为 2016 年“世界城市日”主题活动之一的 2016 全球城市论坛在上海交通大学举行。世界各地的专家学者重点围绕城市政府治理创新、城市经济转型发展、城市交通治理创新、城市生态治理创新、城市文化保护与传承等方面，探讨城市发展共同面临的问题和解决策略，为全球城市治理与发展提供新思路。市长杨雄，市人大常委会副主任、上海交大党委书记姜斯宪在开幕式上致辞并共同为中国城市治理研究院揭牌。国务院发展研究中心副主任张军扩出席并作主旨演讲。上海交大校长张杰等出席。

● 受市委委托，市委常委、统战部部长沙海林向各民主党派市委、市工商联负责人和无党派人士代表通报中共十八届六中全会精神。

● 由市妇联、市文明办主办的上海市五好文明家庭、海上最美家庭揭晓表彰大会暨“海上名人谈家风”论坛在上海市教育电视台举行。市委常委、市委秘书长尹弘等为获奖家庭颁奖。

● 上海市与联合国、国际展览局、住房和城乡建设部联合正式发布《上海手册——21 世纪城市可持续发展指南·2016》中文版。

● 0 时起，上海浦东、虹桥国际机场航站楼内禁止吸烟。

● 2016 年上海国际马拉松赛鸣枪，3.8 万名参赛者从外滩金牛广场起跑。

● 总奖金额高达 950 万美元的高尔夫美巡赛事世界高尔夫锦标赛——汇丰冠军赛，在中国上海的佘山国际高尔夫俱乐部结束争夺。

31 日

● 市长杨雄持召开市政府党组会议，深入学习贯彻党的十八届六中全会精神，部署进一步推进市政府全面从严治党工作。

● 市长杨雄主持召开市政府常务会议，研究《上海市 2016 年碳排放配额分配方案》，进一步推进节能减排等工作。

● 市人大常委会机关召开传达党的十八届六中全会精神大会，市人大常委会党组书记、主任殷一璀主持会议并对贯彻全会精神和市委要求作出部署。

● 市政协副主席姜樑会见来沪访问的亚美尼亚公众院主席马努基扬一行，向来宾介绍上海改革发展近况，并就共同在“一带一路”战略中发挥积极作用交换意见。

● 市政协副主席张恩迪会见来沪访问的爱沙尼亚文化部副部长帕沃·诺格奈，就推动爱方与上海开展文化交流项目进行探讨。

● 上海残奥健儿表彰大会在上海展览中心召开。市委书记韩正，市委副书记、市长杨雄会见参加第十五届残奥会的上海运动员、教练员代表。

● 第十八届中国国际工业博览会开幕式暨颁奖仪式在上海国际会议中心举行。中国工程院主席团名誉主席、工程院院士徐匡迪，工业和信息化部部长苗圩，中国工程院院长周济，上海市市长杨雄共同推动启动装置，标志着工博会正式开幕。

● 全新的“云购票”方式出现在上海地铁，乘客只需要通过手机等智能移动终端，使用“支付宝”或“付费通”App 便可实现在线支付购票，从单程票到一日票、三日票，均可线上购买。

● 在创意产业园中成智谷内，宝山三号创业地图正式发布，标志着“三号创业带”建设全面启动。

●“2016 世界城市日——上海论坛”在上海召开。本届“上海论坛”由上海市规划和国土资源管理局、上海市住房和城乡建设管理委员会共同主办，市城市规划设计研究院、市城市规划学会、上海世界城市日事务协调中心承办。市城市规划委员会专家委员会专家、市规划和国土资源管理局系统、市住房与城乡建设管理委员会系统、长三角地区规划管理部门等近 300 人出席论坛。论坛由中国科学院院士、同济大学郑时龄教授和同济大学城市规划系唐子来教授主持。市规划和国土资源管理局副局长徐毅松做题为“塑造更富魅力的人文之城”的主旨报告，纽约、巴黎、东京、首尔、柏林和杭州的 6 位国内外专家分别作主题报告。

● 市第八届(2014—2015)优秀公共关系案例评选颁奖大会在浦东新区中国金融信息中心上海厅召开。市公共关系协会会长胡炜、市委统战部副部长赵福禧以及获奖单位代表、协会会员单位代表和社会各界特邀人士出席。

● 上海机场集团在 2016 上海国际城市与建筑博览会上发布信息。上海浦东国际机场将扩建至 8 条跑道，可满足年旅客吞吐量 1.6 亿人次的需要。

● 0 时，虹桥机场 T1 航站楼前迎宾一路高架进场 G2 主线工程提前两个月完工，全线通车。

●“庆祝上海古籍出版社建社六十周年纪念会”在上海图书馆召开，上海学术界、出版界专家学者济济一堂，共话上古社一甲子厚重业绩。市委常委、宣传部部长董云虎出席纪念会并讲话。

本月

● 铁路旅客 73.9 万人次，同比增加 12.5%；民航抵达旅客 27.5 万人次，同比增长 6.9%；陆上长途客运抵达旅客 21.1 万人次，同比增长 20.3%。9 月 30 日—10 月 2 日，全市高速公路道口进、出沪客车数分别为 68.7 万辆次、110 万辆次，同比分别增长 24.9%、12.2%。

● 申城累计接待游客约 455 万人次，同比增长 7%。其中，以外滩、南京东路步行街、徐家汇源、豫园、世博源等为代表的街区，成为外地游客体验上海的首选。

● 2016 年上海民博会在上海东亚展览馆举行，G20 峰会上的国礼艺术品成为 2016 年的一大看点。

● 上海迪士尼度假区在长假第一天的相对冷清后，均出现排队长龙。其中，热门项目之一的“飞跃地平线”排队时长达 3 小时，“创速激光轮”排队达 2 小时，比肩暑期客流高峰时的等候时间。

●《关于本市深化改革推进出租汽车行业健康发展的实施意见》《上海市网络预约出租汽车经营服务管理若干规定(草案)》和《关于规范本市私人小客车合乘出行的实施意见》等三个文件,在中国上海门户网站、市交通委网站向社会公开征求意见。

● 国际展览行业最高等级的会议——国际展览业协会(UFI)在上海举行第八十三届会员大会。

● 市妇幼保健中心正式启动远程遗传咨询义诊活动,国内外遗传领域的知名专家实现即时的多方沟通和多点"会诊"。这是上海市妇幼保健中心在推进全市出生缺陷预防、筛查工作方面取得的积极成果。

● 第四届"淮海国际论坛"在上海社科院召开,中美俄日等国专家学者以"转型中的国际秩序:全球挑战与应对"为主题,就一些影响国际格局走向的重大问题深入交流。

● 由市规土局主办的"黄浦江两岸公共空间贯通开放概念方案展"在上海城市规划展示馆开幕,其中最大的亮点莫过于一幅巨大的模型地贴,展现杨浦大桥至徐浦大桥 45 千米岸线、500 多万平方米公共空间的景致,涉及杨浦、虹口、黄浦、徐汇、浦东新区的滨江带。

● 第六届上海公益伙伴日,上海公益新天地园(普育西路 105 号)举办一系列游园活动、论坛沙龙、文艺演出等。

● 中国教育国际交流协会主办的 2016 中国国际教育展在上海世博展览馆开幕,逾 30 个国家和地区的 300 余所海外院校参展。

● 中国上海国际艺术节举行。64 个国家和国内 30 个省区市及港澳台地区的 13 000名艺术工作者相约申城,各类活动共惠及 400 多万人次。本届艺术节舞台演出共献演 49 台剧目 101 场,平均出票率和上座率超过九成。"艺术天空"系列演出覆盖全市 16 个区的 24 个室外和室内场地,共献演 41 台 86 场精彩剧目,并且将更多优质节目资源辐射至金山、奉贤、崇明等远郊地区。"扶持青年艺术家计划" 2016 年共带来 10 部委约作品,61 项 190 场演出、近 40 项大师讲座、工作坊、展览等文化活动。艺术教育共举办 63 项 103 场进入学校、社区、商圈的活动。全市 27 所中小学成为首批"中国上海国际艺术节艺术教育合作学校"。2016 年共有 60 个国家和地区的 420 余家机构参加艺术节交易会。

● 上海共新增跨国公司地区总部及总部型机构 38 家,有 13 家企业被认定为亚太区总部,包括富世华、卡摩速、李尔等知名跨国公司将亚太区总部放在上海;新增投资性公司 13 家;研发中心 12 家。截至月底,外商在上海累计设立跨国公司地区总部 573 家,其中亚太区总部 54 家,投资性公司 325 家,研发中心 408 家。

11 月

1 日

● 市十四届人大常委会召开第七十六次主任会议。

● 市长杨雄在人民大厦会见芬兰埃斯波市市长麦凯拉一行,并与麦凯拉共同签署两市 2017—2019 年友好合作交流备忘录。

● 市长杨雄在衡山宾馆会见法国外长让-马克·艾罗一行。

● 市人大常委会主任殷一璀在人民大厦贵宾厅会见德国汉堡议会议长卡萝拉·费特一行。

● 作为第十八届中国国际工业博览会的重要活动之一,创新与新兴产业发展国际会议在沪开幕。

● 市政协围绕“推动新一代信息技术及相关产业融合发展”专题开展年末考察活动。

● 黄浦区发布加快高端服务业发展的“1 + 3 + X”系列政策。

●《上海市急救医疗服务条例》施行。这项被广泛称为“好人法”的法规首次分别对社会急救、院前急救与院内急救提出详细指导方案,在全国各省市急救医疗立法中尚属首次。

2 日

● 市委书记韩正在浦东新区调研时强调,浦东发展已经进入新的阶段,要在新起点上实现新突破,必须按照中央要求和市委部署,始终高举浦东开发开放的旗帜,坚定不移推进改革开放,努力当好排头兵中的排头兵、先行者中的先行者。

● 市委书记韩正会见英国英中贸易协会主席沙逊勋爵一行。

● 在市政府参事聘任仪式上,市长杨雄为 9 位新聘参事徐祖信、吴建中、孙海鸣、吴爱忠、韩慰军、程维明、唐豪、吴家睿、江海洋和 5 位续聘参事王曦、孙南申、赵宇梓、赵丽宏、黄泽民颁发聘书,并对参事们为上海经济社会发展和政府工作作出的贡献表示感谢。

● 市政协主席吴志明会见德国汉堡议会议长卡萝拉·费特率领的代表团。

● 副市长陈寅在浦东文华东方酒店会见来沪出席第二届中英地方领导人会议的英国中部引擎计划主席、渣打集团主席庄贝思爵士一行。

● 副市长赵雯在市政府贵宾厅会见上海市友城英国利物浦市市长乔·安德森一行。双方就两地在旅游、体育、文化等领域的交流合作交换意见。

● 市政协机关召开传达中共十八届六中全会精神会议,市政协党组书记、主席吴志明出席并对贯彻全会精神和市委要求作出部署。

● 根据市委统一安排，市委第一至第十巡视组分别进驻 27 家单位开展巡视，同时合并巡视 16 家单位。这批巡视是 2016 年的最后一批，也是本届市委任期内的最后一批巡视，标志着上海巡视全覆盖任务的全面完成。

● 市委常委、宣传部部长董云虎出席上海市第七届优秀网站表彰会。

● 在第十八届中国工业博览会上，市经济信息化委、市发展改革委、市商务委、市外办等四部门联合举行“中国制造、智造上海”先进制造业投资推介会，向国内外先进制造业抛出“橄榄枝”。

● 2016 国际机器人检测认证高峰论坛在上海举行，国家发展改革委、国家质检总局、工业和信息化部、国家认监委向社会首次发布“中国机器人认证(CR)”标志，同时颁发中国首批机器人产品认证证书，这标志着我国正式建立实施机器人检测认证制度。

● 为引导海外高端人才在自贸试验区创新创业，实现境外创新资源集聚，并进一步推动中国(上海)自由贸易试验区海外人才离岸创新创业基地建设，张江高科技园举行了以“创响自贸，链动全球”为主题的“海外人才上海自贸区创业汇”离岸基地大型交流对接活动启动仪式。

● 第十八届中国国际工业博览会上，上海各高校展示科技创新和产学研合作的最新成果。

3 日

● 市委召开专题协商座谈会。市长杨雄向各民主党派市委、市工商联负责人和无党派代表人士通报“以上海自贸试验区建设为突破口，塑造全方位开放新格局”有关工作情况并听取大家的意见建议。

● 以“不忘初心，积极有效传播正能量；坚守使命，作出媒体融合新贡献”为主题的上海新闻界庆祝第十七届中国记者节大会在广电大厦召开。

●《上海市危险化学品安全管理办法》修订发布。

● 第四届中国智慧城市产业发展(上海)论坛暨 2016 工业互联网峰会上，各方的嘉宾代表建言献计。

● 以主题为“艺术让生活更美好”的“2016(第 20 届)上海艺术博览会”正式开幕。美国、德国等 17 个国家的约 150 家画廊参展，数千件国画、油画、雕塑等艺术品参与交易。

● 上海颁发首张《外国人工作许可证》，获证的是 Joaquim Nassar(卓尔清)，现任上海交大—巴黎高科卓越工程师学院法方院长。

● 东方航空和民航华东管理局召开表彰会，授予果断正确处置“10.11”上海虹桥机场跑道入侵事件的机长何超“优秀共产党员”和“先进个人”荣誉，奖励人民币 300

万元;同时授予何超机组"先进集体"称号,奖励人民币 60 万元。

● 世界高层建筑与都市人居学会(简称 CTBUH)在美国芝加哥颁发第十五届 CTBUH最佳高层建筑奖项,"上海中心"获"2016 世界最佳高层建筑奖"。

4日

● 市委书记韩正会见瑞士德科集团董事会主席罗尔夫·都瑞一行。

● 2016 国际海运年会召开。中共中央政治局委员、上海市委书记韩正出席,上海市委副书记、市长杨雄在会上致辞。

● 市政府与国家开发投资公司在沪签署战略合作框架协议。市委副书记、市长杨雄,国投公司党组书记、董事长王会生出席。副市长周波与国投公司副总经理施洪祥代表双方签署协议。

● 副市长周波会见来访的美国安达保险集团董事长、总裁兼首席执行官埃文·格林伯格一行。双方就上海保险业发展情况、安达保险与原丘博保险合并的情况交换意见。

● 首届金融中心建设司法论坛在沪举行。最高人民法院专职审委会委员杜万华发表书面致辞,上海市高级人民法院院长、中国审判理论研究会金融审判理论专业委员会主任崔亚东出席开幕式并致辞。

● 市公共关系协会在市委统战部小礼堂召开成立 30 周年座谈会。市委常委、市委统战部部长沙海林,市公关协会会长胡炜以及社会各界人士、公关协会会员代表 70 余人出席。

● 市政协主席吴志明为市委党校学员作"充分发挥人民政协协商民主重要渠道和专门协商机构作用"专题报告,详细讲解人民政协发展历程、性质定位和职能地位。

● 市规土局公示《上海市海绵城市专项规划》方案,规划至 2020 年全市将建成 200 平方千米海绵城市区域,至 2040 年建设能够适应全球气候变化趋势、具备抵抗雨洪灾害的韧性城市。

● 上海高院开发的上海法院执行案件大数据管理系统对外亮相,这一系统用"看得见的力量"对执行行为有效监督,从而减少失范行为,堵塞腐败漏洞,助力破解"执行难"。

● 自 2016 年 7 月以来,市公安局坚持"以打促建、重在管控"的工作理念,开展网络直播平台专项整治工作,指导网络直播平台全面推行主播实名认证制度和用户注册信息审核制度。

● 黄浦江两岸公共开放空间贯通工程沿线企业单位腾地集中签约仪式在徐汇滨江龙美术馆举行。

● 罗氏创新中心在上海张江高科技园区奠基动工。中心聚焦于研究开发免疫、炎症及抗感染领域的创新型药物，不断满足中国乃至全世界患者的需求。

5日

● 17名上海市市长国际企业家咨询会议成员在市长杨雄的陪同下参观上海国际舞蹈中心，这是继2014年参观上海交响乐团音乐厅之后，会议成员再一次参观了解上海的文化新地标。

● 市委书记韩正分别会见前来参加第28次上海市市长国际企业家咨询会议的咨询会议前主席、美国史带公司董事长兼首席执行官莫里斯·格林伯格，卢克希奇集团董事长安东尼克·卢克希奇，咨询会议前主席、贝恩公司董事会主席奥里特·加迪耶什等。

● 常务副市长应勇在市政府贵宾厅先后会见前来出席第28次上海市市长国际企业家咨询会议的3位咨询会议成员：诺华公司董事长林浩德博士、安永会计师事务所全球主席兼首席执行官马克·温伯格先生以及普华永道全球主席罗浩智先生。宾主双方就上海的发展友好交谈。

● 由国务院新闻办公室、中国浦东干部学院主办的“中国新闻发言人论坛”在中国浦东干部学院举行。全国各地的80余名政府部门和中央企业新闻发言人、专家学者、媒体负责人在上海齐聚一堂，围绕“讲好中国故事　当好新闻发言人”主题，深入交流讨论。

● 2016第十二届上海当代戏剧节在上海话剧艺术中心拉开大幕。丹麦、澳大利亚、俄罗斯、新加坡、日本、新西兰、英国、中国等10个国家和地区的16部当代戏剧作品在1个月内陆续上演，涵盖肢体剧、默剧、环境剧场、儿童音乐剧、独白剧等不同类型。

● 2016上海国际护理技能大赛上海健康医学院举办。7个国家地区及上海26所医院、11所学校、16个国际团队的53支参赛队和108名选手参加比赛。

6日

● 第28次上海市市长国际企业家咨询会议在世博中心召开。此次咨询会议以“互联网时代的上海可持续发展”为主题，上海市市长杨雄作主题报告。

7日

● 按照中央统一部署，中央宣讲团党的十八届六中全会精神报告会在上海展览中心召开。上海市委书记韩正主持报告会并强调，学习宣传贯彻党的十八届六中全会精神，是当前和今后一个时期全党全国的重要政治任务。

● 市委副书记、市长杨雄主持召开市政府常务会议，审议《上海市基本公共服务体系“十三五”规划》，研究修订《上海市空气重污染专项应急预案》等事项。

● 上海市学习贯彻党的十八届六中全会精神宣讲团正式成立，在聆听中央宣讲团来沪宣讲报告后举行集体备课会。市委常委、宣传部部长董云虎出席备课会并讲话。

● 市政协召开十二届七十七次主席会议,审议市政协学习《中共十八届六中全会精神工作方案(草案)》等8项议题。市政协主席吴志明主持。

● 副市长陈寅在人民大厦会见来访的瓦努阿图维拉港市市长尤里奇·萨姆帕托,双方就进一步推进上海和维拉港市的友城务实交流进行会谈。

● 全市召开2017年度报刊发行工作会议,市委常委、宣传部部长董云虎出席并讲话。

● 持续已逾7个月的上海"最严"交通大整治得到市民广泛认可。市统计局的数据显示,88.7%的受访市民认为交通违法行为比大整治前少,91.8%的市民认为违法停车现象明显减少,占比居首位;87.1%的市民对整治成效表示满意。

● 位于杨浦区的全市首家虚拟现实(VR)消防体验馆对市民开放,市民通过VR视频学习掌握突遇火灾如何科学逃生。

● 市教委和市老龄委发布《上海市老年教育发展"十三五"规划》。

8日

● 公安部和上海市公安局在上海召开通气会,向部分国家驻沪领事馆通报公安机关贯彻落实《中华人民共和国境外非政府组织境内活动管理法》相关准备工作情况。

● 市政协围绕"促进以企业为主体的技术创新体系建设"专题开展委员年末考察活动。市政协主席吴志明参加。

● 为传承新闻工作的责任与梦想,由上海老新闻工作者协会举办的"上海新闻界十大寿星"暨"老新闻工作者精彩人生"评选揭晓,以此向那些数十年为党和人民的新闻事业"铁肩担道义,妙手著文章"的新闻人致敬。

● 由意大利都灵国立剧院改编自莎士比亚名著的喜剧《皆大欢喜》上演,为第二届"上海国际喜剧节"拉开帷幕。

● 2017年度上海公务员招录考试公告发布,职位表也一并出炉。

● 在上海临港滴水湖畔的临港大道和环湖北三路交叉口的上海天文馆开工兴建。

9日

● 由市委书记韩正,市长杨雄率领的上海市党政代表团赴云南省学习考察。

● 市十四届人大常委会第三十三次会议召开,一审《上海市促进科技成果转化条例(草案)》。市人大常委会主任殷一璀主持全体会议。

● 常务副市长应勇在市政府会见亚洲开发银行行长中尾武彦一行,向客人介绍上海四个中心建设和经济发展情况,充分肯定亚洲开发银行从20世纪80年代末开始对上海经济社会发展的支持,期待今后进一步加强合作。

● 《上海市道路交通管理条例(修订草案)》(修改二稿)提交市十四届人大常委会第三十三次会议审议。

● 市政协召开"引导促进体育产业和体育消费"专题协商会。

● 2016 中国国际工业博览会论坛暨上海 WTO 事务咨询中心顾问委员会年会在上海召开。与会代表围绕"入世十五年:中国与世界经济之变化""贸易便利化与供应链互联互通""区域价值链与原产地规则再定义"等交流。

● 由民革上海市委、市孙中山宋庆龄文物管理委员会和上海中山学社联合主办的"孙中山的理想与中国梦"国际学术研讨会在沪开幕。

● 华虹集团"创芯"20 周年技术研讨会暨华力二期 12 英寸生产线启动仪式在张江举行。作为国家发展微电子产业重点工程的华力二期 12 英寸集成电路新生产线正式启动。全国政协原副主席、华虹集团名誉董事长胡启立、国家发改委副主任林念修,上海市委副书记、常务副市长应勇共同启动项目建设。

● 作为第十八届中国上海国际艺术节参演剧目之一,上海评弹团原创中篇评弹《林徽因》在上海大剧院大剧场上演,1 600 座的剧院上座率超过 80%。

● 从上海巴士集团获悉,为解决上班族"出行难"问题,巴士集团携手 e 乘巴士,在上海陆续开设多条通勤线路公交,实现专车、专线、专座的舒适环境,让乘客每天都能"睡着"上下班。

10 日

● 市十四届人大常委会第三十三次会议审议关于检查全市贯彻实施《上海市住宅物业管理规定》情况的报告。听取《上海市实施〈中华人民共和国村民委员会组织法〉办法(修订草案)》的说明并解读《上海市实施〈中华人民共和国食品安全法〉办法(修订草案)》审议结果的报告。

● 上海举办地铁消防应急救援实战演练暨 2016 年上海市"119"消防周主会场活动。市委常委、市委政法委书记姜平出席活动。

● 第十八届工博会院士圆桌会议上,多位院士专家围绕"长三角协同创新"话题发表观点,建议大力推进科技资源共享平台建设,构建长三角各类创新要素的网络化对接平台,并设立投资基金,为企业、高校、科研院所的跨省市合作提供资金支持。副市长周波出席会议并讲话。

● 国际展览业协会(UFI)第八十三届年会在上海国家会展中心开幕。开幕式上举行国际展览业协会在上海设立常设机构的合作备忘录签字仪式,国际展览业协会和市商务委有关负责人士在备忘录上签字。副市长周波出席并致辞。

● 在由上海交通大学城市更新保护创新国际研究中心和西岸集团主办的"全球水岸对话 2016 论坛"上,纽约、伦敦等全球重要水岸城市的专家、学者聚焦"城市更新与文化创新”主题,为上海打造未来一流水岸,实现城市愿景“支招”。

● 第九届全球健康促进大会志愿者上岗宣誓仪式在上海外国语大学举行,770 名志愿者庄严宣誓,将努力践行志愿精神,做好服务工作。

11 日

● 市委书记韩正会见印度新任驻华大使顾凯杰一行。

● 2016 中国国际旅游交易会在上海新国际博览中心拉开帷幕。上海市市长杨雄、国家旅游局局长李金早、主宾国代表泰国旅游与体育部部长葛甘・瓦塔纳瓦朗军出席开馆仪式并致辞。

● 市长杨雄在人民大厦会见美国内布拉斯加州州长皮特・里基茨一行。

● 上海市实施《中华人民共和国村民委员会组织法》办法(修订草案)。

● 上海 14 个区新一届党委换届选举顺利完成,新一届党委第一次全会共选出常委 142 名。

● 在市十四届人大常委会第三十三次会议上,市财政局局长宋依佳受市政府委托,作《关于提请审议〈上海市 2016 年市本级预算调整方案(草案)〉的议案的说明》。会议通过《上海市检验检测条例》等。

● 第十一届上海双年展在上海当代艺术博物馆开幕,本届双年展主题为“何不再问:正辩,反辩,故事”,由主题展和城市项目组成,共有 40 个国家的 92 位/组艺术家参展。

● 市教育考试院公布学业水平考试的实施意见。

● “上海市打击假冒伪劣涉案物品检验中心”在沪揭牌成立,是全国首个打击假冒伪劣涉案物品检验中心,将有效强化对假冒伪劣涉案物品的权威认定。

12 日

● 纪念中国民主革命伟大先行者孙中山先生诞辰 150 周年瞻仰活动在上海孙中山故居举行。市政协主席吴志明,市委副书记、常务副市长应勇出席。

● 中国航天科技集团透露,7 时 14 分,由上海航天技术研究院研制的云海一号 01 星由长征二号丁运载火箭在酒泉卫星发射中心发射升空并进入预定轨道。

● 第十八届中国上海国际艺术节核心板块“艺术天空”的压轴演出“俄罗斯莫斯科新歌剧院歌剧选段音乐会”,在上海城市草坪音乐广场上演。

● 2016 年市民文化节“回家吃饭”市民烹饪大赛颁奖展演活动在群艺馆“搭灶开火”,百名“市民厨神”带上自己的拿手好菜,偕亲朋好友来到市群艺馆,展示自己独家秘制的美馔佳肴。

● “翰墨书长征”纪念红军长征胜利 80 周年全国书法名家展在世界你好美术馆开幕,展示近百名书法名家 170 多幅作品。

● 全国青年科普创新实验暨作品大赛上海复赛在上海科技馆举行，野外应急温差发电装置、电动汽车行进中无线充电系统、小区车位分时出租软件等创意作品亮点纷呈，而这些脑洞大开的作品都出自高中生的创意。

● 2016年是远东国际军事法庭（即东京审判）开庭审理70周年。为期两天的"2016东京审判与世界和平国际学术论坛"在上海交通大学举行。东京审判亲历者、曾任中国检察官秘书的高文彬教授出席论坛开幕式并发言。

13日

● 轨道交通14号线金粤路站主体结构最后一方混凝土浇筑完成，标志着该线首座车站顺利结构封顶。

● 全国37个临床专科的3 969名国内著名同行专家担任评审的复旦版《2015年度中国最佳医院综合排行榜》和《2015年度中国医院最佳专科声誉排行榜》出炉。中国最好的100家医院中，上海占据19个，其中，在排名前十的医院中，上海占三席：瑞金医院排名第四，中山医院第六、华山医院第八。

● "第二届中国微波消融大师高峰论坛"透露，继手术、放疗、化疗"三板斧"之外，微波消融已成为又一颇具生命力的临床肿瘤治疗技术。

14日

● 由全国政协副主席、民革中央常务副主席齐续春率领的孙中山先生诞辰150周年纪念活动嘉宾团抵沪参访。下午，中共中央政治局委员、上海市委书记韩正会见嘉宾团一行。

● 崇明世界级生态岛建设专家委员会第一次工作会议召开，市委书记韩正与出席工作会议的专家学者座谈交流。

● 市委副书记、市长杨雄主持召开市政府常务会议，研究推进落实全市公共安全风险管理和隐患排查整改工作等事项。

● 第二十三届全国省级党报总编辑年会在上海召开。全国各省区市的党报负责同志围绕"融合·创新·力量"年会主题，就媒体融合转型与改革发展进行研讨交流。人民日报社副总编辑卢新宁到会介绍人民日报的创新探索实践，上海市委常委、宣传部部长董云虎出席并致辞。

● 市人大召开2016年代表集中视察动员会，2016年的集中视察时间安排在11月中旬到12月上旬。

● 市政协副主席李逸平会见来沪访问的匈牙利国会外事委员会主席内梅特，就在教育、文化、医药等领域扩大合作进行探讨。

● 第十八届中国上海国际艺术节落下帷幕。

● 中国创业者的盛会——2016第十届全球创业周中国站活动在上海科技馆开幕。

● 9时20分许，在上海虹桥站候车的G14次列车旅客倪晓幸运地成为上海铁路局今年发送的第5亿名旅客。这也意味着长三角铁路年发送旅客首次突破5亿人次大关。

● “2016年度上海优秀教育品牌评选”正式拉开帷幕，上海各大优秀教育培训机构报名踊跃。

● 上汽集团已与大众汽车集团公司(德国大众)签署谅解备忘录，上海版奥迪或很快面世。

● 2016(第十届)全球创业周中国站活动在上海科技馆开幕，全国70多家创业服务机构、数百位知名投资人和企业家以及近万名创业者将汇聚在上海，参加70场各具特色的创业活动。

● 市教委公布《关于加强2016学年严禁将各类竞赛获奖证书作为义务教育学校招生录取依据有关管理工作的通知》，明确各类竞赛获奖证书不得作为义务教育学校招生录取依据，违反规定的公办、民办中小学将受到相应处罚。

15日

● 市委全面深化改革领导小组召开第十五次会议，市委书记、市委全面深化改革领导小组组长韩正主持会议并讲话。会议审议通过《上海市建设市民满意的食品安全城市行动方案》《关于本市全面推行河长制的实施方案》《上海市儿童健康服务能力建设专项规划(2016—2020年)》《本市长期护理保险试点办法》，听取关于上海全面深化公安改革阶段性进展和公安机关人民警察职务序列改革试点工作情况汇报。

● 市长杨雄在兴国宾馆会见日本长崎县知事中村法道、议长田中爱国率领的代表团。

● 市人大财经委、市经济和信息化委共同举办2016“社会信用立法”高峰论坛。市人大常委会主任殷一璀出席并致辞。

● 市政协围绕“推进黄浦江两岸地区公共空间建设”专题开展年末考察，先后赴黄浦区、徐汇区了解两区滨江贯通工程进展情况。

● 中国审判理论研究会海事海商审判理论专业委员会2016年年会在上海海事法院召开，主题聚焦“国际海事司法中心建设与海事海商审判理论研究”。最高人民法院副院长贺荣，上海市委常委、市委政法委书记姜平出席会议并讲话。

● 由最高人民法院、上海市高级人民法院、中国(上海)自由贸易试验区管理委员会指导，上海市浦东新区人民法院、上海市法学会、最高人民法院民四庭自贸区司法保障研究基地共同主办的“第五届东方法治论坛”在浦东法院举行。

● 在上海S3(沪奉)公路先期实施段2标主线高架桥施工现场，随着最后一根梁被吊起、装配就位，全长 3.1 千米的 S3 公路先期实施段工程顺利贯通，为下月底全线通车奠定基础。

16 日

● 16 日是区、乡镇两级人大代表换届选举投票日。市委书记韩正，市委副书记、市长杨雄，市人大常委会主任殷一璀，市委副书记、常务副市长应勇等分别参加所在地选区投票，选举所在地的区人大代表。

● 国家知识产权局与上海市政府在沪举行第三轮合作会商议定书签字仪式暨合作会商会议，双方将共同推动上海加快建设亚太地区知识产权中心城市。上海市委副书记、市长杨雄，国家知识产权局局长申长雨共同签署合作会商议定书并讲话。

● 市政协部分委员先后赴北横通道中江路工作井和虹桥商务区核心区，围绕“今年以来本市推进重大工程和重点区域建设情况”开展专题考察。

● 由上海社会科学院主办的 2016 中国(上海)反电信诈骗研讨会在沪召开，会上发布国内首部反电信网络诈骗全民指南读物。

● 嘉定区江桥镇与 6 家文化体育领域知名企业举行集中签约仪式，包括北虹桥时尚园、北虹桥体育中心、北虹桥文创苑、画院艺术交流中心、海派家具馆、北虹桥武术中心等 6 大文化项目入驻江桥镇。

17 日

● 市人大常委会召开理论学习中心组学习会(扩大)，听取有关学习贯彻党的十八届六中全会精神辅导报告。市人大常委会主任殷一璀主持会议。

● 由市政府与世界知识产权组织共同主办的第十三届上海知识产权国际论坛在沪开幕，国际组织、近 50 个国家和地区的政府官员、专家学者和代表将围绕“尊重知识产权　激励创新创造”这一主题深入研讨。上海市长杨雄、世界知识产权组织副总干事王彬颖、国家知识产权局局长申长雨出席开幕式并致辞，上海市副市长赵雯出席。

● 市政协召开台胞联络组成员专题座谈会，围绕“在沪台商如何在国家‘一带一路’建设中发挥积极作用”主题沟通交流，建言献策。市政协主席吴志明讲话。

● 国家禁毒委在上海召开全国重点城市社区戒毒社区康复工作座谈会，进一步落实全国社区戒毒社区康复工作会议要求，推广上海等城市社区戒毒社区康复工作经验，推动戒毒康复工作深入开展。国家禁毒委副主任、公安部党委委员刘跃进主持会议并讲话，上海市委常委、市委政法委书记姜平出席会议并致辞。

● 市社会科学界第十四届学术年会大会在上海展览中心召开。本届年会的主题为“治国理政:新理念　新思想　新战略”。市委常委、宣传部部长董云虎出席开幕式并讲话。

● 市政协围绕“深化自贸试验区改革创新，营造法治化、国际化、便利化营商环境”专题开展年末考察活动，赴上海自贸试验区行政审批服务中心、国际艺术品交易中心和外高桥国际酒类展示交易中心等考察上海自贸试验区营商环境等发展情况。

● 市检察院举行检察开放日活动，邀请公安、法院、环保、食药品监督机构负责人以及高校专家参与“上海检察机关破坏环境资源和危害食品药品安全犯罪专项立案监督活动”优秀案(事)例评审。市人大常委会副主任薛潮，市检察院检察长张本才出席活动并为优秀案(事)例获奖单位颁奖。

● 市级机关工作党委在中国浦东干部学院举办学习宣传贯彻党的十八届六中全会精神专题培训班，并召开“学习六中全会精神 推动全面从严治党”专题研讨会。

● 上海国际知识产权学院在同济大学揭牌，世界知识产权组织(WIPO)的“知识产权法律硕士”项目落户该学院，即将面向全球首招 30 名硕士生。

● 2016 第四届上海军民两用技术促进大会以及上海军民两用技术成果展在世博展览馆举行，一批具有广阔应用前景的民参军、军转民技术和产品亮相。

● 上海统计局发布的经济运行数据显示，10 月，上海规模以上工业企业完成工业总产值 2 752.14 亿元，比 2015 年同月增长 3.8%。

● 沪上首个政、校、企合作的学院——复旦泛海国际金融学院揭牌，落户黄浦区。同时，复旦大学、黄浦区人民政府、中国泛海控股集团有限公司正式签署三方战略合作协议，将共同建设这一学院。

18 日

● 中共中央政治局委员、全国人大常委会副委员长李建国在上海就民法总则草案座谈并调研。

● 国家税务总局在 12366 上海(国际)纳税服务中心举行中国国际税收服务热线开通仪式，标志着该中心建设取得新进展，将为广大“走出去”“引进来”企业提供优质高效的服务。国家税务总局局长王军、上海市市长杨雄在仪式上致辞并共同开通热线。

● 市长杨雄在人民大厦会见美国领英公司(LinkedIn)全球董事长里德·霍夫曼一行。

● 农业部和上海市政府在长江口共同举办“拯救国宝中华鲟 共促长江大保护”2016 年长江口珍稀水生生物增殖放流活动。农业部部长韩长赋、上海市市长杨雄出席活动并讲话。农业部副部长于康震主持，上海市副市长时光辉出席。中科院院士曹文宣、社会保护团体和志愿者代表分别发言。

● 上海银监局正式发布《关于简化中国(上海)自由贸易试验区银行业机构和高管准入方式的实施细则(2016 年)》，这是《进一步推进中国(上海)自由贸易试验区金

融开放创新试点 加快上海国际金融中心建设方案》(即“金改40条”)印发后发布的银行监管新细则。

● 市工商局举行的行政执法类公务员入职宣誓仪式上,上海市工商局检查总队和机场分局的103名执法人员,正式被纳入行政执法类公务员队伍。

● 2016上海教育年度新闻人物评选活动正式启动,评选活动将重点面向基层一线,突出人物的教育性、新闻性和年度性,注重本年度在立德树人,培育和践行社会主义核心价值观,深化教育综改,推进科研创新等方面作出成绩的新闻人物。

● 市健康促进委员会与市教委联合印发《上海市教育系统贯彻落实〈上海市公共场所控制吸烟条例〉实施方案》与《上海市公共场所控制吸烟条例》修正案,全市各中小学范围内的室内外场所实行全面禁烟。

● 在宝山庙行镇,中关村区块链产业联盟与上海智力产业园正式合作,共同创建中关村区块链产业联盟上海协同创新中心。

● 2016中国上海国际童书展在上海世博展览馆开幕。婴儿推车、背带,成为在世博展览馆里出镜最高的风景。

19日

● “外滩国际金融峰会”在刚刚开业的上海外滩金融中心召开,聚焦“全球城市与金融创新”,与会商业“大咖”为上海如何打造卓越的全球城市提出不少真知灼见。

● 第三届世界互联网大会“智慧法院暨网络法治分论坛”的部分与会代表到上海高院访问交流。玻利维亚最高法院、俄罗斯联邦最高法院、哈萨克斯坦最高法院等来宾们参观上海高院智能化法庭、12368诉讼服务中心、信息中心,并听取有关上海法院“数据法院”建设情况的介绍。

● 11月上海个人非营业性客车额度拍卖举行,投放额度为11 549辆,警示价与10月相同,依然为86 800元。11月共有215 424人参加拍牌,比10月增加2 212人,中标率为5.4%,比10月回落0.1个百分点。最终11月沪牌最低成交价格为88 600元,平均成交价为88 665元。

● 第三届中美糖尿病与肥胖外科峰会透露,复旦大学附属浦东医院已为朱敏成功施行SIPS手术,在为她减肥同时,治疗其合并的睡眠呼吸困难、糖尿病、高血脂和脂肪肝,这也是该手术首次在国内成功实施。

● 由中国抗癌协会泌尿男生殖系统肿瘤专业委员会等主办、复旦大学附属肿瘤医院承办的“第六届上海泌尿肿瘤国际论坛”在上海开幕,“中国泌尿肿瘤智能机器人联合创新中心”宣布成立,并在复旦大学附属肿瘤医院挂牌。

● 2016福布斯·静安南京路论坛上,巴黎香榭丽舍、纽约第五大道、米兰蒙特拿破仑大街、新加坡乌节路等国际知名商街的代表齐聚静安南京路,围绕“全球城市愿景下的国际商圈新定位”建言献策。“学会慢下来,学会讲故事”成为与会者的共识。

20 日

● 副市长陈寅在衡山宾馆会见来沪参加第九届全球健康促进大会的上海 14 个国际友好城市代表团。

● 2016 年上海科普教育创新奖颁奖典礼在上海儿童艺术剧场举行,表彰为上海科普事业做出突出贡献的个人和组织。

● 上海 2016 城市更新休闲网络计划论坛在沪召开,不同高校的专家、学者和著名作家等以“筑梦浦江,品质都会”主题,分享上海打造未来一流水岸,实现上海面向 2040“追求卓越的全球城市”的目标和愿景。

● 市第二届市民运动会 2016 上海市民武术节“功夫民星”大赛在东方体育中心大厦举行。

21 日

● 中共中央政治局常委、国务院总理李克强连续第四年来到上海、连续第三年来到上海自贸试验区考察,在中共中央政治局委员、上海市委书记韩正,市委副书记、市长杨雄的陪同下,走进上海自贸区市场监督管理局、GE 中国科技园,察看自贸区改革创新的最新进展。

● 国务院总理李克强在上海国际会议中心会见世界卫生组织总干事陈冯富珍以及联合国人口基金、联合国环境规划署、国际电信联盟、各国议会联盟等国际组织主要负责人。

● 第九届全球健康促进大会国际健康城市市长论坛在上海举行。国务院总理李克强出席开幕式并致辞。国务院副总理刘延东出席论坛并指出,树立“大健康”理念,把健康融入所有政策,建设可持续发展的健康城市,让人民共享公平可及的健康服务。

● 全国拘留所社会矛盾化解工作现场会在上海召开。国务委员、公安部部长郭声琨批示,要不断深化拘留所规范执法、创新管理、化解矛盾“三项重点工作”,全面加强和改进拘留所工作,为推进平安中国和法治中国建设作出新的更大贡献。公安部党委委员、副部长孟庆丰出席会议并讲话。

● 市政协召开十二届七十八次主席会议,审议关于“坚持共享发展,促进社会和谐”的若干建议(草案)等七项议题。市政协主席吴志明主持。

● 副市长陈寅在人民大厦会见应邀来沪出席第九届全球健康促进大会的上海友城澳大利亚昆士兰州副州长杰奎琳·特拉德一行,双方就进一步推进上海和昆士兰的务实交流会谈并共同签署《中华人民共和国上海市和澳大利亚联邦昆士兰州友好合作交流备忘录 2017—2019》。

● 市区县乡镇选举工作委员会办公室透露，全市区、乡镇两级人大代表选举工作基本完成。16 个区县的 2 247 个区县选区和 4 199 个乡镇选区共选举产生区人大代表 4 522 名，乡镇人大代表 8 060 名。

● 中国科学技术大学透露，由该校牵头承建的国家量子通信骨干网“京沪干线”项目合肥至上海段顺利开通。

22 日

● 中共中央政治局常委、国务院总理李克强在上海主持召开深化简政放权放管结合优化服务改革座谈会，研究部署相关工作。来自东、中、西、东北地区 11 个省份或地级市政府负责人参加。

● 中共中央政治局常委、国务院总理李克强考察上海自贸区亿通国际股份有限公司。在考察时，总理称赞道，在当前全球进出口贸易萎缩情形下，上海创造的经验，为扩大我国进出口贸易打造出新亮点。

● 市委召开电视电话会议，部署落实全市中小河道综合整治工作。

● 市委副书记、常务副市长应勇会见捷克共和国总统特命代表、捷中友好合作协会主席雅罗斯拉夫·德沃吉克及其所率代表团。

● 市政协部分委员围绕“加强住宅小区综合治理及完善居家养老功能”专题开展年末视察。

● 在第九届全球健康促进大会新闻发布会上，世界卫生组织助理总干事柴斯洛夫评价：《上海宣言》的颁布，从全球看来可谓里程碑式的进步。

● 由市卫生计生委和解放日报社共同举办的“第九届全球健康促进大会专场——第 31 届解放健康讲坛”在陆家嘴金融城的良友大厦举行。本次讲坛主题为“健康管理，从我做起”，三位知名医学界专家从腰椎颈椎、甲状腺和乳腺等都市人高发病的角度，为白领做解读。

● 市工商联青年创业者联谊会成立大会在中国金融信息中心召开。

23 日

● 市长杨雄会见来沪出席第九届全球健康促进大会的国际电信联盟秘书长赵厚麟一行。

● 第九届全球健康促进大会迎来“中国国家日”。450 余名与会代表冒着霏霏细雨，分 47 条线路下社区、访学校、进企业实地考察，足迹遍布 16 个区县，留下了不同国家、国际组织和健康城市的代表对健康促进的“中国方案”和“上海实践”给予的高度赞誉。

● 国家重点研发计划“地球观测与导航”重点专项“基于分布式可重构航天遥感技

术”项目在上海启动。

● 央行上海总部召开政策发布会，发布《关于进一步拓展自贸区跨境金融服务功能支持科技创新和实体经济的通知》，正式启动自由贸易账户的相关个人服务功能等八项政策。

● 公交 WiFi 运营商 16WiFi 透露，上海 5 487 辆公交车正式开通免费 WiFi，涉及 598 条线路，占上海公交车总量的三成左右，每天 250 多万人次的乘客享受这一服务。

24 日

● 市委副书记、市长杨雄在宝山区调研时指出，要紧紧围绕当好全国改革开放排头兵、创新发展先行者这一目标，以新发展理念为引领，进一步坚定深化改革和创新转型的决心；要抓住主要矛盾，强化统筹协调，保持蹄疾步稳，关键抓好落实；要坚持问题导向、需求导向，突出政策举措的针对性、操作性；要以钉钉子的精神抓创新转型，持续发力，久久为功，一张蓝图干到底。

● 市政协召开“基层党建工作有关情况”专题通报会。市政协主席吴志明出席并讲话。市委常委、组织部部长徐泽洲通报有关情况。

● 市委统战部召开首批法律顾问聘任仪式并召开座谈会。这是中央办公厅、国务院办公厅印发《关于推行法律顾问制度和公职律师公司律师制度的意见》后首家建立法律顾问制度的上海党委部门。市委常委、统战部部长沙海林向法律顾问颁发聘任证书并讲话。

● 市人大内司委办公室会同市妇儿工委办公室在市高级人民法院开展《中华人民共和国反家庭暴力法》专题监督调研。市公安局、市高级人民法院、市民政局等单位汇报法律实施情况，相关领域的市人大代表和市妇儿工委成员单位代表近 30 人参加座谈交流。

● 上海警备区政委马家利少将在虹桥迎宾馆会见柬埔寨国家地雷行动与受害者救助机构第二秘书长兼国家维和与扫雷中心主任赛索万尼上将一行。

●《上海市综合交通“十三五”规划》公布，其中提出建立上海市区号牌小客车新增额度发放规模与交通拥堵指数、交通环境联动机制，动态调整额度发放规模。

● 2016 年是中国共产党成立 95 周年。记录解放前中共领导下上海工运辉煌历史的《上海工人运动历史资料》(五卷本)召开新书发布会。该书由上海社科院“中国现代史”创新型学科团队、历史研究所现代研究室编辑整理，上海书店出版社出版发行。

● 第九届全球健康促进大会新闻发布会上，上海市卫计委主任邬惊雷介绍推进健康城市建设的“上海经验”，世界卫生组织驻华总代表施赫德表示，“上海经验”值得全球推广。

● 市民政局、市社会团体管理局为市慈善基金会、宋庆龄基金会、市老年基金会、真爱梦想公益基金会、仁德基金会首批五家单位颁发“慈善组织登记证书”和“慈善组织公开募捐资格证书”。

● 浦东新区法院发布《自贸区知识产权司法保护状况白皮书》。

● 在宝山区木文化博览园，“七号创意带”产业联盟正式启动建设。所谓“七号创意带”，是以轨道交通7号线宝山段为载体，构建集“文化、旅游、科技”为特色的产业集群带。

● 凌晨，中运量外环路车站至吴宝路车站段4.6千米(双向)线网架设完成，标志着全长27千米(双向)的中运量公交架空线网架设工作初步完成。

25日

● 市社会工作党委、市委网信办在张江园区举行“上海市互联网企业党建工作创新基地”挂牌仪式，授予浦东新区张江园区、杨浦区创智天地园区“上海市互联网企业党建工作创新基地”称号。

● 为确保农民工按时足额拿到工资，人力资源和社会保障部、国家发展改革委、公安部、司法部、财政部、住房城乡建设部、交通运输部、水利部、人民银行、国资委、工商总局、全国总工会决定，从2016年11月15日至2017年春节前，在全国组织开展农民工工资支付情况专项检查。根据国家通知要求，全市25日起在全市范围内组织专项检查。

● 中国证监会与香港证监会发布联合公告，中国证监会与香港证监会决定批准深圳证券交易所、香港联合交易所有限公司、中国证券登记结算有限责任公司、香港中央结算有限公司正式启动深港股票交易互联互通机制。

● 复旦大学首场面向应届毕业生的大型综合性招聘会召开，3 000多名学生进场面谈。传统用人岗位以外，不少“增量”岗位越来越引起年轻人关注。

26日

● 经过一年多试运行，作为国家级平台的上海石油天然气交易中心正式投入运行，标志着我国能源市场建设又迈出重要一步。国家发展改革委主任徐绍史，新华社社长蔡名照，上海市委副书记、市长杨雄，中石油董事长王宜林，中石化董事长王玉普，中海油董事长杨华出席交易中心正式运行发布会并讲话。上海市委副书记、常务副市长应勇出席，新华社副社长兼秘书长刘正荣主持。

● “2016上海深圳城际阅读交流活动”在深圳中心书城举办，两地签署《上海深圳城市阅读平台战略合作协议》，共同推进以城市为单元的全民阅读。

● 团市委公布的《2016年上海市大中学生社团发展报告》显示，全市高中和中职学校学生社团集聚约 12 万名中学生,全市 50 万名大学生活跃在各类社团的舞台。

27 日

● 以“互联网时代的公共安全与危机管理”为主题的 2016 上海公共关系国际高峰论坛在上海中心大厦举行。市委常委、统战部部长沙海林出席。

● 市政府召开全市安全生产工作专题会议,传达贯彻国务院全国安全生产电视电话会议精神并对全市进一步抓好安全生产工作作部署。市委副书记、市长、市安全生产委员会主任杨雄讲话强调,城市安全是改革发展的基础,是最大的民生。

28 日

● 中央第二环境保护督察组督察上海市工作动员会在上海召开,中央第二环境保护督察组组长朱之鑫、副组长黄润秋就做好督察工作分别讲话,中共中央政治局委员、市委书记韩正作动员讲话,会议由市委副书记、市长杨雄主持。

● 市政府新闻办官方新媒体“上海发布”迎来成立 5 周年,吉祥物“兔小布”正式亮相。

● 市委常委、市委政法委书记姜平在兴国宾馆会见白俄罗斯总统办公厅副主任米茨克维奇,就上海经济社会发展和司法体制改革等交流。

● 市住建委、人民银行上海分行、上海银监局联合印发《关于促进本市房地产市场平稳健康有序发展进一步完善差别化住房信贷政策的通知》,旨在进一步促进上海房地产市场平稳健康有序发展。

● 航运技术与安全国家重点实验室易址新建启动大会在上海长兴海洋装备产业园区召开,标志着该实验室的易址建设进入新阶段。

● 全市交通执法又添新“利器”——移动执法 App。市交通执法总队与中国电信、中兴公司合作研发设计全国首款交通执法 App。

● 作为国内规模最大的家庭游戏盛会,2016 家庭游戏开发者大会(FGF)在上海国际会议中心开幕。本届大会以“虚拟无界,改变因你”为主题,聚焦虚拟现实、全息技术,深度探讨家庭游戏未来发展方向,展示生态前沿科技。

29 日

● 市人大部分代表赴上海微技术工业研究院和上海新微创源孵化器,开展“科创中心建设——创新功能型平台建设”视察工作。

● 100 多位在沪全国人大代表和市人大代表分批视察 5 个区的黄浦江两岸公共空间贯通的重点项目。

● 市人大常委会研究室、复旦大学选举与人大制度研究中心、市政治学会在市社联共同组织召开“创新与发展:十八大以来的人大制度理论与实践”研讨会,围绕“人大制度如何实现党的领导、人民当家作主与依法治国的有机统一”“推动地方人大制度更加完善亟待哪些方面的改革”等议题研讨交流。

● 市政协召开2016年情况通报会，向各国驻沪机构相关人士通报2016年以来市政协履职工作情况，并就上海进一步深化改革、扩大开放听取在沪外籍人士意见建议。

● 副市长陈寅在虹桥迎宾馆会见来访的缅甸政府和谈代表丁苗温一行，向客人介绍上海近年来改革开放和经济发展情况。

● 市卫生监督部门透露，上海已经在40家公立医疗机构开始全面试点医疗废物可追溯机制，其中闵行区已经实现全覆盖，通过电子标签信息化管理、扫描即可得知医疗废物的详细信息，确保区域内的所有医疗废物得到有效处置和运输，以免遗漏带来的健康危害以及私藏偷卖医疗废物的情况出现。

30日

● 市委召开座谈会，进一步贯彻落实中央和市委精神，系统总结各部门、各地区的实践探索，深化推进党建引领基层自治共治工作，市委常委、市委秘书长尹弘主持会议并讲话。

● 市委政法委召开全市政法系统党风廉政建设警示教育大会，学习贯彻党的十八届六中全会精神，分析当前党风廉政建设中存在的突出问题，研究部署做好新形势下党风廉政建设工作。市委常委、市委政法委书记姜平出席会议。

● 上海海外联谊会第七届常务理事会第一次会议和第七届理事会第二次会议召开。市委常委、统战部部长、上海海外联谊会会长沙海林为该会专业人士委员会和沪台交流委员会两个新成立的专委会揭牌并讲话。

● 由市工商联主办的“引导推动民企走出去参与‘一带一路’建设”2016外交官与民营企业家交流活动在上海国际会议中心举办。

● 市防治艾滋病工作委员会办公室和上海市卫计委通报上海2016年艾滋病疫情。

本月

● 十八届中国国际工业博览会在国家会展中心举办，展会规模超27万平方米，中外参展商逾2 300家，展商数量再创历史新高。

● 由硬蛋科技承办的2016年上海创博会暨硬蛋智能硬件展登陆上海。本次创博会以“智造全球·唤醒创新资本”为主题，着力打造智能汽车、VR/AR、机器人生态、智能硬件四大主题展区，并汇集国内外3 000多家创新企业共同交流。

● 市公安消防总队在全市范围开展2016年“119”消防周系列活动。

● 第十八届中国上海国际艺术节匈牙利文化周开幕。其间，以舞台演出、艺术展览、艺术教育及艺术天空户外演出等形式，向中外观众全面展现匈牙利丰富的音乐资源及深厚的文化财富。

● 全国公安交通管理工作会议在上海召开。中共中央政治局委员、中央政法委书记孟建柱就做好新形势下道路交通管理工作提出要求。

● 市委召开座谈会，进一步贯彻落实中央和市委精神，系统总结各部门、各地区的实践探索，深化推进党建引领基层自治共治工作，市委常委、市委秘书长尹弘主持会议并讲话。

● 市人大常委会第33次会议召开。

● 国际展览业协会全球年会(UFI)作为展览行业最重要的会议在上海举行，全球50多个国家和地区的行业组织领导、企业家和学者近500人出席。

● "东京审判与世界和平国际学术论坛"在上海交通大学举行。

● 中共中央政治局委员、中华全国总工会主席李建国就学习贯彻党的十八届六中全会精神，推进工会工作改革创新在上海市调研。

● "第九届全球健康促进大会"在沪召开。本次大会由世界卫生组织(WHO)和国家卫计委联合组织，这也是全球健康促进大会首次在上海召开。

● 全国政协副主席卢展工率全国政协"促进慈善组织健康发展"调研组在沪调研，听取市政府相关情况汇报，并实地考察部分慈善组织。

● 位于长宁虹桥临空经济园区的上海虹桥海外人才一站式服务中心共受理接待各项外国人、台港澳人员就业服务1.8万余人次，9个月的接待受理量就占到过去5年总和的1/5以上。

12月

1日

● 市委副书记、市长杨雄赴青浦区调研青西地区发展工作。杨雄一行来到青西郊野公园，听取规划设计理念介绍，并步行察看郊野公园建设情况。

● 市第十四届人大常委会第三十二次会议审议通过的《上海市华侨权益保护条例》《上海市统计条例》，自1日起正式实施。

● 宝钢、武钢联合重组后成立的中国宝武集团在上海正式揭牌。

● 9时许，上海第一块编号为"沪AD00806"的新能源汽车专用号牌在发放。

● 晁玉奎书法作品展在上海图书馆开幕，展出他从艺30余年的作品60余件，包括他的中堂对联、斗方、横批、长卷、扇面等各种形式。

● 2016中国(上海)国际网络购物交易会暨中国(上海)全球电商互联网大会在上海跨国采购会展中心举召开，本届大会以"产业电商行业互联"为主题，海内外互联网专家从电子商务、"互联网+"两个维度切入，聚焦互联网的全球化、全产业发展，以及零售电商、移动电商、汽车电商、跨境电商等热点话题，同时主办方还举办包括企业家年会在内的16场国际论坛、峰会。

● 中国新闻学界的盛会——“马克思主义新闻观与中国媒介化社会建设研讨会暨第二届民意中国论坛”在上海举行，来自全国数十所新闻院校与科研机构的100多名专家学者汇聚复旦大学新闻学院交流探讨。

2日

● 由复旦大学和上海交通大学牵头，29家高等院校、研究所、企事业单位在上海联合成立的全国首个大数据试验场联盟，在静安区市北高新区揭牌。

● 2日是国务院批准设立的第五个“全国交通安全日”，“社会协同治理安全文明出行”全国交通安全日系列主题活动在上海儿童艺术剧场启动。活动现场，市文明办发布第七次上海文明交通创建测评结果。本次交通文明创建综合指数为94.48分，其中文明路口测评指数94.54分，文明示范线路测评指数95.54分，文明示范商圈测评指数93.35分，继续保持优良水平。

● 第五期“澳门青年人才上海学习实践”活动结业式暨澳门青年人才上海学习实践工作总结会举行。全国政协副主席何厚铧出席结业式并讲话。

● 市高级人民法院首次举行宪法宣誓仪式。2016年由市人大常委会任命的36名法官面对国旗庄严宣誓。宣誓仪式前，上海高院院长崔亚东受市人大委托向法官颁发《上海市人民代表大会常务委员会任命书》。

● 近百名中小学生走进市人大、开展《人大知识100问》学习竞赛，并了解为什么《中华人民共和国宪法》是国家根本大法等问题，以实际行动向宪法致敬。至此，市教委法宣办与上海法治报社联合主办的第二届上海市“法治小达人”系列培养活动圆满落幕。本届活动自2016年9月开始，共举办4场现场专题活动，参加本届现场活动的中小学生有700余人。

● 自11月28日中央第二环境保护督察组入驻上海以来，全市不断加强督办事项落实反馈和跟踪督办工作，迅速办理督察组转办的案件线索，积极调查处置环境污染投诉。截至2日15时，累计收到督察组转办案件线索119件，均在第一时间转交至相关区和市级部门办理。

3日

● 第二十三届“蓝天下的至爱”慈善活动在虹口区星乐汇滨江平台开幕。开幕式上，爱心机构和慈善个人纷纷举牌捐款，共募得486万元用于慈善公益事业。

● 上海智慧城市定向赛在杨浦区创智天地正式开赛。全市29支队伍近200人参加，共设置9条线路、30个智慧城市体验点，分布在全市10个区。而本次定向赛最大的亮点是，这30个点位涵盖上海智慧城市建设各方面的成果。

● 2016全球精准医疗（中国）峰会在上海徐汇召开。

● 为期两天的第三届中国大学智库论坛年会在复旦大学召开。本届论坛年会的主题是“创新中的中国:战略·制度·文化”。各级党政部门的领导和党校、高校、科研院所、民间智库的专家学者 300 余人共话智库建设,共谋创新发展。

● “红色记忆、绿色青春、金色梦想”——“共青”植树 30 周年纪念暨“遇见共青团”之重走共青之路活动举办,当年共建城市绿肺的老“共青”们再次现身,为“绿色上海专项基金”及“绿色青春”微公益众筹项目等募集善款,呼吁市民关爱城市环境。这是申城首次推出绿色众筹公益项目,探索市民爱绿护绿新途径。

● “上海发布”官方微信发布消息,国家级“非遗”中有 55 项来自上海。在上海市文广局提供的全名单中,既有市民熟悉的沪剧、滑稽戏、南翔小笼馒头制作技艺、豫园灯会,也有可能还不太了解的上海绒绣、徐行草编、嘉定竹刻等。

● 全国财经院校创新创业协作组在沪成立。上海财经大学当选为协作组理事长单位,西南财经大学等 10 所院校当选为副理事长单位,上海财经大学校长樊丽明当选为协作组理事长。

4日

● 上海首家市级残疾人创客空间——“创客 201”启动,首批共有 9 名残疾人入驻并获得创客空间“入驻护照”。“创客 201”由市残疾人就业服务中心主办。

● 市第十二届成人节在东方绿舟举办。在“爱国　感恩　责任　逐梦”主题的召唤下,育才中学、上大附中、上海信息技术学校等校的 3 000 余名年满 18 岁的学生和师长参加活动。

● 由市法宣办主办的“城市·向宪法致敬——第 3 个国家宪法日暨上海市高校大学生法治辩论赛总决赛”主题活动在上海司法行政大楼举办。当天,全市共有近 40 场宪法法律宣传活动同时开展。在主题活动现场,市人大常委会副主任薛潮、副市长白少康通过网络视频连线,与杨浦区、黄浦区的活动参与者交流。

● 上海检察机关 75 名检察干警面对国旗右手举拳,庄严宣誓。为迎接国家宪法日,市检察院举行宪法宣誓仪式,部分市区人大代表、政协委员、市人大常委会有关部门负责人应邀出席宣誓仪式并参观市院院史陈列室、检务公开馆、文化长廊。市检察院党组书记、检察长张本才出席并受市人大常委会主任委托,给市检察院、检察分院、上海铁检院 2016 年新任命的检察委员会委员、检察员颁发任命书。

5日

● 全市召开会议认真传达学习中央关于党的十九大代表选举工作的通知精神和市委有关文件要求,部署全市选举出席党的十九大代表工作。市委常委、组织部部长徐泽洲出席会议并讲话。

● 市政协召开十二届七十九次主席会议,听取关于市政协 2016 年年末委员考察和视察等工作总结汇报。会议审议市政协 2017 年度协商计划(送审稿)、市政协 2017

年工作要点(送审稿)、政协上海市第十二届委员会常务委员会工作报告(送审稿)、政协上海市第十二届委员会常务委员会关于十二届四次会议以来提案工作情况的报告(送审稿)、政协上海市委员会反映社情民意信息工作条例(修订草案)。

● “为好人点赞——首届(2016)上海志愿服务网络文化节”闭幕式举行。揭晓闵行区“显保家维”志愿服务中心的“显保家维”便民服务进社区、嘉定区新成路街道志愿服务中心的“邻里守望”志愿者通讯录、松江区杏林义工的“益左益右”助医项目、黄浦区公益慈善联合会的纯老家庭服务项目等年度十大“群众最喜爱的社区志愿服务项目”。

● 以“悦读修身,书香上海”为主题的第十八届上海读书节在上海建工大厦报告厅闭幕。“美丽天使:寻找我身边的感动”医务职工故事征集及展示活动、“千年云间”茶香书语经典分享系列活动等 20 个项目,获 2016 年度上海市振兴中华读书活动优秀项目。本届读书节历时约 8 个月,共开展各类读书活动项目 112 项,累计参与 50 万人次以上。“互联网 + ”成为本届读书节的一大亮点,诸多读书活动积极尝试通过新媒体、新技术、新模式传播主流正能量和弘扬上海城市精神。

● 为了进一步推动上海市涉诉困境未成年人的社会救助工作,更好地维护未成年人合法权益,上海市儿童基金会法苑天平儿童(专项)基金在上海市高级人民法院举行签约仪式。

● 上海实时空气质量指数(AQI)一度超过 200,达到重度污染级别,主要污染物为 PM2.5。由此,全市发布空气重污染蓝色预警,启动Ⅳ级响应措施,这也是上海 10 个月来首度发布空气重污染预警信号。

● “宪法的精神　法治的力量”CCTV 2016 年度法治人物颁奖礼落下帷幕。作为全国公安民警的杰出代表,市反电信网络诈骗中心负责人、市公安局刑侦总队九支队支队长韦健光荣当选“年度法治人物”。

● 浦东新区洋泾菊园实验学校六(2)班的同学在数学课上探索“等可能事件”的原理,抽取扑克、各色小球等教具体验概率发生可能性,还进行分小组探讨,而这也是他们日常数学课的常态。观看这节课的则有英国教育部代表团一行,他们还观摩该校的机器人、乐团社团并交流座谈。

6日

● 市政协召开专题通报会。市人民检察院通报拟提交市第十四届人民代表大会第五次会议审议的《上海市人民检察院工作报告(征求意见稿)》起草情况和主要内容。

● 市人大常委会副主任钟燕群在人民大厦贵宾厅会见阿尔及利亚国民议会议长穆罕默德·阿拉比·乌尔德·哈利法率领的代表团一行。

● 作为“中英高级别人文交流机制第四次会议”的配套活动，由中国国际电视总公司中国广播电影电视节目交易中心在英国天空卫视(Sky TV)开办的“中国时间”(China Hour)节目时段开播仪式在上海举行。

● 市食药监管局公布《上海市药品、医疗器械、化妆品违法行为举报奖励办法(征求意见稿)》，公开征求意见。

● 嘉定区政府与市第一医院正式签署合作共建协议。双方将开展紧密合作，共建市第一医院嘉定分院(嘉定区江桥医院)，最终将其打造成一座诊疗科目齐全、医教研能力突出的区域综合性医疗中心。此举将极大“补位”上海西部城区嘉定江桥地区乃至整个北虹桥区域的优质医疗资源，辐射和带动虹桥商务区、北虹桥板块区域整体健康服务质量。

● 上海中医药大学附属龙华医院出现特殊一幕：台上的手语老师跟随演讲医生的语意快速做着翻译，台下的“听众”认真做着笔记——他们都是听障人士，有的是从松江、青浦、金山、崇明等郊区赶来。这是这家医院2016年最后一场手语专场健康科普讲座，“无声”的讲座，反映了这类特殊人群的就医难题。

● 中英基础教育论坛在上海举行。本次论坛以“加强中英合作提升教育质量”为主题，中英双方的官员、学者、中小学校长和教师代表等150余人参加论坛。如何面向未来、在交流中了解各自优势和挑战、推动基础教育发展、让每个年轻人获得更好的教育，成为大家热烈讨论的话题。

● 第一届网络原创文学现实主义题材征文大赛在沪颁奖，14部获奖作品揭晓。聚焦国企改革的《复兴之路》摘得特等奖，书写传统曲艺传承的《相声大师》获一等奖，《二胎囧爸》《我的1979》等获二等奖。

● 上海长征医院与原能细胞科技集团合作筹建的百万级全自动生物样本库在上海长征医院落户，是我国首个全自动深低温百万级生物样本库，标志着我国生物样本存储技术已迈进全自动信息化时代。

● 苏宁宣布成立苏宁物流研究院和S实验室，开始集中力量打造苏宁智慧物流生态。

7日

● 长三角区域大气污染防治协作小组第四次工作会议暨长三角区域水污染防治协作小组第一次工作会议在杭州召开。

● 市政府举行上海市第26批地区总部颁证仪式。市委常委、副市长周波向第26批跨国公司地区总部负责人颁发证书。参加颁证仪式的共有33家跨国公司地区总部，包括全球最大的企业ERP系统供应商思爱普、全球最大的汽车顶饰供应商安通林、全球生产户外动力设备的龙头企业富世华等行业知名跨国公司。33家跨国公司地区总部中，按能级分，有8家亚太总部，它们分别为安通林、富世华、日立产机、奎克、爱彼思、欧拓、卡摩速、康士伯，另有25家中国区总部；按类型分，有9家投资性公司、24家管理性公司；按区域分，浦东15家、黄浦4家、静安3家、闵行3家、长宁2家、普陀2家、徐汇、杨浦、嘉定、青浦各1家。

● 由市教委、市体育局及市学生体协联合秘书处主办的2016上海市学生运动会在上海儿童艺术中心闭幕，“上海市最佳阳光体育活力园丁系列奖项”也同时揭晓。

● 上海研发公共服务平台管理中心与爱思唯尔签署合作备忘录，双方将合作建设包括上海国际科技专家人才信息数据共享平台在内的科技资源库，全球高层次科技人才数据库是其中颇为抢眼的一项内容。

● 由市中小企业发展服务中心等单位共同组织的“2016上海最具投资潜力50佳创业企业”榜单正式出炉，51家创业企业榜上有名。榜单企业大致分为生物医药、新材料、互联网及先进制造和智能硬件等类别。

● 虹口教育局宣布全面推进美育教育，在优化音乐（唱游）、美术学科基础上，中小学未来将增设文学艺术、舞蹈、戏剧、戏曲、影视等多种美育科目，让每个学生至少能参加一项艺术活动，培养一两项艺术爱好，发展一项艺术技能。

8日

● 长江三角洲地区主要领导座谈会在杭州召开。中共中央政治局委员、上海市委书记韩正，上海市委副书记、市长杨雄；江苏省委书记李强，江苏省委副书记、省长石泰峰；浙江省委书记夏宝龙，浙江省委副书记、代省长车俊；安徽省委书记李锦斌，安徽省委副书记、代省长李国英出席会议。三省一市党委、政府有关领导和部门负责人列席会议。会议交流三省一市2016年以来实施国家战略、践行新发展理念、推进协同发展的做法和经验，综合分析了长三角地区合作与发展面临的新情况，重点围绕“创新、协同、融合：共建世界级城市群”的主题，就优化区域发展布局、建设协同创新网络、推进重大事项合作等议题深入讨论。

● 上海票据交易所开业仪式在上海举行。作为我国深化金融改革发展的重要举措，中国票据交易系统同日试运行，开启我国票据业务电子化交易时代。浦发银行作为首批上线的43家机构之一，完成全市场首单银票质押式回购交易。

● 市财政局通过公开招标方式，面向中国（上海）自由贸易试验区内已开立自由贸易等账户的区内及境外机构投资者，成功发行一期上海市政府债券。本次发行的上海市政府自贸区债券是我国首只自贸区债券，发行总额30亿元，期限为3年。

● 由市律协、上海国际经济贸易仲裁委员会和复旦大学高级律师学院联合主办的第八届陆家嘴法治论坛在上海国际会议中心举行。多位中外知名专家、律师围绕“一带一路”国家战略背景下推进法律服务国际化等问题深入探讨。

● 由中国经济社会理事会、中国政协文史馆、市政协对外友好委员会、虹口区政协、上海公共外交协会主办,上海犹太难民纪念馆承办的“讲好中国故事,弘扬友善包容——犹太难民与上海史料展”在中国政协文史馆开幕。展览由 56 块展板、267 幅图片组成,分成逃亡上海、难民生活、虹口隔都、邻里情深、重启风帆、难忘历史六个部分。

9 日

● 市长杨雄出席 2016 年市领导与外国驻沪领团见面会,向各国驻沪领馆官员介绍上海经济社会发展和自贸试验区、科创中心建设等情况,并就生态文明建设、新一轮城市总体规划、文化建设等话题与大家坦诚交流。

● 市委副书记、市长杨雄赴“12345”市民服务热线调研并召开现场办公会,与市相关部门共同研究解决市民反映强烈的“老大难”问题。

● 公安部支持上海科创中心建设出入境政策的 10 条新措施正式实施。其中包括:对符合认定标准的外籍高层次人才,经上海张江国家自主创新示范区和中国(上海)自由贸易试验区管委会推荐,可直接申请在华永久居留(其外籍配偶和未成年子女可随同申请),同时缩短审批时限。授权上海市公安局会同有关部门制定相关人才认定标准,报公安部批准后实施等。

● 投资达 272.78 亿元的和辉光电二期 6 代 AM-OLED 生产线项目启动仪式在金山工业区举行,按照计划,2018 年 11 月厂房建设完成,2019 年 1 月开始试生产。这也成为上海 2016 年以来最大的先进制造业投资项目。

● 在纪念“一二·九”学生运动之际,市学生联合会第十六次代表大会在上海展览中心开幕。市委常委、市委秘书长尹弘出席并讲话。

● 在重度污染持续 11 个小时后,9 时起,上海实时空气质量指数开始“跳水”,只用两个小时,空气质量就恢复到良的水平。此前 11 个小时的重度污染,由区域输送、本地污染排放、本地空气扩散条件较差等因素叠加引发,随着冷空气前锋南下,全市风力增大,快速“清理”了空气中的污染物。

● 桃浦科技智慧城的首发地块“智创 TOP”项目破土动工,标志着桃浦科技智慧城开发建设全面启动。

● 由市委宣传部、市思想政治工作研究会、市企业文化促进会主办的“阿拉品牌不一般”2016 年度上海企业创新文化品牌展评发布会在上海城市规划馆召开。

10 日

● 在中国政法大学法治政府研究院和中国行政法学研究会共同举办的第四届“中国法治政府奖”评选中,上海市参评的“上海市人民政府行政复议委员会案审会制度”脱颖而出,获得该奖项。该奖项系国内首个由学术机构发起设立,旨在对行政机关推进依法行政、建设法治政府中的创新举措进行评选和表彰。

● 每周共读一本书——创办两年多的“思南读书会”已成为城市阅读品牌。第155期“思南读书会”邀请徐锦江、李天纲、曹可凡以“城市人的乡愁”为题开讲，话题缘起于由上海人民出版社出版的徐锦江新著《愚园路上》。

● 中国开发区协会通用航空产业园区专业委员会成立大会召开。该专业委员会设在上海将有力推动上海通航产业的发展。

● “2016上海市区级文联舞台精品节目联展”闭幕演出在崇明风瀛洲剧场举行。11个区级文联以纪念建党95周年为主题，创作、推送全区代表性的文艺节目，在长宁、金山、嘉定、闵行、崇明五地巡演。共有2 000余名观众通过“上海文化云”、各区微信公众号等新媒体平台预约观看。

● “申迪生态园·上农嘉年华”正式启动，占地20万平方米的农业休闲主题乐园吸引游客前来“零距离”感受非遗文化、观赏全国各地的文艺演出，还能在里面边逛边买，体验一把赶集的乐趣。

● 上海松江现代有轨电车正式通电试车，试跑人民路段。有轨电车外观呈黄色，流线型身材，被人们称为“蚕宝宝”。

● 市食品药品监督管理局发布消息，在全市餐饮行业部署全面开展“放心餐厅”“放心食堂”建设，包括实施“明厨亮灶”、开展规范管理、信息公开透明、严格餐具消毒、实现原料追溯、环境整洁卫生、倡导绿色消费、妥善处置投诉等八个方面。

11日

● 上海大学上海美术学院成立。这一以新的体制机制成立的、具有相对独立办学自主权的二级学院，是上海大学综合改革以及高水平大学建设进程中的重要举措。

● 上海浦东傅雷文化发展专项基金发布会在浦东新区周浦镇召开，傅雷先生次子傅敏受邀出席开幕式，这标志着傅雷专项基金正式启动。

● 在60周年馆庆之际，市群众艺术馆与青果公益联手打造一场以“回归‘心’生活”为主题的大型传统文化集市活动。非遗手工、亲子互动课堂、国学讲座、国艺表演等50场体验活动轮番登场，为现代生活注入“传统”味道。

● 2016年“永业杯”WDSF大奖赛总决赛暨第五届中国体育舞蹈精英赛在卢湾体育馆落幕。摩尔多瓦的加布里埃尔/安娜以195.46分的成绩夺冠，阎棒棒/朱静也展示应有的水准。此外，为让大众更好地了解明星运动员，赛事组委会还在赛前特别设置红毯秀和签名环节。

● 首届陆家嘴金融知识普及竞赛决赛在中国金融信息中心举行。竞赛是由陆家嘴金融城发展局、中国金融信息中心主办，陆家嘴金融贸易区综合党委、陆家嘴金融贸易区总工会、陆家嘴金领驿站承办。

● 由上海联影医疗科技有限公司牵头承担的“一体化全身正电子发射/磁共振成像装备(PET/MR)研制”“新一代临床全数字PET/CT整机系统研发”和“320排CT整机及核心部件研发”3个项目启动。这些高端医疗装备领域的研发项目,将填补技术空白,降低医疗成本,帮助百姓获得更优质的医疗资源。

12日

● 市委书记韩正实地调研虹桥机场一号航站楼。座谈会上,韩正听取上海机场集团、相关驻场单位负责同志关于上海机场总体发展、虹桥机场东片区综合改造、虹桥和浦东机场运行保障等情况汇报。

● 市委召开党外人士座谈会,通报全市2016年经济社会发展情况,并就上海2017年重点工作初步安排听取各民主党派、市工商联和无党派人士的意见建议。

● 为期两天的全国党建研究会机关专委会第十五次委员会议暨理论研讨会召开。会议认真学习贯彻党的十八大及三中、四中、五中全会特别是六中全会精神,学习贯彻习近平总书记系列重要讲话精神,紧紧围绕全面从严治党、严格党内政治生活、加强党内监督等,总结机关专委会1年来的工作,研究部署2017年工作。

● 中国(上海)自由贸易试验区推进工作领导小组召开工作会议,研究部署下一阶段上海自贸试验区各项工作。领导小组办公室汇报上海自贸试验区深化改革系统集成方案有关情况。浦东新区政府(自贸试验区管委会)汇报了推进一级地方政府职能转变以及自贸试验区与科创中心联动发展等工作考虑。领导小组成员单位围绕自贸试验区下一阶段改革重点目标任务展开讨论。

● 市委副书记、市长杨雄主持召开市政府常务会议,研究审议《〈崇明世界级生态岛发展“十三五”规划〉主要目标和任务分工方案》和《崇明世界级生态岛建设第三轮三年(2016—2018年)行动计划方案》等。

● 市政府举行市文史研究馆馆员聘任仪式,市委副书记、市长杨雄为余秋雨、顾肖荣、韩硕、韩天衡、葛剑雄、黄阿忠、董芷林、王汝刚、朱邦贤、戴小京、王安忆、叶永烈、萧功秦、萧海春等14位新聘馆员颁发聘书并讲话。

● 上海浦东、虹桥机场全年旅客吞吐量站上一个全新的起点:1亿人次。这是中国城市机场首次突破1亿人次。上海由此成为全球第5个进入亿级人次航空“俱乐部”的城市。

● 中共武警上海市边防总队第三届委员会第一次全体(扩大)会议召开。这是上海边防总队第三次党代会后,召开的首次全体(扩大)会议,大会客观分析部队面临的形势和当前的主要任务,为上海边防未来5年的发展奠定良好的基础。

● 中央第二环境保护督察组入驻上海半月以来,全市上下高度重视中央环保督察组交办的环境信访投诉问题,严格按照办结时限要求及时反馈查处情况,立行立改、边查边改、动真碰硬、绝不姑息，切实解决市民身边突出环境问题。截至12日，全市已累计收到督察组转办信访件834件。其中，工业废气240件、噪声污染129件、餐饮油烟78件，位居信访投诉问题前三位。

13日

● 上海环城绿带范围内的首条市级绿道示范段建成并对外开放。该绿道示范段位于外环外侧、丰翔路两侧，长3.5千米，总用地面积31万平方米，涉及绿化改造面积约10万平方米，其所在的环城绿带宝山段规划建设总长约16.6千米，已建成约14千米，是上海环城绿带中建设推进速度最快的一段。

● 上午10时，上海淞沪抗战纪念馆同步举办南京大屠杀死难者国家公祭日悼念活动。仪式开始后，伴随着雄壮的国歌声，升国旗、下半旗，驻沪部队指战员向无名英雄纪念碑敬献花圈，全场默哀，悼念南京大屠杀中的死难者和所有在抗日战争中壮烈牺牲的抗战先烈以及惨遭日本侵略者杀戮的死难同胞。

● 中国作协网络文学委员会上海研究培训基地在上海大学挂牌，第一期网络文学高级研修班同日开班。由阅文集团、翼书网、天涯、17K、爱阅读、铁血、云起、掌阅、凤凰等全国各大网络文学机构选派的24名学员，参加首期网络文学（历史类）高研班培训。

14日

● 首届新型司法智库建设理论研讨会在上海高院召开。最高人民法院副院长张述元，上海市委常委、市委政法委书记姜平出席研讨会并致辞。开幕式上，上海高院院长崔亚东宣布上海司法智库学会正式成立。这是全国首个省级司法智库学会。

● 在中国—东盟建立对话关系25周年之际，以"汇聚上海、面向世界、服务东盟"为目标，线上线下相结合的商品交易平台——上海—东盟商品直销中心正式揭牌。

● 大众驾校梅赛德斯—奔驰驾驶学院正式开展驾驶培训。这是大众驾校与梅赛德斯—奔驰驾驶学院合作开办的高端驾驶培训机构。首批30多名学员正式上车。

15日

● 市政府新闻办通报上海开展道路交通大整治进展情况。截至月底，全市道路交通事故数、死亡人数、受伤人数同比分别下降25.4%、13.6%、41.6%，全市道路交通秩序明显改善。

● 市交通总队开发的"上海交警"App正式上线。这一款App集"信息查询""罚款缴款""违法视频举报""交通信号灯报修""路况查询"等多项服务功能于一体。

● 市政协召开专题通报会，市高级人民法院通报拟提交上海市第十四届人民代表大会第五次会议审议的《上海市高级人民法院工作报告（征求意见稿）》，听取政协委员意见建议。

● 第二十一届中美法律交流上海研讨会在上海交通大学召开。中美两国的专家主要围绕“中美破产法及其改革”“企业困境的妥善处理:有序清算或重整”“复杂公司重整案件的应对”“特定行业企业破产中的特殊问题”等深入探讨和交流。

● 市第二中级人民法院与市公证协会、市东方公证处召开多元化纠纷解决机制工作推进会,并分别与市公证协会、东方公证处形成合作备忘录与对接协议。

16日

● 市委副书记、常务副市长、市政府行政复议委员会主任委员应勇召开的上海市政府行政复议委员会第四次全体会议上,充分肯定行政复议委员会在提高复议工作的公信力、保证复议效率和促进依法行政制度建设方面取得的成效。

● 2016年市街镇统战工作会议在市委统战部召开。市委常委、统战部部长沙海林出席会议并强调,要解决认识问题,树立统战思维,让统战工作在基层社区治理中发挥应有作用。

● 传输容量达54T的亚太直达海底光缆系统在沪正式开通。

● 中远海运重工有限公司在上海正式成立。全球知名航运公司、海工装备运营公司,国内外各大船级社,国内主要油公司、救助打捞局、海洋石油局、金融机构,以及船舶海工设备制造企业的200多人参加成立大会。市委常委、副市长周波出席。

● 上海场外大宗商品衍生产品协会成立,将有助于加强行业自律管理,完善市场监管体制,推动上海乃至全国场外大宗商品市场的健康规范发展,同时有利于推动场内场外市场以及现货衍生品市场的联动发展。

● 市纪委在其官方网站上通报5起侵害群众利益的不正之风和腐败问题典型案例,分别是:奉贤区奉城镇规划和环境服务中心原动迁办组长、副主任褚玉华利用职务便利,违规为动迁户谋取70余万元补偿款,并先后收受动迁户现金共计6万元。褚玉华受到开除党籍处分、行政开除处分,并被移送司法机关依法处理等。

● 沪上首个绿色低碳公交场站在浦东上南公交高科西路停车场建成投运,停车场内的新能源公交车由此实现太阳能充电。

17日

● 市委书记韩正会见诺贝尔物理学奖获得者、著名华裔科学家丁肇中等来沪参加第二届“复旦科技创新论坛”暨首届“复旦·中植科学奖”颁奖典礼的国际知名学者一行。

● 12月共有219 882人参加沪牌竞拍,比11月增加4 458人。最终,最低成交价为88 300元,平均成交价为88 412元,中标率为5.6%,比11月增加0.2个百分点。

● 由上海吴孟超医学科技基金会主办的第九届吴孟超医学奖颁奖典礼在浦东张江举行。吴孟超、陈香美院士等出席,并向6位获奖者颁奖。

● 市百将公益基金会揭牌及慈善项目启动仪式在沪举行。百名来自陆海空武警部队的老将军齐聚一堂，共同见证"百将新长征——支持革命老区教育、医疗公益行"和"百将进百校——关爱青少年公益行"两大公益项目同时启动。

● 上海召开全市党政负责干部会议，传达中央经济工作会议精神。市委书记韩正强调，全市各级领导干部要认真学习领会、深入贯彻落实中央经济工作会议精神，紧密结合上海实际谋划好 2017 年经济工作。

● 华东政法大学新成立的中外法律文献中心对外开放。这是国内首家面向社会提供法律文献服务的高校机构，中心可以对外提供查询、借阅的纸质文献达 233 万册，中外文报刊 1 500 多种，中外文电子书 206 万册。

18 日

● 由解放日报社、旺旺中时媒体集团主办的"2016 上海台北双城健康讲坛暨第 32 届解放健康讲坛"，在台北市民生社区中心成功举办。本次讲坛由旺报、时际创意传媒股份有限公司承办，上海市健康教育所协办，支持单位为中国联通上海市分公司。

● 上海科技馆、上海科普教育发展基金会 15 周年总结表彰大会召开。15 年来，上海科技馆累计接待观众 5 900 万人次，年均接待量近 400 万人次；上海自然博物馆 2015 年 4 月开放；上海天文馆 2016 年 11 月动工兴建，"三馆合一"的科技博物馆集群已具雏形。

● "奔跑吧，安全君"——上海青年应急安全主题城市定向赛暨青少年应急安全体验营活动在浦东世纪公园拉开帷幕。与此同时，"上海青少年应急安全支持计划"也正式启动，未来 5 年将开展一系列的活动和培训，基本建立青少年应急安全教育常态化工作机制。

19 日

● 中央第二环境保护督察组进驻上海以来，市区两级政府和相关部门针对环保督察中发现的问题，及时启动约谈机制，依法对相关职能部门、企业负责人、乡镇街道负责人等，分别就环保工作责任不落实、履职不到位，中央环保督察组交办的环境问题办理进度缓慢、查处不及时、不到位等问题进行了约谈，督促其切实履行环保责任，层层落实党政同责要求，全力抓好群众反映比较强烈的环境污染问题整改落实。

● 作为上海市重大科创项目，开业一年半的市质子重离子医院迎来第 500 位入院接受治疗的患者。

● "摩拜单车与城市可持续发展"研讨会在同济大学召开。会上，摩拜单车的高管、国内研究交通、城市和环保等多个领域的学者及交通、交管等多个部门的负责人，见证上海地区第十万辆摩拜单车的投放。

20日

● 市总工会公布2017年度服务职工的实事项目，总数实现扩容，从2016年的10项增至12项，涵盖维权服务、技能晋升、文体服务、健康服务、生活服务和帮扶救助等六大类。

● 由《文汇报》和上海财经大学金融学院保险系联合主办的首届“上海保险业创新与转型论坛”在沪举办。论坛聚焦“创新”与“转型”，研讨上海保险业在新国十条《实施意见》出台的背景下，通过制度创新、渠道创新、服务创新等举措，并借势移动互联等大数据的应用，切实夯实业务品质，提升服务水平，实现差异化的转型发展。

● 上海市、江苏省、浙江省、江西省和安徽省的卫生计生委在沪召开“2016年长三角区域疾病预防控制工作专题会议”，签署《长三角区域疾病预防控制工作可持续发展合作协议》，建立完善10项工作机制，强化公共卫生领域标准建设，促进城乡、区域均等化，确保基本公共卫生服务有效供给。

21日

● 市政府召开全体会议，贯彻落实十八届六中全会、中央经济工作会议和十届市委十四次全会精神，审议2017年《政府工作报告》，并部署岁末年初各项工作。

● 市政协机关召开学习传达十届市委十四次全会精神会议，要求全面增强“四个意识”，特别是核心意识、看齐意识，切实把思想和行动统一到中央和市委决策部署上来，牢记使命、恪尽职守、积极履职，在全市工作大局中发挥更大作用。市政协党组书记、主席吴志明出席并讲话。

● 财政部与金砖国家新开发银行在上海共同签署“上海智慧新能源推广应用示范项目”贷款协定，该项目是中国利用新开发银行的首个贷款项目，也是新开发银行首个签约贷款项目。财政部副部长史耀斌与新开发银行行长卡马特共同签署贷款协定，上海市委副书记、常务副市长应勇与卡马特共同签署该项目的项目协定。

● 上海正式颁布《关于本市深化改革推进出租汽车行业健康发展的实施意见》《上海市网络预约出租汽车经营服务管理若干规定》和《关于规范本市私人小客车合乘出行的实施意见》三个文件，21日起正式实施。

● 上海第17条穿越黄浦江的越江隧道——江浦路越江隧道正式开工。建成后的江浦路越江隧道，工程全长2.28千米，北起杨浦区江浦路、龙江路，向南穿越黄浦江，至浦东新区的民生路、商城路，计划于2020年建成通车。

● 四川省攀枝花市来沪推介旅游。同时，东方航空开通上海—武汉—攀枝花航线，通航首月每周安排1班，1个月后增至每周3班，周二、四、六执行。为培育市场，航线票价体现亲民原则。

● 21日是冬至日，全市54家经营性公墓和骨灰堂共接待祭扫市民95.58万人次，同比减少17.76%；车流11.2万辆，同比减少4.3%。全天祭扫人数最多的3家公墓分别是宝罗瞑园、松鹤墓园、仙鹤墓园。

● 继在全国率先对医科毕业生全面实行3年"住院医师规范化培训"之后，上海首批涉及34个临床学科的459名专科医师已完成"专科医师规范化培训"，正式结业并获得专科规培合格证书。

22日

● 市委书记韩正实地调研徐家汇体育公园，察看上海体育场周边临时建筑、东亚展览馆等拆除情况，并听取市规土局、久事集团、徐汇区、市体育局以及相关部门负责人的工作汇报。

● 市委副书记、市长杨雄在浦东机场调研。杨雄一行赴浦东国际机场运行指挥中心，察看机场整体布局及三期扩建工程示意图，详细了解建设进展、旅客运输、机场运营等情况。

● 市政协召开十二届三十一次常委会议。市委副书记、市长杨雄通报全市经济社会发展情况。市政协主席吴志明主持。会议审议通过关于召开政协上海市第十二届委员会第五次会议的决定；政协上海市第十二届委员会第五次会议议程（草案）、日程（草案）等。

● 申城首个公园义工站在世纪公园成立，100多名义工为游客提供法律咨询、家庭养花指导等志愿服务。义工站的成立标志着世纪公园的志愿服务工作走上了社会化、规范化的新阶段。

● 市卫计委官方网站通报，上海市报告1例江苏来沪就诊的输入性感染H7N9病毒确诊病例。患者张某，男，45岁，江苏南通户籍，于21日确诊。

● 上海召开全市体教结合工作会议。市委副书记、常务副市长应勇指出，要进一步提高体教协同育人的质量，全面提升体育教学和体育活动水平，让每一个青少年学生热爱体育、参与运动、身心健康。

23日

● 市委召开常委会，审议并通过《关于加快推进上海市生态文明建设实施方案》。市委书记韩正主持会议并讲话。

● 市委书记韩正等市领导与获第一届"全国文明家庭"荣誉称号的武霞敏、易解放、张灿红、张金龙、赵克兰、龚建强、顾天来、王金丽8户上海家庭的代表亲切交流。

● 上海上港俱乐部官方宣布签下25岁的英超切尔西中场球星奥斯卡。据英国《每日电讯报》透露，奥斯卡的转会费达到6 000万英镑，一举超过同为上港外援的胡尔克，成为中超身价最高的队员。

● 虹桥商务区作为“2016 上海智慧城市进万家”活动的收官之站，在虹桥天地拉开系列宣传活动的帷幕。

24 日

● 由市社会科学界联合会、南京政治学院主办，市马克思主义研究会、南京政治学院上海校区承办的上海市马克思主义研究论坛在南京政治学院上海校区召开。本次论坛的主题为“强党强国强军新长征——学习贯彻党的十八届六中全会精神”，与会专家学者从思想建党与制度治党、规范党内政治生活路径、理想信念与文化自信等视角深入探讨。

● 由市慈善基金会等单位共同举办的“蓝天下的至爱”系列活动之一的“温暖送三岛”活动在崇明城桥镇举行，该活动已连续举办 15 年。本次活动发动多家爱心企业，捐助资金和物资总额达 505 万元，比 2015 年增长 31%。

● 由上海发明协会主办、市科技创业中心资助的上海高校学生创造发明“科技创业杯”奖揭晓，全市 16 所高校推荐申报发明创新和创新创业项目 301 项，参与学生 800 多人。114 个项目获奖，其中 3 项为“发明创新创业奖”，111 项为“发明创新奖”。

25 日

● 中共浦东新区委员会第四次代表大会召开。

● 上海市第九批 20 名援疆干部骨干启程奔赴新疆，开展新一轮对口援疆工作。

● 浦东第一八佰伴正式开业。

26 日

● 中共浦东新区第四届委员会第一次全体会议召开。全会选举产生新一届区委领导机构，翁祖亮、杭迎伟、冯伟、陈杰、李贵荣、金梅(女)、单少军、姬兆亮、谈上伟、陆方舟、李泽龙、王宏舟为区委常委；翁祖亮为区委书记，杭迎伟、冯伟为区委副书记。

● 担负上海市“一号工程”——北横通道地下掘进任务的超级盾构“纵横”号在上海苏州河畔始发。北横通道全长约 19.1 千米，是市中心城区“三纵三横”骨架性主干路网的重要组成部分。总重近 3 000 吨、直径达 15.56 米的“纵横”号盾构刷新上海隧道直径纪录。

● 市委副书记、市长杨雄主持召开市政府参事座谈会，就准备提交市十四届人大五次会议审议的《政府工作报告》(征求意见稿)征求意见和建议。

● 副市长翁铁慧在市政府新闻发布会上回答央视记者提问时表示，上海查处药品回扣要标本兼治，既要加强对医疗机构的监管和行风建设，更要通过深化医改，建立“质量保证、量价挂钩、招采合一”的药品招标采购体系来解决这一顽症。

● 中国信托登记有限责任公司在沪正式成立。中国银监会主席尚福林、上海市市长杨雄出席活动并讲话。上海市委常委、副市长周波与中国银监会主席助理杨家才共同为中国信托登记有限责任公司揭牌。

● 市政协召开十二届八十一次主席会议，审议市政协2016年优秀提案奖(草案)。市政协主席吴志明主持会议。

● 市第一中级人民法院依法对上海市金山区人民政府原副区长陆瑾受贿案作出一审判决，以受贿罪判处被告人陆瑾有期徒刑5年，并处罚金人民币40万元。违法所得予以追缴。

● 沪松公路(九泾路—涞亭路)拓宽改建工程正式完工，顺利实现通车。拓宽后的沪松公路实现"6快2慢"的车道规模，进一步方便市民出行。

27日

● 上海推进科技创新中心建设办公室召开第一次全体会议，贯彻落实国家科技创新中心建设领导小组第一次会议精神，研究讨论上海科创中心建设下一步工作安排。上海市委副书记、市长杨雄，国家发展改革委副主任林念修共同主持会议并讲话。

● 市委副书记、市长杨雄主持召开座谈会，就即将提交市十四届人大五次会议审议的《政府工作报告(征求意见稿)》，听取各民主党派、工商联和无党派人士的意见和建议。

● 市十四届人大常委会第三十四次会议一审通过《上海市社会信用条例(草案)》。本项立法以人大为主导，是我国首部关于社会信用体系建设的综合性地方法规草案。

● 市政协主席吴志明会见越南胡志明市祖国阵线委员会常务副主席陈晋亮率领的代表团一行。吴志明代表市政协欢迎客人来访，并介绍近年来上海改革发展情况和市政协履职情况。

● 由市委组织部主办，市党建研究会、解放日报社承办的"城市治理发展与加强城市基层党建"理论研讨会在市委党校召开，专家学者研讨基层党建引领社会治理的理论、实践问题和路径方法。

● 市第十四届人大常委会第三十四次会议表决通过关于个别代表的代表资格的报告，本次市人民代表大会个别代表的代表资格变动后，第十四届上海市人民代表大会实有代表865人。

28日

● 建于1917年的上海大世界修缮一新，开始试运营。大世界定位于非物质文化遗产的活态传承，结合当下生活开设非遗展览、非遗表演、非遗传习、数字非遗、非遗美食五大功能业态。

● 历时4年酝酿筹备的张江跨境科创监管服务中心启动，上海海关、国检局等部门在此设立专门监管区域,等于把机场货站和监管仓库功能延伸至张江企业的“家门口”,整体通关时间可缩短为6—10小时。

● S3高速公路先期实施段主线通车。S3高速公路先期实施段主线北与S20外环高速相接,南与周邓公路相连,全长3.1千米。

● 浦东新区政府、市人防办共同召开自贸试验区人防行政审批改革试点工作新闻通气会,通报浦东新区建设“国家级人防改革试验区”的进展情况。

● 浦东新区按照“三个三分之一”时间节点要求,推进12项内容的改革试点。

● 2016年度上海市院士专家工作站总结交流会举行,在探索和推动“分级诊疗”的改革进程中,瑞金医院嘉定北院、徐汇区中心医院、浦东新区公利医院和闵行区中心医院4家医院,2016年纷纷设立院士专家工作站。

29日

● 市十四届人大常委会第三十四次会议听取《上海市道路交通管理条例(修订草案)》《上海市食品安全条例(草案)》修改情况的报告(修改二稿),并表决通过这部法规。

● 新一批23家企业在科技创新板挂牌,全部是科技型实体企业,平均股本1 265万股,研发投入同比增长64.64%,分布于先进制造和信息技术行业,共拥有发明专利21项,实用新型专利137项,外观设计专利47项,软件著作权66项。其中,9家企业获“高新技术企业”“专精特新”“小巨人”“双软企业”等相关称号。

● 根据市委、市政府和国家反恐怖工作领导小组有关进一步加强岁末年初反恐工作的要求,市综治办、市公安局等相关部门实地对上海中心大厦、静安变电站、上海自然博物馆等3家单位开展督导检查,重点检查上述单位落实《中华人民共和国反恐怖主义法》,建立反恐工作组织架构,完善应急处置预案和防范措施以及开展反恐宣传等情况。

● 由长宁实验小学、新虹桥小学、威宁小学组成的长宁区实验教育集团揭牌。该教育集团将实行“理事会制度运作”管理模式,通过集团化建设共建共享优质教育资源,激发三所成员校主动发展的积极性、创造性,增强学校“改进”与“重建”能力,逐步形成各自的办学优势。

● 上海警备区召开支持革命老区建设参与打赢脱贫攻坚战工作推进会,总结帮扶工作,研究部署下一步工作目标任务。

30日

● 市政协召开专题通报会,部分市政协委员、在沪全国政协委员就《政府工作报告(征求意见稿)》发表意见建议。市政协主席吴志明出席。市委副书记、常务副市长应勇介绍有关情况。

● 《崇明世界级生态岛发展“十三五”规划》正式对外公布。

31 日

● 上海公安机关在全市启动社会面一级加强勤务等级，全市公安民警和武警将最大限度地屯兵街面，坚持显性用警、强化武装戒备，紧紧依托“三张网”，不断加大社会面防控力度，切实增强震慑力；强化武装巡逻处突工作，加强重点部位警力投放，严密对轨道交通、机场、车站等人员密集场所的安全守护措施。

● 市委书记韩正前往外滩区域人员密集场所，在 2017 新年来临之际，实地检查城市安全保障工作的落实情况。

● “城市创想、喝彩未来”——2017 上海新年倒计时活动在新天地太平湖公园举办。活动现场不仅通过透明 LED 技术营造出富有科技感的整体氛围，还在湖面上大面积“铺设”上海市花“白玉兰”的图案，让观众仿佛置身未来星空，在辞旧迎新的时刻结合众多创新元素及高科技手段，为上海市民和在沪外籍人士呈现了一场热情洋溢的新年倒计时，进一步彰显上海“海纳百川”的城市精神。

● 5 号线南延伸工程全线结构贯通。线路全长 19.5 千米，其中地下线长度约为 7.7 千米，高架线长度约为 11.2 千米，敞开段长度约为 0.6 千米。共设东川路站、江川路站、西渡站、肖塘站等 9 座车站。

本月

● 市委书记韩正主持召开两个调研座谈会，分别听取市财政局、市地税局、市发展改革委、市统计局、国家统计局上海调查总队关于 2016 年全市经济运行情况分析和 2017 年经济发展趋势研判，以及深化推进重点领域和关键环节改革的建议。

● 中共上海市第十届委员会召开第十四次全体会议。会议由市委常委会主持，审议市委常委会 2016 年工作报告和 2017 年工作要点，审议关于召开市第十一次党代表大会有关事项。韩正、杨雄作讲话。

● 2016 哈尔滨绿色食品（上海）展销会在上海农业展览馆举办。这也是冰城第五次赴上海举办绿色食品展销会。本届展销会突出“生态冰城、绿色夏都”的鲜明主题，坚持“精品、开放、务实”的办会原则，强调“展示成果、推动交流、促进贸易”的办会宗旨。

● 体彩大乐透第 16147 期开奖，全国送出 22 注头奖，头奖基本投注单注奖金 535 万余元。其中，杨浦区 11604 网点开出两注基本头奖，单票奖金达到 1 086 万元。

● 由市社会工作党委、上海社科院社会学研究所等发布的 2016 年上海民生民意相关调查报告显示：2016 年上海市民对市政府实事项目平均知晓度为 63.3%，平均关注度为 64.9%。生活垃圾分类减量、老旧小区供电设施更新改造、爱心暑托班、新建百姓健身步道等连续两年进入知晓度最高的“十大政府实事项目”。

后记

编写《21世纪上海纪事》系列丛书的初衷是记录上海这座城市每天发生的事，感悟它的瞬息之变，审视它发展的各类问题和前进的轨迹，为了解和研究当代上海提供一份鲜活的材料。作为当代上海研究所的传统项目，编写《21世纪上海纪事》成为我们的日常功课，如何忠实、客观、详实地记录上海每天发生的变化、勾勒其发展的轨迹，成为该书责无旁贷的使命。

古老而年轻的上海生机勃勃，发展日新月异。因此，每年都有波澜壮阔的重大事件，自贸区（扩展）深化建设、崇明撤县设区、C919大型客机研制、迪士尼建成开园等，一桩桩激动人心、一件件目不暇接，体现了上海蕴藉的活力，昭示了上海前进的步伐，宛如上海一如既往的发展中掀起的狂涛巨澜，给上海这座古老而又年轻的城市增添了一抹抹夺人眼目的璀璨亮色。记录常事、关注新事、突出大事是本书的宗旨和原则。

“记录常事”就要反映全貌，做到无一阙漏，一些低层面的事件就会进入“纪事”，而这样势必导致流水账式的“叙家常”，这似乎又不符合“上海纪事”的高度，如何兼顾“全面和高度”，这是摆在编者面前的一个不可回避的难题。换句话说，如何界定“每日纪事”入选的门槛，成为困扰编者的难题。

为了体现“忠实记录、客观反映”的原则，我们也不回避天灾、人祸和时弊，对事件的记录则本着“述而不论”的原则，最大限度客观记载，以为上海留下珍贵可信的历史档案，为广大读者了解当代上海、研究当代上海提供全面、真实的材料。

本书由当代上海研究所副所长宋仲琤担任主编，他对本书的编撰体例、宗旨、选材原则（标准）等煞费苦心，副主编黄婷在组织协调方面东奔西走、恪尽职守，本书“每日纪事”由史越、冯军、朱神龙和张玲玲编撰，

后　记

“专题纪事”部分由上海通志馆吕志伟等编写；照片由市地方志办公室《上海年鉴》编辑部沈思睿提供，本书的终审工作由宋仲琤承担。对于他们的辛勤劳动，在此一并表示衷心的感谢！

由于涉猎面和研究程度及掌握资料等各方面的关系，本书难免存在挂万漏一之处，敬请各位专家、读者批评指正。

编　者

2017年7月

图书在版编目(CIP)数据

21 世纪上海纪事.2015 - 2016/当代上海研究所编.
—上海:上海人民出版社,2017
ISBN 978 - 7 - 208 - 14882 - 6

Ⅰ.①2… Ⅱ.①当… Ⅲ.①上海-大事记-2015 - 2016 Ⅳ.①K295.1

中国版本图书馆 CIP 数据核字(2017)第 274592 号

责任编辑 范 晶
封面设计 傅惟本

21 世纪上海纪事(2015—2016)
当代上海研究所 编
世 纪 出 版 集 团
上海人民出版社出版
(200001 上海福建中路 193 号 www.ewen.co)
世纪出版集团发行中心发行 常熟市新骅印刷有限公司印刷
开本 720×1000 1/16 印张 27 插页 8 字数 496,000
2017 年 12 月第 1 版 2017 年 12 月第 1 次印刷
ISBN 978 - 7 - 208 - 14882 - 6/K·2701
定价 78.00 元